仁化年鉴

2018

仁化年鉴编纂委员会 编

方志出版社
Publishing House of Local Records

图书在版编目（CIP）数据

仁化年鉴 . 2018 / 仁化年鉴编纂委员会编 . —北京：方志出版社，2018.11
ISBN 978-7-5144-3401-9

Ⅰ. ①仁…　Ⅱ. ①仁…　Ⅲ. ①仁化县—2018—年鉴　Ⅳ. ①Z526.54

中国版本图书馆CIP数据核字（2018）第261090号

仁化年鉴（2018）

编　　者：仁化年鉴编纂委员会
责任编辑：刘方圆
出 版 人：冀祥德
出 版 者：方 志 出 版 社
　　　　　地址　北京市朝阳区潘家园东里9号（国家方志馆4层）
　　　　　邮编　100021
　　　　　网址　http：//www.fzph.org
发　　行：方志出版社图书经销中心
　　　　　电话（010）67110500
经　　销：各地新华书店
印　　刷：韶关市新华宏达印务有限公司
开　　本：889×1194　1/16
印　　张：33.375
字　　数：820千字
版　　次：2018年11月第1版　2018年11月第1次印刷
印　　数：0001~1000册

ISBN 978-7-5144-3401-9　定价：280.00元

编 辑 说 明

一、《仁化年鉴（2018）》以马克思列宁主义、毛泽东思想、邓小平理论、“三个代表”重要思想、科学发展观、习近平新时代中国特色社会主义思想为指导，坚持辩证唯物主义和历史唯物主义的立场、观点和方法，全面、系统地记述仁化县自然、政治、经济、文化、社会等方面基本面貌和发展情况，为社会各界和海内外人士了解和研究仁化提供全面、真实、准确的年度资料性文献。

二、《仁化年鉴（2018）》采用分类编辑法，主体内容设类目、分目、条目三个结构层次，以条目为表现内容的基本形式。全书条目的标题统一用黑体加【 】表示，少数包含多方面资料的条目则在文内用楷体标题标明各段内容的主题。

三、《仁化年鉴（2018）》着重反映2017年仁化县经济社会发展基本情况。全书分正文和彩页两大部分，正文内容由特辑、大事要闻、仁化概貌、行业专文、中央省市驻仁化单位、镇（街道）概况、先进单位先进个人、社会经济统计资料、附录、索引等组成，共33个类目272个分目1161个条目，计820千字；彩页主要反映年内全县政务活动（部分内容适当下延至2018年）。

四、本年鉴所录资料，分别由县域各有关部门负责提供，并经各撰稿单位领导审核。附录所选文献均照录原文。文中“党”除特别说明，均指“中国共产党”。统计数据以县统计局提供的“社会经济统计资料”为准。文中“上年”指“2016年”，计量单位除亩产量用“亩”外，其余用法定单位。

五、本年鉴稿件撰稿人姓名署于条目之后，若连续两个以上条目均由同一人撰写，则在最后一个条目下署名。

仁化年鉴编纂委员会

名誉主任：林国华（中共仁化县委书记）

主　　任：周小明（中共仁化县委副书记、县人民政府县长）

副 主 任：丘光强（中共仁化县委常委、县委办主任）

包伟红（仁化县人民政府副县长）

成　　员：刘炳鸿　祝向恩　徐诚林　李伟强　林志平

李庆云　黎　明　易永恒　李子初　罗金宝

罗有发　温天才　刘贤琴　章　俊　温宇军

邓诗常　马甲娣　梁　炜　廖永香　梁伟军

梁家宁　肖振东　邬立雄　谭卫东　林伟浩

刘　强　龚国雄

仁化年鉴编辑部

主　　编：徐诚林

副 主 编：彭丽云　谢嘉文

编　　辑：徐诚林　彭丽云　谢嘉文　刘小东　陈　琳　刘耀东　饶家晟

仁化县地图

韶关市国土资源局 仁化县国土资源局 监制 广东省地图院 编制 审图号：粤S（2014）054号 2014年5月

数字仁化2017

土地面积222321.98公顷

年末常住人口21.06万人

年末户籍总人口244041人

地区生产总值1124469万元

第一产业增加值212305万元

第二产业增加值418852万元

全部工业增加值386374万元

第三产业增加值493312万元

第一、第二、第三产业构成18.9：37.2：43.9

人均地区生产总值53597元

全社会固定资产投资完成674556万元

货物周转量90231万吨公里

邮电业务总收入16578万元

社会消费品零售总额328726万元

实际利用外商直接投资485万美元

地方财政一般预算收入53833万元

地方财政一般预算支出207508万元

国家税收收入15622万元

地方税收收入19366万元

城乡居民储蓄存款余额657115万元

城镇居民人均可支配收入25641元

农村居民人均纯收入15479元

城镇居民家庭恩格尔系数37.5%

医院、卫生院床位739张

2017年9月10日，中共广东省委书记胡春华到仁化县丹霞街道黄屋村瑶塘新村实地调研人居环境综合整治及新农村建设工作。图为胡春华（前左一）在认真倾听当地村民所作的情况介绍　　（县委办 供图）

2017年8月29日，省政协主席王荣到仁化县实地调研农村人居环境综合整治及新农村示范村创建情况。图为王荣（左四）在丹霞街道黄屋村瑶塘村小组调研　　（张标兵 摄）

2017年12月21日，省环保厅副厅长李晖一行到仁化县开展凡口矿尾矿库督察整改工作调研，市县有关领导陪同调研。图为李晖（左六）在凡口矿尾矿库实地督察　（刘韶俊 摄）

2017年4月19日，中共韶关市委书记莫高义（右五）到凡口铅锌矿调研。图为莫高义在矿山公园听取有关情况汇报　（张秋利 摄）

图为2017年5月5日，韶关市人民政府副市长朱余旺（左三）到凡口铅锌矿尾矿库调研 （张秋利 摄）

图为2017年9月19日，中共仁化县委书记林国华（前左二）、代县长周小明（前左三）到大丹霞调研
（龙全明 摄）

图为2017年9月21日，中共仁化县委书记林国华到董塘镇安岗村开展“一线双联”活动（龙全明 摄）

图为2017年9月30日，仁化县人民政府代县长周小明（右二）到丹霞冶炼厂调研（龙全明 摄）

图为2017年4月28日，仁化县2017年创建全国县级文明城市工作推进会在县城锦城宾馆召开

（县委宣传部 供图）

2017年6月10日，广东省“文化和自然遗产日”系列活动分会场活动在丹霞山举行。图为活动正式开始时，与会领导和专家触发启动球

（县委办 供图）

图为2017年6月13日，2017年广东省普惠金融“村村通”系列培训会在仁化县举行　　（龙全明　摄）

2017年7月15日，韶关市第十五届青少年运动会开幕式在仁化县举行。图为开幕式现场　　（龙全明　摄）

2017年7月26日，红军长征粤北纪念馆奠基仪式仁化县城口镇举行。图为奠基仪式现场 （县委宣传部 供图）

图为2017年8月23日，仁化县文明委工作会议在县政府大楼三楼会议室召开 （县委宣传部 供图）

2017年9月10日，2017年南粤古驿道“天翼高清杯”定向大赛暨中国南粤古驿道文化之旅（韶关•仁化站）在仁化县石塘镇举办 （龙全明 摄）

2017年9月18日，仁化县新时期精准扶贫暨创建社会主义新农村示范村工作会议在县政府礼堂举行。图为会议现场 （邓金梅 摄）

2017年9月21日，中共仁化县委书记林国华带队开展中秋和十九大防护期督查。图为林国华（右二）在液化气站开展督查　　（县安监局 供图）

2017年9月26日，仁化县启动"戴党徽、亮身份、树形象"暨重温入党誓词活动。图为在铜鼓岭红军烈士纪念碑纪念广场，中共仁化县委书记林国华带领全县领导干部集体重温入党誓言　　（龙全明 摄）

2017年9月26日，湘粤赣三省边界护林联防区第五十六次会议在锦城宾馆召开。图为会议现场 （刘 甜 摄）

2017年10月31日，仁化县畜禽养殖清理整治工作推进会在县城锦城宾馆举行。图为会场现场 （龙全明 摄）

2017年11月5日，仁化红色特色小镇启动暨丹霞丰源温泉奠基仪式在城口镇举行。图为奠基仪式现场

（马联合 摄）

2017年11月20日，仁化县开展领导干部集体瞻仰红色革命遗址，重温入党誓词活动。图为县四套班子成员在石塘镇双峰寨瞻仰

（龙全明 摄）

2017年12月28日，武深（仁新）高速公路仁化段通车仪式在丹霞山出口举行。图为建成通车的武深高速仁化段立交枢纽　（谢锦树　摄）

图为2017年12月29日，仁化县2017年金融重点工作汇报会在仁化县召开　（人民银行仁化支行　供图）

2017年9月10日，2017年南粤古驿道“天翼高清杯”定向大赛暨中国南粤古驿道文化之旅韶关仁化站在中国历史文化名村石塘镇石塘村开跑。图为全运会马术金牌得主李振强、李耀锋父子共同敲响开赛之锣　(李晓玲　摄)

2017年9月13—16日，“善美韶关　棋逢丹霞”2017“丹霞杯”围棋城市邀请赛在丹霞山举行。图为棋手博弈现场　（县委宣传部供图）

2017年9月19日，“德耀中华　仁爱仁化”第三届仁化县道德模范现场交流会在县城文化广场举办。图为道德模范与颁奖嘉宾合影
（县委宣传部　供图）

图为2017年12月10日，“绚美大丹霞　活力新仁化”2017广东仁化文化旅游节开幕式暨生态农业博览会在丹霞山景区举行
（龙全明　摄）

2017年12月10日，在广州《财富》论坛上惊艳世界的亿航白鹭传媒科技有限公司无人机在仁化进行表演，助力2017广东仁化文化旅游节。图为无人机表演的“我爱仁化”图案　　（县委宣传部 供图）

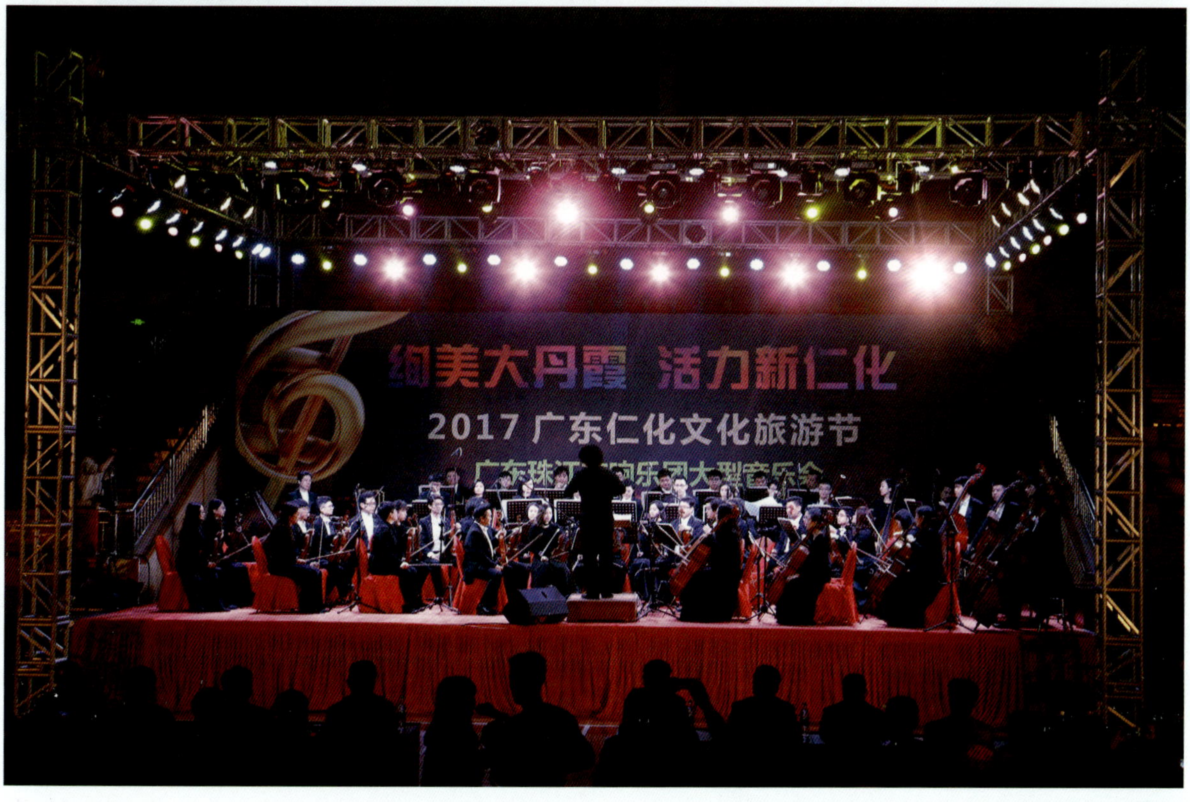

2017年12月10日，珠江交响乐团在仁化县体育馆举行“绚美大丹霞　活力新仁化”2017广东仁化文化旅游文化节交响乐晚会。图为珠江交响乐团演出现场　　（县委宣传部 供图）

图为2017年10月27日，中共十九大代表冯金英（站立者）在仁化县锦江电力开发总公司向同事宣讲十九大精神 （谭玉玲 摄）

2017年11月7日，中共仁化县委书记林国华以普通党员身份参加县委办党总支夜学十九大学习活动 （谭玉玲 摄）

目　录

中共仁化县委员会

仁化县人民代表大会及人大常委会

仁化县人民政府

政协仁化县委员会

中国共产党仁化县纪律检查委员会

民主党派·社会团体

法　治

军 事

交通·邮电·信息化工作

供电·供水·供气

水利 · 气象 · 水文监测

城乡建设 · 环境保护

经济综合管理

农　业

工　业

商　贸

旅游业

财政·税务

银行·保险

教科文卫体

社会生活

中央、省、市驻仁化单位

镇（街道）概况

先进单位·先进个人

社会经济统计资料

附　录

索　引

特　辑

仁化县大力实施“一三九”发展战略

站在新起点，实现新跨越。

韶关市仁化县新一届县委经过深入调研和广泛征求意见后，结合当前工作形势以及仁化发展实际，在县委十三届三次全会上提出当前及今后一段时期工作的开路：全面贯彻落实中央、省、市各项工作安排部署，以习近平总书记对广东工作重要批示精神为统领，坚持稳中求进工作总基调，加快推进供给侧结构性改革，积极主动融入珠三角，大力实施“一三九”发展战略，即：紧紧围绕建设“生态、活力、幸福”新仁化这一目标，主攻“生态经济、幸福民生、美丽乡村”三大重点领域，大力开展“全域旅游、产业共建、城镇提升、教育现代化、卫生创强、精准扶贫、农村人居环境综合整治、农村综合改革、国家现代农业示范区建设”九大任务三年攻坚行动。

“‘一三九’发展战略，是着眼于绿色发展，在保护生态、发展经济、造福百姓之间找到一个适合仁化发展的结合点。”仁化县委书记，丹霞山管委会书记、主任林国华如是说，我们的总体目标，就是要着力打造美丽环境、发展美丽经济、创造美丽生活，加快建设生态更美、产业更优、机制更活、百姓更富、社会文明程度更高的美丽幸福新仁化。

生态经济擎起县域经济发展大旗

仁化县是国家重点生态功能区、世界自然遗产丹霞山所在地，绿色发展具有最大潜力、最大优势。为此，该县科学划分县域发展功能区域，西部片区重点作为生态工业和工业旅游结构板块，中部、东部和南部片区重点作为生态旅游、生态观光、农业休闲结构板块，北部片区重点作为生态农业农村结构板块。综合各功能区域，以生态经济为中心，开展全域旅游、产业共建、城镇提升三大任务攻坚行动，不断增强县域经济实力。

【以丹霞山为“龙头”带动全域旅游发展】 如何加快丹霞山与仁化融合发展，如何将生态优势转化为经济优势，是摆在中共仁化县委新一届班子面前的重大课题。

借助丹霞山管理体制机制改革、仁化县被列入首批“省级全域旅游示范区”的创建名单契机，新一届中共仁化县委提出，以创建国家级和省级全域旅游示范区为目标，充分利用丹霞山辐射带动，将仁化县打造成广东户外运动天堂、休闲旅游观光农业乐园和精品特色民宿集聚地。

仁化的发展，就是把全域旅游作为美丽环境向美丽经济转化的突破口，以丹霞山为“龙头”带动全域旅游发展，以点带面，盘活全县各镇（街）特色旅游资源。大力推进旅游交通基础设施建设，形成网状旅游道路交通格局。做好农业旅游产业配套工作，打造一批丹霞乡村游、红色旅游、民俗文化体验游、生态观光游等旅游线路，逐步打造“红色+温泉”乡村旅游产业链，将城口镇建设成为红色教育基地和红色旅游胜地。依托凡口国家矿山公园等资源，培育工矿遗迹游等特色工业旅游，推动旅游产品从单一的观光游向观光、休闲、度假、体验并重的结构转型。

【以招商引资为“主抓手”激活产业共建】 位于粤北山区的仁化县，要依托本地特色资源优势，参与“珠三角”的产业分工，积极推动仁化工业、旅游、农业等与“珠三角”融合发展，促进县域经济总体实力提升。

该县把招商引资作为产业共建的主抓手，明确党政“一把手”和分管领导承担招商主要责任，县经信局、丹霞开发区、旅游局、行政服务中心、虎仁对口帮扶指挥部是招商的责任主体单位。大力开展领导招商、网上招商、行业协会招商等，积极赴“珠三角”开展招商宣传推介活动，重点引进生态旅游、储能产业、新能源产业、现代农业等新项目。

有“外引”，更要有“内提”，该县充分发挥省级专项资金的撬动作用以及东莞虎门镇对口帮扶的契机，加快产业集聚地道路管网等基础设施和生活配套服务区建设，将产业集聚地建成民营工业的大本营。

【建管并重提升城市品位】 站在新起点上，仁化县城镇提升建设坚稳有力。该县坚持规划先行、项目担纲、建管并重，提升城市品位，彰显城市魅力。在县城区，加快推进县城北环路、丹霞大道二期、县城北门片路网、丹霞新城路网贯通等交通基础设施建设，实施县城“五小”（小公园、小广场、小运动场、小停车场、小菜市场）惠民工程，让市民畅享城市美好生活。结合全国县级文明城市创建工作，抓好城市管理服务，力争今年成功跻身“全国县级文明城市”行列。在乡镇，推出一镇一主题、镇镇有特色，以城口红色特色小镇为示范点，带动全县特色小镇建设。

“民生红包”让百姓更有获得感

让人民群众过上更加幸福美好的新生活，是做好一切工作的出发点和落脚点。要加大民生改善力度，发好“民生红包”，让群众有更多的获得感和幸福感。

该县在“帮民富”上求实效，深入开展精准扶贫精准脱贫，围绕贫困户脱贫增收这一主线，坚持一户一策、因户施策，大力发展特色种养业、电商扶贫、旅游扶贫、资产收益扶贫和劳动力转移扶贫，增加贫困村和贫困户收入。全力抓好贫困户危房改造工作，帮助无经济能力的贫困危房户住上安全舒适的住房，确保年底全面完成贫困户危房改造任务。

在“优教学”上求突破，实施“义务教育学校科研改革”“普通高中学校高考提质”“中职学校办学实力提升”三大工程，推进幼儿园规范化建设，异地新建仁化县第一小学和特殊教育学校，稳步改善办学条件，力争成功创建广东省推进教育现代化先进县、创建“广东省社区教育示范区”“广东省现代职业教育综合改革示范县”。

在“保健康”上求提升，全力推进卫生强县建设，加快推进县妇幼保健计划生育服务中心整体搬迁工程。提升基层医疗卫生服务能力，集中力量用三年时间对11个镇（街）的卫生院进行全面改造，完成108间村卫生站公建民营规范化建设，推进家庭医生签约服务，解决基层看病就医难问题。

浓墨重彩绘制美丽乡村

2017年，仁化县数百个自然村积极申报农村人居环境综合整治项目资金，陆续开展绿化美化、生活污水治理、生活垃圾清运处理等工作，掀起了美丽乡村建设新高潮。

以农村人居环境综合整治为抓手，该县加快美丽乡村建设，以国省道沿线村庄为人居环境综合整治示范点，以点带面抓好全县农村人居环境改善工作，力争2017年实现环境卫生保洁覆盖所有墟镇，生活垃圾清运延伸到自然村，确保2017年完成378个自然村整治工作，确保2018年完成80%以上自然村整治，2020年全面完成。

稳步推进农村综合改革，结合基层组织建设、农村人居环境改善工程、精准扶贫等，推动以“两个重心下移”“两个整合”为重点的农村综合改革。加快村民理事会推广建设，确保到2018年全县村民理事会组建率达到80%以上。探索发展村小组党组织，有效扩大基层党组织覆盖面。加大工作力度深入推进土地确权，确保2017年顺利完成确权登记颁证工作。完善公共服务平台建设，让群众在家门口就能把事办成。

擦亮“国家现代农业示范区和国家农业科技园区”的金字招牌，逐步建成一批具有区域代表性的特色生态农业观光项目，做优做强黄坑贡柑、长坝沙田柚、红山白毛茶、丹霞铁皮石斛等特色农业品牌。大力发展特色农产品深加工以及农产品交易平台，积极构建农产品电子产销平台和物流平台，让丹霞农业走出仁化。

蓝图已经绘就，新的征程已经开启。在全县上下撸起袖子加油干、心无旁骛谋发展的实干氛围下，仁化正以健稳的步伐，砥砺奋进！

权威访谈

中共仁化县委书记，丹霞山管委会书记、主任林国华：以“抓铁有痕”的劲头谱写新篇章

南方日报：仁化县为什么要提出大力实施“一三九”发展战略？

林国华：这主要结合对当前工作形势的判断以及仁化的发展实际提出的：这是贯彻落实习近平总书记重要批示精神以及中央、省、市各项工作安排部署，坚持稳中求进工作总基调，加快推进供给侧结构性改革，积极主动融入珠三角的迫切需要。

这是抢抓发展机遇的迫切需要。“全域旅游”首次写入2017年的政府工作报告，省旅游局将仁化县列入首批“省级全域旅游示范区”创建单位，韶关市委、市政府不断深化丹霞山管理体制改革，仁化以丹霞山为龙头的全域旅游正迎来发展的春天。省委、省政府大力推进“珠三角”与粤东西北产业共建，韶关市委、市政府积极实施丹冶扩产增资，仁化铅锌矿的市场价格持续上升，产业共建发展空前利好。仁化是国家现代农示范区、国家农业科技园区，推进农业产业现代化优势显著。

这是攻坚克难的迫切需要。仁化县经济总量偏小，教育、卫生等民生工作仍待加强，生态环境保护压力不断加大，重要领域和关键环节改革力度还不够大。要切实担负起加快仁化发展的使命，认真谋划仁化发展。

南方日报：学习贯彻习近平总书记对广东工作重要批示精神，仁化县将如何推动“一三九”发展战略的顺利实施，确保既定目标任务的实现？

林国华：习近平总书记对广东工作重要批示精神，是习近平总书记治国理政新理念、新思想、新战略在广东的展开和具体化，对仁化县当前及今后发展具有十分重大而深远的指导意义。我们把学习贯彻习近平总书记对广东工作重要批示精神作为当前首要政治任务，制定周密的学习贯彻方案和学习计划，县四套班子领导和各级党委（党组）负责人要率先垂范，带头学习，切实把全县各级领导干部的思想和行动统一到习近平总书记重要批示精神上来，自觉以习近平总书记重要批示精神武装头脑、指导实践、推动工作。要把习近平总书记重要批示精神作为统领各项工作的总纲，落实到三大重点领域、九大任务攻坚行动中，以工作的实际成果检验学习贯彻的成效，其中，2017年5

月至2020年5月为三年攻坚期；2020年5月至2021年5月为巩固期，要进行九大任务三年攻坚行动“回头看”，切实找准工作短板，集中精力加以解决，确保九大任务三年攻坚行动取得实实在在的成效。

县委把2017年定为“作风建设年”，要通过县委理论学习中心组集中学习讨论，进一步加强作风建设，经过“对标”找差距，让全县党员领导干部增强“等不起”的紧迫感、“慢不得”的危机感、“坐不住”的责任感。围绕韶关市委常委会议提出的“把政治上的坚定性体现为工作上的责任心，把思想上的紧迫感化为工作使命感，把个人的工作水平转化为工作的实际成效”的要求，深入开展“比学赶超、以评促建、实干担当”活动，比评班子成员在工作中的团结主动性、比评各部门工作业绩的好与差、比评各镇（街）的争先竞优意识，形成相互竞争、相互参照的良好局面。深入实施科级领导干部“干事档案”管理，开展“为官不为”专项治理，出台干事创业容错免职制度等，打造一支勇于担当、作风扎实、干事创业的干部队伍，让全县党员干部以“抓铁有痕、踏石留印”的劲头，确保“一三九”发展战略既定目标任务的实现。

（祝向恩　谭玉玲）

以中共十九大精神引领改革发展

——仁化县掀起学习宣传贯彻落实中共十九大精神热潮侧记

前　言

办培训班、夜读中共十九大报告、实地革命传统教育……仁化县在学习宣传贯彻落实中共十九大精神中创新形式，丰富学习载体，结合实际，多措并举，让中共十九大精神在粤北山区小县落地生根、开花结果。如今，全县上下党员干部认真吃透中共十九大精神，用心领会其丰富内涵，把思想和行动统一到中共十九大精神尤其是习近平新时代中国特色社会主义思想上来，把智慧和力量凝聚到实现中共十九大确定的各项任务中来，仁化在全面建成小康社会、开启全面建设社会主义现代化新征程中阔步向前。

学习宣传有声有色　结合实际多措并举　以上率下掀起学习热潮

“仁化县以党的十九大精神为思想指引和行动指南，坚定不移维护以习近平同志为核心的党中央权威和集中统一领导，坚定不移深学笃用习近平新时代中国特色社会主义思想，坚定不移贯彻决胜全面建成小康社会、开启全面建设社会主义现代化国家新征程的战略部署，坚定不移推进全面从严治党。不折不扣贯彻落实党中央及省委、市委的各项决策部署。”中共仁化县委书记，丹霞山管委会书记、主任林国华在市委十二届五次全会的表态掷地有声。

中共十九大精神是统领各项工作的指南，因而学习活动绝不能含糊，不能只走过场，而是要真正吃透会议精神，用心领会其丰富内涵，把全县广大党员干部群众的思想统一到中共十九大精神上来，把力量凝聚到中共十九大确定的各项奋斗目标上来。仁化县按照这个要求，在全县范围内开展了一场轰轰烈烈的学习宣传贯彻落实中共十九大精神热潮。

以上率下示范带动

纲举则目张。该县成立了以县委书记为组长的中共十九大学习宣传贯彻领导小组，印发了《中共仁化县委关于认真学习宣传贯彻党的十九大精神的通知》《学习宣传贯彻党的十九大精神工作方案》，要求各级党（工）委（党组）要按照《通知》和《工作方案》部署要求，认真制定学习计划，开展专题学习，要以中共十九大精神为引领，积极谋划推动仁化振兴发展。

以上率下、示范带动是仁化县学习中共十九大精神的一个基本原则。该县四套领导班子成员结合“一线双联”等活动，带头到所在支部讲1次党课、过1次组织生活，联系督导1个以上镇（街）和县直有关单位，带头到联系的镇（街）或单位、县委党校作1次中共十九大精神专题辅导，带头开展1次专题调研和1次督学指导，为广大党员作好示范、当好表率。县委办干部仇旭君清楚记得，县委书记林国华多次以普通党员的身份参加县委办党总支的集体学习：“林书记围绕学习宣传贯彻党的十九大精神主题，和其他党员认真学习讨论。通过活动让我们增强了‘四个意识’，坚定了把理想抱负转化到做好‘三服务’工作中。”

除了以普通党员身份参加所在党总支的学习，林国华为全县镇村党员干部上了一节主题为“准确把握新时代党的建设总要求、全力做好基层党建工作”的专题党课，还下到挂点的董塘镇安岗村开展中共十九大精神宣讲。县长周小明结合开展“一线双联”活动，先后到丹霞街道康溪村、仁化产业集聚地等宣传中共十九大精神，并围绕“乡村振兴发展”“生态文明建设”等主题开展调研。据初步统计，中共十九大召开后，县四套班子领导累积到所在党支部、分管部门和挂点联系的镇（街）村（居）等开展学习宣讲活动160多场次。

在县领导班子成员的示范带动下，“党的十九大精神进企业、进农村、进机关、进校园、进社区、进军营、进网络”的要求得到落实，中共十九大精神的春风吹遍了仁化城乡的各个角落。

强化舆论营造氛围

在全县范围内掀起中共十九大精神学习热潮，强化舆论宣传、营造浓厚学习氛围是必不可少的一环。仁化县在充分发挥各级媒体的主阵地作用，加大力度进行宣传外，还充分发挥先进模范、宣讲团的舆论影响力，开展各种宣讲活动，推动中共十九大精神深入基层、深入人心。

该县广播电视台开设“学习宣传贯彻党的十九大精神”专栏，定期推送全县学习宣传贯彻中共十九大相关新闻报道，并积极投送新闻线索至省、市新闻媒体。还开设“展望新时代，续写新篇章”访谈节目，以中共十九大精神为主题，访谈各镇（街）党（工）委书记、县直有关单位主要负责人。县政府门户网站、仁化文明网以及仁化发布、仁化信息等微信公众号及时推送相关访谈内容。此外，还组织机关和企事业单位制作户外广告牌、宣传栏、张贴宣传画、宣传海报、横幅，以及通过电子显示屏滚动播放等方式，广泛开展社会宣传，在全县上下营造学习贯彻中共十九大精神的浓厚社会氛围。

宣讲是扩大宣传效果的另一面。中共十九大代表、仁化县锦江电力开发总公司瑶山电站运行班班长冯金英从北京返回仁化县后，放弃假期和日常休息时间，马不停蹄地向党员干部群众宣讲中共十九大精神以及分享参会见闻。截至2017年年底，冯金英在全市范围内30个单位开展宣讲35场，听众超过6000人次，取得良好的宣传效果，在干部群众中引起热烈反响。

仁化县还从党校、县直

机关工委、县妇联及党代表中抽调精干人员组建县委宣讲团，分赴各镇（街）、机关、农村、企业、校园、社区、军营等基层领域开展宣讲。截至2017年年底，组织开展宣讲29场，切实把中共十九大精神宣传到全县基层党员干部中。

创新形式确保成效

2017年12月，仁化县周田镇的省定贫困村平甫村一改往日的平静，变得热闹非凡，该县的十九大文艺队送戏下乡，把中共十九大精神和精彩的文艺表演送到了群众家门口，受到当地干部群众的热烈欢迎。《我们的中国梦》《复兴之路》等歌舞表演高雅、大气，让人精神振奋。采茶小戏《扶贫新曲》等带着浓浓的乡土气息，看着十分亲切。表演中还穿插着十九大精神知识问答，观众不仅受到了文艺的熏陶，又增加了对十九大精神的了解。不少群众纷纷表示，更加坚定了感党恩、听党话、跟党走，努力发展农村经济的信心和决心。

把中共十九大精神宣传与送戏下乡结合起来，用百姓喜闻乐见的形式进行宣传，春风化雨，润物无声，达到了良好的效果。据悉，这种十九大文艺表演深入各镇（街）开展巡回演出11场，推动了中共十九大精神深入基层、深入人心。

举办中共十九大精神培训班也是仁化县宣传中共十九大的“常规武器”。该县先后组织开展镇（街）村（社区）干部、科级领导干部、公务员以及“两新”组织党组织书记学习贯彻中共十九大精神专题培训，对全县党员干部进行分层次、全覆盖培训。县委理论学习中心组每月有重点、每次有专题地学习中共十九大精神。据统计，截至是年底，全县举办各类专题培训班16期，直接受训党员干部6638人次，发放十九大培训资料7512本（册）；农村基层党员通过现代远程教育网学习中共十九大精神5418人次。

学习中共十九大精神，但又不能耽误日常工作，怎么做到学习、工作两不误呢？仁化县推行的“夜学十九大精神”活动颇有成效。该县在县图书馆开辟了“十九大学习书屋”，安排县直机关各党组织轮流开展夜学活动，集中学习《党的十九大报告》《党章》《党的十九大报告辅导读本》文件精神，并就如何做好本职工作谈认识、谈体会和谈贯彻落实的措施，推动学习宣传贯彻中共十九大精神各项工作落到实处、见到实效。

把学习与革命传统教育相结合，牢记党的宗旨，不忘初心，砥砺前行，这是仁化县深入学习十九大精神的又一举措。该县四套班子主要领导、县党政班子和各镇（街）党（工）委书记集体瞻仰了国家文物重点保护单位、广东省爱国主义教育基地双峰寨，回顾中国共产党光辉革命历程，重温入党誓词，接受革命传统教育。仁化县委办党总支开展了重温入党誓词、重走红军长征路暨深入学习贯彻中共十九大精神活动等，让党员干部进一步坚定了理想信念。

贯彻落实坚定不移 确保党的十九大精神在仁化开花结果

学习宣传贯彻落实中共十九大精神，关键在做实。仁化县对标中共十九大报告提出的新目标、新任务、新举措，结合省委十二届二次全会、市委十二届五次全会的有关部署，坚持以中共十九大精神特别是习近平新时代中国特色社会主义思想为引领，结合县委“一三九”发展战略，进一步完善发展思路、细化工作举措、压实工作责任，以更高更严更细标准推动仁化加快改革发展步伐，确保中共十九大精神在仁化落地生根、开花结果。

措施一：全面加强中国共产党的建设

中共十九大、省委十二届二次全会和市委十二届五次全会把新时代党的建设要求提到了新的高度，仁化县认真贯彻落实，毫不动摇坚持和加强中国共产党的全面领导，牢固树立“抓好党建是最大政绩”的理念，把中国共产党的政治建设摆在首位，认真总结经验，着力破解该县党建在管理、监督、培训、宣传方面存在的问题，认真落实县委主体责任，不断推动党建工作重心下移，强化乡村振兴领导力量，把全县各级党组织锻造得更加坚强，努力把仁化党建这块旗帜举得更加坚定。

措施二：积极唱响红色主旋律

仁化是个革命老区，这块沃土孕育的革命传统与红色文化是一笔宝贵的财富。为此，该县对中共十九大报告提出的“传承红色基因”要求，深入挖掘县域红色文化资源，大力弘扬红色文化，抓好红军长征粤北纪念馆建设，深入推进城口红色特色小镇建设。“通过加强红色文物维修保护，提高革命历史纪念馆、爱国主义教育基地的展陈水平，加快红色旅游线路的谋划，大力推进红色旅游公路建设，努力把仁化打造成闻名全省乃至全国的红色旅游胜地。同时以弘扬红色文化为切入点，继续抓好创建全国文明县城工作，进一步提升仁化红色文化生命力和竞争力。”仁化县县长周小明向记者描绘了一幅红色文化发展的蓝图。

措施三：加快县域经济振兴发展

按照“坚定不移贯彻新发展理念，推动经济发展质量变革、效率变革、动力变革”要求，仁化县提出了经济发展新思路：重点围绕打造“大丹霞”经济圈和发展仁化全域旅游，大力推进旅游文化产业发展；围绕产业共建，加强与虎门的沟通对接，加快推进仁化—虎门产业共建园建设；围绕新农村、精准扶贫项目建设，做好项目包装和实施，切实以项目投资拉动经济增长；紧紧围绕年初目标任务，全力推进经济建设“百日攻坚行动”，谋划做好明年的经济工作。

措施四：实施乡村振兴发展

实施乡村振兴战略是仁化县贯彻落实十九大精神另一主攻方向。该县大力实施农村人居环境综合整治，扎实推进农村“三清三拆三整治”工作，以33条省定贫困村、“丹霞彩虹”省级新农村示范片、国省道两旁、省界村庄为重点，以点带面推动全县社会主义新农村建设。大力推进农业供给侧结构性改革，并依托国家现代农业示范区和国家农业科技园区，大力发展乡村休闲农业，努力创建“全国休闲农业与乡村旅游示范县”。

措施五：加快全面建成小康社会步伐

贯彻落实中共十九大精神吹响了仁化全面建成小康社会的号角。围绕产业扶贫、教育扶贫、医疗扶贫、金融扶贫等，打好精准扶贫“组合拳”，切实增强贫困村、贫困人口的“造血”功能和自我发展能力，让更多贫困群众摘掉“贫穷”的帽子。坚持教育优先发展战略，扎实推进薄弱环节的整改落实，力争成功创建广东省推进教育现代化先进县。大力开展创建卫生强县工作，争取到2020年，总体实现基本医疗卫生服务均等化，着力解决农民看病就医难问题。让更多的百姓富起来，让更多的群众共享社会发展成果，这是仁化县贯彻落实中共十九大精神的根本。

“通过前一段时间的学习宣传贯彻，全县各级党组织和广大党员干部群众对党的十九大精神的学习热情更加饱满高涨、理解领会不断走向深入、贯彻落实更加主动有力。”林国华总结道，有以习近平同志为核心的中共中央的坚强领导，用习近平新时代中国特色社会主义思想武装头脑、指导实践，不忘初心，牢记使命，苦干加实干，仁化县一定能够如期全面建成小康社会、开启全面建设社会主义现代化新征程。（谭玉玲）

“大丹霞”促仁化县全域旅游“提档加速”

“以前说到仁化，就只知道丹霞山，没想到山脚下还有这么具有历史文化底蕴且保存完好的石塘古镇。走在石板路上，听听月姐歌，尝尝堆花米酒，都是一种享受！”在2017年南粤古驿道定向大赛（韶关·仁化站）上，来自全国各地的参赛选手被仁化的古镇风情深深吸引。

2017年，仁化县积极贯彻落实习近平总书记提出的“绿水青山就是金山银山”的生态文明建设理念以及中共韶关市委提出的“2+2”旅游发展工作思路，充分发挥丹霞山品牌效应和龙头带动作用，加快推进大丹霞旅游经济圈建设和发展仁化全域旅游，全县搭乘“大丹霞”这趟高速列车全速向前。统计数据显示，2017年该县接待游客总人数951.28万人次，同比上年增长11.61%；旅游收入54.82亿元，同比上年增长11.70%。

科学谋划 力促“大丹霞”建设提速

丹霞山这张旅游名片不仅是仁化县的，更是韶关乃至广东省的重要旅游名片。如何让丹霞山这张重量级名片重焕新魅力？这是新一届中共仁化县委领导班子思考最多的问题。

2017年8月23日，中共韶关市委召开旅游业发展专题协商会议，提出要按照“2+2”的工作思路，其中又突出以大丹霞和大南华这两个具有标志性意义的景区为重点，推进全市旅游文化发展产业。

为制定更符合大丹霞旅游发展的思路和措施，仁化围绕市委、市政府“2+2”的旅游工作思路，先后召开了专题调研、座谈会、外出参观考察，广泛征求意见。该县党政主要领导带队连续到丹霞山南门、夏富以及有关镇（街）调研，组织召开10余场专题座谈会。在充分调研的基础上，拟定《关于加快推进大丹霞旅游经济圈发展建设工作实施方案》，对加快大丹霞旅游经济圈属地工作等进行细化，明确责任分工，配套考核、政策资金等系列保障制度。

全域联动 旅游发展“一盘棋”

2017年，仁化把发展全域旅游作为县委“一三九”发展战略九大任务之一，制定《仁化县创建国家和省级全域旅游示范区三年攻坚行动方案》，力争用3年时间逐步实现旅游模式从景区旅游向全域旅游的转变，观光式旅游向体验式观光、休闲、度假并重转变。

仁化县与丹霞山管委会联合成立了对接工作领导小组，负责统筹推进“大丹霞”旅游经济圈建设和全县旅游各项工作。领导小组下设县旅游发展委员会、旅游营商引资等九个专项工作小组，统筹推进旅游工作。

在旅游发展“一盘棋”的思路指导下，该县成功举办丹霞山2017年首个“文化与自然遗产日”、“善美韶关棋逢丹霞”2017“丹霞杯”围棋城市邀请赛、南粤古驿道定向大赛、迷你穿越丹霞等一系列活动，为推动大丹霞旅游经济圈和全域旅游发展宣传造势。值得一提的是，2017年国庆黄金周期间，仁化县与丹霞山打破以往“各自为战”工作方式，建立旅游全域联动工作体系，实时动态监管、指挥调度、统筹协调全县各项旅游工作，实现全区域旅游“飘红”。

在仁化，“丹霞山的事，

就是仁化县的事，要把丹霞山的事抓紧抓实，要为韶关旅游发展乃至全省旅游发展作出新的贡献”的理念深入人心。广大干群也逐步从旅游的旁观者、局外人转变为支持者和参与者……如今，仁化的大丹霞旅游经济圈建设和发展全域旅游不再是旅游部门“单打独斗”，而是全县上下的“合力攻战”。

内外兼修　提升旅游发展水平

2017年，仁化全力加快推进丹霞灵溪景区项目、丹霞山南门古洋水乡度假区项目等8个重点生态旅游配套项目建设，启动长江至热水、灵溪河至新凉亭等旅游公路建设2条，建成县旅游集散中心，新建和改造提升旅游厕所29座，旅游服务水平进一步提升。深挖文化内涵，深入挖掘韶文化、丹霞文化和地方特色文化并进行“活化”，以增强景区文化品位。编辑出版《大丹霞旅游文化舜帝南巡遗踪》一书。

同时，该县还大力开展“旅游+”活动，全方位满足游客需求。“旅游+体育”，举办了第二届南粤古驿道大赛等活动，推动户外运动产业发展。“旅游+农业”，利用农田资源种植油菜花示范片和养殖禾花鱼，带动乡村旅游发展。“旅游+文化”，成功举办“绚美大丹霞、活力新仁化”2017广东仁化文化旅游节暨生态农业博览会展览、珠江交响乐晚会、《七十二家房客》走进仁化文艺演出和亿航无人飞机“千机秀”……让不同层次不同喜好的人在仁化找到“旅行的意义”。

（祝向恩　谭玉玲）

仁化县打造全域旅游工作纪实

2017年，仁化县借省市重视旅游工作契机，抓好全县旅游工作。截至2017年年底，全县以丹霞山景区为龙头，全域联动全域旅游，全面推进，以丹霞仁家、丹霞民宿为品牌特设的乡村旅游蓬勃发展，进一步提升了仁化县旅游格局，旅游产业水平得到长足发展。

一、建立全域旅游领导协调机制方面。一是领导重视。县委县政府高度重视将发展全域旅游作为县委、县政府“一三九”发展战略九大攻坚任务之首和重点工程加以推进。二是健全机构。成立高规格领导小组和专门办公室，县委书记、县长分别担任第一组长和组长，明确责任分工，完善工作机制，构建“党委统筹、政府主导、部门联动、市场运作、社会参与”旅游发展运作机制，并将全域旅游工作列入党委政府绩效考核内容。三是制定方案。县委县政府下发《仁化县创建国家和省级全域旅游示范区三年攻坚行动方案》，明确和细化职责分工。四是全面部署。年内，召开九大任务三年攻坚行动动员部署会议，召开2017年仁化县全域旅游工作暨与丹霞山管委会联席工作会议，以创建全国县级文明城市为契机，加大全域旅游氛围营造，推进全域旅游工作全面开展。五是编制发展规划。根据“全域旅游”的发展理念，编制《仁化县全域旅游发展规划》，并通过专家评审。

二、完善特色旅游产品体系方面。一是积极开展招商引资工作，成功引进一批旅游投资企业在仁化县落户。二是大力推进大丹霞建设。在加快推进大丹霞旅游经济圈发展建设的基础上，抓好丹霞山南门古洋水乡度假区项目、宝能国际旅游度假项目、梦幻丹霞项目等重点项目建设。三是推进A级景区创建。金喆园景区、五马寨景区、凡口国家矿山公园景区和丹霞灵溪景区建设有序推进。四是深入挖掘和利用仁化特色文化和资源。举办仁化国际美食节、扶溪镇古夏禾斋民俗文化节、长江镇六月六禾斋节、第四届龙皇宫生态旅游文化节等多项活动，宣传推广全县旅游文化资源。五是乡村旅游蓬勃发展。石塘古村、夏富古村、扶溪梯田等受到游客青睐，乡村旅游民宿、旅游驿站、星级宾馆建设有效推进，年内完成2家乡村旅游民宿、2家旅游驿站建设和彤景酒店创建星级宾馆工作。六是谱写“旅游+”新篇章，“旅游+农业”“旅游+体育”“旅游+林业”“旅游+文化”“旅游+教育”“旅游+红色”等活动开展有声有色，农业观光休闲采摘、徒步穿越、南粤古驿道大赛、科普研学游等旅游项目越来越受群众欢迎。七是推进镇村文化、旅游等资源优势。初步完成丹霞生态旅游特色小镇、城口红色特色小镇规划建设，进行周田旅游配套服务中心小镇、石塘酒香古镇、长江商贸小镇、红山茶文化特色小镇等申报工作。八是旅游形象推广力度加大。出台并实施《仁化县全域旅游宣传方案》，利用“南方+”等各种微信、微博、广播电视、报纸等传媒形式加强主题宣传，积极组织参加粤赣港澳以及韶关、广州、四川等地区旅博会，宣传推介仁化县特色旅游资源。

三、公共设施与公共服务建设得到完善。一是以市打造丹霞山至南华寺旅游公路契机，仁化县也将逐步打造10条旅游公路，建设总里程106.708千米，总投资金额约 11.66亿元，其中长江至万时山、灵溪河大桥至新凉亭旅游公路已进入招标阶段。二是积极争取省市资金完善旅游交通标识标牌和旅游厕所等基础设施建设。三是旅游集散中心建设完成，集散中心的交通引导、旅游信息、产品营销、综合服务等功能将按计划逐步完善。四是实施名导游工作。举办酒店和客栈服务员、旅游精准扶贫、讲解员等培训班，提升旅游从业人员和扶贫对象的旅游服务意识和整体素质。五是各镇街结合“精准扶贫”、人居环境整治、新农村建设等，加强污水处理村庄道路环境整治等。六是提升石塘古村景区配套服务设施。

四、智慧旅游建设工作推进。仁化县主要宾馆、农家乐、丹霞山等重点景区已实现无线宽带和WIFI全覆盖。智慧化数据系统建设有待加强。

五、文明旅游，安全有序工作有力推进。一是结合仁化县创建全国文明县城契机，增设大量“文明旅游”宣传标语、宣传画，悬挂宣传条幅，景区LED屏滚动播放“文明旅游”宣传标语，免费发放一批宣传品。二是成立县旅游志愿者队伍，并在节假日开展志愿服务活动，为市民、游客提供文明引导、讲解、信息咨询等服务。文明旅游蔚然成风；三是丹霞山管委会、县公安、安监、工商、旅游、食药监等部门在春节、五一、暑期及国庆节前，做好安全生产检查和旅游市场秩序检查工作，确保全县旅游安全、有序稳定。

（易　佳）

仁化：弘扬红色文化
让红色基因永续传承

一直以来，坐拥丹霞山的仁化县以生态旅游目的地著称于世。八方游客纷至沓来时，大都不忘到石塘古村逛逛，了解双峰寨保卫战那段红色历史；或者走进城口镇，听当地老人口述红军入粤后的惨烈战事——铜鼓岭阻击战。

作为广东省革命老区，仁化这块2223平方公里的土地上，有史记载的红色革命遗址达几百处。2017年，中共仁化县委、县人民政府深入贯彻落实中共中央和省委、市委关于传承红色基因、继承革命文化的决策部署，按照“先保护、后开发”原则，切实加强对红色遗产资源的挖掘、保护和利用。

看举措：打造红色旅游“拳头产品”

仁化县高度重视红色资源保护利用，建立“党委统筹、政府主导、部门参与、各级联动”的红色革命遗址保护利用工作协调机制，及时出台《仁化县红色革命文化遗址保护利用规划（2018—2020年）》，深入挖掘“红色仁化”文化内涵，制定红色革命遗址的分布图、红色旅游路线图，全面系统有效推进红色革命遗址保护工作。积极争取国家、省、市专项资金和县级配套资金，投入2000多万元对石塘古村、双峰寨、思诒堂、董劝书院、铜鼓岭革命烈士纪念园等革命遗址进行建设性保护。大力收集完善红色历史记载、人物事迹和红军故事等，出版相关历史文献和纪念册，让红色革命精神一代代传承下去。

依托丰富的革命历史文化资源。去年来，仁化县大力弘扬红色文化，树立仁化红色品牌，用不到两个月时间建成铜鼓岭红军烈士纪念园，成功举行了红军长征粤北纪念馆奠基仪式、城口红色特色小镇启动暨丹霞丰源温泉项目奠基仪式，南粤古驿道定向大赛第二次在中国历史文化名村石塘镇石塘村举行，首次举行“南粤微长征·红色古驿道——仁化县首届红色印象25千米徒步活动”……全力打造城口红色特色小镇、石塘酒香古镇以及以红色为基调的“体育+旅游”节庆活动等红色旅游“拳头产品”，努力把仁化打造成为全省乃至全国的红色旅游区域。

笔者了解到，截至2017年年底，仁化逐渐形成“红色+米酒+古村”等特色鲜明、主题突出的红色精品旅游线路，红色旅游也呈现蓬勃发展态势。2017年“七一”前后，石塘双峰寨、铜鼓岭红军烈士纪念园、城口镇红军街等一处处革命遗址成为该县域内外众多机关单位、普通党员家庭探访红色记忆的热选地。

新亮点：让革命老区红色更加鲜艳

2017年7月，在仁化县城口镇举行的红军长征粤北纪念馆奠基仪式庄严而隆重。省、市、县领导、党员群众200多人参加奠基仪式，成为这个小镇2017年发生的一件大事。

红军长征粤北纪念馆是广东省唯一以长征为主题的大型纪念馆，也是中共十八大后广东省第一个由中共中央批准新建的重要纪念设施，充分体现了以习近平同志为核心的中共中央对广东红色文化遗产工作的高度重视和殷切希望。截至2017年年底，该馆完成概念设计、建设用地征收等前期工作，计划于2019年4月建成开放。建成后，纪念馆将完整呈现粤北红色历史，分别展现红军初创时期、中央苏区时期、长征时期、三年游击战时期的历史。

红军长征粤北纪念馆落户的城口镇，是红军长征途中重要的一站，也是全国20个“我心目中的长征纪念地”之一，有铜鼓岭纪念园、红军街、谭甫仁将军旧居、红军长征纪念广场等多处红色军事文化遗址。2017年5月，城口镇红色特色小镇被列为韶关市第一批特色小镇示范点。

以建设红军长征粤北纪念馆为契机，仁化县整合红色资源，努力打造城口红色特色小镇，引进了广东丰泰集团丹霞丰源温泉项目，计划投资10亿元开发城口镇温泉资源，形成“温泉”主导产业；打造红色旅游线路，有效保护好铜鼓岭阻击战遗址、谭甫仁将军旧居、胜一理发店等历史遗迹，加快将红军长征露宿地正龙街、河边街打造成为红军街；进一步挖掘人文民俗古村落旅游资源，加大恩村、上寨古村遗迹保护力度，提升乡村旅游的吸引力和承载力，努力形成“红色+温泉+古村”的旅游发展格局。与此同时，该县通过组织新闻媒体、文史专家下乡村、进农家等走访活动，挖掘出包括红军在巧夺东水桥、奇袭城口镇、血战铜鼓岭、露宿正龙街等过程中发生的一系列真实史迹，充实了城口史实资源，丰富了当地红色文化。

展望2018年：传承红色基因 唱响红色主旋律

展望2018年，该县用3年时间分阶段分批次打造红色特色镇品牌。第一阶段优先打造城口红色特色小镇、提升石塘红色基础设施建设水平。第二阶段重点推进红山、长江、董塘红色遗迹遗址保护利用。第三阶段初步建成城口红色特色小镇和完成红色旅游公路建设。通过3年时间努力，将仁化打造成为全省传承红色基因、唱响红色主旋律的红色革命圣地、爱国主义教育基地。落实中共广东省委和市委关于“红色村”党建示范工程要求，加快推进省定党建示范工程第一批“红色村”示范点董塘镇安岗村建设。围绕红军长征经过史实，精心打造长江凌溪—城口—红山重走长征路徒步体验游、石塘—董塘红色特色游、环丹霞山红色元素游、县城—城口长征历史文化游、董塘镇移民文化游等旅游线路，促进革命老区旅游发展，让仁化的红色基因永续传承。

（祝向恩　谭玉玲）

铭记红色历史　献礼建军90周年

——红军长征粤北纪念馆奠基纪实

一、项目背景

2016年是红军长征胜利80周年。粤北作为红军长征不可或缺的组成部分，是整个广东省红色资源最为丰富的地区之一。而仁化县正是当年红军长征经过广东时，突破国民党军第二道封锁线所在地。巧夺水东桥、奇袭城口镇、铜鼓岭阻击战等战斗都发生在这里，具有丰厚的红色基因和优良的革命传统。在红军长征经过的15

个省市地区中，广东是唯一一个没有反映红军长征主题纪念馆的地区。设立“红军长征粤北纪念馆”，可以将粤北地区131处（截至2017年年底，下同）红军遗址遗迹、37个县级以上文物保护单位、94处不可移动文物、1120件红军历史文物纳入加以保护，形成一个以纪念馆为中心辐射全省的红色教育基地。2016年是红军长征胜利80周年，2017年是中国共产党建军90周年，为了更好地发挥纪念红军长征在粤北留下的光辉历史，深入开展以红军长征为主题的爱国主义教育和党史军事教育，仁化县于2016年8月向中央和省、市申请提交《关于设立“红军长征粤北纪念馆”的请示》（仁委〔2016〕53号），拟将分散在粤北地区的各类红军历史文物、文献纳入加以保护，形成一个以纪念馆为中心辐射全省的红色教育基地。

二、选址过程

仁化县自启动设立“红军长征粤北纪念馆”项目建设以来，分别对县丹霞新城教育楼、县石塘镇老电影院、城口镇文化活动中心等地进行选址考察，严谨分析和建议。2016年12月20日，中共广东省委宣传部副部长、省文明办主任顾作义到仁化视察。经多次比较、讨论和征求意见，确定仁化县城口镇原板厂为建设纪念馆最佳选址。城口是千年古镇，保存有南越时期的古秦城，是红军长征突破国民党军第二道封锁线所在地，发生过巧夺水东桥、奇袭城口镇、铜鼓岭阻击战等著名战斗。将“红军长征粤北纪念馆”设立在城口镇，有利于更好地展示和反映中国工农红军的长征史，带动城口镇打造“红色特色小镇”旅游规划。

三、工作筹备

2017年4月，中共中央批复在韶关市仁化县城口镇设立红军长征粤北纪念馆。仁化县及时成立由县委书记林国华任组长的建设项目领导小组，并制定红军长征粤北纪念馆建设工作方案，明确建设工作任务、职责分工和时间节点。

3月17日，中共韶关市委常委、宣传部部长柳琛子到仁化县城口镇实地调研。4月19日，中共韶关市委书记莫高义到红军长征粤北纪念馆建设地点仁化县城口镇原板厂旧址实地调研。5月18日，柳琛子召集工作组召开第一次联席会议。5月22日，县领导张元展召集相关部门召开专题会议。5月23日，完成建设用地地形图测绘。5月24日，柳琛子专题召开设计意向座谈会并就设计工作提出建议意见；是日，发布土地征收预通告。5月27日，县委书记林国华召开专题会议；5月31日，林国华会见设计单位并就设计工作提出建议意见；是日，初步完成红军长征粤北纪念馆可行性研究报告。6月1日，与广州大学建筑设计院签订设计合同。7月20日，完成奠基准备工作。

四、奠基仪式

2017年7月26日，在仁化县城口镇举行红军长征粤北纪念馆奠基仪式，标志着广东唯一一个以纪念红军长征为主题的爱国主义教育基地正式动工建设。中共广东省委常委、宣传部部长慎海雄，广东省军区副政委梁跃嘉，省老区建设促进会会长、中国扶贫基金会副会长陈开枝，省委宣传部巡视员、省文明办主任顾作义，韶关市委书记、市人大常委会主任莫高义，市委副书记、市长殷焕明，韶关军分区司令员盖长利和仁化县委书记林国华等领导和部队官兵、党员群众200人参加奠基仪式。奠基仪式上，慎海雄、梁跃嘉、陈开枝、莫高义、林国华等为奠基石培土，顾作义、莫高义分别致辞。

顾作义在致辞中指出，红军长征粤北纪念馆是广东省唯一以长征为主题的大型纪念馆，也是十八大以来广东省第一个由中共中央批准新建的重要纪念设施，充分体现了以习近平为核心的党中央对广东红色文化遗产工作的高度重视和殷切希望，它的建设落成必将对广东省开展爱国主义教育、弘扬革命精神产生巨大推动作用。要以建设长征纪念馆为契机，整合红色资源，努力打造城口红色小镇，用青山绿水烘托

2017年7月26日，红军长征粤北纪念馆奠基仪式在城口镇举行。图为奠基仪式现场 （县委宣传部 供图）

红色文化，以红色文化促进当地发展。要围绕重要遗址和纪念设施，打造红色旅游品牌，突出重点、以点带面，把红色旅游、生态休闲、扶贫开发、农村环境整治结合起来，促进革命老区经济社会全面发展。要精心施工，严把质量，把长征纪念馆建成经得起历史考验、受到百姓认可的百年场馆，为广大群众追忆峥嵘岁月、缅怀革命先烈、传承红色文化提供精神殿堂，使红色精神代代相传、永续长存。

莫高义表示，中共韶关市委、市政府将按照中共中央、广东省委指示和要求，“把红色资源利用好、把红色传统发扬好、把红色基因传承好”，高质量高水平抓好纪念馆建设，努力把该馆建设成为全省党性教育基地、社会主义核心价值观教育基地、全国爱国主义教育示范基地和红色旅游经典景点。通过科学陈列和展示，生动呈现红军过境粤北的光辉历史，进一步激励人们缅怀革命先烈，铭记红色历史，弘扬长征精神。

新华社广东分社、中央电视台、人民日报广东分社、南方日报、羊城晚报、广州日报等媒体记者对红军长征粤北纪念馆奠基仪式进行采访报道。截至2017年年底，发表红军长征粤北纪念馆主题原创新闻30多篇，其中视频新闻报道3篇、文字新闻28篇。

红军长征粤北纪念馆建成后将重点展示红军长征过境粤北战斗历程，集中呈现红军各个时期在粤北开展的革命活动，努力建设成为全省党性教育基地、红色旅游经典景点、全国爱国主义教育示范基地。项目计划分两年建设完成，预计2019年4月建成并免费开放。

（郑玉江　叶　瑞）

心贴心传递十九大精神

——小记中共十九大代表、韶关市仁化县锦江电力开发总公司冯金英

中共十九大代表、韶关仁化县锦江电力开发总公司瑶山电站运行班班长冯金英从北京返回仁化县后，放弃假期和日常休息时间，马不停蹄地向党员干部群众和同事宣讲十九大精神，分享参会见闻，在党员群众中推动掀起认真学习宣传贯彻十九大精神的热潮。

切合实际让村民入脑入心

“老乡们，我同你们讲十九大精神……”在韶关市仁化县董塘镇安岗村宣讲现场，冯金英一到会场便以一口朴实的乡音开讲，原本一脸严肃的安岗村党员干部，脸上立刻挂上了笑容，并不时发出掌声和赞许声。

“党的十九大召开时，我在人民大会堂聆听习总书记所作的报告，多次热泪盈眶，深切感悟到我们党团结带领全国人民取得的伟大成就来之不易，深切领会到习近平新时代中国特色社会主义思想博大精深，也真心感觉到我们每个人都应该把党的十九大精神学好、记好、用好。”冯金英的宣讲掺杂了当地客家方言，让人耳目一新。

在分享参加盛会的亲身经历时，冯金英向大家讲述会场内外的种种细节，让大家仿佛置身于十九大会场，也让十九大精神更加入脑入心。

结合安岗村实际，冯金英告诉党员干部，中共十九大事关农村发展、村民幸福，报告提出乡村振兴战略、坚决打赢脱贫攻坚战等，都与安岗村当前工作和未来发展密切相关。安岗村要以十九大精神为指导，积极发展特色种养产业助力脱贫攻坚，积极发挥村民理事会作用，推动新农村建设和发展，积极培养懂农业、爱农村、爱农民的工作队伍，为摘掉贫困“帽子”、振兴农村发展、实现小康社会做出积极的贡献。

在宣讲过程中，冯金英特别注意把中共十九大的部署要求和自己的领悟，用大白话一一告诉大家，让大家不仅听得懂，更加听得进。

做足准备让宣讲贴近生活

在安岗村的宣讲虽然只有20多分钟，但是为了这20多分钟，为了每一场宣讲，冯金英都做足功课。“我作为十九大代表，参加了举世瞩目的盛会，备受感动和鼓舞，发自内心觉得一定要履行好党代表职责，把十九大精神宣传好。而要把十九大精神宣传好，首先自己就要学习透彻、领会贯通。”冯金英说。

冯金英每次宣讲前都要做一番准备，比如逐字逐句学习报告原文、查看十九大报告辅导读本、上网搜索学习、与其他党代表讨论交流等，争取在为不同群体、不同岗位的党员群众宣讲时，都尽可能贴近他们的生活工作实际。

翻开冯金英随身携带的中共十九大报告原文，每页都有详细的标注，特别有感触的地方还注明“详看笔记本第几页”。顺着报告原文的标注打开笔记本，里面写满了弘扬劳模精神和工匠精神、培养“三农”工作队伍等

方面的解读及个人体会。

积极主动赴各会场宣讲

做足宣讲准备的冯金英，每场宣讲会都深受党员群众喜爱，也达到了良好的宣传效果。为此，韶关市区、仁化县以及周边县（市、区）机关单位、武警部队、企业、社区、校园等，都积极邀请冯金英前往宣传中共十九大精神。

冯金英自从10月26日从北京返回仁化后，就奔走于各个宣讲会场，宣讲行程安排得满满的。偶尔没有宣讲任务，她回到偏远的瑶山电站运行车间一线工作岗位，也见缝插针地向同事们宣传十九大精神。不管是在调控室安排运行班工作人员值班，还是在3个楼层检查、调节机电设备，甚至是午餐时间，她都没让自己闲着。

有些听得“不过瘾”的同事或者没赶上宣讲会的党员群众，还利用晚上时间拉着冯金英到家里做客，听她更加详细地讲述大会盛况，解读十九大报告精神。

截至2017年11月10日，冯金英的宣讲活动超过20场，参加宣讲活动听众达4000多人次。

虽然很忙碌，但冯金英依然干劲十足、态度认真。“我作为来自生产一线的基层党代表，必须要发挥劳模精神和工匠精神，真抓实干、身体力行当好党的十九大精神的传播者、宣传者和践行者，让党的十九大精神在基层落地生根、开花结果。”

■和党代表共读报告

坚决打赢脱贫攻坚战。让贫困人口和贫困地区同全国一道进入全面小康社会是我们党的庄严承诺。要动员全党全国全社会力量，坚持精准扶贫、精准脱贫，坚持中央统筹省负总责市县抓落实的工作机制，强化党政一把手负总责的责任制，坚持大扶贫格局，注重扶贫同扶志、扶智相结合，深入实施东西部扶贫协作，重点攻克深度贫困地区脱贫任务，确保到二〇二〇年我国现行标准下农村贫困人口实现脱贫，贫困县全部摘帽，解决区域性整体贫困，做到脱真贫、真脱贫。

■党代表寄语

全面建成小康社会，那时候我51岁。我相信在以习近平同志为核心的党中央权威和集中统一领导下，在习近平新时代中国特色社会主义思想的指引下，全国上下党员群众团结一致、齐心发力、真抓实干，一定能打赢脱贫攻坚战，一定能圆满实现全面建成小康社会目标。

我是来自山区基层的党代表，我对农村和城镇的发展深有体会，习总书记所作的十九大报告，让我对城乡统筹协调发展充满信心、满怀期待。我相信十九大以后的农村，居住环境越来越优美、村民生活越来越富裕、村风民风更加文明和谐，每个村民都会为自己所在的村感到光荣和自豪。我也坚信十九大以后的城镇，城市功能品质不断提升，建设布局更加优化完美，公共服务体系更为健全，基础功能配套更加完善，生活在城镇的居民感到更加便捷和舒适。

（谭玉玲）

仁化县开展作风建设年活动

【活动概述】 2017年，仁化县围绕加强干部作风建设、增强行政效能和提高服务水平，以“比学赶超、以评促建、实干担当”为主题在全县开展作风建设年活动，着力解决领导干部工作中存在“慵懒散”等突出问题，并取得明显成效。

【加强组织领导，活动扎实向前推进】 2017年，仁化县县委专门成立以县委书记为组长的仁化县“比学赶超、以评促建、实干担当”作风建设年活动领导小组，制定活动实施方案，组建工作组综合协调组、督查考核组、宣传报道3个，设立督导检查组4个。全县74个单位按照县委统一要求和具体安排，制定本单位活动实施方案，做到主要领导亲自挂帅、动员部署，并结合实际，积极开展各具特色、形式多样的作风建设年活动，全面掀起仁化县“比学赶超、以评促建、实干担当”作风建设年活动热潮。

【深入自查自纠，认真剖析思想根源】 2017年，仁化县各单位认真做好自查自纠各项工作。一是广泛征求意见建议，通过召开座谈会、走访群众、个别谈话、发放征求意见表等方式，广泛听取和收集有关工作建议和作风问题线索。二是普遍开展谈心谈话，各级领导干部广泛开展作风建设专题谈心谈话，切实把各单位及其干部作风方面存在的问题谈准、谈深、谈透，达到“红脸出汗、咬耳扯袖”效果。三是深入自我剖析。通过“八查八看”认真查摆问题，剖析思想根源，深入开展批评和自我批评，进一步明确努力方向和整改措施。四是坚持边查边改。抓住群众反映的问题，自觉把自查自纠、征求意见与解决实际问题结合起来，加大整改力度，从具体问题、最容易见到成效的事情做起，能马上解决的立即解决，不能及时解决的，积极制定措施限期解决，有效促进各项工作开展。

【建立问题清单，狠抓工作落实】 一是建立问题清单，在征求意见、谈心谈话、自我剖析和召开专题民主生活的基础上，形成《各活动单位作风建设年活动整改问题清单汇编》。二是对照问题清单和整改台账，明确整改重点，主要是围绕县委“一三九”发展战略，结合农村人居环境整治、“精准扶贫”、农村综合改革等九大任务实施过程中的重点难点问题和创文工作、综治信访维稳等关乎社情民意的突出问题，集中精力抓好整改落实。三是建立整改销号台账，对一些突出问题，以挂牌督办、限时办结、问题销号等方式，逐一进行跟踪处理。

【强化督导检查，确保活动取得实效】 2017年，仁化县县领导主动深入各镇（街）、县各有关单位进行检查指导，针对活动中的问题，及时研究解决，确保活动健康开展。县活动办切实发挥综合指导、协调各方的职能作用，4个督导检查组分片负责对全县74个单位活动实施情况进行督导检查。对11个镇（街）12个县直单位在脱贫攻坚方面存在的25项主要问题进行通报，有力推动“精准扶贫”问题整改落实；对17个行政村新农村建设工作方面存在的问题进行通报，进一步加快“三清三拆”和新农村建设工作落实。

【开展“六项评比”，推动领导干部作风转变】 2017年，仁化县紧扣“教育学习”“整治不良作风”“担当尽责抓落实”“政务服务”“严作风、守规矩、优服务”“政风行风评议”主题，开展“六大评比”活动，推动干部工作作风转变。通过综合评比，在全县形成你追我赶、奋勇争先工作氛围，抓作风、促发展逐渐成为党员领导干部的思想自觉和行动自觉。

【作风建设年取得主要成效】 一是思想认识有新提升。坚持把学习教育贯穿始终，坚持用习近平新时代中国特色社会主义思想武装头脑、指导实践，提升广大党员干部的党性修养和推进基层党建、新农村建设等方面的能力和水平，进一步增强对标找差、比学赶超、奋勇争先的主动性和自觉性。二是干部工作作风明显好转。广大党员干部工作执行力明显提升，行政效能明显增强，涌现一批求真务实、真抓实干、干事创业、敢于担当的干部队伍。 三是各项工作推进有力。各单位围绕县委“一三九”发展战略，以开展“一线双联”“固定党日+”、联系服务企业和经济建设“百日攻坚”行动等活动载体为契机，县领导以上率下，带头改进作风，示范带动全县形成真抓实干、求真务实的良好作风，大抓基层在一线，联村联户联企业，全力推进各项工作有序开展，推动解决一批关系群众切身利益的问题，经济社会发展取得了阶段性成果。四是制度建设进一步完善。积极探索建立加强作风建设的长效机制，先后建立和完善干事创业容错免责机制、督查问责机制、干部政绩档案和干部考验性管理、外出请示报告、九大任务监督考核等制度，初步形成一系列行之有效的长效机制，全县上下形成激情工作、干事创业的良好氛围。

（邓盛明）

财富论坛上演的“千机变”秀到丹霞山

——2017广东仁化文化旅游节精彩绽放纪实

初冬，丹霞山上空飞翔的不只有雄鹰，还有刚从广州财富论坛上惊艳世界的“千机秀”。12月10日，2017广东仁化文化旅游节开幕。拥有世界自然遗产丹霞山，全国历史文化名村石塘古村，全国重点保护文物单位双峰寨、云龙寺等得天独厚旅游资源的仁化为推介自已“放大招”。

空中“我爱仁化”图案　引发全城欢呼

刚从广州财富论坛上放飞“千机秀”的亿航白鹭团队来到仁化。10日晚上7时30分，近百架无人机开始在仁化县城夜空中上演光与影的梦幻“科技的舞蹈”。亿航采用了先进的厘米级高精度定位系统，实现了每架无人机相距十厘米而不碰撞，有序地变换出各种闪耀的图案。

无人机在空中形成的第一个图案是“空中丹霞山”，接着“我爱仁化”“十九大”……精美的图案飞出流光溢彩，展示绚美丹霞、活力新仁化的魅力，在仁化中学运动场现场上千来宾、游客们大多拿出自己手机拍照记录，县城群众也对头顶上空的“丹霞山”发出欢呼。

亿航集国中国销售总经理候总是该次技术团队负责人。他说，这批无人机跟在广州财富论坛上表演的机型一样，都是亿航的GHOSTDRONE2.0无人机，同一个团队、同样的飞控技术，“此次文化旅游节是个很好对外展示机会，亿航在仁化开展了智慧旅游的项目，用无人机与丹霞山结合起来，向用户展现出不同以往的丹霞美景”。

来自广州的游客陈再道一家人在现场开心不已：“错过了7号广州塔前千机掠过的壮观画面，这次周末来仁化旅游竟意外碰上，真是好惊喜”。

文化旅游搭台　招商推介结硕果

《72家房客》、广东珠江交响乐团大型音乐会走进仁化文艺演出是本届文化旅游节“重头戏”。

在仁化体育馆，《72家房客》一众主演给观众带来欢声笑语，这部已经制作1600集的电视剧让大家对剧中“八姑”“太子炳”“金医生”“鸡公福”等人物非常熟悉。“瑞叔”即兴书法、“三六九”现场放歌、“牛局长”表演小品《试镜》……将现场气氛带到沸腾。“八姑”说，在美丽丹霞山下与当地人、游客们一起互动，“非常带劲”。

广东珠江交响乐团音乐会

在《轻骑兵序曲》中开场，轻柔舒缓的旋律在空中回荡，让人沉醉。“多么迷人的晚上”，很多现场观众发出这样的感慨。该次珠江交响乐团拿出曾经在国家大剧院演出70人的庞大阵容，演绎10首经典曲目。

中共仁化县委书记，丹霞山管委会书记、主任林国华说，希望通过举办文化旅游节激活韶文化、丹霞文化、红色文化和地方特色文化并进行“活化”，把文化与仁化雄厚的旅游资源融合一起，守护“大丹霞”起航，推动仁化旅游业再上一个台阶。

文化旅游搭台，经济唱戏。林国华说，积极响应韶关市委提出的“大丹霞、大招商、大建设”号召，通过“旅游+商贸、扶贫、产业共建”，提升大丹霞经济圈辐射能力，在这次仁化旅游文化节上，仁化成功举行招商推介签约活动，亿航投资30亿元“丹霞旅游无人机”、金裕新能源投资6亿元的阳光电源100兆瓦集中式光伏扶贫电站项目等17个项目现场签约，揽金80亿元。

美酒飘香 全是“柚”惑

仁化生态农业博览会是该次旅游文化节“热点”。该农博会既是仁化农特产品一次“阅兵”，更是激发人气平台。

仁化的金柚、贡柑、白毛茶、堆花米酒等农特产品知名度相当高，是仁化手信长盛不衰的“网红”。2017年，仁化的贡柑、石塘堆花米酒、扶溪大米获评2017年省级名特优新农产品，进一步得到官方认证，在该次农博会现场被表彰。

这些产品都放置在现场的精品展区。有几百年酿造历史的仁化石塘堆花米酒源源斟入杯中，堆积如花，酒香四益，让人垂涎欲滴；在明嘉靖年间被列为朝中贡品的仁化白毛茶在热水冲泡下，在杯中的一叶叶茶叶如同穿着盔甲的武士屹立。仁化县旅游局局长许关平说，仁化大桥镇的金柚果大形美、色泽金黄、蜜香味浓而闻名，很有“柚”惑力。

更具诱惑力的是初冬的仁化美景，脚下的每一寸土都格外舒适，每一方空气都特别清香。你可以根据自己的兴趣选择到丹霞山锦石岩寺、别传禅寺、翔龙湖、阴元石等景点玩，也可以到夏富村、牛鼻村、周田村、石塘古村等历史文化名村走动，或在情趣优雅的民宿客栈磨一杯自己喜欢的咖啡，静坐冥想，放空自己……“到仁化，过一个美美的冬日。”许关平说。

市领导以及挂点扶贫仁化的省委统战部、省外事办、省青年职业学院、珠影集团和东莞虎门镇、凤岗镇等有关领导出席开幕式。韶关市人民政府副市长李欣在致辞中指出，新一届市委、市政府把旅游产业是作为“一号工程”来抓。作为丹霞山所在地的仁化县是全市旅游业发展的重中之重，要紧按照市委、市政府打造“大丹霞”的景区的决策部署，以龙头景区带动全域旅游发展，积极探索生态旅游发展新路子，不断提升仁化旅游的影响力和吸引力，为全市全域旅游创造鲜活的经验。

（祝向恩　谭玉玲）

“善美韶关 棋逢丹霞”2017 “丹霞杯”围棋城市邀请赛

寄情山水，以棋会友。

2017年9月12日晚，“善美韶关 棋逢丹霞”2017“丹霞杯”围棋城市邀请赛在仁化县隆重开幕。中国围棋棋圣聂卫平（九段），中国人民解放军陆军少将、新中国围棋事业奠基人、开国元勋陈毅元帅之子陈丹淮将军，深圳航空副总裁宋向阳、中国围棋国家队总教练俞斌（九段），世界围棋团体冠军谢赫（九段），世界网络冠军董彦（七段），世界围棋盲棋第一人、江苏卫视“最强大脑”选手鲍云，清华大学博士生导师、清华大学智能围棋负责人由小川等嘉宾以及市、县领导王伟阳、周小明、李秀荣、谢庆伟、包伟红等参加当晚开幕式。

中共仁化县委副书记、代县长周小明代表县委、县政府、丹霞山管委会致欢迎辞，对各位领导和嘉宾的到来表示热烈欢迎和祝贺。周小明指出，仁化地理位置优越，自然资源丰富，境内拥有世界地质公园、世界自然遗产、国家AAAAA级风景区——丹霞山。举办“善美韶关　棋逢丹霞”2017“丹霞杯”围棋城市邀请赛，能让丹霞山的神奇秀美风光与围棋文化完美结合，使大家在交流棋艺的同时，感受丹霞山美丽的自然风光。周小明说，这是仁化县继9月10日成功举办南粤古驿道定向大赛之后，再次举办的一次大赛事。赛事的成功举办，是推动仁化县全域旅游的重要举措。仁化将全力提供优质的后勤保障，营造公平竞争的良好环境，努力将该次围棋大赛办成高水平、有特色的赛事。

棋圣聂卫平在开幕式上发表热情洋溢的讲话。他说，仁化是个好地方，拥有风景优美的自然风光。围棋已有数千年的历史，是中华民族乃至世界优秀传统文化的瑰宝，它体现了中华民族对智慧的追求。此次赛事，参赛选手来自新加坡、吉隆坡、曼谷等多个国家和地区，大家在人杰地灵的丹霞山以棋会友，切磋棋艺，这是一件盛事，希望参赛选手充分发挥好水平，取得好成绩。

陈丹淮在开幕式上祝愿此次围棋大赛能够圆满成功，各位选手能够赛出风格、赛出水平，通过棋艺，广交各路豪杰，感受丹霞山独特自然生态景观和地方民俗风情。

赛事于9月13日至16日在丹霞山举办，比赛以“善美韶关　棋逢丹霞”为主题，参赛队伍包括来自新加坡、吉隆坡、曼谷、中国台北、香港、澳门、北京、深圳、西安和韶关等10个城市队伍进行同场竞技。活动的举办，对推动“体育+旅游”“体育+文化”深度融合发展，进一步传播丹霞山世界遗产地，树立韶关生态休闲旅游城市形象，提高韶关“善美之城”的知名度有着深远的意义。

比赛期间，由世界冠军俞斌、谢赫、彭荃领衔的3名国手与韶关市12名围棋爱好者展开车轮对决。为了增加活动的趣味性与可看性，该次活动特意采用“以一对多”对弈规则，类似于车轮战，由1名国手同时对战4位棋手。尽管只是一次交流活动，但是棋手们也都是神情严肃，认真对待。一场比赛下来，多位围棋爱好者直言受益良多。在活动现场，3位国手认真对局，局后对当地爱好者进行指导性复盘。国家围棋队总教练俞斌表示，围棋是传统文化的瑰宝，希望这项非常有益的智力活动，能更加深远地弘扬传统文化，唤起全社会对于围棋这一国粹的关注和传承。

9月16日下午，为期5天的2017“丹霞杯”围棋城市邀请赛圆满落幕。最终，东道主韶关队过关斩将，勇夺冠军，中国台北队和澳门队分别获亚军、季军。赛后举行颁奖仪式。副县长包伟红出席颁奖活动，并为获奖代表队颁奖。来自不同国家和地区的参赛运动员在棋艺交流的同时，充分感受到丹霞山独特的自然生态景观和地方民俗风情。赛事的成功举办，进一步传播了丹霞山知名度，树立了仁化生态休闲旅游城市形象。

（黄明风）

体育与旅游“跨界”融合促发展

——仁化县发展“旅游+体育”工作纪实

2017年，中共韶关市委、市政府提出按照“2+2”工作思路，以大丹霞和大南华这两个具有标志性意义的景区为重点，推进全市旅游文化产业发展。仁化县围绕加快大丹霞旅游经济圈建设和发展全域旅游，整合优质资源，挖掘旅游要素，推进体育与旅游“跨界”融合发展。2017年，仁化县依托世界自然遗产丹霞山、中国历史文化名村石塘村、省爱国主义教育基地双峰寨、红军长征入粤重要阵地城口镇等旅游资源，先后举办或承办了2017年南粤古驿道定向大赛（韶关·仁化站）赛事、“善美韶关·棋逢丹霞”2017“丹霞杯”围棋城市邀请赛等10多项重大赛事，着力打造“旅游+体育”品牌，向外界展现了一个“生态、活力、幸福”的新仁化。

谋篇布局：力推“旅游+体育”模式

何谓“旅游+体育”？它是体育产业与旅游业交叉渗透产生的旅游新产品，也为传统旅游注入了新的内涵。融入了体育元素的旅游，使旅游者从传统的观赏型旅游向参与体验型旅游发展，能对游客产生更大的黏性，对地方带来可观的效益，大型的体育赛事活动往往能带动举办地的旅游、住宿、餐饮等多个行业发展。

由此可见，仁化县发展“旅游+体育”既顺应了时代发展的趋势，也非常符合仁化县推进大丹霞旅游经济圈建设和发展全域旅游的需要。那么，仁化县是如何打好“旅游+体育”这套组合“拳”的呢？

记者了解到，自从2017年市委、市政府提出按照“2+2”工作思路，即以大丹霞、大南华、大南岭、大珠玑四个核心景区为重点，其中又突出以大丹霞和大南华这两个具有标志性意义的景区为重点，推进全市旅游文化产业发展后，仁化县迅速贯彻落实，在拟定的《关于加快推进大丹霞旅游经济圈发展建设工作实施方案》、出台的《仁化县创建国家和省级全域旅游示范区三年攻坚行动方案》以及先后召开的中共仁化县委十三届四次、五次全会中，提出认真贯彻落实中共十九大精神以及习近平总书记提出的“绿水青山就是金山银山”的生态文明建设理念；围绕建设“生态、活力、幸福”新仁化这一目标，依托丹霞山和仁化丰富的旅游资源、户外运动资源，推动“旅游+体育”发展，定期举办徒步穿越丹霞、重走长征路徒步体验游、古驿道定向比赛等户外体育活动，全力打造山地户外运动基地，推动仁化户外运动产业发展，助力大丹霞旅游经济圈建设和仁化全域旅游发展，拉动全县旅游经济发展，造福仁化百姓。

这意味着，中共仁化县委、县政府站在全局的角度谋篇布局，确定了“旅游+体育”这一发展思路。该县体育局积极响应，迅速行动，拟定《仁化县户外运动研究和规划》并通过了专家评审。该规划从“体育+旅游”“体育+文化”角度切入，对仁化环丹霞山运动项目进行了近期、中长期规划设计，突显可操作性，促进体育与旅游“跨界”融合发展。

夯实基础：打造健身游玩好去处

推动体育与旅游“跨界”融合发展，必须要有良好的承载地。2017年，仁化县结合举办或承办省、市、县大型体育赛事活动，多方筹措资金加大户外运动基地建设，比如石塘古村，完成了南粤古驿道信息柱安装、酿酒作坊卫生改造、民宿客栈提升、鹅卵石路面复旧等设施建设，正加快古宅保护修缮等工作，力求把石塘镇建设成为南粤古驿道定向大赛的示范点，打造成红色为基调的“旅游+体育”小镇，以迎接四面八方的体育爱好者、休闲游客到来。

结合大丹霞旅游经济圈建设和全域旅游发展，仁化加快推进亿航无人机、丹霞丰源温泉、丹霞灵溪景区等项目建设，加快建立完善智能导游、应急指挥调度平台等系统，启动长江至热水、灵溪河至新凉亭等2条旅游公路建设，建成县旅游集散中心，新建和改造提升旅游厕所29座，积极完善交通指示牌、旅游标识牌，方便游客及户外运动爱好者参与户外运动休闲体验。

结合创建全国文明县城和城镇提升建设，实施仁爱广场改造、全民健身广场新建、“五小”惠民项目等多项民生工程建设，配套建设音乐喷泉等景观景点以及完善体育运动设施，着力打造具有文化内涵和景观特色的城市文明“窗口”。结合精准扶贫和新农村建设，还加快农村广场、绿道等基础建设以及健身器材的配齐完善，方便农村群众及乡村休闲游游客健身休闲体验。

举办赛事：引来八方参与体验游客

通过举办赛事引来游客量带动经济发展，仁化县深谙其道。与往年相比，2017年是仁化县体育运动赛事最多的一年，在省、市的大力支持和仁化相关部门共同努力下，成功承办省重大赛事3项、市重大赛事4项、县级大型赛事4项，广受大众好评。“在我看来，体育与旅游就是一对相辅相成、互促增长的‘好兄弟’。”仁化县体育局长何为君这样形容体育、旅游二者的关系，“正因如此，我们把体育赛事与旅游结合起来，运动员、观众既能感受体育的激情，也能在比赛之余游览领略仁化大美风光，这就是双赢！”

南粤古驿道定向大赛让仁化美誉传扬

2017年9月10日，2017年南粤古驿道定向大赛（韶关·仁化站）在仁化县石塘镇石塘古村开赛。这也是南粤古驿道定向大赛第二次在石塘村开跑。仁化县把开赛前9月9日晚的城市夜光定向活动作为该次赛事的内容拓展。省、市领导及10位新鲜出炉的第十三届全运会冠军以及3位仁化本土体育名人共同为首场城市夜光定向活动鸣笛开跑，来自全省各地1000多名参赛选手在夜色中的仁化炫酷开跑，来回穿梭在仁化大街小巷中。现场还邀请了女歌手和乐队前来驻唱，活动以新颖、活力的方式宣传了仁化。正式开赛当天，这些全运会冠军代表、仁化本土运动员代表集体亮相石塘村赛场。为广东马术队包揽了全运会马术6金的李振强、李耀锋父子还将全运“战马”拉到活动现场展开古驿道骑游，吸引了2000多人参与定向活动，并吸引1万多名游客前来感受石塘古村美景。

南粤古驿道定向大赛活动后，石塘镇的旅游知名度明显提升，石塘古村和双峰寨等景点，仅在2017年国庆假日的游客日均量逾千人，当地的农特产品仁化石塘堆花米酒以及农家乐、民俗客栈等的生意也格外火爆，充分展现了“旅游+体育”效应。

“善美韶关·棋逢丹霞”围棋赛提升知名度

2017年9月13—16日，“善美韶关·棋逢丹霞”2017“丹霞杯”围棋城市邀请赛在仁化县域内风景如画的世界自然遗产地——丹霞山举办。来自新加坡、北京等10个城市队伍同场竞技。中国围棋棋圣聂卫平（九段），中国人民解放军陆军少将、新中国围棋事业奠基人、开国元勋陈毅元帅之子陈丹淮，中国围棋国家队总教练俞斌（九段），世界围棋团体冠军谢赫（九段），世界网络冠军董彦（七段），世界围棋盲棋第一人、江苏卫视“最强大脑”选手鲍云等嘉宾和选手参与该次活动。通过比赛吸引了大批游客慕名前来游玩，推动“体育+旅游”“体育+文化”深度融合发展，进一步传播丹霞山世界遗产地，树立韶关生态休闲旅游城市形象，提高韶关“善美之城”知名度。

除了上述的精彩赛事，“丹霞山杯”广东省第四届传统体育项目学校武术套路锦标赛、韶关市第十五届青少年运动会、中国石化·加油广东“文明旅游好司机”自驾游集结赛暨“仁爱之城”仁化县首届汽车自驾游集结赛、南粤古驿道·首届迷你徒步穿越丹霞山、“体彩杯”爱骑旅全国骑行组织丹霞山嘉年华等活动，都为仁化留下了浓墨重彩的一笔。

争先创优体育成绩硕果累累

在2017年韶关市第十五届青少年运动会中，仁化体育健儿发挥出色，摘取了足球、篮球、武术、田径、乒乓球等多项金牌，使仁化县取得了“金牌全市第一、总分全市第二”的成绩。该县竞技体育综合实力的排位从全市第三跃居全市第二。对比2012年全市排名第八，取得了飞跃式的进步。另外，仁化引进的女运动员雷灶钊，代表广东省参加天津全运会获得女子赛艇第二名，被录入国家队，为仁化乃至韶关增光添彩。

仁化建成了一支从小学到初中、高中到大学“一条龙”的优质武术队，每年向全国知名体育学院等输送大批体育人才。其中，仁化中学被评为广东省武术项目传统校，是粤北地区唯一一所省武术传统校。该县在2017年6月广东省中小学生武术套路锦标赛中获团体第二，1名学生成为国家二级运动员；在2017年8月广东省传统武术锦标赛荣获2金3银5铜，3名队员成为国家二级运动员。仁化县在粤北的武术成绩综合排名第一。

（谭玉玲）

铆足干劲　贫困村昂首奔向新农村

——仁化县全力推进省定贫困村创建社会主义新农村示范村工作纪实

新农村建设是一项民生工程。仁化县认真贯彻落实中共中央、省、市安排部署，从实际情况出发，顺应群众期盼，加大资金投入力度，打造了一批名镇、名村、示范村，农村环境明显改善。这项“民生工程”切实成为惠及百姓的“民心工程”。

2017年8月，广东省贫困村创建社会主义新农村示范村工作电视电话会议对2277个省定贫困村创建社会主义新农村示范村工作进行动员部署，再次吹响新农村建设“冲锋号”。仁化闻令而动，听令而行，动员、部署、规划、实施……各项工作有条不紊全面铺开，贫困村村民对于未来有了更多期待。

高位推动：启动33个省定贫困村综合整治

为加快推进社会主义新农村建设，切实改善农村环境和生产生活条件，仁化县成立以中共仁化县委书记，丹霞山管委会书记、主任林国华为组长的领导小组，并于9月12日出台《仁化县全域推进农村人居生态环境综合整治建设社会主义新农村示范村三年攻坚行动方案（2017—2019）》（以下简称“《三年行动方案》”），制定配套文件《仁化县新农村建设项目实施管理和资金管理实施意见》《仁化县创建社会主义新农村示范考核办法》。

根据《三年行动方案》，该县以建制行政村为基础，以20户以上自然村为基本单元，全域推进村庄综合整治。其中，2017年启动33个省定贫困村和4个主要道路（国、省道）沿线村庄农村人居环境综合整治工作；至2018年，33个省定贫困村达到整洁村基本要求，同时启动全县80%的非贫困村整治工作；到2019年，启动剩余20%自然村综合整治工作，确保到2020年，全县20户以上自然村全面完成综合整治工作，通过评估验收，全部达到整治基本要求。

在整治村庄人居环境的基础上，该县计划于2020年完成33个省定贫困村60%的自然村示范村创建工作。同时全县其他每个村委会力争打造1个以上以自然村为单位的示范村，形成一批示范带动强、环境优美、生态宜居、特色鲜明、宜业宜游的美丽乡村。

根据乡村资源禀赋、人口分布、经济条件、人文历史等特点，该县明确各镇（街）下辖村庄规划目标定位：丹霞街道定位为城郊型（其中夏富村定位为古村落型、瑶塘新村定位特色民宿型），周田镇（其中周田村定位为历史名村型、下洞村和灵溪村定位为生态旅游型）、大桥镇、黄坑镇定位为农业型，石塘镇定位为历史名村型，城口镇定位为红色革命型，董塘镇、闻韶镇、扶溪镇（其中古夏村定位为民俗特色型）、长江镇、红山镇定位为生态型。

“如今，农村人居环境综合整治是县委常委会的重要议题之一，逢会必谈。另外，领导小组每周碰头、每月研究、每季度分析此项工作，县政协还成立工作组进行协调跟进。大家都说，领导干部对农村人居环境综合整治干劲足、要求高、进度要求强。”该县县委农办副主任谭定权介绍说。

多措并举：计划投资7亿元让贫困村实现华丽转身

仁化县对社会主义新农村建设工作高度重视，省、市有关会议召开之后便立即行动，外出考察、制定方案、加快规划编制、确定入库项目、全面开展“三清三拆”……全县上下一派热火朝天景象。

量身定制“减法规划”，为项目实施减少阻力规划是新农村建设的第一道工序，也是建设的龙头，规划质量直接决定了建设水平。仁化深谙此理，早在2017年6月便邀请专家团队，开展33个省定贫困村创建社会主义新农村示范村整治创建规划编制工作。

“我们邀请了对村庄规划、古村保护特别有研究的广东工业大学朱雪梅教授，以及包括广东工业大学建筑设计研究院在内的11家编制团队参会。会上，编制团队和贫困村‘点对点’对接上了。”仁化县住建局规划股股长谌雯介绍说。

在规划过程中，编制单位在保证完成整治要求、提升居住环境的前提下，对每个村进行“私人订制”，结合当地的历史、人文、环境等特有条件进行特别规划。

“减法规划”则是11家编制团队集体智慧的结晶。“要完全尊重村民意愿，前提是让他们看得懂本村的规划。”谌雯指出。

该县住建局和编制团队对规划版式进行改革，以航拍实景图、简单文字说明、表格等图文并茂的形式，做村民看得懂的规划。每个村的规划方案印在20页左右的A3纸上，浅显易懂的规划方案让村民对村里要拆掉、新建或改造的内容一目了然。

此外，该县住建局还要求编制单位做好施工指引，万一没有正规施工队，“毛师傅”也能按照规划简单易懂地指引施工。记者了解到，如此创新的“减法规划”获得了省住建厅肯定，并作为典型案例在广东省2277个省定贫困村创建社会主义新农村示范村规划编制会期间展示推介。

4677个项目入库，确保新农村建设有序推进

该县原计划10月底前完成的33个省定贫困村创建社会主义新农村示范村整治创建规划提前完成。根据《三年行动方案》要求，该县同步建立起村庄人居生态环境整治项目库，33个贫困村初步确定4677个项目，预计投资近7亿元。

“这些项目包括了影响群众生产生活急需解决的道路、生活垃圾和污水处理设施建设等民生项目，以及完善村庄文体广场（室）、廊亭桌椅、路灯、村庄宣传、外立面改造等配套辅助项目等。入库的项目明确了建设地点、规模、建设时间等非常具体细致的内容。”谭定权介绍说。

据悉，这4000余个项目是由每个自然村逐级上报，政府部门工作人员及专家团队现场查看，与村干部、村民代表、村民理事会座谈，从而最终确定的。如此一来，既尊重群众意愿，能够发动群众参与新农村建设，又能实现“村民缺什么，我们补什么”的目的。

谭定权坦言，项目库就是新农村建设的一张“清单”，根据它逐一实施、完善，届时，仁化县省定贫困村人居环境将按规划一步步实现华丽转身。

整合涉农资金，大手笔投入完善公共设施

对于乡村公共设施建设的投入，该县可谓毫不吝啬。

此前，该县建立了“县奖补、镇为主、村配合、组参与”的四级投入机制，积极筹措资金，专门用于建设美丽乡村工作，并投入1.2亿元用于“丹霞彩虹”省级新农村示范片建设。

截至2017年9月底，该县整合各类项目资金4.23亿元，完成567条自然村道路硬底化，754条自然村实现“村村通”自来水，406条自然村完成垃圾整治并建有卫生保洁队伍，55条自然村实行雨污分流，199条自然村实行畜禽集中圈养、人畜分离，76条自然村建有人工湿地、厌氧池、沼气池等处理生活污水，116条自然村建有小公园、文化活动场所或绿化带，895条自然村健全村规民约、章程及村民理事会，创建了22个美丽乡村示范村。

群众投工投劳，“三清三拆”火热进行中

根据《三年行动方案》，2017年仁化县要完成省定贫困村“三清理、三拆除”工作，为下一阶段新农村建设打下良好基础。

截至2017年9月底，该县33个贫困村内的318条自然村全部启动人居环境综合整治，村民群众投工投劳开展“三清三拆”。有117条自然村完成“三拆”，拆除危旧弃房1702处，面积18.7万平方米；298条自然村完成巷道清理，301条自然村完成房前屋后清理，256条自然村完成沟渠池塘小溪（河）清理。非贫困村有304条自然村启动人居环境综合整治，其中，有139条自然村完成“三拆”，66条自然村完成巷道清理，143条自然村完成房前屋后清理，126条自然村完成沟渠池塘小溪（河）清理。

合力推进：动员各方力量把规划变成实际工作成果

新农村建设不仅将让贫困村“靓”起来，还将为脱贫致富奠定基础。随着仁化县群众对迅速投入建设的呼声越来越强，县委、县政府在加快工作步伐的同时，采取一系列措施确保整治工作顺利推进。

9月21日，该县启动“一线双联”活动，县领导深入到所联系的董塘安岗村和农户，与村干部和农户面对面、心贴心交流，化解农村基层一线的“精准扶贫”和新农村建设等问题。

据悉，“一线双联”即县领导班子、县直机关单位和镇（街道）干部大抓基层在一线，实行干部联村联户，及时全面掌握农村情况和及时解决群众困难。该县四套班子成员、“法检”两长按照统一安排部署，深入到所联系村委会和农户，做到“六个必须”，其中就包括“必须研究新农村建设工作”，由此形成三级联动推进“精准扶贫”和新农村建设等基层中心工作的合力。

“接下来，我们要进一步做好统筹，积极推进项目储备、项目建设等工作，把规划内容变为实际工作成果。”该县县委书记林国华表示，接下来，在进一步完善工作体制、压实工作责任、发挥村民主体作用的同时，还将动员各方力量，积极搭建平台，鼓励有能力的企业、社会团体、乡贤等，积极参与新农村建设。

村委出“妙招”
村民成“义工”

仁化县丹霞街道办岭田村人居环境整治见闻

仁化县丹霞街道办岭田村是省定贫困村，村集体年收入仅4700元。进入9月下旬，这里仍是一片夏景。烈日高挂空中，绿油油的稻田沁人心脾。记者进村时，数十名村民正忙着搬运房前屋后的杂物，一台钩机正在拆除乡道旁的一处老旧房屋。

原来，这是岭田村大岭村小组村民张茂月家使用甚少的老房子，由于年久失修已成危房，并且存在占道问题，影响车辆通行。该村打算借整治“东风”拆除这房子、拓宽路面，并重新盖个小卖部，经营权归屋主，解决村里没有商店的问题。

为何村民任由老房子被拆除？该村党支部书记、村委会主任黄唐明向记者道出了其中缘由：“为了推进人居环境综合整治工作，今年7月，岭田村10个村小组分别成立村民理事会，选了村里有威望的村民作为成员。我们还邀请了采茶剧团进村演出，召开村民代表大会，向大家解释为什么要搞新农村建设，具体怎么搞。”

宣传工作让村民对人居环境综合整治工作有了基本了解，但要拆除老屋，宅基地是否仍在个人名下成为村民答应与否的关键问题。岭田村委会的一项创新——“一户一档”解决了大家的后顾之忧。所谓“一户一档”，即在拆除房屋前，丈量好老房的面积、拍照并记录建档，村委会、村小组、村民本人各留1份资料作为凭证。宅基地问题解决了，整治将进一步改善村容村貌。村民笑称：“有这种好事，晚上12点开会也要来！”

村民的支持为清拆工作铺平了道路。8月中旬开始，岭田村4个村小组率先由村民理事会投工投劳进行“三清三拆”，已投入3.6万余元，清理水渠、路边杂草2000多米，巷道400多米。该项工作在11月完成。记者了解到，由于暂无补贴政策，参与清拆工作的村民都属于义务劳动。“美丽乡村建设，每个村民都该自觉参与。”年近七旬的黄寿泉如是说。

据悉，岭田村人居环境整治规划方案已经出炉，建设文化广场、加宽道路、道路硬底化、雨污分流等202个项目已纳入项目库。“项目完成之后，岭田村肯定大变样，整治工作将为这里的产业发展提供更多可能。例如岭田村的交通区位优势明显，我们计划引进企业开发花圃，发展旅游观光，带动餐饮、食宿发展，形成产业链，帮助村民致富。”不论是驻村干部还是村民，都对整治后的岭田村无限憧憬。

（祝向恩　谭玉玲）

要闻与大事记

重大新闻

1月1日，《韶关日报》、“南方+”、中新网、凤凰网、大洋网、金羊网、南方都市报等媒体以《仁化首届生态农业博览会在丹霞山开幕——打响生态农业旅游品牌》为题，报道2016年12月30日，仁化县首届生态农业博览会在丹霞山开幕，以展会为媒充分展示仁化名优特农产品，推广仁化旅游资源，打响仁化生态农业旅游品牌。该届农博会以“美丽仁化，醉美丹霞”为主题，全面展现仁化从传统农业向现代农业转型的发展成果，有国家地理标志保护产品长坝沙田柚、仁化白毛茶等150多种农产品200多户商家参与。

1月20日，《韶关日报》以《2016年全国科普日活动考核结果公布——仁化科协获评优秀单位》为题，报道中国科协会同教育部、科技部、中科院于2016年11月对2016年全国科普日活动工作进行考核结果，仁化县科学技术协会被评为“2016年全国科普日特色活动优秀单位”，是全省唯一获此殊荣县级科学技术协会。

1月21日，《韶关日报》、“南方+”以《仁化士兵舍身抢险救援荣获一等功——立功喜报送到家中》为题，报道仁化籍湛江市公安消防支队开发区大队开发区中队特勤班副班长张钰清在2015年10月4日午夜，出警处置因15级强台风“彩虹”造成湛江市富多液化石油气服务公司3个罐970余吨液化石油气同时发生大面积泄露，仅靠一条软梯艰难登至泄露罐顶，完成堵漏任务，保卫湛江港城几十万人民群众生命和财产安全事迹。

2月6日，《韶关日报》、“南方+”以《仁化举办“春暖行动”暨“精准扶贫”专场招聘会——1923名贫困群众达成就业意向》为题，报道2月5日，仁化在县城广场举办“春暖行动”暨“精准扶贫”专场招聘会，吸引贫困群众及返乡农民工6300多人前往咨询应聘，现场贫困群众1923人达成就业意向。

2月20日，《韶关日报》、“南方+”以《仁化全域旅游促产业融合发展——去年实现旅游总收入49亿元，同比增长16.8%》为题，报道仁化县在2016年，抢抓丹霞山管理体制改革和保利集团等战略投资者进驻丹霞山发展的叠加机遇，大力发展全域旅游，推动旅游业与各产业融合发展，全县2016年接待游客852万人次，实现旅游总收入49亿元，同比2015年分别增长16.2%、16.8%。2017年春节期间，全县接待游客30.9万人次，“丹霞仁家”民宿客栈、农家乐入住（餐）率七成以上，全域旅游发展势头强劲。

2月28日，《韶关日报》、“南方+”以《粤港交流促进会到仁化红山镇扶贫献爱心——捐助20户贫困家庭》为题，报道粤港青年交流促进会与粤港交流促进会、菁尚社、德善关爱慈善基金会等有关人员一行到仁化县红山镇开展“韶港情深 扶贫同行”扶贫助力活动。全国政协委员、粤港青年交流促进会永远会长龙子明等爱心人士分别向红山镇20户贫困家庭捐赠爱心善款每户2000元，计4万元。仁化县领导分别为龙子明等爱心人士颁发荣誉证书。

3月3日，《韶关日报》、“南方+”以《柑橘产业发展千人论坛在仁化举行——分享管理经验促进技术提升》为题，报道3月1日，柑橘产业发展千人论坛在仁化县举行，有韶关市各县（市、区）以及周边地区清远、湖南等地专家、种植大户、流通商1000余人共论黄龙病防控、科学施肥、产业发展出路等话题，分享柑橘管理经验与投资心得。

3月9日，《韶关日报》以《仁化县林业部门免费向市民赠送3000多株树苗——培养植树意识共建生态仁化》为题，报道仁化县林业部门开展“植绿护绿，共建生态仁化”主题暨庆“三八”妇女节送树苗活动。该次活动仁化县林业局采购价值11万元树苗（花卉）3000多株，全部免费派放给市民。

3月31日，《韶关日报》、《南方农村报》、“南方+”以《仁化县建成全市首个标准化贡柑无病毒繁育苗基地——为贡柑产业发展注入“强心剂”》为题，报道仁化县在丹霞街道麻塘村和岭田村新建成全市首个标准化贡柑无病毒繁育苗基地。繁育苗基地有温室网室大棚5.33公顷，年繁育贡柑无病毒苗230万株。该县农业示范区管委会对选购良种无病毒贡柑苗且在仁化辖区内种植0.33公顷以上（约250株以上）果农给予每株3元补贴。

4月12日，《韶关日报》以《“国家农民合作社示范社”名单揭晓——仁化富农茶叶专业合作社上榜》为题，报道全国农民合作社发展部际联席会议认定全国914家合作社为国家农民合作社示范社，其中，仁化县红山镇富农茶叶专业合作社榜上有名，成为该县第二家国家农民合作社示范社。仁化县红山镇富农茶叶专业合作社于2008年由仁化县供销合作社联社、红山供销社牵头，茶叶种植大户、茶农自发组成。2017年有社员210人，茶叶种植面积373.33公顷，茶叶加工厂房面积1800多平方米，生产干茶100多吨，年产值1485万元，产品远销云南、上海、“珠三角”等地区。

4月21日，《韶关日报》、“南方+”以《仁化专题学习

图为2017年5月19日，仁化县在县锦城宾馆举办领导干部学习贯彻习近平总书记重要批示精神集中培训班 （龙全明 摄）

贯彻习近平总书记重要批示精神——以实际成果检验学习贯彻成效》为题，报道仁化县召开县委常委会（扩大）会议，专题传达学习贯彻习近平总书记对广东工作的重要批示精神，以及省委常委会、省委《通知》、市委常委会（扩大）会议的部署要求和省领导徐少华赴韶关指导学习贯彻重要批示精神的讲话精神，要求全县各级党组织把传达学习贯彻习近平总书记重要批示精神作为当前和今后一段时期的首要政治任务，严格按照省委、市委、县委部署要求，高规格、高标准、严要求抓好习近平总书记重要批示精神的学习贯彻。

5月3日，《韶关日报》、“南方+”以《韶关仁化125个村（社区）已率先完成村级党组织换届》为题，报道该县125个村（社区）新一届党组织班子全部产生，在韶关率先完成村（社区）党组织换届选举工作。

5月4日，《韶关日报》以《仁化县委全会提出大力实施“一三九”发展战略》为题，报道5月3日，仁化县在中共仁化县委十三届三次全会上，提出要大力实施“一三九”发展战略，即：围绕建设“生态、活力、幸福”新仁化这一目标，主攻“生态经济、幸福民生、美丽乡村”三大重点领域，大力开展“全域旅游、产业共建、城镇提升、教育现代化、卫生创强、精准扶贫、农村人居环境综合整治、农村综合改革、国家现代农业示范区建设”九大任务三年攻坚行动，着力打造美丽环境、发展美丽经济、创造美丽生活，加快建设生态更美、产业更优、机制更活、百姓更富、社会文明程度更高的美丽幸福新仁化。

5月11日，“南方+”以《丹霞山民宿入围首批中国精品民宿客栈示范店》为题，报道在重庆国际会议展览中心举办的第六届中国饭店文化节上，丹霞印象连锁客栈总店入围“首批中国精品民宿客栈示范店”，成为广东民宿优秀代表登台授牌。丹霞印象连锁客栈总店、燕子呢喃依山民宿获“2017最受欢迎客栈民宿”称号，是继上届中国饭店文化节后，再度在全国同行里展现丹霞山民宿美好风采。

6月11日，《南方日报》、《韶关日报》以《广东省“文化和自然遗产日”系列活动分会场活动在丹霞山举行——保护人类遗产.爱护地球家园》为题，报道6月10日，广东省“文化和自然遗产日”系列活动分会场活动在丹霞山举行，全省8家国家级风景名胜区代表共同发表“保护人类遗产，爱护地球家园”公益宣言并签名。

6月20日，“南方+”、《韶关日报》以《仁化启动作风建设年活动——以作风建设大转变推动加快发展》为题，报道仁化县正式启动开展“比学赶超、以评促建、实干担当”作风建设年活动，着力解决一些单位和个人不敢担当、不思进取、缺乏创新精神、行政效能低下等问题，深入推进作风建设常态化、长效化，以作风建设大转变推动加快发展。活动从2017年6月19日开始至2018年3月31日结束。

6月30日，“南方+”以《仁化县一日筹集认捐款364万多元》，报道6月30日，仁化县举行“广东扶贫济困日”捐赠活动，当日筹集认捐款364万多元用于帮助“精准扶贫”贫困村和贫困户早日脱贫致富。

7月5日、7月7日，《南方日报》、《韶关日报》以《韶关仁化帮助棚户区住户异地改造安置——444户工矿老职工喜领新家钥匙》为题，报道在韶关仁化县工矿棚户区安置大会现场，444户十六冶凡口棚户区工矿老职工通过抽签方式领到晟泰花园新家钥匙。

7月8日、7月21日，《南方日报》、《广州日报》分别以《仁化县整合红色资源打造红色小镇》和《村村是景点 处处是景观 韶关2020年要建成30个“特色小镇”》为题，报道2017年仁化县以建党96周年和建军90周年为契机，结合省、市部署，把红色资源转化为经济发展优势，制定红色旅游发展规划，将红军长征遗址遗迹集中的城口镇打造成红色特色小镇，高品质打造红色旅游“拳头产品”，辐射带动石塘、长江、红山等镇（街）红色旅游资源开发，全力打响仁化“红色旅游”品牌，助力全域旅游发展。

7月15日，“南方+”、南方网以《韶关市第十五届青少年运动会开幕 3000多名健儿参与角逐》为题，报道7月15日上午，韶关市第十五届青少年运动会在仁化县体育馆开幕。该届韶关市青少年运动会由韶关市体育局和市教育局共同主办，是原市运会与市中小学生运动会合并后的第二次举办，距离仁化县承办第十届市运会有20年时间。仁化县主要承办第十五届韶关市青少年运动会开、闭幕式和武术、田径项目比赛。

7月25日，“南方+”、广州参考、《韶关日报》等以《仁化县红山镇鱼皇村被列入全国一村一品示范村》为题，报道农业部公布北京市周庄村等300个村镇为第七批全国“一村一品”示范村镇，仁化县红山镇鱼皇村被列入全国“一村一品”示范村，成为广东省6个村镇上榜之一，是韶关市唯一上榜村镇。

7月27日，《南方日报》、《广州日报》、《羊城晚报》、《韶关日报》、人民网等媒体以《献礼建军90周年，红军长征粤北纪念馆动工建设》为题，报道7月26日，经中共中央批准设立的红军长征粤北纪念馆奠基仪式在城口镇举行。

8月14日，《韶关日报》、“南方+”以《仁化县打造特色水果产业品牌——“休闲采摘”成全域旅游亮点》为题，报道仁化县依托世界自然遗产丹霞山旅游资源优势，把发展全域旅游与建设国家现代农业示范区相结合，以环丹霞山周边的丹霞街道、大桥镇、周田镇、黄坑镇、董塘镇、石塘镇等区域为重点，以有较大种植规模的贡柑、沙田柚、砂糖橘、葡萄、火龙果等水果为中心，大力发展休闲采摘，打响特色水果产业品牌，成为该县发展全域旅游一大亮点。

8月30日，《韶关日报》、《南方日报》等媒体以《省政协主席王荣来韶调研时指出抓好美丽乡村建设提高农民幸福指数》为题，报道8月28日至29日，省政协主席王荣率调研组到韶关市，就“加强农村人居环境综合整治，推进美丽乡村建设”开展调研。其中29日，调研组一行深入仁化县瑶塘新村、石塘村、安岗山背村，实地调研农村人居环境综合整治及新农村示范村创建情况。省政协秘书长吴伟鹏和部分省政协委员参加调研。

9月10日，《韶关日报》、“南方+”等媒体以《全运会冠军代表为仁化首场夜光定向活动“站台”——奔跑中欣赏仁化美丽夜景》为题，报道9月9日晚，南粤古驿道定向大赛（韶关·仁化站）预热活动、仁化县首场夜光定向——智游“仁爱之城”活动在该县文化广场鸣笛开跑。该活动吸引参赛者1000多名，通过趣味性和城市文化融合手段，展现仁化人文历史和县城美丽夜景。组委会邀请第十三届全运会群体项目陈氏太极拳冠军陈娟，象棋冠军何媛，龙舟冠军周杏强、宋艳冰，跳水冠军黄博文，篮球冠军李佳益，蹦床冠军黄艳菲，击剑冠军莫梓维，以及仁化县本土运动员谭美云、李红菊与嘉宾一起为活动鸣笛。

9月11日，《韶关日报》、“南方+”等以《2017年南粤古驿道定向大赛韶关仁化站开跑——万人感受石塘历史文化名村之美》为题，报道9月10日，2017年南粤古驿道定向大赛（韶关·仁化站）在中国历史文化名村——仁化县石塘镇石塘村举行，吸引全国各地2000多人参与定向比赛活动。该次大赛由国家体育总局航空无线电模型运动管理中心、省体育局、省住房和城乡建设厅联合主办，组委会邀请第十三届全运会10位冠军代表和3位仁化县本土运动员代表现场助阵。

9月13日，《韶关日报》、《南方日报》等媒体以《胡春华赴韶关清远调研，要求规划建设粤北生态特别保护区》为题，报道9月10日至12日，中共广东省委书记胡春华赴韶关、清远市调研，强调要深入贯彻习近平总书记关于绿色发展的重要指示精神，保护好南岭自然生态，增强提供生态产品的功能，打造粤北生态特别保护区。10日下午，胡春华到仁化县瑶塘新村，与村干部、民宿户深入交流，了解生态保护、新农村建设等情况。胡春华要求韶关深入落实绿色发展理念，加强生态环境保护，加大古村落保护和修复力度，建设珠江三角洲后花园。省委常委、省委秘书长、省委办公厅主任江凌，副省长许瑞生，市委书记、市人大常委会主任莫高义，市委副书记、市长殷焕明等省、市领导陪同调研。

9月14日，《南方日报》、《广州日报》、《羊城晚报》、《韶关日报》、中新网、人民网等媒体以《韶关围棋城市邀请赛开幕，棋圣、“最强大脑”选手都在这里》为题，报道“善美韶关·棋逢丹霞”2017“丹霞杯”围棋城市邀请赛于2017年9月13日至16日在仁化县域内丹霞山举办。

9月24日，《韶关日报》、“南方+”以《仁化33个省定贫困村创建新农村示范村整治创建规划率先出炉——“减法”规划让村民看得懂易实施》为题，报道仁化县33个省定贫困村创建社会主义新农村示范村整治创建规划在全市率先出炉，其采取“减法”方式编制规划让村民看得懂易实施，获得省住建厅肯定，并作为典型案例在梅州市蕉岭县举行的广东省2277个省定贫困村创建社会主义新农村示范村规划编制会期间展示推介。

9月24日，9月26日，“南方+”、《韶关日报》先后以《仁化创新开展“一线双联”活动，贴近群众解民忧》为题，报道9月21日，仁化县正式启动“一线双联”活动。“一线双联”即县领导班子、县直机关单位和镇（街）干部大抓基层在一线，实行干部联村联户，并要做到“六个必须”，即必须召开精准扶贫工作会议，必须研究新农村建设工作，必须到自然村走访村小组长，必须走访2—3户农户（晚上），必须召开村“两委”干部座谈会（晚上），必须解决1—2个问题，切实以组织保障和领导核心作用，形成三级联动推进“精准扶贫”和新农村建设等基层中心工作合力。

9月28日，《南方日报》、“南方+”以《韶关仁化县启动“戴党徽、亮身份、树形象”活动，使党员佩戴党徽成为常态》为题，报道9月26日，仁化县正式启动“戴党徽、亮身份、树形象”专题活动，根据该县出台的《仁化县党员佩戴党员徽章管理办法》，从26日起，全县中共党员，特别是在职中共党员在上班时间和参加党支部“三会一课”“固定党日+”等党内活动，以及参加“精准扶贫”、新农村建设、创文巩卫等中心工作和志愿服务时都要佩戴党员徽章。

10月2日，《韶关日报》、“南方+”等媒体以《加快“大丹霞”建设 推动全域旅游“大提速”——仁化县委书记，丹霞山管委会书记、主任林国华访谈》《以“大丹霞”为龙头引领仁化全域旅游发展》为题，通过专访和深度报道相结合方式，报道仁化县不折不扣贯彻落实习近平总书记提出的“绿水青山就是金山银山”生态文明建设理念，以及市委加快旅游业发展专题会议精神，切实承担起大丹霞旅游经济圈发展主体责任，推动建设大丹霞旅游经济圈、发展仁化全域旅游，大力发展旅游文化产业，不断拓展发展空间和丰富旅游产品，抓好各项旅游基础设施建设，使旅游业成为拉动经济社会发展支柱产业，让大美丹霞成为中外游客心神向往的重要旅游目的地。

10月2日、10月12日，《南方日报》、《韶关日报》等媒体以《党的十九大代表、韶关仁化县瑶山电站运行班长冯金英："女汉子"在基层电站打头阵》为题，报道中共十九大代表、仁化县瑶山电站运行班班长、技术骨干冯金英20多年如一日干好本职工作，培养新人，参加电站机电设备技术改造每年为锦电公司创造直接经济效益30多万元，促进公司安全生产和科技创新能力事迹。

10月13日，《韶关日报》、"南方+"以《仁化九大任务三年攻坚行动如火如荼开展——量化任务 压实责任 挂图作战》为题，报道仁化县围绕实施"一三九"发展战略，大力开展"全域旅游、产业共建、城镇提升、教育现代化、卫生创强、精准扶贫、农村人居环境综合整治、农村综合改革、国家现代农业示范区建设"九大任务三年攻坚行动，成立旅游、城镇提升、建设卫生强县等18个工作领导小组，统筹推进各项工作任务的开展。围绕九大任务三年攻坚行动方案，制定县领导重点工作责任分工表、九大任务工作要点清单和任务分解表，以图表式推进九大任务三年攻坚行动。

10月18日，"韶关发布"以《社会各界干部群众收看党的十九大开幕会盛况》为题，报道10月18日上午，仁化县组织全县上下党员干部和社会各界群众通过电视、网络直播及广播电台等平台收看十九大开幕直播盛况，学习中国共产党建设最新成果、新时代中国特色社会主义思想和基本方略以及新的发展方向，并一致表示将以十九大报告精神为思想引领，推动仁化经济社会加快发展。

11月6日，《韶关日报》、"南方+"等媒体以《仁化县举行红色特色小镇启动暨丹霞丰源温泉项目奠基仪式——打造经济发展新引擎》为题，报道仁化县11月5日在城口镇举行红色特色小镇启动暨丹霞丰源温泉项目奠基仪式。城口镇红色特色小镇被是韶关市第一批特色小镇示范点。红色特色小镇规划空间约15平方千米，规划建设项目包括红军长征粤北纪念馆、红军街、谭甫仁将军旧居、红军纪念广场以及丹霞丰源温泉度假村、恩村古村等，以温泉度假为产业支柱，打造"红色+温泉+古村"乡村旅游产业链。广东丰泰集团丹霞丰源温泉项目总投资10亿元，打造一个具有农业梯田景观以及独具当地村落风情特色的粤北地区水上威尼斯式世界级度假目的地。

12月11日《南方日报》《韶关日报》等媒体以《广东仁化文化旅游节昨开幕"千架无人机"秀到丹霞山》为题，报道12月10日，2017广东仁化文化旅游节开幕，拥有世界自然遗产丹霞山、全国历史文化名村石塘古村，全国重点保护文物单位双峰寨、云龙寺等得天独厚旅游资源的仁化为推介自己"放大招"。刚从财富全球论坛上放飞"千机秀"的亿航白鹭团队来到仁化上演光与影的梦幻"科技的舞蹈"，有序地变换出"空中丹霞山""我爱仁化"等图案，展示绚美丹霞、活力新仁化魅力。该次旅游文化节上，举行亿航投资30亿元"丹霞旅游无人机"、金裕新能源投资6亿元阳光电源100兆瓦集中式光伏扶贫电站项目等17个项目80亿元现场签约。

12月29日，《韶关日报》、"南方+"等媒体以《仁新高速（一期）昨日正式通车》为题，报道广东省仁化（湘粤界）至博罗高速公路仁化至新丰段（一期）（仁新高速）于12月28日上午正式通车。仁新高速公路（一期）北接湖南省炎汝高速，南连韶赣高速，可直达世界地质公园丹霞山风景区，是广东连接湖南北行出口大通道。仁新高速韶关境内依次途经仁化县、始兴县、翁源县、新丰县，路线全长163.933千米。仁新高速仁化段（一期）工程，起于仁化县城口镇大麻溪湘粤省界，止于始兴县沈所镇花山村。该次通车里程49.6千米。

（谭玉玲）

大事记

1月

1日　零时，第三次全国农业普查工作启动。

是日　仁化县提高孤儿基本生活费标准由原来每人每月820元提高到每人每月880元。

是日　仁化县城乡最低生活保障标准调整为城镇每人每月580元，农村每人每月400元。

是日　仁化县畜牧兽医水产局和仁化县农业技术推广中心合并运作。

3日　中国农业科学院西南大学柑橘研究所教授、研究员张格成一行应仁化县邀请到仁化县调研柑橘生产种植情况，现场支招柑橘黄龙病防控技术。

5日　中共韶关市委宣传部、团市委主办的“纪念红军长征胜利八十周年”暨精准扶贫文艺巡演到长江镇演出。

6日　省外事办党组书记、主任陈秋彦率队到仁化县红山镇新山村调研新时期精准扶贫精准脱贫工作。

8日　广州市政协委员到长江镇开展关爱山区敬老院“五保”［无劳动能力和经济来源的老、弱、孤、残人员，其生活由国家集体供养，实行保吃、保住、保穿、保医、保葬（孤儿保教）］老人捐赠活动。

8—12日　仁化县市人大代表刘锋、王晓梅、廖志常等26人参加韶关市第十四届人民代表大会第一次会议。

9日　仁化县闽盛页岩建材厂发生坍塌事故，造成1人死亡。

13日　北京师范大学珠海分校丹霞山产学研基地挂牌仪式在丹霞山博物馆举行。

22日　仁化县召开精准扶贫精准脱贫工作经验交流会，全面分析总结仁化县2016年精准扶贫精准脱贫工作情况，交流经验、统一思想，并部署当前和今后一个时期内精准扶贫精准脱贫工作。

18日　仁新高速公路榕树隧道（左洞）贯通。

23日　仁化县城市综合管理局设立，并在县住房和城乡规划建设局挂牌。

24日　仁化县召开2017年第一季度安全生产工作暨防范重特大生产安全事故工作会议。

是月　仁化县启动出生缺陷综合防控项目，建立健全全县出生缺陷综合干预中心，普及出生缺陷三级筛查和诊断技术。

是月　县文联组织县书画家协会在县城文化广场及周田镇、董塘镇、城口镇开展“迎新春送春联”活动，为群众免费赠送春联2500余对（幅）；组织县摄影家协会在丹霞街道夏富古村开展“践行社会主义核心价值观”主题迎新年、走基层拍“全家福”、送“幸福照”活动，志愿者当天拍摄并送出“全家福”106幅。

2月

4日　韶关市人民政府市长骆蔚峰、副市长许志新一行到丹霞山就丹霞山相关项目建设、周边基础设施建设、人工林赎买流转等工作进行专题调研。

5日　仁化在县城广场举办“春暖行动”暨“精准扶贫”专场招聘会，吸引贫困群众及返乡农民工6300人前往咨询应聘，现场达成就业意向贫困群众1923人。

7日　中共广东省委常委、省纪委书记黄先耀到仁化县调研县、镇、村三级便民服务体系建设及新农村建设工作。

8日　凡口铅锌矿首个全国

工会“职工书屋”示范点揭牌。

9日 凡口铅锌矿发生1起冒顶事故，死亡1人。

11日 仁化在县城文化广场举行“文化节惠民元宵乐”游园活动，1300多名市民热情参与，共庆元宵佳节。

17日 韶关市人民政府副市长许志新到仁化县考察调研农业农村工作。

是日 韶关市政府领导王伟阳率市旅游局、仁化县政府相关领导到丹霞山调研，并召开座谈会。

是日 仁化县举行“12345”政府公共服务热线平台培训班，县“12345”政府公共服务热线平台各成员单位工作人员80人参加培训。

16日 仁化县地税局推出微信预约办税服务。

21日 省旅游局局长曾颖如到丹霞山考察调研云轨建设规划项目和旅游产业发展有关事宜，与仁化县有关领导共商旅游发展大计。

22日 仁化县召开创建广东省推进教育现代化先进县动员大会，会议明确仁化县在2017年要创建成为韶关市首批广东省推进教育现代化先进县。

是日 广东省触电新闻直播栏目“花开岭南”摄制组到仁化全程直播夏富古村油菜花盛开盛况。

是日 “韶关市劳模创新工作室”挂牌仪式在仁化县锦江电力开发总公司举行。

25日 粤港青年交流促进会与粤港交流促进会、菁尚社、德善关爱慈善基金会到仁化县红山镇开展“韶港情深 扶贫同行”扶贫助力活动。

3月

1日 仁化县举办柑橘产业发展千人论坛，韶关市各县（市、区）以及周边地区清远、湖南等地专家、种植大户、流通商1000余人齐聚一堂，共论黄龙病防控、科学施肥、产业发展出路等话题，分享柑橘管理经验与投资心得。

是日 国家税务总局运维服务管理平台在县国税局平稳上线运行。

2日 中共广东省委、省人民政府召开全省农村工作暨扶贫开发工作（电视电话）会议，仁化县在县电信局设分会场，全县参会人员70多人。

10日 广州蓝洋文化公司到仁化县周田中学开展捐书献爱心活动。

16日 “广东省山区五市中小河流治理”工程项目锦江黄屋段开工建设。

16—18日 南方农村报记者到仁化开展“接力新长征 沃土万里行”2017年中国土壤生态维护暨农技推广行动主题仁化县贡柑种植大户、合作社、电商平台采访报道活动。

23日 广东省宋庆龄基金会到仁化县周田中心小学开展“精准扶贫”助学活动。

是日 丹霞冶炼厂举办工厂成立10周年“圆梦”主题晚会。

25日 仁化县第二小学在县城北门片区新校址举行异地兴建开工奠基仪式。

25日 仁化县南岭生态气象中心举行首个“气象开放日”科普宣传活动。

31日 中共开平市委常委、宣传部部长颜海娜一行8人到仁化县考察学习创建全国县级文明城市、志愿服务活动、城市管理工作。

是月 仁化县完成第七届村委和第六届居委换届，村委支部书记主任“一肩挑”和村“两委”（村党支部委员会和村民委员会）成员交叉任职率达到93%以上，实现县委既定目标。

是月 《仁化年鉴（2016）》获全国2015—2016年度年鉴编校质量评比二等奖。

是月 首批中国历史文化工程丛书《石塘村志》启动编纂。

4月

10日 广东省国资委党委委员、副巡视员张绳道率队到丹霞冶炼厂开展安全环保检查。

是日 韶关市人大常委会副主任邓小杰带领市人大农工

委到仁化县调研美丽乡村建设工作并走访代表。

11日 仁化县红山镇富农茶叶专业合作社被认定为国家农民合作社示范社，成为仁化县第二家国家级农民合作社示范社。

12日 广东开放大学副校长孙平，附属职校校长罗鉴棠、副校长李鹏程、招生与合作办学处科长李广林及韶关电大校长钟永红等人到仁化县开放大学调研指导工作。

是日 韶关市人大常委会副主任张平带领市人大副秘书长陈忠旭一行5人到仁化县调研省重点项目建设情况。

是日 仁化县将县国土资源局的矿产资源管理股现承担的有关地质环境保护和地质灾害防治的职责单独出来，增设成立地质环境股。

15日 全国人大环境资源委员会主任委员陆浩一行8人到丹霞山开展调研自然保护区建设管理情况，中共韶关市委书记莫高义陪同。

是日 广东省督学、肇庆市人民政府教育督导室主任王巨华到仁化县调研校园文化建设工作。

19日 中共韶关市委书记莫高义，市委常委、市委秘书长孔云龙到凡口铅锌矿调研。

是日 仁化县人大常委会副主任马小荣带领县人大选联任工委和各镇（街）人大主席（主任）到南雄市实地学习考察人大代表联络室建设情况。

20日 3名登山旅游男子徒手攀岩被困丹霞山风景区狮子岩未开发景区悬崖，仁化县组织消防官兵等冒雨紧急营救脱险。

21日 省体育局社体中心主任麦良率队到石塘镇，检查指导2017年南粤古驿道定向大赛准备工作。

是日 香港新界大埔爱心人士到仁化县董塘镇中心幼儿园开展捐资助学活动。

23日 2017中国贡柑产业发展大会在仁化县召开。该活动由中国农业技术推广协会主办、南方报业传媒集团南方农村报、农财网、农财宝典、农财网柑橘承办，全国各地贡柑（柑橘）专家、种植户、产品流通商代表和农资业界代表1000人参加会议。

24日 广东省地税局党组书记、局长吴紫骊仁化县地税局调研指导工作。

是日 中央电视台英语新闻频道《旅游指南》栏目摄制组到仁化县石塘镇拍摄《珠江溯源》系列节目，围绕仁化石塘堆花米酒制作工艺、石塘月姐歌、双峰寨等元素拍摄。

26日 广东省文明办副主任韩国威率省文明办检查督导组实地检查仁化县创建全国文明县城工作。

是日 仁化县人民检察院对县林业局怠于履职行为提起行政公益诉讼，该案在武江区人民法院公开开庭审理，是仁化县检察院开展公益诉讼试点工作以来，向法院提起的首例行政公益诉讼案件。

27日 中共广东省委统战部副部长李阳春率华南农业大学、万惠集团有关负责人和专家到定点帮扶村周田镇平甫村调研指导“精准扶贫”工作。

29日 韶关市非物质文化遗产“装故事”“闹春牛”传承保护基地成立仪式在仁化县丹霞街道夏富村举行。

是月 仁化县举办第八届劳动技能大赛烹饪技能竞赛。

5月

3日 中国共产党仁化县第十三届委员会第三次全体会议在仁化县城召开。

5日 中共韶关市委常委、韶关市人民政府常务副市长朱余旺到凡口矿调研安全生产工作。

6日 国家环保部调研组到丹霞冶炼厂调研指导。

8日 中国人民政治协商会议仁化县第十一届委员会第二次会议在县政府礼堂开幕。

8—9日 仁化县第十五届人民代表大会第二次会议在县城举行。

10日 仁化县科协联合省科学馆、市科协在红山学校举行2017年“科技进步活动月”

及科普知识进校园活动启动仪式，省科学馆副馆长张碧华及市科协、东莞市科技馆、县科协负责人出席启动仪式。

是日 广东省农业厅环能总站副站长李振森带领部分企业代表到仁化县视察土壤修复试验示范工作。

12日 韶关市农业局召开全市农村土地承包经营权确权登记颁证工作推进会，仁化县在会上作为先进单位发言。

是日 “2017年仁化县教育系统创建全国文明城市暨中小学生拒绝流动摊点‘三无’食品万人签名活动”启动仪式在田家炳小学举行，全县2500名师生参加活动。

16—17日 仁化县市人大代表林国华、廖志常等23人参加韶关市第十四届人民代表大会第二次会议。

17日 广东省林业厅林政处副处长何伟生到仁化县检查基层林业站工作，对仁化县基层林业站使用无人机用于林业工作表示赞赏和支持。

18日 仁化县红丹舒茶业有限公司、仁化县红山镇富农茶叶专业合作社作为仁化县白毛茶生产先进企业到杭州参加为期4天的中国国际茶业博览会宣传展示活动。

20日 韶关市举办首届“善美之城 健康万人行”大型健康义诊志愿服务活动，仁化县在县城文化广场设立分会场同步开展活动。

22—25日 广东省文明办副主任刘海斌率省创文巡查督导组到仁化县督导“创文”工作。

23日 周田镇商会成立并召开第一次会员代表大会，选举产生周田镇商会第一届理事会、会长、副会长、秘书长，制定章程，吸纳会员46名。

25日 广东省水务厅副厅长边立明在韶关市副市长许志新陪同下，到长江镇巡视中小河流治理工作。

是日 2017年国家义务教育质量监测在全国展开，仁化县双峰寨中学等20所中小学校作为样本监测点完成该次监测。

是日 广东省教育厅副厅长王创率省教育“创强争先”视导组到丹霞中心小学实地视察。

是日 韶关市人大常委会常务副主任杨小明带领部分市十四届人大代表视察仁化县突出主导产业，推进精准扶贫，加快脱贫致富步伐工作情况。

是日 新丰县人大常委会主任江大凡带领部分县人大常委会领导和各委室负责人到仁化县考察交流。

是日 仁化县长坝惠香沙田柚农民专业合作社被认定为广东省第四批（2016年）农民专业合作社省级示范社。

26日 扶溪镇商会成立。

30日 仁深高速青山隧道顺利贯通。

31日 仁化县举办2017年中小学生经典诵读活动展示暨美德少年颁奖仪式。

是月 石塘古村上榜“2017中国最美古村落”。

是月 仁新高速丹霞枢纽互通土建工程完工。

6月

1日 仁化县人大常委会组织部分市县人大代表考察县域农村人居环境综合整治工作情况。

5日 安徽省黄山市休宁县人大常委会副主任查德民率队到仁化县开展丹霞山景区立法工作考察调研。

是日 深圳市中金岭南有色金属股份有限公司总裁余刚到丹霞冶炼厂调研指导。

是日 仁化县扶溪镇举行鸭稻共作技术推广启动仪式。

6日 经县政府同意，高坪社区迁至原行政服务中心1—3楼办公，水南社区迁至县质量监督局办公楼1楼办事大厅及4楼办公室办公，新城社区迁至丹霞新城沁润园A区21架空层（龙井路旁）办公。

是日 中共广东省委常委、省委统战部部长严植婵到省委统战部“精准扶贫”对口帮扶点周田镇平甫村调研。

10日 广东省首个“文化和自然遗产日”系列活动分会场活动在丹霞山举行，旨在展示丹霞山“文化和世界自然遗产”传承、保护和利用取得成果，加大世界自然遗产保护宣传力度，提升群众对自然遗产认知度，增强自觉保护意识。新华网、中新社、光明日报、广东电视台、广州电视台、南方日报、羊城晚报、广州日报、凤凰网等媒体到仁化分会场采访报道。

是日 由韶关市丹霞山管理委员会、韶关市旅游局、县委宣传部联合大众摄影杂志社、广东省摄影家协会主办，县文联、县摄影家协会承办的2017年“丹霞山杯”全国摄影大展活动在“广东省‘文化和自然遗产日’系列活动丹霞山分会场启动仪式”上举行开镜仪式。

13日 广东省普惠金融“村村通”系列培训在仁化县举行，广东省人民政府金融工作办公室地方处副处长许继红，中国人民银行广州分行支付结算处处长黄润、县委常委、常务副县长张元展以及韶关市、清远市、惠州市等金融局有关负责人参加培训。

是日 县财政局向省财政厅争取到地方政府债券2亿元。

14日 韶关市2017年信用记录关爱日活动暨信用扶贫示范区建设合作协议签约仪式在中共仁化县委党校举行。

是日 仁化县黄坑互联网农业小镇试点建设通过市级验收。

15日 广东省科协党组副书记唐毅在韶关市科协主席成绍强、副主席周平及省市县有关部门负责人陪同下，到中金岭南凡口铅锌矿调研指导企业科协工作。

是日 仁化县人民检察院监所检察科更名为刑事执行检察科。

16日 中共广东省委宣传部巡视员、省文明办主任顾作义率省督导组到仁化县督导全国县级文明城市创建工作。

是日 中国人民银行广州分行团委在韶关仁化开展“学习总书记讲话 做合格共青团员”教育实践活动。

17日 长江商会成立。

19日 台湾新竹市立建华国民中学艺术才能班师生21人，在市台办人员陪同下，到仁化一中开展艺术交流活动。

20日 仁化县2014年度高标准基本农田建设项目通过市级专家组验收，建成高标准农田规模1046.67公顷（其中基本农田946.67公顷），实际投资2083.41万元。

21日 广东省总工会调研组到仁化县开展专题调研。

22日 韶关市出台《关于2017年度住房公积金缴存调整工作的通知》。通知规定：2017汇缴年度，全市住房公积金最高月缴存基数不高于本市2016年职工月平均工资5122元的3倍15366元，最低月缴存基数不低于本市现行最低工资标准1210元。月工资未超过缴存上限的，以实际工资计算月缴存基数和月缴存额；月工资超过上限缴存额的，以最高限额15366元为月缴存基数；月工资收入低于最低月缴存基数的，以下限额1210元计算月缴存额。韶关市住房公积金单位和职工缴存比例均不低于5%，不高于12%。调整后的缴存基数和缴存比例执行时间为2017年7月1日至2018年6月30日。

是日 中共韶关市委、市人民政府在始兴县召开全市农村人居环境综合整治工作现场会，研究部署全市农村人居环境综合整治工作。会前，全体参会人员首先现场参观仁化县石塘古村、董塘镇山背村和丹霞街道瑶塘新村“美丽乡村”建设和人居环境综合整治工作情况。

是日 韶关市人民政府市长殷焕明及市直有关部门负责人到丹霞街道参观考察瑶塘新村省级新农村连片示范建设工作。

是日 仁化县农村信用合作联社城口分社正式恢复贷款业务。

23日 仁化县人民检察院驻董塘派出所检察官办公室在县公安局董塘派出所举行揭牌仪式。

27日 凡口铅锌矿职工子弟学校正式移交仁化县管理。

是日 仁化县丹霞街道麻塘村八甲石灰油场发生1起事故，死亡1人。

28日 广东省审计厅对原县委书记县长任期经济责任异地同步审计进点会在分会场仁化县审计局召开。省审计厅党组成员、副厅长黄建勋，绩效分局副局长王清华、彭卫东，韶关市纪委、组织部、审计局有关领导及仁化县在家四套班子成员、原县委书记、县长、涉审单位负责人和审计厅审计组人员60余人参加会议。

是日 赣湘粤2018年高考备考论坛在仁化中学举行。

7月

1日 是日起，韶关市正式接入全国住房公积金异地转移接续平台，职工可直接向转入地住房公积金管理中心提出异地转移接续申请，方便跨省市就业人员办理住房公积金异地转移接续业务。

2—3日 仁化县有9个测站录得大暴雨，5个测站录得暴雨，1个测站录得大雨，平均降雨量100.9毫米，最大雨量出现在县城144.8毫米。全县不同程度受灾，全县受灾人口1566人，转移人口85人，水浸房屋60户，倒塌房屋30间，农作物受灾面积341.67公顷，水产养殖损失4.4公顷，损坏灌溉设施16处，多处公路塌方，县城出现内涝点多个，其中县城老街沿江路原农业局附近、三板桥内涝较重。直接经济总损失266.4万元，其中水利设施直接经济损失64万元。全县未出现因洪灾而造成人员伤亡现象，受灾群众安全转移并妥善安置。

4日 韶关市人大常委会常务副主任杨小明带领市人大常委会秘书长高振忠、调研室主任李铖到仁化县调研。

是日 仁化县设立“县流浪乞讨人员救助安置中心”，在县福利院挂牌。

是日 仁化县人民法院公开开庭审理被告人罗某、黄某涉嫌贩卖毒品罪一案。县人民检察院检察长钟全芳作为公诉人出庭支持公诉，县人民法院院长蓝韶东担任审判长。该案是仁化县法检“两长”（人民法院院长、人民检察院检察长）共同深入推进司法责任制改革的首例同堂审案。

5日 中共珠影集团党委书记、珠影集团董事长蔡伏青到挂点村周田镇较坑村调研指导“精准扶贫”工作。

6—8日 省文明办委托国家统计局广东调查总队到仁化实地考察仁化县创建全国县级文明城市工作。

11日 省气象局副局长常越到仁化调研指导预警信息发布中心、南岭生态气象中心、气象灾害防御自救互救科普认证中心等气象现代化建设情况。

是日 《仁化苏区历史考证》获韶关市第三届哲学社科优秀成果论文类三等奖。

12—13日 新华社广东分社、人民日报广东分社、解放军报、中央人民广播电台、新华网等媒体记者30人到仁化县石塘、董塘、城口、长江镇开展“南粤星火路·粤北记忆”纪念中国人民解放军建军90周年主题采访活动。

13日 河源市紫金县人大常委会主任叶竞祥带领该县部分人大常委会委员和各委室负责人到仁化县考察交流。

15日 韶关市第十五届青少年运动会在仁化县体育馆开幕。

16日 仁化县建设“仁爱仁化”启动仪式在县城文化广场举行。

是日 仁化县2017年锦江欢歌广场文化系列活动之“歌腾杯”歌手大赛决赛在仁化县文化广场落幕。

17日 仁化县文明局在县三中心一馆10楼举行揭牌仪式。

是日 丹霞冶炼厂沸腾焙烧炉富氧冶炼节能减排技改项目投料试产取得初步成功。

20日 广东省文物局局长龙家有携省文物专家到仁化县开展重点文物保护项目检查指导工作。

24日 广州市文化市场综合行政执法总队（广州市“扫黄打非”办公室）总队长袁定新到董塘镇开展“扫黄打非·小南岭工程”联防协作工程调研指导活动。

25—28日 曲江区、始兴县、仁化县国地税稽查局联合三县（区）公安经侦大队举办三方集中办案业务培训班。

26日 仁化县举行铜鼓岭红军烈士纪念园落成和红军长征粤北纪念馆奠基仪式，新华社广东分社、央视、人民日报广东分社、南方日报、羊城晚报、广州日报等媒体记者23名到现场做采访报道。

是日 上海期货交易所品牌注册专家组到丹霞冶炼厂实地考察调研。

26—27日 由广东省作家协会、市委宣传部联合主办的“长征·粤北记忆”中国著名作家韶关采风活动走进仁化。

28日 2017年韶关市全域旅游之民宿经营管理培训班在丹霞山开班。

是日 仁化县新泰基建筑公司晖景园一品城工地发生高处坠落事故1起，死亡1人（后经调查，该起事故不属于安全生产事故）。

31日 仁化县庆祝中国人民解放军建军90周年“唱响社会主义核心价值观，颂歌献给伟大的人民军队”音乐会在仁化县消防大队训练场举办。

是月 仁化县普降暴雨，多个镇（街）受到不同程度影响，据统计，造成直接经济损失约288.4万元。

8月

3日 “仁爱长江·美丽家园”“锦绣豪庭杯”长江镇第九届十大歌手大赛在长江镇文化健身广场举行，20名选手参与角逐。

4日 仁化县召开2017年全县上半年经济形势分析、创文工作、作风建设年活动第一阶段工作会议。

5日 广东省文化厅派出的全国第六次评估定级第五专家组（广州市图书馆长方家忠、中山大学资讯管理学院副院长张靖、广东省立中山图书馆辅导部主任兼广东省图书馆学会秘书长陈卫东）到仁化县图书馆开展第六次评估定级评审工作。

8日 闻韶商会成立。

11日 仁化县大桥镇西贝园生态农业发展有限公司、韶关金喆园生态农业有限公司、仁化县黄坑镇柑橘农民专业合作社通过农业部评审，获得无公害农产品证书，仁化县红丹舒茶业有限公司、仁化县智翔农业综合开发有限公司等7家企业获得广东省农业厅颁发的无公害产地证书。

12日 仁化县2017年第一、二季度“仁化好人”表彰暨创文专题文艺晚会在县城文化广场举行。

2017年8月12日晚，仁化县2017年第一、二季度仁化好人表彰暨创文专题文艺晚会在县城文化广场举行。图为“仁化好人”颁奖现场 （县委宣传部 供图）

15日 省道342线仁化县闻韶镇塘面至扶溪镇双合水段路面改造工程举行开工仪式。

是日 仁化县召开《仁化县丹霞源水利风景区总体规划》专家评审会，专家评审组、县直相关部门以及有关镇村负责人参加会议。

18日 黄坑商会成立。

20日 韶关市第十五届青少年运动会在仁化县落幕。仁化县取得韶关市第十五届青少年运动会代表团总分第二名，斩获代表团金牌总数131枚位居金牌版第一，代表团竞技体育组总分第三名，代表团学校体育组总分第一名。县代表团获体育道德风尚奖和竞技体育组优秀组织奖。

20—27日 仁化县组织全县各有关部门主要负责人和各镇（街）党（工）委书记（主任）、镇长（副主任）组成党政考察团50余人分2批次到贵州省六盘水市水城县和盘州市考察学习“三变”（资源变资产、资金变股金、农民变股东）改革先进经验。

21日 丹霞冶炼厂入选国家首批绿色制造体系示范名单。

23日 仁化县地税局成功征收首单机关事业养老保险42690.58元，标志着仁化县机关事业养老保险成功上线。

是日 城口商会成立。

24日 韶关市政协主席王青西到董塘镇安岗村山背村小组调研人居环境综合整治工作。

25日 中共广东省委统战部副部长李阳春率省部分无党派代表人士到周田平甫村开展第24次无党派党外高级知识分子联谊活动。通过开展惠民义诊、法律咨询、农技下乡、捐资助学等“精准扶贫”活动服务贫困山区。

28日 广东省政协主席王荣到丹霞街道瑶塘新村调研人居环境整治新农村建设工作。

30日 广东财经大学丹霞山产学研基地在丹霞山博物馆正式挂牌。

31日 韶关市人大常委会副主任张平率领市人大财经工委、市环保局等负责人到仁化县华粤煤矸石发电厂、霞新温氏畜牧有限公司、凡口铅锌矿和鸿伟木业4家企业调研。

9月

1日 仁化县召开县领导干部任职大会，宣布中共韶关市委对仁化县党政主要领导职务调整的决定。周小明任中共仁化县委副书记、提名县长人选。

是日 澳门政协委员梅少坚受父亲嘱托到石塘镇黄伍村看望黄伍村父老乡亲。

5日 广东省海洋与渔业厅厅长文斌在韶关市副市长许志新陪同下到仁化县渔政大队开展渔业自然保护区调研。

是日 仁化县史志办公室、仁化县广播电视台、韶关韶乐文化传媒等部门共同摄制的音乐MV《仁化石塘堆花米酒》在中国历史文化名村石塘村杀青。

6日 广东省海洋与渔业厅厅长文斌到仁化县昇洋养殖实业发展有限公司调研工厂化养鱼发展情况。

10日 中共广东省委书记胡春华到丹霞街道黄屋村瑶塘新村现场调研人居环境综合整治工作。

是日 2017年南粤古驿道定向大赛（韶关·仁化站）及仁爱之城夜光定向活动在仁化县举办，广东体育频道、新快报、澳门日报广州办事处、南粤古驿道网、乐视体育、南方网、南方杂志、羊城晚报、香港商报、珠江经济台、南方农村报、韶关日报、韶关电视台等多家省市媒体到场报道。

是日 广东省住建厅、教育厅、文化厅等多部门在石塘镇双峰寨内展出中国南粤古驿道首届文化创意大赛韶关仁化站比赛展品。

11日 韶关市人大常委会副主任林岚带领市人大副秘书长陈早霞、教科文卫工委主任何正平、副主任陈文英等8人到仁化县调研深入推进教育体制改革工作。

11—30日 仁化县“喜迎十九大践行社会主义核心价值观书画作品展览”活动在县图书馆1楼展厅举办。

12日 “善美韶关 棋逢丹霞”2017“丹霞杯”围棋城市邀请赛在仁化县开幕。中国围棋棋圣聂卫平（九段），中国人民解放军陆军少将、新中国围棋事业奠基人、开国元勋陈毅元帅之子陈丹淮将军，深圳航空副总裁宋向阳、中国围棋国家队总教练俞斌（九段），世界围棋团体冠军谢赫（九段），世界网络冠军董彦（七段），世界围棋盲棋第一人、江苏卫视“最强大脑”选手鲍云，清华大学博士生导师、清华大学智能围棋负责人由小川等嘉宾以及市、县领导参加开幕式。中央电台、中新社、香港商报、南方日报、广州日报、羊城晚报、韶关日报、韶关广播电视台等多家媒体进行采访报道。

是日 广东省人民检察院一行约30人到城口镇开展“重走红军长征路”主题党日活动。

13日 珠影集团携手省阳光雨露公益助学促进会到周田镇开展捐资助学活动，资助该集团对口“精准扶贫”帮扶村较坑村贫困学生30名。珠影集团党委书记、董事长蔡伏青、省阳光雨露公益促进会监事长石志明参加活动。

14日 凡口铅锌矿通过国家绿色矿山试点单位实地核查。

16日 中国人民银行“红三角”联合团支部（由中国人民银行仁化县支行团支部、中国人民银行汝城县支行团支部、中国人民银行崇义县支行团支部联合成立）在湖南省汝城县开展“团聚红三角·喜迎十九大”主题团日活动。

19—20日 省气象局党组成员、副局长梁建茵，省气象监网处处长张立波到仁化县开展气象为农服务、丹霞山旅游气象服务、仁化气象现代化工作调研。

19—22日 中核集团公司副总经理和自兴带领安全环保检查组到中核韶关锦原铀业有限公司进行安全环保检查。

20日 仁化县启动经济建设“百日攻坚”行动，集中精力、资源，提速提效推进项目建设和企业生产，以项目大建设、企业大生产推动经济指标大增长、发展大突破，全力确保完成全年经济发展目标任务。

是日 由广东省文化厅主办、仁化县文化广电新闻出版局协办、广州鼎顶展览有限公司承办的《迎十九大——中国共产党党旗诞生历程图片展》在仁化县博物馆开展，展览为期1周，9月27日结束。

21日 第十五届中国国际农产品交易会在北京国家农业展览馆举行，仁化县红丹舒茶业有限公司的红茶和红山镇富农茶叶专业合作社的白茶作为选送产品在广东馆宣传展示。

22日 广东省国土资源厅组织专家到中核锦原开展绿色矿山建设实地核查。专家组对现场和资料检查后，一致认为中核锦原全面完成阶段目标，在广东省矿业绿色矿山建设中具有典型示范意义。

26日 湘粤赣边界护林联防第四联防区第五十六次会议在仁化县锦城宾馆召开。

28日 仁化县第五届运动会在县体育馆开幕。

是日 仁化县董塘镇商会成立暨首届会员代表大会召开。

30日 全全国第四个烈士纪念日。仁化县在县红陵公园举行烈士公祭活动。

10月

10日 仁化县被列为广东省绿色矿业发展示范区。

是日 丹霞冶炼厂锌锭品牌在上海期货交易所注册成功。

11日 仁化县首宗提起公诉污染环境案在县人民法院开庭审理。

12日 仁化县召开“央扶贷”工作推进会暨政银企融资洽谈会。

13日 县委农办联合丹霞街道组织部分班子成员及中层干部、电视台记者、康溪和岭田2个村相关人员（书记、扶贫干部、村民理事会会长）35人到翁源县和清远市英德参观学习新农村建设。

14日 广东现代耕耘种业有限公司在董塘镇高莲村召开水稻新品种示范观摩会。

18日 中国共产党第十九次全国代表大会在北京开幕。中共党员、中共十九大代表、仁化县锦江电力开发总公司瑶山电站运行班长冯金英出席中共十九大。中共仁化县委、县人民政府组织党员干部集中收听、收看十九大开幕式实况，认真学习习近平总书记所作的工作报告。

19日 省旅游局国际交流合作处（港澳台旅游事务处）处长张国辉带调研组到仁化县就全域旅游暨旅游扶贫工作开

展调研。

26日 仁化县第十五届人民代表大会第三次会议在县城召开，会议决定任命周小明为仁化县人民政府县长。

30日 仁化县“‘不忘初心 牢记使命’ 全面贯彻落实党的十九大会议精神”宣传文艺巡回演出首场演出在闻韶镇开演。

30—31日 由南方日报、羊城晚报、韶关日报、韶关广播电视台等省市主流媒体组成的“红色文化行”主题采访团走进仁化县，探访革命旧址、追寻红色记忆，运用新闻视角讲述红军历史和革命老区发展故事，唱响红色旋律、传播红色文化，为实现中国梦注入强大正能量。

26日 仁化县第十五届人民代表大会第三次会议在县政府礼堂召开。

27日 仁化县组织评审专家对宝能国际度假旅游丹霞天街项目水土保持方案进行评审。

30日 仁化县黄坑镇小溪柑橘农民专业合作社、智翔农业开发综合有限公司、和而友生态农业有限公司、农民头食品有限公司、风顺养殖农民专业合作社、红丹舒茶业有限公司、红山镇富农产业专业合作社7家企业7个产品被评选为广东省名牌农产品。

31日 南方日报、羊城晚报、韶关日报、韶关广播电视台等省市媒体到革命老区董塘镇安岗村开展红色主题采访。

11月

1日 省市媒体及专家组成采访团探访革命老区城口镇，寻找红色记忆。

1—2日 中国气象局直属机关工会主席郭战峰在省气象局副局长曾琮陪同下，到仁化县调研指导工作。

2日 广东省省财政厅监察专员肖维舟到仁化县开展农机购置补贴政策实施情况督查。

3日 广东省统计局农村处到仁化县黄坑镇蓝田村调研农业产业结构调整工作。

4日 由省文化厅主办、深圳市前海丝路新语文化传播有限公司承办的2017年广东省公共文化服务“三百工程”惠民演出在仁化县城口镇开演。

是日 由广东省文化厅主办的“2017年广东（佛山）非物质文化遗产周暨佛山秋色民俗文化活动”在佛山市举行，仁化县夏富古村“装故事”应邀参加表演。

5日 仁化县举行红色特色小镇启动暨丹霞丰源温泉项目奠基仪式。

7—8日 广东省农业科学院蔬菜研究所副所长张长远到仁化县开展蔬菜产业发展调研。

7—8日 广东省政府参事调研组到丹霞山调研丹霞山保护与开发、经营与管理方面工作。

9日 农业部规划设计研究院农业发展与投资研究所所长陈伟忠一行到古洋国家现代农业示范园区、韶关车八岭农业园区有限公司、长坝万亩沙田柚基地调研。

是日 农业部规划设计院农业发展与投资研究所所长、研究员陈伟忠到仁化县现代农业示范区开展调研。

13日 广东省人民政府副省长邓海光率省政府办公厅、林业、旅游等部门负责人在调研督导韶关市旅游发展及林业建设工作并现场办公时，深入仁化县周田镇灵溪河森林度假公园调研旅游发展工作。韶关市人民政府市长殷焕明、副市长李欣陪同调研。

是日 仁化县广东天雄茶叶有限公司、韶关金喆园生态有限公司被认定为“韶关市农业教育培训实训基地”。

15日 广东省农业厅发布《关于公布广东省第二届名特优新农产品名单的决定》，仁化白毛茶、长坝沙田柚成功通过区域公用品牌复审，仁化石塘堆花米酒、仁化贡柑、扶溪大米新评选为区域公用品牌；韶关金喆园生态农业有限公司的沙田柚、广东富然农科有限公司的丹霞山茶油被评选为经营专用品牌。

是日 韶关市政协主席王青西到仁化县调研黄坑互联网

农业小镇试点建设情况，并在镇级运营中心亲自体验网上购物。

16日 仁化县组织8家农业企业参加第八届广东现代农业博览会展示展销活动。

17日 仁化县董塘镇高莲村通过全国文明村复评，确认继续保留“全国文明村镇”荣誉称号。

18—21日 仁化县组织6家企业参加第三届粤北农特产品博览会展示展销活动。

20日 根据住建部住房公积金资金管理业务规范要求，公积金仁化办事处所有银行账户撤销，将全市住房公积金归集账户上划市中心，各办事处不再有银行账户。

25日 第十届“徒步穿越丹霞山”活动在韶关丹霞山举行，活动线路全程49.5千米，有6708人参加。该次活动由广东省体育局、广东省旅游局支持、韶关市旅游局、韶关市体育局、韶关市丹霞山管理委员会主办。

27—28日 县审计局邀请省审计厅、市审计局及市财政局领导，利用县委理论学习中心组第四季度学习暨学习宣传贯彻中共十九大精神第一次集中学习会，举办审计财政知识专题培训班。县四套班子领导、法检“两长”，各镇（街）党（工）委书记、镇长（主任）、分管财政工作的领导、会计、财政所所长，县直各单位和相关企业主要领导、分管财务工作的领导、会计，县审计局全体审计业务人员及部分财政局人员400人参加培训。

30日 国土资源部地籍司副司长冯文利一行在省国土资源厅不动产登记局局长韦红陪同下，到韶关市仁化县董塘镇调研光伏发电项目用地地类管理和变更调查工作。

是日 仁化县举行韶关市产业项目集中动工仪式——仁化碧桂园商贸项目奠基仪式。

是月 仁化县完成地质灾害防治高标准“十有县”（有制度、有机构、有经费、有监测、有预警、有评估、有避让、有宣传、有演练、有效果）建设工作，并通过验收。12月15日，国土资源部办公厅下发《国土资源部办公厅关于公布2017年地质灾害防治高标准“十有县”名单的通知》（国土资厅发〔2017〕42号），仁化县列入名单。

是月 广东省地震局在仁化县实验学校安装“地震预警与烈度速报信息接收终端”。

是月 韶关市高纯度纳米氧化锌工程技术研究开发中心在仁化县韶关凯鸿纳米材料有限公司组建。

12月

1日 广东省和的慈善基金会考察组一行分别到董塘镇高莲村、新莲村、坪岗村、河富村等考察新农村示范片情况。

是日 仁化县石塘镇商会召开第一次会员代表大会暨成立大会。

2—3日 仁化县举办科级领导干部学习贯彻中共十九大精神专题培训班，全县科级领导干部（不含非领导职务）400余人参加培训。

4日 仁化县在董塘镇安岗山背村开展“12·4”国家宪法日活动。

7日 广东省仁化县、江西省崇义县、湖南省汝城县联合举办“三省三县书法、美术、摄影作品巡展”在仁化县文化活动中心展出，展出三地书、画、摄影爱好者作品135件。

10—11日 2017广东仁化文化旅游节暨生态农业博览会在丹霞山景区举行，活动中举行17个项目集中签约仪式，签约总额75.78亿元。《七十二家房客》剧组和珠江交响乐团走进仁化。中新社、新快报、信息时报、南方日报、羊城晚报、大粤网、新浪网、韶关日报、韶关电视台等多家媒体记者进行报道。

12日 根据《关于调整住房公积金政策的通知》，从2017年12月18日起：①明确住房公积金提取申请人为房产权属人及其配偶；②调整住房公积金最高贷款额度；③根据缴存时限确定可贷额度。④调整住房公积金贷款首付比例及利率执行标准；⑤家庭名下有两套及以上住房，或者已使用过两次住房公积金贷款的，认定第三套及以上住房，不予住房公积金贷款；⑥调整本科类住房公积金人才贷款适用范围。

是日 仁化县根据《广东省人民政府转发国务院关于开展第三次全国土地调查的通知》（粤府〔2017〕127号）要求，经请示县政府同意，启动仁化县第三次全国土地调查。

14日 广东省地税局财务装备管理处副处长黄武如以及韶关、汕头、河源、梅州、汕尾、阳江、湛江、茂名、潮州、揭阳、云浮、清远等市、县地税局代表33人，到粤东西北片区预决算信息公开工作示范点仁化县地方税务局召开预决算信息公开现场经验交流会。

是日 广东省立中山图书馆副馆长倪俊明、佛山市图书馆馆长屈义华、东莞市图书馆副馆长冯玲等省文化厅预验收组成员到仁化县图书馆进行总分馆建设预验收检查工作。

18日 广东青年科学家姜波、李耀奇等4人到仁化县开展考察交流和科技服务活动。

20日 仁化一中被认定为省基础教育研究实验基地学校。

22日 仁化县首家供销社综合服务社闻韶镇供销社综合服务社在闻韶镇挂牌成立。

23日 经市编办批准，原凡口子弟学校，设置为“仁化县凡口学校”，为副科级事业单位。

25日 广东省人民政府省长马兴瑞在韶关市人民政府市长殷焕明陪同下，到丹霞街道瑶塘新村调研新农村建设工作。

27日 仁化县红山镇富农茶叶专业合作社、仁化县风顺养殖农民专业合作社、仁化县子明优质水稻农民专业合作社、仁化县黄坑镇小溪柑橘农民专业合作社、仁化县大桥种植农民专业合作社、仁化县长坝惠香沙田柚农民专业合作社、仁化县霞丰农机农民专业合作社、仁化县丹山红茶叶专业合作社、仁化县黄坑冯屋贡柑专业合作社、仁化县丹源水果农民专业合作社、仁化县金霞水果生产与流通专业合作社、仁化县坪岩农机专业合作社、仁化县黄坑镇柑橘农民专业合作社被认定为韶关市农民专业合作示范社；仁化县乐淘淘家庭农场、仁化县君诚家庭农场、仁化县董塘镇霞源家庭农场、仁化县大桥镇唐氏方兴农场、仁化县顺天家庭农场、仁化县辉强种养家庭农场、仁化县董塘镇好彩家庭农场、仁化县黄坑镇财兴家庭农场、仁化县石塘镇祥顺家庭农场、仁化县黄坑镇世外庄园家庭农场被认定为2017年韶关市示范家庭农场。

28日 武深（仁新）高速公路仁化段通车仪式活动在仁新高速公路仁化段丹霞山出口举行，标志着仁化县境内该项目建设完成。

是日 赣湘粤三省六校高考高峰论坛在仁化中学举行。

29日 仁化县游客集散中心正式投入使用。

30日 仁化县举行“南粤古驿道·2017年仁化首届迷你徒步穿越丹霞山”活动，各地徒步爱好者1204人参加活动，其中1140人成功穿越全程29.2千米徒步行程。

是月 仁化石塘堆花米酒获得省级名特优新农产品区域公用品牌称号。

是年 仁化县争取省级资金310万元，开展全县地质灾害详细调查及治理。完成地质灾害点红山上围坑、环保局监测站、长江华表峰塔、闻韶林业森工站、仁化中学治理工作。

仁化概貌

自然地理

【位置、范围和面积】 仁化县隶属于广东省韶关市，位于南岭山脉南麓，广东省东北部，北纬24° 49′ 10.1″ ～25° 27′ 25.8″，东经113° 30′ 09.5″ ～114° 03′ 01.9″，东与始兴县、南雄市接壤，东北与江西省崇义县、大余县接壤，南面紧邻浈江区、曲江区，西与乐昌市、浈江区接壤，北与湖南省汝城县毗邻，是名副其实粤、湘、赣三省交界地。县城距韶关市区49千米，距广州市区270千米。国道106线、323 线及省道345线、342线、246线穿越境内；韶赣高速公路经过境内周田镇，并设有出口；武深高速公路横穿县境，在县城设有出口；韶赣铁路在周田镇设立丹霞山火车站。县道四通八达，镇、村都有公路可通，交通便利。县境内东西相距47.3千米，南北相距44千米（最宽处为67.65千米），西北至东南最短距11千米。全县边境长303.6千米，总面积2223.22平方千米。

【地质、地貌】 仁化县地处广东省最北部、南岭山脉中段，地势大体北高南低，地形复杂，以山地丘陵为主，其中山地约占70%、丘陵约占20%、小平原占10%，总体走向为东南向。北部及东南部主要为中低山及丘陵，中部以丘陵为主。董塘至县城一带为覆盖下岩溶盆地，地形平坦。丹霞山一带山体柱立，风景优美，以独特“丹霞地貌”闻名于世，是国家AAAAA级风景名胜区、世界地质公园、世界自然遗产。全县地势总体北部及东南部高，中部低。北部最高点万时山海拔1559米，南部长坝一带最低点海拔61.5米，相对高差1497米，北江支流锦江斜贯全境。

区域位于南岭巨型纬向构造带中段，地质结构发育，岩浆活动频繁。区内出露地层从老到新有寒武系、奥陶系、泥盆系、石炭系、二叠系、三叠系、侏罗系、白垩系、古近系、第四系。寒武系较广泛分布于县域中北部小楣水林场、丹霞林场及东南部黄坑、灵溪一带，岩性主要为一套板岩、浅变质砂岩。奥陶系见于东南部灵溪一带，岩性以板岩为主，次为浅变质砂岩。泥盆—石炭系分布于中部石塘、董塘、仁化县城、胡坑一带，岩性主要为灰岩、泥岩、砂岩。二叠系级三叠系见于西部董塘至花坪一带，岩性为含煤砂质岩。侏罗系零星分布石塘西南侧，岩性主要为泥岩、砂岩。白垩—古近系分布于中南部丹霞山、周田、大桥一带，零星见于中北部塘村，岩性主要为沙砾岩、砂岩、泥岩。第四系主要见于中部董塘—仁化盆地，为冲洪积中细沙、粉砂、黏土，偶有沙砾层；侵入岩广泛分布于北部红山、城口、长江、扶溪及东部闻韶、黄坑一带，属诸广山岩体一部分，主体为印支期—燕山期侵入体，岩性主要为中粗粒黑云母花岗岩及中粗粒斑状黑云母花岗岩、中西粒黑云母花岗岩。扶溪一带有海西期花岗闪长岩呈岩株产出；区内地质结构有东西向、北东向、西北向3组，以东西向构造最为发育，表现为诸广山岩体及由泥盆—石炭系地层组成的董塘—仁化复向斜作东西向展布。北部向构造以断裂构造最为发育，为吴川—四会深断裂带北段（仁化—韶关断裂带）组成部分。北西向构造表现为寒武系、奥陶系地层作北西向紧密褶皱产出。

（刘桂香）

【气候】 气候特征。仁化县地处中亚热带南沿，地势北高南低；北部多崇山峻岭，南部为丘陵平地；具有明显季风气候特点，气候暖湿，热量丰富，降雨充沛，无霜期长，四季分明。但由于降水集中，旱涝灾害常有发生。灾害性天气以低温阴雨、龙舟水、暴雨、干旱、寒露风、低温霜冻、高温、冰雹、龙卷风等为主。

2017年，全县气候特点：年平均气温正常略偏高，年总降水量正常，年日照偏少，气象灾情属偏轻年景。

①日照。2017年，全县年日照时数1568.3小时，比历年平均偏少近1成。月日照时数最大值出现在8月，为225.1小时，月日照时数最小值出现在3月，为41.1小时。

②气温。2017年，全县年平均气温为20.2℃。最冷月出现在12月，月平均气温为10.8℃；最热月出现在8月，月平均气温为29.0℃。年极端最高气温39.4℃（8月22日），年极端最低气温-1.9℃（12月21日）。日最高气温≥35℃炎热天气开始于6月，终止于10月，以7月、8月、9月出现最多，全年日数为47天。日最低气温≤0℃寒冷期出现4天，出现在12月18日至12月21日。

③降水。2017年，全县年总降雨量为1656毫米。月最大降水量出现在5月（292.6毫米）和12月（29毫米）。汛期（4—9月）总降水量为1110.1毫米，占全年总降水量67.0%。全年日最大降水量为67.7毫米，出现在5月8日。日降水量≥50毫米的暴雨，共出现7天，3月、6月和9月各出现1次，5月和7月各出现2次。

特殊天气。①雾。2017年，全年出现雾日数49天。全县各地一年四季均有雾出现。从季节分布看，冬季、春季雾日最多，秋季次之，夏季最少；从地形分布看，山区多于平地，林区多于荒山杂草地带；从雾的聚散时间看，一般形成于0—6时，太阳出来后雾浓度加大，上午9—10时逐渐消散。浓雾密布，水平能见度小，容易造成交通安全事故发生。

②霜。县内初霜日，山地早于平地；霜日，山地多于平地。海拔每升高100米，无霜期约缩短4—9天。2017年，全县无霜期299天，初霜日出现在12月10日。

③雪。2017年，全县出现0天降雪天气。

④雷暴。2017年，全县全年雷暴日数62天。一年中最早闪雷是2月23日，最晚雷暴日是10月3日。雷暴日集中在2—10月。6月最多达19天。

（蓝传宝）

【水文】 仁化县地处浈江流域，县区内河流均属于山区性河流。最大河流为锦江，河流全长108千米，集水面积1913平方千米，其中仁化县境内河长90千米，集水面积1874平方千米；县域内集水面积100平方千米以上河流有扶溪水、城口水、黎屋水、董塘水、百顺水5条，其中百顺水为浈江一级支流，其余4条河流为锦江一级支流。

2017年，仁化县降水量1706.6毫米，比上年（2333.8毫米）减少26.9%；比多年平均降水量（1669.1毫米）多2.2%。降水量时空分布不均，多集中在3—7月份。年降水量最大值为五度村站1947.5毫米，年降水量最小值为石塘站1506.5毫米。2017年有4场较大降水过程，分别出现在3月28—30日、6月1—6日、6月12—15日、7月1—2日。

2017年，仁化县地表水资源量为21.25亿立方米，比多年平均值减少2.5%，其中入境水量为2.15亿立方米；地下水资源量6.65亿立方米，比多年平均值减少3.3%。仁化县属山丘区，地下水资源量即河川基流量，故地表水资源量已包含地下水资源量。

2017年，仁化县域内河流水质监测断面5个，监测、评价一级河流水功能区5个、二级水功能区2个（对有二级区的一级区只计二级区个数），锦江仁化保留区水质目标为Ⅱ类，水质现状为Ⅱ类；锦江丹霞山景观用水区水质目标为Ⅲ类，水质现状为Ⅳ类，不达标；浈江始兴—曲江保留区水质目标为Ⅱ类，水质现状为Ⅱ类；锦江江口饮用、农业用水区水质目标为Ⅱ类，水质现状为Ⅱ类。

境内水库水功能区3个：赤石迳水库开发利用区水质目标为Ⅱ类，水质现状为Ⅱ类，达标；锦江水库开发利用区水质目标为Ⅱ类，水质现状为Ⅲ类，不达标；高坪水库开发利用区水质目标为Ⅱ类，水质现状为Ⅱ类，达标。

（文小平）

【自然灾害】 暴雨洪涝。①受弱冷空气和暖湿气流共同影响，5月7日20时到8日20时，仁化县普降暴雨，有13个测站录得50毫米到100毫米暴雨，2个测站录得25毫米到50毫米的大雨，平均降雨60.6毫米，最大雨量出现在城口镇86.8毫米。具体雨量实况如下：城口镇86.8毫米，董塘小湄水86.7毫米，红山镇86.7毫米，长江镇83.5毫米，仁化县观测站67.6毫米，丹霞山64.2毫米，闻韶镇59.0毫米，黄坑镇58.9毫米，董塘镇58.2毫米，周田镇58.0毫米，县城56.5毫米，大桥镇55.0毫米，扶溪镇52.2毫米，丹霞街道胡坑42.5毫米，周田灵溪41.9毫米。据仁化县“三防”办统计，全县部分乡镇受灾，水浸农田5.33公顷，村道塌方2处，公路临时便道损坏1处，房屋受损2座，倒塌房屋1间，高速公路在建工地路基1处因雨水冲刷流失，转移人口7人，造成直接经济损失约22万元。

②受高空槽和西南暖湿气流影响，仁化县出现连续性强降水天气过程，7月2日08时到7月3日08时，全县有9个测站录得大暴雨，5个测站录得暴雨，1个测站录得大雨，平均降雨量100.9毫米，最大雨量出现在县城144.8毫米。具体雨量：县城144.8毫米，董塘小湄水林场125.9毫米，黄坑镇118.5毫米，大桥镇114.3毫米，闻韶镇112.8毫米，仁化县观测站106.2毫米，丹霞山风景区104.7毫米，扶溪镇103.2毫米，周田镇100.6毫米，董塘镇127.3毫米，丹霞街道胡坑97.6毫米，城口镇94.7毫米，红山镇87.4毫米，石塘镇66.3毫米，周田灵溪45.9毫米。截至2017年7月4日，全县有水库7宗超汛限水位并泄洪。据仁化县“三防”办统计，全县不同程度受灾，受灾人口1566人，转移人口85人，水浸房屋60户，倒塌房屋30间，农作物受灾面积341.7公顷，水产养殖损失4.4公顷，损坏灌溉设施16处，多处公路塌方，县城出现内涝点多个，其中县城老街沿江路原农业局附近、三板桥内涝较重。直接经济总损失266.4万元，其中水利设施直接经济损失64万元。

（蓝传宝）

资源物产

【土地资源】 仁化县土地资源丰富，全县总面积2223.22平方千米，人口24.47万人，人均土地拥有量0.9公顷。全县有耕地21342.75 公顷，土地肥沃，灌溉条件良好，少风、水、旱灾害。全县25°以下山坡地近万公顷可开发利用。截至2017年年底，全县有园地1901.68公顷，林地180317.30公顷，草地2571.11公顷，城镇村及工矿用地4926.75公顷，水域及水利设施用地7130.62公顷，其他土地共计2069.14公顷。

2017年仁化县土地利用现状二级分类面积汇总表

表1　　　　　　　　　　　　　　　　　　　　　　　　　　　　　　　　　　单位：公顷

行政区域名称	行政区域总面积	耕　地	园　地	林　地	草　地	城镇村及工矿用地	交通运输用地	水域及水利设施用地	其他土地
仁化县	222321.98	21342.75	1901.68	180317.30	2571.11	4926.75	2062.63	7130.62	2069.14
丹霞街道	28813.10	2731.93	606.72	21166.80	405.51	1265.76	361.84	1972.11	302.43
城口镇	26689.39	1422.21	48.98	24162.18	133.86	157.91	248.63	347.11	168.51
长江镇	30064.42	3099.86	15.11	25629.86	53.05	493.50	118.33	307.76	346.95
扶溪镇	18790.39	1927.33	13.80	15942.98	37.89	175.64	81.48	418.13	193.14
董塘镇	24333.77	3402.09	175.60	17113.10	657.78	1325.29	258.67	1085.61	315.63
石塘镇	7791.73	1634.18	56.30	5176.33	210.19	235.69	65.60	301.81	111.63
闻韶镇	8577.79	702.37	6.40	7527.13	66.94	73.72	37.46	82.79	80.98
红山镇	16964.19	1187.95	31.38	14985.71	17.82	125.69	69.54	398.52	147.58
大桥镇	13280.01	1325.88	145.81	10181.68	311.42	205.89	187.51	805.46	116.36
周田镇	29612.27	2132.24	471.33	24366.59	403.51	597.42	453.82	1040.34	147.02
黄坑镇	16493.87	1713.35	327.00	13277.39	251.88	267.42	176.59	348.82	131.42
镇域争议地	911.05	63.36	3.25	787.55	21.26	2.82	3.16	22.16	7.49

说明：表内数据来源于仁化县2017年土地调查数据库

（刘桂香）

【水资源】　仁化县境内山多林密，雨量充沛，多年平均降雨量1669.1毫米，年降水总量36.8亿立方米；多年平均地表水资源量21.8亿立方米；多年平均地下水资源量6.88亿立方米。境内有流域面积100平方千米流域面积100平方千米以下一至三级支流约120条，其中集雨面积100平方千米以上河流扶溪河、城口河、塘村河、董塘河，呈树枝状分布在锦江干流上，在大桥镇水江汇入浈江；黄坑河（百顺河）由南雄市百顺流经闻韶、黄坑和周田3镇，由周田镇和平汇入浈江；灵溪河由周田镇平甫汇入浈江。全县年径流与降雨分布规律相似，多年平均径流深，自南向北分布在800毫米～1100毫米之间。县境内，浈江河主干长约40千米，从周田镇（新庄电站处）入境水量约36.8亿立方米，从大桥镇（湾头电站处）出境水量约60.7亿立方米。县境内，浈江河一级支流锦江河（仁化县主要流域地）全长108千米，流域面积1913平方千米，多年平均年产水量17.66亿立方米（含外省县292平方千米集雨面积产水量及湖南省龙洞水库跨流域引入流量为1立方米每秒水量）；浈江河一级支流黄坑河（百顺河）全长59千米（其中县境内32千米），流域面积392平方千米（其中县境内268平方千米），年产水量约6亿立方米；浈江河一级支流灵溪河全长38千米，流域面积116平方千米，年产水量约1.5亿立方米。全县水力资源丰富，理论蕴藏量约16万千瓦。至2017年底水电站装机18.3065万千瓦，水力资源开发已近100%。境内还有少量地热水资源，水量较少，属硫磺矿温泉，主要分布在城口、长江、红山、扶溪、闻韶和周田等镇。2017年，全县降雨量1656毫米，年降水总量约36.8亿立方米，为平水年；全县有1万立方米以上蓄水工程352宗，蓄水库容3亿多立方米。

（刘　志）

【矿产资源】　仁化县矿产资源丰富，是中国“有色金属”之乡。探明和开发矿藏主要有铜、铅、锌、钼、铋、银、汞、镓、锗、铁、煤、铀、萤石、钾长石、石英石、水泥用灰岩、建筑用灰岩、地热水等，已发现的矿产类型有12类51种，其中探明有储量（查明上表矿区）矿产地7处，铅锌矿和煤矿资源分别在省、市占重要位置。县域分布矿产资源特点是：矿产种类较多，分布范围广，大矿、富矿相对集中，域内凡口铅锌矿是东南亚最大铅锌矿生产基地，是中国目前探明储量最大铅锌矿之一，矿石中除含14.1%铅锌金属外，还富含（伴生）银、锗、镓、汞、钼、铋等元素，是中国较大的银矿生产基地，也是中国三大镓、锗矿之一。全县大中型以上矿产地较少，非金属矿产则以小型为主。

仁化县矿产资源丰富，但分布不均匀。域内优势矿种为铅、锌、银、汞以及地热水、煤、铀等矿床，主要分布于董塘镇、长江镇，集中于凡口、格顶、云顶和棉花坑矿区；钨、锡、钼、铋多金属矿床多以伴生形式出露，铌、钽、稀土等与花岗岩密切相关矿床，主要分布于县域北部诸广山岩体内。

【地热资源】　仁化县地热资源具有分布广、水质优、贮量大、埋藏浅等特点，开发潜力巨大，利用前景广阔。截至2013年年底，全县发现城口镇城群村、闻韶暖水村等地热资源17处。①红山镇有丹竹坑地热水、高坪水库地热水2处。丹竹坑地热水水温约40℃，高坪水库地热水水温约60℃，地热水流量中上，两者距离县城约32千米。从地热水水温、流量、所处地理位置看，高坪水库地热水开发条件较为成熟。②城口镇有厚坑暖洞地热水、城群三里亭地热水、城群地热水、东坑竹山下地热水、东坑塘湾地热水6处。城口地热水除城群地热水外，其他地热水水温均在40℃左右，且流量不大。城群地热水位于城口镇政府所在地街道，距离县城32千米，水温约80℃，水质好，流量可观，并且取得地热水开采许可证，最具备开发条件。③长江镇有地热水2处。陈欧村地热水离村委会约1千米，距离长江镇政府约8千米。地热水水温约50℃，流量较大，如与万时山申报省级地质公园配套建设，则有较大开发价值。④扶溪镇有斜周上湾地热水、斜周船兜地热水、紫岭地热水等4处。斜周上湾、船兜地热水距离扶溪镇政府约10千米，紫岭地热水距扶溪镇政府所在地约2千米。地热水水温均在80℃左右，流量大，可开发利用价值高。截至2015年年底，投资者着手开发斜周上湾地热水、斜周船兜地热水。⑤周田有冯屋地热水2处，闻韶有暖水地热水1处。冯屋地热水、暖水地热水分别于2012年、2013年由省国土资源厅通过招拍挂出让，前者由韶关市中衍房地产开发有限公司竞得，后者由仁化县升源温泉度假有限公司竞得。周田冯屋地热水位于周田镇政府约2千米冯屋村，地热水水温约40℃，流量不大。闻韶暖水地热水距离闻韶镇政府约9千米，地热水水温约80℃，流量大。

（刘桂香）

【生物资源】　仁化县国土总面积为2223平方千米。2017年，全县林业用地面积17.35万公顷，占82.3%，森林覆盖率78.92%，活立木蓄积量1135.4万立方米。

仁化域内森林有针叶林、阔叶林、针阔混交林、经济林、毛竹林、灌木林等。在生态林保护区及自然保护区内，多为大面积连片、保护较完好天然阔叶林。在阔叶林群落中，上层主要以壳斗科、木兰科、樟科、山茶科植物占优势，下层多以桃金娘、细齿叶柃、芒箕、乌毛蕨为主。

根据调查统计，仁化县共有维管植物232科635属1074种，其中栽培植物56科101属138种，野生植物176科534属936种。在176科534属936种野生维管植物中，就其习性而言，以草本植物占优势。其中蕨类植物全为草本，单子叶植物中则有101种为草本。

仁化县野生动物资源较丰富，经调查鉴定，全县境内野生动物资源有4纲26目53科148种，其中兽类23种，鸟类89种，爬行类21种，两栖类15种。分布有国家一级保护野生动物华南虎、云豹、黑鹿、蟒蛇、豹、白颈长尾雉、白鹳、穿山甲8种，黄嘴白鹭、白鹇、勺鸡、小青脚鹬、豺、大鲵（俗称“娃娃鱼”）、褐翅鸦鹃等国家二级保护动物20多种。

（崔　鑫）

人口·语言

【人口】　2017年，全县总人口244041人，比2016年下降0.27%；出生人口3091人，出生率15.74‰，比2016年提高2.36‰；自然增长率为8.63‰，比2016年提高1.9‰；农业人口15.12万人，占总人口比重62%；非农业人口9.28万人，占总人口比重38%；男性人口12.45万人，占总人口比重为51%；女性人口11.95万人，占总人口比重49%；性别比例（女性＝100）104.2%，比2016年提高0.9个百分点；人口密度94.7人/平方千米，比2016年94.02人/平方千米提高0.68人/平方千米；社会各行业在业人口10.9万人，比2016年增加0.01万人。

（邓慧华）

【语言】　仁化县位于粤赣湘三省交界处的粤北边陲，境内城乡居民大多数是客家人，且有部分江西、湖南、粤语区（珠江三角洲）和河源县移民，加上有少量历史上早已定居县内的瑶民，方言比较多样。由于历史渊源不同，客方言就有董塘话、长江话、附城话、塞麻（同虱嫲、虱乸、虱婆）话（原与北江船话相通）、河源话5个变体。其中董塘话与兴宁、梅县、惠州客方言更为接近，操这种方言人数约占全县客方言人口一半。2004年7月，调整韶关市行政区划，从曲江县划入仁化县管辖的周田、黄坑、大桥3个镇方言，因为村民所居与仁化相邻，客方言、虱婆声、粤方言（白话）等均与仁化县相同类别方言接近。只有在周田镇道管、新庄村委会与大桥镇共和村委会等处部分村民，还有一种连滩话，该方言与潮州话相似，属闽南方言系统。

（谢嘉文）

民族·宗教

【民族】　仁化县居民以汉族为主。2017年年末，全县有少数民族瑶族、畲族、壮族、回族、满族、苗族、彝族、土家族等21个，少数民族总人口2572人（男性1325人、女性1247人），占全县总人口1.1%。其中，瑶族人口最多，有1888人，占全县少数民族人口72.1%；畲族332人，占12.2%；壮族187人，占6.6%；苗族89人，占2.7%；土家族76人，占2.2%。各镇（街道）均有分布，瑶族主要分布在董塘镇瑶族村委会、周田镇瑶族村委会、周田镇雷坑村委会、黄坑镇小溪村委会以及县域中央、省属厂矿。除长期定居的瑶族、畲族外，其余都是新中国成立后迁移到仁化居住。

【宗教】　截至2017年年底，全县有合法宗教活动场所丹霞山别传寺、丹霞山灵树禅院、丹霞山锦石岩寺、丹霞山仙居岩道观、董塘云龙寺、仁化妙善禅寺、基督教丹霞聚会点、基督教董塘聚会点8个，宗教备案教职人员60人，信教群众6580多人，比2016年增加1.23%。

（朱福娣）

环境质量

【概况】 2017年，仁化县环境质量总体良好，县城集中式饮用水源地水质达标率为100%，锦江丹霞山市控断面和瑶山电站县控断面达到Ⅲ类水质要求，锦江广东桥和瑶山电站地表水重金属专项监测断面达到Ⅲ类水质要求，全县主要江河水质达标率为100%，城镇生活污水处理率提高，水环境质量改善；县城空气质量保持良好，二氧化硫、二氧化氮、可吸入颗粒物三项污染指标年均浓度均达到《环境空气质量标准》二级标准，县城环境空气质量改善明显；县城区域环境噪声昼间等效声级年平均值为52.3分贝，总体水平较高，区域声环境质量保持稳定。

【水环境质量】 县城区饮用水水源地水质良好，根据2017年监测结果表明，仁化县县城区集中式饮用水水源地全部水质指标达到国家《地表水环境质量标准》（GB 3838—2002）Ⅲ类，大多数指标优于国家《地表水环境质量标准》（GB 3838—2002）Ⅱ类。水质良好，水质达标率100%，完全符合饮用水源地取水水质标准。

江河地表水按照各断面所处功能区类别相应标准进行判定，断面水质指标全部达国家《地表水环境质量标准》（GB 3838—2002）Ⅲ类标准。断面大多数水质指标优于国家《地表水环境质量标准》（GB 3838—2002）Ⅱ类，水质良好。锦江河段达到Ⅲ类水质标准限值，董塘河段达到Ⅲ类水质标准限值，与2016年相比，总体上水质没有较大变化，只有少数断面水质指标值有所上升。

【大气环境质量】 2017年，仁化县县城区开展空气质量自动监测，监测主要项目有二氧化硫、二氧化氮、PM10、PM2.5、臭氧、一氧化碳，全年有效监测360天，取得AQI指数360个，AQI指数最大值160。根据空气污染指数AQI及对应的空气质量级别划分为优、良、轻度污染、中度污染、重度污染五等级。全年有效监测360天中，仁化县县城区大气环境质量：优为183天、良为159天、轻度污染为17天、中度污染为1天、重度污染为0天，优、良以上天数合计342天，空气质量优良率占比95.0%。

【声环境质量】 2017年，仁化县声环境质量监测包括区域环境噪声监测和道路交通噪声监测，区域环境噪声监测是在3.68平方千米的县城建成区内按200米×200米划分网格布点，共设101个测点，覆盖面积达4.04平方千米。道路交通噪声监测按照监测技术规范在县城区主、次交通干线布设15个监测点位，监测道路总长12.8千米。据监测，2017年度，县城区域环境噪声等效声级年平均值为52.3分贝，达到2类区昼间标准（60分贝），比上年52.4分贝略有下降，城区区域环境噪声质量整体水平较好；县城区域道路交通噪声等效声级平均值为64.9分贝，未超过标准值70分贝。平均车流量为1145辆/小时，比上年增加25辆/小时，监测点位达标率100%，道路交通噪声声环境质量为好。

（温观华）

建置·区划

【建置沿革】 仁化县古属百越之地，秦末汉初仁化地域属南越国南海郡。南越归汉，仁化为曲江县地域。南朝齐（479—502年）析曲江县地，始置仁化县。南朝梁至唐垂拱三年（502—687年）撤销仁化县，并入曲江县。唐垂拱四年（688年）复置。北宋开宝五年（972年），仁化县并入乐昌县，宋真宗咸平三年（1000年）恢复建置。南宋至元、明、清、民国时期，均相沿末改。中华人民共和国成立后，1949年10月16日，成立仁化县人民政府。1958年11月7日，仁化县并入广东省韶关市，为市辖郊区。1961年1月17日，仁化县从韶关市划出，恢复县建置，属广东省韶关地区。1983年6月，韶关市与韶关地区合并，以市带县，仁化县属广东省韶关市辖。2004年7月，韶关市部分行政区划调整，原曲江县辖黄坑镇、周田镇、大桥镇划归仁化县管辖。此后未再变动。2017年，仁化县辖10个镇和1个街道办事处。

（谢嘉文）

【行政区划】 2017年，全县辖董塘、石塘、城口、红山、扶溪、闻韶、长江、黄坑、大桥、周田、丹霞街道办事处等10个镇、1个街道办事处，16个居民委员会（社区），109个村民委员会，1114个村民小组。

（罗润桃 叶莉华）

经济社会发展

【简述】 2017年，仁化县经济下行压力大。全县生产总值112.45亿元，比上年增长3.8%，增速比上年同期下降4个百分点。从产业结构看：第一产业增加值21.23亿元，增长4.2%；第二产业增加值41.89亿元，比上年增长1.0%；第三产业增加值49.33亿元，比上年增长5.8%。按常住人口计算，人均地区生产总值53597元，按平均汇率折算为7389美元。全县民营经济增加值60.92亿元，比上年增长3.5%，占全县生产总值比重54.17%。

【农业产值增长】 2017年，仁化县粮食总产量10.38万吨，同比上年增长0.9%；蔬菜产量24.45万吨，同比上年增长4.7%，园林水果产量7.96万吨，同比上年增长5.4%，其中：柑产量4.5万吨，同比上年增长35%，橘产量1.0万吨，同比上年增长36.5%；沙田柚产量1.2万吨，同比上年增长17.1%。禽蛋产量1355吨，比上年增长5.9%，禽肉产量3358吨，比上年增长0.4%。猪肉产量12443吨，比上年增长1.7%。水产品产量9926吨，同比上年增长2.8%。农林牧渔业总产值33.61亿元，同比上年增长4.3%。全县县级以上农业龙头企业24家，专业合作社297家，家庭农场99家。全县规模以上休闲农业、乡村旅游企业7家，现代农业科技园10家，农业观光采摘园147家，休闲农庄136家。建成集现代农业生产示范、生态农业旅游观光、农业科普教育和推广、生态休闲度假等于一体万亩农业生态观光园3个（黄坑贡柑、大桥长坝沙田柚、红山茶叶）。大桥镇、丹霞街道办事处被评定为广东省休闲农业与乡村旅游示范镇，金果、五马寨、喜洋洋、福宝、蓝森生态园、竹稻山庄6家企业被认定为省级示范点。全县认证“三品一标”（无公害农产品、绿色食品、有机农产品和农产品地理标志）农产品42个。

【工业下行压力加剧】 2017年，仁化县工业增加值完成38.64亿元，比上年下降1.6%。完成规模以上工业总产值87.8亿元，比上年同期下降4.8%。从经济类型看：国有及国有控股企业增加值23.88亿元，同比上年增长0.6%，股份制企业下降3.4%，外商及中国港澳台地区企业增长3.1%；中央、省属工业增加值23.43亿元，比上年增长1.7%，县属工业增加值8.27亿元，同比上年下降5.3%。从行业看：有色金属行业增加值22.46亿元，比上年增长0.4%，电力行业增加值4.06亿元，比上年下降5%。主要工业产品产量增减情况：发电量同比上年下降4.9%，铅锌矿比上年下降10.96%，锌锭比上年增长7.5%，人造板比上年增长9.1%，全社会用电量11.78万千瓦时，同比上年下降1.85%。规模以上工业企业产销率99.1%。

【固定资产投资平稳】 2017年1—12月，全县固定资产投资完成额67.46亿元，同比上年增长5.8%。5000万元及以上项目46.37亿元，同比上年增长7.1%；基础设施完成额15.8

亿元，同比上年增长30.9%。其中：国有经济投资比上年增长19.1%，民间投资比上年增长20.5%。从行业看：第一产业投资7.02亿元，同比上年增长75.1%；第二产业投资41.96亿元，同比上年增长3.4%，其中：工业投资22.34亿元，同比上年增长1.8%，第三产业18.48亿元，同比上年下降5.6%。

【楼市去库存明显】 2017年，仁化县继续实施多项房地产利好政策，楼市延续2016年销售旺势，市场稳中向好发展。全县房地产开发完成投资7.69亿元，同比上年增长50.9%。商品房销售面积21.10万平方米，同比上年增长16.7%。商品房销售额8.09亿元，较上年同期5.77亿元增加2.32亿元，增长40.1%。全县房屋施工面积75.02万平方米，同比上年增长4.8%。在所有房屋施工面积中，其中，新开工面积8.67万平方米，同比上年下降78.3%。

【市场销售稳步提升】 2017年，全县完成社会消费品零售总额32.87亿元，比上年增长7.8%。其中：批发和零售业零售额29.18亿元，比上年增长8.2%；住宿和餐饮业零售额3.69亿元，比上年增长5.0%。

【财政收入负增长】 2017年，全县财政收入负增长。全县一般公共预算收入完成5.38亿元，同比上年下降13.2%。一般公共预算支出20.75亿元，同比上年下降8.3%。其中：一般公共服务支出2.59亿元，同比上年增长15.57%；教育、医疗卫生、节能环保等事业投入加大，分别比上年增长12.5%、15.92%和15.82%。社会保障投入减少，比上年下降10.45%。

【金融市场稳健运行】 2017年，全县金融机构各项存款余额94.05亿元，各项贷款余额37.98亿元，同比上年分别增长3.76%和3.37%，城乡居民储蓄存款余额65.71亿元，比上年增长4.33%。

【旅游业发展平稳】 2017年，全县接待旅游人数951万人次，比上年增长11.6%；旅游总收入54.83亿元，比上年增长11.7%。

【城乡居民收入稳步增长】 2017年，仁化县城乡居民收入稳步增长，生活水平不断提高。城镇居民人均可支配收入25641元、农村居民人均可支配收入15479元，分别增长9.7%和11.2%，城乡收入比1.66。

【社会保障体系完善】 2017年年末，全县参加城乡养老保险人数76608人，比上年增长1.5%，参加职工企业养老保险37449人，比上年下降15.9%，参加职工医疗保险27193人，比上年增长7.6%，参加职工失业保险12648人，比上年下降11.7%；参加城乡居民基本医疗保险181004人，比上年增长1.3%；参加生育保险18333人，比上年增长10.5%，参加工伤保险18393人，比上年增长4.1%，全县享受社会养老保险的离退休人员35081人，比上年增长4.0%。

（邓慧华）

精神文明建设

【概况】 2017年，仁化县精神文明建设工作继续深入贯彻落实中共十九大以及全国、全省精神文明建设表彰大会精神，以培育和践行社会主义核心价值观为主线，深化“全国县级文明城市”创建，突出“素质提升、城市建设、环境整治、民生改善”四个重点，全面实施典型示范引领、未成年人思想道德建设，提升市民文明素质和社会文明程度，不断将全县精神文明建设工作引向深入。

【培育和践行社会主义核心价值观】 2017年，中共仁化县委宣传部、仁化县创建全国县级文明城市活动领导小组办公室、仁化县精神文明建设委员会办公室、仁化县社会科学学会联合会、仁化县文学艺术界联合会联合印发《关于开展“喜迎十九大、庆祝建军节，践行社会主义核心价值观”主题系列文艺活动实施方案》、《关于印发“歌颂共产党、喜迎十九大，践行社会主义核心价值观”征文活动获奖名单的通知》和中共仁化县委宣传部印发《“双创一优”促核心价值观落地——仁化县培育和践行社会主义核心价值观工作经验交流材料》，从加强组织领导、融入国民教育、强化领域实践、活用载体宣传、活用优秀文化、培育社会风尚、把握舆论导向、稳抓示范引领等方面深化社会主义核心价值观培育和践行。借助社会主义核心价值观“六进”（进机关、进乡村、进社区、进学校、进企业、进家庭）活动载体，在社会主义核心价值观深耕厚植上下功夫，扎实开展培育和践行工作，取得积极成效：2017年春节期间，仁化县突出喜庆、祥和，厉行节约，以“灯笼、灯饰、造型景观”为主题元素，在各处布置上巧妙艺术地植入社会主义核心价值观24个字词元素及仁化美丽风景图，增添新春佳节欢乐祥和氛围；在县文化广场开展“创文一起来，有你更精彩”主题创文宣传活动，普及社会主义核心价值观和创文知识；在仁化县消防大队训练场举办“唱响社会主义核心价值观，颂歌献给伟大的人民军队”音乐会；在县图书馆1楼展厅举办“喜迎十九大践行社会主义核心价值观书画作品展览”活动；利用创文入户宣传契机，先后3次组织全县16个网格小区90多个责任单位开展入户宣传工作，将印制有社会主义核心价值观24字扇子、文明礼仪手册等发放至居民家中，发放扇子6000份、文明礼仪手册20000份、问卷20000份、小折页20000份；依托主要街道、醒目建筑及单位、医院、校园、社区、企业等重要宣传阵地，设立社会主义核心价值观公益广告500余幅，面积2.3万平方米；在县城三大出口路段制作社会主义核心价值观灯箱和灯旗300余个（面）。

【公民道德建设】 2017年，组织开展仁化县2017年季度“仁化好人”推荐评选活动，评选表彰“仁化好人”廖桂友等13人，向市推荐13名好人参选韶关季度好人评选活动，其中仁化县民政局张群真获第一季度“韶关好人”（见义勇为）称号，县消防大队杨鑫获第三季度“韶关好人”（敬业奉献）称号。印发仁化县文明办关于转发《关于开展2017年“南粤好乡贤”宣传推广活动的通知》，向市推荐乡贤2名参加评选活动，其中仁化县董塘镇刘莲获2017年“韶关好乡贤”称号。开展第三届仁化县道德模范推荐评选活动，评选出道德模范常军德等10人，道德模范提名曾美凤等9人，在县城文化广场举行第三届仁化县道德模范现场交流会，对道德模范和道德模范提名奖获得者进行宣传、表彰，扩大道德模范社会影响力。向市推荐好人15名参加韶关市道德模范评选活动，仁化县丹霞街道邱福兰获第六届“感动韶关十佳道德模范”（诚实守信）称号。根据仁化县精神文明建设委员会办公室印发《关于做好2017年道德讲堂活动工作的通知》，在全县开展“道德讲堂”系列活动，全年在县道德讲堂总堂开展道德讲堂12期，各创文网格化管理小区利用创文网格化管理模式开展道德讲堂30余场，激发市民崇德向善动力，提升公民道德教育水平。仁化县精神文明建设委员会办公室印发《关于做好仁化县2017年度诚信“红黑榜”发布工作的通知》，制定仁化县推进诚信建设制度化2017年工作要点，科学安排2017年度诚信“红黑榜”发布工作，联合县发改局召开诚信“红黑榜”信息发布会4次，发布红榜企业63个、黑榜企业6家、黑榜个人23人，通过褒扬诚信、惩戒失信，推动形成良好社会舆论环境，形成齐抓共管长效机制。仁化文明网加入中国文明网联盟，开展社会主义核心价值观宣传教育，开设专题专栏“道德建设”“文明创建”“仁化好人”“未成年人”“志愿服务”，加大道德模范、身边好人、最美人物、美德少年、优秀志愿者宣传展示力度，及时转发中央文明网、广东文明网载重点稿件、重要活动，发表篇数170余篇。报道仁化县“创文工作推进会”“诚信红黑榜信息发布会”“县级文明城市座谈会”等专题会议，推动仁化县网络文明建设。健全仁化县文明网、文明仁化微博、微信公众号推送机制，推送“美丽乡村建设”“文明旅游”“文明交通”“文明餐桌”消息，制作仁化县创文宣传特色栏目“创文曝光台”6期和“创文进行时”51期。县委宣传部文明办派员参加中央文明办关于文明网站建设第二期培训。

【志愿服务活动】 2017年，仁化县精神文明建设委员会办公室印发《仁化县关于支持和发展志愿服务组织的意见》，共青团仁化县委员会、仁化县精神文明建设委员会办公室、仁化县志愿者联合会联合印发《关于在全县范围建立志愿服务激励机制的通知》，共青团仁化县委员会、仁化县教育局、仁化县精神文明建设委员会办公室联合印发《关于开展“我为创文做贡献”志愿服务活动的通知》等文件，力促仁化县志愿服务活动常态化、制度化发展。7月10日，由县文明办、团县委主办“仁爱之城”志愿者服务队授旗仪式在县三中心一馆3楼会议室举行；“9·20”公民道德宣传日期间，组织志愿者开展“情暖仁化”主题深入学校、敬老院等地开展关爱他人志愿服务活动；继续开展文明劝导志愿服务活动，全县文明劝导责任单位80多个每周四安排人员到县城21个岗点站岗，招募兼职文明劝导志愿者20名进行文明劝导。全年编辑关于文明劝导志愿服务活动情况通报6期，指出文明劝导活动中存在问题；各责任单位整改效果良好，志愿服务成为仁化党员、干部、群众精神文明建设主流意识。

【创文网格化管理活动开展】 2017年，全县16个创文网格化管理小区根据《仁化县开展创文网格化管理实施方案》要求，活用社区道德讲堂，组织开展各种精神文明活动，常态性开展志愿服务，经常性整治环境卫生，提高网格小区居民精神文明建设。全年在各网格小区张贴社会主义核心价值观标语、“文明餐桌”宣传标语及惠民政策600余条，开展道德讲堂授课30次，其中，在创文网格化第九区举办“感亲恩、承孝道”志愿服务活动、创文网格化第四区联合丹霞社区卫生服务中心在第四区为居民开展义诊活动、创文网格化第四区联合县机关幼儿园在第四区开展“创建文明县城，描绘美好家园”主题绘画比赛活动，有力推动全县创文工作开展和居民文明素质提高。

【基层文明创建基础夯实】 2017年，仁化县做好2016—2017年度精神文明建设先进集体评选考核工作，仁化县精神文明建设委员会办公室印发《关于评选命名2016—2017年度市、县精神文明建设先进集体的通知》，树立典型，激发各镇（街）、单位和广大干部群众投身精神文明建设热情，争创全国县级文明城市，建设“仁爱仁化”。通过各镇（街）、相关单位积极推荐报送，仁化县气象局被评为韶关市文明单位，仁化县石塘镇石塘村、周田镇周田村被评为韶关市文明村，仁化县丹霞街道高坪社区被评为韶关市文明社区。召开2017年文明平安家庭创建工作推进会，利用16个网格化小区向全县广大家庭发出“文明家庭倡议书”5000份，推进文明家庭示范带动工作，其中戴红香等10户家庭被评为2016—2017年度韶关市文明家庭。年内，城口镇上寨村被列为市级文明家庭建设示范点，县妇联在该村开展“文明上寨、和谐家庭”亲子活动，“家庭教育知识讲座”、传承“好家风，好家训”和“安全留守”亲子阅读夏令营系列活动，促进家庭道德建设。

【未成年人思想道德建设加强】 2017年，仁化县未成年思想道德建设以“我的中国梦”和“扣好人生第一粒扣子”为主题，组织未成年人开展丰富多彩教育实践活动。清明节期间，仁化县精神文明建设委员会办公室印发《关于2017年清明期间开展“倡导文明祭扫•推动移风易俗”活动的通知》，仁化县中小学校开展形式多样“清明祭英烈”活动，进行爱国主义教育，师生共同缅怀先烈事迹，传承先辈革命精神。该次活动全县参与人数18562人，收集优秀签名寄语260余条。组织开展“美德少年”评选活动，评选出李嘉伟等23名学生为“2017年仁化县美德少年”。在康溪村举行“扣好人生第一粒扣子”——“争当美德少年”公益夏令营活动，促进留守儿童思想道德教育。举办“扣好人生第一粒扣子”——庆“六一”晚会，活动现场慰问困难学生和困难家庭，开展社会主义核心价值观、未成年人保护法知识抢答。

【全国县级文明城市创建工作】 2017年，仁化县以突出培育和践行社会主义核心价值观为根本，以深化“全国县级文明城市”创建为重点，将创文工作引向深入。着眼队伍壮大强化创文能效，召开仁化县2017年创建全国县级文明城市工作骨干培训会，培训骨干190人；多次组织创建全国县级文明城市申报材料强化培训工作，为仁化县创建全国县级文明城市冲刺加油；多次召开仁化县文明委工作会议，专题研究布置全县创文整改工作；省文明办组织全省文明城市及提名城市创文专业骨干在肇庆集中学习培训，仁化县派出6名责任心强、业务熟悉、相对稳定业务骨干参加。组织各镇（街）及相关单位进行文明镇街创建，部署和推动精神文明建设进一步向镇街和基层延伸拓展，缩小城乡差距。推进培育和践行社会核心价值观建设，设立社会主义核心价值观示范点14个，夯实主线根基，倡导健康向上道德风尚；借助11个镇（街）建成社会主义核心价值观主题公园为载体，培育社会主义核心价值观。加强道德培育提升群众素养，全年评选表彰“仁化好人”13名，在县道德讲堂总堂开展道德讲堂活动12期，参与人数1200余人次。深掘主题活动丰富节日气氛，突出“以仁化人・共建文明城市”主题，以春节、元宵、清明、端午、中秋等传统节日为契机开展“我们的节日”活动，其中有春节期间仁化县民间舞龙舞狮表演队表演及夏富“装故事”民俗大戏、举行“文化节惠民元宵乐”游园活动等特色活动。组织未成年人开展丰富多彩教育实践活动，其中有清明节师生到县革命烈士陵园扫墓、组织评选“2017年仁化县美德少年”。开展“文明餐桌”“文明交通”“文明旅游”“文明网络”等行动规范全县人民行为习惯。凝聚诚信力量巩固法治根基，印发《仁化县文明委关于印发仁化县推进诚信建设制度化2017年工作要点的通知》《关于做好仁化县2017年度诚信“红黑榜”发布工作的通知》等一系列文件，推进诚信建设工作。

仁化县精神文明建设办公室负责人名录：

主　任：邹雪玲（女）

（黄秀青）

中共仁化县委员会

中共仁化县委员会负责人名录：

书　记：刘　锋（任至2017年3月）

林国华（2017年3月任中共仁化县委书记，2017年4月兼任丹霞山管委会党委书记、主任）

副书记：王晓梅（女，任至2017年4月）

周小明（2017年8月任职，2017年8月兼任丹霞山管委会党委副书记）

区毅明（任至2017年6月）

县委常委：谢庆伟（丹霞山管委会党委副书记、副主任）

县委常委、县委统战部部长、县委办主任：邱志坚

县委常委、县委纪委书记：张　毅

县委常委、县委宣传部长：邓红红（女）

县委常委、县委组织部长：李湘柱（任至2017年12月）

县委常委：张元展（任至2017年12月）

县委常委、政法委书记：谭建华

县委常委（挂职）、虎门仁化对口帮扶总指挥：梁晓辉（2017年1月任职）

综　述

2017年，中共仁化县委在中共韶关市委、韶关市人民政府领导下，坚持以习近平新时代中国特色社会主义思想为指引，深入学习贯彻中共十九大、省第十二次党代会、省委十二届二次全会以及市委十二届四次、五次全会精神，坚持稳中求进工作总基调，认真贯彻落实习近平总书记对广东工作作出的重要批示精神，扎实有效实施市委、市政府关于积极主动融入“珠三角”、全力推进“产业共建、城市提升、县域发展”三大主题工作以及大力发展旅游文化产业决策部署，实施仁化县“一三九”发展战略，全力发展生态经济，切实保障和改善民生，积极建设美丽乡村，推进全面从严治党，经济社会各项事业和党建工作取得新进步，社会大局保持和谐稳定。

2017年，中共仁化县委坚持把学习宣传贯彻中共十九大精神作为首要政治任务，围绕学懂弄通做实，持之以恒、久久为功抓牢抓实。召开县委十三届四次、五次全会，专题研究部署学习宣传贯彻落实工作，并制定出台《中共仁化县委关于坚持以习近平新时代中国特色社会主义思想为指引加快仁化振兴发展的决定》。通过召开县委常委会、县委理论中心组等会议，传达学习中共十九大会议精神，把全县党员干部思想和行动统一到中共十九大精神上，统一到中共中央和省委、市委各项决策部署上，进一步理清发展思路，制定发展举措，把重要指示精神落实到仁化发展全部工作中。

2017年，全县完成一般公共预算收入5.38亿元，一般公共预算支出20.75亿元。全县完成地区生产总值112.4亿元，比上年增长3.8%。完成固定资产投资67.46亿元，比上年增长5.8%；完成社会消费品零售总额32.87亿元，比上年增长7.8%；城镇和

农村居民人均可支配收入分别为25641元和15479元，分别比上年增长9.7%和11.2%。全面小康实现程度为74.6%，比2016年提高3.5个百分点。

重要会议

【县委全委会】 中国共产党仁化县第十三届委员会第三次全体会议。2017年5月3日，中国共产党仁化县第十三届委员会第三次全体会议在仁化县城召开。全会由县委常委会主持。全会深入贯彻落实中共十八届六中全会、中央经济工作会议、习近平总书记系列重要讲话精神和治国理政新理念新思想新战略，以及习近平对广东工作的重要批示精神，全面落实省委十一届八次全会、省委经济工作会议、市第十二次党代会、市委十一届十一次全会和市委工作会议精神，部署仁化县全面从严治党、下一步工作及今年目标任务，努力开创仁化县全面从严治党和经济社会发展新局面。

全会听取林国华代表县委常委会所作《全面从严治党，狠抓作风建设，全力推动仁化经济社会稳中求进》报告，张元展关于经济工作讲话，张毅关于加强作风建设讲话，审议通过《中共仁化县委关于深入推进全面从严治党的实施意见》及其配套文件。

全会认真分析仁化当前发展形势，指出要坚持稳中求进工作总基调，准确把握发展机遇，清醒看到发展挑战，坚定发展信心，凝聚发展合力，变压力为动力、化挑战为机遇，全力推动经济社会平稳健康发展。

全会提出，当前及今后一段时期工作总体要求是：全面贯彻落实中共中央、省、市各项工作安排部署，以习近平总书记对广东提出的“四个坚持、三个支撑、两个走在前列”为统领，坚持稳中求进工作总基调，加快推进供给侧结构性改革，积极主动融入珠三角，贯彻落实县第十三次党代会精神，围绕建设“生态、活力、幸福”新仁化目标，主攻“生态经济、幸福民生、美丽乡村”三大重点领域，大力开展“全域旅游、产业共建、城镇提升、教育现代化、卫生创强、精准扶贫、农村人居环境综合整治、农村综合改革、国家现代农业示范区建设”九大任务三年攻坚行动，着力打造美丽环境、发展美丽经济、创造美丽生活，加快建设生态更美、产业更优、机制更活、百姓更富、社会文明程度更高的美丽幸福新仁化。一是要全面加强和改善中国共产党的领导，加强党总揽全局、协调各方领导核心作用，统筹推进全县经济社会各项事业平稳健康发展。二是要坚持以发展生态经济为中心，大力发展全域旅游、积极推进产业共建、扎实推进城镇提升，增强县域经济实力。三是要坚持以打造幸福民生为目标，全力推进精准扶贫精准脱贫、教育均衡优质内涵发展和卫生强县建设，切实提高人民群众获得感。四是要坚持以建设美丽乡村为引领，大力推进农村人居环境改善工程、农村综合改革和国家现代农业示范区建设，推动农业农村工作迈上新台阶。

全会强调，要坚定不移推进全面从严治党，为建设美丽幸福新仁化提供坚强工作保障。一是要从严抓思想政治教育，切实增强“四个意识”。二是要从严抓好中国共产党作风建设和干部队伍建设，增强发展信心和主人翁意识。三是要从严抓好基层组织建设，增强基层党组织凝聚力和战斗力。

全会要求，做好下一步的经济工作，要提速发展全域旅游，合力推动产业共建，稳步发展现代农业，加快项目建设步伐，全力以赴招商引资，加快推进城镇提升，抓好精准扶贫精准脱贫攻坚工作，强化财税征管和税源培育工作，整治人居环境和建设美丽乡村，发展民生各项事业。

全会认为，加强作风建设是落实全面从严治党政治要求，是推进仁化县各项工作、促进事业发展现实需要，是深入推进反腐倡廉工作迫切需要。要把2017年定为“作风建设年”，深入开展“比学赶超、以评促建、实干担当”活动，促进党员领导干部进一步转变作风，强化责任，为推动全县经济社会持续健康发展提供坚强保障。

全会号召，全县各级党组织、全体共产党员和广大人民群众要更加紧密地团结在以习近平为核心的中共中央周围，坚定不移地推进全面从严治党，紧紧围绕习近平总书记对广东工作作出的“四个坚持、三个支撑、两个走在前列”重要批示精神，奋发有为，攻坚克难，努力开创仁化县各项工作新局面，以优异业绩迎接中共十九大和省第十二次党代会胜利召开。

中国共产党仁化县第十三届委员会第四次全体会议。2017年12月21日，中国共产党仁化县第十三届委员会第四次全体会议在县城召开。全会主要任务：深入学习宣传贯彻中共十九大和省委十二届二次全会、市委十二届五次全会精神，以习近平新时代中国特色社会主义思想为引领，按照习近平总书记对广东工作的重要指示批示精神，研究分析仁化在新时代面临的形势和任务，进一步谋划仁化未来发展，动员全县党员干部群众更加紧密地团结在以习近平为核心的中共中央周围，不忘初心，牢记使命，奋力推动仁化加快振兴发展步伐，确保如期全面建成小康社会、开启全面建设社会主义现代化新征程。

县委书记林国华主持会议，全会以书面形式传达省委十二届二次全会和市委十二届五次全会精神，林国华就全面深入学习贯彻中共十九大精神作专题讲话。会议审议通过《中共仁化县委关于坚持以习近平新时代中国特色社会主义思想为指引加快仁化振兴发展的决定（稿）》和《中国共产党仁化县第十三届委员会第四次全体会议决（草案）》。

会议指出，中共十九大召开后，仁化县坚持把学习宣传贯彻中共十九大精神作为首要政治任务，在全县迅速掀起学习宣传贯彻中共十九大精神热潮，实现学习贯彻中共十九大精神第一轮全覆盖。学习宣传贯彻中共十九大精神是一个逐步深化的过程、一项长期的政治任务。要进行再动员、再部署、再推动，继续围绕学懂弄通做实，持续深入学习宣传贯彻中共十九大精神，扎实推动习近平新时代中国特色社会主义思想在仁化落地生根、结出硕果。

会议强调，要以习近平新时代中国特色社会主义思想统领仁化一切工作。要深刻认识中共十九大重要意义和重大成果，在全面系统学习基础上突出重点，切实领会好、把握住中共十九大精神思想精髓、核心要义。要坚持把习近平新时代中国特色社会思想作为根本指导思想，把学习贯彻中共十九大精神与学习《习近平谈治国理政》第二卷结合起来，与学习党章结合起来，坚持真学真懂真信真用，把新精品新时代中国特色社会主义思想作为解决仁化一切问题“金钥匙”。要围绕满足人民日益增长的美好生活需要，把学习贯彻习近平新时代中国特色社会主义思想过程，变成为群众办实事、解难事、谋幸福过程。要全面准确把握新时代党的建设总要求，突出把政治建设摆在首位，坚决维护习近平总书记的核心地位和以习近平为核心的中共中央集中统一领导，确保中央和省、市委各项政令在仁化畅通无阻、落地见效。要坚持以习近平新时代中国特色社会思想统揽仁化工作全局。按照省委和市委统一部署要求，在全县开展学习贯彻中共十九大精神大学习、深调研、真落实活动，把贯彻落实中共十九大精神与贯彻落实习近平总书记对广东工作的重要批示精神紧密结合起来，研究提出新时代仁化县工作的目标任务，形成明确具体思路举措和切实可行行动计划，确保中共中央和省委、市委各项决策部署落到实处、开花结果。

会议强调，要以习近平新时代中国特色社会主义思想为指引，全面准确把握仁化面临新形势新任务，深入分析和准确把握基本县情，理清改革发展思路，找准立足点和发力点，推动仁化在新起点上再创新局。要找准差距和短板，进一步增强工作责任感和紧迫感，充分认识到经济基础薄弱、城乡发展不平衡不充分等深层次结构性问题成为制约全县决胜全面小康最突出短板，迫切需要大家下更大决心、采取更有力举措补短板、强弱项。优势和短板都是阶段性、动态变化的，要居安思危、因势利导、主动作为、永不懈怠，推动优势和短板朝着于我有利方向调整变化，把短板一项一项补齐，把优势不断巩固好、发展好。

会议要求，各级各部门要进一步提高政治站位，强化大局意识，坚持在全县一盘棋中谋划自身发展。要牢固树立大局意识，坚持把仁化的工作置于全国全省全市的工作大局中去谋划和落实。要更加紧密地团结在以习近平为核心中共中央周围，高举中国特色社会主义伟大旗帜，深入学习贯彻习近平新时代中国特色社会主义思想，认真落实习近平总书记对广东工作的重要指示批示精神，不忘初心，牢记使命，紧紧依靠全县广大人民群众，团结凝聚社会各界力量，大力实施“一三九”发展战略，唱响红色主旋律、打造绚美大丹霞，不断开创仁化改革发展新局面，为实现“两个一百年”奋斗目标、如期全面建成小康社会、开启全面建设社会主义现代化新征程做出应有贡献。

【县委常委会】 2017年，中共仁化县委员会召开县委常委会33次，主要通过《关于开展“比学赶超、以评促建、实干担当”作风建设年活动实施方案》《县委党内规范性文件工作联席会议制度》《仁化县锦江河流域水质综合治理工作方案》《2017年仁化县机关绩效考核实施方案》《仁化县2017年度镇（街）主体功能分区绩效考核评价实施方案》《仁化县干部政绩档案管理实施细则》《仁化县领导干部干预干部选拔任用工作的记录实施办法》等相关文件及人事任免相关事宜。

县委决策

【仁化县九大任务三年攻坚实施方案】 2017年9月12日，中共仁化县委、县政府下发《仁化县创建国家和省级全域旅游示范区三年攻坚行动方案》《仁化县产业共建三年攻坚行动方案》《仁化县城镇提升三年攻坚行动方案》《仁化县推进教育现代化工作三年攻坚行动方案》《仁化县建设卫生强县三年攻坚行动方案》《仁化县新时期精准扶贫精准脱贫三年攻坚行动方案》《仁化县全域推进农村人居生态环境综合整治建设社会主义新农村示范村三年攻坚行动方案》《仁化县国家现代农业示范区建设三年攻坚行动方案》《仁化县农村综合改革三年攻坚行动方案》，扎实有效推进仁化县“一三九”战略实施，并提出工作要求。一是坚持目标导向，压实主体责任。方案围绕全面小康目标，对各项指标、任务进行分解细化，明确每一项任务工作目标、牵头领导、牵头单位、责任单位和完成时限，各级各部门要对标目标任务，抓好工作责任落实。二是突出工作重点，分类有序推进。九大任务涉及方方面面，涵盖未来几年仁化县各项重点任务工作，必须树立长期作战思想，持续用力，坚持不懈，一抓到底。推进工作时既要从全局整体把握，又要明确阶段性重点，各级各部门要按照方案分工，分清轻重缓急，有计划、有步骤、有抓手、有节奏地持续推进。三是注重协调联动，形成攻坚合力。各牵头单位要做好牵头抓总，责任单位要落实主体责任，加强沟通联动，合力推进各项工作任务。

【关于在全县开展“一线双联”活动的实施方案】 2017年9月18日，中共仁化县委、县政府印发《关于在全县开展“一线双联”活动的实施方案》，并提出相关工作要求：一是要加强对实施“一线双联”活动的领导，推动精准扶贫、社会主义新农村建设等重点工作落实，调整充实这两项工作领导小组成员。成立脱贫攻坚、新农村建设督查工作组，县委组织部、县扶贫办、县作风建设年活动办要加强督促检查，县委巡察组要开展扶贫领域专项巡察工作。二是各级领导干部要抓好工作统筹，既要抓好挂点镇的面上工作，又要抓好联系村的点上工作，严格按照时间要求定期联系基层，遇有重要活动、重大事件时要随时到联系点开展工作，因工作原因不能按时到联系点，过后要及时“补课”，或通过电话、网络等方式保持联系。三是县领导和县直单位领导联系基层要切实转变作风，真抓实干，想方设法为基层单位和群众办好事实事。要真正关心群众疾苦，及时掌握群众思想动态、生活难题，采取切实可行的帮扶措施，解决群众实际困难。四是县领导和县直单位领导要将每次到基层参加会议、调查研究、指导工作、解决问题的主要情况进行登记，形成《县班子成员、法检“两长”联系基层记实手册》或《县直单位班子成员联系基层纪实手册》。五是严格遵守中共中央八项规定，严禁形式主义、官僚主义和享乐主义，各级领导干部要严格要求，严守纪律，一律轻车简从，严禁迎来送往、大吃大喝，不得增加基层和群众负担。六是加强对县直单位和镇（街道）领导干部落实联系基层职责的情况进行督促检查和考核，每季度开展一次督促检查，对不落实职责或工作不到位的，进行通报批评和约谈；每年年底对县直单位班子联系基层党建工作进行专项考核。要将各级领导干部联系基层工作的情况纳入干部政绩档案和干部考验性管理制度，并作为评先评优的重要依据。

（仇旭君）

重要活动

【“两学一做”专题教育】 2017年，仁化县始终把“两学一做”学习教育常态化制度化作为加强中国共产党建设的一项长期任务，围绕深入贯彻落实习近平总书记系列重要讲话精神特别是习近平总书记在参加十三届全国人大会议广东代表团审议时的重要讲话精神，结合县委“一三九”发展战略，县党政班子带头开展专题学习，各基层党组织精心制定学习计划，分别以“三会一课”、“仁化党员教育”微信公众号、“企信通”平台、“支部课堂”、“流动课堂”、“实践

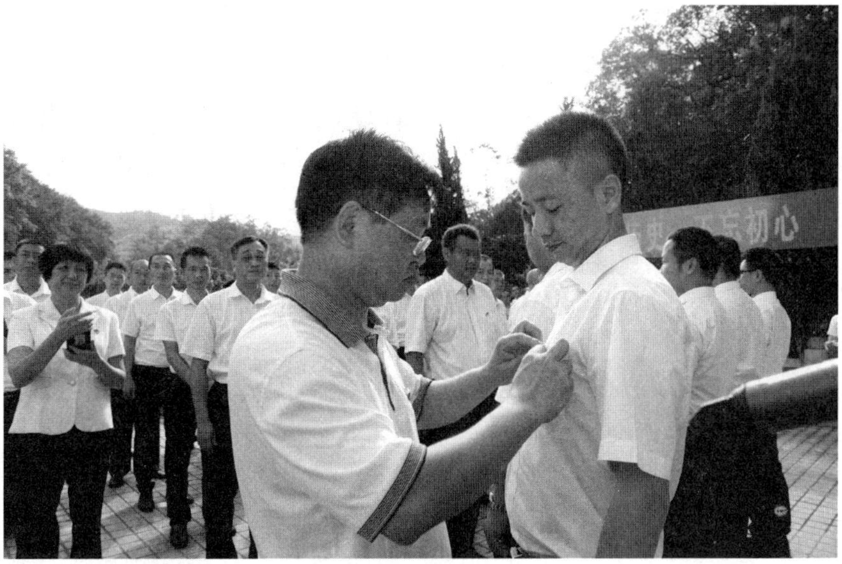

2017年9月26日，仁化县启动“戴党徽、亮身份、树形象”暨重温入党誓词活动。图为县长周小明为新党员佩戴党徽 （龙全明 摄）

课堂”、集中宣讲等多种方式培训党员干部。县党政班子以身作则、率先垂范，带头以普通党员身份参加所在支部“四个合格党员”专题讨论组织生活，认真组织开展“学省党代会精神迎接党的十九大召开”考学，邀请省委党校专家和市委党校教授到仁化县作“作风建设”“牢记习总书记嘱托，推动韶关振兴发展”等专题辅导报告，广泛开展向廖俊波先进事迹和全县先进党员标兵、党务工作者标兵学习活动，全县参加宣讲学习党员干部11582人次，将“两学一做”学习教育不断引向深入。把“两学一做”融入软弱涣散党组织整顿、“精准扶贫、精准脱贫”和社会主义新农村建设等中心工作中。开展“戴党徽、亮身份、树形象”主题活动，在全县党员队伍中形成比学习、比工作、比奉献，争先进、作表率、促发展氛围。党员戴党徽成为一种新常态。通过“两学一做”学习教育常态化制度化，保证学习教育成效，各级党员领导干部政治意识、大局意识、核心意识、看齐意识进一步增强。

（邓盛明）

县委中心组学习会

【概况】　2017年，中共仁化县委理论学习中心组以习近平新时代中国特色社会主义思想为指引，全面贯彻中共十八大、十八届历次全会精神和中共十九大精神，创新学习形式，教育引导广大党员领导干部把思想和行动统一到中共中央和省委、市委、县委决策部署上，立足“生态经济、幸福民生、美丽乡村”三大重点领域，为建设“生态、活力、幸福”新仁化提供强大精神动力和智力支撑。

【中心组学习】　2017年，中共仁化县委理论学习中心组全面加强制度建设，精心制定学习专题，推动理论中心组学习活动深入、规范、有效开展。全年组织理论中心组集中学习24场次，主要内容涵盖10个方面：马克思列宁主义、毛泽东思想、邓小平理论、“三个代表”重要思想、科学发展观、习近平新时代中国特色社会主义思想，习近平总书记系列重要讲话和治国理政新理念新思想新战略，习近平总书记对广东工作作出“四个坚持、三个支撑、两个走在前列”重要批示精神；中国共产党章程、党规、党纪和党的基本知识，《关于新形势下党内政治生活的若干准则》《中国共产党党内监督条例》《中国共产党地方委员会工作条例》《中国共产党党组工作条例》；习近平总书记关于意识形态领域工作重要讲话精神；中央关于精神文明建设重大部署，社会主义核心价值观；中共仁化县委十三届三次全会确定的“一三九”发展战略；组织开展“比学赶超、以评促建、实干担当”作风建设年活动，深入学习《中共仁化县委关于深入推进全面从严治党的实施意见》《仁化县科级领导干部“干事档案”实施方案》《仁化县科级领导干部政绩档案管理意见（试行）》《仁化县科级领导干部考验性管理意见（试行）》《仁化县党员干部干事创业容错免责实施意见》；学习宣传贯彻中共广东省委十二届一、二次全会精神和中共韶关市委十二届四、五次全会精神；全面推进供给侧结构性改革，大力实施仁化县“九大行动攻坚项目”，推动仁化振兴发展；切实提高法治思维，严格依法依规决策，提升依法执政能力（学习中共路线、方针、政策会议决议；国家法律法规）；学习贯彻中国共产党第十九次全国代表大会精神。

【专题讲座】　2017年，中共仁化县委理论学习中心组针对改革发展中的重大理论和实践问题，邀请专家到仁化讲学，举办专家学者讲座。年内，领导、专家、学者到仁化作专题辅导授课9场次：中共韶关市委常委、市委宣传部长柳琛子作《学习贯彻党的十九大精神》，中共韶关市委党校副校长、教授杨斌作《牢记习总书记嘱托，推动韶关振兴发展》，中共广东省委党校教授梁道刚作《认真学习贯彻习近平总书记管党治党思想，切实加强作风建设》，韶关学院政治与公共事事务管理学院副院长、教授杨华山作《广东的发展目标与历史担当》，韶关市国家保密局局长石云峰作《保密工作责任制辅导讲座》，中共韶关市委党校党建教研室主任、副教授田千山作《新时代赋予新使命 新思想引领新征程》，韶关市审计局党组书记局长陈大川作《如何规范行政行为 防范廉政风险》，广东省审计厅梁晓阳作《领导干部如何履行好经济责任》，韶关市财政局邓国贤作《精准把握乡村振兴战略 强力推进精准扶贫和新农村建设》。

【专题研讨】 2017年，中共仁化县委理论学习中心组召开专题研讨会3场：5月31日，举办意识形态研讨会；6月19—20日，举办“作风建设”主题研讨会；9月25—26日，举办“两学一做”学习教育制度化常态化专题研讨会。

【个人自学】 2017年，中共仁化县委理论学习中心组成员在抓好集中学习的同时，采取多种形式开展自学，内容主要包括《党委中心组学习》《习近平关于意识形态工作的重要讲话汇编》《关于新形势下党内政治生活的若干准则》《中国共产党党内监督条例》《学习活页文选》《习近平总书记系列重要讲话读本》《全面从严治党面对面》《党的十九大报告》《中国共产党章程》《党的十九大报告辅导读本》《习近平的七年知青岁月》。通过选派理论学习中心组成员挂职锻炼、参加高校主体班培训方式派出11期15人次到外地学习。

【基层宣讲】 2017年，县委理论中心组按照上级要求，在全县持续掀起学习贯彻习近平总书记对广东工作重要批示精神和省第十二次党代会精神新一轮热潮，举办宣讲活动31场。中共十九大闭幕后，迅速开展宣讲活动，县委理论学习习中心组成员到所在党支部、挂点镇、挂点村开展宣讲160场，县委宣讲团在全县各机关单位、基层党组织宣讲29场。

中共仁化县委讲师团负责人名录：

团　长：李子初

副团长：邓贵胜

（邓贵胜）

县委办公室工作

【概况】 中共仁化县委办公室（简称“县委办”）县委办公室下设秘书股、督查室、新闻信息股、综合调研股、机要股（局）、保密股（局）、信访股（局）7个职能股（局）。行政编制27人，后勤服务编制3人。2017年，县委办领导班子在中共仁化县委、县人民政府领导下，围绕县委中心工作，创新机制，狠抓落实，强化干部队伍素质建设，充分履行参谋助手、综合协调、督促检查和后勤保障等职能，保障县委各项工作高效运行，为加快全县经济社会发展做出积极贡献。

【办文办会】 2017年，县委办发挥“咽喉”“纽带”作用，坚持讲政治、顾大局，坚持善统筹、勤协调，坚持勇创新、求实效，坚持严管理、强队伍，坚持树形象、抓作风，努力在强化办文、办会、办事职能中提升工作科学化水平，增强为领导服务、为部门和基层服务、为人民群众服务能力，为推动经济转型跨越发展、社会和谐稳定发展、民族共同繁荣发展做出应有贡献，得到县委领导和上级主管部门肯定。

办文工作。严把公文起草、校核、签发关，全年审核、校改县委、县政府（含县委办）文件420余件次，处理中共中央、省、市机要寄送件400余件，处理纸质来文和领导批示391件，向市委办报备党内规范性文件13份。未出现漏发、错发、重发、遗失和失密现象。增设文电法规室及加挂县委法律顾问室牌子，提高县委重大决策部署科学化、规范化、程序化。按照县委决策和领导意图，本着把握大局、实事求是、维护团结原则，协调左右、联系内外、沟通上下，保证县委工作意图贯彻落实，各项工作顺利开展，维护县委形象。

办会工作。2017年，县委办做好会前各项准备工作。拟定会务方案，起草领导讲话和文件，做好会场布置。会中做到“灵活”服务。提前制订和完善工作预案，做好会议各项必要准备，保持警觉，做到发现突发事件，快速反应，启动预案，有效处理各类问题，确保会议顺利实施。会后及时高质量撰写会议纪要，对会议议定事项进行认真安排部署。抓好会议议定事项跟踪落实工作，加强督查催办，并以会议简报、督查专报等形式，向领导及时反馈工作进展情况，确保会议取得实效。及时总结工作经验，查找问题。按照县委决策和领导意图，协调左右、联系内外、沟通上下，保证县委工作意图贯彻落实，维护县委形象。全年承办各类会议及活动194次，其中大型会议3次。

【调研、信息、新闻报道工作】 2017年，县委办文字组发挥领导参谋助手、上下联系纽带作用，积极服务领导、服务部门、服务基层，有力保证县委各项决策顺利实施和县委机关高效运转，完成各项工作任务。

调研工作。2017年，完成县委十三届三次、四次全会等重大会议报告，以及县委书记在“精准扶贫”“创文”等各类重要会议讲话稿撰写、审核工作任务。全年，起草、审核各类领导讲话稿、报告150余篇，撰写各类会议纪要133篇，文字材料总字数超过300余万字。牵头起草《关于加快推进大丹霞旅游经济圈发展建设工作实施方案》等综合材料，发挥推动仁化振兴发展以文辅政作用。

信息工作。2017年，县委办信息工作围绕县委中心工作，按照市委信息科要求，恪尽职守，尽心尽责做好信息报送工作。突出重点信息捕捉、编撰和报送，向省市报送信息92篇，被省、市委采用12篇。其中，《仁化县加强红色军事文化保护利用成效显著》信息被省采用并得到省领导批示。高质高效做好工作重大紧急信息报送，没有出现迟报、漏报、瞒报和错报现象。

新闻工作。2017年，仁化县新闻报道工作小组围绕县委、县政府“一三九”发展战略，大力宣传报道全县经济社会发展成果，在《韶关日报》等市级以上党报党刊和“南方+”等主流新媒体发表新闻稿件400余篇，其中《韶关日报》用稿300篇，策划撰写刊登仁化专题（专版）15.5版，连续20年被韶关日报社评为通联工作优秀单位。统一对外发布涉及全县重大活动等方面新闻通稿通稿40余篇。

改革工作。2017年，县改革办完善县委全面深化改革领导小组、专项小组组织架构，出台《中共仁化县委全面深化改革领导小组会议工作规程》《中共仁化县委全面深化改革领导小组专项小组运作制度（试行）》等规章制度，构建全面深化改革与政府工作有效衔接机制。结合上级改革部署，协助并指导各职能部门，完成深化行政审批制度改革、商事制度改革、农村综合改革、农业供给侧改革、国有林场改革、医药卫生体制改革、教育领域综合改革、司法体制改革、群团改革等55大项119小项改革任务。

【督查工作】 2017年，县委督查室围绕重点工作开展督查。围绕县委常委会工作要点、县委全会会议精神，迅速将任务落实到责任单位，实行重点督办、全程跟办，坚持把加强督促整改作为解决群众反映热点难点问题重要工作来抓，通过督促受理单位提高办理质量、加快办理程序、落实答复事项等方面，提高为人民群众服务效率。整合优化县政府督查室资源，建立统一、集中、高效

"大督办"工作机制，提高党委政府重大决策部署督查督办工作水平。全年发出县委书记批示督办件157件，确保领导批示办结质量，开展专项督查33次，其中，决策督查15次，专项督查18次。

【网络问政】 2017年，县委督查室改进网络问政工作。依托网络问政平台作用，及时收集、报送、处理网民留言，进一步掌握社情民意，化解社会矛盾，促进和谐构建，推动工作落实。全年受理网民问政902件，办结率100%，公众满意度80%以上。

中共仁化县委办公室负责人名录：

主　任：邱志坚

副主任：祝向恩

罗海红（任至2017年8月）

张名城（任至2017年9月）

潘小明

卢明春（2017年12月任职）

（仇旭君）

组织工作

【概况】 2017年，全县组织工作在中共仁化县委正确领导和上级组织部门指导下，坚持以习近平新时代中国特色社会主义思想为指导，全面落实新时代中国共产党建设总要求，在聚焦主业中把握职责定位，在稳中求进中积极担当作为，扎实推进各项重点任务，着力提高组织工作质量，努力打造模范部门和过硬队伍，为仁化决胜全面建成小康社会、夺取新时代中国特色社会主义伟大胜利提供坚强组织保证。

【干部选拔任用】 2017年，仁化县坚持好干部标准，把政治标准放在首位，注重选拔政治坚定、锐意进取、奋发有为干部。实行干部选拔全程纪实和"双承诺""双公示""双征求""双核查"，以及拟提拔使用人选廉政"十审核"制，有效防止干部"带病提拔""带病上岗"；在全县范围内公开聘请县"两代表一委员"和党员干部群众160名作为全县干部选拔任用工作特邀监督员，实行上下"双向"监督机制；建立健全电话、信访、"12380"和网络"四位一体"举报网络，畅通民主监督举报渠道；召开干部选拔任用工作信息发布会，通报全年干部选拔任用工作情况，公布31个空缺科级领导职位，各单位推荐初始提名人选144名。用好用活《仁化县科级领导干部"干事档案"实施方案》《仁化县科级领导干部政绩档案管理意见（试行）》《仁化县科级领导干部考验性管理意见（试行）》等制度，收集各级领导干部政绩档案材料178份，纳入仁化县干部政绩档案后备人才库的有110人次，推荐报送市委组织部干部政绩档案材料17份，择优从干部政绩档案后备人选库中提拔使用干部16名；将1名工作表现较差领导干部纳入干部考验性管理对象。开展换届"回头看"和深入开展"组织部长谈心双约"活动，对34人次具有苗头性倾向性问题党员干部进行约谈；对民主测评率较低、工作作风不实及有苗头性或倾向性问题的10个单位和32名领导给予"温馨提醒"。加强领导干部个人有关事项请示报告制度，及时掌握干部有关情况。实行干部预警监督"三提示三书"（学习提示、温馨提示、预警提示、函询通知书、提醒通知书、诫勉通知书）制，对民主测评中综合测评率较低的2名班子成员给予"提醒注意"。加强对领导干部经济责任审计，督促6个单位主要负责人完成离任交接工作，对经济责任审计中发现问题的1名领导干部发出"提醒通知书"和8名领导干部发出"函询通知书"。重视"三类"干部培养，选拔优秀后备干部212名（其中正职类57人、副职类155人），分别选派6名优秀年轻干部到东莞虎门挂职（跟班）学习和4名年轻干部到市直单位挂职（跟班）学习，从新提拔科级领导干部和后备干部中选派14名到县信访部门挂任信访督查员，提高年轻干部处理解决社会矛盾综合能力。

【人才培养与管理】 2017年，仁化县充分发挥党管人才和组织部门牵头抓总作用，按照“高端引领、中端改善、低端培养”思路，以拔尖人才为龙头，以中高层次人才为重点，大力培养、引进和用好各类人才。强化管理服务，不断完善人才工作机制，研究制定《关于进一步加强联系服务高层次人才的实施方案》《仁化县2017年人才工作要点》，采取组织部门牵头、社会组织运维、连锁客栈承托方式全面推进人才服务驿站建设。运用“政府+社会组织+企业”开发经营模式，规划建设“丹霞创客园”，为创新创业人才及团队提供“一站式”服务平台和开放共享交流空间。加强人才培养，各类人才队伍结构优化。深入落实人才“双百工程”，研究制定《仁化县享受县政府特殊津贴人才选拔管理实施意见》，采取选送人员参与上级培训、开办专题研讨班、到周边地区进行实地考察学习等多种方式，有针对性地对县内企业人才开展培训。柔性引进韶关学院高层次人才一批，为仁化县提供政策咨询、项目策划、人才帮扶等智力服务。深入推进“扬帆计划”省重点人才扶持项目“仁化县国家现代农业示范区特色农业人才培养工程”和“仁化县省级新农村示范片百名青年创业人才培养工程”，结合仁化主导产业，开展仁化县青年创业工程遴选大赛，坚持招商引资和招才引智相结合，为夯实产业基础提供人才智力支持。

【干部教育培训】 2017年，仁化县精心组织领导干部围绕中共十九大和习近平总书记系列重要讲话和对广东重要批示精神进行集中轮训，在统一思想、提高认识、推动工作等方面取得初步成效。建立健全“讲学、选学、督学、述学、考学、奖学”激励和考核机制，制定出台《仁化县干部教育培训学分考核管理制度》，加强对各级领导干部的学习监督和管理，年度培训学分考核情况与评优评先、提拔晋升挂钩。以“专题选学、课程选学、讲座选学”为载体，积极探索“互联网+干部教育培训”新模式，组织全县领导干部参加省干部培训网络学院在线学习，通过远程教育平台，加强农村党员学习培训。落实干部教育培训逐级报批和审核把关制度，对全县14个培训项目进行审核把关，规范培训活动组织实施。创新培训理念，提高党校主体班教学质量，围绕经济社会发展战略、城镇规划、新型工业化、农业现代化和全域旅游等专题，全年安排13个主体培训班，选送40名各级领导干部参加省市党校举办的培训班，集中培训干部12413人次，推动全县各级领导干部知识结构转型升级，提高改革创新能力。

【基层党组织建设】 2017年，仁化县坚持“党委管党建、书记抓党建”，健全和完善党建工作目标量化考核机制，开展“三型”（堡垒型、服务型、规范型）党组织建设。将“固定党日+”制度作为县委书记抓基层党建“书记项目”，把党内基本组织生活制度与“固定党日+”活动深度融合，每月定期组织开展活动，全县参加“固定党日+”活动党员累计5万多人次，各级党员领导干部讲党课2600多场，走访群众2万多人次，开展志愿服务7000多人次，帮助群众解决实际问题2300多个，有力增强基层党建工作活力和服务群众能力，激活党员干事创业热情。完成村（社区）“两委”换届，全县125个村（社区）选举产生新一届村（社区）“两委”干部478名，村（社区）党支部书记和村（居）委会主任“一肩挑”119人，占95.20%；“两委”交叉任职352人，占93.87%。抓薄弱村整顿转化，努力将薄弱村建成示范村，由县领导挂点并实行“三包”，从县直单位选派“第一书记”驻点开展整治转化帮扶，按照“一村一策”制定帮扶措施，8个软弱涣散村班子凝聚力、战斗力有明显改善，谋党建、思党建、抓党建主动性、积极性得到提升，村“两委”干部为群众办好事、实事服务能力增强。抓党建引领示范工程，围绕“精品党建”“特色党建”“品牌党建”加强全县基层党建引领工程建设，从2017—2019年，采取“三个一点”办法，下拨33个省定贫困村每个村5万元（其中县委组织部从县管党费中安排3万元、县财政安排1万元、帮扶单位安排1万元），着力将33个省定贫困村党组织打造成党建引领工程示范点，培育仁化县基层党组织建设新“标杆”。制定《关于抓党建促扶贫攻坚三年（2017—2019年）实施方案》，发挥基层党组织在扶贫攻坚中巨大带动作用。抓村干部培育管理，从农村党员、致富青年、退伍军人和高学历并且热爱农村工作等人群中培养选拔后备人选343名，解决后备干部人员不足、素质不高问题。制定《进一步加强村（社区）干部管理的通知》和《关于进一步规范村（社区）“三定”干部考勤和绩效考核的意见（试行）》，加强对村（社区）班子及干部绩效考核，县财政在落实村（社区）干部基础补助之外，每年拿出100万元，按照每个“三定”干部每年1500元标准拨给镇（街道），使村（社区）干部做到职责明确有方向，目标激励有动力。强化抓党建促扶贫，制定《关于进一步加强精准扶贫第一书记和驻村联络员管理的通知》和考核办法，为服务“精准脱贫”提供坚强组织保障。抓基层综合治理，切实找准基层治理工作的切入点和着力点，实施一系列加强和改进基层治理工作措施，基层党组织建设得到加强，基层服务和管理水平不断提升。抓驻点联系群众工作，把驻点普遍直接联系群众工作纳入《镇（街道）党（工）委党建目标工作责任制》，采取平时检查和年底集中考核方式进行量化考评，严明纪律要求，坚决防止驻点联系工作不到位、形式化、走过场。实施“一线双联”活动，实行县领导班子、县直机关单位和镇（街）干部联村联户，与村干部、村民面对面、心贴心交流，及时全面掌握农村情况和及时解决群众困难，密切干群关系，共商共谋共促“精准扶贫”和新农村建设等基层中心工作。抓村务规范化建设，统一建立村级组织规范化建设标准、统一落实建设措施和统一加强功能配套，推动村级组织规范化建设取得实效。抓好“两新”组织党建，扎实推进全县非公企业党建工作，开展“双强六好六带头”党组织创建活动，按照“七个有”要求，建设“两新”组织党建示范点，“两新”党组织在企业生产中的政治领导核心作用和党员的先锋模范作用中发挥。

【党员发展和管理】 2017年，仁化县认真贯彻《中国共产党发展党员工作细则》，按照“控制总量、优化结构、提高质量、发挥作用”总要求，加强基层党（工）委发展党员指导，建立完善发展党员预报制度、发展党员审核制度、定期研究发展党员制度、发展党员责任追究制度，规范发展党员工作，严把新发展党员质量关。2017年，全县发展党员155名，其中女性党员53名，占34.19%；农村党员75名，占48.38%；35岁及以下党员123名，占79.35%。

【自身建设】 2017年，仁化县深入开展“讲政治、重公道、业务精、作风好”模范部门建设，落实组工干部联系基层党建工作责任制，增强组工干部党性观念、服务意识、廉洁意识和表率意识。注重提升组工干部业务水平，坚持每周开展“三讲一练”。实行和落实组工干部工作纪实考核制度，提高工作责任心和执行力，组工干部为民服务优良作风得到加强。

中共仁化县委组织部负责人名录：

部　长：李湘柱

副部长：易永恒

肖春波（任至2017年9月）

李家明（2017年9月任职）

王记有

林　坚（兼职）

（邓盛明）

宣传工作

【概况】 2017年，仁化县宣传思想文化工作以习近平新时代中国特色社会主义思想为指引，全面贯彻中共十八大、十八届历次全会精神和中共十九大精神，围绕中共仁化县委、县人民政府中心工作，主抓思想引领、舆论引导，做好媒体接待和对外宣传，拓宽宣传渠道，为仁化振兴发展提供坚实思想舆论支持和精神文化力量。

【形势宣传】 2017年，仁化县围绕中共十九大精神、习近平总书记重要批示精神、省第十二次党代会精神、县委十三届三次全会精神、县“一三九”发展战略、社会主义核心价值观、精准扶贫、新农村建设、“两学一做”学习教育、“作风建设年”等重大主题，结合全县相关宣传单位入驻“南方号”手机客户平台契机，做好宣传报道工作，营造积极向上社会舆论氛围。据不完全统计，全年全县设立大型户外广告牌45块、宣传栏575个，悬挂横幅283条，刊播宣传标语750条；向“南方号”推送新闻205条，文明网信息933条；制播电视新闻2181条，电台新闻1720条，其中上报韶关电视台和电台播出新闻分别为148条和186条，在省级节目评比中获一等奖2个、二等奖1个、三等奖1个，在市级节目评比中获一等奖1个、二等奖1个、三等奖6个；在《韶关日报》《南方日报》策划撰写刊登仁化专题（专版）15.5版，在《韶关日报》等市级以上党报党刊和“南方+”等主流媒体发表新闻稿件460多篇，其中《韶关日报》用稿313篇。

【对外宣传】 2017年，仁化县宣传部门围绕县委、县政府中心工作，加强与中央、省、市主流媒体沟通合作，对“一三九”发展战略、接力新长征、广东省首个文化和自然遗产日、2017年南粤古驿道定向大赛（仁化站）、2017“丹霞杯”围棋城市邀请赛、红色文化资源保护利用、2017广东仁化文化旅游节等重大活动和工作亮点进行集中宣传报道，着重凸显仁化本土特色，对外讲好仁化故事。携手中央电视台英语新闻频道“旅游指南”栏目到石塘镇拍摄《珠江溯源》系列节目，以及广东省触电新闻直播栏目“花开岭南”直播夏富油菜花盛开实况，与羊城晚报合作出版《纪念红军长征80周年——中国文化记者走进粤北暨重走长征路主题采访纪念册》。在《韶关日报》等报各类媒体刊登报道《打造国家全域旅游示范县——仁化县大力推进全域旅游工作纪实》《仁化积极创新工作方式 优化机关作风 力促效能提升》《以批示精神为总纲 实施“一三九”战略 访仁化县委书记林国华》等稿件，提高仁化影响力和知名度。

【中国人民解放军建军90周年纪念活动主题宣传】 2017年，县委宣传部结合贯彻省委宣传部《“南粤星火路”纪念建军90周年采访报道活动方案》关于南粤星火路、寻找红色记忆的有关报道要求，配合、协助市委宣传部组织新华社广东分社、人民日报广东分社、解放军报、中央人民广播电台、新华网等30名媒体记者到仁化开展“南粤星火路——粤北记忆”纪念中国人民解放军建军90周年，回顾八一南昌起义部队在韶关战斗历程，讲好建军历史和革命老区发展故事主题采访活动。7月26日，红军长征粤北纪念馆奠基仪式在仁化县城口镇举行。该馆经中共中央批准设立，是广东唯一一个以纪念红军长征为主题的爱国主义教育基地。新华社广东分社、央视、人民日报广东分社、南方日报、羊城晚报、广州日报等23名媒体记者对红军长征粤北纪念馆奠基仪式进行采访报道。两项活动发布原创新闻60余篇，视频报道9个。

【中共十九大精神宣传】 2017年，仁化县发挥媒体宣传报道主阵地作用，线上线下立体式推送仁化县学习宣传贯彻中共十九大相关新闻报道。截至2017年12月底，县电视台播出全县学习宣传贯彻中共十九大精神新闻375条。投送新闻线索至市以上新闻媒体，其中韶关电视台播出仁化县新闻74条，韶关电台播出仁化县新闻86条，南方日报、“南方+”、韶关日报、韶关新闻网、韶关发布等多家纸媒和新媒体推送仁化县学习宣传中共十九大精神报道120余条。组织系列报道，县委宣传部印发《关于组织采访学习贯彻党的十九大精神“书记、局长”系列访谈活动的通知》，县广播电视台开设“展望新时代 续写新篇章”专栏，统筹推出各镇（街）党（工）委书记、县直有关单位主要负责人系列访谈节目，政府门户网站、仁化文明网同步推送相关报道，“仁化发布”“文明仁化”“仁化广电”等微信公众号平台推送相关访谈内容。截至2017年12月底，累计播出系列访谈节目15期。

【舆情应对】 2017年，县委宣传部围绕全县宣传思想文化工作大局，开展网络舆情信息服务、政务微博微信发布、网络舆情监测工作，提升舆情应对引导水平。及时做好舆情收集、研判、上报和处置工作。召开《中华人民共和国网络安全法》座谈会和网信重点成员单位会议；改进技术手段，与南方舆情签订合作协议，运用“舆情秘书”监测系统，24小时全天候全面监测各大门户网站、公众微信、微博、论坛等媒介发布与网民反映各类涉仁化信息。全年编写《仁化县网络舆情信息专报》44期，抓好各类热点问题的舆情引导与新闻应对工作，有效化解社会矛盾、维护地方稳定。做好政务信息发布工作。创办“仁化发布”微信公众号，引导全县机关政务公众号入驻“南方+”平台，为广大群众提供全面、及时新闻动态、政务信息和生活资讯。

【宣传刊物编印】 2017年，《仁化宣传》继续发挥传达学习贯彻中共路线、方针、政策主流刊物作用，编辑水平、印刷质量得到提升。全年编印《仁化宣传》2期，每期印刷500份，提供学习材料和理论文章33篇。

【理论调研加强】 2017年，县委宣传部上报调研文章5篇、工作信息153条，其中《仁化县“双创一优”促核心价值观落地》入选全市宣传思想工作会议经验交流材料，《韶关市宣传文化工作简报》采用18篇，《韶风杂志》刊登5篇。

【党报党刊征订】 2017年，县委宣传部继续做好党报党刊征订发行工作，全年征订《人民日报》330份、《南方日报》1694份、《韶关日报》2683份、《求是》杂志160份、《南方》杂志2934份。

中共仁化县委宣传部负责人名录：

部　长：邓红红（女）

副部长：罗有发（任至2017年12月）

李子初　邹雪玲（女）

朱保森（2017年12月任职）

（邓贵胜　唐　军　郑玉江　叶　瑞）

统战工作

【概况】 2017年，中共仁化县委统一战线工作部（简称“县委统战部”）在中共仁化县委、县人民政府领导下，在上级部门和社会各界关心支持下，以中共十八大六中全会、十九大及习近平总书记系列重要讲话精神为导，以《中国共产党统一战线工作条例（试行）》为原则，围绕仁化县“一三九”发展战略及建设“生态、活力、幸福”新仁化目标，立足新常态，发挥统战功能，凝聚社会各界力量，服务仁化县和谐稳定、经济和社会发展。

【政治理论学习加强】 2017年，县委统战部全面贯彻落实中共中央指示精神，加强统战工作，发挥统战工作重要作用，最大限度团结和调动全体统战对象积极性、能动性。组织全体统战干部职工认真学习习近平总书记系列重要讲话精神，深刻领会和把握习近平总书记治国理政新理念、新思路、新战略，特别是关于统一战线一系列新思想、新论述、新要求，引导广大统战干部树立政治意识、大局意识、核心意识、看齐意识。通过学习，加深统战干部职工统战理论理解，提高统战工作认识，鼓励统战对象发扬主人翁精神，积极主动参与本地区政治、文化、经济建设以及县委“一三九”发展战略、“精准扶贫”、美丽乡村建设等一系列工作，确保中共中央、省、市、县决策部署贯彻落实。

【统战工作整体推进】 2017年，县委统战部坚持中国共产党统一战线领导权，把加强中国共产党领导和发扬社会主义民主有机结合起来，保持宽松稳定、团结和谐政治环境。利用“两学一做”、作风建设年活动平台组织中共党员干部学习《中国共产党章程》，习近平重要讲话精神，落实无党派知识分子政策，加强党外人士统战工作，围绕中共仁化县委、县政府工作中心，服从、服务于大局，为实现县委县政府奋斗目标提供力量支持。

【引导团结无党派和党外人士】 2017年，县委统战部对无党派及党外人士政治上一视同仁，工作上放宽使用，在日常生活中，想方设法为无党派及党外人士解决各种困难。加强无党派人士教育引导和团结。以建设学习型、和谐型和富有战斗力型统战机关为体系，以创新型、学习型文明机关活动为载体，以“党在我心中”“两学一做”“作风建设年”主题活动为途径，开展一系列形式多样活动。2017年8月，县委统战部选派党外干部2名到市社会主义学院学习。12月9日，与县委组织部在县委党校举办党外干部培训班，为65名党外干部解读《中国共产党统一战线工作条例（试行）》。

【非公有制经济领域统战工作】 2017年，县工商联根据《中共仁化县委办公室转发〈县委统战部关于加强基层商会建设工作的意见〉的通知》，做好全县工商联创省级“五好”（班子好、商会发展好、队伍建设好、作用发挥好、工作保障好）工商联工作。年内，新成立镇商会10个，新增加团体会员3个，新增会员360多人。制作宣传片《凝心聚力、共创“五好”》，汇编《仁化县工商联创省“五好”县级工商联资料汇编》，通过市检、省检，成绩名列全市参评县（市、区）第一。2017年，仁化县工商联被评为广东省“五好”县级工商联。

【“精准扶贫”工作】 2017年，县委统战部“精准扶贫”工作挂点大桥镇亲联村。春节期间，县委统战部发动民营企业家、台属、仁化县小水电协会罗耀祥捐资助学1万元资助贫困子女3人；县委统战部给予帮扶村贫困户捐资3000元。通过牵线搭桥与企业联系，为亲联村争取资金1万元支持该村“三清三拆”（“三清”是指清路障、清淤泥、清垃圾；“三拆”是指拆危房和残破建筑、拆违章建筑、拆旱厕）工作。做好“精准扶贫”对接工作，省委统战部挂点周田镇平甫村（全县33个分散重点村之一），工作难度大。县委统战部派出干部1名支持省委统战部开展帮扶工作。

【做好港澳台专项工作】 2017年，县委统战部做好港澳台胞到仁化县接待工作，全年接待港澳台胞135人。做好港澳台乡情普查，召开全县港澳台乡情全面普查摸底会议。

【台属信访维稳】 2017年，有台属4人到县委统战部反映土地、山林纠纷及低保参与等情况，县委统战部领导干部认真做好台属思想工作，并与当地政府协调好土地、山林工作，解释好低保参与原因。台属满意而归。

【做好“三种人”服务工作】 2017年春节期间，县委统战部领导看望慰问抗战老兵及生活困难“三种人”（抗日战争投诚人员、国民党团级以上干部及以上两种人员家属称为“三种人”）6人，每人1000元；走访台胞台属10人，每人400元。县域特殊“三种人”有6人，年龄偏大，最小者80多岁。县委统战部做好“三种人”服务工作，与民政等部门协调，解决“三种人”生活困难。

【县政协委员增补工作】 2017年，县委统战部以提高素质，完善结构增强活力为重点，保证人民政协更好地发挥政治协商、民主监督、参政议政职能，按照政协仁化县第十一届委员会安排委员175名，十一届一次会议安排委员165名，预留10名机动名额待后增补。年内，县委统战部会同县委组织部积极主动协调有委员人选单位工作，做好意见征求，政协会议顺利召开。全年增补5人，其中港澳委员3名。

【完成县政府布置的各项中心工作】 2017年，县委统战部围绕全县计划生育工作和“企忧档案”工作目标要求，结合全县对口帮扶工作，积极开展帮扶联系工作，切实为企业排忧解难，确保“企忧档案”真正成为企业排忧解难的重要载体。做好统战办公室上传下达、党建、文秘、财务、人事、档案等各项工作。

中共仁化县委统一战线工作部负责人名录：

部　长：邱志坚

副部长：肖作顺

谢树富（任至2017年9月）

叶志琴（女，2017年9月任职）

苏　健

（朱福娣）

县直属机关工委工作

【概况】 2017年，仁化县机关党建工作在中共仁化县委领导和市直机关工委关心指导下，全县各级机关党组织深入学习宣传贯彻中共十九大精神，认真落实坚定不移推动全面从严治党决策部署，扎实推进“两学一做”学习教育常态化制度，加强机关政治、思想、组织、作风、纪律和制度建设，提升机关基层党组织组织力，为县委大力实施“一三九”发展战略，推动全县经济社会发展提供强有力组织保障。

【开展学习中共十九大活动】 推动中共十九大精神在全县生根、开花结果。2017年，仁化县坚持把学习宣传贯彻中共十九大精神作为当前和今后一个时期首要政治任务，成立县直机关党组织学习宣传贯彻中共十九大精神领导小组，发挥组织协调和督促检查作用，推动县直机关党组织迅速掀起学习宣传贯彻中共十九大精神热潮。①精心组织集中学习。在县图书馆1楼大厅设置“十九大学习书屋”，打造学习阵地，统一学习地点和学习规范，利用晚上时间，组织县直机关26个党总支700多名中共党员集中学习，营造浓厚学习氛围。②广泛开展宣讲和辅导。县直机关工委领导作为县委宣讲团成员，分别到县委卫计工委、县委教育工委和县国、地税局等单位开展交流宣讲；为县机关副科级干部和镇（街）村（居、社区）干部作十九大精神辅导；到挂点闻韶镇塘源村学习中共十九大精神党课。参加宣讲会和辅导会党员干部800多人次。③组织开展考学。扎实抓好机关党组织“学报告、学党章”考学活动，通过督学督考实现党员考学全覆盖。通过深入开展学习宣传贯彻中共十九大精神，进一步深化机关党员干部对十九大精神思想精髓、核心要义认识，把思想和行动统一到中共十九大精神上，推动十九大精神在仁化县落地生根、开花结果。

坚持把学习宣传贯彻十九大精神与深入推进“两学一做”学习教育常态化制度化结合起来，做到相互促进、不断深化。①2017年，仁化县抓好经常性教育，夯实“学”这个基础。坚持以党支部为基本单位，以“三会一课”等中共组织生活为基本形式，落实“固定党日+”要求，把学党章党规、习近平总书记系列重要讲话以及《党委会的工作方法》和中共广东省第十二次党代会精神纳入学习内容，把中国共产党思想政治建设抓在日常、严在经常。②拓展学习方式，做到入心入脑。开展“四个合格”党员专题研讨，强化学习交流，促进共同提高；开展党员“戴党徽、亮身份、树形象”等活动以及组织党员到城口铜鼓岭纪念碑、石塘双峰寨等革命教育基地重温入党誓词等，教育机关党员不忘初心，牢记使命，始终保持中国共产党优良传统和作风。③坚持以知促行，抓住“做”这个关键。深入开展“双争双促”主题实践活动，引导机关党员围绕全县实施“一三九”发展战略，模范履职尽责。强化机关党员干部宗旨意识，组织机关党员积极参加创文网格化联系服务群众、联系贫困村扶贫济困、参加文明劝导志愿者等，树立机关中共党员形象。

在“两学一做”学习教育中抓好重点工作任务督促落实。①抓好党员组织关系集中排查，统筹对县直机关26个党总支139个党支部2579名中共党员组织关系进行集中排查，找回失联党员4名，对确实无法联系的5名失联党员作出停止党籍处理。②抓好县直机关新一届市、县、镇党代表、人大代表、政协委员进行排查，未发现有代表违纪违法未按规定受到党纪处分和组织处理。③抓好县直机关党组织按期换届情况进行专项检查，督促指导3个党总支4个党支部完成换届改选，没有出现未按期换届情况。④抓好党费收缴工作专项检查，收到县直机关党员补缴党费248203.8元。⑤抓好非公有制企业和社会组织中共党组织和工作覆盖，新成立非公有制经济党组织2个，提高中国共产党工作和党组织覆盖率。

【机关党建】 2017年，仁化县建立机关党建绩效考核管理目标，将推进“两学一做”学习教育、学习宣传贯彻中共十九大精神、“三会一课”、“固定党日+”、发展党员和党费收缴以及党支部阵地建设等方面要求细化量化，形成机关党建规范化建设目标导向。着力从机关党建“软硬件”建设方面抓规范，抓“软件”建设，重点规范机关党组织生活、发展党员和党费收缴管理和使用以及党组织和党员信息采集工作等。调整个别党总支设置，建立机关工委直接管理党支部；加强园区党建工作，在有色金属循环基地新成立凯鸿纳米和升隆电器党支部；对县直机关副科级干部和机关党总支组织委员开展“三会一课”业务辅导，常态化督促开展集中督导和日常抽查，促使机关党组织规范执行“三会一课”等制度；举办为期3天入党积极分子培训班，新发展党员24名；严格要求各机关党组织及时足额收取党费，全年收缴党费1007202元。抓“硬件”建设，重点规范党支部阵地建设，规范党务公开栏和党员活动室“三会一课”等制度上墙，营造党建氛围。建立机关党总支书记微信群和组织委员微信群，及时传达精神，传导压力，传递责任，传授经验，推动机关党建各项工作和责任层层落实。

【开展主题活动】 2017年，仁化县坚决贯彻落实县委实施“一线双联”和开展“固定党日+”活动等载体，要求机关党员领导干部带头抓基层党建，通过参加基层党支部组织生活、上党课等形式，指导基层党支部抓好班子、队伍、阵地和制度建设。要求机关党员领导干部联系企业时，落实抓非公有制企业党建工作职责，定期参加组织生活，找党支部书记谈心谈话，切实加强检查和指导，帮助解决党建工作实际问题。督促每个机关党支部在每个月相对固定时间，以“学习教育日、走访联系日、民主议事日、志愿服务日、红色教育日、岗位竞赛日、文体活动日”为主题开展组织生活，落实党员领导干部参加双重组织生活制度，保持党员组织生活常态化制度化。从县管党费返拨款中下拨10.2万元党费到机关支部，为“固定党日+”活动正常开展提供保障。

【作风建设】 2017年，县直机关工委调整配优县直机关工委委员，建立机关工委班子责任清单和领导干部责任清单，把履行党风廉政建设主体责任与机关党建工作紧密结合，同部署同抓落实。组织机关党员开展“两学一做”学习教育，加强中共十九大精神的学习宣传，坚持“三会一课”制度和发挥“固定党日+”载体作用，学习《中国共产党党员干部廉洁从政若干准则》《中国共产党纪律处分条例》等，切实增强党员干部“四个意识”，增强拒腐防变能力。配合第一纪检组工作，及时和纪检组对接、商量工作，出台机关工委议事规则，“三重一大”（重要工作部署、重大工作决策、重要人事安排、大笔经费使用）均经过集体讨论决定。

【政风行风评议和县机关绩效考核工作】 2017年，县直机关工委结合推进“两学一做”学习教育常态化制度化和县委实施“作风建设年”要求，细化政风行风评议工作方案，采取自我评议、群众评议、明察暗访、“民声热线”“网络问政”问题回访和综合评议方式量化为百分制评分。全年纳入评议单位54个单位，其中重点评议单位10个。结合作风建设年，增加县委办等23个党建综合类部门纳入政风行风测评。通过开展政风行风评议，帮助查找被评议单位政风行风方面存在的问题，收集意见建议103条，督促各单位制定整改措施，推动被评议单位深入贯彻落实中共中央“八项规定”精神，持之以恒纠正“四风”。牵头抓好机关绩效考核工作，对各单位上报的基础性工作项目逐个进行审核，对不符合填报要求的9个单位及时反馈要求重报。统筹做好对县机关绩效考核的集中实施。

中共仁化县直属机关工作委员会负责人名录：

书　记： 肖春波（2017年9月任职）

副书记： 何光华

（刘树永）

老干部工作

【概况】 2017年，仁化县老干部局以中共十八届六中全会、十九大精神为指导，贯彻执行中央、省、市有关老干部工作文件精神，落实老干部“两个待遇”，部署和推进“增添正能量”活动，推动老干部“两个阵地”建设，做好老干部活动中心专项资金申报工作。围绕县委、县政府部署“一三九”发展战略和中心工作，完成创文、“精准扶贫”工作任务。稳定老干部队伍，全县老干部工作得到健康、稳步发展。截至2017年年底，全县有离休干部26人，其中，抗日战争时期参加工作的3人，解放战争时期参加工作的23人（离休干部中，享受副处级以上待遇的18人）；退休干部2249人（副处级以上退休干部39人）。

【“为党的事业增添正能量”活动】 2017年，仁化县在全县离退休干部中开展“畅谈十八大以来变化”“建言十九大”主题为党和人民事业增添正能量活动。召开离退休干部“畅谈十八大以来变化”“建言十九大”座谈会73场次783人次，到老干部家中访谈33人，征集全县社会发展建议34条。开展征集“畅谈十八大以来变化，展望十九大胜利召开”“好家风好家训”“我最喜爱习近平总书记的一句话”3个100句正能量微语，引领老干部发挥余热。依托老干部大学、老干部活动中心平台，举办“弘扬优秀传统文化、传承好家风好家训”“我最爱习近平总书记的一句话”“喜迎十九大”专题书法展，传导正能量。组织老干部金秋艺术团到全县各镇（街）开展“不忘初心、牢记使命，学习贯彻落实党的十九大精神”文艺演出，颂扬十九大。参与宣传社会主义核心价值观、送戏下乡镇、学校、企业，关心关爱敬老院孤寡老人，为营造和谐仁化贡献力量。

【落实老干部政治待遇】 2017年，县委老干部局继续推进落实老干部“两个待遇”，稳定和服务好老干部队伍。依托老干部活动中心和老干部大学，组织老干部学习中共方针政策、习近平总书记系列重要讲话和十九大精神，培育践行社会主义核心价值观。坚持老干部情况通报、走访慰问、参观学习、订阅《秋光》等政治待遇不变。坚持召开“迎春”座谈会和“重阳”茶话会，向离休干部和副处以上退休干部通报全县经济和社会事业发展情况。全年慰问探访老干部290多人次，看望生病住院老干部110多人次；订阅《秋光》杂志1800多份、《中国老年报》《老人报》等报刊800多份。

【老干部生活待遇保障】 2017年，县委老干部局严格按照省委组织部、省委老干部局有关老干部工作政策，抓好落实老干部生活待遇。继续发挥“三个机制”，增强离休干部医疗保障，保障离休干部“老有所医”；按照《省委组织部、省委老干部局、省财政厅、省人社厅〈关于对建国初期参加革命工作的部分退休干部在生活上给予适当照顾的通知〉的通知》精神，对审批通过符合照顾条件人员，按政策全面落实提高生活待遇、医疗补助；开展巡回医疗、组织老干部体检工作、协助卫计部门组织生殖泌尿专家到仁化开展讲座和义诊，将关心关爱老干部身体健康落到实处。

【老干部“两个阵地”建设】 2017年，县委老干部局根据省文件要求和县实际，推动老干部活动中心改扩建工程项目，完成文化活动中心场地置换后改扩建工程立项、设计、预算，向省申报专项补助资金资料申报工作。推进老干部大学管理和教学，根据老干部兴趣爱好，精心安排课程，保障老干部老有所学，与时俱进，学有所用。2017年，县老干部大学开办红歌班、健身舞班、太极拳班、电子琴班、剪纸班、门球班、腰鼓班7个班，春秋两季办班14班次，参加学习学员1054人次，增添教学设备电子琴8台。组织学员外出采风、开展文娱联欢等活动。

【关心下一代工作】 2017年，县关心下一代工作委员会组织人员深入基层调查研究，送爱国主义教育、革命传统教育、传统文化教育、法治教育到基层中小学校，促进下一代健康成长。通过开展“关爱明天，普法先行”青少年普法教育活动，推动“朝阳读书”活动深入开展。全年组织“五老”（老干部、老战士、老专家、老教师、老劳模）队伍和法治副校长开展普法宣传、法律咨询活动和法治教育专题报告会20场次，发放法律法规宣传资料7000多份，受教育人数12000多人次，组织学生观看法律教育电影40多场次，出黑板报和宣传栏50多期。

【队伍建设】 2017年，县委老干部局根据县委政府关于推进“两学一做”学习教育常态化制度化、开展“比学赶超、以评促建、实干担当”作风建设年活动、“双争双促”“固定党日+”等活动部署和相关文件要求，制定各个活动实施方案，成立活动领导小组，形成齐抓共管，严格对照“八查八看”自我挖掘存在问题，深刻自我剖析原因，建立个人整改清单，狠抓作风建设责任整改落实，推进各项活动开展，提升干部职工精神面貌、行政效能，提高老干部政策业务知识水平和服务质量。

【其他工作】 2017年，县委老干部局根据县委、县政府统筹安排，围绕仁化县“一三九”发展战略，对应“创文”“精准扶贫”工作任务，积极筹划部署，落实到位，完成年内各项工作任务。

中共仁化县委老干部局负责人名录：

局　长：林　坚

副局长：杨日生　赖东海

（朱　桦）

编制工作

【概况】 2017年，仁化县机构编制委员会办公室（简称“县编办”）围绕中共仁化县委、县人民政府及县机构编制委员会（简称“县编委”）中心工作，按照上级部署要求，加强机构编制管理，完成各项工作任务。

【政府职能转变和机构改革工作推进】 推进生态办体制改革。2017年，仁化县改革生态办机构设置，整合县委农办、县生态办，理顺两者体制。8月17日，按照县委全面深化改革领导小组第二次会议讨论决定明确县委农办、县住建局管理职责边界，将原县生态办乡村清洁美职能划归县住建局，除此之外的全部职能划归县委农办；将县委宣传部专门用于生态文明建设工作的2名行政编制，划转1名编制到县住建局。

推进市场监管体制改革。2017年7月，县编办协同县经信局草拟《仁化县县城农贸市场监管体制改革方案》，对仁化县县城农贸市场监管体制提出《仁化县城农贸市场监管体制改革方案（建议稿）》，理顺农贸市场监管机制，统一由经信部门牵头管理，改变农贸市场监管机制运行不畅面貌。10月25日，县委全面深化改革领导小组第三次会议讨论决定，同意暂缓农贸市场监管体制改革，保持现有管理体制，待完善有关工作后再研究下一步改革措施。

健全改革办体制。2017年9月29日，县编办按照县委全面深化改革领导小组第二次会议要求，根据省委、市委全面深化改革领导小组有关会议精神及韶关市各县（市、区）县委改革办编制事项，形成《县委改革办编制事项报告》报县委。根据韶关市各县（市、区）县委改革办情况，结合仁化县工作实际，增加县委办公室行政编制2名，专门用于配备县委全面深化改革领导小组办公室工作人员，强化改革工作力量。

改革创文办体制。2017年7月6日至7月10日，县编办根据《十三届县委第二十三次常委会议会议纪要》、县委改革办《关于召开县委全面深化改革领导小组会议的预通知》及县文明办《关于申请确定仁化县文明办机构编制的请示》要求，拟订《仁化县文明局设置方案（征求意见稿）》。经修改、核定后形成《仁化县文明局设置方案（送审稿）》报县委全面深化改革领导小组会议审议。

深化政府机构改革。2017年1月23日，仁化县根据2017年1月20日《韶关市机构编制委员会办公室关于设立仁化县城市综合管理局的批复》，设立仁化县城市综合管理局，在县住房和城乡规划建设局挂牌。实现仁化县城市管理领域机构综合设置，明确职责边界。

深化群团改革。根据县委工作安排，仁化县群团改革工作领导小组办公室设在县编办。2017年8月31日，县群团改革工作领导小组主持召开县群团改革工作领导小组会议，经会议讨论决定，原则通过《仁化县群团改革工作方案（审议稿）》。9月11日，收县委组织部《仁化县群团改革工作方案》发文稿纸。县委书记林国华在发文稿纸批示："请法制部门审核，各相关单位会审后发。"9月12日，县编办向县法制局、县群团改革工作领导小组成员单位发出《关于会同审核〈仁化县群团改革工作方案〉的函》。9月22日，收到各单位意见，除县法制局外，各相关单位均无意见。9月29日，经对照《韶关市群团改革工作方案》相关表述，方案中相关内容与市方案一致，因此建议不采纳县法制局修改内容意见，维持原稿。10月9日，中共仁化县委办公室印发《仁化县群团改革工作方案》。

食盐监管体制改革。2017年6月30日，县编办根据《广东省发展改革委、广东省经济和信息化委转发国家发展改革委办公厅、工业和信息化部办公厅关于请加快编制盐业监管体制改革方案的通知》、《广东省机构编制委员会办公室关于印发广东省食盐监管体制改革方案的通知》及韶关市机构编制委员会办公室相关工作要求，印发《仁化县食盐监管体制改革方案》，按省、市食盐监管体制改革工作要求完成任务。

加强县纪委派驻机构建设和建立县委巡察机制。2017年，县编办印发《关于加强县纪委派驻机构建设和建立县委巡察机制的实施意见》，加强纪委派驻机构建设，全县设综合派驻纪检组6个。建立县委巡查机制，成立县委巡察工作领导小组，领导小组下设办公室（县委巡察办），成立巡察组2个。

加强县级人大工作和建设。2017年，仁化县将县人大常委会经济工作委员会更名为财政经济工作委员会，将内务司法工作委员会更名为法制工作委员会。完善镇（街）人大工作机制，将各镇（街）人大办公室单独设置管理。

组建仁化县全域旅游联合执法队伍。2017年，县编办按照《仁化县创建国家和省级全域旅游示范区三年攻坚行动方案》要求，牵头建立旅游综合执法机制，成立由县住建、国土、旅游、丹霞山管委会等单位组成的旅游综合执法队伍，加强旅游市场服务和监管，提高游客满意度。12月16日，经县长周小明审议同意后，形成《仁化县全域旅游联合执法队伍方案》。

【行政审批制度改革工作】 完成行政许可事项标准化录入工作。2017年，县编办制定、县政府办印发《关于开展行政许可事项标准化工作的通知》，并在县委党校举办为期半天行政许可标准化工作培训班。2017年2月底，完成仁化县全部行政许可事项标准化录入工作。

协助做好仁化县"一门式一网式"政务服务系统部署实施工作。2017年，县编办连同县行政服务中心、县信息中心开展仁化县"一门式一网式"政务服务系统部署实施工作。8月23—25日，全县34个相关单位在县委党校进行政务服务系统培训，邀请市相关部门软件公司工程师就政务系统事项录入、配置、应用等内容授课，完成全县行政许可事项标准化对接、配置工作。

完成全县2016年度行政许可实施和监督管理情况报告工作。2017年，县编办根据市、县政府要求向全县29个具有行政许可事项单位印发《关于报送

2016年度行政许可实施和监督管理情况报告的通知》，并根据各单位2016年行政许可实施和监督管理情况年度报告的收集、梳理和检查，形成《仁化县2016年度行政许可实施和监督管理情况报告》报县政府。

开展清理规范县政府部门行政审批中介服务事项工作。2017年，县编办按《韶关市人民政府关于第一批清理规范48项市政府部门行政审批中介服务事项的决定》相关要求，根据《韶关市人民政府决定第一批清理规范的市政府部门行政审批中介服务事项目录（共计48项）》《仁化县行政许可事项目录（2016年版）》等相关文件内容，制定《仁化县第一批清理规范的县政府部门行政审批中介服务事项目录》。5月25日，县人民政府印发《仁化县人民政府关于第一批清理规范32项县政府部门行政审批中介服务事项的决定》。

制定全县第二批清理规范的县政府部门行政审批中介服务事项目录和县政府部门保留的行政审批中介服务事项清单。2017年，县编办贯彻落实国家、省、市关于“放管服”改革和推进政府职能转变工作部署和要求，按《韶关市人民政府办公室关于第二批清理规范30项市政府部门行政审批中介服务事项的决定》相关要求制定《仁化县人民政府决定第二批清理规范的县政府部门行政审批中介服务事项目录》，按上级部门要求参照《韶关市人民政府办公室关于印发韶关市保留的市政府部门行政审批中介服务事项清单的通知》制定《仁化县保留的县政府部门行政审批中介服务事项清单》。12月25日，县人民政府印发《仁化县人民政府关于第二批清理规范16项县政府部门行政审批中介服务事项的决定》和《仁化县人民政府办公室关于印发仁化县保留的县政府部门行政审批中介服务事项清单的通知》。

开展行政许可事项目录和权责清单更新完善工作。2017年，县编办根据省、市关于“放管服”和推进政府职能转变相关工作部署，按上级部门要求，参照市级做法，以《广东省行政许可事项通用目录（2017年版）》为基础，结合《韶关市市级行政许可事项目录（2017年版）》和《韶关市市级行政许可调整事项目录（2017年版）》对仁化县行政许可事项目录进行更新、完善和调整，制定《仁化县行政许可事项目录（2017年版）》和《仁化县行政许可调整事项目录（2017年版）》。12月22日，县人民政府印发《仁化县人民政府关于印发仁化县行政许可调整事项目录（2017年版）的通知》和《仁化县人民政府关于印发仁化县行政许可事项目录（2017年版）的通知》。

开展更新完善县级权责清单工作。2017年，县编办根据省、市关于“放管服”和推进政府职能转变相关工作部署，按上级部门要求，参照市级做法，向全县38个相关单位印发《关于开展更新完善县级权责清单工作的通知》，要求各单位参照市级对口部门最新权责清单，对该单位2016年版的权责清单进行更新完善。

【机构编制管理工作】 进一步加强机构编制管理。2017年，县编办贯彻落实县编委关于加强机构编制管理要求。一是在政府机构改革、事业单位分类改革期间，冻结审批增设机构、增加编制事项；确需增设新机构的，按“撤一建一”原则办理。二是坚持空编优先使用。单位提出的增编事项，首先通过空编解决；没有空编的，原则上在本部门系统内部同类性质编制中调剂解决。三是不定期清理各部门事业空编，对职能任务萎缩单位及时核减编制，予以收回、统筹使用。四是坚持机构编制“一支笔”审批制度。五是加强机构编制核查工作，加快推进实名制信息公开，主动接受群众和社会监督。

建立健全机关事业单位编制核准制度。2017年，仁化县实行用编申请、批准使用、人员核准、领导审批、办理列编等一系列程序，完善用编、进人环节，明确相关职能部门责任，严格编制管理工作。

做好编委日常工作。2017年，县编办及时办理编委会议决定事项，做好其他机构编制管理日常工作，全面掌握全县机构编制空编、超编、领导职数配备等情况。

【机构编制实名制管理】 2017年，县编办加强对机构编制实名制信息动态管理，从源头上控制机构编制和财政供养人员增长，优化财政支出结构，降低行政成本，提高工作效率。一是加强业务培训。4月28日，县编办在县委党校举办2017年机构编制业务培训班，各镇（街道）、县直各部门共200余人参加培训，印发《仁化县机构编制业务培训班培训手册》300余本。培训班紧密结合实际、文件政策，细致讲解工作细则和操作流程，开展交流互动，提升参训人员机构编制实名制管理和事业单位登记管理工作能力。二是确保数据准确性。要求各培训人员进一步核实本单位机构和实有人员信息、是否有照片等情况，完善全县机构编制实名制管理系统数据，提升系统功能，实现信息适时更新。三是继续开展控编减编督查工作。围绕2017年督查目标，按照实事求是原则，落实专人负责。严格规范机构编制基础工作，强化编制台账管理、实名制管理，充实完善机构编制实名制管理系统，为做好控编减编自查工作和2017年机构编制统计工作提供科学合理数据基础。11月6日，市编办对县编办、县国土资源局、仁化县第一中学进行控编减编专项督查。

【事业单位改革和服务工作】 2017年，县编办根据国家、省、市关于国有林场改革精神，完成全县国有林场改革。设立仁化县流浪乞讨人员救助安置中心（在县福利院挂牌），新核定事业编制2名。增加县特殊教育学校事业编制2名，保障“三残”儿童少年普遍接受义务教育。组织开展涉批中介服务事业单位进行全面调查摸底工作，县编办拟定《仁化县涉及行政审批中介服务事业单位改革工作方案（送审稿）》。通过剥离涉批中介服务事业单位中介职能，促进中介服务市场健康发展，规范事业单位管理，推动事业单位回归基本公益服务本质属性。7月5日，县编办向丹霞街道敬老院等5个被抽查单位印发《关于做好2017年事业单位法人公示信息抽查工作的函》，要求被抽查单位对照抽查内容和抽查程序做好事业单位法人公示信息抽查准备工作，完成仁化县赤石迳水库管理所、仁化县董塘镇人力资源和社会保障服务所、仁化县丹霞街道敬老院、仁化县城口镇安全生产监督管理站、仁化县闻韶镇泰学校5个事业单位法人公示信息抽查工作。根据国家、省、市有关要求，全县事业单位换发统一社会信用代码证书工作，截至是年底，完成机关群团换发统一社会信用代码证书工作。做好事业单位登记管理日常工作，开展全县事业单位登记资料归档工作，有序开展全县事业单位法人公示信息抽查工作，进一步推进简政放权、放管结合，优化服务改革。

【网上名称管理工作】 2017年，县编办按中央、省、市对网上名称工作相关要求，将财政统一支付的全县机关事业单位中文域名费用汇至政务和公益机构域名注册管理中心，完成各相关单位中文域名缴费和续费工作。

仁化县机构编制委员会负责人名录：

主　任：陈新华（任至2017年12月）
罗有发（2017年12月任职）

副主任：李远扬
冯金才（2017年12月任职）

（李诗怡）

保密工作

【概况】 2017年，仁化县国家保密局在县委、县政府的正确领导和大力支持下，全面贯彻中共十九大精神，深入学习贯彻习近平总书记系列重要讲话精神，围绕“四个全面”战略布局，坚持“五大发展”理念，切实加强组织领导，强化保密责任，突出重点，不断创新，全年保密工作再上新台阶。

【保密工作领导加强】 2017年，仁化县根据习近平总书记系列重要讲话精神以及中央、省、市相关指导意见，年初制发《中共仁化县委保密委员会2017年工作要点》，细化保密工作要点，切实加强组织领导，强化保密责任，突出重点，不断创新；引导全县各级领导干部树立“保密工作无小事”观念，消除“无密可保、无须保密”观念，提高保密意识，增强做好保密工作自觉性。6月，在县三中心一馆3楼会议室召开全县保密工作会议。县委保密委员会全体成员、县重点涉密单位分管保密工作领导及各镇（街）、县各单位保密员200余人参加会议。会议传达学习省、市有关保密工作会议精神，通报分析有关泄密案例，总结2016年全县保密工作并部署2017年全县保密工作。

【保密宣传教育】 2017年，县保密局组织开展纪律教育学习月保密宣传学习活动。纪律教育学习月期间，通过多种载体宣传保密法纪，全县征订各类保密法律法规、宣传挂图、保密业务书籍、视频资料计300余册。组织观看中央保密办、国家保密局组织拍摄的大型保密文献纪录片《胜利之盾》，辐射人数500余人。通过开展保密警示教育，组织领导干部、涉密人员学习失泄密案例，提高防范意识，筑牢思想防线。重点学习《仁化县“七五”保密法制宣传教育规划》《仁化县领导干部保密工作责任制》，健全保密宣传教育机制，创新宣传内容及形式，推动保密宣传教育常态化、制度化，增强干部保密法制观念和保密意识，强化责任追究，落实领导干部保密工作责任制。9月25日，仁化县召开县委理论中心组专题学习会，县国家保密局向与会人员发放领导干部和涉密人员保密行为手册，市国家保密局局长石云峰应邀在会上为全县理论中心组成员及副科以上领导干部上保密专题教育课。开展保密主题征文活动。按照省市统一部署，在全县机关、单位中开展“不忘初心，牢记使命，以党的十九大精神领航新时代保密事业新发展”主题征文活动，全县机关、单位工作人员踊跃参与，共收征文40余篇，并择优上报市保密局。

【开展保密排查检查行动】 2017年4月，县保密局根据县委保密委领导指示，印发《仁化县2017年保密工作排查检查方案》，不定期对全县机关、单位开展保密排查检查行动。通过排查检查，梳理全县机关、单位在保密工作中存在的问题，对被检查单位下发整改通知书，要求存在问题单位对照整改要求逐一进行整改。

【开展保密绩效考核工作】 2017年1月，县保密局对全县列入2016绩效考核方案单位开展保密绩效考核工作，主要检查被考核单位保密自查自评标准相关内容、涉密人员管理各有关资料、近三年涉密载体管理情况等。绩效考核情况总体良好。12月，制定《2017年仁化县保密工作绩效考核方案》下发至各绩效考核单位。

【定密管理加强】 2017年3月，县保密局按照上级部署，对全县辖区内机关、单位开展定密情况统计工作，要求各机关、单位报送本单位2016年度定密情况，及时掌握辖区内机关、单位定密、变更和解密工作。

【统一考试管理深化】 2017年，县保密局协同县教育局、县招生办、县公安局、县人社局做好统一考试保密工作。6月，配合考试主管部门做好高考、中考考试期间各项保密管理工作，严格依法履行职责，考前认真验收存放试卷的相关保密室，做好考试全程保密管理，巡查巡视开考期间存放试卷保密室值班情况，考试未出现泄密事件，实现全县2017年平安高考、中考目标。

【调整行政许可目录、公共服务权责清单】 2017年，县保密局根据《中华人民共和国保守国家秘密法》《中华人民共和国保守国家秘密法实施条例》及相关法律法规文件，调整县保密局权责清单中的行政许可、行政处罚、行政强制等项目。

仁化县保密局负责人名录：

局　长：蒙万长（2017年9月任职）

（蒙万长　周文斌）

信访工作

【概况】 2017年，仁化县辖区群众到中央、省、市、县四级信访总量为535件，同比上年上升75.9%。其中上访452批1775人次：进京上访2批2人次，与上年同期相比下降33.3%，人次下降50%。到省上访15批25人次，与上年同期相比批次上升114%，人次上升127%。到市上访11批84人次，与上年同期相比批次上升37.5%，人次上升546%，其中集体访4批69人次，与上年同期相比批次上升300%，人次上升1280%。到县上访424批1664人次，与上年同期相比批次上升84.3%，人次上升34.5%，其中集体访80批1103人次，与上年同期相比批次上升40.3%，人次上升16.8%；无进京非正常上访，无到省集体访。网上信访48件次，与上年同期相比上升45.4%。信件24件次，与上年同期相比上升33%；来电11件次，与上年同期相比上升120%。群众反映问题分类：农村农业问题116宗，占21.6%；国土资源问题49宗，占9.1%；城乡建设问题89宗，占16.6%；劳动和社会保障问题52宗，占9.7%；政法问题38宗，占7.1%；民政问题24宗，占4.4%；交通运输29宗，占5.4%；教育问题5宗，占1%；环境保护问题19宗，占3.5%；卫生计生、纪检监察等其他各类问题114宗，占21.3%。实现全国“两会”、省“两会”、省第十二次党代会、香港回归20周年庆典活动、中共十九大会议期间无群众到省进京上访目标，没有发生重大群体性事件，全县社会和谐稳定。

【全县信访工作力度加大】 2017年来，中共仁化县委、县政府高度重视信访工作，以中共十九大胜利召开为工作目标，把信访工作摆在前所未有的政治高度，强化领导，压实责任，狠抓落实，做到维护稳定与经济发展同部署、同落实、同考核、同问责，切实承担起富一方百姓、保一方平安责任。多次召开党政班子会、专题工作会、部门联席会等，专题研究部署信访工作，切实加强思想发动，落实工作措施，解决具体问题。县委书记等县班子领导以身作则，亲自接待群众来访，阅批群众来信，包案解决民生信访问题。县信访工作联席会议领导成员精心谋划，敢于担当，亲自研判信访案情，商讨工作对策，协调处理具体问题，全县形成主要领导带头抓，分管领导重点抓，其他领导配合抓，职能部门各司其职、基层信访工作人员专门抓信访工作大格局。

【矛盾纠纷排查化解】 2017年，仁化县信访工作联席会议办公室落实《仁化县信访矛盾纠纷排查化解制度》《综治信访维稳形势分析研判联席会议制度》，采取经常排查和重点排查相结合、自查与联合排查相结合方式，组织各镇各部门开展全方位、滚动方式排查，确保及早发现问题、及时调处化解，努力把矛盾解决在基层、化解在萌芽状态。县信访工作联席会议每月定期召集成员单位召开联席会议1次，对各镇（街）排查上报重点矛盾纠纷和突出信访问题，专题分析研判，专题研究处理，落实责任措施，协调责任单位妥善处理。各责任单位在调处过程中坚持做到群众诉求合理合法的，及时依法予以解决；诉求合理，一时难以解决的，努力做好疏导劝说工作，创造条件逐步予以解决；诉求缺乏政策依据且缺乏充分理由的，明确给予答复，并细致说明，耐心解释，劝告当事人要理性对待，明白是非，不要继续缠访，有力推动问题及时就地化解和信访人稳定。全年全县开展集中排查19次，累计排查矛盾纠纷和信访问题382宗，均落实相关责任和责任人进行调处化解，及时调处办结率100%。

【领导接访】 2017年，中共仁化县委发挥领导接访优势，方便群众反映诉求，整合“干群会客厅”与领导接访资源，调整领导接访时间为每星期二上午9：00时至12：00时，实行AB岗接访制，A岗领导遇有重要公务活动不能参与接访时，由B岗领导负责接访，确保接访领导不空缺。结合直接联系群众、“精准扶贫”等工作开展领导下访约访活动，规定每周三为县四套班子领导下访日，每月最少要下访2次。8月8日，县委书记林国华在县体育馆接待来访群众4批21人次，协调解决红山镇青迳村村民生活用电等民生信访问题。通过各级领导干部深入基层接访、下访活动，畅通和拓宽社情民意表达渠道，疏导群众情绪，推动民生信访问题妥善解决。全年，县领导开展领导接访下访活动35次，接待来访群众155批416人次，各镇（街）开展领导接访下访活动650次，接待来访群众370批1055人次。

【领导包案化解积案】 2017年，中共仁化县委、县政府实行县四套班子领导包挂点镇（街）、镇（街）班子领导包驻点村、村委干部包村小组稳定“三包”责任制，结合直联活动要求，以“事要解决”为目标，综合施策，采取灵活与规范措施，定期排查不稳定因素。按照省、市信访积案化解活动要求，对全县信访积案进行集中排查、集中清理、集中化解，严格按照“一件案件、一名包案领导、一个化解工作小组、一套化解方案、一套稳控措施、一个化解期限”工作措施，强化责任，狠抓落实，通过“有效化解一批、包案稳控一批、有效打击一批”方式，攻克一批时间跨度长、情况复杂、解决难度大信访积案。全年，全县排查信访积案12宗，调处化解12宗，化解率100%，其中省、市交办3宗，县排查9宗。

【律师接访】 2017年，仁化县推动信访法治化轨道发展，积极引入第三方力量，继续实行律师参与接待来访群众工作制度。每星期一上午，由县司法局安排1名公职律师在县综治信访维稳中心人民来访接待大厅参与接待来访群众工作。接访律师免费为来访群众提供法律咨询服务，引导群众依法维护自身合法权益，解决问题，促进诉访分离，推进信访法治化轨道发展。1—11月，律师接访41次，接待群众79批119人次，提供法律咨询服务38批次，成功引导涉民事纠纷、经济纠纷、交通事故赔偿纠纷等涉法涉诉案件41批次。

【重要时期信访维稳工作】 2017年，仁化县围绕为中共十九大胜利召开营造和谐稳定社会环境为工作重点，综合施治，积极谋划，全力维护重要时期社会大局稳定。强化组织领导。成立县委书记担任组长的仁化县维护政治安全工作领导小组，成立以县委副书记任组长，县委办主任、政法委书记、公安局长为第一副组长的仁化县信访维稳突出问题处置化解工作专班，全力加强中共十九大特防期间信访维稳工作组织领导，制定实施相关工作预案，确保工作顺利开展。强化信息沟通。全面启动重点防护期信访信息报送和研判机制，实行“24小时值班制度”“零报告制度”，确保信息畅通、指挥协调、处置高效。强化稳控措施。对列入有越级上访、群体上访和缠访闹访倾向信访重点对象，安排稳控小组，指定领导负责，采取外松内紧办法，依法依规做好思想教育工作，采取相应措施，安排专人跟踪管理，确保不发生择机上访事件。强化备勤劝返。抽调得力干部组成驻京或驻穗工作组，定期在广州、北京驻会值班开展劝返工作，确保越级上访人员及时安全劝返回当地。强化责任追究。明确责任，严格纪律，对重点人员稳控不力，发生进京上访严格实行责任倒查。

【专项治理工作】 2017年，仁化县严格按照省、市统一部署，开展信访基础业务办理受理规范化管理工作。严格规范登记录入、受理办理、转送交办、送达告知等环节，对办理受理程序不规范案件进行整改落实，确保办理程序规范，实体处理公正。抓好初信初访工作，对群众初次来信来访的办理，严格按照《中华人民共和国信访条例》规定时限要求，及时受理、认真办理、按期办结，提高初信初访办理工作质量，解决群众合理诉求，避免初信变重信，初访变重访甚至越级上访。抓狠重复访专项治理工作，根据省、市《关于做好重复信访专项治理工作的通知》要求，对每宗重复访案件真实性、办理情况、送达告知及救济渠道指引等内容进行核查，确保案件办理程序规范。

仁化县信访局负责人名录：

局　长：罗海红（任至2017年9月）

谭群辉（2017年10月任职）

（温荣生　肖　霞）

史志工作

【概况】 仁化县史志办公室（简称“县史志办”）根据《关于印发〈仁化县事业单位分类改革方案和有关配套政策〉的通知》，编制《仁化县史志办公室机构编制方案》（下称“《方案》”）报县机构编制委员会办公室审核。该《方案》明确县史志办主要任务、内设机构和人员编制。截至2017年年底，县史志办有在编人员5人，借调2人。

2017年，县史志办如期完成各项业务与县委、县政府中心工作，发挥史志部门“存史、资政、育人”职能作用，为仁化经济社会文化发展做出贡献。

【党史工作】 2017年，县史志办全面贯彻落实“一突出、两跟进”精神，全面推进以党史正本出版为重点党史征研工作。①继续加强做好社会主义时期党史资料收集整理工作，完成《仁化改革开放历程（1978—2003）》30万字初稿，交给省委党史研究室完成终审工作，省委党史研究室交中共党史出版社出版发行。完成省委党史研究室、省政府地方志办公室、韶关市史志办公室和县委、县政府交办的党史征研、地方志编纂工作任务。②强化党史宣传教育。发挥党史资政育人功能，编写《红军与仁化》一书，完成27万字终审稿，并送中共党史出版社出版。③发挥史志部门职能，服务社会。配合、协助市委宣传部、市史志办、县委宣传部、城口镇政府做好红军长征粤北纪念馆相关党史资料佐证工作；配合县委宣传部、武装部开展“建军90周年”主题活动，提供党史资料；指导、协助城口、长江、扶溪、县体育局等镇（街、单位）开展“寻找革命遗物”活动、党史事实确认；做好革命遗址保护、挖掘和开发利用工作；为董塘中学等单位提供仁化红色革命历史资料。④9月，启动《仁化县革命老区发展史》编纂工作。

⑤以中国共产党成立96周年、中国人民解放军建军90周年为契机，结合县域丰富红色史料，宣传仁化红色革命史。

【地方志工作】 继续全面开展自然村落历史人文普查工作。2017年，县史志办工作人员深入到全县10个乡镇、1个街道办事处，指导、协助做好全县自然村落历史人文普查工作，完成全县856个自然村文稿复审工作，并于10月底通过韶关市人民政府地方志办公室终审验收。是年底，形成《全粤村情——韶关市仁化县卷（1、2、3册）》送省地方志办。年内，在全省自然村落历史人文普查工作会议上作经验介绍。

完成2016年度全县地方志资料年报验收。2017年，县史志办收集2016年度方志资料年报，承报单位覆盖全县95单位，资料总字数逾400万字。截至2017年年底，完成全县各单位报送2016年度地方志资料年报验收任务。

《仁化年鉴》编纂出版工作。2017年，县史志办探索和拓展年鉴事业发展新思路、新方法。从框架设计、资料搜集，到条目编写、通稿总纂、审查验收，再到装帧设计、出版印刷等各个环节，做到尽早谋划、科学组织、严格程序，将年鉴精品意识贯穿编纂出版全过程。11月，《仁化年鉴（2017）》由方志出版社出版发行。3月，《仁化年鉴（2016）》在全国2015—2016年度年鉴编校质量评比中获二等奖。

完成中国首批名村志文化工程丛书《石塘村志》编写工作。《石塘村志》是首批中国名村志文化工程丛书村志。3月，县史志办开始着手编写纲目；5月，完成该村志初稿并通过市初审；6月，完成复审稿送省地方志办并通过复审；7月，送方志出版社终审。编纂人员发扬“5+2”“白加黑”埋头苦干工作精神，经过资料收集、调查组稿、编写纂稿、初审、复审、终审等环节，完成全部工作。9月，图文并茂30余万字付梓稿《石塘村志》送方志出版社印刷。

加强地情网站建设。2017年，县史志办建立地情网站，不断更新及补充内容，方便社会各阶层人员浏览，网站点击率突破110万人次。

做好史志部门地情资料服务工作。2017年，县史志办继续做好地方志资源开发利用工作，服务县域经济社会发展。9月，创新地方志资源开发利用形式，与相关部门合作，摄制音乐MV《仁化石塘堆花米酒》在县域广播电视台相关栏目、户外LED屏幕滚动播放；10月，在全县红色军事文化资源保护利用宣传工作会议上作红色史料汇报；11月，为县政协起草3万字《探寻大丹霞与舜帝南巡文化之渊源》；全年为市县相关部门提供仁化县红色旅游线路资料、“创文”工作相关资料。

图为2017年10月13日，《全粤村情》（仁化卷）文稿公示会议在仁化县锦城宾馆召开 （谢嘉文 摄）

【申苏申老区工作】 2017年，县史志办切实推进全县申报原中央苏区县和革命老区县工作，不断搜集、挖掘、整理革命历史资料。8月，从红色历史等角度为丹霞山管委会起草《县史志办关于大丹霞历史文化资源开发的论证报告》；9月，收集整理完成红军在仁化陈列馆资料10万余字。中央、省、市等各级媒体多次考察县红色革命遗址，县史志办作认真介绍并提供充分材料。全年为县申请国家级、省级革命老区工作提供翔实历史资料。

【史志队伍建设和史志理论研究工作】 2017年，县史志办采取集中与个人学习相结合形式，深入开展“两学一做”“固定党日+”和“比学赶超、以评促建、实干担当”作风建设年活动，组织学习贯彻中共十九大精神，积极参加县委、县委办党总支举办各类学习活动，做到学有心得、学有所用、学有成效、学有记录。落实《全国地方志事业发展规划纲要（2015—2020年）》《广东省地方志事业发展规划（2016—2020年）》，做好人才培育工作，提高史志部门战斗力。派员参加中青年干部培训班、全省地方志机构新进人员培训班和第一期全省地方志机构新任主任培训班。开展党史和地方志理论研究，提高史志人员理论研究水平。全年，县史志办人员向各级有关部门和各类刊物（媒体）、研讨会提交论文5篇，其中在国家级刊物和网站各发表1篇。

【其他工作】 2017年，县史志办贯彻落实上级党委政府交办有关工作，完成“精准扶贫”“一线双联”“企忧档案”等工作，做到有行动、有落实、有效果。

仁化县史志办公室负责人名录：

主　任：徐诚林

副主任：彭丽云（女）

（陈　琳）

县委党校、开放大学、教师进修学校工作

【概况】 2001年4月，中共仁化县委党校、仁化县广播电视大学、仁化县教师进修学校三校合一。2017年11月，仁化县广播电视大学更名为仁化开放大学。学校内设行政办公室、教务处、招生办、培训处、总支办、奥鹏中心。根据县编委核定，县委党校编制10人，开放大学、进修学校有编制22人。学校领导班子成员5名（其中，县委副书记兼党校校长1名，党校常务副校长兼开放大学、教师进修学校校长1名，副校长3名）。党校党总支直属县机关工委，下设支部3个，截至2017年12月底，有中共党员39人（其中第一支部8人、第二支部8人、老干支部23人）。党校在编人员10人（其中在职研究生学历3人、本科学历3人、专科学历4人，高级职称1人、中级职称2人、初级职称1人、事业管理岗位九级2人、高级工1人、因公务员身份没有套用职称3人），退休人员18人。开放大学、教师进修学校在编教职工22人，离退休人员 15人。三校合计在编人员32人，离退休人员33人。

【干部教育培训】 2017年，中共仁化县委党校履行职能，围绕县委县政府中心工作，发挥党校“三个阵地，一个熔炉”作用，抓好理论教育和党性教育。通过在课堂上讲授马列主义毛泽东思想、中国共产党章程、光辉历史、党内法规、路线方针政策、理想信念、党性锻炼、党性修养等，增强全县中共党员干部政治敏锐性和政治鉴别力。及时准确地将中共中央全会精神、习总书记系列重要讲话精神及其治国理政新理念新战略以及仁化县“一三九”发展战略等新内容，传达给广大党员干部。创新培训方式，活化、利用红色资源上好党课。严格教学管理，配

合县委组织、人社等部门举办公务员全员培训班、党员发展对象培训班、科级干部培训班、学习贯彻习总书记重要批示精神培训班、全县专业技术人员公需课培训班、仁化县镇（街道）领导干部培训班等。全年，举办各类培训班36期次，受训人数6589人次。

【学历教育】 仁化开放大学教育以现代信息技术为支撑，采用电视、文字教材、音像教材、计算机课件和网络等多媒体进行教学，以高等学历教育为基础，重点面向地方、基层、农村、边远地区，为广大求学者提供终生接受教育机会和条件。仁化开放大学隶属教育局管理，业务上接受省市开放大学指导和管理。2017年，仁化开放大学设有专科、本科学历教育，主要专业有行政管理、法学、学前教育等，在读学生有665人。2017年，仁化开放大学春秋两季招生452人，其中专科241人、本科165人、奥鹏46人；有教学班35个（其中本科班19个）。

【自身建设】 2017年，中共仁化县委党校、仁化开放大学、仁化县教师进修学校加强年轻教师培养力度，通过公开竞争和择优录取，充实一批年轻教师担任学校教学骨干。实行党校与开大之间，党校与机关之间干部相互交流，培养专才和通才，增强党员领导干部队伍生机和活力。建立以激励为价值取向，建制度、强考核、重培养为措施用人新机制，形成能上能下、能出能进、目标管理、激励导向局面。全面推行教师队伍全员聘任制、岗位责任制、绩效考核制，提高学校人才管理水平。开展学校青年人才培养计划，制定培养规划，落实培养措施，提高青年人才综合素质。

【教学教研教改】 2017年，中共仁化县委党校、仁化开放大学、仁化县教师进修学校强化教师在岗自学，围绕教师岗位要求和所开课程，重点检查教师备课笔记、教案。选派教师参加上级党校组织的业务培训班学习。年内，选派基层宣讲骨干教师谢惠群、李建维参加市委宣传部学习宣传贯彻中共十九大宣讲团动员会暨全市基层宣讲骨干培训班，选派蔡仁志、谢惠群到东莞参加2017年第三期对口培训班。开展教师授课双向选择活动，在主体班开课前，先让教师选择所拟定课题和开设课程，然后由校领导和教务部门进行综合平衡，最后在小范围内试讲。通过双向选择活动，提高教师授课能力和授课效果。把科研作为考核教师重要内容。

中共仁化县委党校、开放大学、县教师进修学校负责人名录：

党校校长： 区毅明（任至2017年7月）
李湘柱（2017年7月任职）

党校常务副校长、电大、教师进修学校校长： 曾韶基（任至2017年12月）

党校常务副校长、开大、教师进修学校校长： 曾韶基（2017年12月任职）

党校、电大、教师进修学校副校长： 黄玉文（任至2017年12月）

党校副校长： 黄玉文（2017年12月任职）

电大、教师进修学校副校长：
李碧芬（女，任至2017年12月）
邱云辉（任至2017年12月）

开大、教师进修学校副校长：
李碧芬（女，2017年12月任职）
邱云辉（2017年12月任职）

（钟　坚）

仁化县人民代表大会及人大常委会

仁化县人大常委会负责人名录：

主　任：廖志常

副主任：黄付养　邓田庭

马小荣（女）

廖兰英（女）

夏德文　李建平

概　况

2017年，仁化县人大常委会机关设办公室、城乡建设环境与资源保护工作委员会、法制工作委员会、选举联络人事任免工作委员会、教育科学文化卫生工作委员会、财政经济工作委员会1室5委。县人大常委会行使重大事项决定权、监督权、任免权。2017年，县人大常委会深入学习贯彻习近平总书记系列重要讲话精神和对广东工作作出的重要批示精神，坚持中国共产党领导、人民当家做主、依法治县有机统一，围绕中共仁化县委“一三九”发展战略，主动作为、依法履职，为促进全县经济社会发展和民主法治建设做出应有贡献。

2017年5月8—9日，仁化县第十五届人民代表大会第二会议在县政府礼堂召开。图为会议现场　（陈贤坤　摄）

重要会议及决策

【代表会议】　县十五届人民代表大会第二次会议。2017年5月8—9日，仁化县第十五届人民代表大会第二次会议在县城召开。会议听取和审议《政府工作报告》《县人大常委会工作报告》，审查计划报告、预算报告，审议县法院报告、县检察院报告和环保工作情况报告。会议作出决议并批准上述报告。会议通过《关于在仁化县城增加建设停车场的议案》。

县十五届人民代表大会第三次会议。2017年10月26日，仁化县第十五届人民代表大会第三次会议在县政府礼堂召开。会议以无记名投票方式依法选举周小明为仁化县人民政府县长。

【常委会会议】　县十五届人大常委会第三次会议。2017年1月5日，仁化县第十五届人大常委会第三次会议在县政府礼堂二楼会议室召开。会议议程有两项：一是人事任免；二是举行宪法宣誓仪式。会议采用无记名投票表决方式表决，任命：邹永祥为仁化县公安局局长；邓志立为仁化县人民政府办公室主任；邓诗常为仁化县发展和改革局局长；刘秀琼为仁化县教育局局长；刘强为仁化县文化广电新闻出版局局长；谢树富为仁化县民族宗教事务局局长；黎明为仁化县监察局局长；谭卫东为仁化县民政局局长；邓又进为仁化县财政局局长；刘华兴为仁化县住房和城乡规划建设局局长；李伟强为仁化县环境保护局局长；钟文辉为仁化县交通运输局局长；廖永香为仁化县林业局局长；梁伟军为仁化县水务局局长；何旺财为仁化县审计局局长；马甲娣为仁化县统计局局长；刘世标为仁化县食品药品监督管理局局长；黎东为仁化县司法局局长；陈治平为仁化县工商行政管理局局长；钟良万为仁化县质量技术监督局局长。

县十五届人大常委会第四次会议。2017年3月13日，仁化县第十五届人大常委会第四次会议在县三中心一馆五楼县人大常委会会议室召开。会议议程有五项：一是审议关于县人民政府提请的人事任免议案（含宣誓仪式）；二是审议通过县政府《关于提请审议盘活地方债券余额的议案》；三是审议通过个别代表资格报告；四是审议通过《仁化县人民代表大会常务委员会议事规则（草案）》；五是审议通过《仁化县人民代表大会常务委员会关于批准开展第七个五年法治宣传教育的决议（草案）》。经采用无记名投票表决方式表决，任命梁晓晖为仁化县人民政府副县长（挂职）。

县十五届人大常委会第五次会议。2017年4月28日，仁化县第十五届人大常委会第五次会议在县三中心一馆五楼县人大常委会会议室召开。会议议程有五项：一是审议决定王晓梅辞去县人民政府县长职务申请；二是审议县人大常委会工作报告；三是审议通过关于召开县十五届人大二次会议有关事项；四是审议确认林国华代表资格；五是学习贯彻习近平总书记对广东工作的重要批示精神。会议经采用无记名投票表决方式，同意接受王晓梅辞去县人民政府县长职务。

县十五届人大常委会第六次会议。2017年6月30日，仁化县第十五届人大常委会第六次会议在县三中心一馆五楼县人大常委会会议室召开。会议议程有三项：一是听取和审议县人民法院《中华人民共和国行政诉讼法》执法工作情况报告；二是听取县旅游局关于全域旅游工作报告；三是通报《仁化县十五届人大代表履职培训计划》《关于完善人大代表联络室工作的意见》《关于仁化县人大常委会组成人员联系县代表和县人大代表密切联系人民群众工作的意见》《关于加强代表小组建设，积极开展代表小组活动的意见》4个文件。

县十五届人大常委会第七次会议。2017年8月23日，仁化县第十五届人大常委会第七次会议在县三中心一馆五楼县人大常委会会议室召开。会议议程有六项：一是听取和审议县政府《关于2017年上半年国民经济和社会发展计划执行情况的报告》《关于2017年上半年预算执行情况报告》；二是听取和审议县政府《关于2016年预算执行和其他财政收支审计工作报告》；三是听取和审议县政府《关于仁化县2016年财政决算（草案）报告》；四是听取和审议县政府《关于提请审议2015年以前年度地方政府债券资金余额调整使用方案的报告》；五是听取和审议县政府《关于提请审议2017年地方政府债券转贷资金使用方案的报告》；六是人事任免。经采用无记名投票表决方式，免去黄本奎仁化县人大常委会办公室主任职务，同意接受黄本奎辞去县十五届人大代表职务。免去：赖自然法院审判员、审判监督庭庭长职务，杨汉桶法院审判员、执行局副局长职务。任命：赖慈辉、林树鸿为仁化县人民法院审判委员会委员；黄幸瑜、唐立红为仁化县人民检察院检察员。

县十五届人大常委会第八次会议。2017年9月4日，仁化县第十五届人大常委会第八次会议在县三中心一馆五楼县人大常委会会议室召开。会议议程是专题审议人事任免事项。经采用无记名投票表决方式，任命周小明为仁化县人民政府副县长、代理县长。

县十五届人大常委会第九次会议。2017年9月30日，仁化县第十五届人大常委会第九次会议在县三中心一馆五楼县人大常委会会议室召开。会议议程有两项：一是人事任免；二是学习《仁化县关于加强县镇（街）人大工作和建设的实施意见》。经采用无记名投票表决方式，免去：谢树富仁化县民族宗教事务局局长职务、钟良万仁化县质量技术监督局局长职务。任命：李艳为仁化县质量技术监督局局长；叶志琴为仁化县民族宗教事务局局长；梁娟为仁化县人民法院董塘法庭庭长。

县十五届人大常委会第十次会议。2017年10月19日，仁化县第十五届人大常委会第十次会议在县三中心一馆五楼县人大常委会会议室召开。会议议程有六项：一是有关人事任免事项；二是听取和审议人大代表对2017年县政府为民办实事推进情况的视察报告；三是听取和审议县政府新时期精准扶贫精准脱贫三年攻坚工作情况汇报；四是听取和审议关于人大代表对仁化县《中华人民共和国道路交通安全法》实施情况的视察报告；五是审议确认县十五届人大代表资格报告；六是讨论召开县十五届人大三次会议有关事项。经采用无记名投票表决方式，免去李伟强仁化县环境保护局局长职务；任命李伟强为仁化县人大常委会办公室主任。

县十五届人大常委会第十一次会议。2017年12月5日，仁化县第十五届人大常委会第十一次会议在县三中心一馆五楼县人大常委会会议室召开。会议议程有两项：一是选举韶关市第十四届人大代表；二是传达学习贯彻中共十九大精神。经采用无记名投票表决方式，周小明当选为韶关市第十四届人大代表。

县十五届人大常委会第十二次会议。2017年12月15日，仁化县第十五届人大常委会第十二次会议在县三中心一馆五楼县人大常委会会议室召开。会议议程有四项：一是听取和审议2017年GDP预期目标调整报告；二是听取和审议《2017年仁化县财政预算调整方案报告》；三是有关人事任免事项；四是审议确认李伟强县十五届人大代表资格。经采用无记名投票表决方式，任命：邱建华任仁化县人大常委会法制工作委员会主任、谭家福为仁化县人大常委会城乡建设环境与资源保护工作委员会主任、肖玲为仁化县人大常委会法制工作委员会副主任、刘伟雄为仁化县人大常委会财政经济工作委员会副主任。

重要活动

【美丽乡村建设调研】 2017年4月10日，韶关市人大常委会副主任邓小杰带领市人大农工委到仁化县调研美丽乡村建设工作并走访代表。县人大常委会副主任马小荣陪同调研。邓小杰一行先后到大桥镇众坝村、周田镇农坑村、丹霞街道瑶塘新村实地调研，并走访看望市人大代表、“韶关好人”陈景标，详细了解其生产、生活和工作情况以及人大代表联络点运行情况。

【省重点项目建设调研】 2017年4月12日，韶关市人大常委会副主任张平带领市人大副秘书长陈忠旭一行5人，到仁化县调研省重点项目建设。中共仁化县委书记林国华，县人大常委会主任廖志常，县委常委、县委办主任邱志坚，县政府常务副县长张元展陪同调研。张平一行参观仁化县光伏发电综合利用示范项目建设工地，详细了解该项目基本情况、建设进度、发展前景及存在问题；参观中金岭南公司凡口铅锌矿选矿厂技术升级改造工程项目，实地查看厂矿建设情况，并听取、了解该项目进展情况及存在问题。

【“精准扶贫”工作视察】 2017年5月25日，韶关市人大常委会常务副主任杨小明带领部分韶关市十四届人大代表视察仁化县突出主导产业，推进精准扶贫，加快脱贫致富步伐工作情况。杨小明一行实地查看仁化县大岭润华农业科技有限公司“贡柑苗圃场”和联创白鸽养殖农民合作社“白鸽养殖和无土栽培”项目情况，详细了解扶贫项目运行和产业帮扶情况。县人大常委会主任廖志常、县政府副县长梁钰清和相关部门负责人陪同考察。

【调研指导工作】 2017年7月4日，韶关市人大常委会常务副主任杨小明带领市人大常委会秘书长高振忠、调研室主任李铖到仁化县调研，调研组详细询问了解仁化县经济社会发展情况以及强降雨后人民群众生活生产、城乡受灾情况，听取县人大常委会工作情况汇报。座谈会后，杨小明一行走访市人大代表广东丹霞印象客栈董事长符小密和水上丹霞项目董事长王凤娟。县人大常委会主任廖志常和副主任黄付养、邓田庭、马小荣、廖兰英、夏德文、李建平参加座谈。

【走访市人大代表】 2017年8月3日，韶关市人大常委会政策研究室主任李铖带领市人大政研室成员，到仁化县董塘镇走访市人大代表、新农人生态农业发展有限公司负责人杨雪花。座谈交流中，李铖详细了解杨雪花代表创业历程，关心询问企业发展所遇到困难。县人大常委会副主任廖兰英陪同走访。

【企业调研】 2017年8月31日，韶关市人大常委会副主任张平率市人大财经工委、市环保局等负责人到仁化县调研企业华粤煤矸石发电厂、霞新温氏畜牧有限公司、凡口铅锌矿和鸿伟木业4家，现场解决企业存在发展难题。县人大常委会主任廖志常陪同调研。

【教育体制改革工作调研】 2017年9月11日，韶关市人大常

2017年7月25日，仁化县人大常委会组织部分市县人大代表视察仁化县现代化教育推进工作。图为该项工作汇报会现场 （陈贤坤 摄）

委会副主任林岚带领市人大副秘书长陈早霞、教科文卫工委主任何正平、副主任陈文英等一行8人到仁化县调研仁化县深入推进教育体制改革工作。调研组一行到董塘中心小学、董塘中学、仁化中学实地走访、查看，详细了解各校教育体制改革工作做法及取得成绩。县人大常委会副主任邓田庭、县政府副县长包伟红，以及县教育局、县人大教科文卫工委有关人员陪同调研。

主要工作

【监督工作】 *加强落实县委重要决策部署监督*。2017年，仁化县人大常委会组织代表视察县农村人居环境综合整治、推进教育现代化、精准扶贫、全域旅游、落实惠民实事等工作，听取专项工作报告，提出建议意见60余条，督促县政府及其相关部门落实责任，促进全县重点工作、重大项目、重要民生工程顺利实施。组织市县人大代表专题调研“落实新环保法，加快我县绿色工业发展”情况。调研组先后走访县经信局、县产业集聚地管委会等10余个单位和企业，广泛听取各部门和人大代表意见建议，形成调研报告，建议县政府要进一步优化发展环境，以更加优惠的政策、便捷的服务引进战略投资者，以重大项目实施助推经济社会发展，促进全县经济发展环境不断优化。

加强财政预决算审查监督。2017年，仁化县人大常委会听取审议2017年国民经济和社会发展计划、预算安排、预算执行、审计工作和2016年财政决算等工作情况报告，延伸监督触角，实现财政预决算监督全覆盖。重视借助审计监督手段，督促整改审计中发现的个别专项资金使用监管不够严、部门预算执行和财务管理有待加强等问题，明确整改目标和要求，维护财经纪律和重大经济政策措施严肃性。审查批准2017年县级财政预算调整方案，审议批准县人民政府提请的关于盘活地方债券余额议案、债券资金余额调整使用方案报告等，发挥推进全县公共设施和民生工程建设，提高县财政资金使用绩效作用。

突出民生和社会事业监督。2017年，仁化县人大常委会抓住事关民生改善和社会发展重大问题，切实履行职责，促进解决新市场改造、全民文化广场建设等一批人民群众普遍关心热点难点问题。组织代表开展精准扶贫工作调研，提出要科学制订扶贫计划，因地制宜发展扶贫产业，变“输血式扶贫”为“造血式扶贫”，提高扶贫精准度和实效性，助推全县精准扶贫工作取得阶段性成效。围绕人民群众普遍关注的县政府承诺的“八件民生实事”工作，组织人大代表开展视察监督，督促政府采取有效措施及时破解工作中存在的困难和问题，全力以赴加快项目建设进度。

着力促进依法行政和公正司法。2017年，仁化县人大常委会组织部分代表对县人民法院贯彻实施《中华人民共和国行政诉讼法》开展专题调研，听取审议执法工作情况报告，提出要尊重和维护法院审判权威；要全面落实行政机关负责人出庭应诉制度，履行出庭应诉义务，使出庭应诉成为依法履行职责、支持行政审判常态等建议意见，增强行政、司法机关运用法治思维和法治方式推动工作能力。听取县公安局关于禁毒工作报告，提出要深刻认识全县禁毒工作严峻形势，牢固树立禁毒“一盘棋”思想，强化大局意识和协作意识，全力推动禁毒专项行动取得良好成效。

围绕热点，开展执法检查。2017年，仁化县人大常委会对仁化县《中华人民共和国道路交通安全法》实施情况进行视察，提出要科学编制道路交通规划，加强城市道路基础设施建设，加大交通安全宣传力度，强化交通秩序专项整治

等建议意见，为全县“创文”营造良好交通安全环境。

【保障县委决策贯彻落实】 发挥人大常委会党组作用。2017年，仁化县人大常委会制定《仁化县人大常委会党组议事规则》等制度，坚持集体履行职责工作原则，县委交办的工作以及人大工作重大问题，都先通过党组进行研究，严格按照法定程序提交主任会议讨论和常委会会议审议，实现党内民主与人民民主有机统一。

积极参与中心工作。2017年，仁化县人大常委会领导班子深入基层，了解过问工作推进情况和存在问题，与所挂点镇（街）、村负责人和帮扶干部共同研究制定解决措施，督促相关部门最大限度凝聚起精准扶贫和精准脱贫整体合力，助推精准扶贫工作开展。全力配合支持县委部署各项工作，加强督导全县大交通、重点项目、工业园区、“创文”和武深高速“三改”（改水、改沟、改路）等中心工作，积极跟进和协调中金岭南公司在仁化项目建设，发现问题，协调解决，推动县委重大决策部署贯彻落实。

【人事任免】 2017年，仁化县人大常委会坚持党管干部和人大依法任免有机统一原则，严把拟任命人员任前法律知识考试、任职表态发言关口，认真行使任免权。年内，任免国家机关工作人员43人次。增强被任命干部宗旨意识、法制意识和责任意识，落实新任命干部向宪法宣誓制度，激励和教育接受任命干部牢记责任和使命，不忘初心，恪守承诺。

【代表工作】 抓培训提高履职能力。2017年，仁化县人大常委会制定代表履职培训计划，组织部分市县代表赴省人大、浙江大学等地学习，组织新代表160多人集中进行履职学习培训，提高人大代表政策理论、法律知识及业务工作水平。邀请人大代表列席县人大常委会会议，参加视察、专题调研、执法检查、专项工作评议等活动，发挥人大代表参与监督、助推发展作用。为人大代表征订《怎样当好人大代表》《新时期乡镇人大工作操作指南》《人民之声》等书籍和杂志，使代表了解掌握人大工作基本知识，找准履职着力点。

抓保障增强履职实效。2017年，仁化县人大常委会制定出台《关于人大常委会组成人员联系县代表和县人大代表密切联系人民群众工作的意见》等4项制度，从人大代表联系群众、保障代表依法履职、搭建代表履职平台、丰富代表活动内容等方面提出具体措施办法。深入推进人大代表联络室建设，积极为代表发挥主体作用搭建平台，保障代表依法行使权力。

抓督办激发代表履职活力。2017年，仁化县人大常委会通过召开交办会、推进办理会，检查、督促、指导承办单位办理工作方式，切实加大代表议案建议督办力度，提高办理质量和效率。对县政府办理2017年106件代表建议、批评和意见工作进行考评，推动《关于提高村小组长工资待遇问题》《城口温泉旅游和古镇建设规划》《解决农村生活垃圾处理问题》等一批建议议案得到落实。

【来信来访工作】 2017年，仁化县人大常委会做好信访督察工作，深入基层开展调研，变接访为“下访”，把矛盾化解在基层。年内，受理来信来访100余件，接访群众200余人次。注重及时交办、转办并跟踪督促问题落实，做到信访事项“件件有落实，事事有回音”。接访中，注重引导信访群众理性表达合理诉求，逐步由信访向信法转变，维护社会和谐稳定。

【自身建设】 强化理论武装坚定政治方向。2017年，仁化县人大常委会加强学习研究中国共产党最新理论成果、人大制度理论和法律法规，结合“两学一做”学习教育常态化制度化，学习贯彻中共十八大、十八届历次全会及习近平总书记系列重要讲话和对广东工作作出重要批示精神，通过理论清醒保证政治坚定和行动自觉，增强“四个意识”，始终在政治上、思想上、行动上与以习近平为核心党中央保持高度一致。中共十九大召开后，县人大常委会把学习贯彻中共十九大精神作为首要政治任务，迅速行动部署贯彻落实，全面掀起学习贯彻十九大精神热潮，年内组织人大常委会组成人员、人大机关党员干部、市县人大代表学习研读中共十九大报告和党章5次。

切实扛起从严治党主体责任。2017年，仁化县人大常委会党组把抓好党建工作作为最大主业，认真落实全面从严治党要求，强化党风廉政建设责任制，严格落实《关于新形势下党内政治生活的若干准则》《中国共产党党内监督条例》，坚持不懈贯彻中共中央“八项规定”精神。组织党员到石塘双峰寨、扶溪左龙村开展主题党日活动，重温入党誓言，增强机关党员干部党性意识、党章意识和党员意识，增强县人大常委会党组战斗堡垒作用和机关党员先锋模范作用。

持之以恒抓好作风建设。2017年，仁化县人大常委会把“两学一做”学习教育常态化制度化和“比学赶超，以评促建，实干担当”作风建设年活动当做一次思想引领，制定实施方案，利用各种会议反复强调作风建设重要性和紧迫性。抓好党组书记上党课、召开专题民主生活会等规定动作，做到边查边改，建立问题清单，从严加强整改，有效消除“二线”思维和守旧观念，解决部分干部“不敢为、不想为、不会为、慢作为”等突出问题。做好建章立制等自选动作，推动县人大常委会工作制度化、规范化和科学化。年内，制定党组工作制度、人大机关公文办理等规章制度7项。

精心指导镇（街）人大工作。2017年，仁化县人大常委会落实领导联系镇（街）人大工作制度，深入基层调查研究，解决镇（街）人大工作中存在问题。重视镇（街）人大主席（工委主任）业务知识培训，邀请轮流列席常委会会议和参加县人大常委会组织的视察、检查、学习考察等活动，提高镇（街）人大工作水平。贯彻中共中央、省委关于加强县（乡）人大工作有关文件精神，在黄坑镇召开镇（街）人大工作和建设推进会，指导各镇（街）把握时间节点要求，抓紧查漏补缺，确保中共中央和省委、市委、县委关于加强镇（街）人大工作和建设的决策部署落到实处。

重视做好人大宣传工作。2017年，仁化县人大常委会把握正确舆论导向，开展人大制度理论和实践宣传，大力宣传人民代表大会制度和人大工作，展示代表风采，扩大和传递人大工作正能量。全年，在《人民之声》《韶关人大》《人大信息》等媒体发表各类新闻稿件100多条。

仁化县人大常委会各工委负责人名录：

办公室主任：黄本奎（任至2017年8月）
李伟强（2017年10月任职）

城乡建设环境与资源保护工委主任：谭家福

法制工委主任：邱建华

选举联络人事任免工委主任：徐仁辉

教育科学文化卫生工委主任：刘永保

财政经济工委主任：（空缺）
（黄林珍）

仁化县人民政府

仁化县人民政府负责人名录：

县　长：王晓梅（女，任至2017年4月）

周小明（2017年10月任职）

副县长：张元展（任至2017年12月）

沈建图

丘光强

邹永祥

包伟红（女）

梁钰清

梁晓晖（挂职，2017年3月任职）

综　　述

2017年，仁化县人民政府在中共仁化县委领导和县人大、县政协监督支持下，团结和带领全县人民，认真学习贯彻中共十九大精神以及习近平总书记对广东工作的重要批示精神，落实中共韶关市委、市政府“主动融入珠三角”总体部署和中共仁化县委“一三九”发展战略，以推进供给侧结构性改革为主线，以“九大任务”三年攻坚行动为抓手，解放思想，攻坚克难，狠抓各项工作落实，力促全县经济社会保持平稳发展。2017年，全县完成地区生产总值113.9亿元，比上年增长3%。完成固定资产投资66.9亿元，比上年增长5%；完成社会消费品零售总额32.94亿元，比上年增长8%；城镇和农村居民人均可支配收入分别为25478元和15450元，分别比上年增长9%和11%。全面小康实现程度为74.6%，比2016年提高3.5个百分点。

重要会议

【县政府常务会议】　2017年，县政府召开县政府常务会议16次。主要讨论通过《关于调整机关事业单位工作人员基本工资标准和增加离休人员离休费的请示》《关于请求减轻广东杜氏矿业有限公司部分负担的请示》《关于申请将仁化县域生活污水处理厂及污水管网升级改造工程和仁化县城防洪排涝整体疏导改造工程合并打包统一进行招标建设的请示》《仁爱广场地标实施方案》《博物馆建设实施方案》《仁化县房产管理所职能整合后机构改革实施方案》《仁化县全域永久基本农田划定方案》《仁化县土地利用总体规划调整完善建设用地规模分配方案》《仁化县2016年一般财政预算执行情况和2017年预算草案》《仁化县2016年国民经济和社会发展计划执行情况及2017年计划草案》《关于请求开展Y629线灵溪河大桥至新凉亭旅游公路改建工程招标的请示》《仁化县事业单位和国有企业公务用车制度改革实施方案》《关于有色基地35千伏岭尾变电站及供电线路资产无偿移交仁化供电局的建议》《关于要求调整仁化县银海有色金属渣业集团有限公司有价金属综合回收异地技术扩建建设项目征收补偿标准的请示》《关于批准并公布仁化县2017年度土地储备计划的请示》《关于申请将仁化县国防教育训练基地射击场改造工程结算超预算事宜列入县政府常务会议议程的请示》《仁化县银行卡助农取款服务点奖补方案（试行）》《关于完善“三超”手续后请求拨付党校挡土墙修复工程剩余工程款的请示》《关于审议〈仁化县人民政府决定第一批清理规范的县政府部门行政审批中介服务事项目录（送审稿）〉的请示》《关于选调公务员的请示》《关于申请拨付2016年“一江两岸景观灯光亮化工程”工程款的请示》《关于仁化县县城至丹霞山绿道一期工程增加工程相关事宜的请示》《关于申请实施铜鼓岭红军烈士纪念碑修缮工程的请示》《关于申请实施铜鼓岭红军烈士纪念园绿化改造项目的请示》《关于实施铜鼓岭红军战斗遗址红色元素（战壕、雕塑、浮雕）项目建设的请示》《关于修缮铜鼓岭红军烈士纪念碑栈道的请示》《关于请求批准并公布〈仁化县2017年国有建设用地供应计划〉的请示》《2017年县政府工作要点》《仁化县国有林场改革实施细则》《关于提高我县城乡低保标准及特困人员供养标准的请示》《关于请求批准举办县第五届运动会的请示》《仁化县全域推进农村人居生态环境综合整治建设社会主义新农村示范村总体实施方案》《关于审批〈韶关市仁化县土地利用总体规划（2010—2020年）调整完善方案〉的请示》《关于收回县城口镇原锯板厂地块相关事宜的请示》《“全域旅游、产业共建、城镇提升、教育现代化、卫生创强、精准扶贫、农村人居环境综合整治、农村综合改革、国家现代化农业示范区建设”九大任务三年攻坚行动方案》《县政府2017年工作要点实施方案》《仁化县2017年全面依法治县的工作要点》《关于竞买丹霞山1号以物抵债房产相关事宜的请示》《关于申请审议县城一江两岸景观灯亮化设施维修管护购买服务的方案请示》《仁化县畜禽养殖禁养区、限养区清理方案》《仁化县公安局关于请求将我局财政统发工资纳入机关单位基本养老保险参保登记范围的请示》《关于审议通过有关部门精准扶贫配套方案的请示》《关于审议通过仁化县扶贫办统筹制定全县扶贫相关政策的请示》《关于请求增加城乡居民基本养老保险基础养老金县级财政补贴的请示》《关于公开招聘103名专业技术人员的请示》《关于对〈关于重新核定村、社区“三定”干部编制的意见〉的情况汇报》《仁化县村民小组长（理事长）管理考核办法（送审稿）》《仁化县锦江河流域水质综合治理工作方案》《仁化县全面推行河长制工作方案（送审稿）》《关于进一步规范村（社区）“三定”干部考勤和绩效考核的意见（试行）》《关于请求县政府同意近二年增加政府购买服务工作人员编制的请示》《关于申请县政府机关食堂财政补助经费的请示》《关于审定2017年地方政府债券转贷资金使用方案的请示》《仁化县精神卫生工作规划（2016—2020年）送审稿》《关于请求同意新龙村新坪组安排水库移民后期扶持“十三五”规划项目资金入股锦电公司事宜的请示》《关于申请明确采用PPP模式推进仁化县域生活污水处理厂及污水管网升级改造工程的请示》《关于请求拨付仁化县国营大岭农场社会保险费的请示》《仁化县禁毒工作责任追究实施办法》《关于要求批准实施〈仁化县继续实施“村（居）‘两委’干部素质提升工程”工作方案〉的请示》《关于申请审议仁化县十镇一街环卫服务市场化委托运营项目成本核算及财审意见的请示》《成龙双语国际幼儿园项目招商引资项目申请呈批表》《关于解决县S246线项目征地拆迁户刘胜华安置地用地手续问题的请示》《2017年仁化县水污染防治工作方案》《仁化县委县政府督查工作制度（试行）》《关于印发仁化县2017年依法行政工作要点的请示》《关于解决银海公司员工安置和环境治理费用的请示》《关于请求同意拨付2017年教师节慰问金及高考奖励安排的请示》《关于调整异地新建县特殊学校建设项目招投标模式的请示》《关于审议2017年度镇（街道）主体功能分区绩效考核评议实施方案（审议稿）的请示》《关于请求拨付新庄工业园拆迁户搬迁安置补偿款的请示》《关于2017年仁化县机关绩效考核实施方案（讨论稿）》《仁化县丹霞街道北门片区A、B、C地块及中心村F地块公开出让方案》《韶关市仁化县畜禽养殖禁养区限养区和适养区划定方案》《仁化县畜禽养殖整治工作方案（送审稿）》《关于请求拨付新庄工业园拆迁户搬迁安置补偿款的请示》《关于2017年仁化县机关绩效考核实施方案（讨论稿）》《仁化县丹霞街道北门片区A、B、C地块及中心村F地块公开出让方案》《韶关市仁化县畜禽养殖禁养区限养区和适养区划定方案》《仁化县畜禽养殖整治工作方案（送审稿）》《关于〈丹实公司关于请求政府回购代垫资金的请示〉的意见》《关于提请县政府审议〈仁化县困难群众医疗救助暂行办法〉的请示》《关于广东新奥能源发展有限公司招商引资项目的评审意见》《仁化县县城农贸市场监管体制改革方案（建议稿）》《关于加快推进特色小镇规划建设的指导意见》《仁化县强镇扩权改革实施方案》《关于仁化县工业园区体制改革实施方案》《关于上报设置广东省仁化县城口镇温泉和城口镇东坑地热田采矿权的请示》《关于批准并发布〈仁化县集体土地征收补偿标准〉请示》《关于予以确定新农村建设项目实施方式的请示》《关于下达仁化县2017年度商品林采伐限额的请示》《仁化县脱贫攻坚督查工作实施方案》《仁化县全面脱贫攻坚责任制实施细则》《仁化县新时期精准扶贫三年攻坚成效考核方案》《仁化县脱贫攻坚工作机制》《关于S246董塘镇八一路口至大富村段路灯安装项目相关事宜的请示》《关于G106县城松香厂至武深高速康溪出口路段路灯安装项目相关事宜的请示》《仁化县关于推行法律顾问制度和公职律师公司律师制度的工作方案（送审稿）》《仁化县扶贫资金入股中金岭南资产性收益项目实施方案》《仁化县扶贫资金资产收益项目合作协议书》《仁化县2017年“广东扶贫济困日”非定向捐赠资金分配表》《仁化县2017年第二批中央财政专项扶贫资金（扶贫发展支出）方向分配表》《仁化县2017年“广东扶贫济困日”定向捐赠资金分配表》《仁化县推进农业供给侧结构性改革的实施方案》《关于上报调整仁化县2015年度省级现代农业示范区实施方案的请示》《关于申请将县人民医院综合大楼建设项目采取工程总承包的模式进行招标建设的请示》《关于周田产业基地公共绿化一期园林绿化3.5千米道路绿化工程设计方案相关事宜的请示》《关于人才公寓选址的请示》《仁化县享受县政府特殊津贴人才选拔管理实施意见》《关于同意董塘镇刘树浩拆迁补偿金额的请示》《关于审议〈仁化县县级政府投资项目管理办法〉的请示》《关于公布实施〈仁化县散装水泥发展与应用专项规划（2016—2025）〉的请示》《关于请求审核〈仁化县国有企业出清重组“僵尸企业”促进国资结构优化的实施方案（送审稿）〉的请示》《关于村级公共服务站办事大厅专职操作人员考核方案》《2016年度机关绩效考核结果》《乡镇2016年度主体功能分区绩效考核结果》《关于审定〈2016年仁化县工作绩效考核奖励方案〉的请示》《关于审定2017年仁化县财政预算调整方案的请示》《关于审议〈仁化县行政许可事项目录（2017年版，送审稿）〉和〈仁化县行政许可调整事项目录（2017年版，送审稿）〉的请示》《关于审议〈仁化县人民政府决定第二批清理规范的县政府部门行政审批中介服务事项目录（送审稿）〉和〈仁化县保留的县政府部门行政审批中介服务事项清单（送审稿）〉的请示》《仁化县人民政府“三重一大”事项集体决策制度（试行）》《仁化县人民政府常务会议议事规则（送审稿）》《仁化县人民政府党组会议议事规则（送审稿）》《仁化县人民政府县长办公会议议事规则（送审稿）》《仁化县人民政府专题会议议事规则（送审稿）》《关于成立农信社改制农商行筹建工作小组的请示》《仁化县财政局对县农业局关于县浈江流域特色水果产业示范带建设项目工程结算超预算请示事宜的后续资金处理意见》《关于表彰奖励我县2017年广东省名牌农产品、名特优新农产品、全国一村一品示范村镇的通报》《关于请求同意使用省级新农村示范片专项资金开展“丹霞彩虹”省级新农村示范片二期项目建设的请示》《关于请求批准仁化县永久基本农田整备区划定工作成果的请示》《关于申请签订仁化县十镇一街环卫服务市场化项目合同的请示》《关于县林业局国有林场下辖五个水电站产权无偿划入锦实公司相关事宜的请示》《关于仁化文化旅游节招商引资项目签约仪式的有关事宜》《仁化县全面推进一门式一网式改革和三级政务服务体系建设工作方案》《仁化县市政消火栓管理办法（送审稿）》《仁化县创建社区教育实验区工作实施方案》《仁化县突发事件现场指挥官制度实施意见》《仁化县推进基层综合性文化服务中心建设实施方案》《关于审议仁化县自来水水源调整及改造工程项目建议书的请示》《仁化丹霞国医（康养）小镇项目》《关于审定2017年仁化县财政预算调整方案的报告》《仁化县基层医疗机构关于公开招聘22名特设岗位全科医师的请示》，研究关于全域旅游、产业共建、城镇提升、教育现代化、卫生创强、精准扶贫、农村综合改革、农村人居环境综合整治、现代农业示范区建设、“两学一做”专题教育活动等事项。

【县政府工作会议】 2017年1月18日，县长王晓梅在县政府办公室会议室主持召开会议，研究部署爆破煤垅整治、火冲坑水利水电管理所废旧水轮发电机设备再次拍卖、审定2016年地方政府新增债券转贷资金使用方案、免收市政设施配套费、调整创文工作人员聘用时间、加快省道246线瑶前至三板桥段改线工程项目、县国资办与县公共资产管理中心整合等事项。1月24日，县长王晓梅在县政府办会议室主持召开会议，研究部署审核与东莞市莞城新光明市场管理有限公司《合作意向书》、县委党校挡土墙坍塌修复工程追加资金、丹霞街道中心村G地块国有土地使用权出让、水上丹霞和博士生态园的请示、县城人行道路指示牌工程（一期）、县十镇一街环卫服务市场化项目实施方案（第二版）、仁化县创建国家和省级全域旅游示范县工作实施方案、丹霞1号温泉引水工程是否重新启动等事项。2月14日，县长王晓梅在县政府办会议室主持召开会议，研究部署2017年度公务员医疗补助费用列入部门预算、划拨消防站及消防训练场所用地、划拨县博物馆建设用地、2016年度仁化县党政领导班子安全生产“一岗双责”考核结果情况、异地交流干部两地往返交通保障问题等事项。2月21日，县长王晓梅在县政府办会议室主持召开会议，研究部署石窝生活垃圾卫生填埋场工程增加工程量问题、北门80亩储备地招拍挂工作、银海搬迁工作、“梦幻丹霞”和丹霞绿道二期征拆工作等事项。3月3日，县政府在县政府办会议室主持召开会议，研究部署仁化县建档立卡贫困人口大病医疗补充保险资金、2016年协税护税及非税考核结果运用、县人民法院和县人民检察院劳动合同制司法辅助人员配备、“一江两岸景观灯”亮化设施维修管护招标、2017年环丹霞山地区综合整治巡控考核方案、部分老教师提前办理退休（含病退）、招聘2017年中小学和幼儿园教师、仁化县文化广电新闻出版业“十三五”发展规划、促进企业上市挂牌的若干措施、给予韶关中弘金属实业有限公司建设MVR废水蒸发结晶系统项目资金扶持、加快推进全县机关事业单位聘用制后勤服务人员管理改革工作等事项。3月31日，县长王晓梅在县政府办会议室主持召开会议，研究部署原化工厂宿舍区房屋征收与补偿、2017年协税护税及非税任务分配、“双峰寨三期维修工程项目”结算超预算现象、“仁化丹霞创客园”运营模式等事项。5月16日，县政府召开现场工作会议，研究平甫村贫困户住房安置问题。5月27日，县政府在县三中心一馆425办公室召开会议，研究部署董塘镇鸭子迳联广煤矿、江头井口煤矿通过暗管灌注工业废物案件处置工作。6月1日，县政府在县三中心一馆4楼1号会议室主持召开会议，研究部署武深高速（仁化段）“三改”项目、涉农问题处置工作。6月5日，县政府在县三中心一馆4楼2号会议室主持召开会议，研究部署仁化县建设项目及政府储备用地征地拆迁补偿标准、雅苑新城经丹霞新城1号主干道排水渠工程、33个省定贫困村人居生态环境综合整治规划编制工作、银海企业搬迁、报批《韶关市仁化县畜禽养殖禁养区、限养区和适养区划定方案（发布稿）》、2017年协税护税及非税收入完成情况考核方案、关于《韶关市小额建设工程交易管理办法》的实施意见、解决县行政服务中心综合办事大厅网络工程款、饮用水水源地保护及安全工作、国防教育训练基地射击场改造等事项。7月20日，县政府在“丹霞彩虹”建设项目主体村庄河口众坝村现场和县三中心一馆4楼2号会议室主持召开会议，研究部署“丹霞彩虹”省级新农村建设工作事项。8月25日，县政府在县三中心一馆4楼425室主持召开会议，研究部署我县有色基地搬迁安置点土地平整及石方工程款项问题。9月3日，代县长周小明在锦城宾馆2楼会议室主持召开会议，研究部署国道106线灵溪水桥应急抢险工作。10月4日，县政府在董塘镇政府2楼会议室主持召开会议，研究部署董塘镇坪岗村黄子塘上塘死鱼事情协调处置工作。11月8日，县长周小明在县长办公室主持召开会议，研究部署成立仁化县锦霞投资开发有限公司、使用2017年人居环境综合整治新增债券开展6个非贫困村新农村建设、仁化县畜禽养殖场整治奖补方案（第一批）等事项。11月11日，县长周小明召开会议，研究部署锦江河黄屋电站上游部分鱼类异常处置工作。12月12日，县长周小明在县三中心一馆4楼1号会议室主持召开会议，研究部署仁新高速公路仁化段建设存在遗留问题、推进教育、文化等各项工作中补短板项目、北门农贸市场和停车场项目、人才公寓、仁新高速丹霞出口绿化亮化工程、精准扶贫工作、农村综合整治工作、土地确权和畜禽养殖整治工作、特设岗位全科医师招聘工作、专项资金及地债资金使用等事项。

重大政事

【仁化县第三次入选“中国最具投资潜力特色魅力示范县200强”】 2017年12月28日，世界著名品牌大会（WFBA）第11届年度峰会在法国巴黎召开。12月31日，大会向世界公布由爱国华商投资促进机构美中经贸投资总商会（USCGC）、世界品牌组织（WBO）、世界城市世界企业研究会（WWRA）、欧美亚工商界投资开发联盟（EAAIU）、亚投世界基金管理联盟（AIWFU）、全球战略经济发展委员会（GSEDC）等机构联合推选的“2017中国最具投资潜力特色魅力示范县200强”全名单，仁化县继2010年、2011年后第三次成功入选“中国最具投资潜力特色魅力示范县”，成为广东省12个上榜县之一。

【虎门仁化通报第一轮对口帮扶工作】 2017年1月19—20日，仁化县召开虎门仁化对口帮扶工作第六次联席会议，通报虎门仁化第一轮对口帮扶工作情况，共同谋划新一轮对口帮扶工作，开展精准扶贫共建慰问活动。截至2017年年底，虎（门）仁（化）指挥部累计引进项目30个，其中在建项目有阳光电源土地治理及光伏发电等7个，建成投产项目有广纤实业有限公司等17个，累计完成投资31亿元。

年内，虎门、仁化两地创新开展“自选”帮扶动作，捐赠20多万元帮助仁化贫困学生200多名，捐助300万元建设周田虎门小学。建立干部交流任职制度，仁化县选派年轻干部6批36名到虎门镇相关职能部门跟班学习锻炼和选派村党支部书记2批12名到虎门社区交流学习。组织虎门社区18个结对帮扶仁化贫困村28个，投入140万元资金开展产业、培训、党员等帮扶。

会议表示，下一轮对口帮扶工作将正视存在问题，在项目落地、做强园区、推广仁化特色资源等方面下功夫，力争做到对口帮扶“4年大发展、7年大跨越”。

19日下午及20日上午，中共虎门镇党委书记叶孔新带领虎门11个社区党工委书记深入仁化县各镇、村、户，慰问对口帮扶镇4个、对口帮扶村12个及董塘镇安岗村贫困户4户，送去新春祝福和慰问品、慰问金，捐赠帮扶资金80多万元。

【仁化县新田家炳小学投入使用】 2017年2月13日，仁化县新田家炳小学正式投入使用，该校为徽派特色建筑，设有普通教室60间、计算机室、美术室、音乐室、实践室等30多间，可容纳学生3000多人。

【重点项目建设】 2017年，仁化县以项目攻坚作为增强县域经济发展动力，确定建设重点项目33个，涵盖交通、生态、现代服务、先进制造业、农业、水利、城市建设、社会事业等8个方面，年度计划总投资44.57亿元，其中超亿元项目11个。年内，仁化县促进重点项目建设提速增效，发挥示范引领作用，跟踪灵溪河森林旅游度假公园、阳光电源重金属污染土地治理及光伏发电项目、北门片市政工程等一批项目，挂点县领导和责任单位每周定时到项目现场办公，协调解决项目征地拆迁、土地调规、环评审批和各种资源要素配套等制约因素。建立“一个项目、一个县领导挂帅、一个部门主负责、一个倒逼计划”“四个一”工作机制，实行“帮征地、帮办证、帮招工”“三个帮”措施，向社会公开重点项目月完成目标和形象进度挂图，倒逼推进项目方尽快完成更多工程量。建立重点项目“问题库”，组织精干力量，指派专人主动与项目业主单位对接服务，争取上级部门支持，扫清项目建设障碍。拓宽融资渠道，通过PPP模式对16个项目实施融资16.7亿元，其中有4个项目获得金融机构授信4.73亿元，解决建设资金短缺问题。强化跟踪督办，由县委办、县政府办“两办”督查室和重点办对重点项目全程跟踪督办，每月通报进展情况，定期考核，落实奖惩。

【中国贡柑产业发展大会在仁化县召开】 4月23日，2017中国贡柑产业发展大会在仁化县召开，现场吸引全国各地贡柑（柑橘）专家、种植户、产品流通商代表和农资业界代表近千人。会上，省农业科学院果树研究所研究员吴文讲授贡柑产业发展现状及趋势。省农业科学院研究所研究员马培恰从落果原因、环割保果技术、夏剪和冬剪技术等方面讲授保花保果技术。华南农业大学园艺学院教授陈杰忠作柑橘黄龙病及防控技术主题分享。到场的农资业界代表、果业流通商代表等围绕仁化贡柑及其产业，聚焦贡柑产业热点话题，传播交流贡柑电商发展模式与渠道资源建设、贡柑均衡营养施肥、病虫害防控、果园土壤修护改良等。2017年，仁化县有贡柑种植面积0.75万公顷，年总产量15万吨，成为华南贡柑种植第一大县，贡柑成为当地农户重要经济增长点。该次大会由中国农业技术推广协会主办、南方报业传媒集团南方农村报、农财网等承办，是“接力新长征沃土万里行—2017中国土壤生态修护暨农技推广大行动”系列活动第三站。

【仁化县青年创业人才实践基地揭牌成立】 5月2日，团县委联合宝能国际休闲旅游度假区举行丹霞创客协会暨青年创业人才实践基地揭牌仪式，县委组织部、县体育局、县双创办及各镇（街）青年创业人才100多人参加揭牌仪式。青年创业人才实践基地旨在围绕全县青年创业人才实际需求，做好各项服务工作，营造“大众创业、万众创新”氛围，促进全县经济社会“转方式、调结构”。会后，青年创业人才实践基地举办广东省“扬帆工程”百名青年创业人才培养工程培训班。杠杆投资创始人、国际创客学院院长颜麟结合国内创业者成功经验，详细讲解创业项目、资金来源、产品营销等内容。韶关学院教授讲解关于丹霞山周边文化旅游项目创业知识。

【县域经济发展水平提升】 2017年，仁化县以适度扩大总需求为路径，发挥旅游资源优势，深入推进品牌创建，加大项目投资力度，引导民间投资进入基础领域，提升县域经济发展水平。以创建国家和省级全域旅游示范县为契机，加快完善旅游基础设施配套，重点打造丹霞仁家、丹霞民宿品牌，深入推动“旅游+”产业融合发展。1—5月，全县接待游客总人数及过夜人数均同比增长5.7%，实现旅游收入同比增长5.8%，有效拉动服务业消费。支持优势企业参与先进技术标准制定，全年全县有采标企业12家。2014—2017年下达中央预算内投资项目17个全部开工，其中完工项目7个，下达中央预算内投资8616万元。年内全县安排33个重点项目，总投资44.57亿元。1—5月完成固定资产投资20.8亿元，同比上年增长73.1%。武深高速（仁化段）12月底前建成通车。深入推进“放管服”改革，加强政企合作，采取BOT模式（BOT是“Build-Operate-Transfer”缩写，意为“建设—经营—转让”。BOT模式是私营企业参与基础设施建设，向社会提供公共服务方式），实现有色金属基地污水处理厂一期工程委托运营。拓宽社会资本合作，引导民间投资进入基础领域，县城环境卫生、污水处理、生活垃圾无害化处理交由北控水务集团运营管理，北门片区市政道路工程一期由粤商建设第三集团建设。

【红山镇鱼皇村上榜第七批全国一村一品示范村镇】 7月18日，农业部公布第七批全国一村一品示范村镇，仁化县红山镇鱼皇村上榜全国一村一品示范村，成为广东省6个村镇上榜之一，也是韶关市唯一上榜村镇。2017年，红山镇茶园面积866.67公顷，其中鱼皇村400多公顷，年产茶400多吨，茶成品有红茶、绿茶、白茶及冰鲜茶等多种产品，茶品芽头肥硕、茶毫满披、香高味醇，远销港澳台地区和东南亚各国。仁化白毛茶是国家地理标志保护产品。

【韶关市第十五届青少年运动会在仁化县落幕】 8月20日，韶关市第十五届青少年运动会在仁化县落幕。韶关市第十五届青少年运动会由市体育局和市教育局主办，设有竞技体育组10个大项目、学校体育组大项目比赛8个，仁化县主要承办开、闭幕式和武术、田径项目比赛，有运动员1000多名参加仁化赛场比赛，历时1个多月。仁化县取得韶关市第十五届青少年运动会代表团总分第二名，获代表团金牌总数131枚，位居金牌榜第一，代表团竞技体育组总分第三名，代表团学校体育组总分第一名，代表团获体育道德风尚奖和竞技体育组优秀组织奖。

【仁化入选省级首批健康城市健康村镇试点名单】 8月14日，广东省卫生和计划生育委员会发布《广东省爱卫会关于开展省级健康城市健康村镇试点工作的通知》（粤爱卫〔2017〕16号），公布首批省级健康城市健康村镇试点名单，仁化县城入选健康县城试点，成为韶关市唯一入选县（市、区）城、镇。

【“善美韶关 棋逢丹霞”2017“丹霞杯”围棋城市邀请赛在仁化县开幕】 9月12日，“善美韶关 棋逢丹霞”2017“丹霞杯”围棋城市邀请赛在仁化县开幕。中国围棋棋圣聂卫平（九段），中国人民解放军陆军少将、新中国围棋事业奠基人、开国元勋陈毅元帅之子陈丹淮将军，深圳航空副总裁宋向阳、中国围棋国家队总教练俞斌（九段），世界围棋团体冠军谢赫（九段），世界网络冠军董彦（七段），世界围棋盲棋第一人、江苏卫视“最强大脑”选手鲍云，清华大学博士生导师、清华大学智能围棋负责人由小川等嘉宾以及市、县领导参加开幕式。赛事于9月13—16日在丹霞山举办，以“善美韶关 棋逢丹霞”为主题，参赛队伍包括新加坡、吉隆坡、曼谷、中国台北、香港、澳门、北京、深圳、西安和韶关等10个城市队伍同场竞技。

【2017年南粤古驿道定向大赛韶关仁化站开赛】 9月10日，2017年南粤古驿道定向大赛（韶关·仁化站）在中国历史文化名村仁化县石塘镇石塘村开赛。大赛由国家体育总局航空无线电模型运动管理中心、广东省体育局、广东省住房和城乡建设厅联合主办，以红色仁化为基调，增加赛前仁爱之城夜光定向暖场等活动，邀请第十三届全运会陈氏太极拳冠军陈娟，象棋冠军何媛，龙舟冠军周杏强、宋艳冰，跳水冠军黄博文，篮球冠军李佳益，蹦床冠军黄艳菲，击剑冠军莫梓维，马术冠军李振强、李耀锋父子10位冠军代表和赛艇世界冠军谭美云、打破2项航空模型世界纪录者李韶昆、省马拉松比赛冠军李红菊3位仁化县本土运动员代表现场助阵比赛活动。参赛专业运动员分男子双人组合、女子双人组合、男子个人、女子个人等项目，吸引全国各地2000多人参与。全运会马术金牌得主李振强、李耀锋父子共同敲响开赛之锣。

【仁化县召开“央扶贷”工作推进会暨政银企融资洽谈会】 10月12日，仁化县召开“央扶贷”工作推进会暨政银企融资洽谈会，中国人民银行韶关市中心支行党委委员、副行长邱琳，中共仁化县委副书记、代县长周小明，县委常委、常务副县长张元展及全县各金融机构负责人参加会议。会上，中国人民银行仁化县支行与仁化县农信联社签订授信条约，授信仁化县农信联社再贷款4.1亿元。县农信联社也分别与贫困户代表签订授信协议，长江镇利民香菇专业合作社与贫困户代表签订合作协议，县各银行机构分别与合作企业代表进行签约。

【仁化县举行红色特色小镇启动暨丹霞丰源温泉项目奠基仪式】 11月5日，仁化县举行红色特色小镇启动暨丹霞丰源温泉项目奠基仪式，旨在全面展现和广泛宣传红色特色小镇建设，虎门仁化对口帮扶产业共建和精准扶贫挂点帮扶所取得成效。2017年5月，城口镇红色特色小镇被列为市第一批特色小镇示范点。红色特色小镇规划空间约15平方千米，规划建设项目包括红军长征粤北纪念馆、红军街、谭甫仁将军旧居、红军纪念广场，以及丹霞丰源温泉度假村、恩村古村等，以温泉度假为产业支柱，打造“红色+温泉+古村”乡村旅游产业链，将城口镇建设成为红色特色小镇示范镇和红色旅游胜地、粤湘赣三省红色教育基地，辐射带动周边红色旅游资源开发。广东丰泰集团丹霞丰源温泉项目总投资10亿元，项目以现代徽派为建筑风格，并锦城温泉为主要依托，设计独具特色泳道，打造具有农业梯田景观以及独具当地村落风情特色粤北地区水上威尼斯式世界级度假目的地。仁化县计划用3年时间完成红色特色小镇主体景点和产业打造，建成红军长征粤北纪念馆、红军长征广场以及丹霞丰源度假村项目一期工程等。

【2017广东仁化文化旅游节在丹霞山举行】 12月10日，2017广东仁化文化旅游节暨生态农业博览会在丹霞山景区举行，活动举行17个项目［重大投资项目锦绣丹霞旅游开发有限公司投资30亿元的“亿航丹霞旅游无人机”综合项目和碧桂园（仁化）有限公司投资12亿元的“碧桂园商贸城”2个，全域旅游板块投资项目广东广隽投资有限公司投资5亿元的“丹霞国医康养小镇”等4个，精准扶贫板块投资项目金裕新能源发电有限公司投资6亿元的“阳光电源100兆瓦集中式光伏扶贫电站”等5个，产业共建板块投资项目深圳市中金岭南有色金属股份有限公司投资7.2亿元的“凡口尾矿库资源综合利用及环境治理”等6个］集中签约仪式，签约总额75.78亿元。

（谭紫鹏）

县政府办公室工作

【行政督促检查】 2017年，仁化县人民政府办公室（简称“县政府办”）围绕中共仁化县委、县人民政府中心工作，深入贯彻落实中共十九大、十八大和十八届各中全会精神，围绕仁化县“一三九”战略，发挥“综合协调、督查落实、信息调研、参谋决策”职能作用，探索完善长效管理机制，加强办公室干部队伍建设。做好全县重点项目、主攻项目、政府10件民生实事参谋助手和后勤保障、项目建设协调、督导，以及县政府领导组织召开的各类会议会务工作。做好扶贫工作，全年县政府办帮扶贫困户22户54人，投入扶贫资金7万元，有7户帮扶户年内实现脱贫。开展办公室行风评议活动，改善政风行风，优化推行OA电子办公系统使用，优化办事流程，提升文件流转和办事效率。

【政务工作】 2017年，全县以县政府名义下发各类文件245件（包括会议通知），以县政府办名义下发各类文件275件（包括会议通知），处理各种会议材料、资料650件，收到各部门专项报告、请示2566件，收到市以上文电2813件次。审核规范性文件6件，审查县领导临时交办文件、合同180件。办理2017年度县人大代表议案、建议和政协提案154件。办理行政复议案件18件，办结16宗，

图为2017年12月10日，2017广东仁化文化旅游节在仁化丹霞山开幕现场 （县政府办 供图）

其中维持11件、撤销3件、终止2件。围绕中共仁化县委、仁化县人民政府中心工作，特别是在县政府10件民生实事推进、县政府工作要点等重点工作中，做好相关会议记录、纪要，撰写领导有关会议讲话、工作总结、督办情况汇报材料，撰写县十五届人大一次全会《政府工作报告》。全年更新县政府和县政府办政务公开栏内容4期。做好档案整理、归档、保密工作。

仁化县人民政府办公室负责人名录：

主　任： 邓志立

副主任： 刘建新

钟韶荣（任至2017年7月）

徐于冠

陈伟平（2017年7月任职）

（刘雪娟）

接待和机关事务管理

【概况】 2017年，仁化县机关事务管理局在中共仁化县委、县人民政府领导下，以习近平总书记系列重要讲话精神、中共十八大和十九大全会精神为指导，全面贯彻落实社会主义核心价值观。围绕县委、县政府重点工作，为全县经济社会发展提供有力后勤保障服务。

【机关建设】 2017年，县机关事务管理局将党风廉政建设作为党建工作重点来抓，执行党风廉政责任制，加强廉政教育，认真学习《中国共产党党员领导干部廉洁从政若干准则》《中国共产党章程》等。通过多次组织局班子及全体党员干部参观县反腐倡廉基地，观看反腐倡廉教育片，参观爱国主义教育基地，集体学习组织通报反腐倡廉典型案例等方式，强化党员干部党风廉政教育意识。开展反对“四风”教育实践活动，通过“自已找，领导指，群众帮”方式，找出问题，制定切实可行整改措施，提高班子成员执行中央“八项规定”能力。全年，没有出现违反中共中央“八项规定”行为。

【接待】 2017年，县机关事务管理局围绕中共中央“八项规定”要求，以《机关事务管理条例》为工作指导，以反对“四风”崇尚节约为工作目标，以精细化服务为手段，稳步推进节约型机关建设。全年高标准、高质量完成各项接待任务，累计接待来自全国各地领导、同行、海内外客商及检查组等1136批次14567人次。其中接待中央重要首长2批次，省、部级（含中央各部委、省委、省人大、省政府、省政协各类综合调研检查、督察组）47批次，缅甸侨胞及中国港澳台地区同胞等接待13批次，完成县人大、政协“两会”、党代会、红军长征粤北纪念馆奠基、仁化县首届文化旅游节、红色特色小镇系列活动、丰源温泉项目等大型会议活动接待工作。工作中，没有出现超标准超范围接待，没有出现大失误，做到符合规定，往来宾客满意。

【财务管理】 2017年，县机关事务管理局落实财政工作管理制度，实现年度预算工作目标，严格执行专项费用互不占用规定，保证行政经费有效使用。开展治理小金库工作，通过自纠自查，并将自查自纠情况上报县专项治理领导小组。确保各类收入及时足额入账。

【物业管理】 2017年，县机关事务管理局加强物业管理工作。2017年2月，引入广州金泰物业管理公司参与县府大院物业管理工作，配合县为民服务大楼启用。在征求搬入大楼20余家单位和部门意见，综合考虑各单位意见基础上，县机关事务管理局制定《仁化县三中心一馆大楼管理制度》，经县人民政府批准于2017年6月起按照制度规定对大楼开展日常管理及服务工作。配合县“创文”工作安排，开展各类活动宣传推广和组织义务劳动，履行好各项工作责任。抓好县三中心一馆综合服务楼工程收尾和后期手续办理工作。保障办公区正常办公秩序，确保各类物业完整正常使用。保持良好环境卫生条件，创造安静、清洁、卫生机关大院办公环境。按照“以人为本、安全第一、预防为主、综合治理”方针，落实县政府“安全生产”总体工作要求，抓好“隐患排查治理工作”，组织开展各项安全宣传、教育、隐患排查、督查治理等安全工作，按照“三个到位”（学习宣传到位、教育监督到位、治理整改到位）目标，做好机关办公场所安全与稳定，全年没有发生任何安全责任事故。及时解决院内各单位提出的维修问题，保障院内各部门、单位正常工作。做好大院内危旧房屋拆除工作，5月，经县人民政府同意，对大院内经鉴定属危房的A、B座及政府办旧楼进行人工拆除，做到安全文明施工，无扰民及安全责任事故发生，恢复自然地坪1600余平方米。

【会务管理】 2017年，县机关事务管理局严格执行会务制度，加强工作人员管理和业务培训，加强保密宣传教育，提高快速处置和反应能力，提高服务水平、服务质量，定期对会议中心设备进行维护保养，创造良好会务环境。全年提供会议服务342次。

仁化县机关事务管理局负责人名录：

局　长：赵丹宁

副局长：李勇明　何有财

唐　慧（女）

（罗永芳）

行政服务

【概况】 2017年，仁化县行政服务中心围绕年初制定工作计划，全面贯彻落实县委、县政府“一三九”战略部署，坚持“服务企业、促进发展”服务宗旨，创新服务方式，优化服务环境，做好“联办代办”“联系服务企业”“便民服务平台建设”“创建文明城市”“精准扶贫”“党风廉政建设”“招商引资”工作。2017年10月，仁化县行政服务中心在第二届全国行政服务大厅典型案例展示活动中获“信息优秀”称号。

【联办代办服务企业】 2017年，仁化县行政服务中心坚持“服务群众、促进发展”服务宗旨，秉承“便民、高效、廉洁、规范”服务理念，在优质服务上下功夫，提升审批效率，开辟重点项目行政审批“绿色通道”，对重点项目实行特事特办，马上办、立即办。推行上门服务、预约服务、延时服务，各项工作取得新成效。2017年1—10月，县行政服务中心接待服务对象1072人次，办理各类服务事项382件，企业联办代办数114家，新注册企业46家，注册资金76230万元，行政许可服务准确率98.32%，承诺件按时办结率100%。

【联系服务企业】 2017年，全县各挂点服务单位（部门）开展形式多样“联系服务企业”活动。年内，各挂点单位深入企业走访座谈1232次，提出“企忧”事项26宗，解决事项5宗（包括上年未解决事项）。截至2017年12月31日，各“企忧档案”挂点单位走访企业9172次，受理“企忧”事项655宗，解决“企忧”事项583宗，办结率89%；正在跟踪协调办理事项53宗（包括往年跟踪事项）。

【网上办事大厅建设推进】 2017年，仁化县行政服务中心完善仁化县公共服务中心办事大厅管理工作机制，推进“一门式一网式”政务服务模式改革。截至2017年年底，全县有35个单位进驻大厅，设有卡位41个，为群众提供“一门式、一网式”简单、方便、快捷、周到服务。2017年，办事大厅35个窗口受理事项31600宗，办结31195宗，办结率98.72%。

【深化改革行政审批项目】 2017年，县行政服务中心优化行政审批流程、压缩行政审批时限，对照省市审批项目变动，清理、取消、调整县级部门行政审批事项，依法对审批项目进行动态管理，对未列入县级保留行政审批项目目录的，一律不得再审批，确保各部门各项行政审批事项合法有效。年内，经县各审批职能部门研究，各项行政审批事项办理时限压缩到92天。

【县、镇、村三级便民服务网络】 2017年，仁化县完成县、镇、村三级“一门式”实体办事大厅升级改造工作，实现网络光纤贯通县、镇、村三级办事大厅，配置打印机、高拍仪、身份证阅读器等基本办公电子设备。选聘村（居）“两委”干部年轻力量，解决村级办事大厅系统操作人员。结合场地实际情况，在办事大厅内设置咨询区、填写区、办理区、休息等候区区域，奠定实现“一网式”政府服务模式延伸基础。

【做好全国县级文明城市创建工作】 2017年，县行政服务中心配合做好全国县级文明城市创建工作，以创建促发展。增设创新设施，提升创文氛围。利用中心LED电子显示屏、触摸屏滚动播放公益广告社会主义核心价值观、创建全国县级文明城市标语、动画视频，在厅内明显位置张贴创城宣传画多处；向窗口工作人员发放创文宣传材料；时刻保持中心秩序井然，做到大厅室内外、停车区及房前屋后绿化带整洁美观，无卫生死角，为广大群众提供温馨、舒适、洁净、文明办事环境。加强管理，提升窗口服务形象。严格落实中心考勤、考核、巡视等管理规定，加强人员管理。公布实施窗口人员行为规范，对窗口服务人员着装、语言、行为做出具体规定。改进作风，提高人员服务意识。在中心倡导立说立行、加速增效、廉洁用权、诚信规范工作作风。要求窗口人员使用文明用语，并对窗口工作人员进行政务服务礼仪培训，开展“换位思考，转变审批思维”大讨论活动，提升窗口人员服务意识和服务水平。开展读书活动、文明窗口创建活动，提高窗口人员综合修养、进取精神和合作意识。

【新时期“精准扶贫”工作】 2017年，县行政服务中心按照县委县政府部署安排，挂点周田镇瑶溪村“精准扶贫”工作，加快瑶溪村及贫困群众脱贫致富进程，组织开展一系列新时期“精准扶贫”工作。加强组织领导，完善工作机制，做好调查研究，走访慰问贫困户，发挥驻村工作队为帮扶工作做好参谋作用。9月底，驻村工作队邀请仁化县公益志愿者协会代表单位慰问贫困户。10月，联合县委统战部民宗局对瑶溪村“精准扶贫”出谋划策，完善村民自来水改造工程及开通古洋山村小组距村委会道路实现通车及硬底化工程。

【落实党风廉政建设责任制】 2017年，仁化县行政服务中心加强党风廉政建设学习机制，成立党风廉政建设领导小组，建立“党支部统一领导、各股室各负其责”领导体制和工作体制，强化学习教育活动开展。贯彻学习教育长效机制，注重抓好经常性学习教育。7月7日，召开“两学一做”学习教育常态化制度化工作暨开展“四个合格”党员专题研讨会。开展经常性廉政教育。组织干部职工参观廉政教育基地、观看电教片、学习相关文件通报等活动，6月30日、9月15日，组织全体干部职工到石塘双峰寨开展廉政教育学习活动，党员干部重温入党誓词，提高工作人员遵纪守法和廉洁自律意识。落实“一岗双责”责任制，坚持把党风廉政建设与业务工作紧密结合，统一安排，统一落实、统一检查，相互促进，共同发展。

【招商引资活动】 2017年，仁化县行政服务中心围绕仁化县

“一三九”发展战略要求，以虎门仁化产业对口帮扶为契机，先后6次组织工作人员外出招商，并结合县中心负责“仁化县领导班子及县直单位挂点联系企业制度”工作职责，做好征地服务、办证服务、协调服务、用工服务、融资服务、兑现优惠政策服务、信息服务、上下联动服务，做好已签约重大项目跟踪服务工作（如阳光光伏电源二期项目、韶关丰源温泉项目、北京顺峰饮食娱乐有限公司“丹霞·水上人家”旅游及广州亿航公司开发无人机项目），提高协调服务效率，加快招引项目落地建设进度。

仁化县行政服务中心负责人名录：

主　任：梁家宁

副主任：苏　恬（女）

潘秀红（女）

（黄伟华）

港澳事务

【概况】　2017年，仁化县外事侨务局发挥部门职能作用，协调归口管理和服务仁化县涉港澳工作，维护港澳同胞权益，推动落实与港澳重点合作项目。

【因公赴港澳任务审核报批规范】　2017年，县外事侨务局贯彻执行中共中央、省港澳工作方针政策，坚持原则，严格把关，全年全县办理因公赴港（澳）任务审核报批9批17人次。严格控制出访任务不明、结构不合理团组，减少不必要因公访问团组，按照工作要求规范因公访问团组任务审核报批，严格港澳工作统一归口管理，加强因公赴港（澳）管理工作，健全报批工作制度，将访问经费纳入预算管理，严格控制预算规模；推行经费先行审核制度，无经费审核不予以报批；及时向县委组织部、县纪委做好报批备案工作。深入优化港澳工作统筹、服务和协调。为各类符合条件团组及人员顺利出访提供热情周到、高效便捷服务，实现高效率完成审批办证工作，促进仁（化）港澳交流事业繁荣发展。

【港澳交流格局提升】　2017年8月，由县教育局牵头，仁化县与韶港青年促进会签订交流合作框架协议，奠定仁化县与香港地区青少年交流合作基础。通过因公团组赴港澳开展旅游项目推介、教育交流、乡梓联谊会等多方交流活动，拓展仁化与港澳交流合作渠道，加快经济、文化、教育等各领域交流合作步伐。

【港澳同胞捐赠监管】　2017年，仁化县以“政府主导、教育主抓、部门配合、社会参与”为原则，大力倡导扶贫助学捐资助教社会风尚。全年全县接受港澳爱心人士捐赠资金72.4638万元。

外事·侨务

【概况】　2017年，县外事侨务局认真学习贯彻中共十九大精神以及习近平总书记对广东工作重要批示精神，根据服务总体外交大局、服务地方经济社会发展方针，紧抓粤港澳大湾区建设战略机遇，扩展和深化外事侨务领域，稳步推进各项工作。

【侨胞群体沟通联系加强】2017年5月，县外事侨务局深入部分困难归侨家中，以实地走访、电话慰问等形式与侨胞群体沟通联系，加强了解县域在册登记归侨20人生活生产情况，组织开展县内归侨、华人华侨、侨资企业等侨情普查工作，及时登记造册、更新完善“广东省归侨管理系统”平台信息录入。

【贫困归侨专项资金管理落实】　2017年，县外事侨务局根据各级财政部门有关文件精神，落实2017年中央、省级贫困归侨专项资金审批、分配、支出0.5万元。严格执行《广东省贫困归侨扶贫救助专项补助资金管理办法》规定，发放贫困归侨人数4人，受助对象均符合临时救助条件，全为患病困难归侨。在对专项资金发放中，补助金全部通过银行转账汇入归侨个人账户，银证对账发放率100%，无截留、挪用、擅自扩大或缩小资金使用范围、改变补助标准行为，严格按规定报账，严格管理，会计核算真实规范。

【加强外事纪律常态化管理】 2017年年初，县外事侨务局严格按照上级业务部门要求，提前拟报领导干部因公出访计划，严禁未经批准擅自组团出访国家（地区），完善领导干部外事出访管理。结合国家外交政策及各级职能部门关于因公出访教育管理规定，定期有针对性开展外事纪律行前教育，因公出国（境）人员均能切实履行职责，完成相应访问任务。全年全县无发生违反外事纪律现象，无发生借办理因公出国（境）证件外出旅游或出现在境外滞留不归等违纪事件。

【推进对外接待与友好交流】 2017年，仁化县接待来宾32批204人次，其中重要接待有德国波恩华侨中文学校理事会副会长邓天送等各界人士。县外事侨务局借助工作优势紧抓机会推广仁化优质发展资源，通过制定下发《2017年仁化县对外工作要点》，团结凝聚各有关职能部门智慧力量服务发展大局，提高仁化知名度和美誉度，扩大仁化对外影响，为进一步寻求对外深度交流和可行合作项目奠定基础。

【利用外事资源建设扶贫项目】 根据精准扶贫工作部署，广东省人民政府外事办公室在仁化县红山镇新山村开展定点扶贫帮扶。2017年，县外事侨务局积极支持、协助配合驻村工作队做好相关工作。紧扣“义务教育、基本医疗、安全住房”3项保障重点，通过组织广东省第二人民医院进村开展健康医疗义诊活动，为患病人口提供医疗就诊机会，送去慰问关怀。5月，经各方安排，协调日本友人大津安子再次为优秀学子及特困生（共36人）捐赠“朝颜”奖学金计3万元。

仁化县外事侨务局（挂牌机构）负责人名录：

局　长： 罗运全（任至2017年4月）

邓志立（2017年4月任职）

（范　琦）

档案管理

【概况】 2017年，仁化县档案工作以提供优质档案服务为目标，以国家档案局提出“三个体系”建设为重点，加强档案基础业务建设，加大档案开放开发利用力度，提高档案工作服务社会经济建设能力，推动全县档案事业持续发展。年内，在广东省档案局对全省国家综合档案馆2017年度工作评估中，仁化县档案馆业务工作被评为优秀等次。

【档案馆业务】 ①档案资源建设。2017年，县档案馆新增档案量11610卷（件·张），其中文书档案609卷10303件，专门档案148卷，实物档案33件，光盘档案407张，照片档案110张。截至2017年12月，馆藏总量为41968卷，其中文书档案29695卷12029件，专门档案10063卷6576件。馆藏结构方面，民生档案1.9万余卷，占馆藏档案总量比例47.1%。②国家重点档案抢救。全馆待抢救国家重点档案为344卷，年内抢救225卷，完成该馆待抢救国家重点档案总量65%。③档案利用服务。2017年，接待查档人员432人次，查阅各类档案资料603卷（册），查到率95%，积极参与县重大会议活动档案收集归档工作，全年参与拍摄20批次，原始数码照片3982多张，整理照片档案110张。④档案编研。2017年1月，档案编研文章《仁化县名考》在《仁化政协》《仁化宣传》期刊发表。5月，档案学术论文《创新档案服务模式，为民解忧办实事－—仁化县开展民忧档案、企忧档案、民信档案活动的做法与成效》获2017年中国档案学会档案学基础理论学术委员会学术年会征文三等奖。8月，编辑出版《仁化县档案利用事例汇编》，选集档案利用事例105个，从存凭惠民、留史资政、文史育人、自纷止争四个方面编辑。9月，通过查考文献史料。完成《“大丹霞”旅游经济圈历史文化资源的调查报告》，为开发“大丹霞”历史文化提供参考。

【档案执法检查】 2017年11月，县档案局联合县人大，采取现场记录、反馈意见、综合评价和情况通报形式，对全县22个单位开展以贯彻落实《中华人民共和国档案法》《广东省档案管理条例》为重点内容档案行政执法检查，督促各单位提升档案管理水平，促进全县档案工作规范化和法制化。

【档案业务督导】 2018年，县档案局加强土地确权颁证档案管理。积极派人参加由省、市档案局举办的农村土地确权登记颁证档案管理培训班，提升档案业务水平；深入各镇（街）、村（居）及中标公司进行前期工作现场督导，确保文件形成规范，材料齐全完整；加强工作人员业务培训，提高操技能；制定《仁化县农村土地确权登记颁证档案分类方案》《仁化县农村土地确权登记颁证档案整理办法》，确保档案整理工作有序开展。对机构改革中新成立、撤并单位进行业务督导，及时规范档案流向，严防档案流失。

【档案数字化】 2017年，县档案局按照省市档案部门关于“存量数字化、增量电子化”要求，新增全文数字化48.7万余页，馆藏档案全文数字化71.1万余页，截至是年12月底，录入馆藏目录总量55万余条，馆藏文书档案文件级目录数字化100%，馆藏照片档案全部实现数字化。6月，完成数字档案馆第一期建设，建设内容包括基础设施、应用系统、数字资源、标准规范体系及安全保障体系5大部分。9月底，仁化县数字档案馆建设二期项目公开招标，截至是年底，项目进入建设阶段。

【档案业务培训】 2017年4月，县档案局选派业务人员2名参加国家档案局档案干部教育中心举办的“电子档案管理与数字档案馆室建设”培训班。5月，安排档案局人员2名参加中国档案协会在厦门市举办的第六届中国档案职业发展论坛。6月，县档案局派出业务骨干到各镇（街）、村（社区）对100余名档案员进行现场指导和业务培训，提高镇、村档案员档案业务技能，提升镇、村档案管理标准。

【档案安全管理】 2017年，县档案局严格按照馆库“十一防”要求做好各项管护措施，定期巡查库房安全，确保档案实体安全。完成民国档案251卷、民国地图183张修裱、扫描、复制等抢救工作。9月，顺利通过省档案局档案安全执法检查，档案安全管理受到检查组肯定。

【镇（街）档案考核】 2017年1月，县档案局根据县委办关于各镇（街）主体功能分区绩效考核要求，成立镇（街）档案工作考核小组，制定档案工作考核内容及评分标准，从行政管理、基础业务、库房管理、开发利用、信息化5个方面开展全县各镇（街）档案管理考核评分。通过检查考核，推进镇（街）、村（社区）档案工作常态化、规范化。

仁化县档案局（馆）负责人名录：

局（馆）长：刘贤琴（女）

副局（馆）长：顾仁福　施旭臻

（谢纪根）

政协仁化县委员会

政协仁化县委员会领导名录：

主　席：李秀荣

副主席：马志忠　李志贞（女）　张标兵　彭俊余　陈喜年　赖东北

秘书长：林志平

概　况

2017年，是第十一届中国人民政治协商会议仁化县委员会（简称“县政协”）履新开局之年。年内，县政协高举中国特色社会主义伟大旗帜，坚持以邓小平理论、“三个代表”重要思想、科学发展观、习近平新时代中国特色社会主义思想为指导，深入贯彻落实习近平总书记关于人民政协工作新思想新要求，围绕县委、县政府中心工作，突出团结和民主两大主题，认真履行政治协商、民主监督、参政议政三大职能，切实发挥协调关系、汇聚力量、建言献策、服务大局四个方面作用，团结带领全体政协委员，勇于担当、奋发有为、创新举措、真抓实干，实现新一届政协工作良好开局，为仁化县“一三九”发展战略实施、加快建设“生态、活力、幸福”新仁化做出积极贡献。

图为2017年5月8日，仁化县政协十一届二次会议在县城开幕（县政协办　供图）

重要会议

【全委会议】 2017年，政协仁化县委员会召开全委会议1次。

政协仁化县委员会第十一届第二次全体会议。2017年5月8—9日，政协第仁化县委员会十一届第二次会议在县政府礼堂召开。会议议程主要有听取和审议中国人民政治协商会议仁化县委员会第十一届常务委员会工作报告；列席仁化县人大第十五届二次会议，听取和讨论仁化县人民政府工作报告；协商讨论并通过中国人民政治协商会议仁化县委员会第十一届第二次会议决议。

县政协主席李秀荣代表政协仁化县委员会第十一届常务委员会向大会报告工作。李秀荣在报告中指出，2017年是仁化县全面主动融入珠三角、加快振兴发展，全面完成

“十三五”规划宏伟蓝图，全面建成小康社会关键一年。立足新起点，再做新贡献，是新时代赋予县政协崇高使命和光荣职责。

县政协主席李秀荣在闭幕上讲话。李秀荣指出，会议期间，县委、县人大、县政府领导出席全体会议，充分体现县领导对政协工作高度重视，对政协委员殷切期待。各位委员和列席代表以饱满的政治热情、强烈的社会责任感和务实的履职作风，认真讨论和审议政府工作报告、政协常委会工作报告和有关报告，紧紧围绕全县经济、政治、文化、社会和生态文明建设等重大问题和人民群众关注热点问题，广泛协商讨论，积极建言献策，提出许多建设性意见和建议，充分彰显人民政协这一政治组织和民主形式独特优势，生动展现政协委员胸怀大局、心系群众精神风貌。

李秀荣表示，仁化已经进入新的发展阶段，按照县委第十三届三次全会提出“一三九”发展战略部署，仁化县将牢固树立“创新、协调、绿色、开放、共享”发展理念，积极主动融入珠三角，加快供给侧结构性改革，努力建设“生态、活力、幸福”新仁化，如期全面建成小康社会。新形势新任务，既为政协委员履职提供更为广阔的舞台，也提出新的更高要求。

李秀荣希望，在今后工作中广大委员要做到：坚持党的领导，保持正确政治方向；积极履职建言，服务经济社会发展；真诚心系群众，增进民生福祉；自觉践行社会主义核心价值观，争做合格委员。以更加振奋的精神，更加务实的作风，谱写全县人民政协事业新篇章。

中共仁化县委书记林国华代表县委对大会成功召开表示热烈祝贺。

林国华指出，县委十三届三次全会，明确2017年以及未来一段时期发展思路和目标任务，提出“一三九”发展战略。围绕“一三九”发展战略和既定目标任务，县政协和广大政协委员大有可为，希望大家发挥独特优势、认真履职尽责、勇于担当作为，为全县经济社会稳中求进做出新贡献。

就做好2017年政协工作，林国华强调，一是县政协要坚持党的领导，在“讲政治、顾大局”上树立新标杆。县政协党组要强化政治意识和组织观念，定期向县委报告重大工作和重大情况。及时把县委的目标任务、发展思路和决策部署层层传递至每一位委员和社会各界人士，从而把社会各界人士的思想和行动统一到县委的决策部署上来。广大政协委员要模范遵守法律和政协章程，切实提高履职能力，把县委、县政府的重点工作落到实处，并将县委作出的重大决策传达下去，把各界别、各阶层的智慧和力量集中到三大重点领域九大任务三年攻坚行动中来，集中到建设“生态、活力、幸福”新仁化的工作实践中来。二是广大政协委员要服务发展大局，在“建净言、促发展”上彰显新作为。重点要围绕三大重点领域、九项工作任务，积极开展调查研究，广泛协商讨论。发挥独特优势，聚力招商引资。珍惜委员荣誉，勇于担当作为。强化仁化主人翁意识，倍加珍惜政协委员这一荣誉，切实发挥好在本职工作中的带头作用、界别群众中的代表作用，敢于发声、主动发声，担当作为、务实创新，努力塑造和自觉维护仁化政治清明、经济振兴、生态良好、人民幸福的良好形象。三是全县各级各部门要支持政协开展工作，在“凝共识、聚合力”上迈出新步伐。县委将一如既往地重视和支持政协各项工作，为政协开展工作创造有利条件，努力形成党委重视、政府支持、政协主动、部门配合的政协工作格局，推动人民政协事业不断向前发展。各级各部门要以开展“比学赶超、以评促建、实干担当”作风建设年活动为契机，大力支持政协的民主监督和参政议政活动，积极配合政协组织开展的调研、视察等活动，对政协的视察建议、调研报告和委员提案要高度重视、认真研究，及时办理落实。政协委员所在单位要积极支持委员的工作，为他们建言献策、参政议政创造条件，真正让人民政协政治有地位、建言有机会、出力有舞台、工作有作为，营造有利于政协开展工作的良好环境。

县政协十一届二次会议应到会委员164人，实到会委员148人。在家县委、县人大、县政府领导成员，法、检“两长”，县武装部部长，历届县政协主席刘继铨、彭良武等在主席台就座，在仁化的市政协委员，各镇（街）党（工）委书记，省市驻仁化单位负责人，县直各部门副科级以上领导列席会议。

【常务委员会议】 2017年，政协仁化县委员会召开常务委员会议4次。

政协仁化县委员会第十一届第一次常委会议。2017年1月13日上午，政协仁化县委员会召开第十一届第一次常务委员会议。县政协主席李秀荣、副主席马志忠、李志贞、张标兵、彭俊余、陈喜年、赖东北及县政协第十一届常委会组成人员出席会议；县委常委、常务副县长张元展，法、检“两长”应邀列席会议。

会议由县政协主席李秀荣主持。与会人员先后听取县委常委、常务副县长张元展代表县人民政府就仁化县2016年经济社会发展情况通报；听取县人民法院院长蓝韶东、县人民检察院检察长钟全芳工作情况通报；与会人员还协商通过《政协仁化县委员会委员履职工作规则（试行）》，协商通过关于成立政协仁化县委员会第十一届政协小组，关于成立政协仁化县委员会第十一届专门委员会、增补调整政协委员及协商其他事项等。

县政协主席李秀荣，副主席马志忠、李志贞、张标兵、陈喜年以及部分县政协委员围绕“三个工作通报”做发言，认为，2016年，县政府坚持“四化推四区”发展战略，突出抓好招商引资与项目建设、工业园区与全域旅游等重点工作，全县经济社会保持平稳较快发展势头。下一步将着力推进新型工业化、新型城镇化、农业产业化建设，大力发展县域经济，扎实推进旅游开发，统筹发展各项社会事业。

对县法院、县人民检察院2016年工作，县政协常委们在认真听取有关工作情况通报后，一致对两个单位工作予以充分肯定。与会委员以举手表决形式通过有关事项。

政协仁化县委员会第十一届第二次常委会议。2017年4月17日下午，政协仁化县委员会召开第十一届第二次常委会，县政协主席李秀荣，副主席马志忠、李志贞、张标兵、彭俊余、陈喜年、赖东北，及政协常委及政协机关科室负责人出席了会议。

会议协商通过《政协仁化县委员会委员履职工作规则（试行）》、县政协第十一届常委会2017年工作要点，协商确定召开县政协十一届二次会议时间、议程，协商讨论县政协十一届二次会议常委会工作报告，全体与会人员学习《中共中央关于加强和改进人民政协民主监督工作的意见》，会场气氛热烈而和谐。

会上，李秀荣希望全体政协常委要一如既往地履行好政协常委职责，以高度责任感和使命感，把工作做得更好。针对政协常委如何当好表率，李秀荣希望政协常委们，一要当好勤学善谋表率，始终把学习摆在首位，突出重点，善于学习，把县政协打造成一支善于学习、勤于思考团队；二要当好凝心聚力表率；三要当好履职尽责表率；四要当好开拓创新表率；五要当好清正廉洁表率。要认真履职，积极作为，努力使新一届县政协工作呈现新气象、迈上新台阶，开创新局面。

政协仁化县委员会第十一届第三次常委会议。2017年7月

28日，县政协召开第十一届三次常委会议。县政协主席李秀荣，副主席马志忠、李志贞、张标兵、彭俊余、陈喜年，副县长丘光强，以及全体政协常委、政协机关科室有关人员参加会议。

会上，副县长丘光强对县政府2017年上半年经济社会发展情况及下半年工作计划进行汇报。报告指出，2017年上半年，仁化县坚持稳中求进工作总基调，以推进供给侧结构性改革为主线，全力稳增长、促改革、调结构、惠民生、防风险，全县经济社会呈现良好发展态势。1—6月，全县完成地区生产总值46.3亿元，同比增长2.8%，其中第一、二、三产业增加值分别增长4.1%、1%和4.6%。县政府将大力实施“一三九”发展战略，重点抓好工业、农业农村、全域旅游、城镇提升、“创文”冲刺等工作。

会议听取政协各小组长2017年上半年工作情况汇报及下半年工作打算，协商通过有关人事事项，增补戴湘阳、宁小红、梅少坚3人为县政协第十一届委员。

李秀荣指出，2017年上半年，仁化经济社会发展取得一定成绩，但是面对复杂多变的经济形势，仁化要以新理念引领新常态，提高服务、责任、担当意识，积极推进产业共建，加大与上级部门的对接沟通，继续保持仁化经济社会发展良好势头。县政协要加强委员队伍建设、提升履职成效。继续在委员中广泛开展“五个一”活动，充分发挥委员在本职工作中的带头作用、政协工作中的主体作用、界别群众中的代表作用。围绕全县重点中心工作，凝心聚力、克难攻坚，加快仁化振兴发展步伐，以优异成绩迎接党的十九大胜利召开。

副主席马志忠、李志贞、张标兵分别围绕2017年全县经济社会发展情况，结合自身分管工作，对仁化经济建设、民生事业、农业农村发展等方面提出具体意见和建议。

会议还协商其他事项。

政协仁化县委员会第十一届第四次常委会议。2017年10月25日上午，县政协主席李秀荣主持召开县政协第十一届第四次常委会。县政协副主席马志忠、李志贞、张标兵、彭俊余、陈喜年、赖东北，县政协常委及县政协机关科室负责人参加会议。

会上，李秀荣通报县政协2017年第三季度主要工作情况及第四季度工作计划。李秀荣指出，2017年第三季度，县政协紧紧围绕县委县政府中心工作和县政协工作要点，有序开展各项工作，组织开展“关于促进我县镇级卫生院健康发展”“丹霞山与仁化融合发展”等调研活动，并向县委、县政府呈送调研报告；积极开展各类学习交流、联谊活动，做好农村综合改革、精准扶贫等工作协调督办工作，积极推动组建珠三角仁化商会，促进仁化县与珠三角联系与交流，引进项目与资金，加快全县经济发展；协助县委、县政府加强仁化县红色文化资源开发与保护，打造红色旅游景点。李秀荣要求，全体政协常委要一如既往地履行好政协常委职责，以高度的责任感和使命感，服务全县大局，把工作做得更好。

会议以举手表决方式通过因工作变动原因而对部分政协委员作出调整事宜。

会议组织学习十九大会议精神及《准确定位、创新方法着力提升政协民主监督实效》政协理论文章。

【主席会议】 2017年，县政协主席李秀荣主持召开主席会议13次，将事关全县经济社会发展的重大问题、委员和各界群众普遍关注热点难点问题、政协工作开展问题，纳入协商范畴。重点协商讨论县政协工作要点、政协委员履职规则、“珠三角”六市仁化商会建设、重大调研视察课题、县重点项目建设、精准扶贫、助推“美丽乡村”领域工作等，为推进政协工作制度化、规范化、程序化建设，确保履行职能和各项工作规范有序、务实有效开展，助推县委、县政府中心工作任务落实发挥作用。

重要活动

【调研考察活动】 2017年，县政协开展调研3次、考察活动2次。

专题调研活动。2017年，县政协当好党委政府参谋助手，围绕全县重点工作和重大问题深入调研，建言献策。调研之前，主席会议研究制订方案；调研期间，班子成员带领政协委员下基层、进企业，精心组织开展座谈讨论，认真了解基本情况，研究分析存在问题困难和提出意见建议。年内，撰写《关于我县贡柑产业发展的调研报告》《关于促进我县镇级卫生院健康发展的调研报告》《关于丹霞山与仁化融合发展的调研报告》供县委、县政府参考决策，县委、县政府主要领导对调研报告作出批示，要求相关部门深入研究，认真采纳，抓紧落实，增强参政议政实效。

专题考察活动。2017年，县政协围绕全县重点工作、民生工程和群众关注热点问题，采取实地考察、走访群众、座谈研讨、听取汇报等形式，组织开展"关于我县人居环境综合整治""关于我县国家现代农业示范区建设"等方面考察活动，委员们查找问题、总结经验、集思广益、献计献策，形成质量较高考察报告，提出一系列针对性、建设性意见和建议，为县委、县政府和相关部门提供决策参考。

【作风建设活动】 2017年，县政协强化作风建设，扎实开展"两学一做"学习教育和作风建设年活动，县政协机关全体干部政治素质、党性观念、规矩意识、工作责任心显著增强，打造成一支"政治坚定、作风优良、学识丰富、业务熟练"干部队伍，为政协工作开展提供有力保障。

【政协委员捐助活动】 2017年，仁化县很多政协委员心系家乡，奉献爱心，积极支持社会公益事业和家乡建设，助力精准扶贫，助残助教。政协委员刘莲捐助42万元为红山镇烟竹小学新建教学楼，捐助5万元建设董塘镇坪岗村文化广场；政协委员朱锦有是中山仁化商会首位回乡投资兴业会员，资助城口镇东罗村贫困学生；政协委员梅少坚是首位澳门委员，捐助5万元助力石塘镇京群村公益事业；政协委员梅少坚、黄邦森、刘广基各捐助2万元，支持城口东罗村、黄坑小溪村、社区居委会贫困户解决生产生活问题；香港委员邱志坚捐助6万元，委员姜志远捐助2万元支持仁化县师生赴香港交流学习；香港爱心人士林福源等捐助衣物一批，慰问红山、长江、扶溪、闻韶敬老院老人。广大政协委员积极投身仁化经济社会发展建设，主动担当、勇于创业，在推动仁化各项事业发展中做出新贡献。

主要工作

【提案工作】 2017年，县政协持续发力做好提案监督工作，抓好提案督办、提高办理质量，突出抓好提案征集、审查、立案、督办、反馈评议等各个环节，完善工作机制，提高办理效果，有效发挥提案民主监督作用。在提案办理工作中，实行重点提案领导领衔督办、其他提案不定期跟踪督办和办理结果回访制度，提高提案办理质量和效果。全年审查立案提案30件、转为意见建议8件，办复率达100%，满意率为96.7%。其中《关于完善县域旅游发展的几点建议》《关于加快我县电子商务发展的建议》《关于进一步从严整治和规范温氏养猪场环境的提案》等提案，得到县党政领导高度重视，被列入议事日程并纳入决策实施之中。

【反映社情民意工作】 2017年，县政协着力反映社情民意代言民生，紧扣社会热点，积极开展“民情走访”活动，深入基层了解群众意愿和诉求，反映民声民愿，汇聚民意民智。从委员提案、委员走访、视察、调研等工作中收集整理重要信息和意见建议，以《社情民意信息》及时地反映给县委、县政府，促进部分问题解决和落实，切实发挥政协社情民意信息“直通车”作用。

【加强团结合作工作】 2017年，县政协积极增进团结民主共识，认真贯彻落实统一战线方针政策，积极支持民主党派、工商联、人民团体、无党派人士履行职能，有计划组织各党派人士参与全县重大决策协商讨论。组织召开各民主党派、工商联、人民团体、无党派人士座谈会和“港澳同胞、台湾同胞、海外侨胞”亲属座谈会，听取对县委、县政府、县政协的工作意见和建议。积极开展委员交流学习活动，定期走访和联系各政协小组。组织县域师生50多人赴香港交流学习，为香港仁化两地教育交流合作书写新开端。积极参加省、市政协举办提案工作座谈会、政协工作经验交流会、培训班等，增进与外地政协交流和联谊，学习借鉴外地先进经验，拓宽视野，提升能力。县政协在香港举办港澳联谊会，通过联谊活动宣传、推介仁化，提高仁化知名度，为仁化发展提供正能量。

【文史宣传工作】 2017年，县政协积极挖掘、抢救、保护地方文史资料，扩大政协社会影响，树立人民政协形象。坚持每季度发行《仁化政协》1期，及时宣传全国、省、市政协精神、县委县政府决策部署和县政协工作动态。运用广播电视、“政协委员之家”网络平台等载体，多角度宣传政协工作活动和履职成果。2017年，为纪念中国人民解放军建军90周年，重点征集中国工农红军在仁化和中共五岭地委在仁化相关史料，整理出版《仁化文史资料》第十七辑，让人民更好地缅怀革命先烈丰功伟绩。认真开展“大丹霞旅游文化——探寻舜帝南巡遗踪”重大课题调研写作工作，致力提高丹霞山知名度和影响力，促进全县旅游文化发展。积极打造红色革命传承，认真做好长江、城口、红山等红色文化基础设施（道路建设、纪念碑修缮、红军纪念碑配套工程）建设规划、设计、预算、项目申报等工作，为2018年县红色文化工作开展奠定基础。

【助推异地仁化商会建设工作】 2017年，县政协班子成员多次前往珠三角六市，用心推动组建广州、佛山、中山、东莞、深圳、珠海六市仁化商会。截至2017年年底，东莞、中山仁化商会已组建成立。加强与珠三角六市仁化商会联络联谊，以乡情、亲情、友情为纽带，扩大宣传、牵线搭桥，引进更多项目、资金、技术、人才等，为加快振兴发展仁化汇聚正能量。积极推动组建广东省农产品流通协会仁化分会，助推成立仁商果业有限公司，着力解决全县农产品流通销售问题，增加农民收入，有力促进全县农业和农村经济发展。

政协仁化县委员会各科（室）负责人名录：

秘书长兼办公室主任：林志平
办公室副主任：蒙万胜
张小兰（女）
组织联络科科长：温天才
组织联络科副科长：曾凡清
宣传科科长：朱保森（任至2017年12月）
宣传科副科长：叶汉明

（蒙万胜）

中国共产党仁化县纪律检查委员会

中国共产党仁化县纪律检查委员会负责人名录：

书　记：张　毅

副书记：黎　明　陈少忠

常　委：张　毅　黎　明　陈少忠　李润平　张建珍（女）　谭德永　胡　伟

仁化县监察局负责人名录：

局　长：黎　明

副局长：李润平　胡　伟　麦海燕（女）

概　况

2017年，中国共产党仁化县纪律检查委员会（简称“县纪委”）在中共仁化县委和中共韶关市纪委领导下，全县纪检监察机关深入学习贯彻习近平总书记系列重要讲话精神和治国理政新理念新思想新战略，全面贯彻落实中共十八届六中、七中全会精神和习近平总书记对广东工作批示精神，按照十八届中央纪委七次全会、省纪委十一届六次全会、市纪委第十二届二次全会和县委第十三届三次全会部署，树立“四个意识”，坚持从严管党治党，强化监督执纪问责，推进全县纪律检查体制改革，推进党风廉政建设和反腐败工作深入开展，营造风清气正干事创业环境和决胜全面建成小康纪律保障。

重要会议

【中共仁化县纪委十三届二次全会】　2017年3月3日，中共仁化县纪委十三届二次全会在县政府礼堂召开。中共仁化县委副书记、县长王晓梅主持会议，县委书记刘锋出席会议并作讲话。全会审议并通过县委常委、县纪委书记张毅代表县纪委常委会所作《坚持全面从严治党　聚焦监督执纪问责　开创党风廉政建设和反腐败工作新局面》工作报告。

【仁化县监察局特邀监察员聘任大会】　3月10日，仁化县监察局召开特邀监察员聘任大会，聘请肖玲、朱保森、李安渊、王少敬、朱艳群、许彦玲、甘枚丰、何小山、苏世龙、吴基夫、谢九发、刘丽娟、肖欣、孔志海、李祥彬、黎永康为特邀监察员，并颁发证书。

【中共仁化县委反腐败协调小组会议】　11月2日，中共仁化县纪委牵头召开县委反腐败协调小组会议，会议就如何协同抓好全县农村基层党员、干部违纪违法问题线索排查工作和扶贫领域监督执纪问责工作开展探讨，县纪委书记张毅作讲话，县公安局、县检察院、县法院、县审计局分别作发言。

主要会议

【党风廉政建设责任制落实】　2017年，中共仁化县委多次主持召开常委专题会议，研究部署全县党风廉政建设和反腐败工作，县委书记林国华担负起第一责任人职责，部署党风廉政建设重要工作、过问重大问题、协调重点环节、督办重要案件。建立县委领导班子、县委书记、县政府领导班子成员主体责任清单，以责任清单形式，明确第一责任人和班子领导成员对职责范围和分管领域责任。县党政班子成员、基层党（工）委书记与县委签订党风廉政建设责任书，各镇（街）、单位班子成员及管辖党组织负责人与本单位党组织签订责任书。各级党组织在民主生活会、民主评议、组织生活会等党内政治生活中，将党风廉政建设责任制执行情况列为会议重要内容。县纪委督促各级党组织和党员领导干部担当起管党治党政治责任，并体现在日常管理监督中。全年全县开展处级领导干部谈话提醒147人次、其他各级领导干部层层谈话提醒926人次。

【党风政风监督】 2017年，仁化县抓住重要时间节点和重点工作环节，开展明察暗访，严肃查处违反“八项规定”精神和隐形变异“四风”问题，点名道姓通报曝光典型问题。全年全县集中组织明察暗访215次（个）单位，发现作风问题71个，印发通报10期，制作专题片1个，全县通报批评存在作风问题单位51个、工作人员45名。县委在2017年6月19日，启动“比学赶超、以评促建、实干担当”作风建设年活动，推进作风建设常态化、长效化，解决单位和个人不敢担当、不思进取、缺乏创新精神、行政效能低下问题，提升全县领导干部思想认识、担当意识、领导素质、履职能力和执行力。

【廉政宣传教育】 2017年，仁化县将廉政教育作为党校培训、党员干部学习和干部选拔任用必学课程，依托纪律教育学习月活动、县委党校干部培训班等平台，采取专题学习辅导报告会、法规测试和知识竞赛等方式，加大党风廉政文化学习宣传，形成长效机制；实行新提任科级领导干部任前廉政教育制度，新提拔领导干部全部进行任前学廉考廉诺廉和廉政谈话活动，并到县反腐倡廉警示教育基地接受警示教育；组织全县党员干部观看暗访警示教育片、开展家庭助廉和廉政提醒活动、发放家庭助廉倡议书。健全风险防控制度，强化公权力公开透明运行监督，解决苗头性、倾向性问题，对县委、县政府确立的33个重点建设项目实施廉政风险点预警制度，截至2017年年底，对开工重点项目24个涉及资金35亿多元实施同步防控。

【践行“四种形态”】 2017年，仁化县立足教育挽救，综合运用“四种形态”，落实“两个尊重”“三个区分”，坚持抓早抓小，发现苗头及时纠正，对反映的一般性问题及时谈话提醒、约谈函询；存在违纪问题的，查清主要违纪事实后，综合考虑违纪性质情节和认错悔错态度，给予批评教育、组织处理或纪律处分。2017年，全县实际应用第一种形态90人次，占比50%；第二种形态22人次，占比12%；第三种形态64人次，占比35%；第四种形态 5人次，占比3%。为55名受到错告、诬告党员干部澄清事实。

【查处违纪案件】 2017年，仁化县坚持无禁区、全覆盖、零容忍，高效“核清”、严肃“查清”，加大纪律审查力度，做到违纪必究、有腐必惩。发挥县委反腐败协调小组作用，加强与公安、检察、审计等部门的协调配合，形成惩治腐败整体合力。专题召开反腐败协调小组会议，研究农村基层党员干部违纪违法线索排查及进一步加强扶贫领域监督执纪工作。严格执行案件线索处置、纪律审查“两报告”制度和安全文明办案制度。全年全县纪检监察机关受理信访举报176件（其中重复件31件），开展信访核查145件，核查率100%；信访了结120件，发出信访反馈16件；立案100件101人（结案92件93人），立案件与人数与2016年同期相比分别增加29.9%和31.2%；给予党纪、政纪处分91人，挽回经济损失146.95万元。立案案件中，涉及副科级以上干部15人。加强执纪审查办案安全工作，修订印发《仁化县纪委监察局谈话点使用管理规定》，加强办案点建设和管理，加强检查督促，杜绝办案安全事故。

【开展基层线索大排查行动】 2017年，仁化县坚决整治基层“微腐败”。县纪委采取领导班子成员分片包干指导督办形式，持续开展基层党员干部违纪违法线索大排查工作，严肃查处侵害群众利益不正之风。全年全县排查农村基层党员、干部违纪违法线索269条，其中“七类线索”232条，占比86.2%。严格落实市纪委、县委关于加强村级“两委”换届风气和换届纪律执行情况监管部署要求。换届期间，全县审查村（社区）“两委”委员候选人2057人次，反馈意见35人。

【扶贫领域监督执纪问责工作强化】 2017年，县纪委加强扶贫领域监督执纪问责工作，加强扶贫领域“七个严禁”纪律及五类重点问题线索宣传，提高群众知晓度和参与度；建立扶贫领域监督执纪问责工作协作机制，与县信访局、农办、扶贫办、检察、公安、审计等单位实行信息共享，实行问题线索移送；成立反映扶贫领域涉嫌违纪问题信访举报督办工作领导小组，实行重大线索挂牌督办；压紧压实各级责任，将脱贫攻坚监督工作纳入党风廉政建设责任制考核内容；开展扶贫领域基层线索专项排查，通过明察暗访、入户核查、专项巡察、信访举报“四驱发力”，全面深挖扶贫领域违纪违法问题线索。全年全县：开展扶贫工作纪律明察暗访177次（个）单位，印发专项通报2期；开展扶贫专项入户核查农户679户2590人；扶贫领域发现问题线索50条（其中经初核属实7条、失实35条、处于核查阶段8条），转立案4人，开展谈话提醒2人。

【纪委县级派驻机构实现全覆盖】 2017年6月30日，仁化县印发《关于加强县纪委派驻机构建设和建立县委巡察机制的实施意见》，贯彻落实中共十八届三中全会精神和中共中央、中纪委、省纪委和市纪委关于纪检派驻机构全覆盖及推进巡视、巡察工作部署。年内，县纪委派驻机构整合设置综合派驻纪检组6个，行政编制数18个（每组3个），设组长6名（按正科长级领导干部配备）、副组长6名（按副科长级领导干部配备）、科员6名。实现县直所有单位、部门全覆盖，不再派驻乡镇。派驻机构名称统一为“中共仁化县纪委派驻第X纪检组”。10月10日，县纪委印发《县纪委派驻机构职责清单》，促进派驻组履行监督执纪问责职能。

【县级巡察领导体制和工作机制建立】 2017年7月21日，仁化县组建县委巡察工作领导小组，巡察工作领导小组下设办公室（办公室设在县纪委），编制2名，配办公室主任（县纪委常委兼任，正科级）1名、副主任（副科级）1名、工作人员1名。巡察工作领导小组下设2个巡察组，编制2名。每个巡察组按正科长级领导干部配备配组长1名。印发《中共仁化县委关于全面开展巡察工作的实施意见》《仁化县委巡察工作五年规划》，细化巡察工作开展指导思想和总体目标、工作原则和主要内容、巡察权限，明确巡察工作流程。截至2017年12月底，县委巡察组（2个）开展常规巡察2轮，其中扶贫领域专项巡察工作1轮，期间组织召开动员会6次、专题汇报会、座谈会10次，列席党委（党组）会议4次，开展个别谈话203人次，调阅相关资料930余册，受理来信来电来访14件次，走访群众207户，发现各类问题53个、线索33条，涉及65人。

【国家监察体制改革试点工作深化】 2017年，仁化县树立“四个意识”，扎实有序做好全面推开国家监察体制改革试点工作。年内，中共仁化县委成立仁化县深化国家监察体制改革试点工作小组，由县委书记担任组长，县纪委书记兼任办公室主任。县委书记多次主持召开专题会议、工作小组会议和县委常委会研究部署改革工作，解决改革过程中遇到的问题，推进改革稳步开展。截至2017年12月底，全县完成对拟转隶干部谈心谈话工作，落实纪委监委巡察机构集中办公要求，在三中心一馆9楼新增办公室3间，印发仁化县改革试点工作实施方案和纪委监委机关内设机构和人员编制设置方案，转隶人员7人全部到位并正常开展工作。

【纪检监察队伍建设】 2017年，县纪委落实中共中央总书记习近平关于“打铁必需自身硬”要求，加强委局机关党组强建设带动各项工作，推进建设风清气正、健康向上机关办公室文化。高标准开展“两学一做”学习教育和“作风建设年”活动。开展公开选调委局机关公务员工作，参照执行《党政领导干部选拔任用工作条例》提拔使用委局股级干部，选送干部参加上级和县组织的政治和业务培训，组织镇街专职纪检干部到委局机关跟班学习，提升纪检监察干部监督执纪水平；强化日常管理监督，严格执行机关各项规章制度，发挥内务监督委员会作用，树立纪律卫士形象。

县纪委（监察局）各室主任、派驻组组长，县委巡察办主任、巡察组组长名录：

办公室主任：曾凡文（任至2017年12月）

干部管理监督室主任：兰长福（任至2017年12月）

宣教调研室主任：（空缺至2017年9月）
赖剑和（2017年9月任职）

党风政风监督室（县政府纠正部门和行业不正之风办公室）主任：张秀群（女，任至2017年7月）
邓堂忠（2017年7月任职）

案件监督管理室（查办案件指挥协调保障中心）主任：黄雪辉（任至2017年9月）
曾凡文（2017年12月任职）

信访室主任：李兆用（任至2017年9月）
罗建芳（2017年9月任职）

案件审理室主任：叶燕红（女）

第一纪检监察室主任：丘贯中（任至2017年9月）
江智高（2017年9月任职）

第二纪检监察室主任：赵仕雄

第三纪检监察室主任：邱文灵

第一派驻组组长：（空缺至2017年9月）
丘贯中（2017年9月任职）

第二派驻组组长：（空缺至2017年9月）
李兆用（2017年9月任职）

第三派驻组组长：苏学州（任至2017年7月）
凌延盛（2017年7月任职）

第四派驻组组长：李秋霞（女）

第五派驻组组长：李艳（女，任至2017年9月）
何庆林（2017年9月任职）

第六派驻组组长：黄雪辉（2017年9月任职）

县直机关纪工委书记：黄玉华（任至2017年7月）
（2017年7月该派驻机构撤销）

县政法系统纪工委书记：刘运山（任至2017年7月）
（2017年7月该派驻机构撤销）

丹霞街道纪工委书记：马兴战

县委巡察办主任：李润平（2017年9月任职）

县委第一巡察组组长：罗海红（2017年7月任职）

县委第二巡察组组长：黄本奎（2017年7月任职）

（兰长福）

民主党派・社会团体

中国民主促进会仁化县支部

【概况】 2017年，中国民主促进会仁化县支部（简称“民进仁化支部”）在民进韶关市委会和中共仁化县委领导，中共仁化县委统战部支持下，以习见平总书记系列讲话精神为指导，认真贯彻民进市委员会指示精神，加强自身建设，围绕县委、县政府中心工作，抓好民进仁化支部思想和组织建设，积极参政议政，发挥优势，做好社会服务，促进全县经济和社会事业各项工作发展。

【理论学习】 2017年，民进仁化支部把政治理论学习放在突出位置，提高会员政治理论学习。重点组织会员集中学习《习近平谈治国理政》（第一卷）思想，学习中共中央总书记习近平对广东工作的批示精神，学习中共中央总书记习近平“7・26”重要讲话精神和广东省十二次党大会精神及仁化县委全会决定的“一三九”发展战略部署。组织会员深入学习中共十九大精神实质，要求会员树立“四个意识”，坚定不移地用习近平新时代中国特色思想引领民进仁化支部各项工作开展。学习民进省代表大会精神和民进市委会一系列精神。通过学习，提高会员政治素质。

【自身建设】 2017年，民进仁化支部以完善制度为抓手，加强组织建设。完善学习制度和参政议政制度，使支部建设规范化和制度化。坚持“能缺勿滥，质量第一”思想发展会员，全年发展会员3名。

【参政议政】 2017年，民进仁化支部重视参政议政，为市委会参政议政提供参考课题《关于提高生态公益林补偿标准的建议》《关于加快推进乡村旅游发展的建议》等3个。在县“两会”上提出《关于加快我县电子商务发展的建议》（重点督办提案）1件，代表建议《加强县城人行道路维护的建议》《关于及时清理小区内废旧网线的建议》2件。

【社会服务】 2017年，民进仁化支部会员在各自岗位上建功立业，得到单位好评。部分支部会员或通过摄影，为宣传仁化文化和旅游贡献力量，或义务组织摄影爱好者、新闻记者和作家走进长江镇石崀村，创作一系列的作品，和筹集资金出版宣传该村旅游资源书刊，宣传石崀梯田等旅游资源，引起政府重视，当地政府把石崀村作为该镇重点旅游项目和脱贫村来打造，县政府把通向该村公路作为旅游公路来开发。

中国民主促进会仁化县支部负责人名录：

主　委：邓田庭

副主委：陈运莲（女）
罗兆祥
赖丽恒（女）
朱家强

（朱家强）

仁化县总工会

【概况】 2017年，仁化县总工会有干部职工8人，下属单位有工人文化宫。2017年，县总工会被评为韶关市工会工作“先进单位”。

【“两个普遍”重点工作】 2017年，县总工会依法推动企业普遍建立工会组织，围绕非公企业建会和会员发展重点，加大工会组建及其规范化建设工作力度。以组建区域性、行业性工会为突破点，创新途径，推进区域性、行业性工会组建。全年新组建基层工会6家，农民工入会1539人。注重建会质量。各级工会围绕推动企业发展、促进企业稳定、维护职工权益，通过开展“工会组织亮牌子、工会主席亮身份”“职工之家”和厂务公开民主管理活动，发挥工会参与、服务作用；以非公有制企业工会组建为重点，广泛开展宣传发动工作，采取多种方式方法，正确引导劳资双方达成共识，使业主能够同意成立工会组织，职工自愿加入工会组织，提高企业依法建会主动性和积极性。依法推动企业普遍建立工资集体协商制度。通过抓典型、树样板，以点带面推动工作开展，保障劳动者合法权益，促进企业健康发展，得到广大职工普遍欢迎。

【工会帮扶】 2017年，仁化县总工会对困难职工（农民工）开展春节、中秋节“两节”慰问，发放慰问金12.67万元；通过“金秋助学”、困难职工生活救助、医疗救助发放帮扶资金20万元。

【维护职工合法权益】 2017年，县总工会坚持以构建和谐劳动关系为主线，履行维权职责，创新维权方式。加强源头参与，发挥协调劳动关系三方制度作用，开展法治宣传教育，增强广大职工学法、守法和用法自觉性，引导职工理性表达诉求，依法维护权益。加强依法维权机制。坚持依法建会、依法管会、依法履职、依法维权，用好法律赋予工会和职工权利，依规落实到工会工作全过程；继续推进工资集体协商工作，加强集体协商队伍建设，督促企业执行集体合同制度，建立健全职工工资正常增长机制；拓宽职工民主参与渠道，抓好厂务公开工作。加强劳动关系协调和处置。坚持“预防为主、调解为主、基层为主”方针，抓好各种诉求问题调查落实和反馈；强化职工法律援助制度，做好律师进企业活动；开展“安康杯”竞赛活动，加大参与安全生产和职业病防治工作力度，切实维护职工合法权益。

【县第八届劳动技能大赛】 2017年，县总工会扎实搞好第八届劳动技能竞赛。继续深入基层一线开展第八届劳动技能大赛，各基层工会开展竞赛项目有100多个，相关企业参与率90%以上，参与职工2万余人。县林业局工会开展“辨花识树”“守护森林”消防技能竞赛，组织48队253人参加竞赛。县劳动竞赛委员会组织烹饪技能大赛、教学技能大赛等5个。

【宣传弘扬劳模精神】 2017年，县总工会弘扬劳模精神，关心劳模生活、工作和学习，营造“工人伟大、劳动光荣”社会氛围。7月，县总工会组织县级劳模20名到青岛疗养。全年度按省、市劳模疗养名额分配，安排县域省、市劳模到各地疗养。4月、12月，县总工会与县广播电视台合作摄制劳模风采专题片，通过电视频道滚动播放，宣传劳模事迹。“五一”国际劳动节前，召开庆祝“五一”座谈会，表彰仁化县第五届劳动模范（先进工作者）20名以及第八届劳动技能大赛先进集体和个人，为劳模和先进个人颁发奖章；各级劳模代表结合自身经历或单位工会工作成效分享经验，展现仁化县劳动模范风采和精神。推荐县劳模郭志林参评韶关杰出工匠并获提名奖。发挥“仁化县劳模义工队”实效。11月，县总工会劳模义工队成员10余名到县献血站参加为地贫儿童义务献血活动；第五届县劳模史华晓将劳模奖金1万元捐出用于帮助困难职工。在由县总工会牵头的创文网格小区开展“学先进典型 扬劳模风采”活动，营造劳模在本职岗位创新创造氛围。

【工会业务知识培训班】 2017年10月，县总工会联合始兴县总工会到肇庆市工人文化宫举办2017年工会干部培训班，重点进行工会经审工作、法律维权工作和帮扶救助工作业务培训，提升工会干部职工业务能力素质。

【文体活动】 2017年，县总工会通过规范职工服务中心建设，完善维权帮扶工作机制，维护职工群众的合法权益、开办夏令营、联系爱心机构捐赠等各种方式服务职工群众，做到贴近职工办实事。狠抓工会维权主业。县总工会联合县人社局、司法局等单位通过对企业“迎进来、走下去”等方式畅通职工维权渠道，维护职工合法权益。全年全县各级劳动争议调解委员会调解处理劳动争议案件18起，清理拖欠农民工工资28万元。义工服务队活动丰富。年内，县总工会组织和策划，县总义工队帮助和支持低收入职工400余人，开展义工活动30余场，弘扬“奉献、友爱、互助、进步”志愿精神，树牢义工服务队品牌。广东狮子会看望慰问贫困家庭困难学生44户，发放慰问金4.4万元，联合深圳IN2义工队开展“感恩祖国 扶志济困”公益活动，为全县250户贫困户送去物资价值15万元。举办职工子女夏令营，创新服务职工方式。7月，县总工会与县文明办联合举办“扣好人生第一粒扣子”——2017年仁化县“争当美德少年”公益夏令营，全县职工子女40多名参加活动。弘扬“工匠精神”。11月，仁化县供电局戴湘阳劳模创新工作室成立。该劳模创新工作室成员由市级劳模戴湘阳、县劳模谭贵华及17位高级职称或专业特长员工组成。年内开展技术创新、课题研究和技能提升等活动，申报专利1项，精益课题研究者项、创新发明和技术创新各1项。开展夏送清凉活动。7月至8月，仁化县总工会向30家基层工会开展送清凉活动，惠及职工会员4000余人，重点慰问高温作业生产车间、建筑工地和其他露天作业场所作业职工。年内，县总工会拨付资金10余万支持各级工会开展职工活动。

仁化县总工会负责人名录：

主　　席：马小荣（女）

常务副主席：温永清

副 主 席：叶华青

（李坤艳）

共青团仁化县委员会

【概况】 中国共产主义青年团仁化县委员会（简称“团县委”）定编4人，其中，行政编制4人。截至2017年年底，在职4人，其中：书记1人，副书记1人，办公室主任1人，政府购买服务人员1人。全县各镇（街道）、县直属机关、县直属学校均设有共青团组织，组织网络完整。全年全县有镇（街道）团委11个，县直属机关、事业单位团总支（或团支部）18个，学校团委10个，在册团员4995人。

2017年，团县委围绕仁化县“一三九”发展战略，发挥共青团组织服务大局、服务社会、服务青年组织优势，继续开展“关爱留守儿童”“志愿服务”“圆梦大学”活动，参与社会管理和创新，团结动员广大团员青年为构建“生态、活力、幸福”新仁化发挥新时代青年表率作用。

【青年志愿服务】 1月13日，团县委携手县志愿者联合会在仁化汽车客运站开展“青春志愿行，温暖回家路”春运暖冬志愿行动，面向旅客普遍需求和老幼病残孕重点旅客群体开展引导咨询、秩序维护、重点帮扶、便民利民、应急救援5个方面服务，营造平安出行、温暖同行秩序和氛围。3月3日，携手县志愿者联合会在县城新南康超市广场开展“i志愿，爱生活”全民志愿者服务月系列活动。同时，组织县城学校志愿者开展卫生大扫除活动。7月10日，携手县创文办在县城范围开展“仁爱之城”公益骑行活动。7月14—16日，携手仁化县志愿者联合会组织志愿者参加韶关市第十五届青少年运动会开幕式志愿服务活动。7月26日，组织志愿者30多名参加铜鼓岭烈士纪念园揭牌仪式和红军长征粤北纪念馆奠基仪式志愿服务活动。9月10日，携手县志愿者联合会组织志愿者80名参加2017年南粤古驿道定向大赛志愿服务活动，完成大赛组委会安排的各项工作任务。9月28日，携手县志愿者联合会组织志愿者参加仁化县第五届运动会开幕式志愿服务活动。12月10日，携手县志愿者联合会组织志愿者30多名参加广东仁化首届文化旅游节志愿服务活动。全年，定期（每周四下午）组织志愿者在县城主要街道和交通路口等公共区域开展文明劝导志愿服务活动。

【关爱青少年成长成才系列行动】 2017年2—5月，团县委、县教育局、县文明办联合开展2017年第二届寻找“最美南粤少年”活动，县田家炳小学罗恩卓等7名学生被评为市级“最美南粤少年”，评选出县级“最美南粤少年”53名。4月26日，团县委、仁化一中团委在县一中电教室组织开展纪念五四运动98周年活动——新团员入团仪式暨老团员重温入团誓词。5月4日，各基层团组织开展各式各样庆祝“五四”青年节活动，其中董塘镇团委开展“五四”青年公益骑行暨环保宣传活动。5月19日，团县委与教育局、县公安局在仁化第一中学开展仁化县中小学毒品预防教育师资全员培训宣传活动。5月31日，团县委联合县青少年宫、县检察院到长江镇莲河村、塘洞村开展“六一”慰问活动暨防治校园欺凌护航未成年人成长活动。11月8日，团县委、仁化县人民检察院、仁化县第一中学联合举办“遏制校园欺凌，主要靠法律还是德育”主题辩论赛暨预防校园欺凌法治讲座。11月16日，团县委邀请韶关市政协委员、韶关市十九大精神青年宣讲团成员、韶关学院政务学院外聘讲师、2016年中国青年好网民林晓乒为全县团干及青年代表解读中共十九大精神与当前团务工作，团县委全体干部职工、各镇（街）团委书记、副书记、学校团委书记、县直各有关单位团委、团（总）支部负责人、创业青年等各界青年代表共80余人参加学习。

【扶贫助困】 1月12日，团县委全体干部职工到黄坑镇古竹村开展春节走访慰问活动，为结对帮扶的贫困户送上大米、油和慰问金。4月15日，团县委携手广东聚源药业开展每学期1次的“关爱留守儿童、助力精准扶贫”助学活动，广东聚源药业爱心人士在对贫困学生家访的同时给每位受助贫困学生送上助学金1500元。6月29日，团县委启动“圆梦大学”计划，通过“仁化青年”微信公众号发布“圆梦大学”爱心资助贫困大学生行动倡议书，呼吁社会爱心人士伸出援助之手，为是年考上大学贫困学子共同圆梦，募集爱心款（含团县委自筹资金）33000元，资助县域是年录取贫困大学生12名。8月17日，团县委联合虎门镇团委组织东莞市虎门青年企业家协会到仁化县开展“公益同行，爱心助力”结对帮扶活动。9月22日，团县委全体干部职工到黄坑镇古竹村开展中秋节日走访慰问活动。9月29、30日，团县委到城口镇和长江镇开展“浓情中秋，暖心慰问”中秋慰问孤寡老人和留守儿童活动。

【培训及表彰】 4月7日，团县委、县志愿者联合会在实验学校科学楼3楼电脑室举办2017年仁化县志愿者培训班。12月5日，团县委联合仁化县志愿者联合会在县政府礼堂2楼会议室召开2017年“12·5”国际志愿者日表彰座谈会，表彰优秀志愿者和优秀志愿组织。

【服务青年】 5月2日，青年创业人才培训班在仁化县宝能天街佳适尚品酒店开班。6月11日，团县委携手仁化县供电局、原色客栈在仁化县原色客栈举行“为爱起航——我们相约吧”青年交友活动。8月11日，县委组织部、团县委在丹霞印象连锁客栈总店举行仁化县青年创业实践基地授牌暨青年创业导师聘任仪式。8月25日，团县委在青湖塘举办“粤团聚·粤幸福”七夕相约仁爱之城青年交友活动。9月24、25日，团县委在丹霞印象连锁客栈举办仁化县青年创业民宿培训及“创青春 创富中国行——走进仁化”创业分享交流会，有青年50多人参加该次为期2天培训交流活动。11月8—10日，组织广东省“扬帆计划”——仁化县青年创业人才30人赴深圳市开展民宿培训；11月15—17日，组织广东省“扬帆计划”——仁化县青年创业人才30人赴清远市开展电商培训。11月17日，青春创造 业在仁化——仁化县青创工程示范性项目公开遴选大赛决赛在仁化丹霞印象总店举行。

共青团仁化县委员会负责人名录：

书　记：徐　泳

副书记：黄芳芳（女，任至2017年12月）

（陈　欣）

仁化县妇女联合会

【概况】 2017年，仁化县妇女联合会（简称“县妇联”）开展以“学党章党规、学习十九大会议精神，习近平系列讲话精神，做合格党员”为主要内容主题活动，牢记妇女儿童切身利益，为妇女儿童办实事、好事。准确把握工作着力点，以实际行动把妇联组织打造成“坚强阵地”和“温暖之家”。

【仁化县妇女第十三次代表大会】 2017年12月25—26日，仁化县妇女第十三次代表大会在县政府礼堂1楼召开。

选举出席仁化县妇女第十三次代表大会代表总数192名。其中：妇女工作者69名，占代表总数35%；其他各界代表123名，占代表总数65%；中共党员163名，占代表总数84.9%；民主党派、无党派人士29名，占代表总数 15.2%；少数民族代表5名；“文明家庭”“农业致富女能手”先进代表109名，占代表总数57.1%；文化程度大专以上105名，占代表总数54.7%；高中和中专文化程度39名，占代表总数20.4 %。代表平均年龄42岁。会议议程主要有2个：一是听取和审议仁化县妇女联合会第十二届执行委员会的工作报告；二是选举仁化县妇女联合会第十三届执行委会。

大会通过蔡雪香代表仁化县妇女联合会第十二届执行委员会所作《坚定信心　凝聚力量深入实施“一三九”发展战略　为如期全面建成小康社会贡献巾帼力量》工作报告，总结五年来全县妇女工作成绩，并提出今后五年全县妇联工作总体思路以及妇女儿童发展主要目标。会议选举产生由35人组成的第十三届执委，蔡雪香当选为仁化县妇联主席，肖莲（专职）、宁家红（专职）、罗 姗（挂职）、申丽萍（兼职）、刘丽娟（兼职）当选为仁化县妇联副主席。

【妇女参与经济建设】 2017年，县妇联以拓展巾帼建功活动为契机，激励全县妇女立足岗位、创先争优，争创示范基地、巾帼文明岗。年内，周田镇礼尚往来农场被授予韶关市“巾帼种养示范基地”，仁化县公积金办事处获得省级“巾帼文明岗”称号；着手创建“巾帼文明岗”省级1个、市级2个、县级6个。

【妇女创业就业】 2017年，县妇联抓创业妇女素质提升工程，新培育扶持妇女创业基地

2个，其中市级巾帼创业示范基地1个。以“金融理财知识培训”推进女能手产业稳定发展，帮助女能手提升妇女创业技能、理财能力70多名。选送3批24名有强烈创业意愿妇女参加北京农家女创业培训，提高创业成功率。继续推进妇女小额贷款政府贴息项目，全年给70名妇女发放妇女创业小额贷款356万元，贴息75万元。开展各类技能培训。主办或协办技能培训4场，帮助230多名妇女特别是贫困妇女提升自身能力，提高妇女群众就业成功率。协助县就业局开展妇女家政“育婴员”培训383人，获证人数361人。

【家庭助廉活动】 2017年，县妇联开展廉政文化进家庭宣传活动，树立家庭助廉意识。向全县领导干部家庭发放“家庭助廉倡议书”2000多份，帮助领导干部家庭成员念好“廉政经”，管好“廉政账”，争做讲政治、讲正气、讲大局“廉内助”。

【妇女维权行动】 *妇女维权宣传*。2017年，县妇联以“三八”维权周、“6·26”国际禁毒日、“11·25”反家暴日”为契机，开展“化解矛盾纠纷，创建平安家庭”“不让毒品进我家 共创平安幸福家”主题宣传活动11场次，参与群众15000多名，发放《中华人民共和国反家庭暴力法》《中华人民共和国妇女权益保障法》等法律法规和平安家庭创建知识小册子、宣传单15600多份，开展“法治社会·巾帼在行动”主题巾帼志愿普法宣传活动10场次。

妇女信访工作。2017年，全县办理结婚登记1569对；民政办理离婚登记551对，法院判决、调解离婚118对，合计669对，离婚率42.6%。开展下基层法律讲座及妇联主席热线接听活动。选派经验丰富妇联干部到农村为妇女群众讲解维权、预防家暴以及遭遇家暴处理办法等法律知识培训6次，参加学习妇女468人。开通妇联“12338”热线电话，方便妇女群众遭受家庭暴力、婚姻关系等问题方面及时得到“娘家人”帮助与指导。全年接待妇女群众来信来访32宗，结案率100%；为贫困妇女儿童提供法律援助6宗。成立“婚姻调解委员会”，帮助调解指导群众婚姻家庭关系处理，为广大群众服务。

妇联干部能力建设。2017年，县妇联加强妇女干部学习培训。邀请市级专家对全县基层妇联干部168人进行“妇联干部业务知识培训班”，选派19名县镇妇联干部参加市妇联维权学习培训。提升妇联干部业务素养与综合素质。邀请省专家教授为副科级以上妇女干部300人开设“女性道德修养与礼仪”知识讲座，了解掌握有关公务活动知识和礼仪规范，塑造心灵美与外在美相和谐现代女性形象，提升全县副科级以上妇女干部整体形象和妇女干部能力建设。

【抓好基层妇女组织建设】 2017年，县妇联进行镇（街）妇联区域化建设及村（社区）妇代会改建妇联工作，完成全县11个镇（街）妇联区域化建设及125个村（居）“会改联”改建工作，发挥基层妇联在群众中的引领作用。协助配合县委做好2017年村“两委”换届工作。全县125个村（居）100%配有妇女干部，其中女性任“两委”书记、主任人数从上届5人增加至8人，全县女性村委主任占7.3%。

【关爱贫困妇女儿童】 2017年，县妇联结合春节、“六一”国际儿童节等节日开展进中小学校、幼儿园、县特殊学校慰问活动，为70名贫困及留守孩子送去礼物及慰问金5万元。争取社会力量资金22.26万元对261名贫困儿童开展助学、慰问，为10名贫困“两癌”（乳腺癌、宫颈癌）妇女争取中央、省、市专项救助资金8.4万元。

【“精准扶贫”】 2017年，县妇联发挥妇联优势，争取上级巾帼扶贫项目，帮助董塘河富村创建巾帼种植示范基地。结合挂点扶贫村董塘河富村、大桥长坝村实际，为贫困妇女举办巾帼科技致富培训班2期，帮助120多名“精准扶贫”户妇女学知识，学技能。解决贫困户实际困难。改造大桥镇长坝村3户贫困家庭危房，解决5户计划生育贫困户孩子上学资金问题，帮助11户有劳动能力贫困户发展产业。为“精准扶贫”贫困妇女开展“两癌”免费筛查，其中宫颈癌筛查人数2530人，乳腺筛查人数2571人。

【文明平安家庭创建活动】 2017年，县妇联深入基层调研，指导“平安家庭”创建工作，抓好“平安家庭”资料整理和宣传栏工作。以“三八”维权周、“6·26”国际禁毒日、“11·25”反家暴日为契机，开展“化解矛盾纠纷，创建平安家庭”“不让毒品进我家 共创平安幸福家”主题宣传活动11场次，参与群众15000多名，发放《中华人民共和国反家庭暴力法》《中华人民共和国妇女权益保障法》等法律法规和平安家庭创建知识小册子和宣传单15600多份。评选表彰各类先进妇女典型。年内，王均慧获全国“巾帼建功标兵”称号，杨雪花获广东省“三八红旗手”称号；仁化县公积金办事处获省级“巾帼文明岗”称号；戴红香家庭、张金莲家庭等10户被评为2016—2017年度韶关市“文明家庭”，曾满香家庭被评为2017韶关“十大最美家庭”；龙汝玲、许瑞琳、曾美凤、吴桂芳被评为2016年度韶关市“三八红旗手”；仁化县长江镇中心幼儿园被评为2016年度韶关市“三八红旗手集体”；蓝均昔家庭被评为2016年度韶关市“优秀书香之家”，徐石英家庭、聂金龙家庭等10户家庭被评为2017年度韶关市“平安家庭”示范户；周田镇上坪村委会、扶溪镇古夏村委会、长江镇里周村委会、石塘镇水历村委会被评为2017年度韶关市“平安家庭”创建活动先进示范社区（村），仁化县实验学校被评为2016年度韶关市“巾帼文明岗”，周田镇李尚往来家庭农场被评为2016年度韶关市“巾帼创业示范基地”；有66名各类先进妇女或家庭受到县级表彰。宣传各类先进典型，通过电视台进行宣传，以先进典型带动社会文明平安创建活动，促进社会文明平安和谐。

【“关爱未成年人”行动】 2017年，县妇联开展未成年人成长关爱行动。开展家庭教育知识大讲堂和亲子活动。在学校、乡镇、农村开展关爱未成年人成长家庭教育知识讲座、座谈会6场，有1000多学生及家长参加。开展亲子实践活动，帮助家长孩子畅通沟通渠道。县妇联开展“同享阳光 共同成长”“暑期亲子阅读活动”“快乐童年，平安成长”主题亲子活动，帮助解决家庭教育存在亲子关系紧张、恶化，孩子上网、早恋等问题，促进家庭与学校管理和联系，促进未成年人健康成长。

【基层组织建设工作】 2017年，县妇联发挥基层妇联引领群众作用。贯彻落实中央、省、市、县关于群团改革工作指示精神，抓好基层组织建设。进行镇（街）妇联区域化建设及村（社区）妇代会改建妇联工作，全面完成全县镇（街）妇联区域化建设及（居）“会改联”改建工作。完成县级妇联换届工作。协助配合县委做好2017年村“两委”换届工作。加强妇女干部学习培训。邀请市专家对全县基层妇联干部进行业务知识培训，提升妇联干部业务素养与综合素质。

【“妇女、儿童之家”建设】 2017年，县妇联抓好省级“妇女之家”示范点丹霞街道夏富村、长江镇陈欧村，市级示范点董塘镇河富村、扶溪镇厚塘村建设，以及老城社区“儿童之家”建设工作。

【妇儿工委工作】 2017年，县妇联组织做好《仁化县妇女儿童发展规划（2011—2020年）》评估检查工作，县妇儿工委办积极协调各成员单位力量，抓好全县妇女儿童发展规划统计监测，完成评估分析报告。按时完成上年159项指标监测评估工作，其中提前完成或超额完成达标指标有145项。

【主动参与创文工作】 2017年，县妇联参与县创文办统一安排部署的各项工作。积极开展创文网格化管理服务工作，强化网格化监管责任意识，拿出专项资金，安排专人，不定期到社区居民开展社会调查，组织和指导本区志愿者开展形式多样志愿服务活动，督促落实分工任务，按时报送信息材料，为社区居民做实事办好事解难事。县妇联干部职工轮流到中国银行仁化县支行路口斑马线开展文明劝导志愿服务活动。

仁化县妇女联合会负责人名录：

主　席：蔡雪香（女）

副主席：肖　莲（女）

宁家红（女）

罗　姗（女，2017年12月挂职）

刘丽娟（女，2017年12月兼职）

申丽萍（女，2017年12月兼职）

（宁家红）

仁化县工商业联合会

【概况】 2017年，仁化县工商业联合会（总商会）围绕创广东省“五好”（领导班子建设好、会员发展好、商会建设好、作用发挥好、工作保障好）县级工商联统揽全年全局工作。2017年12月，仁化县工商业联合会被评为广东省“五好”县级工商联。年内，通过创建“五好”县级工商联，县工商联各项工作上新台阶，凝聚力、影响力、战斗力增强，为促进仁化非公有制经济持续健康发展、非公有制经济人健康成长发挥应有作用。

【领导班子建设】 2017年，县工商联成立工商联党组理论学习中心组，各正、副主席为中心组成员，班子政治学习常态化、制度化。完善兼职主席、副主席轮值制度，调动全体班子工作积极性，建立完善班子会议制度，做到议事公开、决策民主、科学决策。全年调整执委5位。

【会员发展】 2017年，县工商联重视会员发展，制定会员发展规划，吸收有实力、有影响力、有口碑企业主加入商会。全年，县城吸收新会员15人，各镇商会吸收新会员293人，全县有会员448人。加强会员管理，完善会员退出机制，实行动态管理，做到会员数量与质量并重。年终召开会员大会。完善建设会员数据库，严格按省、市工商联要求，安排专人负责并做好会员数据库管理统计工作。

【商会发展】 2017年，县工商联加大镇商会组建力度。截至2017年年底，全县成立镇商会城口、周田、长江、扶溪、闻韶、红山、石塘、黄坑、董塘9个。每个镇商会都达到“五有”（有办公场所、有班子队伍、有牌子、有制度公章、有活动）要求。年内，各镇商会为当地“精准扶贫”、美的乡村建设发挥积极作用。加强商会间交流合作。组织开展有各镇商会班子、企业骨干与县商会会员联谊活动，促进交流合作。

【作用发挥】 2017年，县工商联通过公共邮箱、微信群等新媒体，教育引导会员，宣传中国共产党基本理论、路线、方针、政策及与民企有关法规、惠企政策。邀请市委党校副校长杨斌到仁化县委党校为会员上党课，组织会员到县检察院观看法制教育视频、图片。中共十九大召开后，邀请市委党校讲师王金玲到仁化锦城宾馆为100多名会员作十九大精神辅导报告。引导会员参政议政做好会员服务工作。3月下旬，组织工商联会员中的政协委员，正、副主席（38人）在县政协会议室召开专题参政、议政座谈会，收到建议42条并汇报给县政协、县委作为县委、县政府决策参考。引导会员致富思源、服务社会。积极倡导会员为全县慈善事业、“精准扶贫”、乡村振兴作奉献。全年，县总商会会员捐赠各种善款100多万元。

【“精准扶贫”】 2017年，仁化工商联“精准扶贫”工作挂点董塘瑶族村、塘联村，联系相对贫困户9户。年内，县工商联发动会员捐助瑶族村美丽乡村建设款6万元，发放慰问金1.2万元。

仁化县工商业联合会负责人名录：

党组书记、主席： 苏　健

专职副主席兼秘书长： 罗培槐

兼职副主席： 吴飞宇　郑鹏飞

杨文根　黄建国

封建华　李细罗

谢九发（女）

杨　冲

刘　艳（女）

刘永强

张深文　熊　平

刘锦祥　姜志远

邵燕华（女）

刘丽娟（女）

王有华　符小密

（罗培槐）

仁化县归国华侨联合会

【概况】 2017年，仁化县归国华侨联合会（简称“县侨联”）以习近平中国特色社会主义思想为指导，围绕县委全面建成小康社会和建设“生态、活力、幸福”新仁化中心目标，秉承“以人为本、为侨服务”宗旨，以“凝聚侨心、汇集侨智、发挥侨力、维护侨益”为主线，团结和服务归侨侨眷和海外侨胞，履行“党和政府联系广大归侨侨眷和海外侨胞的桥梁和纽带”职责；按照侨联章程，履行侨联服务经济发展、依法维护侨益、拓展海外联谊、积极参政议政、弘扬中华文化、参与社会建设等职能；完成县委县政府和市侨联部署的各项工作任务。截至2017年12月底，全县有归侨19人。

【干部队伍建设】 2017年，县侨联从政治高度认识和贯彻县委县政府从严治党各项政策和决议，落实党风廉政建设责任制，执行民主集中制，贯彻中共中央“八项规定”精神，组织干部学理论、学政策、学业务，提高领导班子成员思想政治素质，提高履行侨联工作能力和适宜新时期任务综合能力。积极参加各级党组织组织党内政治活动、各种党员教育活动。开展廉政主题教育，促进领导干部廉洁从政，侨联组织机关领导干部到党风廉政教育基地石塘双峰寨进行党廉主题教育，组织班子成员学习中共十九大精神、习近平总书记系列重要讲话精神、新修订的《中国共产党廉洁自律准则》《中国共产党纪律处分条例》，督促党员干部自觉遵守廉洁自律规定。

【发挥侨联桥梁纽带作用】 做好牵线搭桥工作，发挥侨力为地方经济社会发展服务。2017年，县侨联围绕仁化县委县政府新时期实施“一三九”发展战略和建设“生态、活力、幸福”新仁化中心工作，强化服务、搭建平台，凝聚侨心，发挥侨力，引导广大归侨侨眷和海外侨胞积极参与和支持仁化经济建设，发挥自身独特优势和作用，为当地经济建设服务。年内，组织召开侨联常委会4次，通过会议向归侨侨眷宣传仁化社会经济发展情况、宣传仁化招商引资现状和政策，引导归侨侨眷和海外侨胞积极参与和支持仁化家乡经济社会建设。登门拜访在仁化归侨侨眷，了解他们的生活状况和工作情况，引导广大归侨侨眷爱岗敬业，做好本职工作，多向海外亲属传递党和政府政策和关心，吸引海外侨胞回国回乡投资创业，服务地方经济社会发展。5月，派员参加市侨联组织的赴台湾交流访问团联谊交流活动，向台湾华侨总会等社团组织大力宣传推介仁化经济、社会、文化等发展情况，吸引台湾同胞回国回乡投资创业，促进两岸和平统一。

做好慰问和公益慈善工作，凝聚侨心，及时把党和政府温暖送到侨界群众心里。2017年，县侨联在重大传统节日上门慰问困难归侨和老归侨40人次；坚持普遍走访联系归侨、侨眷，上门拜访归侨、侨眷100多人次，利用电话与在县外居住归侨联系沟通，及时了解他（她）们的生活情况和困难，及时帮助他们解决问题，维护涉侨权益；通过市侨联牵线搭桥争取“魏基成夫妇‘天籁列车’捐赠助听器公益活动”在仁化开展，为丹霞、石塘、闻韶、红山、扶溪、黄坑、大桥、周田等镇（街）贫困归侨侨眷和贫困听障人士免费赠送蓝牙充电式助听器90套。

广泛开展侨情调研，做好侨联改革基础性准备工作。2017年，县侨联组织侨联机关干部和侨联第五届委员会常委学习领会《仁化县全面深化改革2017年工作要点》《广东省侨联改革方案》文件精神，提高认识，明确改革方向和任务。开展侨情调研，摸清全县侨联组织机构建设情况，了解全县归侨侨眷、海外华侨分布情况，到各镇、相关单位倾听侨联改革意见和建议，做好侨联改革方案制定前期调查准备。开展专题讨论和研究，在班子会上确定侨联改革指导思想、基础原则和改革目标，起草《仁化县侨联改革实施方案（草稿）》。

【完成县委政府中心工作任务】 “精准扶贫”和“一线双联”工作。2017年，县侨联按照县委部署，按时按质做好挂点帮扶闻韶镇华塘村“精准扶贫”入户调查、精准识别、登记造册、信息录入、建档立卡、产业扶持、落实各项扶贫资金等工作。帮助贫困户完成政策兜底脱贫6户、贫困户产业发展脱贫1户。争取县侨联爱心人士支持，为挂扶贫困户4户送去慰问品慰问金价值3000多元，为挂扶村听障人士争取蓝牙充电式助听器18台。每季度到华塘村委开展联村联户等联系基层工作，送去冷暖空调1台和帮扶资金为联系村开展党建活动。

计生帮扶。2017年，县侨联继续做好挂点村城口镇东光村计生帮扶工作，多次与村干部进村入户宣传计生新政策，帮助东光村整理计生考核迎检材料，更新村委会计生宣传栏，2017年东光村各项计生工作均达标。

创文工作。2017年，县侨联按照县文明办安排，上街参与文明劝导志愿者活动4次，参与创文网格化管理第五区管理工作，在牵头单位指导下，按时按质完成各项创文工作任务。

仁化县归国华侨联合会负责人名录：

主　席：刘映芳（女，）
副主席：罗楚红（兼秘书长）
　　　　王文国（兼职）
　　　　陈伟平（兼职）
　　　　吴晓蓉（女，兼职）
常　委：幸凯斌（兼职）
　　　　曾宪衍（兼职）

（刘映芳）

仁化县科学技术协会

【概况】 仁化县科学技术局（简称“县科技局”，加挂“仁化县知识产权局”“仁化县地震局”牌子），设立科技管理与知识产权股和地震管理股2个股室。科技管理与知识产权股负责全县科学技术管理工作，国家、省、市、县科技项目申报、组织实施工作，科技成果鉴定、科技进步奖申报工作，国家、省市科技考核工作和知识产权保护、专利申请工作等；地震管理股负责防震减灾管理工作。

2017年，仁化县科学技术协会围绕提高全民科学素质目标，贯彻落实《中华人民共和国科学技术普及法》《全民科学素质行动计划纲要》，形成党委领导、政府推动、部门协作、社会参与科普工作格局，全面加强全县科普组织、科普队伍和科普阵地建设，普及大众科学知识，促进全县经济快速发展和社会全面进步。

【探望慰问科技工作者】 2017年春节期间，县科协组织部分科技工作者看望、慰问科技工作者，倾听科技工作者对全县科技工作意见和建议。

【文化、科技、卫生“三下乡”活动】 2017年3月3日至28日，县科协牵头组织县农业、林业、文化、卫生、科技部门，在全县范围内开展科普培训、科普宣传活动。聘请农业技术专家、医师到大桥镇水江村、红山镇烟竹村、董塘镇凡口社区开展系列科普宣传活动，对广大农民群众和社区居民进行科技宣传、科技指导、科技服务和科技培训。该次活动累计组织技术人员、科普志愿者下基层30多人次，举办科普惠农技术培训3场次，组织现场有奖知识问答4场次；培训种养户200余人次，发放科普宣传资料 500余份，发放实用种养技术书刊200册，现场咨询人员200人次，发放宣传用环保袋、围裙500余个、有机化肥100包、菜种5000包，以及雨伞、毛巾等日用品一批。

【“科技进步活动月”启动仪式】 2017年 5月10日，仁化县在红山学校举行2017年仁化县“科技进步活动月”启动仪式，广东省科学馆、韶关市科协、韶关市科技馆、东莞市科技馆、县科协及红山镇有关人员出席。启动仪式上，县科协向红山学校赠送篮球、足球、羽毛球等文体用品一批，现场开展实用科技咨询、科普知识图片展览、免费赠送科技图书等活动。

【科学技术培训班】 2017年，县科协重视科学技术人才培养，通过联合农业局、畜牧局、卫计局等单位举办系列科学技术培训班，帮助更多农民，尤其是贫困户掌握农村实用技术，提高农民科学技术素质，增强农民创业致富本领，助推县域农业农村经济健康发展，促进全县农业增效和农民增收。全年，组织科普惠农技术培训班8场次。

【“全国科普日”活动】 2017年9月15日，县科协组织实施，县经信、农业、林业、科技、环保等30多个部门和单位参与的2017年仁化县“全国科普日”启动仪式暨“科普下乡文艺会演”在长江镇文化广场举行。9月15—30日，县科协在长江镇、董塘镇、黄坑镇通过文艺演出、消防演练、现场咨询、摆放宣传展板、科普惠农技术培训、现场有奖知识问答、益智趣味课、机器人表演等形式开展科普知识进乡村、进社区、进学校“三进”活动。邀请县农业局贡柑技术员到仁化县长江镇芭蕉垅村、黄坑镇开展贡柑技术培训，邀请县畜牧管理局养鸭技术员到长江镇浒松村开展养鸭技术培训，向种养户讲解柑橘栽培技术和养鸭技术，并针对农户生产中的相关问题做现场解答。该次活动累计为现场群众400多名答疑解惑，免费发放宣传资料3000余份、有机化肥200包、菜种2300包，培训种养户200余人。

【组织参与科技赛事】 2017年，县科协鼓励各中小学校组织参与各级青少年科技创新大赛。在广东省韶关市第33届青少年创新大赛中，县获得第33届韶关市青少年创新大赛科学幻想绘画二等奖2人、三等奖5人；获得第33届韶关市青少年创新大赛中小学生创新项目一等奖1人、二等奖8人、三等奖2人。

【科普阵地宣传】 2017年，县科协抓好科普宣传工作，各项科普活动得到县信息中心“科普专栏”网页宣传报道。县科协及各学会、协会、研究会利用“科普专栏”“科普长廊”

平台，宣传科普知识，适时调整和更新科普内容，其中，县科协“科普长廊”每月更新科普内容2次。

【开展基层科普行动计划活动】 2017年，县科协落实中央、省、市、县“基层科普行动计划”。5月，县科协、县财政局联合实施“仁化县基层科普益民行动计划”，经申报、评选、公示，仁化县长江镇浒松村腊鸭专业技术协会、仁化县夏莲石斛农民专业合作社科普示范基地、仁化县董塘镇凡口社区居民委员会3个单位和罗永生等11名农村科普带头人获得表彰，给予受表彰3个单位每个单位20000元、11个科普带头人每人1000元资金奖励。经县科协指导和配合，红山镇白毛茶种植技术协会争取到广东省“基层科普行动计划”项目奖补资金15万元，董塘镇董塘社区成功申报“2017年中央补助地方社区科普益民计划”项目，获得奖补金10万元。

【“四送一训”活动】 2017年，县科协继续开展“四送一训”（送资料、送科技、送新项目、送新成果、开展农科实用技术培训）科普惠农（惠民）活动。到县董塘、大桥、长江、闻韶、红山镇和丹霞街道开展送技术、送化肥、送新品种、送科普图书给村民或社区居民，给村民免费发放农业科技新品种、报刊、光盘和技术资料，开展贡柑高产栽培技术、柑橘栽培技术、蜜蜂养殖技术等农业实用技术培训活动，解决村民生产技术难题，受到农民群众和社区居民欢迎。

仁化县科学技术协会负责人名录：

主　席：肖润华

副主席：温美莲（女）

（郑菊霞）

仁化县文学艺术界联合会

【概况】 2017年，仁化县文学艺术界联合会（简称“县文联”）根据中共中央总书记习近平在全国文艺工作座谈会上重要讲话精神，围绕培养文艺人才，繁荣文艺创作，服务经济建设等方面扎实开展工作。

【文艺队伍建设】 截至2017年年底，县文联制度管辖文艺协会4个（仁化县摄影家协会、仁化县书画家协会、仁化县音乐协会、仁化县观赏石协会），学会1个（仁化县文学学会）。各协会共有会员302名（其中国家级会员33名，省级会员57名，市级会员94名），其中：县摄影家协会会员77名（其中国家级会员14名、省级会员34名、市级会员36名），县书画家协会会员64名（其中国家级会员17名、省级会员16名、市级会员30名），县音乐协会会员56名（其中国家级会员1名、省级会员3名、市级会员5名），县观赏石协会会员76名（其中国家级会员1名、省级会员2名、市级会员15名），县文学学会会员29名（其中省级会员2名、市级会员8名）。

【精品创作】 ①2017年，县音乐协会完成《阳光照耀美丽的红山茶园》舞蹈音乐总谱、MP3创作和制作任务。②出版《丹霞》杂志2期。年内，县文联与县文学学会联合出版《丹霞》杂志2期，刊登文学作品64篇，摄影作品31副，书法、美术作品16副。③收集整理《大丹霞旅游文化》。10月，县文联根据市委宣传部、县委宣传部工作部署，开始收集整理大丹霞旅游文化资料，共收相关文章132篇24万字；12月，编辑整理成册如期报送市委宣传部。④7月，中国摄影出版社编著的《最美拍摄地：中国摄影之乡、中国摄影创作基地指南》出版发行，收入县摄影家协会提供介绍仁化丹霞山风光、历史古迹和风土人情图片（含文字）25幅。⑤县摄影家协会组织会员参加2017年“丹霞山杯”全国摄影大展，有作品29幅入选。

【文艺活动】 ①春节前夕，县文联组织县书画家协会在县城人民广场、周田镇、董塘镇、城口镇开展迎新春送春联活动，现场送出春联2500多幅。②正月初三，组织县摄影家协会在夏富古村开展“践行社会主义核心价值观”主题迎新年送“全家福”“幸福照”活动，为村民拍摄并送出“全家福”106幅，并慰问当地“五保户”和贫困户。③3月至9月，县音乐协会组织会员深入基层开展“我为仁化写赞歌”音乐创作采风活动，征集歌词歌曲20首。④6月10日，由韶关市丹霞山管理委员会、韶关市旅游局、县委宣传部联合《大众摄影》杂志社、广东省摄影家协会主办，县文联、县摄影家协会承办的2017年“丹霞山杯”全国摄影大展活动在“广东省‘文化和自然遗产日’系列活动——丹霞山分会场启动仪式”上举行开镜仪式。该次全国摄影大展活动评选出入展作品100幅，仁化县摄影家协会会员有入展作品29幅。⑤6月10日，县摄影家协会举行2016年仁化县摄影家协会总结会暨“美丽仁化—乡村画廊”摄影大赛、仁化县水利工程建设摄影赛、仁化县“文明仁化·魅力林业”摄影大赛颁奖活动。“美丽仁化—乡村画廊”摄影大赛有会员获奖作品62幅；仁化县水利工程建设摄影赛有会员入选作品206幅；仁化县“文明仁化·魅力林业”摄影大赛有会员入选作品130幅。广东省摄影家协会专职副主席郭小宁应邀参加该次活动并发言，为获奖者颁奖。县摄影家协会表彰2016年度优秀会员、优秀摄影志愿者。⑥7月30日，县委宣传部、县创文办、县社科联、县文联、县音乐协会在县消防大队训练场联合举办“唱响社会主义核心价值观颂歌献给伟大的人民军队音乐会”。⑦7月，开展“歌颂共产党、喜迎十九大，践行社会主义核心价值观”征文活动，评选出一等奖1名，二等奖2名，三等奖3名，优秀奖15名。⑧9月11—30日，县委宣传部、县文联、县书画家协会在仁化县图书馆1楼展览室联合展出“喜迎十九大，践行核心价值观”主题书法作品70余副。⑨11—12月，县委宣传部、县文联、县文学学会联合开展“贯彻十九大精神，实干担当促发展”主题征文活动，收稿57篇，评选出优秀组织奖3名，一等奖1名，二等奖2名，三等奖3名，优秀奖15名。

【文化交流】 ①5月23日，县文联组织县书画家协会部分会员与市文联领导及市书画家协会会员到仁化县周田镇灵溪村大围村小组参加“结对子、种文化”书画创作交流活动，活动创作书画作品20多幅全部捐赠给灵溪村委会。②7月29日，《大众摄影》走进丹霞山联谊会在丹霞山博物馆举行，来自仁化、广州、广西、湖南等地摄影家和摄影爱好者100多人参与活动。大众摄影杂志社主编徐艳娟、广东韶关丹霞山国家级自然保护区管理局局长谢庆伟出席活动并讲话。③7月25—29日，县文学学会会长范全参加广东省作协和市委宣传部联合主办的“长征·粤北记忆”中国著名作家韶关采风活动。采风团先后到南雄、仁化和乐昌等县（市）采风，范全写下散文《万时山下琴声扬——读红军长征在仁化城口一篇日记的畅想》。④8月24日，韶关市文联、县文联、县扶贫办在城口镇开展“迎接十九大，决胜小康，深入生活，扎根人民，建设善美韶关”主题活动，为纪念改革开放40周年和全面建成小康社会积累创作素材。

【获奖情况】 书画方面。2017年，县文联选送县书画家协会会员作品24幅参加书法学报社中老年书法学报精英赛，23人获奖，其中会员邬惠新、李优兰获金奖，县书画家协会获得组织奖。县书画家协会会员蓝均昔加入中国书画家协会，获韶关市文艺志愿服务2016年度“优秀文艺志愿者”荣誉称号，获韶关市廉政书法大赛优秀奖，全国中老年书法精英赛金奖，第七届“炎黄杯”全国书法大赛金奖，第二届“大美宝岛·海峡两岸书画名家交流展 全国诗、书、画艺术大赛”金奖，“喜迎十九大翰墨颂中华”全国书画摄影、诗文艺大赛金奖，“星火燎原·纪念毛泽东创建井冈山革命根据地九十周年”全国书法大赛中获金奖，“铁血军魂·纪念八一南昌起义暨中国人民解放军建军90周年”全国书画作品大赛金奖。组织会员参加粤赣湘三省三县（仁化、崇义、汝城）第29届书法、美术、摄影作品联展活动，骆阳叶《锦绣丹霞》获美术作品一等奖，常军德《富贵吉祥》、张中梅《静》获美术作品二等奖，张红玲《息》、李勇军《和谐共进图》、罗俊花《秋色渐浓》获美术作品三等奖；叶章廷书法行草作品获书法作品一等奖，骆阳叶对联、邓德芳行草条幅获书法作品二等奖，李耀恒隶书、罗源生篆书、李俊达楷书获书法作品三等奖。

文学方面。2017年，县文学学会会员肖欣作品《一所学校一个老师七个学生》获2017年韶关日报“中国梦家乡情”征文比赛三等奖。刘志红作品《红尘有你》获曲江区、五月诗社“善美城乡，诗书飘香”微文学征文比赛优秀奖。谭志军诗歌《八一感怀》获2017韶关诗社“纪念香港回归二十周年和建军九十周年”征文活动一等奖。县委宣传部、县创文办、县文联主办“歌颂共产党、喜迎十九大，践行社会主义核心价值观”征文活动，谭堂才作品《美丽的红山“茶湖”》获一等奖，邓覃贵、黄本洲作品《红色城口 军魂永存——寻访红军在城口的故事》、何玲玉作品《精准扶贫工作二三事》获二等奖，赖虹颖作品《爱于党 铭于心》、李学田作品《变》、温飞宇作品《1927，仁化暴动的烽火点燃（外一首）》获三等奖。参加“贯彻十九大精神，实干担当促发展”征文活动，扶溪镇党委、闻韶镇党委、县教育工委获优秀组织奖，肖欣作品《我眼中的十九大党代表——冯金英》获一等奖，蔡滢作品《不忘初心，坚守匠心》、刘志红作品《爱上“你”真好》获二等奖，刘平昌作品《蝶恋花·十九大阳光沐浴仁化》、袁小红作品《文化建设，为美丽乡村插上腾飞的翅膀》、邓爱良作品《闪光的金盾》获三等奖。

音乐方面。2017年，县音乐协会获中共韶关市委宣传部、韶关市文联、韶关市音乐家协会“2017年韶关市第二届器乐大赛”组织奖，会员刘伟欣葫芦丝重奏获该次大赛二等奖、肖颖钢琴演奏获三等奖。

摄影方面。2017年，县摄影家协会获韶关市摄影家协会“2017年度先进集体”称号。县摄影家协会主席谢锦树获“2017年度广东省摄影家协会优秀会员”、“2016年广东省文艺志愿者先进个人”和“DJI（丹霞山）飞行文化大使”称号，会员曾春莲获“2017年度广东省摄影家协会优秀会员”称号，谢海燕获“2017年度广东省摄影家协会优秀志愿者”称号，叶芳芳、张惠芳、华玉英获韶关市摄影家协会“2017年度优秀会员”称号。参加广东省总工会、广东新快报社联合主办的2017年“中国梦·劳动美，喜迎党的十九大——广东省职工风采微影像大赛”，会员王凡路摄影作品《敲帮问顶》获三等奖；参加韶关市旅游局、南方+客户端联合主办的2017“神奇丹霞，禅蕴韶关”旅游摄影大赛，会员罗兆祥作品《乡村画廊》获银奖。参加粤赣湘三省三县（仁化、崇义、汝城）第29届书法、美术、摄影作品联展，张玉玲摄影作品《雾秀丹山》获一等奖，马联合摄影作品《小桥流水》、王川福摄影作品《仙境》获二等奖，曾义摄影作品《雾绕观音山》、刘贤琴摄影作品《张九龄故里》、叶九庭摄影作品《深谷烟云》获三等奖。参加仁化县第三届“中国梦·劳动美”手机摄影大赛，吴玮作品《电网改造进霞山》获一等奖，谢海燕作品《水电改造》、王川福作品《农网改造齐上阵》获二等奖，刘贤琴作品《丰收喜悦》、罗兆祥作品《光明卫士》、何乃战作品《一丝不苟》获三等奖，黄汉兵作品《满村尽是黄金谷》、李日平作品《撸起袖子加油干》获优秀奖。

观赏石方面。2017年，县观赏石协会组织会员选送奇石参加粤湘赣三地石展活动，会员冯卫奇石《龙凤呈祥》、黄锦明奇石《禅》获银奖，欧盛发奇石《瑞兽》、黄新贱奇石《金蟾》、罗玉东奇石《鸿运》、蒙万文奇石《金钱龟》、林云峰奇石《吉祥》、葛常青奇石《问道》、刘大球奇石《灵龟》、赖远明奇石《玲珑》获铜奖。

仁化县文学艺术界联合会负责人名录：

主　席：罗有发（兼职，任至2017年12月）

朱保森（兼职，2017年12月任职）

副主席：李子春（女）

（朱保森　李子春）

仁化县社会科学学会联合会

【概况】 2017年，仁化县社会科学学会联合会（简称“县社科联”）继续围绕中共仁化县委、县人民政府中心工作，开展仁化社会科学与本土特色文化研究，推进社科理论成果交流常态化，推动全县社科工作迈上新台阶。

【社科研究和学术理论交流】 2017年，县社科联组织各单位、社科学会和社科工作者积极申报韶关市哲学社会科学规划课题，撰写理论文章，编印《仁化宣传》2期。完成《仁化古迹》《仁化古村》《仁化艺苑》《仁化印象》《仁化苏区历史考证》申报韶关市哲学社会科学优秀成果奖材料报送工作，其中《仁化苏区历史考证》获韶关市第三届哲学社科优秀成果论文类三等奖。

【社科普及活动】 2017年，县社科联推荐铜鼓岭红军烈士纪念园、石塘双峰寨申报韶关市社科普及基地，铜鼓岭红军烈士纪念园、石塘双峰寨被认定为全市首批“韶关市社科普及基地”，仁化县是全市入选首批市级基地最多县（市、区）。社科普及基地免费对外开放，举办仁化暴动史迹展、祭奠革命烈士、爱国主义教育、国防教育等活动，提升社科普及服务水平。7月31日，“唱响社会主义核心价值观　颂歌献给伟大的人民军队音乐会”在仁化县消防大队训练场举办。该活动由仁化县委宣传部、仁化县创文办、仁化县社科联、仁化县文联主办，仁化县音协承办，仁化县国泰家私城、仁化县九龄堂大药房协办，旨在庆祝中国人民解放军建军90周年，唱响社会主义核心价值观主旋律，推动全县创建国家文明城市建设工作。9月11—30日，中共仁化县委宣传部、县创文办、县文明办、县社科联、县文联、县书画家协会在仁化县图书馆1楼展厅举办“喜迎十九大践行社会主义核心价值观书画作品展览”活动，迎接中共十九大召开，弘扬社会主义核心价值观，推进仁化县委“一三九”发展战略和争创全国文明县城。该次书画展展出作品90余幅。

【社科队伍建设】 2017年，县社科联深入社科学会调研指导，督促学会规范运作。组织社科人员积极参加省、市哲学社科骨干研修班，提升社科队伍理论水平和整体素质。加强班子建设，选举产生县社科联主席。

仁化县社会科学学会联合会负责人名录：

主　席：邹雪玲（女，2017年12月任职）

副主席：唐　军

（唐　军）

仁化县残疾人联合会

【概况】 2017年，仁化县残疾人事业持续健康发展，残疾人康复、就业、教育培训、扶贫、残疾人动态更新等方面取得成绩。

【残疾人实用职业技能知识培训】 2017年11月27—29日，仁化县残疾人联合会（简称“县残联”）在县职中举办残疾人实用职业技能培训班2期，邀请县农业局技术员讲授植果、养猪、养鸡知识，每期1天，共培训残疾人80人次。通过实用技能培训，帮助残疾人自谋职业，走自食其力之路。

【残疾人就业】 2017年，县残联通过开展残疾人分散按比例就业工作，新安排残疾人在企业就业5名，全年收缴残疾人就业保障金223万元。

【残疾人动态更新入户调查】 2017年6月23—24日，县残联按照省残联要求，在县残联5楼培训室举办残疾人动态更新入户摸底人员培训班2期。7月1日正式入户调查。截至8月30日，全县入户残疾人对象4500户，并录入省残疾人登记系统，为上级残联掌握残疾人需求变化提供基本数据，为政府制定相关政策提供依据。

【残疾人康复】 2017年，县残联以残疾人康复为中心工作，主要开展脑瘫残疾儿童康复、白内障复明工作。全年县残联康复中心接收脑瘫残疾儿童24名，并在康复中心进行免费康复训练，为106名白内障患者进行复明手术，共支出康复经费36万元。

【助残活动】 2017年春节前，县残联开展春节慰问贫困残疾人活动，走访慰问残疾人贫困户100户，支出慰问金3万元。5月19日，县残联利用第27次全国助残日，在县文化广场与韶关市机关工委艺术团、韶关市精残智残亲友协会、仁化县文广新局联合举办“关心关爱残疾人、共创文明仁化” 主题演出活动。县残疾人谭太贤（盲人）在活动中表演二胡曲1首。

【残疾人信访和维权】 2017年，县残联以残疾人法律援助中心为平台，主动做好残疾人信访和维权工作，为残疾人提供维权服务。接访中，县残联对残疾人反映热点、难点问题，依据实际情况给予解释和回复，逐一落实，将矛盾化解在萌芽状态。全年，县残联受理上访信5件，接受上访52人次，全部信访逐一回复处理，避免越级上访、群访事件发生。

仁化县残疾人联合会负责人名录：

理事长：梁德明

（彭正源）

仁化县个体劳动者协会和私营企业协会

【概况】 2017年，仁化县个体劳动者协会和私营企业协会（简称“县个私协会”）围绕“服务个私经济发展、服务会员发展”宗旨，强化“自我教育、自我服务、自我管理、自我发展”，履行协会职能，加强协会自身建设，拓宽协会服务领域，充分发挥桥梁、纽带和助手作用，在促进个体私营企业发展中发挥积极作用。

【会员思想水平提升】 2017年，县个私协会组织会员积极参加“两学一做”学习教育，促进“两学一做”学习教育常态化、制度化，增强会员思想道德水平教育，引导会员与时俱进，明确目标，增强信念，坚定信心，保持改革和发展活力，抢抓机遇，奋发进取，为推动县域经济发展做出新贡献。

【会员法律意识强化】 2017年，县个私协会采取集中培训、分片学习、参加“道德讲堂”活动、发放资料、问卷测试等形式开展培训学习，提高个体私营企业法律意识。结合仁化县个体私营企业现状，利用法律法规发布实施纪念日和“3·15”国际消费者权益日，以及市场主体年报和召开协会理事会等时机，组织广大个体私营企业开展法律法规宣传学习，重点学习《企业信息公示暂行条例》《广东省商事登记条例》《中华人民共和国消费者权益保护法》《中华人民共和国反不正当竞争法》和国务院《无证无照经营查处办法》

等法律法规，强化会员守法经营观念，减少个体私营企业违法违章行为。

【协会职能发挥】 2017年，县个私协会发挥职能作用，当好政策引导“宣传员”、沟通协调“联络员”、优化环境“服务员”，为创业就业人员提供信息指导、政策咨询、协调联系等服务，促进创业就业。

【强化会员服务】 2017年，县个私协会积极为会员提供市场信息、工商法规、优惠政策等服务，帮助企业解决在工商登记中遇到的困难。全年为50余户会员提供工商登记、工商法规政策咨询等服务。主动为企业牵线搭桥，争取金融部门贷款，搭建银企合作平台。引导个私业主积极订阅《光彩》《家庭》等报纸杂志，提高会员理论知识，增强会员自主创业能力。

【个私党建及妇委会工作】 2017年，县个私协会注重在个私经济主体中发展新党组织，针对个私业主工作特点，采取分散与集中相结合方法开展党建基本知识教育，正确引导个私业主积极向党组织靠近。截至2017年年底，全县有16户小微企业和23户个体工商户建立党组织，其中：党委1个，党总支3个，党支部35个。做好县工商、个私协会妇委会换届选举工作。

【开展“精准扶贫”活动】 2017年，县个私协会组织协会会员谢恩、谢九发等一行人前往省级贫困村黄坑镇黄坑村开展慰问活动。为黄坑村委送上电脑及打印机等办公设备用于改善该村办公条件，为精准扶贫户送去慰问品以及祝福，鼓励贫困户尽早脱贫致富。通过开展捐款扶贫活动，塑造新时期个体私营企业良好形象。

仁化县个体劳动者协会负责人名录：

会　长：张祥运（任至2017年5月）
谢文艳（女，2017年9月任职）

副会长：彭金华　郭炎川

仁化县私营企业协会负责人名录：

会　长：张祥运（任至2017年5月）
谢文艳（女，2017年9月任职）

副会长：刘道明
（骆电波　童凌云）

仁化县红十字会

【概况】 仁化县红十字会是中国红十字会地方组织，是仁化县从事人道主义工作社会救助团体、副科级群团机关，直属县人民政府管理，由副县长兼任会长。县红十字会参公事业编制3名。2017年，县红十字会有在职人员3人，其中常务副会长1名、秘书长1名、科员1名。

2017年，县红十字会贯彻落实中共各项政策、方针，以弘扬“人道、博爱、奉献”红十字会精神为己任，履行工作职能，促进红十字会工作为群众服务。

【宣传工作】 2017年，县红十字会通过宣传栏、宣传册、横幅、举办救培训班等方式传播“人道、博爱、奉献”红十字精神，借助“六五”普法活动，宣传红十字会相关政策和法律法规，提高红十字会公益活动知晓率。5月27日，县红十字会结合中国红十字会“5·8”博爱宣传活动，在仁化县丹霞学校举办《中华人民共和国红十字会法》暨全国红十字应急救护知识竞赛，发放竞赛试题100份。

【“红十字博爱送万家”活动】 1月12日，县红十字会开展“红十字博爱送万家”活动，为扶溪镇水口村、石塘镇光明村、丹霞街道康溪村、城口镇后坑村困难群众送上温暖包、调和油、香皂、电池等生活用品，帮助困难群众欢度新年。该次活动慰问困难群众30户，送温暖活动款物计11878.78元。

【新农合大病救助】 2017年，县红十字会发挥红十字会优势，发动社会各界人士支持，主动争取上级资金，依照实际情况，对全县参加农村合作医疗特困病人进行救助。全年救助特困群众21人次，救助金额10500元。

【救护培训】 6月15日，县红十字会在石塘小学举办2017年“生命之舟，伴你远航”水上安全主题教育活动。该校师生618人参加活动。6月30日，县红十字会邀请市红十字会水上应急救援队志愿者到大桥省善希望小学授课，给该校师生465人普及水上安全知识，提高师生自救、互救能力。

【困难儿童救助】 2017年，县红十字会通过各种渠道帮助县域白血病儿童、先天性心脏病儿童申请各类救助。全年上报小天使基金救助白血病患儿3例，已批复救助白血病儿童2例，每人救助3万元；上报先天性心脏病患儿8例，成功开展手术治疗1例。

【图书捐赠项目】 2017年，县红十字会推动红十字会“博爱助学计划”，向中国红十字会基金会申请筹建“六个核桃·读书慧”助学项目，为仁化县扶溪学习申请专用书架4个，书库基本型1套，包含码洋3.3万元书籍，改善贫困地区办学条件。2017年8月，该项目开始申报。2018年1月，该项目获得中国红十字会基金会批准通过。

【扶贫工作】 2017年，县红十字会引导贫困户发展种养产业，根据贫困户实际情况及自身条件，制定产业帮扶规划，帮助贫困户增加家庭收入。年内为贫困户发放：鸡苗180羽，价值4748元，惠及贫困户6户15人；猪苗4头价值5290元，惠及贫困户2户7人；水稻农资、柑橘农资一批，价值5408元，惠及贫困户4户13人；鸭苗（含饲料）110羽，价值2073.5元，惠及贫困户4户13人。帮助做好贫困户务工、种养产业以奖代补项目，年内完成种植柑橘贫困户2户以奖代补项目，补贴3372元。及时引导帮助贫困户参加种养技能培训班，提升种养技术水平，帮助贫困户提高家庭收入。每个季度至少到村到户1次调研了解扶贫工作，指导村基础设施建设、产业就业等工作。2017年，水口村投入8.5万元用于村基础设施建设。协助做好贫困户享受各项政策工作，帮助贫困户领取低保，贫困家庭子女领取教育补贴、贫困户就医享受医疗救助等工作。年内，水口村纳入“五保”4户4人，纳入低保4户13人，贫困户子女8人全部足额领取教育补贴。患病贫困户在“新农合”报销之后自费部分享受75%的医疗救助。做好挂点村分散贫困户各项资料收集整理工作，完善系统数据录入，填报各类扶贫表册。

仁化县红十字会负责人名录：

会　　长：包伟红（女，副县长兼任）

常务副会长：肖世强

（谭芳苗）

法　治

政法委及综治

【概况】 2017年，全县政法机关和干警围绕“四个全面”战略布局，全面推进依法治国总目标，围绕加快县委“一三九”发展战略，建设“生态、活力、幸福”新仁化核心任务，坚持稳中求进工作总基调，把握“五个过硬”总要求，下大气力解决源头性基础性问题，深入推进平安中国、法治中国、过硬队伍建设，为维护国家安全和社会稳定、服务经济社会发展做出应有贡献，人民群众安全指数得到提升。

【党建工作抓实】 2017年，县委政法委采取有效措施针对性推进党建工作，为全县政法事业健康、持续、快速发展提供坚强有力组织保证。以作风建设年为抓手，把十九大精神学习领会贯彻和党规党纪作为“两学一做”“固定党日+”学习活动必修课，开展“一线双联”活动及党组织活动，增强党组织凝聚力和战斗力。加强领导班子和干部队伍建设，形成同频共振、上下一心、整体推进局面。坚持服从党对政法工作领导，定期向党委汇报政法队伍建设工作，及时研究解决政法队伍建设中存在的困难和问题。开展纪律教育学习月活动，全面排查廉政风险点。开展“比学赶超、以评促建、实干担当”作风建设年活动和“双争双促”主题实践活动，落实“三会一课”制度和“三重一大”上会规定。抓好党廉建设。制定《县委政法委关于加强办公室综合管理的方案》，把业务工作和党风廉政建设同安排、同部署、同检查、同落实，做到“两手抓、两手硬”。

【抓好维稳工作】 2017年，仁化县把贯彻落实十九大特别防护期各项维稳工作摆在突出位置，加强重点群体重点人员教育稳控工作，完成全国“两会”、省党代会、省“两会”、“一带一路”高峰论坛、“香港回归二十年庆祝活动”、十九大期间维稳工作。上半年，在省民意调查中，仁化县群众安全感和公安工作满意度得分81.16分，排名全市第三，检察工作满意度排名全市第二，法院工作满意度排名全市第五，政法工作满意度排名全市第二，“飓风2017”专项行动全市综合排名第二，“禁毒执法效能”专项全市综合考核第二。全县无群众进京非正常上访，无到省集体访，实现省委提出的“四个不发生”目标和市委“五个确保”目标。加强领导，强化制度建设。成立“全县维护政治安全工作领导小组”，由县委书记任组长，具体工作由县委常委、政法委书记牵头协调，各专项行动均由分管县领导牵头负责。加大矛盾排查化解力度。截至2017年12月底，全县累计排查“八大领域”矛盾纠纷787宗，化解767宗，化解率97%。落实领导接访和领导包案制度。制定县领导干部接访工作方案，发挥“干群会客厅”作用。抓好重要时期稳控工作。成立“信访维稳突出问题处置化解工作专班”，县政府拨款15万元作为工作经费，从有关单位抽调20名工作人员，实行“24小时值班制度”和“每天2次零报告制度”。

【综治创平工作】 夯实组织工作机构。2017年，仁化县加强综治维稳暨平安创建工作组织领导，全面夯实工作责任。成立平安建设及综治维稳工作领导机构，签订“仁化县社会治安综合治理目标管理责任书”，逐一分解责任，形成齐抓共管局面。

开展“中心+网格化+信息化”工作。加强中心建设与规范化管理，打造中心升级版，升级改造镇（街）一级综治信访维稳中心，强化职能。因地制宜推进综治网格化管理工作，全面构建以镇（街）综治信访维稳中心为枢纽、以网格为基本单元、以综治维稳力量为主导、以综治信息系统为支撑，覆盖城乡社区的“中心+网格化+信息化”工作体系。全县均按照村小组合理划分网格，各网格间有机衔接、不留空白，将网格内市场、学校、医院、景区等驻地单位及小区、院落等全部纳入网格管理之中，实现全面覆盖，确保不遗漏、不交叉。

加强综治信息化建设。围绕打造“中心+网格化+信息化”建设升级版，用信息化手段开展综治网格化工作，拓展和延伸中心功能。年内，安排财政资金75万元配备移动终端（手机）800台，对网格员进行集中培训，网格员利用移动终端（手机）安装的巡查APP软件收集上报信息，顺畅到达镇（街）中心。综治信息系统实现纵向到各镇（街）、村（居）、横向与14个主要职能部门联通，全年流转网格事件154件，导入各类数据信息9997个。按照上级工作部署建设完成县级综治视联网会议系统，年底完成县综治中心和各镇（街）综治中心大屏显示系统安装，并投入使用，实现中央、省、市、县、镇联通。

强化措施，开展专项治理工作。严厉打击各类违法犯罪，推进“飓风2017”专项行动，坚持严打方针，以“打盗抢”“打电信网络诈骗”“打黑除恶”“全民禁毒工程”等“四大专项行动”为龙头，集中组织开展专项打击整治行动，强化侦察破案，确保突出违法犯罪得到遏制。开展校园及周边治安环境专项整治，强化涉校园高危人员排查管控，开展安全法制宣传教育，推进校园人防、物防、技防建设，完善学校周边警示牌、斑马线、减速带等交通安全设施，开展以打击侵害师生生命财产安全违法犯罪活动为重点的校园周边治安环境专项整治行动，提升校园自身安全防范能力和校园周边治安防控能力，保障学校教学和生活秩序及师生生命财产安全。

加强肇事肇祸等严重精神障碍患者服务管理。建立健全严重精神障碍患者基础摸排、风险分级、动态管控体系，按照“镇街不漏村居、村居不漏户、户不漏人”原则，组织对全县疑似严重精神障碍患者日常排查，并逐一登记建档，对登记在管患者实行免费发药和体检，并对所有在管严重精神障碍患者的门诊治疗费用，参照城镇医疗保险住院报销比例直接报销医药费90%。组织培训提高基层精神卫生防治工作人员防治水平和服务能力。

开展铁路护路联防工作。结合“创建平安铁路线”工作，创新宣传载体，加强爱路护路宣传，开展铁路沿线废旧金属收购站清理整顿、涉路矛盾纠纷排查调处等工作，全面推进铁路护路联防各项工作，确保全县辖区内铁路运输安全畅通有序。

加强社会治安防控体系建设。发挥视频监控规模效应，加强整体规划，提升信息化、智能化防控能力和综合应用水平，在全县开展“一村居一视频监控”工作，把社会治安立体化防控工作推向农村、社区，在全县各镇街各村居主要道路和重点部位安装视频监控，实现人防、物防、技防有效结合，维护农村社会稳定。在全县范围内安装警用Wi-Fi热点100个，通过联合电信部门及百米生活公司加强公共场所Wi-Fi管控。加强公路治安查控网建设，在城口省际公安检查站基础上，在县城水南及周田建立机动治安卡点2个，落实警力开展科学化查控勤务。

深入推进“平安细胞”创建工作。2017年，县综治办、创平办通过加强对示范点规范化建设指导，加强沟通协调，形成合力，重点开展平安镇街、平安校园、平安医院、平安交通、平安家庭、平安企业创建活动，夯实平安仁化建设基础。“一村（社区）一法律顾问”工作在全县125个村（社区）有效开展，一大批矛盾纠纷在基层得到有效化解；全面推进平安文化市场、平安餐饮、平安景区创建，维护仁化旅游城市形象。

【做好防范工作】 2017年，仁化县继续推进“创建无邪教”示范工程工作，扎实做好反邪教工作。成立县“创建无邪教”示范工程活动领导小组，各镇（街）制定开展“创建无邪教”示范工程活动实施方案和相关处置预案，确定黄坑镇为“创建无邪教”工程示范镇、大桥镇长坝村等7个村为示范村，做到组织到位、宣传到位、制度到位、排查到位、落实到位。做好中共十九大和重大重要时期邪教人员维稳工作，会同县公安局国保大队、综治办、维稳办及各综治中心、派出所及相关单位做好维稳防范工作，对邪教重点人员全部纳入工作视线，加强情报信息收集和研判。加强宣传。通过拓展和延伸“创建无邪教”活动阵地和形式，突出体现“直观性、参与性、实在性、教育性”，全年发放宣传资料5000份。更新丹霞山和县城文化广场显眼处制作大型反邪教宣传牌2块；各镇（街）开展形式多样反邪教宣传工作，电子荧屏反复播出反邪教宣传标语。仁化县“创建无邪教”示范工程活动，得到市委政法委大力支持，2017年市政法委支持仁化县创建无邪教示范工程工作经费 8 万元，主要用于各镇（街）、示范村（社区）反邪教宣传栏、宣传品制作，各镇（街）对活动经费实行实报实销、专款专用。做好帮教工作。对刑释解教和出班出所原邪教人员，利用家访、慰问、座谈等方式，及时掌握和了解其思想动态和现实表现，各镇（街）季度对原邪教练习人员进行回访，通过坚持做好回访帮教工作，全县原邪教人员无一人出现反复，巩固率100%。全年全县未发生邪教组织活动事件。

【民主法治改革推进】 2017年，仁化县扎实推进司法体制改革实施，探索形成一些经验好做法，取得一定成效。深入推进司法责任制和司法人员分类管理改革，构建法官、检察官审判、办案绩效评价考核体系，建立权责利相统一职业保障机制。探索建立司法辅助人员有关使用、管理、培训工作机制。推进法治建设责任制改革，将履行推进法治建设第一责任人职责情况列入党政主要负责人年终述职内容，推进行政机关负责人出庭应诉，纳入政绩考核指标体系。完善开放、动态、透明、便民阳光司法机制，落实国家关于人民监督员、人民陪审员改革各项措施，健全和完善向同级党委报告工作制度。探索家事审判方式和工作机制改革，启动多方联调机制化解矛盾。推进检察机关提起公益诉讼试点，完善检察机关在履行职责过程中发现行政机关违法行使或不行使职权行为督促及其纠正制度。探索与自侦部门工作特点相适应新办案模式。推进县检察院内设机构改革试点工作，协调推进监察体制改革顺利进行。按照“对应省市要求、适应工作需要、兼顾历史与现状、实现并强并大目标”原则，结合省、市委政法委“三定方案”文件精神，县委政法委根据机关重组工作流程，按照“三定”重组方案配备县委政法委干部，年内配备副书记3人、专职委员2人，各项工作职能整合并运转正常。推进信访工作制度改革，建立推进律师参与化解和代理涉法涉诉信访案件工作机制，学习东莞、中山市等试点地区先进经验做法，推动党委建立涉法涉诉信访事项退出普通信访领域后的有效善后衔接机制，形成“党委领导、多方参与，分工明确、责任到位，协调联动、运转有序”诉访分离善后衔接机制。

【做好县委中心工作】 2017年，县委政法委围绕省十二次党代会、市委十二届四次全会、县委十三届三次全会、县委“一三九”发展战略九大任务行动方案等重要部署和安排，完成各项指标任务。围绕仁化县创文工作精神，依据全国文明城市测评体系，按照县文明办部署要求，着力抓好工作、扎实推进材料审核、信息报送和协调联络组织等工作，确保各项任务落到实处，取得实效。县委政法委“精准扶贫”工作挂点帮扶丹霞街道水南社区17户43人、董塘镇白莲村15户41人、并安排专职委员1人任重点贫困村康溪村第一书记，通过单位自筹慰问、教育帮扶、就业帮扶、产业帮扶、危房改造、村基础项目设施建设等全面完成精准识别建档立卡工作及年度脱贫任务。抓好“企忧档案”工作，派出专人与挂点企业联系沟通，切实为企业生产排忧解难，确保挂点企业有安全生产环境。抓好档案管理、史志编纂、保密、绩效考核、政工等各项工作有效开展。

中共仁化县委政法委员会负责人名录：

书　记：谭建华
副书记：何庆林（任至2017年9月）
徐友生（任至2017年9月）
常务副书记：罗金宝（2017年7月任职）
专职副书记：徐友生（2017年9月任职）
谭群辉（2017年9月任职）
综治办主任：凌延盛（任至2017年7月）
专职委员：吴长发（2017年7月任职）
刘晓霞（女，2017年7月任职）

（刘艳凤）

法治政府建设

【概况】 2017年初，仁化县依法治县办公室与中共仁化县委政法委员会合并；10月，成立仁化县法学会，由县委政法委分管。

【法治建设水平和社会治理能力全面提升】 2017年，仁化县依法治县工作全面贯彻落实中共十八届三中、四中、五中、六中全会、十九大会议精神和市依法治市工作会议精神，通过健全“三项机制”，全面部署开展法治建设“四级同创”活动。贯彻落实党政主要负责人履行推进法治建设第一责任人职责规定，提高各级领导干部法治意识和依法办事水平，全面推进全县依法治县工作创新发展。支持人大依法依规、人民政协依章独立开展工作，发挥县人大、政协职能。支持政府和法检“两院”依法管理、依法办事，提升依法行政和公正执法水平。创新基层治理，全面加强社会建设。加强基层民主法治建设，推动创建民主法治村，确定黄坑镇、董塘镇、扶溪镇为2017年法治建设“四级同创”示范点。全面推进“平安仁化”建设工作，围绕维护社会和谐稳定，加强和开展人民调解工作，实现人民调解组织全覆盖。严厉打击各类刑事犯罪活动，加强社会治安综合治理。加大矛盾纠纷排查化解力度，健全法律公共服务体系，实现“一村一法律顾问”全覆盖，开展驻点法律顾问接待基层群众法律咨询和法律援助工作，促进社会和谐稳定。

【开展普法宣传教育】 2017年，仁化县开展创建“平安仁化”“法律六进”（法律进机关、进乡村、进社区、进学校、进企业、进单位）活动。印发仁化县“七五”普法规划，成立“七五”普法领导小组和“七五”普法宣讲团；制定《关于在全县国家机关中实行“谁执法谁普法”责任制的实施意见》《仁化县国家机关“谁执法谁普法”责任清单》；成立仁化县法治宣传联络员队伍，建立仁化县法治宣传教育工作联席会议制度；精心组织，开展“4·15”全民国家安全教育日主题法治宣传教育活动。协助相关部门开展“3·8”妇女维权周、“3·15”国际消费者权益日、“6·25”全国土地日、“6·26”国际禁毒日法律咨询宣传活动。开展省级“民主法治村（社区）”创建活动。11月1日，省交叉检查组对仁化县黄坑镇、丹霞街道、董塘镇民主法治村（社区）创建工作给予肯定。

【公共法律服务体系完善】 2017年，仁化县聘请23名律师（其中韶大律师事务所16名，本县7名）进驻全县125个村（社区）开展“一村一法律顾问”工作。年内，驻点法律顾问接待基层群众法律咨询466人次，出具专业法律意见书9次，调解纠纷8宗，上法制课、法律培训151场次，办理法律援助案件1件。法律援助工作实现应援尽援，确保困难群众、弱势群体得到帮助，全年办理各类法律援助案件169宗，办理各种公证（包括涉外公证）380件。加强和完善公共法律服务体系工作。司法行政综合服务的公证、法援、律师、人民调解、社区矫正、普法宣传等业务全部进驻县公共法律服务中心大厅和全县11个镇（街）公共法律服务中心，有效整合公共法律服务资源，统一集中受理和解决群众法律服务事项，提供综合性“一站式”服务，满足人民群众法律需求。

【林业行政执法制度落实】 2017年，仁化县查处涉林违法犯罪，维护林区秩序。全年全县查处行政案件145起，其中盗伐林木2起、滥伐林木15起、毁坏森林林木5起、违法使用林地48起、违法运输木材20起、非法经营加工木材5起、违反野生动物保护法规5起、违反森林防火法规38起、其他林业行政案件7起，收回林地3.5294公顷，没收木材24221立方米，没收野生动物74只。组织开展“红线行动”“护林2017”“森网2017”专项打击行动，有力打击涉林违法犯罪，维护全县森林资源安全和林区秩序稳定。全年出动行政执法人员及森林公安民警900人次，清查市场、酒楼、饭店、农庄等场所，有效打击和震慑破坏野生动物资源违法犯罪活动。为各执法部门配备16台现代化无人机设备，为县森林公安分局配备红外影像功能无人机1台，加大夜间执法巡查力度。

【高压严打刑事犯罪】 2017年，仁化县全面推进“飓风2017”打击整治行动，严厉打击刑事犯罪活动，维护社会安定稳定。开展禁毒宣传教育与专项整治行动，成立禁毒工作小组，开展涉毒情报研判，加大力度开展整治涉毒案件。“无毒”村（社区）创建、“无毒”场所创建和无种植、制造毒品创建率100%。①打黑除恶专项。逮捕任务数52人，完成53人，完成率101.9%；公诉任务数57人，完成27人，完成率47.4%；公诉制贩枪支弹药类及持枪作案类案件嫌疑人2人，完成2人，完成率100%。②盗抢销专项。逮捕34人，目标完成率97.14%；公诉盗抢嫌疑人33人，目标完成率84.62%；公诉10起以上系列案嫌疑人2人，完成率100%，追逃3人，完成率300%；起诉跨省系列案件任务分值45分，完成62分，完成率138%。③涉金融领域犯罪专项。打击非法集资及网络传销逮捕任务数2人，完成2人，完成率100%；打击假币破案任务数1宗，逮捕任务数1个，完成率均为100%；侦破虚开骗税案件1宗，逮捕1人，完成率100%。④电信网络诈骗专项。全县破案任务数7宗，完成8宗，完成率114.28%；逮捕任务数3个，完成3个，完成率100%；打击关联犯罪刑拘任务数1个，完成1个，完成率100%；起诉案件数任务15宗，完成21宗，完成率140%；起诉跨区域系列团伙任务数1个，完成1个，完成率100%；资金原路返还事主任务数2个，完成2个，完成率100%；追逃任务数1个，完成1个，完成率100%。⑤涉毒专项。破获毒品刑事案件18宗，逮捕23人，完成率66.02%；强制隔离戒毒33人，完成率63.46%；查处吸毒管控人员196人，完成率76.26%。

【保证公正司法严格执法】 发挥检察监督职能。2017年，仁化县检察院履行检察职责，贯彻落实刑事诉讼、民事诉讼、行政诉讼监督，发挥检察监督职能。全年，行政机关移送涉嫌犯罪案件线索2件2人，均录入“两法衔接”信息平台。县检察院向公安机关发出检察建议32份，均被公安机关采纳，向县国土局发出检察建议1份。4月，县检察院对仁化县林业局怠于履职行为提起行政公益诉讼案在武江区人民法院公开开庭审理，是仁化县开展公益诉讼试点后首件向法院提起行政公益诉讼案件。县反贪污贿赂局受理案件线索12件，线索初查10件，立案查处贪污贿赂案件10件10人，其中涉嫌受贿案件5件5人，涉嫌行贿案件5件5人，挽回国家损失1354988元，侦查终结10件10人，移送审查起诉12件12人（2016年立案侦查2件2人，2017年移送审查起诉）。反渎职侵权局立案2件3人，补充立案1件1人，侦查终结4件7人。全县司法执法行为依法规范，无超期羁押、刑讯逼供、滥用职权违法办案情况，无违法采取强制措施及违法查封、扣押、冻结、搜查等行为，没有发生重大影响恶性事件。

审判工作维护法律权威和公平正义。2017年，县法院落实人民法院司法责任制实施意见及配套制度规定，完善审判委员会、合议庭，独任庭功能定位，明确院庭长、审判长及各类人员职责权限，有效开展刑事审判工作。健全人民陪审员和监督员制度，全年全院有人民陪审员24名，陪审124人次，108件案件。法院全年结案率89.1%，审限内结案率97.48%，均高于全省平均水平；上诉改判率、发回重审率5.85%，再审申诉率为零，均低于全省平均水平；民事调解率18.20%，撤诉率15.48%，均高于全省平均水平。设立司法救助专项经费，全年为11件案件17名经济困难申请执行人发放司法救助金19.9万元。加大执行力度，全力维护生效裁判权威。执结率73.1%，执行到位率97.33%，均高于全省平均水平。全力化解各类矛盾与纠纷。审判质效及执行工作发展态势良好。

仁化县依法治县办公室负责人名录：

主　任：刘晓霞（女）

副主任：聂萍秀（女）

（刘嘉俊）

法制局工作

【概况】 2017年，根据政府机构调整情况，县法制局调整为县人民政府办公室挂牌机构，设法制应诉股（县人民政府行政复议办公室）及法制监督股（县人民政府行政执法督察办公室），加强推进全县依法行政、推动法治政府建设等法制工作职责。县法制局根据中共中央、国务院《法治政府建设实施纲要（2015—2020年）》（中发〔2015〕36号）和《广东省法治政府建设实施纲要（2016—2020年）》（粤发〔2016〕20号），以“深入推进依法行政，加快建设法治政府”为目标，运用法治思维和法治方式，开展各项工作，加强政府法制机构自身建设，健全行政复议、行政诉讼、行政执法监督机制，强化行政执法机关法治意识并规范行政执法行为，提升政府涉法事务服务保障水平，全力推进依法行政和法治政府建设，为全县经济社会发展创造良好法治环境。

【法治政府建设及依法行政工作】 2017年，县法制局代县政府草拟《仁化县人民政府2017年法治政府建设工作计划》《仁化县2017年依法行政工作要点》，并根据《韶关市人民政府办公室关于印发韶关市2017年度依法行政考评方案的通知》要求，牵头对全年依法行政工作任务进行分解，将依法行政工作责任分工到具体相关部门，就依法行政工作开展自查自评，总结成绩，认真查找问题，提出改进措施，确保全县依法行政工作有序推进。

【政府法律顾问制度】 2017年，县法制局具体负责县政府法律顾问选聘工作，根据《韶关市兼职政府法律顾问选聘程序规则》，通过挂网公开招聘、评审、公示等程序选聘律师4名作为县政府兼职法律顾问。县政府法律顾问室律师全年完成法律咨询20余件，出具法律意见书20余件，代理复杂行政诉讼案件1件、审查合同15件，参与全县相关协调会议20余次，发挥法律"智囊团"作用，保障政府决策合法性，提升依法行政水平，推进法治政府建设进程。

【合法性审查】 2017年，县法制局依据《韶关市行政机关规范性文件管理规定》（韶府令第139号），审查县政府规范性文件6件，出台《仁化县困难群众医疗救助暂行办法》《仁化县集体土地征收补偿标准》《仁化县县级政府投资项目管理办法》《仁化县市政消火栓管理办法》4件，严格落实规范性文件"三统一"制度，统一编号、统一登记、统一在仁化县人民政府门户网站公布，向市法制局和县人大常委会备案。审查县政府行政决策《韶关市仁化县畜禽养殖禁养区、限养区和适养区划定方案》，遵循公众参与、专家论证、风险评估、组织听证、合法性审查、集体讨论决定、社会公布等程序，确保该重大行政决策守住合法性底线。对县政府名义所签订行政合同合法性进行严格审查，认真研究办理县领导所签批部门行政合同，提出法律意见。全年审查行政合同480余件，涉及战略合作协议、补偿安置协议等多方面。做好县领导批示件及市、县相关文件征求意见工作，提供合法性建议200余次。

【政府文件清理】 2017年，仁化县人民政府进一步推进简政放权、放管结合、优化政务服务改革，加快政府职能转变，决定全面清理县政府文件，并成立县政府文件清理工作小组统筹组织县政府文件清理工作，具体日常事务及组织协调工作由县法制局负责，清理范围为自县政府成立至2016年12月31日，以县政府及县政府办公室名义制发文件。根据《仁化县人民政府办公室关于印发仁化县人民政府文件清理工作实施方案的通知》，1978年1月1日前制发的文件原则上废止，1978年1月1日至2016年12月31日制发的政府文件6032件，经各责任单位负责对其实施或牵头实施的县政府文件提出具体清理意见后，由县法制局进行合法性审核，对全部文件逐一提出保留、修订、废止或者失效的审核意见。

【行政复议及行政应诉】 2017年，县法制局受理行政复议申请18件，其中不服林地林木行政裁决10件，不服行政确认2件，不服行政命令5件，不服行政处罚1件，已审结16件，维持11件，撤销3件，因和解、调解申请人自行撤回而终止审查2件。在办理行政复议案件过程中，县法制局坚持以事实为依据、以法律为准绳，认真处理每一个行政争议，对依法应当纠错具体行政行为坚决予以纠正，全年行政复议直接纠错率

16.7%，综合纠错率27.8%。因公民、法人和其他组织不服县政府行政行为，提起一审行政诉讼案件18件，县法制局工作人员出庭应诉10件，其中经过行政复议后当事人不服提起诉讼案件7件，未经行政复议当事人直接提起诉讼案件3件，经法院一审驳回原告诉讼请求8件，被撤销1件，判决赔偿1件。

【行政执法监督】 2017年，县法制局组织开展全县行政执法人员培训班2期，聘请律师授课，培训行政执法人员320人，培训内容包括行政执法过程中应当注意的有关事项、行政执法证管理系统及行政执法人员综合法律知识网上统一考试系统操作实务以及行政执法相关法律法规，培训方式以集中培训为主、自学为辅。严格行政执法主体和执法人员资格管理，及时全面高标准完成行政执法主体资格审查、行政执法人员清理和新申请执法资格人员培训及考试发证工作，对岗位调整、离岗、退休等人员及时予以换证或注销，落实好执法人员进入、退出机制。结合依法行政年底考核，开展行政执法案卷评查，在审查过程中，严把案件质量，对案件进行合法性审查，发现问题及时沟通，及时督促整改，从执法程序、法律文书、适用依据等方面进行具体指导，推动行政执法和刑事司法有效衔接。

仁化县法制局负责人名录：

局　长：陈伟平（任至2017年4月）

邓志立（2017年4月任职）

（宋晓雯）

公　　安

【概况】 2017年，仁化县公安局按照习近平总书记对公安工作提出"对党忠诚、服务人民、执法公正、纪律严明""四句话、十六字"总要求，不忘初心，牢记使命，着力推进社会治安防控体系建设和全民禁毒工程"两项工程"，强力开展严打严防暴恐、"飓风2017"、严打网络犯罪"三项打击"，深化主动维稳，常态严打，严密防控等各项工作，全县社会治安呈现"两降一升一稳"良好态势，刑事、治安案件发案同比分别大幅下降，"飓风2017"专项行动综合排名跃升至全市第三，群众安全感和公安工作满意度全面提升，上半年综合评价全市排名第三，全县社会治安大局持续稳定，为建设"生态、活力、幸福"新仁化做出应有贡献。

【维稳安保工作】 2017年，县公安局成立由指挥中心、国保、网警等部门组成的情报研判专班，围绕征地拆迁、山林土地纠纷、劳资纠纷等突出问题和涉棚户区改造人员、肇事肇祸精神病人等重点群体人员，开展不稳定因素排查化解和重点人员稳控排查。年内，核查处理省厅"227平台"下发线索155条，落实稳控各类重点人员54人。强化网络安全监管，网络警察大队处置网上涉警、涉稳、涉政舆情31条，成功发现网络淫秽信息、"法轮功"邪教组织等有害信息并及时移送有关部门处理130条，侦破涉政治谣言传播案件1宗，侦破涉暴恐案件2宗。其中在市局网警支队支持下，成功侦破张某涉政治谣言传播案件，该案是韶关市第一个将涉政治谣言案办成行政拘留案例。

【刑事侦查】 2017年，仁化县刑事侦查工作围绕全县公安工作目标，以提升公众安全感和群众满意率为出发点和落脚点，深入推进以打击电信网络诈骗犯罪、金融领域突出犯罪、"两抢一盗"犯罪、黑恶势力犯罪、涉枪犯罪和涉黄赌毒、涉电力犯罪为重点"飓风2017"专项行动，强化侦察破案，夯实刑侦基础业务建设，为全县社会治安平稳有序发挥积极作用。全年立刑事案件536宗，同比上年上升1.1%，破获刑事案件261宗，同比上年下降0.4%，破案率48.7%。继续保持“命案必破”凌厉攻势，狠抓命案工作长效机制，实行命案“一把手”负责制，确保命案侦破工作有序展开，全年发生现行命案4起，破案4起，保持命案连续13年全破目标。立重特大案件27宗，同比上升22.7%，破8宗，同比下降20%，破案率29.6%。

【“飓风2017”专项行动】 2017年，县公安局按照省公安厅、市公安局部署，结合全县社会治安特点，因地制宜，统筹兼顾，举全警之力，深入开展“飓风2017”专项打击整治行动，成效总分以107.17分名列全市第三。打击毒品犯罪方面，其中成功侦破省目标毒品案件1宗，市目标毒品案件3宗，打掉制贩毒团伙1个。打击电信诈骗专项，起诉跨区域系列团伙1个、资金原路返还事主2人。打击涉金融领域犯罪专项，破获了一宗涉案金额高达500多万元的集资诈骗案，侦破“6·29”特大伪造假币案，收缴假币400多万元，该案为新中国建立后韶关市最大出售、购买假币案。打击涉盗抢方面，打掉跨省盗窃销赃摩托车团伙1个，抓获涉案人员47名，追缴被盗摩托车49台。打击涉黑恶方面，使用创新战法、倒排还原犯罪事实侦破石塘李某福开设赌场案件，该案侦破得到省厅、市局、县委县政府领导肯定。成立“8·17”、“8·30”专案2个，成功侦破“周田镇谭屋村委会矮岭村开设赌场案”“仁化县新泰基房地产开发有限公司寻衅滋事案”。

【经济犯罪侦查】 2017年，县公安局深入开展“猎狐2017”专项追逃行动，打击银行卡犯罪以及防范和打击非法集资专项整治行动工作，配合县委、县政府开展协税护税工作，推进全国经侦跨区域办案协作平台工作。依法打击各类经济犯罪活动，全力维护全县社会稳定和市场经济秩序。侦破罗某集资诈骗案、“7·22”特大出售贩卖假币案、卢某虚开用于抵扣税款案、黄某挪用资金案、罗某挪用资金等案件。全年立经济犯罪案件13宗，破9宗，刑拘7人，提请批准逮捕7人，移送起诉5人、取保候审2人；收缴假币400万元。

【治安管理】 2017年，县公安局不断强化社会治安防控体系建设，建成供电社区警务室、丹霞新城警务室、人民医院社区警务室3个，配备警用自行车18辆，将“防”与“访”创新结合，扩大巡逻范围。深入开展治爆缉枪专项行动，立非法制造、买卖枪支弹药案1宗，立非法持有枪支弹药案5宗，立非法买卖弹药案1宗，刑事拘留6人，提请批准逮捕6人。查处非法储存危险物质案和非法运输危险物质案件各1宗，行政拘留3人，缴获非法烟花爆竹一批。深入开展扫黄禁赌专项打击整治行动，查处涉黄案件7宗，同比上升40%；查处涉赌案件16宗，同比下降5.88%，捣毁黄赌窝点19个，收缴赌具扑克牌及赌资一批。加强娱乐服务场所监管，清查歌舞娱乐场所52家次，桑拿按摩场所24家次，沐足场所26家次，美容美发场所184间次，发现隐患8起，敦促立即整改4起，限期整改4起，取缔无证经营旅馆业2家。

【道路交通管理】 2017年，县公安局强化交通秩序整治，重点开展“猎豹”行动、“深入推进道路交通安全事故预防专项行动”、“集中整治城市交通违法行为统一行动”等专项行动。全年查处各类交通违法行为37670起，利用集成指挥平台处罚车辆254次；“猎豹”行动处罚车辆513次。全县发生道路交通事故2003起，死亡34人，受伤511人，直接经济损失569000元；与上年同期相比，“四项”指数分别上升18.1%、13.33%、0.59%、0.689%。结合县委、县政府“创建全国文明县城”工作部署，积极争取县政府资金支持，在部分道路、路口安装中间防护栏、安装红绿灯、设置违停抓拍点等交通设施，在仁桥北路人民医院至仁桥南路水南红绿灯路口路段、建设路中国银行至林业局红绿灯路口路段安装中间防护栏1350米；在建设路、新东大街、新城路、新城横路、九龄路安装违停电子抓拍点23个；翻新、增设标志标线4500平方米；拆除丹霞楼前花基2处，将建设路原图书馆路段拓宽为三车道、将新城路新南康路段拓宽为两车道。

【出入境及往来港澳台】　2017年，县公安局推出便民利民新举措，开展“一门式一网式”服务模式改革，出入境24小时自助办证区正式投入使用，户政业务全部进驻县行政服务中心，便利群众办事。深入推进建档立卡贫困户落户工作，解决建档立卡贫困户21户34人落户问题，办理居民身份证15368张、临时身份证3009张；公安局出入境办证窗口受理出国及往来港澳台申请14204次，其中受理护照3411人次，往来港澳通行证 10231人次，前往港澳通行证17次，往来台湾通行证545人次。

【监所管理】　2017年，仁化县监管场所把抓管理、保安全作为工作主线，贯彻落实省、市监管业务主管部门工作要点。武警中队根据执勤正规化等级评定要求，扎实抓好勤务能力训练，不断提高哨兵执勤能力，确保监管场所和押解投监行程安全。看守所全年关押各类犯罪嫌疑人、被告人、罪犯403人次，顺利完成投劳任务13次，把罪犯投送监狱服刑77名。拘留所办理收拘对象353名，其中行政拘留345名，司法拘留8名。

【公安法制】　2017年，县公安局强力推行案件由办案单位法制员初审和单位“一把手”审核把关制度，给法制员制发聘书与执法办案单位签订责任书等方式，强化责任落实。全年组织民警120名参加2017年基本级、中级、高级执法资格。开展执法质量考评工作，建立日常考评工作机制，考评行政案件171宗、刑事案件31宗，审核行政案件423宗566人，审核刑事案件243宗341人。

【消防管理】　2017年，县公安局和县消防大队加大各大酒店、公共娱乐场所等重点消防单位、场所安全检查力度，及时发现隐患，及时督导整改。协调帮助长江镇和董塘镇解决30万元专职队建设经费和10名政府专职消防队员招收任务。扎实开展好重点单位、人员密集场所、易燃易爆场所、“三小”场所、“农家乐（民宿）”、出租屋和电动自行车等各类专项整治行动，全年检查单位场所2121家，发现并督促整改火灾隐患1514处，下发责令改正通知书486份，临时查封17家，责令“三停”19家，罚款43.25万元，抢救被困人员53人，疏散338人，抢救财产价值478万元。

【警务督察】　2017年，县公安局以开展“两学一做”学习教育常态化制度化活动、“迎接十九大忠诚保平安”等主体教育实践活动和以县委作风建设年活动为契机，着力解决一些单位和个人不敢担当、不思进取、缺乏创新精神、行政效能低下等问题。开展现场督察26次，其中日常督察9次（含各类会议现场督察）。开展全国“两会”安保维稳、“飓风2017”、博鳌亚洲论坛2017年年会、“一带一路”国际合作高峰论坛安保、金砖国家领导人第九次会晤安保维稳、2017广州“财富”全球论坛、十九大安保等专项督察17次。

【队伍建设】　2017年，县公安局开展“比学赶超、以评促建、实干担当”作风建设年、“两学一做”学习教育常态化制度化活动、“迎接十九大忠诚保平安”主题教育实践等系列活动，着力打造一支对党忠诚、服务人民、执法公正、纪律严明过硬队伍。举办禁毒信息综合应用系统、“人脸图像破案会战”实战应用、民警执法等业务培训班。全年，全局参加领导干部类警衔晋升培训班局领导1名，参加全省基层所队长实战培训班“三所三队”正职2名，参加全省基层网安管理实战化培训班民警2名，参加警衔晋升培训民警20名。开启定员定岗优化警务模式改革，制定《仁化县公安局定岗定人实施方案》，分配和工作调整新警10名、民警51名，最大限度把警力下沉到基层一线。启动股级领导选拔任用工作，为刑侦、交警和个别派出所配齐配强股级领导15名。组织开展“丹霞雄鹰”评选活动，每月从“飓风2017”专项行动中评选出表现突出先进个人，给予嘉奖1次，并由局主要领导带领政工部门亲自将局长、政委签署的慰问信送到民警家中，对民警家属支持公安事业表示感谢。全年，被授予“丹霞雄鹰”称号民警20名，荣立集体三等功单位1个，被评为先进集体单位18个，荣立个人二等功民警3名，荣立个人三等功民警9名。

仁化县公安局负责人名录：

局　　长：邹永祥

政治委员：徐于平

政工办主任：曹良松（任至2017年8月）

副 局 长：曹良松（2017年8月任职）

曾秀琴（女，任至2017年8月）

罗金城　郑　戈

赖海文

（邓健贵　钟红珍）

检　察

【概况】　仁化县人民检察院（简称“县检察院”）有内设副科级机构政工科、侦查监督科、公诉科、侦查一科、侦查二科、反渎职侵权局、职务犯罪预防科、控告申诉检察科、民事行政检察科、监所检察科（2017年6月更名为“刑事执行检察科”）、办公室（含案件管理中心）11个，直属行政单位司法警察大队1个，派出机构周田检察室1个。政法专项编制42名（其中机关编制36名、司法警察大队编制3名、周田检察室编制3名）、后勤服务人员数5名。2017年，全院实有在职干警43人。

2017年，县检察院以习近平新时代中国特色社会主义思想为指导，深入学习贯彻中共十九大、中共十八大以后习近平总书记系列重要讲话精神以及对广东工作的重要批示精神，认真落实全省第十八次检察工作部署，围绕县委“一三九”发展战略，服务全县经济社会发展大局，坚持“强化法律监督，维护公平正义”工作主题，切实履行法律监督职责，推进平安仁化、廉洁仁化和法治仁化建设，推进司法体制改革工作，各项工作健康发展，为建设“生态、活力、幸福”新仁化提供良好司法保障。

【刑事检察】　2017年，县检察院认真履行批捕、起诉职能，突出打击重点，对严重暴力犯罪和涉黑恶势力犯罪，坚决从严打击，保持惩治严重犯罪高压态势，配合公安机关开展电信网络诈骗、金融领域突出刑事犯罪集中打击，依法开展“两法衔接”“两个专项”立案监督工作。公安机关移送审查逮捕案件140件202人，经审查，批准逮捕122件173人，不批准逮捕18件29人，纠正漏捕28人，监督公安机关立案15件，监督撤案6件，建议行政机关移送案件2件，发出“侦查活动监督通知书”15份。受理移送审查起诉案件193件323人（含2016年积案、2017年未结案、拆并案），其中，依法提起公诉案件170件247人，移送他院审查起诉案件8件16人，移送单位撤回案件10件20人，不起诉案件9件13人；退回补充侦查案件86件202人，发出“检察建议书”26份，“纠正违法通知书”4份，“量刑建议书”117份，追诉漏罪漏犯50人，适用简易程序审理案件126件，撤回起诉2人，无判决无罪情况。

【反贪污贿赂】　2017年，县检察院反贪局继续保持惩治腐败高压态势，规范办案行为，严格办案纪律，上下联动，聚力反腐，依托侦查一体化办案模式，成功侦办丹霞冶炼厂系列腐败案。全年受理案件线索12件，线索初查案件10件，立案查处贪污贿赂案件10件10人，其中涉嫌受贿罪案件5件5人，涉嫌行贿罪案件5件5人，侦查终结12件12人。

【反渎职侵权】　2017年，县检察院反渎职侵权局以执法办案为中心，立足专项工作，深化司法办案，集中开展整治和加强预防扶贫开发领域职务犯罪。根据工作部署和结合仁化县实际，加强与有关涉农领域职能部门联系，拓宽案源渠道，加大查办渎职侵权犯罪工作力度。全年受理渎职侵权犯罪案件线索3件，初查2件，其中立案2件3人，侦查终结4件7人。

【未成年人检察】　2017年，县检察院未成年人检察工作办公室结合县域未成年人犯罪的现状和特点，坚持“教育为主、惩罚为辅”原则，依法保护未成年人合法权利，成立法治进校园宣讲团队，联合县教育局到县各校开展未成年人法治宣讲活动，深入推进未成年人检察工作。全年受理未成年人案件12件18人，向有关单位发出“检察建议书”10份，向公安机关发出“侦查活动监督通知书”3份。

【职务犯罪预防】　2017年，县检察院坚持“标本兼治、惩防并举、注重预防”工作方针，构建社会化大预防格局。开展服务和保障县镇村“两委”换届选举、扶贫开发领域、职务犯罪邮路等专项预防工作。全面推行行贿犯罪档案查询制度，接受查询545次；开展职务犯罪警示宣传教育45次，开展民生民利工程预防8次，发出预防检察建议5份。从加强教育、强化内外部监督、深化政务公开方面对县人社局涉嫌渎职犯罪有关人员发出检察建议，促使该单位堵塞教育、管理及监督漏洞。加大重点工程建设项目（武深高速、县中小河流治理）工程监督力度，督促县水务局、住建局等单位在重大工程项目建设过程中要恪尽职守，精准预防。

【控告申诉检察】　2017年，县检察院认真细致摸排涉法涉诉信访矛盾，做好中共十九大召开期间维稳工作，引导群众依法理性表达诉求。落实检察长接待日、联合接访、领导包案、下访巡访等制度，利用检务公开、门户网站畅通群众表达诉求渠道。受理举报线索5件7人，受理群众来信来访36件，办理刑事申诉案件3件，刑事赔偿案件1件。开展全省检察机关“国家司法救助工作推进年”活动，办理国家司法救助4件6人。通过办理司法救助案件，为未成年人被害人家庭解决生活困难，彰显国家司法救助人权保障和人文关怀。

【民事行政检察】　2017年，县检察院深化“基层民事行政检察工作推进年”专项活动成果，深入推进检察机关提起公益诉讼、司法责任制等改革工作，强化民事行政监督。全年受理民事行政申诉案件7件，其中民事申诉案件3件，行政申诉案件1件，执行监督案件1件，行政公益诉讼案件2件。摸排公益诉讼案件线索2件；开展诉讼前置工作，依法发出督促履职检察建议2份。

【刑事执行检察】　2017年6月，县检察院原监所检察科更名为刑事执行检察科。年内，刑事执行检察科履行法律监督职责，开展各项业务工作，充分发挥刑事执行检察职能作用，全年依法开展羁押必要性审查16件，立案审查13件，不予立案3件，提出建议函10份，建议书3份。在刑罚执行、监管活动和安全防范监督方面，与看守所召开狱情分析会和联席会议12次，参与看守所清仓检查22次，处理、防范、化解监管安全事故10起，向有关单位发出“检察建议书”5份。对监外执行罪犯和社区矫正人员进行登记造册，认真开展社区服刑人员脱管、漏管、虚管专项检察等工作，促进社区矫正工作依法规范开展。监督纠正监外执行罪犯脱管1人、虚管2人、剥夺政治权利期满后未及时恢复政治权利3人，向有关单位发出书面“纠正违法通知书”3份，保障刑罚正确执行。

【案件管理】 2017年，县检察院案件管理中心围绕“管理、监督、参谋、服务”职能定位，以统一业务系统为平台，强化案件管理监督工作，切实履行各项工作职责。做好案件受理、流转工作。全年受理案件333件525人，其中提请批准逮捕案件140件202人，移送审查起诉案件193件323人，接收卷宗1893件；制作电子卷宗193宗，1349册；接收法律文书424份；送案审核538件，移送案件538件；同时办理“变更案件承办人登记”20件，合并案件5件，拆分案件7件。做好办案流程监控工作。对16件即将到期案件发出案件预警通知书，督促承办部门尽快办结。对职务犯罪案件办理进展情况实行每月一报，实现自侦案件全程跟踪监督。做好涉案财物监管工作，对赃证物进行统一管理，坚持“三项举措”规范涉案款物监管。做好辩护、代理和案件信息公开工作。全年接待并安排律师阅卷23次，律师申请变更强制措施7件次，案件信息查询92次，将363条案件程序性信息、15条重要案件信息和177份法律文书导入人民检察院案件信息公开网。

【检务保障】 2017年，检务保障部门坚持“以执法办案为中心，以工作需求为导向，以精细管理为目标”工作思路，全力提高检务保障工作水平。更新服务理念，改善办公办案条件。坚持科技强检，加大检察统一业务应用系统技术保障，完成检委会无纸化会议室改造和驻看守所远程提审；加大基础设施建设，推动院内挡土墙、干警停车坪等项目建设。推行精细化管理，完善相关制度，做到用制度管人、管事、管物。严格财务管理，提倡节约意识，规范办公用品使用及食堂接待管理，严格控制各项费用开支。加强检察宣传。以“两微一端”为抓手，推进“互联网+检察”建设，运用新媒体推送检察信息、检察动态等140篇，增强检察机关群众知晓率和社会影响力。加强办案安全。出警1186人次，其中执行传唤4人次，协助执行拘留16人次，参与搜查6人次，押送犯罪嫌疑人40人次，协助执行监视居住483次，看管嫌疑人230次，送达法律文书358人次，法律规定的其他任务49人次。

【检察队伍建设】 2017年，县检察院以建设一支政治过硬、业务过硬、责任过硬、纪律过硬、作风过硬检察队伍为目标，全面加强队伍建设，继续保持没有干警发生违法违纪记录。狠抓思想政治教育，提高检察队伍思想政治素质。组织干警深入学习贯彻中共十九大、习近平总书记系列重要讲话精神及对广东工作的重要批示精神，推进“两学一做”学习教育常态化制度化，开展“比学赶超、以评促建、实干担当”作风建设年活动。根据“岗位学习、岗位练兵、岗位成才”要求，加强业务岗位培训，提高干警工作技能和执法能力。组织干警分批参加省、市、县组织的岗位培训、专项业务274人次。坚持抓党建促队建，抓党建促团建，加强组织建设，发挥党支部战斗堡垒作用和党员先锋模范作用。坚持从严治检，认真落实“两个责任”和“一岗双责”要求，提高干警廉洁从检意识。

【检察改革】 全面推进司法体制改革，优化司法职权配置，规范司法行为。2017年1月16日，县检察院3名检察官被省院党组确认为第二批员额内检察官。根据《仁化县人民检察院2017年检察改革工作要点》《仁化县人民检察院全面落实司法责任制改革督查考核实施方案》，抓好全面落实司法责任制改革督查考核工作，9月，县检察院通过韶关市院督查考核。以人员分类管理和内设机构整合为切入点，完善检察权运行机制，明确职责权限，制定权责清单，突出检察官主体地位。健全检察官管理和检察权监督制约机制，完善业务考核办法、执法过错责任追究，提高办案质量。优化检察职能和检力资源配置，按照上级要求，制定《仁化县人民检察院内设机构改革方案》。分两批招录劳动合同制司法辅助人员18名，暂时缓解“案多人少”情况。检察人员职业保障制度改革工作。改革过渡期间工作人员工资暂由县检察院按照国家和省工资政策自行发放；地方津补贴按照当地规范津补贴、改革性补贴等标准政策文件和人社、财政部门出具证明发放，不存在在工资政策外新设津贴、补贴、奖金、违规发放津补贴和奖金等现象。推进财物省级统一管理改革工作。规范做好预算编制和执行工作，认真测算预算资金分配情况，做好年度预算编制。统一核算口径，在科目设置、凭证审核、支出核算资产清查及报表编制方面均严格以会计制度为依据、以财经纪律为准则，做好会计核算工作。严格按照《中华人民共和国采购法》《中华人民共和国政府招投标法》及相关规定办理，通过广东省网上办事大厅公共资源交易栏目的政府采购交易系统实现政府采购电子化。配合监察体制改革，提高政治站位，坚决服从大局，做好案件结案、线索清理移转等前期工作，完成资产划转工作，夯实机构、职能、人员整体转隶基础。

仁化县人民检察院负责人名录：

检 察 长：钟全芳（女）

副检察长：冯卫国

李　红（女）

（邱　妍）

法　院

【概况】　2017年，仁化县人民法院（简称“县法院”）受理各类案件2216件（含旧存259件），与上年同比增加283件，上升14.6%；审（执）结各类案件2006件，同比上年增加307件，上升18.1%。法官人平均结案154件。

【刑事审判】　2017年，县法院受理刑事案件167件224人，审结166件241人。严厉打击多发性侵犯财产案件和涉毒案件。宽严相济，对符合条件被告人依法判处非监禁刑；对少年犯审判贯彻教育、感化、挽救方针。集中开庭审理轻微刑事案件，提高办案效率。年内，集中开庭审理轻微刑事案件5宗，仅用2个小时全部审结并当庭宣判。以审判为中心，严格排除非法证据。严格贯彻落实最高人民法院、最高人民检察院、公安部、国这平顺、司法部《关于办理刑事案件严格排除非法证据若干问题的规定》，对被告人提出的非法证据排除申请，认真审查，依法召开庭前会议，组织控辩双方就证据收集合法性问题展开辩论，推动鉴定人出庭作证，实现程序合法，裁判公正，保障人权。妥善解决民事纠纷引起的刑事案件。当事人在处理民事纠纷中采取不合理方式从而引发刑事犯罪，县法院主要通过多次组织双方调解、释法明理，化解矛盾。

【民事审判】　2017年，县法院受理各类民商事案件1141件，审结1062件，解决诉讼标的金额44230.85多万元。推行阳光审判。增强审判工作透明度和说理性，坚持加强裁判文书说理论证，明辨是非曲直，对当事人争议事实及所提供证据逐一分析、认定，使当事人胜败皆明。整合优化司法资源，实行繁简分离。对法律关系明确，法律事实简单，证据确实充分民商事案件适用简易程序审理，对争议标的不大案件用小额诉讼解决纠纷，优化司法资源。全年简易程序适用率65.49%，小额诉讼77件。推行“亲民”审判。在合法自愿前提下，推行“庭前调、庭里调、庭后调”调解举措，实现“案结”“事了”，民商事案件调撤率35.85%。实施司法救助，为困难当事人减、缓、免交诉讼费2.6万多元。

【执行】 2017年，县法院受理执行案件903件，结案773件，执结标的金额为47760.95万元。严格落实执行规范化要求，做到每个案件每个执行步骤严格按照执行规范化要求实施，做到全程录音录像，全程留痕。坚决贯彻执行款一案一账户管理原则，执行到位执行款及时发放给申请执行人。所有拍卖标的物通过淘宝网进行司法拍卖，降低竞买者成本，避免司法拍卖中不透明不公正行为发生。全年成功拍卖标的物13宗案件19件，成交金额6837万多元。加大对拒不履行、逃避执行被执行人惩戒力度，全年有8人涉嫌犯拒执罪、拒不支付劳动报酬罪被移送公安机关立案侦查，公安机关立案“临控”14位、“边控”1位“老赖”。开展“攻坚2017专项行动”，严厉打击规避执行行为，活动期间拘留“老赖”12人，涉案金额475万元。加大困难申请执行人司法救助，全年为17件案件34名经济困难申请执行人发放司法救助金32.38万元。受理行政机关非诉行政执行案件42件，执结40件。在审查非诉行政执行案件中，发现被申请执行人未经依法审批，在集体土地（基本农田）上建房，县法院即向县国土资源局和有关镇、街等单位和部门发送司法建议15份，建议加大对农村违规建房监督巡查力度，健全规章制度，堵塞漏洞，科学管理。

【审判管理加强】 2017年，县法院设立导诉台，专人引导当事人诉讼。加强诉讼文书电子送达录入、确认、送达，提高诉讼文书送达效率，降低诉讼成本。支持刷卡和通过微信支付方式缴纳诉讼费用。加强法院异地立案，减轻当事人诉累。对2016年度审、执结案件及上网裁判文书进行质量评查，提高案件质量。完善司法公开，在“中国法律文书网”公开全部生效裁判文书，并率先全市法院在中国庭审公开网同步直播庭审案件，自觉接受群众监督。

【开展作风建设年活动】 2017年，县法院根据中共仁化县委部署，开展“作风建设年”活动，通过开展“教育学习”“整治不良作风”“担当尽责抓落实”“政务服务”“严作风、守规矩、优服务”“政风行风评议”等评比6项活动，建立容错免责机制和完善绩效考评、干部管理制度、督查问责等制度，提升法院领导干部思想认识、担当意识、领导素质、履职能力、执行力等。县法院主要领导以“作风建设年活动”为契机，到长江镇油洞村开展“一线双联”活动，促进省级贫困村“三清三拆三整治”、建设美丽乡村、扶持贫困群众脱贫等工作。贯彻落实《仁化县领导班子成员和县直部门挂点联系企业工作制度》，深入挂点联系企业调研，解决企业遇到困难。

【基础设施建设】 2017年，县法院按省高级人民法院标准重新建设刑事案件被告人羁押室90多平方米。升级安装消防设施，提高消防安全。推进诉讼服务中心升级改造工作，按照最高法要求和标准，规划诉讼服务中心功能区域，按照不同功能区域进行装修改造。恢复董塘人民法庭重新办公。严格执行保密制度，全年没有发生泄密事件。

【司法改革】 2017年，县法院完善司法责任制改革，建立健全符合司法规律的审判权力运行机制，制定《仁化县人民法院完善司法责任制改革实施方案》《仁化县人民法院完善司法责任制改革试点工作规范（试行）》。取消案件审批权，确立法官办案主体地位，明晰审判组织权限和审判人员职责，规范院庭长审判监督管理权，形成符合司法规律新型审判权运行机制，彻底消除“审者不判、判者不审”弊端，实现“让审理者裁判，由裁判者负责”目标。

【党风廉政】　2017年，县法院强化考核问责，推动党风廉政责任落实。制定印发《仁化县人民法院党风廉政建设责任制实施细则》，推动党风廉政建设责任落到实处。做好谈话提醒工作，抓早抓小、动辄则咎、全面从严治党要求落到实处。全年开展谈话提醒35人次。制定《仁化县人民法院加强廉政风险防控工作实施办法》，健全廉政风险防控工作格局。组织全院干警集中观看《纵欲之鉴》《失责必问》等警示教育片，通报学习“奚晓明违纪违法案件”等典型案例。严格规章制度执行落实。以中共中央“八项规定”为核心，规范警车管理，严格按标准进行公务接待，严格落实重大物资采购公开招投标和采购制度，持续强化干警“八小时外”监督，严防“四风”问题反弹。

【信息化建设】　2017年，县法院优化审判执行工作环境，全部审判庭都是高清数字法庭，有6个审判庭通过中国庭审公开网实现庭审同步直播。安检区配套完整安检装备，安装门禁系统将审判公共区域和法院办公区域严格分开，在县法院大楼每个角落安装摄像头，确保办公办案透明化和干警人身安全。建立专门信息化机房，对分类管理法院内外网络、科技法庭线路、安检系统、监控系统，扩大信息化技术在法院各项工作的应用。

【“精准扶贫”】　2017年，县法院院探索服务“精准扶贫”工作新方法、新途径，切实解决“扶持谁、怎么扶、谁来扶”问题。由行政庭庭长带领书记员1名全面参与派驻周田镇周田村“精准扶贫”各方面工作，院领导经常深入联系帮扶村了解群众生产、生活情况，引导农户大力发展优质农产品种植。在征询建档立卡贫困户意见的基础上，县法院院为贫困户产业扶贫共自筹资金98000多元。2017年脱贫9户27人。

【创建全国县级文明城市】　2017年，县法院根据仁化县创建全国县级文明城市活动领导小组统一部署和要求，开展文明创建活动和各项志愿服务活动，落实法院每一项工作任务。提供建立法官以案释法制度说明报告。提供院党组建立完善干部群众全面深入学习习近平总书记系列讲话精神学习制度文件及开展规范守则教育实践活动情况说明报告。开展法治宣传教育活动。加强全院干警道德教育。组织、参与社会志愿服务活动。全年，县法院派出参与各类服务群众活动300多人次。

【信访】　2017年，县法院建立诉访分离制度，涉诉事项及时转交业务庭依法办理；做好涉访事项来访接待和教育疏导工作。积极主动与老信访户李某南、李某文、张某龙、徐某全沟通、走访，了解他们的生产生活情况，尽力解决其诉求。每个月到老信访户所在地镇街信访办了解其思想、行为动态，向县政法委和市中院汇报。截至2017年9月，已引导李某南通过司法途径解决其土地承包合同纠纷，李某文、张某龙、徐某全表示不再无理上访。每月排查本院重大案件，做好化解预案。中共十九大期间，县法院没有发生涉诉越级上访案件。全年，县法院受理涉诉信访案件33件，均得到解决，没有群众上市、上省、进京上访。

【学习贯彻中共十九大精神】　10月31日，县法院党组召开党组中心组理论学习（扩大）会议，传达贯彻中共十九大精神。11月3日，县法院组织全体干警收看全国法院学习贯彻中共十九大精神辅导报告会和市中院传达学习贯彻中共十九大精神会议。按照县委和市中院部署和要求，县法院成立学习宣传贯彻中共十九大精神工作领导小组，制定《仁化县人民法院学习宣传贯彻党的十九大精神工作方案》。11月10日，县法院党组联合周田村党支部开展“固定党日+”活动，用通俗易懂语言及形象案例解读中共十九大报告中关于“三农”问题内容，学习新党章。11月20日，县法院党支部组织全体党员到县图书馆1楼大厅参加学习中共十九大报告读书活动。

仁化县人民法院负责人名录：
院　长：蓝韶东
副院长：李茂华（女）　陈　斌

（何为亲）

司法行政

【概况】　仁化县司法局位于县城丹霞大道，是全县政法系统重要组成部分，担负着法律服务、法律宣传、人民调解、社区矫正等重要职能。内设职能部门政工科、办公室、基层股、宣教股、公证律师管理股、社区矫正股6个，下辖事业单位仁化县公证处、仁化县法律援助处2个及镇（街）基层司法所11个。

2017年，县司法局坚持以抓班子、带队伍为指导，以关注民生、维护社会稳定为出发点，贯彻落实县委县政府“一三九”战略部署，积极践行“依法治县”，认真履行司法行政职能，全面推进全县司法行政工作创新发展，党风廉政建设取得效果，全局上下“比学赶超”氛围浓厚，各项工作走在全市前列。

【法治宣传教育】　2017年，县司法局实依法治县责任，推进法治宣传教育工作。积极推动“依法治县”进程，以“小水滴灌”普法理念提高有效率；利用现代信息手段，开展法律进机关、进乡村、进社区、进学校、进企业、进单位“法律六进”活动。印发《仁化县“七五”普法规划》，成立“七五”普法领导小组和“七五”普法宣讲团；制定《关于在全县国家机关中实行“谁执法谁普法”责任制的实施意见》《仁化县国家机关“谁执法谁普法”责任清单》；成立仁化县法治宣传联络员队伍，建立仁化县法治宣传教育工作联席会议制度；精心组织开展“4·15”国家安全教育日主题法治宣传教育活动。协助相关部门积极开展“3·8”妇女维权周、“3·15”国际消费者权益日、“6·25”全国土地日、“6·26”国际禁毒日等法律咨询宣传活动。开展省级“民主法治村（社区）”创建活动，11月1日，省交叉检查组对黄坑镇、丹霞街道、董塘镇的民主法治村（社区）创建工作给予肯定。

【人民调解】　2017年，县司法局完善人民调解，打造“共建共治共享”社会治理格局。健全全县人民调解组织网络，完善人民调解、行政调解、司法调解相互衔接工作机制，推进行业性、专业性的劳动、医疗和道路交通事故等重点行业及企业人民调解组织建设，实现人民调解组织全覆盖。“一村一法律顾问”律师参与人民调解，让人民调解更专业、权威。加大宣传力度，建立和引导群众合法维权首选人民调解工作机制。形成群众“有纠纷，找人民调解”“遇事找法”思想意识“共建共治共享”社会治理格局。建立健全矛盾纠纷定期排查、研判分析机制，加大矛盾纠纷调处力度。实行每月矛盾纠纷定期排查和每季度矛盾纠纷研判分析制度，在全国“两会”和重大节庆日期间，认真排查和分析本辖区矛盾纠纷发生特点、趋势和预防措施等。印发《仁化县司法局关于开展矛盾纠纷排查化解专项活动实施方案》，按照“事要解决”要求，化解矛盾纠纷。全年全县各级人民调委会调处各类矛盾纠纷981件，成功化解969件，调解率100%、调解成功率99%。没有发生因矛盾纠纷调处不及时或调处不当而引发群体性事件和群体性上访。

【安置帮教和社区矫正】 社区矫正工作。2017年，仁化县执行社区矫正人员报到、工作例会、管理、考核奖惩、档案管理等制度，定期组织社区矫正人员参加统一教育学习和公益劳动，到县看守所开展警示教育活动等。全面推进二代社区矫正管理信息系统、安装监控手环试点工作。截至2017年年底，在册监管83人，其中，缓刑77人、假释4人、监外执行2人，未出现脱管、虚管和漏管现象。有5名社区服刑人员因违反社区矫正规定受到警告处罚。受人民检察院、人民法院、公安机关、监狱委托，进行调查评估案件21起。认真落实韶关市司法局《韶关市迎接党的十九大胜利召开维稳安保特别防护期社区矫正和安置帮教工作实施方案》，制定突发事件应急处置措施，实行层级报告制度，对严重违反监管规定、脱离监管等问题，要求司法所及时报告，防止事态恶化。重新设计、装修县社区矫正中心，完成相关配套设施、设备安装，社区矫正中心功能室门牌、工作制度和工作流程挂牌上墙。

安置帮教工作。2017年，县司法局加强刑满释放人员衔接管控工作，引导和扶持刑满释放人员就业安置，动员社会各方面力量共同参与安置帮教工作，预防和减少重新犯罪。截至2017年年底，全县在册刑满释放人员387名全部得到及时帮教，帮教率达100%。

【公证事务】 2017年，县司法局公证处围绕县政府中心工作，做好县政府重点工程建设、国有土地使用权等事项证据保全前置工作，发挥纠纷预防、矛盾化解作用，为行动不便当事人提供上门法律服务。全年完成考核标准规定的200件公证案件要求，各类公证376件。

【法律援助】 2017年，县司法局稳步推进法律服务工作，法律援助实现应援尽援，确保困难群众、弱势群体得到帮助。全年办理各类法律援助案件169宗；律师为政府提供法律服务水平进一步提高，4名公职律师继续担任县政府法律顾问，每周一上午到县信访局参与县领导接访活动，代理行政诉讼案件5宗。

【一村（居）一法律顾问】 2017年，仁化县聘请律师23名（其中韶大律师事务所16名、本县7名）进驻全县125个村（社区）开展“一村一法律顾问”工作。全年，驻点法律顾问接待基层群众法律咨询466人次，出具专业法律意见书9次，调解纠纷8宗，上法制课、法律培训151场次，办理法律援助案件1件。

【公共法律服务体系】 2017年，仁化县加强和完善公共法律服务体系工作。司法行政综合服务的公证、法援、律师、人民调解、社区矫正、普法宣传等业务全部进驻县公共法律服务中心大厅和全县11个镇（街）公共法律服务中心，有效整合公共法律服务资源，统一集中受理和解决群众法律服务事项，提供综合性“一站式”服务，满足人民群众法律需求。

仁化县司法局负责人名录：

局　长：黎　东

副局长：陈伟平（任至2017年8月）

范彩红（女）

马　良

钟韶荣（2017年8月任职）

（李　健）

军　事

人民武装

【概况】 2017年，中国人民解放军广东省韶关市仁化县人民武装部（简称“县人武部”）围绕全面形成大规模作战能力要求，坚决贯彻“政治建军、改革强军、科技兴军、依法治军”战略部署，着眼“维护核心、改革牵引、固牢基础、稳中求进”工作思路，把住“四条线”（即迎接学习贯彻十九大这条红线，推动改革任务落地见效这条主线，聚焦使命专司主营这条基线，守住安全稳定这条底线），确保以改革为重点的各项任务顺利完成，推动全县武装工作稳步发展。

【思想政治建设】 2017年，县人武部按照“一个主题、四个结合”（把“维护核心、听从指挥”主题教育作为贯穿全年思想政治建设的重点，与推动“两学一做”常态化制度化教育、中共十九大精神学习、深化国防和军队调整改革教育、经常性思想教育相结合）思路，狠抓学习教育落实。以习近平关于“强军兴军篇”“国防动员篇”讲话精神为重点，认真开展专题理论学习；积极推进“两学一做”教育活动常态化、制度化，组织党员承诺践诺和领导干部讲党课等10项配合活动；学习贯彻中共十九大精神。以“维护核心听指挥、强军兴军做贡献”为主题，组织开展“坚决维护核心、严守纪律规矩”集中教育，利用交班会等时机抓好经常性教育，积极参加庆祝中国人民解放军建军90周年系列文化活动，强化干部职工维护核心、投身改革意识。做好肃清“郭徐流毒”和思想稳控工作，抓好信息、思想和组织清理。

【军事训练工作】 2017年，县人武部坚持主业主抓，完成年度各项军事工作任务。组织县国动委成员单位负责人参加上级国防动员理论辅导，开展国民经济、交通战备和拥军支前重点潜力数据调查，科学合理配置国防动员体系。抓好干部职工动员业务学习，县人武部参加上级动员业务知识考核，优秀率达100%。编实建强民兵专业分队，优化全县基干民兵组织，完善动员体制机制，完善新体制下基层人武组织按纲抓建规范和绩效精准考评办法，巩固“四个基本”建设成果。以打赢为目标，完善战备库室建设和修订各类战备方案，抓好干部职工、专武干部和民兵骨干军事训练落实，分别组织专武干部、应急分队集训，强化能力素质，提升应急应战能力水平。

【部队管理】 2017年，县人武部贯彻习近平依法治军、从严治军战略，突出在树立法治信仰、强化法治思维、增强法治能力上用力使劲。坚持定期分析安全形势，及时传达上级指示精神和违规违纪通报，从严落实军委国防动员部“六个规范性文件”和《军分区部队正规化管理实施细则》，筑牢安全思想基础。开展安全专项整治，抓实战备值班、办公保密、请销假等制度，加强保密室、文印室、兵器室等重点部位检查监控，以迎接全军安全大检查为牵引，做好改革前后、中共十九大期间等重要节点安全隐患排查整治，严格落实中央军委“禁酒令”要求，确保安全工作万无一失。强化应急处突演练，修订完善各级应急处突预案，强化军警民联防和情报通报机制，多次组织防冲撞、防袭击演练，加强县人武部应急处突能力。

【征兵工作】 2017年，县人武部根据县域往年兵员分布不均和大学生征兵难实际，认真组织开展兵役登记。按上级要求建站立牌，克服困难，查漏补缺，弥补历史欠账，设立标准化兵役登记站，完成新增适龄青年兵役登记任务，登记率达到98%以上。扎实开展精准宣传。征兵期间，运用各种手段广泛宣传发动，专武干部和民兵营长走村入户做好适龄青年应征工作，把大学生作为重点宣传对象，营造良好征兵氛围。积极推进阳光征兵、廉洁征兵。征兵办人员签订廉洁自律责任书，向社会公布监督渠道和投诉电话，聘请廉洁征兵监督员，自觉接受群众监督；协调医疗机构和教育、公安部门，严把体检、政治考核关；协调人大、政协机构和司法部门现场监督定兵大会，公开摇号确定兵员和去向，树立兵役机关形象。全年超额完成双合格青年兵员征集任务，其中大学生占67%。

【调整改革工作】 2017年，县人武部根据上级部署安排，做好调整改革工作。强化党性教育，引导干部职工自觉服从和投身改革行动。周密组织调整整编，按照新的职能定位和体制编制，优化调整人武部组织管理架构，组织6类87项人员物资清理清点交接，按上级规定时间节点完成人员定位分工。新任部领导履职后，广泛开展谈心交心活动，组织思想作风整顿，稳控人员思想；奔赴全县基层武装部调研，掌握情况，压实任务，保证调整前后工作连续性。主动加强上下、友邻、军地之间沟通对接，确保改革有调整、工作不断线。

【“双拥”工作】 2017年，县人武部始终牢记人民军队的性质宗旨，自觉维护军政、军民团结局面，参与地方精准扶贫、捐资助学、创文明县城活动，以实际行动赢得地方政府和人民群众拥护、支持。为挂点扶贫户脱贫出谋划策、筹集资金，定期到贫困户家庭慰问，为扶贫点农户送鸡苗、化肥、饲料，帮助生产。参与创文明县城和“企忧”档案工作，为企业排忧解难。中共仁化县委、县政府主要领导和分管武装工作领导情系国防和军队建设，妥善安置随军家属就业，办实事好事。

仁化县人民武装部负责人名录：

部　　长： 郭忠诚（任至2017年6月）
池金城（2017年7月任职）
政　　委： 张　军（2017年7月任职）
副部长： 伍荣文（任至2017年6月）
张　路（2017年12月任职）
军事科长： 廖仲玮（2017年7月任职）
政治工作科科长： 李庆云
保障科科长： 姜　山（李庆云）

人民防空

【人防法规宣传】 2017年，仁化县人民防空办公室（简称“县人防办”）深入开展《中华人民共和国人民防空法》等法规宣传教育活动。9月18日，在县城范围内举行防空警报试鸣活动，发出防空警报信号“预先警报”“空中袭击”“解除警报”3种，提高人民防空国防观念和应对突发自然灾害能力。

【人防结建工程监管】 2017年，县人防办根据《城市居住人防工程设计规范》要求，完成丹霞新城人防工程3个单元验收，完成人防应急指挥中心指挥信息系统设备安装。严格执行收费许可证规定的项目要求，做好收费数据核对工作。

对于筹集的人防易地费，严格按非税管理要求，使用非税票据，全额缴入非税账户。

【应急准备建设工作】 2017年，县人防办健全应急指挥机构，做到指挥人员变动后及时调整补充。注重人防队伍建设，定期组织学习相关法规、规章和文件，提高人防结建收费工作效率。加强警报设施建设和维护管理，完成故障站点定向检查，并记录在册。

【部门沟通与协调】 2017年，县人防办加强与住建、发改等部门沟通与协调，落实人防审批前置条件，参与工程验收；做到无人防审批手续不落位、无人防审批手续不开工、无人防审批手续不验收，确立人防部门管理地位，确保人防收费顺利进行。与住建等部门联合把关、检查，严格审核每个建设项目设计图纸、立项批文、土地许可证等，通过对照图纸、施工现场对照实际面积、审批表对照收费金额“三对照”原则，实现结建管理科学化，确保应收尽收。

仁化县人民防空办公室负责人名录：

主　任：刘建新（任至2017年4月）

邓志立（2017年4月任职）

（周　妃）

武警仁化县中队

【概况】 中国人民武装警察部队广东省总队韶关市支队仁化县中队（简称“武警仁化县中队”）主要担负仁化县看守所外围武装警戒，参加处置暴乱、骚乱、严重暴力犯罪事件、恐怖袭击事件等其他社会突发事件和抢险救灾任务。2017年，武警仁化县中队牢记人民军队性质、宗旨，以《军队基层建设纲要》为依据，围绕新时期“听党指挥、能打胜仗、作风优良”强军目标，严格训练、严格要求，培育有灵魂、有本事、有血性、有品德新一代革命军人，出色完成上级和地方党委、政府赋予的各项任务，为驻地经济建设和社会稳定做出贡献，展示部队“威武之师、文明之师”形象。

【军事工作】 2017年，武警仁化县中队坚持以“听党指挥、能打胜仗、作风优良”为统领，围绕“正规化建设，精细化发展”工作思路和任务需要，贯彻落实《军队基层建设纲要》，突出抓好实战化军事训练，注重提高官兵处突能力。严格按照上级部署，以高标准实现“两个确保”为目标，以经常性执勤和管理为重点，突出整治固定目标执勤和经常性管理中存在的各种安全隐患；以任务需求为牵引，加强现代条件下执勤信息化指挥手段研究，提高能力素质。坚持以“四个贴近”为指导，按纲施训、科学组训，完成各科目训练，增强官兵军事素质，提高部队战斗力。年内，多次完成上级赋予的执勤、处突和反恐任务，受到各级领导肯定和人民群众支持。

【政治思想建设】 2017年，武警仁化县中队政治工作按照总队、支队党委工作思路，以习近平系列讲话为指导，以贯彻“听从指挥　维护核心”主题主线为方针，加强支部建设和思想政治建设，坚持着眼提高官兵思想素质，狠抓经常性政治工作制度落实，打牢官兵思想基础，增强官兵立足本职、献身中队建设强烈使命感和责任感。立足“两个前沿”实际，突出学习中国特色社会主义理论体系，打好拒腐防变主动仗，确保官兵政治信念坚定和思想道德纯洁。坚持把学习实践科学发展观活动作为重大政治任务，突出理论武装和解决问题，促进官兵思想观念和政治觉悟有进步，制度机制建设有加强，具体问题得到解决，推进部队建设科学发展。

【后勤保障】 2017年，武警仁化县中队严格按照《基层后勤管理条例》《基层后勤管理规定》抓好后勤工作，提高官兵生活质量。注重提高后勤队伍能力培养，严格执行财务制度，定期研究和统筹安排经费使用、收支情况，落实双主官签字财务制度。加强经费管理，严格按照规定，重大经费开支实行“阳光操作”，互相监督。严格落实伙食管理制度，按照营养均衡、口味兼顾、花色搭配原则，搞好伙食调剂，立足现有条件加强农副业生产，提高中队后勤保障能力。狠抓设施建设日常管理，保障执勤、处突和反恐等各项任务，营造良好人文环境。充实后勤队伍，严格后勤人员管理，抓好后勤人员思想教育和业务培训，提高后勤人员责任心和业务水平。加强中队营房和系列化营产营具维护，对营区进行绿化亮化，改善官兵生活条件。严格落实卫生防病工作制度，及时接种疫苗，开展环境卫生整治，突出抓好甲流、口蹄疫、人禽流感，乙肝、肠道传染等重点传染病和食物中毒防控工作，卫生防病工作实现无食物中毒和烈性传染病发生，昼夜发病率控制在1.5%以下。

【勤务工作】 2017年，武警仁化县中队完成固定勤务和城市武装巡逻、烈士公祭仪式、临时押解等多起重大勤务工作。积极协调上级全面推进执勤设施建设，监区球机、探照灯、哨位信息化终端系统等设备全面升级改造，中队勤务值班室完成“三化两拓展”改造，“五防一体化”建设全面升级。执勤中，全体官兵认真履职，严格依法执勤文明执勤，充分展示武警部队“威武之师、文明之师”形象，受到县委县政府和驻地百姓赞扬。

中国人民武装警察部队广东省总队韶关市支队仁化县中队负责人名录：

中队长：陈书南

指导员：朱应杰

（赖　亮）

2017年7月26日，红军长征粤北纪念馆奠基仪式仁化县城口镇举行。图为奠基仪式现场　（马联合　摄）

仁化县公安消防大队

【概况】 2017年，仁化县公安消防大队（简称“县消防大队”）有官兵43人，其中干部8人，战士17人，合同制消防员18人。装备消防车有6台，其中大功率水罐泡沫车2台、多功能消防主战车1台、抢险救援车1台、22米云梯车1台、16米高喷车1台，随车配置破拆、排烟、照明、堵漏等特勤器材装备。

2017年，县消防大队以中共十九大精神和习近平总书记系列重要讲话精神为指引，推进“维护核心，听从指挥”主题教育活动，履行习近平总书记“四句话、十六字”总要求，积极投身新时代中国特色社会主义伟大实践，牢记强军目标，坚持“向能打胜仗聚焦、向科学防控用力”，实现班子凝魂聚气。全年全县火灾形势持续稳定、攻坚能力有效增强、队伍建设正规有序、基层基础全面夯实。年内，县消防大队党委受到韶关市公安消防支队党委表彰，有官兵15人次受到韶关市公安消防支队嘉奖。

【灭火救援基础夯实】 2017年，县消防大队以岗位练兵为抓手，夯实灭火救援基础。坚持以“能打胜仗”为目标，开展实战化训练，全面开展体能、技能和“六熟悉”（熟悉消防队责任区的交通道路、水源情况；熟悉责任区内重点单位的分类、数量及分布情况；熟悉责任区内主要灾害事故处置的对策及基本程序；熟悉责任区内重点单位建筑物使用及重点部位情况；熟悉重点单位内部的消防设施情况；熟悉重点单位的消防组织及其灭火救援任务分工情况）专项训练。在年度第二季度比武会操中，队列会操比赛获支队团体第一名，单杠比赛获支队团体第一名；第三季度微型消防站比武获团体第三名。结合重点单位调整，更新制定灭火救援数字化预案32份，大队开展重点单位消防演练11次，中队开展演练37次。大、中队各级指挥员严格对照灭火救援实战化指挥程序要点，规范灭火救援指挥程序，强化个人防护装备配备，注重作战行动安全评估。截至12月31日，大队接警出动157起（含2次增援），同上年相比，出警次数上升27.05%，出动消防车275辆次，消防人员1647人次，抢救被困人员55人，疏散338人，抢救财产价值561万元。全年全县发生火灾48宗，经济损失759922元，无人员伤亡。完成“2·12” 五马山救援解救被困驴友20余人和“4·20”丹霞山救援解救被困驴友14人等急难险重救援任务，受到县委县政府及人民群众赞誉。

2017年仁化县公安消防大队出警情况表

表2

接警（起）				出　警				
合计	其中			森林火灾扑救（起）	出动官兵（人次）	出动消防车辆（辆次）	救助被困人员（人）	抢救价值财产（万元）
	火灾	抢险救援	其他					
159	48	84	26	1	1665	278	56	560.1

【贯彻落实十九大精神】 2017年，县消防大队围绕“维护核心，听从指挥”主题教育、“两学一做”学习教育常态化制度化主题教育，精心谋划、严密组织、科学实施，深入贯彻学

习中共十九大精神和习近平总书记系列重要讲话精神。为中队官兵开展《十九大应知应会100题》《中国共产党章程》等党课教育，开展“维护核心，听从指挥”专题讨论，定期为大中队官兵作专题讲座，提升官兵党性修养，打牢思想根基，确保政治教育落到实处。大队在“四会”政治教员比武暨带兵法交流展示活动中，中队指导员叶谦获三等奖。

【后勤保障能力增强】 2017年，县消防大队预算经费同比上年，年度经费涨幅36.7%，人员经费涨幅16.7%，专项经费涨幅166.7%。将官兵高危补贴、生活补助、执勤补助等经费纳入地方财政保障范围，明确官兵地方补贴标准，部队从优待警力度得到提升，后勤保障能力得到持续增强。推进“三年补短板计划”，完成丹霞山消防站和仁化县消防训练基地前期征地及设计规划准备工作。新购置消防执法用车1辆、新到16米举高喷射消防车1辆。提请县政府新招收政府专职消防队员15名，满足执勤中队按36人配备标准，提高部队战斗力。

【火灾形势持续稳定】 2017年，县消防大队主动出击，当好党委政府参谋助手，整合资源，消除火患。全年全县未发生人员伤亡火灾事故。上半年，县消防大队在全市执法质量考评中排名全市第一。年内，县委常委会把消防重点工作纳入议题专题研究，县政府常务会议多次研究、部署和推进消防工作，出台《仁化县消防工作“十三五”规划》《仁化县市政消火栓管理办法》。召集全县46家消防安全重点单位消防安全责任人、管理人进行集中消防安全培训5次，指导和检查135次。推动全部重点单位落实“六加一”（开展一次消防安全评估、签订一份消防安全承诺书、维护保养一次消防设施、组织检查一次电气和燃气线路设施、全面清洗一次油烟道、集中培训一次全体员工；在此基础上，建立一支志愿消防队，确保一旦发生火灾，3分钟内形成第一处置力量到场扑救）措施和消防安全评估、建筑消防设施定期维护保养制度，提升“四个能力”（是公安部构筑社会消防安全“防火墙”工程提出的，即：提高社会单位检查消除火灾隐患的能力、提高社会单位组织扑救初期火灾的能力、提高社会单位组织人员疏散逃生的能力、提高社会单位消防宣传教育培训的能力）培训达标创建活动，100%落实“户籍化”管理和“三项报备”制度。推动重点单位全部完成微型消防站建设，落实每站6人、每站64件器材标准，发展队员276名，购置器材2944件，指导单位定期组织开展训练和演练工作，有效维护社会面火灾形势稳定。全年，县消防大队检查单位场所2121家，发现并督促整改火灾隐患1514处，下发责令改正通知书486份，临时查封17家，责令“三停”（停产停业、停止使用、停止施工）19家，拘留11人，罚款43.25万元。

仁化县公安消防大队负责人名录：

党委书记：朱凯兵（任至2017年8月）
罗良梁（2017年10月任职）

大 队 长：杨　鑫

政治教导员：朱凯兵（任至2017年8月）
罗良梁（2017年10月任职）

副大队长：白洪洋（任至2017年10月）

参　　谋：张甲庆（任至2017年10月）
黄　淇
鞠洪波（2017年11月任职）

政治指导员：欧阳志

中 队 长：路士林

（王加平）

交通·邮电·信息化工作

国道省道公路建设与管理

【概况】 韶关市仁化公路局（简称“仁化公路局”）隶属于韶关市公路局，是正科级事业单位，主要负责仁化县境内国、省道公路建设、养护、路政管理、辖区内机动车辆路桥通行费年票追缴工作。内设职能股室办公室、生产技术股、人事监察股、财务股、安全生产股、路政管理所、收费管理所7个，下设韶关市仁化公路养护中心（2016年6月成立，公益二类事业单位）。2017年，仁化公路局有干部职工（含养护中心）97人，其中在职中共党员33人；本科学历12人，大专学历30人。仁化公路局管养仁化县辖区内国道公路106线、323线和省道公路246线、342线、345线，总养护里程为200.381千米。

2017年韶关市仁化公路局养护里程表

表3

路线编号	路线名称	起讫桩号	养护里程（千米）	路面类型（千米）		技术等级（千米）				备注
				水泥	沥青	一级	二级	三级	四级	
G106	北京—广州	K2151＋000—K2219＋719	68.719	52.927	15.792	4.697	64.022	—	—	—
G323	瑞金—临沧	K318＋598—K352＋529	19.548	19.548	—	—	19.548	—	—	其中K332＋580—K346＋963与G106线重复14.383千米
S246	长江—新村	K0＋000—K73＋228	68.744	51.998	16.746	6.045	16.525	10.06	36.114	其中K43＋207—K47＋691与G106线重复4.484千米
S342	分水坳—双合水	K118＋551—K145＋311	26.760	26.760	—	—	—	26.760	—	—
S345	董塘—乐昌	K0＋000—K16＋61	16.610	16.610	—	—	—	16.610	—	—
合计	—	—	200.381	167.843	32.538	10.742	100.095	53.43	36.114	—

【公路建设】　国道106线、省道246线沿线绿化工程。2017年，仁化公路局争取市级财政补助资金200万元和仁化县财政补助20万元工作经费，在韶关市公路局及仁化县人民政府要求的时间节点内做好国道106线、省道246线沿线绿化工作，确保“7·26”红军长征粤北纪念馆奠基仪式和铜鼓岭纪念园揭碑仪式如期进行。①在国道106线仁化县城口镇至县城段、省道246线仁化县城至浈江工业园段补种路树、设置标志标线、打造绿化平台等。②完善国道106线仁化县城至城口段缺损标志、标线，刷新防撞墙导向反光标识，清理水沟、修剪杂草等。③出动大型装载机9台次、人员82人次，配合仁化县交通运输综合执法局整治乱堆放、乱搭建、乱摆卖等“六乱”。

完成省道345线仁化县石塘镇蔡屋组至楼下新村210米沥青路面建设工作。2017年，仁化公路局克服时间紧、任务重困难并取得市公路局帮助，在仁化县委、县人民政府规定时间（9月6日）前完成省道345线仁化县石塘镇蔡屋组至楼下新村210米沥青路面摊铺任务，助力2017年南粤古驿道定向大赛·韶关石塘站赛事举办和石塘镇“创文”工作。

省道342线仁化县闻韶镇塘面至扶溪镇双合水段路面改造工程开工。2017年8月15日，省道342线仁化县闻韶镇塘面至扶溪镇双合水段路面改造工程举行开工仪式。该工程起点为仁化县闻韶镇塘面（桩号：K118+551），沿省道342线往西北，经闻韶镇江南、镇街、扶溪镇，终点为仁化县扶溪镇双合水（桩号：K145+311）。该工程在扶溪镇双合水处与省道246线相交，全长26.760千米，全线按照三级公路技术标准设计，在原公路路基基础上进行路面改造，拟铺筑沥青路面195726平方米，加固桥梁6座，新建、改建或维修涵洞89座，处理平交路口104处，预算总金额为5948万元。截至2017年年底，该工程完成路基铣刨工作。

完成国道106线周田镇至丹霞山出口段2.5千米改建工程（县政府做业主）立项工作。2017年年初，仁化公路局积极做好国道106线周田镇至丹霞山出口2.5千米改建工程立项有关资料。经省交通厅初审，省发改委公示、批复，7月12日省发改委批准同意该项目建设（粤发交改函〔2017〕3632号文）。截至2017年年底，该工程主体工程完工。

做好国道106线仁化县丹霞山至周田段周田交通服务区前期建设工作。该服务区位于国道106线K2204+022处右侧，项目总用地1.33公顷，总建筑面积4430平方米，集住宿、餐饮、加油加气、停车场等服务于一体，为加快大丹霞和环丹霞山旅游公路建设、增加公路应急救援、旅游配套等起到重要作用。2017年，仁化公路局做好该交通服务区前期建设工作。3月22日，韶关市公路局以《关于对国道G106线仁化周田公路服务区建

2017年8月15日，省道342线仁化县闻韶镇塘面至扶溪镇双合水路面改造工程开工。图为开工现场　（刘逸　摄）

设工程可行性研究报告编制费的批复》（韶路费〔2017〕149号）同意以《广东省交通运输厅关于下达2016年公路建设投资计划（第二批）的通知》（粤交规函〔2016〕2393号文）有关规定列支该工程可行性研究报告编制费。9月30日，仁化县人民政府发出《征地通告》（仁府通〔2017〕18号文）进行征地，截至2017年年底，该工程进入征地阶段。

【公路养护】 2017年，仁化公路局完成公路养护管理工作，做到管养公路路况良好，路面平整、无病害，交通基础设施齐备、完善，路容路貌整洁，标志标线完善、醒目。①做好路容整治及公路养护工作。公路技术状况指标（Maintenance Quality Indicatior，简称MQI）国道年值为92.63，省道年值为89.65。完成水泥路面灌缝168千米，路容路貌修整402千米，水沟排水清理1407千米。及时修复水毁公路，确保公路安全畅通。清理各线公路塌方累计3120立方米，新建水毁涵洞2座，护坡320.8平方米，修复水泥路面1955平方米，修复沥青路面1048平方米，砌筑路基下塌挡土墙839立方米，投资应急抢险、水毁修复资金26.2万元。②加强路面维修保养工作。2017年，国道106线仁化县质监局红绿灯路面由于重车制动、碾压出现坑洼、凹槽等公路病害。2017年11月，仁化公路局组织人员进行路面维修。并于同年12月30日完工，确保道路安全通畅。③继续实行养护管理承包模式。2017年，扶溪养护所在2016年取得养护管理承包成效基础上，继续实行公路养护管理承包模式，即把原有养护工人充实到其他养护所，使全局养护压力在一定程度上得到缓解，做到整合资源，节约养护成本。

【路政管理】 路域整治。2017年，仁化公路局路政人员做到着装整洁、证徽齐全、仪表端正、语言和善、文明巡路，依法维护路产路权，整治路域环境。全年巡查公路2.4万千米，累计巡查天数260天。①配合仁化县交通运输综合执法局拆除公路沿线违法悬挂广告牌79块、违法悬挂横幅59幅，清理路障180立方米，清理乱摆摊设点95处，制止公路违法行为83宗。全年，仁化公路局发出违法通知书给当事人18份，移交公路违法案件到仁化县交通运输综合行政执法局18宗，其中办结路产索赔案件8宗，收取路产赔补偿费29896元。②严格依照省公路局《路政许可实施办法》办理行政许可案件5宗。③加大公路巡查力度及整治力度。积极配合仁化县委、县人民政府整治仁化县丹霞街道办至城口镇、董塘镇、周田镇等沿线公路路域，组织人员全面清理所辖国省道公路沿线两侧垃圾杂物等，在公路沿线设置道路警示牌，以示警诫。

路政宣传。2017年，仁化公路局开展“爱护公路，服务出行”主题路政宣传月宣传活动，重点宣传《中华人民共和国公路法》《公路安全保护条例》《路政管理规定》等法律法规，营造爱路护路氛围。期间，仁化公路局采取广播、电视等多种形式宣传，设置道路宣传牌12块，悬挂横幅20处，广播宣传50余次，发表新闻报道30余次。

【安全生产管理】 2017年，仁化公路局加强安全生产管理，始终贯彻“安全第一，预防为主、综合治理”安全生产方针，落实“党政同责、一岗双责、失责追责”安全生产制度。①成立安全生产领导小组，签订安全生产责任书，层层落实安全生产责任。②开展“安全生产月”“安全生产警示周”“安全生产万里行”等一系列安全生产宣教活动，提高职工安全意识和应急技能，重点加强应急救援队伍和应急物资储备建设，实行科学施救、安全施救。全年全局举办安全生产培训班4期，应急演练2场次，共64人次参加。③开展“安全生产大检查”“特别防护期安全生产检查”“做好国庆、中秋和十九大期间安全生产”等专项整治工作，加强巡查力度，对查出的安全隐患和问题坚持“零容忍”，一经发现立即整改。8月，仁化公路局排查出仁化县周田镇灵溪水桥存在安全隐患。8月31日，仁化县人民政府发出交通管制通告：限制5吨以上、宽2.2米以上车辆通行。仁化公路局立即组织人员进行24小时轮班值守，确保行车安全。④加大安全生产投入。仁化公路局投入资金190820元为养护中心新增安全施工标志牌266个（块），购置路锥300个，配换干粉灭火器52个，安全警示护栏带220卷，安装养护中心养护车导向警示灯16台，排查安全隐患54处并全部整改。全年全局无安全生产责任事故发生。

【路桥通行费年票追缴】 2017年1月，韶关市人民政府印发《关于取消韶关市普通公路机动车辆路桥通行费的通告》，取消机动车辆路桥通行费征收，但仍需对2016年及之前欠缴车主进行追缴。仁化公路局根据该文件精神，采取电视广播、社区公共宣传栏等方式进行年票追缴宣传，让广大车主了解年票追缴依据及缴费方法，并对机动车辆路桥通行费欠缴较多的部门、企业上门书面告知及通过县政府督促进行催缴，采取短信通知、挂号信等方式发出追缴告知书，全年发放催缴文书6350份，追缴到路桥通行费50.5万元。

韶关市仁化公路局负责人名录：

局　长：梁颂文

副局长：张述堂

梁美聪（女，任至2017年5月）

郭海珠

刘日发（2017年6月任职）

（刘　逸　谢瑛强）

地方公路与交通运输管理

【概况】 仁化县交通运输局（简称“县交通运输局”）属政府序列行政单位，办公地址设在丹霞大道116号，内设机构有办公室、综合运输股（挂交通战备办牌子）、公路规划股、财务股、交通运输综合行政执法局（单独列编）；下属机构有交通管理总站、地方公路管理站、交通学校；负责监管企业有仁化汽车站（含飞马客运公司）、富利捷出租车公司、雄达驾校、天成驾校。截至2017年年底，县交通运输局机关在职8人，其中局长1人、副局长2人；综合行政执法局在编人员41人。

截至2017年年底，全县公路通车总里程数为2093.74千米，公路密度为90.16千米/百平方千米。按行政等级，高速公路89.261千米，国道88.267千米，省道112.114千米，县道252.077千米，乡道公路623.082千米，村道308.909千米，乡村小路620.03千米；按技术等级，高速公路89.261千米，一级公路10.737千米，二级公路100.095千米，三级公路301.266千米，四级公路1407.823千米，等外公路184.558千米。

截至2017年年底，全县纳入交通运输行业管理客运经营企业3 户，客车89辆2943个座位；货运车辆195辆1128吨位；出租汽车经营企业1户，出租汽车30辆150个座位。全县乡镇班车线路16条，乡镇客运班车51辆，城乡客运一体化覆盖率100%。全县符合通班车条件行政村班车通达率保持100%。车辆维修业户135户；机动车驾驶培训学校2间，教学车辆147辆；乡镇渡口3个，渡船4艘。

【交通重点工程建设】 武深高速公路仁化段工程。武深高速仁化段起于仁化县城口镇大麻溪湘粤省界，终点止于韶赣铁路以北台滩枢纽与南韶高速公路联通，沿线经过城口镇、丹霞街道办、黄坑镇、周田镇等4个行政镇（街），主线路线全长47千米，桥梁42座全长

12075.6米；隧道7座全长7852.5米，桥隧比例42%。互通式立体交叉3处，服务区1处，停车区1处，主线收费站1处、匝道收费站3处及治超站1处。总造价68亿元。2017年，完成投资19亿元以上，超额完成全年15亿元投资任务。2017年12月28日建成通车，在2017年度全市各县高速公路建设任务完成情况考核获第一名通报表扬。

通自然村公路路面硬底化工程。仁化县通自然村公路路面硬底化工程433项555.331千米，总投资20266万元，分2年（2017—2018年）完成。2017年，县交通运输局落实市PSL（抵押补充贷款，Pledged Supplementary Lending的缩写）融资2.1亿元补助资金，指导各镇（街）作为业主组织实施。截至2017年年底，全县各镇（街）完成项目招投标，完成农村公路路面硬底化建设84千米。

2017年仁化县农村公路硬底化建设完成情况一览表

表4

项目名称	所在镇（街）	经村委会	建设规模（千米）	开工日期	路基宽度（米）	路面宽度（米）	计划投资（万元）	备注
G323—黄屋村	大桥镇	叶屋村	0.176	2017.10	4.5	3.5	6.160	完工
老市场路口—易屋	大桥镇	东风村	0.149	2017.10	4.5	3.5	5.215	完工
乱石滩—曹屋	大桥镇	侯曹屋	0.801	2017.10	4.5	3.5	28.035	完工
G323—东山	大桥镇	东山村	1.033	2017.10	4.5	3.5	36.155	完工
宏建铝业—黄子塘	董塘镇	黄子塘	0.684	2017.10	4.5	3.5	23.940	完工
S345—黎屋	董塘镇	叶屋村	0.344	2017.10	4.5	3.5	12.040	完工
江头村委会—石龙头	董塘镇	石龙头村	0.527	2017.10	4.5	3.5	18.445	完工
董联—江头	董塘镇	塔下	0.657	2017.10	4.5	3.5	22.995	完工
黄子塘—尾矿坝	董塘镇	黄子塘	3.975	2017.10	4.5	3.5	139.125	完工
高莲—高坝	董塘镇	高坝	1.123	2017.3	4.5	3.5	39.305	完工
山口—黄泥洞	红山镇	黄泥洞	2.403	2017.10	4.5	3.5	84.105	完工
上朱屋—黄泥埂	石塘镇	上朱屋	0.641	2017.10	4.5	3.5	22.435	完工
黄泥梗—新枫村	石塘镇	新枫村	0.253	2017.10	4.5	3.5	8.855	完工
新楼—河塘	石塘镇	河塘	1.452	2017.10	4.5	3.5	50.820	完工
周田—和平	周田镇	平甫二队	2.077	2017.4	4.5	3.5	72.695	完工

续表4

项目名称	所在镇（街）	经村委会	建设规模（千米）	开工日期	路基宽度（米）	路面宽度（米）	计划投资（万元）	备　注
黄泥塘—三横村	周田镇	黄惊墩村	0.559	2017.10	4.5	3.5	19.565	完工
水村七村—Y627	黄坑镇	水村七村	0.302	2017.10	4.5	3.5	10.570	完工
水村六村—水村七村	黄坑镇	六村、七村	0.311	2017.10	4.5	3.5	10.885	完工
大村—油洞	长江镇	油洞	7.542	2017.10	4.5	3.5	263.97	完工
长江—白洞坳	长江镇	白洞	9.241	2017.9	4.5	3.5	323.435	完工
长江—麦洞	长江镇	麦洞	7.56	2017.8	4.5	3.5	264.60	完工
长塘尾—大岭村路口	丹霞街道	大岭三组	0.461	2017.9	4.5	3.5	16.135	完工
工业园路口—大岭村	丹霞街道	大岭二组	0.735	2017.9	4.5	3.5	25.725	完工
畔田背—晒坪	丹霞街道	泮田背村	0.296	2017.9	4.5	3.5	10.36	完工
康溪一组—康溪四组	丹霞街道	康溪二组	1.506	2017.9	4.5	3.5	52.71	完工
春古酒厂—刨花板厂	丹霞街道	瑶前村	0.455	2017.9	4.5	3.5	15.925	完工

农村公路窄路基路面拓宽改造项目。2017年，全县有窄路基路面拓宽改造项目27个计184千米，计划投资10100万元。由于上级补助资金有限，为尽可能减少县财政筹资压力，县交通运输局组织设计单位精心设计，确保该项工作顺利推进。截至2017年年底，完成该批项目设计招投标并落实中央、市补助资金计划，第一批项目进行招投标准备工作。

县乡公路安全生命防护工程。该批项目合计587.18千米，计划从2017年起至2020年完成建设，投资约2.41亿元。截至2017年年底，完成全部项目立项及方案设计，启动项目3个，完成24千米。县道335线66.8千米安全生命防护工程进入挂网招投标。

旅游公路建设。2017年，县交通运输局根据县政府全域旅游工作部署，完成10条旅游公路规划上报工作。截至2017年年底，完成长江至热水公路新改建工程施工图设计编制，做好招投标准备工作；初步设计乡道629线灵溪河大桥至新凉亭旅游公路改建工程，拟采用勘测、设计、施工总承包招投标进行建设。其他旅游公路完成立项、工程可行性报告编制。

县道大修工程。2017年，仁化县启动县道大修工程2项，其中县道336线长江至城口段路面改造（二期）工程于2017年9月动工，截至2017年年底完成路面破碎13千米、双边路面铺设8千米，完成投资750万元；县道793线谭屋至月岭段路面大修工程在2017年年底完成施工招投标前准备工作，进行挂网招标。

其他改建工程。2017年，县交通运输局根据县政府工作部署，参与协助业主单位做好丹霞山出口至周田道路改建工程，2017年9月份该项任务完成主体工程建设并全线通车。县交通运输局作为灵溪水危桥改造工程业主单位，及时进行改造工程立项、审批和施工，截至2017年年底，完成旧桥拆除，新桥进场施工。

【县乡道路桥梁养护】 农村公路日常养护工作。2017年，县交通运输部门地方公路管理站管养县乡道路里程1091.065千米，其中县道252.077千米，乡村道838.988千米。年内，县交通运输局督促地方公路管理下属各道班、养护公司、养护责任人加强农村公路日常保养工作，按养护里程责任到人，抓好班容班貌，加强图表管理和完善、规范道班内业管理，督促养护责任人提高出勤率，全面做好养护工作。做好公路水沟、涵洞、桥梁等排水设施疏通，及时清扫路面，清除路障，力求做到路面无杂物、路肩平顺、路基无缺口、公路边沟畅通。全年全县县道年末路面优良率80%，乡道年末路面良好率78.9%。

县道公路预防性养护。2017年，县交通运输局按照“预防为先”要求，重点做好县乡道路小修保养工作，加强易塌方路段、危桥、涵洞、防护工程预防检查，及时排除隐患。根据汛期特点，及时疏通排水系统、保持边沟涵洞畅通、清扫路面、填培水毁路肩、备足冷补沥青养护材料及时修补路面，保持路面平整度，加强养护巡查力度，做好危险路段安全警示标志设置，及时清理路障，保障县乡公路安全畅通。

水毁抢修复工作。2017年，县交通运输局做好水毁预防和抢修复工作，做足预防措施，全力抗击水毁灾害。2017年，全县地方公路坍塌方72处7892立方米、水毁挡土墙39处4391立方米，损毁涵洞9座，路面破损5987平方米，全县地方公路水毁直接损失约672万元。县交通运输局重点指导受灾较严重的红山镇、长江镇等地抗洪抢险和水毁公路抢修复工作，集中人力、物力，及时抢通；组织设计单位进行县道（X296线、X335线、X336线）水毁公路修复施工图设计工作，争取上级资金修复水毁公路，保障畅通。

【路政管理】 2017年，县交通运输局加强内业管理及路政许可工作，规范卷宗分类和装订，做到档案整洁有序；加大巡查力度，路政部门坚持与养护道班信息沟通，提高路政巡查针对性和实效性，力求将各种违章情况解决于萌芽状态。及时做好各种违法行为向执法局告知工作，配合执法局开展路政执法工作，全年与执法局、当地镇街联合执法3次。全年累计巡查212天里程14816.921千米，出动巡查人员931人次；巡查发现各种路政违法案件240宗，其中当场制止清理各种公路乱堆乱放234宗，告知交通综合执法局案件6宗，办理路政许可2宗，结案2宗。

【交通行业服务监管】 2017年，县交通运输局结合创全国县级文明城市工作，优化交通运输系统服务，抓好客货运输安全。抓好2017年春运工作，确保春运工作安全、有序。2017年春运从1月13日开始至2月21日结束计40天。其间，全县发出客运车辆26648班次，同比2016年下降6.57%，安全运送旅客475341万人次，同比2016年下降6.23%。严格依法行政，按照县政府部署，交通运输行政许可进驻县行政服务中心集中办理，全年年审客、货运车辆209辆，新发放道路运输证IC卡34张；机动车维修业共143户，换证22户，新发9户，注销1户，申请行政复议或群众投诉率为零。抓好农村候车亭和新增加客运班线工作。年内，累计新增通客运班车行政村数量9个，新增农村客运候车亭数量11个，全县通行政村98个，未通11个，通达率89.9%。落实和完善交通运输行业安全生产责任制、“一岗双责”制度、安全月检制度，结合县政府开展安全生产专项活动契机，配合开展安全生产月活动（6月）、假期安全检查、特别防护期（7—10月）安全生产大检查等安全隐患排查整治行动，重点审查运输经营者安全生产条件、营运车辆技术状况、营运驾驶员从业资格，督促客运车辆按照规定安装行驶记录仪或GPS定位系统，加强客、货运站（场）安全监督管理工作。加强所辖水路客、货运输安全监督管理工作，指导、检查、监督县内水域渡口渡船安全生产工作。2017年，全县交通运输系统未发生安全生产重特大责任事故。

【交通运输综合执法】 2017年，县交通运输局依法行政，文明执法，强化执法人员法律意识提升，严厉打击交通运输违法违规违章行为。加强道路运政执法，维护道路运输市场秩序健康发展，加大非法营运车辆治理力度，严厉查处使用擅改车辆、货物扬撒、无道路运输证、无从业资格证等违章违法行为；开展国省道公路路域环境综合整治行动，重点整治国道106线、323线和省道246线公路沿线控制区违法建筑、违法设置广告标牌、乱摆乱卖、乱搭乱建、乱堆乱放、占道经营等现象；加强治超执法工作，整治公路货运车违法超限超载行为，推进高速公路收费站治超非现场执法工作；加强水路执法，保障水路运输安全，不定期深入游船企业检查，发现问题及时督促整改。全年，县交通运输局查处违法违章车辆121宗，清理公路乱堆乱放59处2760立方米，清理乱搭乱建87处1480多平方米；拆除广告牌和非公路标志571处（块）、公路控制区内违法设施32处、违法建筑15处3750平方米；清除公路用地种植物1260余平方米；清理摆摊设点93宗。10月20日起全面开展高速公路治超非现场执法，处理超限超载车辆9辆次。

【仁化汽车站】 2017年，仁化汽车站（含飞马公司）开往省际线路车辆1台，市际包车车辆6台，县际线路车辆31台，县内线路车辆51台；入站运营车辆88台，外站车辆3台。全年发车班次23.19万班（韶关班线5.3万班、乡村班线16.4万班、承包车1.4万班、外站车0.09万班），完成客运量313.86万人次（仁化汽车站162.18万人次、飞马公司151.68万人次），与上年同期对比下降23.53%；完成客运周转量11003.94万人千米（仁化汽车站8345.84万人千米、飞马公司2658.1万人千米），与上年同期对比下降13.15%。全年安全行驶里程745.57万千米，与上年同期对比上升3.26%。

【仁化县雄达机动车驾驶员培训学校】 截至2017年年底，雄达驾校有标准合格教练车110台，教练员120人，累计招收学员人数13000余人，累计培养合格驾驶员13000余人，培训合格率99.9%。

【仁化县天成机动车驾驶员培训学校】 2017年，仁化县天成机动车驾驶员培训学校设有倒车入库训练项目18个、侧位停车训练项目10个、坡道停车及半坡起步训练项目2条、曲线行驶训练项目1条、直角转弯训练项目1条、1000米长单车道1条、休息亭3个、学员摩托车停车亭1个。有教学车辆38台，教练员38名，招收学员998人，培养合格驾驶员619人。

仁化县交通运输局负责人名录：

局　长：钟文辉

副局长：杨　智　邵应康

谭群辉（任至2017年9月）

（周国明）

邮　政

【概况】 中国邮政集团公司广东省仁化县分公司（简称“仁化邮政分公司”）是中国邮政集团公司韶关市分公司垂直管理单位，内设管理机构综合办公室、市场部、金融业务部3个；设综合服务（金融、邮政服务）网点县城县储汇营业部、县城丹霞大道、董塘、周田、扶溪、长江、城口及红山8个；邮政服务网点凡口、石塘、黄坑、大桥、闻韶5个；城区投递部1个。截至2017年年底，中国邮政集团公司广东省仁化县分公司有在职员工99人。

2017年，仁化县邮政分公司通过“金融+寄递”项目拉动，实现收入2832.77万元，同比上年增量296.76万元，增幅11.7%；实现收支差846.32万元，同比上年增量128.1万元，增幅17.86%。劳动生产率28.05万元，同比上年增长11.75%。

【企业和谐发展】 强化党建工作。2017年，仁化邮政分公司按照县委部署，精心组织、全面展开，通过企业内部网络学院开班、微信推广、专题辅导、研读原文等举措，掀起学习宣传贯彻中共十九大精神、新时代中国特色社会主义思想热潮。持续推进“两学一做”学习教育常态化，强化中国共产党先进理论认识，开展“一线双联”“固定党日+”，以及“重温入党誓词、重读入党志愿”主题“党员政治生日”活动，夯实发挥基层党组织战斗堡垒作用和广大党员先锋模范作用基础。

文明创建工作深入开展。2017年，仁化邮政分公司参与仁化县“全国县级文明城市”创建工作，每月发动4名部室员工开展文明劝导活动，全年开展文明劝导活动13次，“创文”巡查活动50次，卫生清洁活动16次，“创文”宣传入户3次，发放、回收问卷调查300份。

【企业管理得到提升】 安全质量保持稳定。2017年，县邮政分公司按照集团和省市邮政分公司“平安邮政”建设工作要求，建立“平安邮政”方案和考核机制，成立县分公司安全生产委员会，明确各单位安全职责。做好公安、银监部门组织金融网点安全评估检查工作，并通过评估检查验收。全年投入安防（安保）设施资金30万元，消除网点营业、邮运生产安全隐患。

企业网点服务能力得到提升。2017年，仁化邮政分公司对丹霞大道网点进行形象升级整治，网点功能分区能区层次分明，服务设施完善，服务环境舒适。换新CRS存取款机4台。整治投递新作业场地，新增移动式简易皮带机1台，手持终端3台，三轮投递摩托车6台，提升工作效率。

【普遍服务履职能力】 2017年，仁化邮政分公司以中共十九大精神、习近平总书记新时代中国特色社会主义思想以及重要讲话精神为指引，不忘初心，牢记使命，坚持“人民邮政为人民”服务宗旨，履行普遍服务义务。年内，2017年，仁化邮政分公司被评为全省机要通信“十优”县分公司。全年各类投递进口邮件230.94万件，普邮时限达到普遍服务要求，其中挂信时限达标率97.46%、挂刷时限达标率98.32%、普包时限达标率99.76%。县城党政机关《人民日报》均实现当日见报。

【助力地方特色农产品返城】 2017年，仁化邮政分公司积极探索农村“电商+寄递+金融”融合发展模式，为当地百姓提供全面、方便、快捷服务，助力农产品进城。2017年，对标县委“一三九战略”，发挥邮政网络、平台和功能优势，打通仁化农产品与珠三角及全国寄递渠道，建立邮乐购电商平台，开通生鲜水果快递专线、强化农产品资金归集、移动支付功能，为仁化贡柑等特色农产品提供一条龙服务。全年助力“贡柑进城”24.34万件，配送量1217吨，同比上年增长254.29%，省内次日递率98%以上。

中国邮政集团公司广东省仁化县分公司负责人名录：

总经理： 张朝阳（任至2017年7月）

陈志毅（2017年8月任职）

副总经理：黄 勇

（陈诗华）

中国电信股份有限公司仁化分公司

【概况】 2017年，中国电信股份有限公司仁化分公司（简称“仁化电信”）有营销服务中心5个，企业员工77名，服务窗口遍布全县各镇（街）。拥有全县规模最大宽带互联网络和技术领先移动通信网络，具备为全县客户提供跨地域、全业务综合智能信息服务能力和客户服务渠道体系。

【党建工作】 2017年，仁化电信成立党总支，下挂党支部4个。加强企业党建工作，严格执行“三会一课”要求，重点检查“三重一大”决策规范性，保证重大决策符合民主集中制原则。开展“两学一做”活动，把活动延伸到新成立党支部中。

【光网络建设】 2017年，仁化电信宽带光网络覆盖全县所有镇区和行政村，自然村覆盖率85%。所有铜网宽带全部转换成光纤宽带网络，网速从4兆提速到100兆。实现“百兆进家庭，千兆进企业”目标。2017年年末，宽带平均网速超过70兆，开始普推200兆宽带。

【移动网络建设】 2017年，仁化电信全县C网基站130个，C网手机信号城区覆盖率98%，农村覆盖率85%，4G信号覆盖所有行政村。年内，改造基站97个，加大基站覆盖范围，适应移动互联网和现代物联网网络需求，具备开通NB-Lot和Volte等最新互联网应用能力。通过全面转向不限流量业务，降低移动业务使用资费，用户可以轻松、无限制地使用移动互联网。

【综合信息应用】 2017年，仁化电信协助政府建设公共服务平台、农业“三资”平台，政府服务直接延伸到农村基层组织；协助丹霞山景区改造并扩建高清监控系统，实现景区监控无死角，提升智慧景区水平；助力教育创现县，在多所中小学实现录播系统、智慧课堂、同步课堂建设，提高学校教育信息化水平。

【支持地方建设】 2017年，仁化电信“精准扶贫”挂点红山镇前洞村。抽调骨干人员2名对口帮扶，其中驻点该村人员1名。公司员工与贫困户19户“一对一”结对帮扶。依托信息化优势，优先为该村实现4G信号和光纤网络覆盖，免费为贫困户提供宽带和高清电视业务。在村委建成爱心信息小屋，利用天翼高清电视“粤想家”功能，实现留守老人和儿童免费与异地儿女、父母视频通话。配合县美丽乡村建设和创文明县城工作，投资52万元整治城市和新农村线路。迁改管线23处52千米，新铺下地管道38千米。

【企业管理水平提升】 2017年，仁化电信加强和完善企业内部管理，建立人文关怀管理、考核机制，抓好员工队伍建设，激发员工工作积极性，提升诚信经营服务质量，确保企业持续发展。

中国电信股份有限公司仁化分公司负责人名录：

总 经 理：邓刚琪

副总经理：丘福海 黄伟雄

（任至2017年9月）

尹宏生（2017年9月任职）

（朱亚梅）

中国移动通信集团广东有限公司仁化分公司

【概况】 中国移动通信集团广东有限公司仁化分公司（简称“仁化移动”）是中国移动通信集团广东有限公司在仁化的分支机构，负责仁化移动通信网络的规划、建设、运行管理和经营服务。公司下设综合部、市场部、网络部、政企客户部4个部门，含2个专业组（渠道运营组、家宽运营组）、2个区域（城区区域、长江区域）、2个对外服务窗口（全球通营业厅、新城营业厅）。2017年，有在职员工43人，退休员工3人。

2017年，仁化移动贯彻落实省、市公司安排各项工作，促企业快速发展谋求创新。完成市场经营、网络建设各项工作，按照党风廉政建设要求，将反腐倡廉和企业经营管理紧密结合，促进企业实现稳健、持续发展。全年公司整体经营保持良性稳健发展，完成年度各项经营目标。截至2017年年底，仁化移动在网客户13万户，4G客户8万户，移动家庭宽带用户1.5万户。

【4G网络发展】 2017年，仁化移动致力于营销模式多样化，确保业务量稳步增长。组织开展“精准扶贫4G下乡”惠民活动，常态化开展农村市场深度营销工作，保证业务量同步增长。推进自主宽带运营，确保宽带业务提质提量。响应国家“提速降费”号召，实质降低通信资费，持续推出“惠民政策”，完善有线宽带及4G网络覆盖提升客户网络体验感知，提升客户服务及满意度。运用短信测评工具，客观评价代办服务质量，加大奖惩力度，提升客户满意度。

【网络维护建设】 2017年，仁化移动完成4G网络建设任务站。4G网络覆盖县城、镇（街）及行政村。网络质量领先优势巩固。加强服务管控，优化客户投诉处理流程，确保投诉用户一次性处理满意率。加强服务前置，主动发现问题，做到服务工作从事后补救向事前预警改进。做好全面防汛工作，启动防汛应急处理机制，确保网络通信畅通。强化网络安全能力，完成基站机房安全隐患整治，保证网络运行安全。提升全网业务，加大光纤网络覆盖。截至2017年年底，家庭宽带覆盖数7万户，完成40个政府扶贫自然村家庭宽带覆盖建设。

2017年5月31日，中国移动韶关公司在仁化县城丹霞绿道开展2017“幸福1+1”健康行活动（仁化站）启动仪式　（仁化移动公司供图）

【构建和谐发展运营体系】 2017年，仁化移动推进党建党廉工作，坚持“三会一课”制度，开展批评与自我批评、谈心活动、反腐教育活动等，提高全体党员干部思想觉悟。全年围绕反腐倡廉、纪律教育月等主题，开展“两学一做”专题学习、反腐倡廉教育基地参观活动。落实党风廉政建设责任，加强廉洁自律，遵守党纪国法和领导干部廉洁从业规定。整治“四风”、持之以恒贯彻落实中共中央“八项规定”精神，执行公司有关作风建设制度规定和具体措施。抓好安全生产管理工作，开展隐患排查治理，实现全年安全零事故目标。夯实企业基础管理，增强服务职能，关心员工生活。

【担承企业社会责任】 2017年，仁化移动以提升客户感知为重点，推进服务理念、服务能力和服务资源立体化提升，践行4G服务承诺——“优服务和你心互联”，打造诚信优质本土服务文化。持续开展志愿者服务工作，组织青年员工无偿献血。结合政府“精准扶贫”项目，加大农村网络基础设施建设投入，让贫困户搭上“信息化快车”尽快实现脱贫致富。

中国移动通信集团广东有限公司仁化分公司负责人名录：

总 经 理：宋　挺（任至2017年7月）

贺美田（2017年7月任职）

副总经理：孙敏乾

（刘洁灵）

中国联合网络通信有限公司仁化县分公司

【概况】 中国联合网络通信有限公司仁化县分公司（简称“联通仁化分公司”）是中国联合网络通信有限公司的分支机构，联通仁化分公司设仁化营业中心、仁化政要营服公司、仁化公众营服公司、综合支撑室。截至2017年年底，联通仁化分公司有在编员工17人，其中：总经理1人（兼政要营服公司总经理）、公众营服公司总经理1人、仁化营业中心4人、仁化政要营服3人、仁化公众营服6人、综合支撑2人。

2017年，联通仁化分公司坚持以客户为中心，以市场为导向，不断完善基础设施，增强通信能力，提高服务质量，助推当地经济社会发展。

【移动网络建设】 2017年，联通仁化分公司4G用户发展势头强劲，混改成效明显，推出腾讯王卡（基础套餐分为19元/月、59元/月两档）、联通钉钉卡（套餐分为29元/月、49元/月、99元/月三档），提升用户黏性。年内，重点规划4G和固网网络建设，其中包括仁化县城、董塘、扶溪、黄坑、周田、凡口矿、城口、长江镇区域4G和固网网络建设。保障仁化县大型综合小区、工业园区等重点乡镇使用先进4G网络，并有效借助优势网络帮助各行各业实现智能化信息化发展。

【家网建设】 2017年，联通仁化分公司固网宽带业务发展不及移动业务，混改之后，结合公司百兆宽带，实现高清4K内容配套，抢占家庭娱乐入口，混改成为联通仁化县分公司固网宽带业务转折催化剂。加强企业内部大数据应用，提升管理水平；加强金融、政府、医疗、交通等行业应用；积极探索工业大数据应用，持续探索数据运营模式；关注数据安全。全面扩容建设县城内网络，新建县城周边黄屋村、张屋村、东湖村、新东新村、叶屋村光纤网络线路及先进设备，在扶溪、长江、周田、黄坑、董塘、凡口等区域，推动光纤网络进农村惠民工程建设。拓展周田三化代理点、董塘三化代理点、扶溪三化代理点、黄坑三化代理点、凡口三化代理点、仁化县骏马三化代理点。做好网络通信服务，确保网络通信畅通。强化网络信号、安全能力，提升全网业务，加大光纤网络覆盖，完成县城、乡镇光纤网络覆盖，提升客户满意度。

【其他工作】 2017年，联通仁化分公司响应当地政府号召，积极参与“创建文明县城”“创建文明窗口”等各项工作，要求公司员工从自身做起，从小事做起，注重细节，坚持讲文明、重礼仪、爱卫生。

中国联合网络通信有限公司仁化县分公司负责人名录：

总经理（兼政要营服公司经理）：陈发宝（任至2017年4月）

罗国栋（2017年5月任职）

公众营服公司经理：罗永宁（2016年5月任职）

（陈润娟）

信息化工作

【概况】 2017年，仁化县经信局协调电信、移动、联通、广电等通信运营商，积极谋划稳步推进全县各项信息基础设施建设。全年全县：固定电话交换机总量5万门，与上年相比持平；当地电话用户27000户，比上年减少8.52%，其中市话15000户，农话12000户；移动电话用户178500户，比上年增长1.12%，电信企业营业收入3460万元，比上年上升2.89%，邮政业务收入2832.77万元，比上年增长10.48%；互联网普及率72.18%。

【“村村通光纤”工程】 2017年，仁化县积极实施“村村通光纤”工程，推进光纤到户。截至2017年年底，全县所有行政村开通光纤接入业务，骨干光缆网络容量大幅提升，ODN主干光缆网覆盖县城。城区周边每间隔500米有光交箱接入，规划新扩路、新建楼盘、景区ODN网络，主推100兆光纤带宽接入。通过提升光缆网络覆盖密度和网间带宽，按照“优化架构、提升容量、调整接入、广泛覆盖”原则，建设骨干光缆环。2017年，县域电信、移动、联通、广电等通信运营商新建光缆长度1153千米，新增光纤接入用户1.78万户，互联网普及率72.18%。

【乡村4G网络建设加快推进】 2017年，仁化县加快推进4G网络建设，加大宽带网络建设投资力度。全年全县完成总投资9850万元，新建公众移动通信基站201个，新建基站站址95个。4G基站总数453个，实现主要公共区域无线局域网络信号全覆盖。实施4G网络入乡进村工程，实现城乡及交通干线4G网络全覆盖，提升农村互联网接入能力，创造加快发展“互联网+”农业、农村电商有利条件。截至2017年年底，县城和镇（街）一级实现4G信号全覆盖，村一级实现3G信号覆盖，具备高速无线上网能力。

【超高速无线局域网建设】 2017年，仁化县加快推进超高速无线局域网等无线宽带网络建设，在景区、银行、税务、邮政、学校、村委会等人流相对集中公共场所设置超高速无线局域网。截至2017年年底，全县完成185个公共场所WLAN覆盖，率先在人流相对集中公共场所实现WLAN覆盖。

【农村信息化建设】 2017年，全县：接通宽带镇（街）比率100%，接通宽带行政村比率100%，农民专业合作社互联网接入率100%，乡镇卫生院互联网接入率100%，乡镇中小学网络接入率100%，行政村接入有线电视比率100%，行政村网上村务、财务公开率（即设立网上村务公开栏开展村务信息公开行政村数量占全县行政村数量比例）100%。

【工程建设领域项目信息公开和诚信体系建设工作】 2017年，仁化县按照韶关市治理工程建设领域突出问题工作领导小组办公室要求，加强韶关市工程建设领域项目信息和信用信息公开共享平台建设，及时、准确、全面公布工程建设领域项目信息和信用信息。全年全县“双信息”平台发布项目信息和信用信息1235条，位居全市26个“双信息”平台前列。

仁化县经济和信息化局负责人名录：

局　长：肖润华

副局长：张水甜 张明福

科协副主席：温美莲（女）

（张水甜　邓新辉）

供电·供水·供气

供　电

【概况】　2017年，广东电网韶关仁化供电局有限责任公司（简称“仁化供电局”）积极适应经济新常态，探索符合仁化供电局实际发展道路，突出工作重点，抓好抓牢基础建设，全面提升各项工作业务指标，取得较好成效。截至2017年12月31日，仁化供电局：资产总额33330.22万元；供电量10.53亿千瓦时；售电量10.195亿千瓦时，其中大工业 8.01亿千瓦时、农业0.11亿千瓦时、商业0.34亿千瓦时、住宅0.97亿千瓦时、非工业和普通工业0.76亿千瓦时、农村排灌0.005亿千瓦时；缴纳税款0.14亿元，其中上缴仁化县国税局0.11亿元、仁化县地税局0.03亿元。

【安全生产】　2017年，仁化供电局采用设备主人包干制、“人巡+机巡”相结合形式，持续做好线路清理及用户故障出门工作，清理树竹60多万棵，签订青苗赔偿协议1324份。控制用户故障出门，确保配电线路开关正确动作，全年客户平均故障停电时间累计9.24小时，同比上年减少21.43小时，完成“两个确保、三个杜绝、两个不发生、两个减少”年度安全生产目标。全年完成现场安全督查826次，发现违章行为69宗。完成中共十九大特级保供电、“两会”及“财富全球论坛”一级保供电等各级供电24次。支援珠海抗风复电突击队获珠海香洲供电局赠送锦旗表扬。

【营销服务】　2017年，仁化供电局做到客户服务精细到位。出台《台区客户经理工作实施方案》《客户全方位服务质量考核方案》强化服务监督和客户服务事件问责力度，探索创新客户服务方式，在全局10个供电所建立“电力服务突击队”微信群，有效降低客户抱怨率。创新具有特色“贝壳式”服务方法，完善服务体系，接到工单和信件表扬多次。推进智能电表和低压集抄。全面完成智能电表轮换和低压集抄建设工作，其中闻韶供电所6月份成为韶关局第一个实现两率100%供电所，率先完成智能电表全覆盖目标，自动抄表及电子化结算率连续排名全省第一。稳步推进农电体制改革。形成政府主导定期通报机制，全年完成全县自供自管区16个（共33个）接收工作。接收客户资产提高供电服务。完成3个住宅小区及35千伏岭尾站资产接收工作，接收资产总额698.48万元。

【电网建设】　2017年，仁化供电局滚动修编电网规划，推进电网建设精益管理。9月，开展“长周线大会战”，用3天时间组织近千人次力量，通宵达旦坚守现场，全面完成大桥镇10千伏长周线农网改造升级项目，施工周期缩短16天，工作效率提高533%。全年完成投产项目147个，完成投资5485.8万元，新建中压线路36.74千米，新增变压器容量10620千伏安，改造低压线路546千米。完成丹霞、董塘、扶溪、闻韶供电所小型基建封顶和调度中心大楼置换。

【党建工作】　2017年，仁化供电局贯彻落实中共十九大精神，深入推进“两学一做”学习教育制度化常态化。多形式多载体推进十九大精神学习落实、落地，开展党委书记上十九大专题党课，邀请十九大代表冯金英开展专题辅导。探索党建考核管理，将“工分制”模式引入党建工作绩效考核，以“不规范就是不合格”要求，夯实基层党组织党建业务基础，把党建融入生产经营中心工作。组织党员开展千人会战“长周线”农网改造项目宣传服务、红军长征古驿道清障、重走长征路等特色党日主题活动，完善党性锻炼阵地。

【企业文化】 2017年，仁化供电局组织258人次参加精益管理体系建设培训班，推行暖心工程与7S管理（在生产现场对人员、机器、材料、方法、信息等生产要素进行有效管理中的整理、整顿、清扫、清洁、素养、安全、节约）相互融合，优化办公场所环境，组织开展庆元宵晚会、重阳节慰问、树新风道德讲堂、精益管理知识比赛、喜迎十九大晚会、供电杯书法比赛等系列活动。年内，仁化供电局精益课题《提升电子化结算率精益项目》获韶关供电局评比一等奖，《贝壳式服务降低客户投诉》获韶关供电局评比三等奖，2个课题获优秀奖；仁化供电局获南方电网模范“职工小家”“广东省青年文明号”、广东电网工会委员会“先进职工之家”、“广东电网有限制责任公司2016年农电工作先进集体”，韶关供电局“二〇一六年度先进集体”“二〇一六年度工会工作先进集体”“2016年度先进基层党组织”称号。

仁化供电局负责人名录：

局　　长：杨中柱

党委书记：曾建华（任至2017年8月）

杨中柱（2017年8月任职）

工会主席：曾建华（任至2017年8月）

魏家韶（2017年8月任职）

纪委书记：叶向红

副 局 长：魏家韶

李红萍（女）

李伟强（2017年1月任职）

（姚以凯）

供　水

【概况】 2017年，仁化县县城、丹霞山、广东铝厂、格顶矿和董塘镇、丹霞街道办圩镇、部分村庄由香港中国水务集团仁化银龙供水公司采用赤石迳水库水源供水，各乡镇自建饮水工程。截至2017年年底，全县由香港中国水务集团仁化银龙供水公司供水人口7万多人，由各乡镇自建饮水工程供水人口17万多人。

【城市供水】 基本情况。县城饮用水水源引入赤水迳水库水，主要源于小椙水、红山茂密森林。活水期水库补充水量每天保持在30万立方米以上。上游没有矿山、工厂，污染源小。化验员每天检测监控水厂出厂水，定期检验水厂制水原水，委托仁化县疾病防疫中心每月作全分析检验，保证供水管网水质合格率。水厂内设备有常用机组5台，备用机组2台，使用自动加压电频设备，水泵房加压5千克出厂（国家标准水压2.8千克）。制水工艺选用网格絮凝反应，蜂窝斜管沉淀，石英砂过滤，气、水一体反冲组成。工艺流程先进，符合国家标准；反应池、沉淀池定期清洗，采用水力排泥阀排污；清水池封闭通气。消毒设备选用二氧化氯消毒剂发生器，保障水厂供水水质安全。截至2017年年底，仁化银龙供水公司水厂：日供水能力4万立方米，供水面积20平方千米，管网总长约140千米；供水范围为县城主城区、丹霞片区、董塘片区及县城周边农村用水，用水人口约7.6万人，供水量665万立方米，日最高峰为2万立方米；实行阶梯用水水价：居民生活用水第一阶梯用水价格1.62元/立方米、第二阶梯用水价格2.37元/立方米、第三阶梯用水价格4.62元/立方米，非居民用水价格3.29元/立方米，特种用水价格4.12元/立方米（以上价格含水资源费0.12元/立方米），县政府对县城居民用户加征0.65元/立方米、其他用户加征0.75元/立方米污水处理费。2017年，银龙供水公司平均水价为2.10元/立方米（不包括县政府对县城居民用户加征0.65元/立方米、其他用户加征0.75元/立方米污水处理费）。

县城自来水厂管理工作。2017年，仁化银龙供水公司坚持“安全第一，预防为主”方针指导安全生产工作，在节假日前组织各部门开展安全生产检查。每月不定期安排人员对水厂运行设备、县城管网进行隐患排查，做到不留盲区和死角，确保水厂机组稳定运行。要求水质化验人员按照国家饮用水标准定时化验检测源水、出厂水、管网末梢水，委托仁化县疾控中心每月取样化验源水、出厂水、管网末梢水，确保供水水质安全。全年出厂水合格率100%，安全生产事故率为零。规范管理，提高员工文明优质服务意识。及时组织业务抢修人员抢修漏损供水管网，不定期监督检查安装工程质量、各种违法用水、违章接水现象，会同各收费部门查办、追缴、处罚各类违章用水行为。组织各部门负责人学习国家住建部《城镇供水规范化管理考核办法》及集团《供水运营管理标准（试行）》《制水运营管理标准（试行）》运营管理标准，要求公司各部门自行对照标准内容，逐一检查，及时完善、补充，保持与各标准一致。年内，经集团专项考核，公司水厂考核评级为AAAAA。引导全体员工树立正确人生观、价值观和权力观，提升思想境界，模范遵守有关廉洁从业规定。全年，公司员工未发生违规行为。发挥党建工作“示范点”作用，抓好党支部“五个好”标准建设。2017年，公司党支部获“韶关市非公有制经济组织党建工作示范点”称号。

【农村饮水】 2017年，仁化县村村通自来水工程建设（二期）总投资3963万元，建设内容有县城银龙自来水扩容改造工程，管网延伸覆盖董塘片区及丹霞片区；周田镇王氏灵溪河水厂扩网改造；长江镇镇区供水工程改造，制水工艺及管网改造。5月，完成规划扩建或改造，进入资料整理、验收等工作阶段。截至2017年年底，完成建设工程任务。

（刘　志）

供　气

【概况】 2017年，仁化县有管道天然气企业1家、液化气企业6家，7家燃气企业均获得燃气经营许可证。具体分布情况为：县城范围内有1家管道天然气企业（仁化县安顺达管道天然气有限公司），2家液化气企业（仁化县石油液化气有限公司、仁化县赤佬坝液化气有限公司）；周田镇有1家液化气企业（仁化县铁燃燃气有限公司）；长江镇有1家液化气企业（仁化县瑞山液化气有限公司）；董塘镇有2家液化气企业（仁化县凡口亮亮液化气有限公司、仁化县建辉液化气有限公司）。2017年，全县总销售液化气1720吨，天然气5085吨；总销售额液化气约1204万元，天然气约2986万元。

2017年，县住建局根据《仁化县住房和城乡规划建设局燃气事故应急救援预案》，积极应对可能发生的燃气安全事故，坚持“安全第一、预防为主”方针，高效、有序、及时开展事故抢险救援演练工作，最大限度保障人民群众生命财产安全，维护社会稳定。全年全县燃气安全生产事故为零。

（刘俊文　刘　红）

水利·气象·水文监测

水　利

【概况】 2017年，仁化县水务局把握水利工程建设工作新形势、新任务和新要求，贯彻落实县委、县政府决策部署，做好水务发展与改革工作。

【“三防”工作】 2017年，仁化县做好防汛责任书签订工作，制定山塘水库汛期控制运用计划，做好汛前安全检查、抢险救灾工作。2017年，无较大洪涝与旱灾，主要：7月2—7月3日，多地出现暴雨到大暴雨，仁化县各地不同程度受灾。据统计，全县受灾人口1566人，转移人口85人，水浸房屋60户，倒塌房屋30间，农作物受灾面积341.67公顷，水产养殖损失4.4公顷，损坏灌溉设施16处，多处公路塌方，县城出现内涝点多个，其中县城老街沿江路原农业局附近、三板桥内涝较重。该次洪涝，全县各部门按各自职责要求，及时组织防御强降雨各项工作，未出现因洪灾而造成人员伤亡现象。

【水利工程建设】 广东省山区五市中小河流治理项目。①广东省山区五市中小河流治理工程2016年项目。该工程治理范围由西岸电站至瑶山电站，批复治理河长26.31千米，河道清淤疏浚长26.31千米，新建防洪堤长4.01千米，新建护岸长9.15千米，批复概算总投资9838.23万元。资金来源为省级资金6473.76万元，县级资金3364.47万元。2016年9月初，该工程正式开工，截至2017年年底，到位资金6473.76万元（其中省级资金6473.76万元），完成形象进度90%。②广东省山区五市中小河流仁化县2017年治理项目。该工程治理项目2宗项目共5个河段，分布在长江镇和扶溪镇，批复总河治理长53.75千米，护岸总长40千米，清淤疏浚总长53.75千米，批复总投资8605.15万元。2017年治理项目分为两个标段实施，工程于2017年4月正式开工，截至2017年年底，完成主体工程，进入工程收尾工作和单位工程验收准备工作阶段。③广东省山区五市中小河流仁化县2018年治理项目。2018年治理项目1宗项目共1个河段，分布在周田镇，治理河长17.99千米，清淤疏浚总长为13千米，新建堤防长度4.347千米，护岸8.743千米，批复总投资5055.09万元。截至2017年年底，该工程开工建设。

中小河流治理重点县综合整治及水系连通试点项目。①丹霞街道项目区位于仁化县丹霞街道和董塘镇境内，项目主要内容为整治麻塘河、清水陂河和龙船坑河，河道整治总长度为9.069千米（其中治麻塘河5.225千米、清水陂河1.577千米、龙船坑河2.267千米），工程批复总投资为2678.61万元。截至2017年年底，该工程完成形象进度70%。②周田镇项目区位于仁化县周田镇境内，整治灵溪河总长度为7.036千米，工程批复总投资为2686.16万元。截至2017年年底，该工程完成形象进度90%。③石塘镇项目区位于仁化县石塘镇境内，整治石塘河总长度为9.1千米，工程批复总投资为2718.24万元。截至2017年年底，该工程完成形象进度95%。

全国新增千亿斤粮食生产能力规划仁化县2017年田间工程。该工程位于仁化县长江镇、闻韶镇辖区内，涉及两个镇9个村委，总灌溉面积693.33公顷，改造渠道总长度44.919千米，陂头改造1座，渡槽7座。2017年8月16日，韶关市发展和改革局批复该项目实施方案，批复概算总投资为1714.54万元，截至2017年年底，完成该工程形象进度90%。

机电排灌工程项目。①2017年，仁化县完成仁化县农村中型及小型机电排灌工程项目仁化县董塘镇新源组亚婆墩电灌工程，工程通过验收并交付新龙村委会管理使用。②做好仁化县董塘镇墩仔水轮泵站闸阀维修工程建设工作。

【小水电管理】 2017年，仁化县做好水电站汛前隐患排查工作。开展汛期前小水电站安全检查，包括有防汛任务小水电站防汛责任制落实情况、隐患处理情况，无防汛任务小水电站安全生产制度落实情况。做好农村水电安全生产标准化试点建设工作。根据《水利部办公厅关于开展农村水电站安全生产标准化试点工作的通知》（办水电〔2014〕50号）《关于开展农村水电安全生产标准化试点建设督导工作的通知》（粤水电农电函〔2016〕56号）文件要求和全国农村水电站安全生产标准化建设现场会会议精神，火冲坑、三里亭电站将有关评审资料上报上级主管部门申报验收，截至2017年年底，火冲坑电站、三里亭电站被评为三级达标电站。

【水政、水资源管理】 2017年，县水务局做好水法规宣传贯彻工作。在“世界水日”“中国水周”“全国法制宣传日”期间，组织开展多层次多方位宣传活动，取得较好效果。强化培训。6月28日，举办全县镇（街）人民政府、村委相关人员水法律法规培训班，邀请广东天行健律师事务所有关人员授课。9月21日，选派执法骨干4名参加市水政监察支队举办的水法律法规培训班。加强取水许可管理，依法依规受理取水许可申请、规范取水许可证审批和发放。截至2017年9月底，完成取水许可申请、换发工作112宗。加强水资源费等行政事业性收费征收。截至2017年10月底，全县征收水资源费707.001万元，水土保持费3.21万元。做好执法工作。全年组织执法巡查130余次，出动执法车辆110车次，执法人员540余人次。联合乡镇政府、其他部门执法巡查20余次，发出责令停止违法行为通知书16件。

【水土资源保护】 2017年，县水务局开展水土保持督查。按照水土保持法等相关法律法规和《仁化县人民政府办公室关于加强开发建设项目水土保持方案申报审批工作的通知》要求，不定期对县级审批水土保持方案生产建设项目开展水土保持监督检查10次。做好水保方案审批。2017年，全县新增受理水保方案审批2宗，分别为仁化县丹霞街道办东田矿区建筑用灰岩矿矿产资源项目和宝能国际度假旅游丹霞天街项目，全部审批完结。做好建设项目水土保持发现问题整改。根据省审计组对离任县主要领导审计过程中发现的建设项目水土保持方案方面问题，按照水土保持法等相关法律法规和县政府关于《仁化县人民政府办公室关于加强开发建设项目水土保持方案申报审批工作的通知》（仁府办〔2013〕155号）文件要求，联合水政大队开展全县未编制水土保持方案项目水土保持督查，下发限期补编补报水土保持方案通知书20余份。

【水库移民工作】 2017年，县水务局科学编制年度项目计划，解决移民遗留问题。截至2017年8月底，县移民办完成全年各项资金项目计划编制和上报工作。召开2017年水库移民编制移民项目计划暨培训工作会议；下达各相关镇2017年移民项目计划指示数，要求各相关移民村召开村民大会确定村小组项目建设内容；选择优质设计单位做好2017年项目设计编制工作；完成全县水库移民后扶资金、省属资金、库区资金和小型水库资金项目计划上报工作。做好移民新村建设。截至2017年年底，全县投入移民资金1954.39万元完善移民村公共基础设施，其中操场289.28平方米29.48万元、低压线0.25千米1.53万元、堤坝0.1千米19.32万元、公路1.036千米60.85万元、管网4300米37.68万元、机耕道0.91千米22.62万元、路面硬化5815.5平方米111.76万元、码头（渡口）2座20.08万元、排灌站60千瓦38.45万元、配套设备24套15.09万元、渠道5.713千米271.71万元、人行便桥1座6.87万元、文化室489平方米82.95万元、蓄水池39立方米10.2万元、直补到人12441人648.07万元、其他项目（新建村公厅、太阳能路灯、挡土墙、牌坊、水井、池塘清淤、篮球场、乒乓球台及健身器材）53处（宗、盏）577.73万元，改善移民群众生产、生活条件。

【渔政管理】 2017年，仁化县严格执行禁渔期制度，做好渔政执法工作。通过广播电视等媒体宣传正面教育，播放案件警示，定期组织开展禁渔期执法行动，禁渔期期间出航48航次、检查渔船124艘次。加大鱼类增殖放流力度，改善和修复水域生态环境。4月18日、19日，在锦江水库、赤石迳水库举行人工增殖放流活动，其中向锦江水库投放大规格草鱼、鳙鱼、鲢鱼等鱼种24万尾，向赤石迳水库水域投放鲢鱼、鳙鱼、草鱼、青鱼“四大家鱼”鱼种5万尾，投入经费11.8万元。贯彻落实惠渔政策，做好渔业油补发放工作，全年全县符合机动渔船油价补助规定渔船118艘，实际发放金额33万元。做好锦江水库水华治理，清理非法养殖网箱500平方米，清理废弃网具1120平方米，完成废网清理任务总量90%。

【其他工作】 河长制工作。2017年，仁化县建立县镇村三级河长体系，分级划分河湖名录，实行县委书记任县级第一总河长、县长任总河长以及镇党委书记任镇级第一总河长、镇长任总河长双总河长制，分级、分段设置三级河长，明确各级河长职责。截至2017年年底，全县确立三级河长1558人（其中县级河长6人、镇级河长81人、村级河长1471人），河流专管员1343人。开展河湖名录划分、标绘上图工作，并将县域河湖名录及电子标绘成果提交至韶关市河长制办。

小型水利工程管理体制改革。2017年，仁化县制定印发《关于印发仁化县城建水务所属水管单位分类改革方案的通知》《关于核定全县各镇水利管理所在职编内工作人员名单的函》《关于要求成立村级水利管理协会的通知》，明确各镇所属事业单位机构设置、主要职责和人员编制等规定，明确县属水利工程管理机构、镇水利水电管理所为事业单位，及其主要职责和人员经费、管护经费增长机制，为全面实施小型水利工程管理体制改革工作提供政策保障。

河湖管护体制机制创新试点县工作。2017年，仁化县通过河湖体制机制创新试点工作，创立河湖管护机构，完善河湖管护模式，落实河湖管护责任，强化日常管护工作，落实经费，有效遏制违法挤占河道、蚕食水域、滥采河砂、偷排污等现象，河道水面垃圾及漂浮物明显减少，河道、水库水质得到改善。全年落实河湖管护资金288.889万元［其中省财政厅安排的河湖管护体制机制创新试点县（区）河道维修养护资金150万元、中小河流维修养护资金59万元、县财政2016年部门预算35.571万元、2018年部门预算44.318万元］，河道建设治理资金16872.73万元。落实机构和人员，在原有防洪排涝工程管理所基础上，县水务局增设内设机构河湖管理股，有工作人员4名。落实河道确权，推进试点河道、水库管理范围划界确权工作和界桩埋设工作。2017年2—5月，在试点河道设立界桩1183个，保护宣传警示牌142个，涉及河道长度110.4千米；6月，完成河道界桩测量、定位，形成电子底图，明确管理范围。

仁化县水务局负责人名录：

局　长：梁伟军

副局长：李为军　杨永新

李志平

（刘　志）

气象事业

【概况】　仁化县气象局（台）隶属上级气象部门和地方双重管理，内设正股级机构气象灾害防御管理办公室（重大气象灾害应急指挥部办公室，简称防灾办）、办公室（人力资源股）、站网管理股、预报股、发展改革与财务股5个，局（台）直属事业单位仁化县气象公共服务中心、仁化县气象局机关服务中心、仁化县气象公共安全技术支持中心3个。管理（下属）副科级地方气象事业单位仁化县突发事件预警信息发布中心、仁化县南岭生态气象中心2个。其中，仁化县突发事件预警信心发布中心内设正股级机构办公室、业务管理股、运行保障股3个；仁化县南岭生态气象中心内设正股级机构综合办公室、防雷减灾管理中心、人工影响天气管理中心3个。

2017年，仁化县气象局坚持把气象服务工作放到首位，加强气象设施建设，提升气象公共服务能力和预测预报水平，依法开展防雷安全管理和气象应急管理工作，提高气象灾害风险管理能力。年内，苏祥芳、刘美莲获省气象局嘉奖。

【气象设施建设加强】　2017年，仁化县气象局高度重视南岭生态气象中心项目建设。南岭生态气象中心围绕生态文明建设服务的需求，按照绿色、环保、园林式设计理念，完成生态环境监测核心区、暴雨致灾实验基地、人影作业示范基地、温湿气体观测站、果林生态观测区、大田水稻试验区、水体生态试验区七大功能区一期基础设施建设，布设气溶胶质量浓度监测仪、GPS/MET水汽能量观测仪、生物舒适度仪、大气负氧离子浓度、酸雨自动观测仪、蓝天观测仪、水体温度梯度观测系统、果树物候监测仪、激光雷达、32米梯度风、16千米风廓线雷达等环境气象观测设备30多种，初步建成生态气象综合观测系统和平台。具备开展生态气象因子监测预警、生态气象业务服务及生态科学研究试验等功能和条件。2017年，仁化县南岭生态气象中心承办科普自由行活动3期，接待市民、青少年学生、志愿者1000余人，派发科普资料3000余份。9月，仁化县南岭生态气象中心被县教育局、县气象局授予仁化县首个学生综合实践基地。11月申报入选为省级科普教育基地。

【业务质量】　2017年，仁化县气象局地面测报台站平均错情率0，台站个人平均错情率0，报表错情率0。农气测报表错情率0。24小时天气预报质量：暴雨TS评分为50，晴雨综合准确率为84.1 综合评分70.46。预报质量达到上级业务部门考核标准，在全市8个县局中排名第一。

【气象服务】　2017年，仁化县气象局向当地政府和有关部门发出书面《天气报告》40期，《重大气象信息快报》11期，《重大气象信息专报》48期。全年发布预警信号119次，发送决策气象服务短信300条。针对县特色、优势农业产业，开展市（县）农气情报预报、春耕春播、夏收夏种专题气象服务、田园气象等特色农业气象服务。全年编写市、县农业气象情报预报及省农情调查材料60篇，直通式为农服务短信36份，春耕春播、沙田柚、贡柑、茶叶等专题服务20份，农用天气预报7份。

【公共服务和决策服务】　2017年汛期，仁化县气象局在组织、规章制度、人员配备及仪器设备方面做好充分准备。密切关注天气变化，实行24小时值班及领导带班制度，遇有重大天气过程，有条不紊开展气象服务工作。每天通过微信、微博公众平台发布24小时和未来3天天气预报；每周五通过短信平台发布未来一周天气预报，每月制作《气象月报》《气候影响评价》报送到各相关服务单位；做好春运、春播夏收夏种、高考天气、端午假期等天气过程决策气象服务，组织调查气象服务工作总结14份。

【防雷减灾工作】 2017年，仁化县气象局规范防雷社会化管理，推进防雷安全管理政府化，按省安委会要求，将“极端天气（雷电）安全生产防御措施”纳入县党政班子年度安全生产责任制，通过政府主导、部门联动强化防雷安全工作。全年开展定期检测120宗，对防雷装置不符合要求单位提出整改意见并出具整改意见书8份；开展新建技术评价16宗，新建跟踪检测服务16宗，新建竣工检测服务17宗，开展雷击风险评估2宗、雷灾调查2宗；全面检测排查全县26所学校48个教学点；开展非煤矿山行业领域气象灾害防御和防雷安全生产排查工作11家；组织全县气象灾害防御重点单位应急责任人、中小学校（幼儿园）负责人、危险化学品易燃易爆场所负责人、在建工程项目建设单位负责人进行气象灾害（防雷）防御知识培训。

【人工影响天气工作】 2017年，仁化县气象局做好人影作业岗前培训工作，派员参加省人影中心组织的人影作业指挥长、人影作业人员培训；建立人工影响天气作业设备常规保养制，定期保养人影设备，按要求做好登记工作；严格执行人工影响天气作业制度，按照作业规范安全作业。全年未发生人影作业安全生产事故。史宏寰所主持项目《广东省人工影响天气综合决策指挥系统》获广东省农业技术推广奖一等奖。

2017年8月22日，仁化县举办气象灾害防御暨气象信息员培训会议 （朱荣芳　摄）

仁化县气象局负责人名录：

局　长：苏祥芳

副局长：李胜利　刘美莲（女）

（蓝传宝）

水文监测

【概况】 仁化水文站为广东省水文局韶关水文分局下属水文站，位于仁化县丹霞街道水南村。该站始建于1951年6月，为雨量站；1953年2月改为水位站；1956年1月改为水文站，测验项目包括水位、流量及降水量。巡测方案施行后，仁化水文站实现有人看管、无人驻守测验方式，测验任务由韶关水文分局韶关水文测报中心承担。

【水量监测】 2017年，仁化水文站负责监测仁化境内各河流水量监测工作。域内有水文站1个、巡测断面1个、雨量观测站15个、大中型水库观测站4个、冰冻灾害监测站点1个。各观测站点实现水位、雨量自动测报。流量测验采用先进仪器走航式ADCP、雷达测速枪，配备辅助测量设备水文测船、冲锋舟、华测RTK型GPS、天宝全站仪、水深测量仪，提高工作效率。

2017年仁化县域内巡测断面一览表

表5

水　系	河　名	站　名	断面地点
北江	百顺水	大坝	广东省仁化县黄坑镇大坝村下游桥下

2017年仁化站属下降水量站一览表

表6

水　系	河　名	站　名	观测场地点
北江	浈　江	周田	广东省仁化县周田镇
北江	百顺水	黄坑	广东省仁化县黄坑镇
北江	闻韶水	闻韶	广东省仁化县闻韶镇
北江	灵溪水	大围	广东省仁化县周田镇大围村新屋场
北江	锦　江	长江	广东省仁化县长江镇
北江	扶溪水	扶溪	广东省仁化县扶溪镇蒙屋街
北江	城口水	兰洞	湖南省汝城县三江口镇东岭兰洞
北江	城口水	城口	广东省仁化县城口镇老盐街
北江	黎屋水	五渡村	广东省仁化县红山镇五渡村
北江	黎屋水	厚坑	广东省仁化县城口镇厚坑村
北江	锦　江	仁化	广东省仁化县丹霞街道水南村
北江	董塘水	石塘	广东省仁化县石塘镇礼园村小组
北江	董塘水	大水坝水库	广东省仁化县石塘镇上中垒村大水坝水库
北江	西　水	前洞（仁化）	广东省仁化县红山镇前洞村前洞小学
北江	百顺水	大坝	广东省仁化县黄坑镇高塘村大坝村小组

2017年仁化县境内大中型水库监测站点一览表

表7

水　系	河　名	站　名	观测场地点
北江	锦　江	锦江水库	广东省仁化县锦江水库
北江	黎屋水	高坪水库	广东省仁化县高坪水库
北江	董塘水	赤石迳水库	广东省仁化县董塘镇赤石迳水库
北江	董塘水	澌溪河水库	广东省仁化县董塘镇澌溪河

【水质监测】 2017年，仁化县内水质监测断面有仁化、赤石迳水库、锦江水库、周田、金牛农庄人行桥、长江镇6个，实现各河流水功能区和水库水功能区水质评价。水质断面水质采样由韶关水文测报中心安排，广东省水环境监测中心韶关分中心化验。

2017年仁化县境内水质监测站点一览表

表8

监测站点	分布地址	监测频次	观测项目
周　田	仁化县周田镇司土坝村	1年4次	pH、电导率、六价铬、总氮、铜、铅、镉、硫化物、砷、硒、汞、氨氮、高锰酸盐指数、阴离子表面活性剂、挥发酚、总磷、氰化物、五日生化需氧量、溶解氧、叶绿素、硫酸盐、氟化物、硝酸盐氮、氯化物、锌、铁、锰、透明度、水温
仁　化	仁化县丹霞镇水南村	1年12次	
赤石迳水库	仁化县董塘镇赤石迳水库	1年4次	
金牛农庄人行桥	仁化县丹霞街道夏富村委会牛鼻村小组	1年12次	
长江镇	仁化县长江镇	1年2次	
锦江水库	仁化县锦江水库	1年12次	

【水文服务】 2017年，韶关水文分局每两个月向丹霞山管委会提供《丹霞山风景区水文综合情况报告》6份，全面介绍流域内水量、水质资料状况。

韶关水文分局负责人名录：

局　长：谢建强（任至2017年8月）

副局长：周　艄　赖仲淄

（2017年8月任职）

总工程师：韩学军

（文小平）

城乡建设·环境保护

城乡建设

【概况】 仁化县住房和城乡规划建设局（简称“县住建局”）主要负责全县城乡规划建设管理工作，内设有机构办公室、建筑业监管股、城乡规划股（包含用地规划股、工程规划股、村镇规划股）、城市建设管理股、住房发展与房地产业监管股7个；有下属单位15个（其中事业单位县城建监察大队、县建筑工程质量安全监督站、县散装水泥办公室、县房屋征收管理中心、县规划技术服务中心、县房产管理所、县城市园林管理所、县环境卫生管理所、县建设工程造价管理站、县城镇污水处理管理中心、县城市建设档案室、县测量队12个）；企业单位县建筑工程设计室、县市政工程公司、县污水处理厂3个。截至2017年年底，全局有在职员工408人。

2017年，县住建局学习贯彻中共十九大精神以及习近平总书记对广东工作的重要批示精神和省委十二届二次全会，市委十二届四次以及县委十三届历次全会精神，开展“大学习，深调研，真落实”活动，树立新发展理念，实施县委“一三九”发展战略，对标省、市、县考核任务指标，推进老城更新规划、新区发展规划，提升城市空间布局，提高城区承载力、带动力；加快城市基础设施建设、完善公共设施服务体系，推进实施市政道路、园林绿化、文化体育、医疗教育、生态环保等重点民生建设项目一批；统筹推进城乡协调发展，履行职能部门职责，实施城市经营战略，抓好工程质量和安全生产，规范建筑市场秩序，抓好房地产业管理，促进房地产业健康、有序发展；以巩固“国家卫生县城”和“创建全国县级文明城市”成果为抓手，做好市容市貌和违法建设整治工作，打造宜居城乡，坚持依法行政，抓好城乡规划建设管理工作；推进全县城镇提升工作，加快建设生态更美、产业更优、机制更活、百姓更富、社会文明程度更高美丽幸福新仁化。

城乡规划

【规划编制】 2017年，县住建局以推进城镇提升为主线，对标“一三九”发展战略以及“九大任务”三年攻坚行动方案，以保障和改善民生为出发点，按照《仁化县城市总体规划（2010—2030）》，加强规划编制与实施，科学编制城乡建设各类规划。

村镇规划编制工作。2017年，县住建局完成仁化县33个省定贫困村创建社会主义新农村示范村暨农村人居环境整治规划、仁化县扶溪镇古夏村传统村落保护发展规划编制工作。

县域控制性详细规划工作。2017年，县住建局完成丹霞街道中心村北门片A、B、C地块、丹霞街道中心村E、F地块、原田家炳地块等控制性详细规划17宗，规划面积26336平方米。完成深湘高速康溪、城口出口控制性详细规划及城市设计方案初审，仁化县总体城市设计及南部新城控制性详细规划方案初审及中期汇报，完成仁化县“十三五”近期规划、仁化县城市环卫设施布点规划、仁化县周田镇镇区控制性详细规划、仁化县基本生态控制线等规划编制工作。

修建性详细规划及专项规划工作。2017年，县住建局完成丹霞新城二期C地块修规、仁化县全民文化广场、仁化县第一小学修规等相关规划。

【规划管理】 2017年，县住建局严格执行仁化县城市规划委员会审批制度，依照有关法律法规，在审议工作中坚持公平、公正和公开决策原则，鼓励公众参与，监督规划实施，提高城市规划决策科学性，促进经济、社会和环境协调发展；做好“建设项目选项意见书”“建设用地规划许可证”“建设工程规划许可证”审批和核发关工作，全年核发“建设用地规划许可证”89张，用地面积28.14万平方米；“建设工程规划许可证”35张，总建筑面积38.08万平方米。

【建筑设计】 2017年，仁化县建筑设计室执行国家强制性条文、标准规范，做好工程勘察、设计工作。通过抓好工程设计管理，提高设计水平，缩短设计周期，实行会审制度，提高设计质量。全年完成工程项目55项，设计建筑面积5万平方米。完成建筑工程设计项目有中共仁化县委老干部局仁化县老干部活动中心改扩建工程、丹霞开发区与仁化县煤炭公司宿舍楼挡土墙坍塌修复工程、仁化县闻韶镇泰学校综合楼设计工程、仁化县人民法院诉讼服务中心装修改造工程、仁化县周田镇政府台滩村卫生站设计工程、仁化县规范化财政所建设项目十个镇财政局装修设计、韶关灵溪河森林旅游度假公园有限公司灵溪河森林公园景区老凉亭电站厕所改造建设工程、韶关市丹霞山管理委员会索道上站至舵石步道改造工程、周田镇至韶赣高速丹霞出口市政道路改建工程建设路段路灯安装工程、仁化县方骏发展有限公司仁化县长江镇金骏大楼等设计项目。

【测绘工作】 2017年，仁化县测量队抓好工程测绘工作，做到测绘数据及时、准确、规范。全年完成测绘项目26个，其中，教育强镇项目有周田灵溪学校竣工测量、董塘小学测量、闻韶学校综合楼测量、仁化县中等职业学校运动场地形图测量、仁化中学土方测量、仁化县特殊教育学校、仁化县第一小学放线测量、仁化县第一中学食堂竣工测量等工程；政府工程项目有县政府前广场地形图测量、城口铜鼓岭纪念碑地形图测量、城口红军纪念馆地形图测量及长江、周田、董塘、黄坑等8个镇（街）垃圾填埋场封场测量工程；房地产项目有盛世铭庭竣工测量、晟泰花园A5/A6栋竣工测量、丹霞新城二期沁润园B区、新锦轩、亲和园安置楼、锦霞华府竣工等测量工程；“美丽乡村”项目有仁化县扶溪镇古夏村地形图测量、仁化县董塘镇安岗村地形图测量、石马龙新村地形图等测量工程；工业项目有周田新庄工业园博世铝业竣工测量等工程；拍卖地项目有长江加油站、银海集团周田K地块地形图测量工程。其他项目有供电所测量（丹霞、董塘、扶溪、闻韶、红山）、卫生院（石塘、周田、大桥、黄坑、长江、扶溪、闻韶）放线测量工程。

城镇建设与管理

【重点工程建设管理】 晟泰花园项目。截至2017年12月底，晟泰花园项目（国有工矿棚户区改造）A1—A6栋消防未验收，B1—B2栋主体结构封顶，装饰装修完成65%，水电安装施工完成58%。

仁化县域城镇生活污水处理厂及管网升级改造工程。截至2017年12月底，完成PPP项目入库工作，确定PPP项目咨询服务机构，进入项目编制的初步实施方案、物有所值评价、财政承受能力论证报告阶段。

周田镇至韶赣高速丹霞

出口市政道路改建工程。截至2017年12月底，该项目完成总工程量90%，包括全线2.54千米桩基础、主路路面。

北门片区市政工程。北门片区市政工程项目分两个阶段实施，共建设6条路，分别为建设路（城市次干路）、规划一路（城市支路）、规划二路（城市支路）、沿江一横巷（城市支路）、解放东路（城市次干路）和新东横街（城市支路）。截至2017年12月底，一期工程完成总工程量80%；二期工程完成桩基础施工，开始雨污管铺设施工。

【城市监察】 县城市容市貌管理。2017年，仁化县城建监察大队整治“六乱”现象，加大整治乱摆卖、乱堆放、乱搭建、乱粘贴力度，实行门店入室经营，流动摊档入市经营管理。全年，对县城和丹霞山范围商户、摊贩发放环境整改通知书536份，发放宣传资料12000多份，清理固定门店外经营136户次，清理流动摊点300余处，办理违法市容环境行政案件18宗。

打击两违建设行为。2017年，县城建监察大队严格执行《仁化县查处违法建设实施办法》《仁化县关于严控道路规划建设实施方案》《仁化县关于严控区规划建设实施方案》，健全整治和规范相结合长效机制，探索建立联动规划执法工作机制，配合、协调和加强规划执法，依法依规行使规划执法权，从严打击“两违”建设行为。全年，拆除违法建筑（含搭建）63宗，面积13002.94平方米；罚款或补办手续案件10宗，面积3933.97平方米。其中，环丹范围拆除违法建筑（含搭建）54宗，面积10771.94平方米。

【环境卫生管理】 2017年，仁化县大力推进农村生活垃圾“户收集、村集中、镇转运、县处理”全覆盖收运处理体系工作，启动实施县域10镇1街环卫服务市场化委托运营项目（试运行）。9月13日，该项目开标并确定中标公司，通过政府购买社会服务形式将县域全部镇（街）墟镇区域环境卫生管理、道路清扫保洁及各自然村垃圾清运工作纳入市场化管理。

【城区园林绿化】 2017年，县园林所通过运用杜鹃花、枫树和木棉等红色植物元素对铜鼓岭纪念园进行绿化改造，种植香樟、木棉、杜鹃、枫香、桂花、红枫等绿化苗木569株、色块1335平方米、种植草皮2068平方米。根据县“创文”工作及“三边”整治要求，对国道106线康溪路口中央三角地带铺种细叶结缕草945平方米。

【路灯管理】 2017年，县园林所不间断检查县城路灯，及时更换修复不亮灯盏和破损灯罩，更新老化线路，保证主要街道亮灯率达98%以上。年内，返修县城文化广场、绿道一期、仁化大桥路灯杆部分故障LED喜庆灯饰53套；维修县城“一江两岸”景观灯光亮化设施重点部分16个点1次；针对县城范围、国道106线周田路段、董塘路段及“一江两岸”路灯线路多处发生被盗情况，安装自动化监控及防盗检测控制系统1套；对宝能集团路段路灯配电柜临时电源输入，亮化通电87盏；国庆节期间，在县城锦城文化广场、老汽车站商贸广场、樟树头花坛、锦城公园入口、明珠广场等重要地点布置5组“中国梦”“喜迎国庆”主题绢花造型，以及在县城主要路段包括文化广场、仁化大桥、绿道、建设路、新城路、仁桥路等路灯杆悬挂国旗714面。强化路灯管理工作安全意识，发现问题及时整改，全年未发生重大安全事故。

【房屋征收管理】 2017年，县房屋征收管理中心认真做好县房屋征收管理工作。规范房屋征收行为，严格征收程序，对县北门片区市政工程（人民医院至中职学校市政道路、沿江路一横巷市政道路原家具厂、原种子公司）、丹霞财政所地块“三旧”改造、丹霞新城、县水运公司改造、丹霞绿道二期、原化工厂宿舍区拆迁安置等项目房屋征收政策进行宣传解释，委托评估公司对被征收房屋（附属物）进行评估，根据方案进行补偿安置协商工作。完成沿江路一横巷市政道路原家具厂、原种子公司房屋征收工作，其中签订丹霞财政所地块“三旧”改造项目房屋征收与补偿协议。协助丹霞街道办、董塘镇、周田镇、大桥镇、黄坑镇、城口镇等镇（街）做好武深高速、红军长征粤北纪念馆、“梦幻丹霞”、周田镇至韶赣高速丹霞出口及景观大道工程、董塘镇基础设施建设、丹霞新城等项目房屋征收工作。根据相关建设项目房屋征收与补偿方案对各镇（街）进行工作指导，和各镇（街）一起与房屋被征收人进行协商、签订补偿合同，对各镇（街）提交合同进行审核，提出审核意见。

建筑业

【安全生产管理】 2017年，县住建局根据《中华人民共和国建筑法》《中华人民共和国安全生产法》《中华人民共和国建设工程质量管理条例》《建设工程安全生产管理条例》《建筑施工现场环境与卫生标准》有关法律和规范要求，组织检查人员开展在建工程质量、安全、文明施工以及施工企业、监理企业安全生产管理机构和制度、人员配备、应急预案及演练大检查，抓好安全生产各项专项治理检查和管理工作，做好上半年和年底“仁化县2017年建筑施工、安全生产、文明施工大检查”各项准备工作。全年组织安全生产、文明施工检查13次，检查工程项目312个，涉及有资质施工企业24家；发出停工通知书2份，整改通知书102份，扣分通知书57份，未出现大的安全生产等级事故。

【施工工地管理】 2017年，县住建局围绕“国家卫生县城”标准和创建“全国县级文明城市”要求，根据《建筑施工现场环境与卫生标准》要求，做好县城建筑工地施工道路硬底化、施工围挡设置、洗车槽设置、洗车槽设置、建筑材料按要求堆放等工作，要求各施工单位保持施工现场内办公室、宿舍、厨房、卫生间及周围环境清洁、卫生。

【建筑工程质量管理】 2017年，县住建局按照《中华人民共和国建设工程质量管理条例》《建设工程安全生产管理条例》，做好在建工程日常质量检测和各阶段工程质量验收工作，重点开展建筑工程质量“渗、漏、裂”质量通病防治。按相关规范加强建筑原材料（如钢筋、水泥、砂、石等）监测，加强工地混凝土试块、砂浆试块半成品检测，强化新增加的门窗项目检测工作；推行住宅工程质量分户验收制，严格按竣工验收程序组织有关部门进行房屋竣工验收，保障各建筑工程质量。

【专项整治】 2017年，县住建局根据有关法律、规范要求，按上级部门安全生产工作部署，组织检查人员对在建工程质量、安全生产以及施工企业、监理企业安全生产管理机构和制度、人员配备、应急预案及演练等开展全面大检查，重点加强重大危险源和危险性较大分部分项工程安全防护措施责任主体落实，堵塞安全监管和安全教育漏洞，抓好整改落实和“回头看”工作，检查安全生产主体责任落实情况、安全管理从业人员持证上岗情况、安全专项施工方案管理情况、深基坑工程安全管理情况、模板支撑系统安全管理情况、起重机械安全管理情况和城市地下综合管廊工程安全管理情况；按照市、县“三防”会议有关通知精神，印发《关于开展2016年国庆节期间房屋和市政工程质量安全生产检查的通知》，加强在建工地汛期安全生产检查，按上级要求抓好安全生产各项专项治理检查工作。

【安全生产教育培训】 2017年，县住建局实行不定期召开安全生产例会制度，重点讲评当前安全生产情况，提出整改措施和布置安全生产工作。加大安全生产教育培训，6月，县住建局协助韶关市建筑培训中心在县住建局会议室举办专业技术人员继续教育培训班1期，县住建系统参加培训80人。督促施工单位做好“三级”安全教育培训工作，并在日常检查中检查“三级”安全教育培训落实情况。

【房地产业和建筑业总产值】 2017年，根据资质房地产开发公司联网直报数据和县房管所提供网签交易数据：全县1—12月房地产开发企业完成投资7.6968亿元，同比上年增加50.9%；商品房销售21.0962万平方米，同比上年增长16.7%，商品房销售额8.0927亿元，同比上年增长40.1%。新建商品房价格情况：12月，全县商品住房平均成交价格3664.8元/平方米，房价环比下降2.22%（11月，住房平均成交价格3747.95元/平方米）；非住宅12月平均成交价格10493.75元/平方米。二手房交易情况：1—12月，二手房交易面积5.17万平方米；交易金额12864.42万元。1—12月，新增商品房预售面积20.56万平方米。12月底商品房库存总量25.996万平方米（其中住宅18.36万平方米、非住宅7.636万平方米），12月末商品住房库存套数1014套。与2015年底商品房库存量42.2万平方米对比，去库存（净化解）16.19万平方米。县域4家施工企业建筑业总产值2017年25000万元，同比上年增加24.4%。房屋新开工情况：2017年报建项目30项，面积25.9479万平方米，工程造价4.5805亿元。

【建筑节能】 2017年，仁化县抓好散装水泥发展应用、墙体革新和建筑节能工作。全年全县新备案开工工程项目15项，建筑面积18.76万平方米；竣工工程项目12项，建筑面积17.83万平方米，均按照建筑节能审查备案图纸组织施工和验收。年内成功申报一星级绿色建筑工程1项，并于6月中旬通过广东省绿评委评审和公示，绿色建筑工程面积2.1万平方米。

【工程预结算管理】 2017年，县建设工程造价管理站做好工程造价信息采集整理和发布，提高信息质量，全年发布人工或材料信息4期，登记备案施工合同价款25项。

房地产管理

【住房保障】 2017年，仁化县贯彻落实国家和省、市住房保障工作有关政策，推进保障性安居工程建设工作，完成市政府下达年度建设任务，切实解决全县城镇低收入家庭住房困难问题。按照《仁化县城镇廉租住房保障实施办法》《仁化县公共租赁住房管理办法》精神，抓好廉租住房和公共租赁住房建设管理工作。全年，全县建成棚户区改造任务400套。

【直管公房与房屋租赁】 2017年，县房产管理所加强直管公房管理，以搞好公房管理服务群众为目的，增强工作人员忧患意识和责任意识，加大公房维修费用投入力度，确保直管公房租赁管理工作顺利进行。改善公房居住条件，确保公房住户生产生活安全，全年投入6000多元，维修公房11套面积112平方米。

【房地产交易备案】 2017年，县房产管理所加强房地产交易备案管理，重点抓管，严格执行房地产交易和商品房预售监管机制，利用房地产交易登记网络信息平台，严格控制一房多卖现象，保护消费者合法权益，促进全县房地产市场健康发展。全年办理各类房地产交易2571宗，其中二手房374宗、商品房2197宗。

【白蚁防治】 2017年，仁化县房产管理所加大白蚁防治宣传力度，提高百姓对白蚁危害新认知，提高白蚁防治水平，降低全县白蚁危害程度。全年，完成新建房屋现场施药28宗439149.1平方米，上门灭治白蚁8宗，完成“白蚁预防合同”登记备案28份。

仁化县住房和城乡规划建设局负责人名录：

局长、党委书记：刘华兴
副　局　长：何述华
章　俊
关东升

（刘俊文　刘　红）

环境保护

【概况】　仁化县环境保护局（简称“县环保局”）位于仁化县丹霞大道228号，正科级单位，为县人民政府工作部门，承担全县环境保护职能。核定编制42名（其中局行政编制16名，后勤服务人员2名；事业编制10名；监测站事业编制14名）。2017年，县环保局实有人员44人（其中，政府购买服务后勤人员5人），空编5名（其中行政编制2名，事业编制3名）。内设办公室、监督管理股、环境规划与污染控制股、环境应急与监察股（仁化县环境监察分局）。下设环境监测站、环境信息中心。

2017年，县环保局贯彻落实中共十九大精神，特别是深入贯彻落实习近平总书记“加快生态体制改革，建设美丽中国”总体部署，按照中共仁化县委“一三九”战略，以供给侧结构性改革为主线，坚持资源优先、保护优先，坚定不移推进绿色发展，着力解决突出环境问题，不断健全环境保护工作机制，强力推进大气、水、土壤污染防治工作，严厉打击各类环境违法行为，全县环境保护工作取得一定成效。

【环境影响评价】　2017年，县环保局认真执行《中华人民共和国环境影响评价法》和《建设项目环境影响保护条例》等有关法律规定进行建设项目审批，并按照国家环境保护部《建设项目环境保护分类管理名录》，分类管理受理项目。做到不越权审批项目，不私自降低环评等级。对不符合国家产业、行业政策，不符合县区域总体规划建设项目，坚决不批。按照环境保护部《建设项目环境影响登记表备案管理办法》（部令第41号）要求，对原需审批的环境影响登记表项目，自2017年1月1日起由建设单位在建设项目环境影响登记表系统自行填报备案，并申请在仁化县人民政府门户网站设置建设项目环境影响登记表备案系统及信息公开系统入口链接，由项目业主在系统自行备案。全年，县环保局审批建设项目环境影响评价文件31宗，建设项目环境影响登记表备案系统备案项目36个。项目总投资106928.53万元，环保投资5879.91万元。

【环境执法监管】　2017年，县环保局严格按照新《中华人民共和国环境保护法》（简称“新环保法”）和《广东省环境保护条例》，依法行政，多措并举，切实维护县域环境安全。通过开展汛期环境安全隐患排查、钢铁行业落后产能和违规违法项目清理、打击危险废物环境污染及危险化学品安全隐患排查、畜禽养殖排查等专项行动，严厉打击环境违法行为。根据仁化县环境保护工作实际情况，制定出台《仁化县畜禽养殖场清理整顿方案》《仁化县环境保护局关于银海集团停产后至搬迁完成期间的巡查计划》等。强化企业履行环保法律、法规等情况检查，建立并完善“一厂一档”制度。加大重点企业执法检查力度，建立完善监控网络系统。严格按照新《环保法》关于信息公开要求，加强重点污染源在线监控系统监管。全县各国控企业（凡口矿、华粤电厂、生活污水处理厂、丹霞冶炼厂）建成污染源在线监控系统，实现与市环保局联网，形成以市环保局为中心，以县环保部门为监控终端，涵盖全县主要排污企业监控网络系统，全县环境执法能力得到提升。加强排污申报和排污费征收工作。及时对排污企业和新建排污企业做好排污申报工作，按时向排污单位征收排污费，排污费及时上缴国库。完善“两法衔接”机制，积极协调公安、检察院、法院健全行政执法与刑事司法衔接机制，严厉打击环境违法犯罪行为。全年，县环保局出动环境执法人员763人次，检查企业330家，下达“责令改正违法行为决定书”14份、“责令限期改正通知书”20份，查处环境违法行为10起，同比增加50%，处罚金额53.28万元，同比增加20%，采取查封扣押、强制拘留和追究刑事责任等新环保法赋予处罚手段，公开曝光典型违法案件2宗、涉案人员2名。强化“两法衔接”协作机制，对1宗环境污染犯罪案件移送司法机关追究相关法律责任，其中有5名涉案人员正在法院开庭审理中，另有5名涉案人员在县检察院审查起诉阶段。依法向开户的排污企业征收排污费，2017年入库户数53户，入库金额295.7349万元，其中入县级财政251.37万元，完成入县级财政任务（180万元），完成率139.65%。

【环境信访】 2017年，县环保局针对日益突显的环境问题，通过完善信访制度，做好信访接待，将环境信访矛盾纠纷化解在基层；切实把环境信访作为群众参与环境保护监督管理有效途径，始终坚持文明受理、及时到现场、限期结案、跟踪问效、急事急办原则，全面做好“12369”环保投诉热线及群众信访投诉登记、督办、处理和存档工作，全程跟踪，及时有效处理环境污染纠纷，维护群众合法权益。全年，县环保局受理群众投诉140件（电话投诉42件，来信56件，网络问政33件，来访9批共22人），其中废水污染投诉28件，废气污染投诉60件，噪声污染投诉22件，畜养类投诉23件，其他投诉7件。大气、水、畜禽养殖污染投诉居主导位置。在办理群众信访件过程中，本着对信访、投诉人“尊重、理解、关心、解难、高效”原则，做到件件有批示，有回复。信访投诉到场率和调处率均达100%，没有发生因环境污染引发环境污染事故和群体性事件。

【环境减排】 2017年，县环保局根据《韶关市2017年主要污染物总量减排计划》，围绕二氧化硫、化学需氧量、氨氮和氮氧化物“四项指标”，分解落实减排工作责任，制订减排工作计划，突出抓好工业减排工程建设、畜禽养殖减排工程建设、机动车减排工程建设，开展减排项目跟踪督导工作，加强环境管理。年内，对纳入2017年减排项目城口镇黄仁盛等4家养殖场完成减排设施建设并建立减排台账；对县2家涉源单位进行核与辐射安全检查工作；完成2016年环境统计工作，并将数据及时上报市环保局；完成持久性有机污染物统计工作，每年对产生二噁英及多氯联苯单位进行调查和统计，及时掌握县持久性有机污染物排放等情况。

【环境监测】 2017年，县环保局按照新环保法关于环境质量监测要求，做好县城区域大气环境质量监测、地表水环境质量监测、集中式饮用水源地水环境质量监测、湖泊水库蓝藻水华预警监测、重点区域地表水重金属专项监测以及降雨、降尘、噪声常规监测等工作。全年，采集水质样品2447个，气态样品860个，降雨样品54个；获取噪声监测数据254个，有效环境空气自动监测数据52984个。根据监测数据显示，地表水水质监测达标率100%，饮用水水质达标率100%，空气质量优良率95.0%。区域声环境质量保持较好水平。通过做好环境监测工作，为环境监管和领导决策提供科学依据和技术支持。

【环境宣教】 2017年，县环保局根据年度环境宣传教育计划，围绕县委、县政府中心工作进一步加大环境宣传教育力度，以创建国家县级文明城市、环保下乡宣传、进社区宣传、新环保法宣传、广东省环境环保宣传月等为载体，弘扬环境文化，倡导环保低碳生活，营造全社会共同参与环境保护氛围。年内，县环保局开展和参加“保护环境，从我做起”、“安全生产月”、“6·26国际禁毒日”、“绿水青山就是金山银山”主题环保知识宣传咨询活动；联合举办“相约环保、绿色仁化”主题首场送戏下乡文艺演出活动；参加2017年“全国科普日”暨“科普宣传下乡来”文艺会演活动，结合环保知识“五进”活动，以环保科普宣传方式，现场为群众解疑释惑。全年派发各种环保宣传资料15000多份，更新县城环境宣传栏专版宣传20多版次，发放环保法律法规宣传小册子4500份、环保储物袋260个、观众互动奖品20份。

【环保信息公开】 2017年，县环保局利用“市党风廉政信息公开平台”“重点领域信息公开平台”等信息发布平台，做好环境信息公开工作。全年发布环保信息235条，其中空气环境信息12条、水质环境信息12条、环境污染费征收信息4条、挂牌督办和行政执法信息19条、国家重点监控企业污染源监督性监测信息4条、国控企业污染物自动监控信息52条、建设项目环境影响评价信息54条、建设项目竣工环保验收信息3条、行政处罚信息9条、其他信息66条。通过环保信息公开，督促国控重点污染源企业每月将排污数据进行网上公开，对网上操作不规范企业下达责令整改通知。各企业均能及时、真实进行环保信息公开，未发现虚报、瞒报、迟报信息现象。

【生态环境保护】 2017年，县环保局按照新环保法关于做好保护和改善环境要求，切实履行农村环境保护职责。协助做好农村环境综合整治工作。指导获得省级环保专项资金乡镇开展农村环境综合整治工作，重点解决饮水安全、农村生活污水等环境保护基础设施建设。董塘镇五一村水环境整合整治项目及董塘镇新龙新联村农村环境综合整治项目动工，红山镇新山村农村环境综合整治项目启动。通过畜禽养殖污染治理工程建设，解决畜禽养殖业污染问题，推进农业源污染减排。

【生态功能区考核】 2017年10月31日，经过县各有关部门协同合作，县环保局完成2018年国家重点生态功能区考核县域环境质量考核资料汇编及数据上报工作。2017年，仁化县争取中央财政拨付国家重点生态功能区转移支付经费8049万元，其中运用转移支付经费建设项目：水污染防治投入944万元；土壤污染防治专项投入746万元；江河湖库水系统综合整治投入1790万元；农村环境整治投入931万元；生活垃圾无害化处理购买服务投入1747万元；环境监测费用246万元；普通公路、农村公路、水毁、安保项目投入1645万元。资金争取，有效带动仁化县转型发展，扩大社会保障覆盖面，提高基本公共服务能力，形成经济发展、民生改善和生态保护共赢局面。

【中央环保督察】 2017年，仁化县根据中央第四环保督察组对我省提出的《中央环保督察组初步反馈意见整改责任清单》（粤环境督组〔2017〕1号）和《韶关市人民政府印发韶关市落实广东省环境保护厅环境保护综合督查反馈意见整改工作方案的通知》文件要求，编制《仁化县中央第四环保督察交办案件落实工作方案》，逐一整改交办的11宗案件，明确责任分工，落实到人，现场调查核实群众所反映问题，对属实案件进行逐一整改，适时跟踪督办进展情况。结合省环督察工作领导小组实地督察整改工作落实中反馈的存在问题，就镇（街道）垃圾填埋场、畜禽养殖禁养区清理、自然保护区和饮用水源保护区违法建设项目等专项整改工作进行专项部署，统筹协调县各职能部门分工负责，加强组织领导，制订并完善制度方案，确保整改工作落到实处。

仁化县环境保护局负责人名录：

局　长：李伟强（任至2017年10月）

副局长：温宇军（2017年10月开始主持全局工作）

郭永古

（温观华）

经济综合管理

发展和改革管理

【概况】 仁化县发展和改革局（简称“县发改局”）根据《仁化县发展和改革局主要职责内设机构和人员编制规定》（仁府办〔2015〕8号）内设机构办公室、综合规划股、投资管理股、产业发展和能源股、经济体制改革股、价格与收费管理股、价格检查所7个，下属单位有县粮食局（副科级）、县政府重点项目办公室（副科级）、公共资源交易管理办公室（副科级）、价格认证中心（正股级），隶属单位县粮食企业总公司。局内机关定编人数31人，其中行政编制18名，事业编制10名，后勤服务编制3名。2017年，局机关实际人数29人，其中，局长1名，副局长3名。在职中共党员19人。本科及以上学历16人，大专学历10人，中专及以下学历3人。

【协助县委、县政府编制相关文件】 2017年，县发改局积极协助县委、县政府编制相关文件。完成《仁化县2017年国民经济和社会发展计划》编制工作，并获得县人大会议审议批准实施；编制完成《仁化县2017年重点建设项目计划草案》《仁化县2017年重点建设预备项目计划草案》，起草《仁化县重点项目调度制度》《仁化县重点项目调度督查制度》，均由县委办、县政府办印发。起草的《仁化县项目库建设管理办法》正在征求县各相关职能部门意见。开展仁化县企事业单位公务用车制度改革工作，制定《仁化县事业单位公务用车制度改革方案》《仁化县国有企业公务用车制度改革方案》，完善全县公务用车改革，确保按省市部署要求完成。

【物价管理】 2017年，县发改局依法治价管费，发挥价格服务功能，切实维护群众利益。畅通价格举报、投诉渠道，有效开展价格举报工作，维护广大人民群众合法权益。1—11月，全县价格举报咨询件16件，办结16件，办结率100%。加强行政事业性收费管理，其中取消涉企行政事业性收费12项，停征涉企行政事业性收费23项，取消涉及个人等事项行政事业性收费4项，停征涉及个人等事项行政事业性收费2项。根据停止核发“广东省收费许可证”有关规定，收回原核发收费许可证38张。加强涉案物品价格鉴定工作，完成各种涉案物品价格鉴定66宗，鉴定标的总额124.53万元。

【年度计划编制及执行情况】 2017年，全县地区生产总值完成112.44亿元，比上年增长3.8%，其中，第一产业增加值21.3亿元，比上年增长4.2%；第二产业增加值41.84亿元，比上年增长1%（其中全县工业增加值38.6亿元，建筑业增加值3.24亿元），完成规模以上工业增加值31.7亿元；第三产业增加值49.3亿元，比上年增长5.8%。三次产业比例由2016年的20.2：34.9：44.9调整为18.9：37.2：43.9；人均生产总值53597元；固定资产投资完成67.5亿元，增长5.8%；社会消费品零售总额32.87亿元，增长7.8%；地方一般公共预算收入5.38亿元；外贸进出口611万美元，实际利用外资485万美元，增长491.5%。

【固定资产投资管理及其服务工作】 2017年，全县固定资产投资计划完成63.7亿元，实际完成固定资产投资67.5亿元，比上年增长5.8%。重点建设项目29个，年度计划投资40.97亿元，占全县固定资产投资任务63.7亿元64.3%。预备项目30个，估算总投资110.2亿元。做好中央和省级项目申报工作，上报中央及省级项目5宗，上报资金14955万元。截至2017年年底，下达资金2250万元，分别为韶关凯鸿纳米材料有限公司年产2万吨植膜纳粹氧化锌及其配套综合回收项目1000万元、《全国新增1000亿斤粮食生产能力规划（2009—2020年）》仁化县2017年田间工程建设项目1250万元。

【省市重点项目】 2017年，仁化县华粤煤矸石电厂探索煤矸石与生物质耦合燃烧发电示范项目建设获得省发改委支持。华粤煤矸石电厂对外供汽规划获得市发改局批复。省市重点项目获得突破。2017年6月，仁化县省市重点项目阳光电源仁化县董塘镇土壤修复与150兆瓦光伏发电综合利用示范项目正式并网发电。投资6亿元的第二期光伏扶贫100兆瓦发电项目得到省发改委备案批准列入《广东省2017年光伏扶贫电站项目清单》。

【“立项”审批和招标核准工作】 2017年，县发改局执行《广东省企业投资管理体制改革方案配套文件》等文件精神，取消省管权限内企业投资项目核准，改革企业投资项目备案制，实行高效便捷“并联”办理流程，构建新型企业投资管理体制。截至2017年年底，县发改局完成固定资产投资项目审批、核准和备案工作113项，总投资额367397.8万元，其中：审批项目76项，总投资额297857.6万元；备案37项，总投资额69540.2万元。核准或调整项目招投标意见89宗；出具项目评审意见28宗，回复上级及单位意见100余宗。

【“一线双联”活动】 2017年，县发改局党组围绕“精准扶贫”、社会主义新农村建设、农村经济发展、基层党建、企业发展等工作到村进企开展“一线双联”活动，为挂点村和企业排忧解难。派出专职联络员和第一书记做好周田镇台滩村和扶溪镇厚塘村“精准扶贫”工作。筹集使用各类帮扶资金23万元帮扶台滩村开展助学、慰问、产业、农田水利建设、村庄亮化建设等帮扶项目。引进珠海爱心促进会帮扶解决贫困户子女就读、伙食、交通等问题。通过精准帮扶，规划基础设施建设、协助村两委换届、实施产业扶贫、发动各界捐款捐物等方式方法，台滩村20户贫困户脱贫19户。派出精干力量联系阳光电源等企业3家，通过实地走访、电话沟通、建立问题台账、回访等方式方法为企业排忧解难。

仁化县发展和改革局负责人名录：

局　长： 邓诗常

副局长： 陈应权

　　　　周海军

（侯文斌）

国土资源管理

【概况】 仁化县国土资源局（简称“县国土资源局”）是主管土地资源、矿产资源和测绘事业的县人民政府工作部门。局机关内设职能机构办公室（纪检监察室）、地籍管理股（不动产登记局）、规划和耕地保护股、土地利用管理股、执法监察大队（副科级）、矿产资源管理股、地质环境股7个；下设事业单位仁化县国土储备交易中心（2014年5月更名为仁化县土地储备中心）、仁化县土地开发整理中心、仁化县国土资源信息中心、仁化县不动产登记中心4个，基层国土资源管理所丹霞国土资源管理所、董塘国土资源管理所、长江国土资源管理所、扶溪国土资源管理所、石塘国土资源管理所、红山国土资源管理所、闻韶国土资源管理所、城口国土资源管理所、黄坑国土资源管理所、大桥国土资源管理所、周田国土资源所11个。截至2017年年底，县国土资源局有公务员编制53个，实际在岗42人，空编11个，事业编制24个，实际在岗22人，空编2个。有在册干部职工86人（其中公务员42人，工勤20人、事业22人，企业工人2人）；离退休干部、职工23人，土地协管员（机关工勤）31人；临时工2人；借用1人。

2017年，县国土资源局以《中华人民共和国土地管理法》等相关法律法规为准则，落实最严格资源保护制度和最严格资源节约集约利用制度，以服务经济建设为中心，转变工作作风，增强服务意识，做好基本农田保护、高标准基本农田建设、建设用地征收报批、“三旧”改造、土地利用总体规划、地籍管理、矿产资源管理、地灾防治、不动产登记管理、测绘行政管理、国土资源执法监察等工作。

【规划和耕地保护】 2017年，仁化县实现耕地保有量21419.36公顷，基本农田面积16773.33公顷，耕地及基本农田保护目标均超额完成任务。完成仁化县全域永久基本农田划定数据库建库和26块基本农田保护标志牌新建工作，取得《广东省国土资源厅关于仁化县土地利用总体规划（2010—2020年）调整完善方案的批复》《广东省国土资源厅关于韶关市仁化县土地利用总体规划多划基本农田占用方案（韶关文化旅游项目—南门古洋水乡度假区）成果备案的复函》（粤国土资规划改备〔2017〕109号）。

【土地利用管理】 2017年，仁化县重点项目和民生工程等项目用地得到有效保障，推进建设用地依法报批，全年启动项目用地报批工作6个批次，面积70.37公顷，涉及妇幼保健院用地、城口红军长征纪念馆、丹霞新城、灵溪河等建设项目。完成拖欠征地补偿款审核和征地留用地历史遗留问题25.01公顷任务。

【高标准基本农田建设工作】 2017年，仁化县继续完成高标准基本农田建设工作。①2014年高标项目规模1046.67公顷，分为5个项目，总投资2355万元。该项目于2017年3月底通过市级专家组验收；6月，市下发验收意见函。②2015年高标项目913.33公顷，总投资3348万元，分为3个项目。2017年，3个项目全部竣工，完成单项工程验收，通过县级初验，2017年7月完成市级工程复核。③2016年高标项目规模913.33公顷，总投资3401万元，项目分布在丹霞街道办和石塘镇，按镇分为2个项目4个标段。2017年1月，完成招投标工作；4—10月，因为农忙季节，项目不能进行建设；11月，各项目进场施工，截至2017年年底，累计完成年度总任务45%。④2017年高标准项目建设规模约为573.33公顷，主要分布在城口、大桥、红山、黄坑镇。2017年上半年，召开镇、村组会议，征询村民意见，拟定建设沟渠和路等。

【城乡建设用地增减挂钩项目】 仁化县城乡建设用地增减挂钩试点黄坑镇项目区拆旧区复垦项目，实施总规模面积34.6公顷，通过拆旧复垦后能增加农用地33.33公顷，项目区投资额为309万元。2017年，完成招投标、项目区内废旧房屋拆迁、青苗补偿等工作，施工单位开始实施建设，截至2017年12月底，完成总任务80%。

【灾毁基本农田垦复】 2017年2月，县国土资源局组织2016年灾毁基本农田项目建设，投入省级补助资金430万元，项目点主要分布在闻韶、扶溪、长江、丹霞4个镇（街），建设内容为复垦修建农渠、陂头等；3月，安排工作小组到4个镇（街）实地踏勘调查和测量；5月，完成项目立项、规划设计工作；7月，项目开工建设。

2017年9月，完成扶溪镇项目验收；11月，完成长江镇、闻韶镇项目验收；12月，完成丹霞街道办项目建设。

【耕地提质改造工作】 2017年，仁化县根据耕地提质改造任务要求，需完成补充水田任务72.68公顷，2017年承诺的自行改造水田计划数为63.33公顷，2018年到期面积为9.33公顷。2017年，摸查出丹霞街道办、董塘镇、大桥镇、城口镇、周田镇符合条件地块143.33公顷，可优先开展垦造水田项目5个，面积72.16公顷；丹霞街道办、董塘镇、周田镇项目进行青苗清点和可研编制。

【土地收储和使用权招拍挂】 2017年，仁化县按照土地储备交易程序规定，严格遵守工作流程，认真组织每一宗地出让工作，收储县畜牧兽医水产局地块和广东电网韶关仁化供电局等地块土地10宗，收储面积10.75公顷；完成国有建设用地使用权网上交易土地6宗，面积13.557公顷，交易金额2.1898亿元。

【“三旧”改造工作】 2017年，仁化县“三旧”改造项目有8个，改造面积17.61公顷，年内完成“三旧”改造地块标图建库及“三旧”改造规划修编等工作，完成澳锦花园项目改造2.47公顷，新增实施仁化县特殊学校改造项目0.815公顷。

【地籍管理】 2017年，县国土资源局完成不动产统一登记平台建设，按要求完成接入省厅信息平台，实现与国家级信息平台对接和登记数据互联互通。完成4个镇（街）外业测量及入户调查和周田镇农村地籍调查数据库建设工作，完成经费预算445万元和工程作业招投标工作。完成2016年度土地变更调查和城镇土地利用调查工作，以及2017年非常规地类变更调查工作。

【不动产统一登记工作】 2017年，县国土资源局进一步完善林权类不动产登记工作。抓好林权类不动产统一登记与林业管理工作衔接，稳步有序推进林权类不动产统一登记工作；加快完成农村地籍调查工作，全面完成全县农村地籍调查成果验收和数据库建设工作，建立城乡一体化地籍管理信息系统；做好开展仁化县第三次全国土地调查前期工作；按要求依时完成2017年年度土地变更调查和城镇土地利用调查工作数据更新，做好地类审核、土地确权、信访维稳等地籍职责工作。

【地质灾害防治】 2017年，县国土资源局颁布《仁化县2017年地质灾害防治方案》，调整《仁化县国土局地质灾害防治工作领导小组》，完成《仁化县地质灾害防治十三五规划》编制工作初稿。健全地质灾害台账，对地质灾害隐患点进行再排查、再核实，开展地质灾害应急演练和培训宣传活动，与县气象局开展地质灾害预警预报协作。根据市国土资源局和气象局提供信息，发布地质灾害预警预报信息36次。协调组织相关部门完成仁化县环保局监测站后墙北端崩塌、长江镇华表峰塔处和红山上围坑山体滑坡地质灾害治理项目验收工作；完成仁化中学宿舍后山山体滑坡初步验收。开展地质灾害隐患点治理工作，对长江镇塘洞村、扶溪中学后山、丹霞山阳元石景区地质灾害隐患点进行治理（省厅拨款190万元）。做好2017年县地质灾害详查工作（省厅拨款120万元），该项目于10月29日进行设计书评审。完成地质灾害防治高标准“十有县”建设工作，2017年11月通过验收，12月15日仁化县被列入全国2017年地质灾害防治高标准“十有县”。

【矿山资源管理】 2017年，县国土资源局加大持证矿山巡查力度，加强矿山企业安全生产工作隐患排查，深入非煤矿山企业巡查检查80余次。加强矿产资源日常监督管理，保护和合理利用矿产资源，保护采矿权人合法权益，确保全县矿业经济持续健康发展。加强采矿权管理，开展并完成《仁化县矿产资源总体规划（2016—2020年）》编制工作，报县政府审批发布。根据矿业权管理办法规定，年初新设陶瓷土采矿权1宗，并颁发采矿许可，完成建源石业有限公司延续和东田采石场、樟边采石场变更工作，完成城口镇锦城温泉和东坑地热田采矿权设置县级准备工作并报市国土资源局审批，对设置红山镇田心矿区玻璃用脉石英矿采矿权开展征求意见等前期工作。

【土地矿产卫片执法检查工作】 2017年，根据仁化县2016年度土地变更调查与遥感监测数据，全县有监测图斑165个，监测总面积312.114公顷，耕地面积40.807公顷。合法建设图斑24个，面积234.05公顷，占用耕地面积26.79公顷；违法建设图斑30个，面积3.057公顷，占用耕地面积0.47公顷；设施农用地图斑32个，面积3.394公顷，耕地面积1.258公顷；临时用地图斑28个，面积35.713公顷，耕地面积8.351公顷；推填土图斑29个，面积20.187公顷，耕地面积2.111公顷；其他用地（仅有板房或少量建筑、简易棚房、伪变化、土地整理、路基未确定或未贯通道路、采矿用地）22宗，面积15.713公顷，耕地面积1.827公顷。通过各镇（街）大力配合处置和完善相关手续，截至2017年年底，2016年度违法占用耕地面积占新增建设用地占用耕地总面积比例1.75%。

【“两违”整治工作】 2017年，县国土资源局严格按《仁化县建立土地执法共同责任制意见的通知》相关规定，联合县住建、各镇（街）等部门开展“两违”专项整治行动。截至2017年年底，立案查处“两违”案件124宗。通过专项行动，营造清违氛围，加快全县“两违”整治工作进度。集中开展“打非治违”专项行动。各部门按照各自职责，认真查找问题，仔细寻找隐患，做到现场排查、现场指导、现场整治，严厉打击无证勘查开采、以采代探、超层越界开采等违法行为。全年，矿山打非治违立案18起，结案18起，落实罚款26.2万元，暂扣铲车7台次。

【国土资源信息化建设】 2017年，县国土资源局完成房屋、宗地测量任务1360多宗，完成盛世名庭项目1∶500数字化地籍测量、仁化县棚户区安置房改造晟泰花园项目、仁化县老街两批公产房项目、韶关富鑫有色金属有限公司周田新庄工业园地块项目、广东银海有色渣业集团有限公司周田新庄工业园项目等工作。通过测量，为不动产登记中心发证提供准确图纸，完成权籍调查并为县局建立城区变化档案材料，为不动产数据管理积累基础地理信息数据。维护覆盖仁化县大部分CORS站，为工程建设项目，尤其是大中型建设项目提供测绘服务。

【土地调处】 2017年，县国土资源局接访群众来访27批次107人次，主要涉及项目征地、农村集体土地确权登记发证以及村民建房用地引发土地所有权和使用权的争议。依据土地调处立案受理3宗，书面答复处理2宗，报县政府处理决定4宗，行政复议5宗，行政应诉3宗。

【环保督察工作】 2017年，县国土资源局根据《关于督促仁化县国土资源局落实中央环保督查有关问题的通知》要求，积极处置广东杜氏和红山镇2家陶瓷土矿采矿权问题。因广东杜氏采矿权位于粤北华南虎保护区内，8月14日，县国土资源局在县政府网站发布关于注销广东杜氏矿业有限公司采矿许可证公告。为加强对饮用水源保护和红山生态保护区保护，根据县委专题会议精神，县国土资源局责令对已颁发采矿许可证的王家矿区陶瓷土矿不得进行生产建设，并拟注销其采矿许可证，对尚未颁发采矿许可证的烟竹陶瓷土矿，不再颁发采矿许可证。

仁化县国土资源局负责人名录：

局　长：刘炳鸿

副局长：邓晓薇（女）　刘锦云
　　　　沈胜庭（2017年9月任职）

纪检组长：林敬文

执法监察大队大队长：沈胜庭
（任至2017年9月）
黄玉华（2017年12月任职）

（刘桂香）

统　计

【概况】　2017年，仁化县统计局认真贯彻落实中共十八大、十八大历次全会和十九大精神以及习近平总书记系列重要讲话精神和对广东工作的重要批示精神，围绕县委"一三九"发展战略和县政府"经济建设百日攻坚"行动，强化职能、提升服务，加压奋进、开拓创新，完成全年各项工作任务。

2017年，全县地区生产总值112.44亿元，同比上年增长3.8%。其中：第一产业增加值21.23亿元，同比上年增长4.2%；第二产业增加值41.88亿元，同比上年增长1%，其中规上工业增加值31.7亿元，同比上年下降1.6%；第三产业增加值49.33亿元，同比上年增长5.8%。全县一般公共预算收入完成5.38亿元，同比上年下降13.2%，一般公共预算支出完成20.75亿元，同比上年下降8.35%。全县接待游客总人数951.28万人次，同比上年增长11.6%，实现旅游收入54.83亿元，同比上年增长11.7%。完成固定资产投资67.46亿元，同比上年增长5.8%。

【常规统计数据客观准确】
2017年，县统计局以提高统计数据质量为中心，加强统计监测与分析，密切关注时局变化，严格执行国民经济核算制度和数据发布制度，完成统计年报、定期报表、专项统计调查、统计监测、统计考核与评估等工作，及时发布年度统计公报，确保各项数据真实可信，客观反映全县经济运行情况，专业报表质量提高。

【第三次全国农业普查工作】
2017年，县统计局做好第三次全国农业普查工作。1月1日，启动农业普查入户登记。年内，全县完成普查入户登记农户3.7万户、规模农业经营户800多户、农业经营单位460多户；完成普查数据质量复查审核上报、县级农业普查数据验收工作。

【调查分析】　2017年，县统计局及时在仁化县政府信息网发布《仁化县国民经济和社会发展统计公报》，编印年度统计资料汇编和统计月报，为社会公众提供数据查询服务600多人次。深入调查分析研究，全年撰写统计信息50多篇、统计分析20篇，多篇统计分析得到市、县领导肯定，其中报县委、县政府主要领导的《上半年经济运行预测情况报告》得到县委重视，专门召开书记办公会议研究下半年经济工作。《凝心聚力谋发展 砥砺奋进谱新篇》《2006—2016年仁化县旅游发展统计分析报告统计分析》分别获全市统计分析二等奖和三等奖。

【部门联动增强工作合力】
2017年，县政府办牵头召集县直有关部门领导，召开GDP成员单位联席会议4次，对主要经济指标完成情况进行科学预测分析，汇总形成书面材料及时准确上报县委、县政府主要领导，积极跟踪对接，对反馈后问题认真分析，强化对全县经济运行情况的有效监测和研判。县统计局与相关行业主管部门共同监管"四上"企业，确保统计数据真实可靠。每月对部门完成情况进行监测反馈通报，督促部门进一步加强统计工作。

【统计执法检查抓严】　2017年，县统计局坚持问题导向，把执法检查、宣传教育贯穿于统计工作各个环节、各个方面，做到常态化、制度化。年内检查单位21家（18家"四上"企业、3个乡镇），重点检查有关企业（项目单位）是否按照统计法律法规和统计制度规定真实、准确、完整、及时报送统计资料，是否存在提供不真实和不完整统计资料等违法行为，是否按照有关规定设置原始记录和统计台账。顺利通过市统计局对仁化县8家工业企业检查。

【队伍建设】 2017年，县统计局根据经济社会发展新常态要求，提升各专业人员专业能力。组织人员到武江、南雄等统计部门交流学习，派出3人到四川成都参加市统计局组织的业务培训。

【全域旅游统计】 2017年，县统计局着力探索全域旅游统计工作。在市统计局指导下探索建立全域旅游统计方法制度，加强与县旅游局沟通与配合，协同推进全域旅游统计改革，做好国庆、中秋“黄金周”旅游数据统计工作。

仁化县统计局负责人名录：

局　长：马甲娣（女）

副局长：刘卫国

袁　虹（女）

（李悦彦）

审　计

【概况】 2016年，仁化县审计局增加总审计师领导职数和行政编制1名，全年全局有干部职工27人，其中：在职干部职工18人（聘任制1人、临聘人员3人），退休人员9人。内设办公室（加挂财务股牌子）、经济责任审计办公室、财税金融审计股、行政事业审计股、固定资产投资审计股、农业与资源环保审计股、法规审理股、计划与整改监督股。年内，县审计局被评为2016年度计划生育综合治理目标管理责任制考核优秀等次。

【审计成果】 2017年，县审计局完成审计（审计调查）项目29个，占年初审计项目计划的100%，审计查出管理不规范金额55308.51万元，非金额计量问题82个，违规资金482.83万元，已上缴财政资金119.91万元，提出审计意见和建议90条，依法发出审计决定书3份，移送纪委处理书2份。

【本级预算执行审计】 2017年，县审计局对2016年度本级预算执行和其他财政资金收支情况进行审计。重点审计部门预算编制真实性、财政部门追加支出资金性质及流向、“三公”经费、会议费等费用支出，揭示支出管理薄弱环节，规范预算收支管理，维护财经纪律严肃性，促进提高财政管理水平。完成县国土局、卫计局、民政局部门预算执行审计和仁化县2016年度财政预算执行和其他财政资金收支情况审计工作。针对审计所发现问题，县审计局依法提出审计意见和建议并督促整改落实。

【经济责任审计】 2017年，县审计局推进经济责任审计工作，开展经济责任审计项目12个，审计查出管理不规范金额5302.04万元，非金额计量问题42个，违规资金427.74万元，已上缴财政资金67.84万元，提出审计意见和建议51条。

【专项审计（调查）】 2017年，县审计局开展专项审计（调查）9项，完成：仁化县2016年供给侧结构性改革推进情况跟踪审计；仁化县2017年落实国家和省重大政策措施情况第一季度、第二季度审计；仁化县2017年精准扶贫精准脱贫跟踪审计第一季度审计；仁化县2016年度公务用车制度改革专项审计调查；仁化县2016年资源节约循环利用重点工程（第二批）中央基建投资项目专项审计调查；仁化县2015年省级新农村连片示范建设工程专项资金审计调查；仁化县80岁以上高龄老人2015—2016年度津贴发放情况专项审计调查；仁化县良种示范繁殖场2015年至2017年6月底财务收支情况审计调查；县殡仪馆2016年度财务收支专项审计调查。

【上级审计机关及县委县政府审计事项】 2017年，县审计局选派业务骨干5名分别参加省市组织的对县、乡镇（街道）党政主要领导经济责任异地同步审计；配合省审计厅及县委、县政府，做好省审计厅对原县委书记、县长经济责任异地同步审计相关工作。代县委、县政府拟定出台《关于加强县委、县政府重大决策部署落实情况审计监督的意见》。完成县委县政府主要领导交办的仁化县扶贫相关方案和“1+N”方案审计。

【审计发现问题整改工作】 2017年，县审计局在建立审计整改台账基础上，将督促整改检查作为审计业务的一项重点工作，有效推动审计问题整改落实到位，促进被审计单位规范管理和屡查屡犯问题有效解决。

【县委、县政府中心工作】 2017年，县审计局做好新时期精准扶贫工作。全年筹措资金18000余元用于贫困户慰问、贫困户购买农资和村委会扶贫工作，动员社会热心人士在扶贫济困日定向捐赠资金30000元用于扶溪镇扶中村扶贫项目，引导贫困户深入推进产业扶贫项目，帮助贫困户脱贫致富。抓好软弱涣散党组织整顿工作。选派第一书记，摸清扶贫挂点村扶中村存在的问题，制定整顿方案并扎实做好各项整顿工作任务。落实保密工作责任制。与领导干部签订保密工作责任告知书，明确涉密保密义务与责任，强化保密工作管理，防止失密、泄密问题发生。做好计划生育、依法行政、综治信访维稳、“企忧档案”等工作。

【党建工作】 2017年，县审计局夯实党风廉政建设责任。制定《仁化县审计局领导班子成员及各股室负责人党风廉政建设责任制岗位职责》，签订“党风廉政建设责任书”，增强局班子、班子成员抓党风廉政建设责任意识，层层传导责任。加强党组和党支部自身建设。完善《中共仁化县审计局党组工作规则（试行）》等党组工作规章制度，发挥党组对全局工作领导核心作用；开展党组理论学习中心组活动，制定学习安排计划，以“两学一做”学习教育常态化制度化、“作风建设年”、“固定党日+”等教育活动为契机，提高党组成员政治意识和理论水平。按照“三会一课”制度要求，及时召开支委会、支部党员大会和开展党课活动，抓好党支部组织生活和党员教育活动；按时足额收缴党费，严格执行工作程序培养发展党员。做好廉政风险防控工作。对权利职责风险点进行排查，重点做好高风险人员和岗位廉政风险防控，按要求完善单位职权目录、岗位职权目录、业务流程目录和业务流程图编制工作。强化内部监督管理。制定《仁化县审计局工作作风明察暗访工作制度》，将全局人员列入察访核验对象，增强干部职工作风建设认识。

【思想政治工作】 2017年，县审计局抓好领导班子建设。通过加强政治理论学习，加强思想交流和沟通，严格按照民主集中制要求，杜绝长官意识，严格执行“三重一大”事项集体决策制度。深入开展各项学习教育活动，抓好干部队伍素质建设，加强干部职工教育管理，提升干部职工综合素质。推进审计机关人财物管理改革。严格按照省审计厅、市审计局关于审计机关人财物管理改革试点工作部署，做好各项资料数据上报和政策宣传工作，积极向县委、县政府主要领导请示报告，主动与组织、人事等部门沟通协调，促进县审计机关人财物管理改革试点工作有序推进。

仁化县审计局负责人名录：

局　长：何旺财

副局长：梁海钧　林国华

（刘美军）

工商行政管理

【概况】 2017年，仁化县工商行政管理局（简称“县工商局”）围绕仁化县“一三九”发展战略和工作任务，继续深化商事制度改革，推动工商注册制度便利化，强化事中事后监管，完善消费维权新机制，营造良好市场环境和安全放心消费环境，激发市场活力和创造力，服务经济社会发展。

【“放管服”改革深化】 2017年，县工商局继续推动改革、强化监管、服务发展。截至2017年12月31日，仁化县有各类市场主体10263户，市场主体数量突破1万户，注册资本87.5亿元。其中：企业1616户、农民专业合作社297户、个体工商户8350户。2017年，县工商局窗口部门办理各类登记业务4428件，新登记个体工商户1595户、企业196户、农民专业合作社29户，新登记各类市场主体总数比上年同期增长32.5%。积极配合县委、县政府做好产业融合共建工作，推进项目建设，提高新设企业准入效率。深化“放管服”改革措施，履行“双告知”职责，落实“先照后证、证照分离”。9月1日起，在仁化县范围内实施“多证合一、一照一码”登记制度改革。县工商局、县发展和改革局、县住房和城乡建设局、县经济和信息化局、县信息中心联合发文，对仁化县实施“多证合一”工作进行周密部署。全年，县工商局发放“多证合一”执照1054份。县工商局牵头出台《2017年仁化县商事制度改革工作方案》《全面提升仁化县开办企业便利度行动方案》等相关文件，巩固扩大商事制度改革宏观效应，降低市场准入成本，营造仁化县经济发展良好市场环境。

【“马上办”和“同城通办”实施】 2017年，县工商局进一步做好窗口服务工作，完善窗口设施配备，营造优质、高效、规范、便民窗口环境。9月12日，全县工商系统登记窗口全面实施“马上办”提速措施，各类业务平均办理时间在10分钟内完成。结合强镇扩权改革工作，9月起率先在全市推行个体工商户登记注册“同城通办”新服务模式，个体工商户可自主选择在所在地辖区工商所进行设立登记业务或仁化县范围内其他工商所辖区办理相关业务。加快形成“管理分区域，服务不区分”注册登记服务新格局，深化落实商事制度改革，打通群众办事“最后一公里”。

【服务县域重点工作和经济工作】 2017年，县工商局全力做好协税护税、招商引资、社保扩面征缴、新型工业化等工作，加强“企忧档案”挂点企业及服务重点项目企业工作，坚持做到重点项目和招商引资项目急事先办、特事特办，促成项目落成。积极引导企业开展股权出质登记、动产抵押登记，助力企业融资和发展。2017年，县工商局办理动产抵押业务48件，股权质押业务12件，共涉及金额8.04亿元。

【企业简易注销登记改革】 2017年，县工商局以贯彻落实《工商总局关于全面推进企业简易注销登记改革的指导意见的通知》为契机，加快推进仁化县企业简易注销登记制度改革。着力优化登记流程，让真正有退出需求、债务关系清晰企业快捷便利退出市场。2017年，县工商局办理企业简易注销登记手续36家。开展清理长期停业未经营企业、个体户工作，牵头联合县国家税务局、县地方税务局做好清理仁化县长期停业未经营企业工作，全年清理、吊销“僵尸户”1432户。通过简易注销登记、清理长期停业未经营企业，做到唤醒一批、规范一批、吊销一批，切实引导企业守法诚信经营，有效净化市场环境。

【企业信息公示工作】 2017年，县工商局完成2016年度年报工作和企业公示信息抽查工作，市场主体年报率达到预期目标，全面落实“双随机、一公开”抽查制度，开展年报抽查工作和企业即时信息公示情况抽查，全年抽查企业339户，委托会计师事务所审计企业年报公示信息33户。工商机关依法应当公示信息记于企业名下归集率100%，全年全县列入经营异常名录市场主体246户。继续推进“全国一张网”建设，加快实现工商部门、审批部门、行业主管部门及其他部门之间信息实时传递和无障碍交换。

【经检执法工作】 2017年，县工商局结合流通领域重点商品质量抽检结果，着重加大服装、装饰装修材料、交通工具及配件，家用电器、儿童用品及燃气具等六类商品专项整治力度，建立“六类”重点商品定点监管对象台账150户。积极开展“老人免费体验店”、网络市场违法经营行为及其他专项整治工作，行政约谈相关经营者8人。突出重点推进反走私工作，巩固打击传销工作成果，建立完善执法相关机制，积极配合参与“扫黄打非”等综治工作。2017年，县工商局立案查处30宗。

【商标注册便利化】 2017年，县工商局主动靠前帮助、指导各市场主体商标注册申请、使用、管理，提升自主品牌维护能力，运用商标品牌增收致富。2017年，仁化县商标有效注册量为803件，新获得广东省著名商标称号1个。截至2017年年底，仁化县有“富然”“金果”“丹霞鑫宇”等商标3个获“广东省著名商标”称号，成功申报“守合同重信用”企业17户。

【做好消费维权工作】 2017年，仁化县着重提升消费维权水平，联合相关部门开展“3·15”国际消费者权益日大型宣传活动，在全县开展商业和服务业市场主体“诚信单位”评选活动。全年全县有市场主体58户参加市“诚信单位”评选活动；县工商局受理消费者投诉32件，网络问政、“12345”热线及举报59件，均顺利办结。

【助力全域旅游工作】 2017年，县工商局以丹霞山景区及周边环境整治为重点，开展联合执法，依职查处违法经营行为，引导经营户办照39户。在国庆、中秋黄金周期间，县工商局落实责任，明确带班领导，成立综合执法应急小分队，每天安排5人到岗值班，对景区内及周边进行一天两次巡查。牵头9个部门成立国庆中秋假日旅游市场秩序巡查小组，妥善处理节日期间旅游纠纷，及时有效化解矛盾。在假日值班巡查工作期间，执法人员对景区各经营户入户宣传诚信经营，派发“优质服务，文明旅游”倡议书120余份，对存在的问题，当场进行督促整改，节日期间，没有发生重大消费投诉。

【工商队伍建设深化】 2017年，县工商局抓好干部队伍学习、培训工作，扎实开展“比学赶超、以评促建、实干担当”作风建设年活动各阶段工作。制定实施方案，成立领导小组，做好动员部署工作，认真开展自查自纠和落实整改。结合工商职能，组织全系统执法人员开展法律法规集中培训2次，各类培训、讲座18次，提升行政执法人员法律素质和执法水平。2017年，县工商局被评为“六五”普法全县法治宣传教育先进单位。

【推进“两学一做”制度化常态化】 2017年，县工商局加强理论学习，开展党员考学活动，严格要求党员佩戴党徽，亮身份，接受群众监督。把推进“两学一做”学习教育常态化制度化与“比学赶超、以评促建、实干担当”作风建设年活动有机结合，加强督查工作。

【抓好基层党建工作】 2017年，县工商局党总支积极推进固本强基工程，大力加强基层党组织和队伍建设。2017年计划发展党员1名，预备党员转正3名。同时开展谈心提醒教育活动，党支部书记约谈党员，通过交流谈心，及时了解党员干部思想、工作、廉洁自律动态，对党员干部出现苗头性、倾向性问题，及时进行提醒教育。

【“精准扶贫”工作】 2017年，县工商局加强责任落实，帮扶干部与贫困对象户结成"一帮一"对子，入户调查了解贫困户基本情况，开展扶贫慰问工作5批次。驻村联络员及局班子成员认真按照要求开展精准扶贫相关工作。

仁化县工商行政管理局负责人名录：

局　长：陈治平

副局长：陈　彬　钟立强

（骆电波　童凌云）

质量技术监督

【概况】 2017年，仁化县质量技术监督局（简称"县质监局"）围绕质监定位，以"服务经济质量发展，规范市场经济秩序，维护企业合法权益，保障民生质量安全"为使命，以改革创新精神抓质量、保安全、促发展，全方位服务仁化经济社会发展。

【队伍建设】 2017年，县质监局切实加强质监队伍建设。认真学习宣传贯彻中共十九大精神，用十九大精神指导开展各项业务工作，结合"两学一做"学习教育要求，坚持党组中心组理论学习制度，提高领导干部运用科学发展观指导实践能力。大力开展行政执法和法制工作人员教育培训，提高干部职工知识水平和履职能力。落实一岗双责，加强党风廉政建设。明确各部门领导反腐倡廉的主体责任和工作目标，签订党风廉政建设和反腐败工作责任书，推动责任落实。

【质量监督工作】 2017年，县质监局积极发挥质量强县办公室牵头作用，开展产品质量定期监督检验11家16批次产品，合格15批次，合格率93.75%。全县有获得工业产品生产许可证企业13家15张证书。县质监局加强获证企业证后监管，根据分类监管要求制订监督检查计划，完善全县生产许可证获证企业信用档案，督促企业认真落实质量安全主体责任。加强认证获证组织监管，对全县获得认证组织认证现场审查活动进行监督检查，建立获得管理体系认证和3C强制性产品认证单位档案。

【特种设备安全监察】 2017年，县质监局加强系统性风险防范，制订《2017年仁化县特种设备日常监督检查计划》，组织开展岁末年初特种设备安全检查工作和节后复产检查工作，联合县卫计局开展医疗卫生单位特种设备安全专项治理工作，开展特别防护期、汛期及中秋、国庆节前特种设备安全专项检查等工作，重点开展仁化县质监局2017年"安全生产月"和"安全生产万里行"活动，及时排查和消除特种设备安全隐患。全年，县质监局出动特种设备安全监察人员462人次，检查特种设备使用单位154家次，施工现场2个，抽查特种设备364台（套），发出特种设备安全监察指令书46份，排查安全隐患72台，截至2017年年底，完成闭环处理67台。敦促和引导企业开展事故应急救援演练，提高企业应对突发事件、处置事故能力。实施电梯维保公司驻点基本资源条件备案，截至2017年年底，全县有9家维保公司驻点配备维保所需基本资源条件。

【计量监督工作】 2017年，县质监局深入开展计量惠民活动，为13家集贸市场2088台计量器具实施免费检定，节省检定费用10万元。开展计量专项监督检查。重点开展食品、机动车、建筑、环保和气象领域检验检测机构专项监督检查工作，强化安检机构责任意识。落实计量保证体系确认工作。通过"5·20"世界计量日活动派发宣传资料和发送短信等形式进行计量法律法规宣传、讲解、现场咨询，提高广大群众计量维权意识。

【标准化工作】 2017年，县质监局落实标准化工作，推动企业开展技术标准化战略。深入企业提供服务，了解企业情况并根据实际免费为企业提供标准咨询、商品条码注册和续展审查服务，积极推广商品条码应用，开展企业商品条码监督管理工作，办理商品条码新注册6家，续展5家，定制胶片28张。组织本地符合条件公司企业申报2018年标准化项目2家，配合市电视台完成长坝沙田柚和仁化白毛茶地标产品宣传采访工作2个。

【政策法规宣传工作】 2017年，县质监局围绕法治质监建设中心工作，落实“六五”普法工作，积极开展法律法规宣传活动。开展政策法规宣传，利用电视、广播、互联网站、手机短信息平台、宣传小册子以及“3·15”国际消费者权益日和“安全生产月”等现场宣传活动，开展质监法律法规宣传咨询活动，宣传特种设备安全、产品质量、计量和标准化法律法规，全年免费发放宣传资料500余份。

【稽查打假】 2017年，县质监局发挥打假办牵头作用，深入摸排，重点打击，加强联动。建立打假长效机制，明确各成员单位打假责任。扎实履行打假办协调组织作用，联合公安、工商、食药监、盐务等打假成员单位开展春节、农资、卷烟、五一国际劳动节、国庆节等节假日联合执法专项行动，专项检查县辖区农资销售点、集贸市场、超市、药店和烟酒销售点，有效整顿和规范市场经济秩序，维护人民群众切身利益。立足质监实际，以儿童玩具、厨具、床上用品、家具等消费者普遍关注的10类消费品开展打假专项行动，严肃查处各类违法行为。全年出动执法人员292人次，检查各类生产经销单位146家次。

【“两建”工作】 2017年，县质监局在全县开展工业产品生产许可证制度宣贯工作，深入企业宣传全面落实产品质量安全主体责任和质量监管体系建设工作要求，督促企业完善和提高质量管理水平，强化企业产品质量安全主体责任意识，自觉做到诚信经营。加大重点产品生产企业、获得管理体系认证和3C产品认证企业检查力度，建全企业信用档案，严厉打击各种产品质量违法行为。推进诚信计量建设活动，开展诚信计量示范单位评选和达标验收，全年有7家单位实现诚信计量自我承诺并向社会公示。

【“精准扶贫”工作】 2017年，县质监局挂点扶贫村为长江镇沙坪村，该村有贫困户18户39人，其中一般贫困户2户6人，低保贫困户8户22人，低保贫困户（无劳动力）3户6人，“五保”贫困户（无劳动力）5户5人，贫困发生率1.95%。年内，县质监局在产业帮扶方面，向有劳动力贫困户发放农资物品；危房改造方面，有6户完成改建或在建中；农田水利方面，在沙坪村低坪组建设长约500米农田灌溉水圳1条；就业扶贫方面，经过单位与爱心企业协调，安排贫困户劳动力在仁化智能木业就业1户。

仁化县质量技术监督局负责人名录：

局　长：钟良万（任至2017年9月）
李　艳（女，2017年9月任职）

副局长：罗伟雄　黄仁烽（2017年9月任职）

（李　莹）

食品药品监督管理

【概况】 2017年，仁化县食品药品监督管理局（简称“县食药监局”）贯彻落实省、市、县政府以及上级业务部门工作部署和要求，推进食品药品安全监管各项工作。全年全县未发生重大食品药品安全事故。

【学校及周边餐饮业食品安全专项整治工作】 2017年，县食药监局根据《关于进一步加强学校校园及周边食品安全工作的意见》文件精神，联合卫生、工商、城监、教育等有关职能部门人员，对辖区内学校食堂及周边食品经营单位开展春秋两季食品安全专项检查。重点检查学校食堂“食品经营许可证”持证情况、食品安全管理制度落实情况、配置食品安全管理员情况、从业人员健康体检培训、食堂相关规范要求达标情况、食堂“阳光厨房”建设情况。组织执法人员对校内小卖部、校园周边食品经营单位开展全覆盖、拉网式监督检查。以校园及其周边300米范围内食品经营单位为重点场所，重点检查食品外包装标签是否规范，经营者是否获得经营许可资质。对管理不规范、存在安全隐患、职责落实不到位单位，现场指导、纠正，并下达书面整改通知书，要求学校限期整改，促使学校食堂管理、食品卫生工作走向规范化。全年派出执法人员194人次，联合执法6次，检查食堂44家，周边食品经营户78家，发放督促办证通知书46份，下发监督意见书76份。

【医疗器械专项检查】 2017年，县食药监局根据《关于开展使用“超声刀”产品监督检查的通知》文件要求，专项检查仁化县人民医院等13间医疗机构“超声刀”产品使用情况。经查，使用该产品医疗机构均从有资质医疗器械经营企业购进，产品注册证等资质证明资料齐全，没有存在违法违规行为。

【食品安全综合协调作用发挥】 2017年，县食安办发挥食品安全协调职能，通过开展H7N9疫情防控、加强校园及其周边食品安全、农村食品安全专项整治、食品摊贩监督管理工作，推进全县食品监管工作。全年，出动执法人员436人次，检查各类企业经营单位473家次，发放宣传资料5100册（张）。

【保健食品非法会议营销专项治理】 2017年，县食药监局为杜绝减少不法经营者会议、讲座、旅游、义诊等方式从事保健食品非法宣传和销售，根据《仁化县2017年保健食品非法会议营销专项治理行动工作实施方案》文件要求，在全县范围内查处是否存在保健食品会议营销中的无证经营、超范围经营行为，以及销售假冒伪劣、未经许可、质量不合格、来源不合法、标签不规范等行为。

【食品药品抽检工作】 2017年，县食药监局为有效保证辖区食品药品质量，分析食品药品安全，强化隐患排查，结合全县实际情况，围绕全年监管任务，制定并组织开展辖区食品药品质量监督抽验工作。全年完成散装食用油、肉类、调味品281批次，药品监督抽检55批，药品专项抽检12批、保健食品5批，化妆品抽检7批，保健食品快检抽样20批。快筛快检200批次，快筛快检1批阳性，已抽样复检检验合格。药品监督抽样不合格批次为5批。

【敬老院食堂食品安全检查】 1月16日，县食药监局联合县民政局分2个检查组到各镇（街）敬老院进行食堂食品安全检查。检查敬老院10家，对存在问题要求限期整改落实。在“练溪托养中心死亡事件”发生后，县食药监局根据县政府文件要求和县民政局协调安排，迅速组织人员，结合1月16日检查存在问题，对各镇（街）敬老院跟踪检查整改情况，对个别仍存在未按要求做好食品留样制度、未做好采购查验和索票索证制度等问题敬老院下达监督意见书，并要求各镇所加强监管。

【餐饮安全集中整治】 2017年，县食药监局在县创文办统一协调部署下，主要检查第一农贸市场、第二农贸市场新城东路、锦江东路及新城横路中的食品经营单位，重点检查厨房及就餐场所卫生、是否亮证经营、是否有有效健康证、文明餐桌标识牌和小餐饮卫生制度是否上墙、“三防”设施是否齐全等情况。对存在问题，执法人员下发监督意见书，并责令其限期整改。检查餐饮店72家，下发监督意见书23份，发放“文明餐桌”提示牌1000多份。

【学校食堂灭“C”工作】 2017年，县食药监局制定《仁化县学校食堂灭“C”工作方案》，加快学校食堂灭“C”工作，成立建设工作领导小组，落实职责，对照标准，要求“C”级单位从内部管理、硬件设施提升、资料台账建立健全等方面逐项逐条予以落实。加强指导，多次联合县教育局对“C”级单位进行现场督查指导，布局流程图纸设计。对8月2日市检查督导组对县域检查中存在问题，要求各“C”级单位利用暑假期间进行整改，落实好相关工作，确保能按期、按标准完成建设。7家申报的学校食堂完成整改，并通过验收。全年，出动执法人员2015人次，检查企业1585家次，抽检食品药品761个批次，下发办证通知书274份、监督意见书219份、责令改正通知书123份。

【农贸市场快速检测工作】 2017年，县食药监局根据市食药监局分配开展食用农产品市场快速检测指标，选定仁化县第一市场、仁化县第二市场和仁化县周田镇农贸市场开展食用农产品快速检测工作。全年，全县完成食用农产品快检7035批次，其中合格7032批次，合格率99.96%，不合格3批次，处理不合格产品2千克，农贸市场食用农产品质量安全状况稳定。

【不合格化妆品专项检查】 2017年，县食药监局针对总局通告的29批次不合格祛痘类化妆品进行全面检查。将商场超市、专卖店、药店为主的化妆品经营单位作为重点检查对象，着重查看是否存在总局通告的不合格化妆品，并全面检查该单位及所经营化妆品。

【桶装饮用水生产行业专项整治】 2017年，县食药监局强化桶装饮用水生产企业隐患排查，全面清查桶装饮用水生产企业，整治“散装山泉水”乱象，对辖区内所有桶装水生产企业开展“一次约谈，两次抽检，三次监督检查”，督促生产企业落实食品安全主体责任，严格按照《中华人民共和国食品安全法》规范生产经营行为，提高仁化县桶装饮用水生产行业食品安全水平。行动中，检查桶装饮用水企业3家次，抽检桶装饮用水3批次，3批次均合格。

仁化县食品药品监督管理局负责人名录：

局　长：刘世标

副局长：陈　健　赖东北

苏学洲（2017年7月任职）

（马倩仪）

安全生产监督管理

【概况】 2017年，仁化县安全生产监督管理局（简称“县安监局”）按照“党政同责、一岗双责、齐抓共管”工作要求，贯彻落实国务院、省、市安全生产工作决策部署，强化安全责任落实，开展安全隐患排查治理工作，深化安全生产各项工作措施，确保全县安全生产形势持续稳定。2017年，全县发生生产安全事故40起，死亡22人（道路交通事故32起，死亡19人；消防火灾事故发生5起，无人员伤亡；工矿商贸事故3起，死亡3人），直接经济损失379.17万元；农机生产保持实现零事故、零死亡目标。

【强化安全生产目标责任管理机制】 2017年年初，县政府与全县11个镇（街）、23个安委会成员单位和5个规模以上企业签订安全生产目标责任状，逐级分解安全生产年度目标任务，按照“管行业必须管安全、管业务必须管安全、管生产经营必须管安全、管项目必须管安全”和“属地监管”原则，落实镇（街）和部门单位安全监管责任。通过落实党政领导干部安全生产“一岗双责”“一票否决”，强化领导责任，实行党政“一把手”负总责，分管安全生产工作直接负责，其他领导共同抓的安全生产工作行政责任制，形成安全生产工作“职责清晰，齐抓共管”氛围。

【督促企业落实安全生产主体责任】 2017年，仁化县根据国务院《关于推进安全生产领域改革发展的意见》和《韶关市落实生产经营单位安全生产主体责任规定》文件精神，明确各级党委和领导责任，完善生产安全体系，坚持“党政同责、一岗双责、齐抓共管、失职追责”。通过各单位企业签订安全生产责任书，逐级落实安全生产责任。督促企业落实安全生产主体责任，健全企业安全监管机构，完善管理制度。加强日常监督检查，将企业主体责任落实情况纳入日常检查范围，跟踪督导检查，推进企业主体责任落实。

【非煤矿山监督检查】 2017年，县安监局监管矿山企业16家、尾矿库1座、地质勘探作业单位20家。年内，仁化县严格执行矿山建设项目安全核准制度，严格按照行政许可法要求做好矿山安全许可和建设项目“三同时”行政审批资料核查等相关工作。全年延期换证5家（县安监局发证），新发证1家。做好非煤矿山采空区治理工作，对2017年新出现的采空区按照采空区治理计划逐步进行治理。严格落实金属非金属矿山淘汰落后设备及工艺工作，经排查，除凡口铅锌矿有部分非阻燃电缆，全县无金属非金属矿山有禁止使用的设备和工艺。10月12日，县安监局组织专家对凡口矿井下非阻燃电缆进行复查，经过专家检查，凡口矿新老副井7条非阻燃电缆共4000余米已完成更换。全年检查非煤矿山企业80余次，使用各类执法文书123份。通过现场检查、查阅资料、召开座谈会方式，全面检查和了解矿山企业安全情况，发现问题及时整改，无重大隐患。

【危险化学品、烟花爆竹行业整治力度加大】 2017年，仁化县有危险化学品生产经营企业25家，其中生产企业3家，经营企业22家；烟花爆竹批发企业1家，烟花爆竹零售户33家。加强危险化学品和烟花爆竹两大行业领域监管，对取得安全监管部门安全许可危险化学品生产企业和烟花爆竹批发企业进行监管等级核定，督促危险化学品生产企业制定辨识本企业风险点危险，建档及落实各项风险管控措施，对危险化学品和烟花爆竹批发企业进行全覆盖检查。开展安全专项整治工作，完成县内危险化学品生产、经营企业安全生产许可证换（领）证、烟花爆竹经营销售点许可证发证及开展非药品类易制毒化学品安全监管工作。全年检查危险化学品和烟花爆竹批复零售企业26家1000多人次，发出现场检查记录20份、整改复查意见书8份、强制措施决定书22份，及时消除隐患50余处，停止经营进行整改危化品经营企业5家，没收非法烟花爆竹约2500千克。联系市安监局，帮助对丹霞冶炼厂进行镓锗铟铜综合回收技改项目安全设施竣工验收、中石油（仁化）1家加油站新建项目安全设计审查、2家加油站项目安全设计审查，以及9家加油站和1家工业气体经营部延期换证材料初审及现场核查，最大限度杜绝重大生产安全事故发生，达到年初制定安全生产目标。

【职业卫生监管】 2017年，县安监局结合年度执法计划及市局相关专项整治文件要求，开展汽车制造和铅蓄电池生产行业尘毒危害专项治理工作，矿山企业卫生专项检查，夏季防暑降温和职业中毒防控工作，重点行业噪声职业病危害排查治理等一系列专项整治。9月上旬，联合住建、工商、交通、人社、卫计、总工会等部门加强对房屋建筑、公路工程及蓄电池制造等重点行业领域企业开展职业卫生执法监察联合行动，重点检查企业职业卫生管理制度及档案建立情况、职业病危害项目申报情况、工作场所职业病危害因素定期检测情况、劳动防护用品配备情况、职业健康监护档案建立情况等，要求各职能部门认真督促企业落实隐患整改。全年检查用人单位50家次，发现问题93项，其中责令限期整改问题59项，下达执法文书50份，其中责令限期整改指令17份、整改复查意见书11份、现场检查记录22份。

【工商贸行业安全生产监管】 2017年，县安监局借用市局委托第三方机构及专家对园区内企业开展隐患排查及风险评估工作机会，共同检查企业11家，提出整改要求，组织各企业安全生产工作负责人开展安全隐患整改培训会议，督促企业按照专家提出整改意见进行整改。根据省市安监局《关于做好使用危险化学品风险点危险源排查管控工作的通知》要求，通过购买服务的方式委托第三方专业机构聘请专家对县域9家使用危险化学品工贸企业进行风险点危险源排查整治及风险评估。组织开展粉尘涉爆、涉氨制冷、有限空间作业专项整治。全年检查生产经营单位122家次，发出执法文书122份，其中现场检查记录84份、限期整改指令书23份、整改复查意见书15份。

【开展安全生产特别防护期工作】 2017年，县安监局根据《关于印发〈韶关市特别防护期安全生产检查工作方案〉的通知》（韶安委办〔2017〕22号）要求，在县政府指导下，制定方案、明确目标、落实责任，在全县开展特别防护期安全生产检查工作，成立由县委常委、常务副县长任组长，县各有关单位分管领导任成员的仁化县特别防护期安全生产检查工作领导小组，制定《仁化县特别防护期安全生产检查工作方案》，开展“打非治违”和重点行业领域事故隐患排查整治。重点突出非煤矿山、危化品、烟花爆竹、粉尘涉爆等重点行业开展各级事故隐患排查摸底。对排查出来的事故隐患实行登记造册，分门别类，加强管理，逐级上报，做到对事故隐患状况底数清、情况明。3—10月，全县上报特别防护期重大生产安全事故隐患6项，截至2017年年底，全部整改完成。

【安全生产宣传培训】 2017年，县安监局组织开展安全生产执法警示活动、宣传进社区、送法进企业，开展应急救援演练、安全生产咨询日、培训宣讲等多项活动，普及安全知识，提高全民安全意识。全年全县组织开展“安全生产月”宣传活动10多场次，出动宣传人员600多人次，悬挂各类安全宣传横幅200余条，张贴各种安全生产标语200余条，电视播放安全生产专题警示片870条次，发放各类安全生产宣传单页和小册子20000多份。

【安全生产应急救援工作】 2017年，县安监局按照省市安监局工作部署，开展突发事件风险隐患排查和整改工作。做好企业应急预案备案工作，督促应急预案过期企业重新备案。全年有14家企业完成应急预案备案工作。通过安全生产月活动，组织企业陆续开展应急救援演练。全年开展应急演练64家次，参演单位75家次，参演人员476人次。

仁化县安全生产监督管理局负责人名录：

局　长：林伟浩

副局长：吴春球　黄志军　钟福光

（邹　翔　顾燕芳）

国有资产管理

【行政事业资产管理】 资产资源管理。2017年，仁化县公共资产管理中心全面清查摸底政府资产，真实、完整填报实物量指标，分类科学反映价值量指标，奠定建立政府资产报告制度基础，提供财政预算管理和政府决策支撑。通过清查，逐步建立政府经管资产台账，打好建立覆盖全县政府资产数据库基础，为探索政府会计改革提供依据。坚持实物管理与价值管理相结合原则，创新经管资产价值计量和资产评估方法，尽可能科学、合理、动态反映政府资产当期价值。加强调查研究，科学界定政府资产概念、分类和范围，合理区分可变现资产和不可变现资产，探索建立可偿债资产与地方政府性债务相匹配机制，为完善权责发生制的政府综合财务报告制度提供有价值参考依据。根据政府资产报告试点工作中发现和暴露的问题，全面总结经验，认真分析原因，研究制定切实可行措施和办法，奠定建立健全政府资产管理制度基础。按照上级统一部署和有关要求，2017年3月起，县财政局开始组织相关行政事业单位、国有企业进行政府资产报告填报工作，要求相关单位通过财政部政府资产报告信息管理系统填报政府资产报表，并根据资产报表中数据撰写政府资产分析报告，由县财政局统一汇总上报市财政局。

依法依规盘活资产。2017年，县财政局优化资源配置，实现行政事业国有资产增值最大化，增加财政收入，深挖资产资源增值潜力，通过委托评估，公开拍卖、协议转让等方式，确保资产资源保值增值。全年全县行政事业单位国有资产处置收入34142878元。10月，县财政局将丹霞山1号16套房产协议转让给丹霞实业发展有限公司，转让金额为26669600万元；将仁化县原检察院办公楼部分房产以6354183元、原畜牧局办公楼房产以1100095元协议转让给广东电网韶关仁化供电局。

公务用车改革处置。2017年，县财政局拍卖处置闲置封存公务用车3辆，并于11月22日在韶关市公共资源交易中心举行拍卖会，最终成交1辆，拍卖成交额为19000元。

（曾家宝）

【公共资产管理】 概况。仁化县公共资产管理中心于2006年12月7日成立，为财政补助一类事业单位，有事业编制3名，主要任务是负责行政、事业单位国有资产的综合管理。2017年2月，仁化县公共资产管理中心由县财政局划入县经信局，与县国资办共同办公。

资产资源管理。2017年，县公共资产管理中心依法依规做好有产权证经营性资产拍卖工作，通过制定切实可行工作方案，增加国有资产处置收入；做好无产权证行政事业单位经营性资产划转工作，完成商铺、户外广告划转管理工作，将资产交由锦江市场物业运营有限公司管理，实行“收支两条线”。11月，县公共资产管理中心协助县国资集团下属子公司仁化县锦江实业发展有限公司按法定程序接管县林业局下辖水电站5个，加强安全管理，提高运营收益，优化国有资产管理。

依法依规盘活资产。2017年，县公共资产管理中心深挖资产资源增值潜力，通过委托评估，招标租赁等公开方式，确保国有资产资源保值增值。6月，协助县国土资源局做好原环保局大楼地块土地招牌挂工作；资产处置期间，以16.8万元每年价格租赁给承租商，加大资产利用效率。10月，配合县国土资源局处置位于丹霞山1号房产16套，成交价值2666.96万元。12月，拍卖粤FJM018旧机动车1台，成交金额19000元。完成县政府交办的县供电局地块与原检察院办公楼部分房产及原畜牧局办公楼房产地块置换工作，完税后金额计633.72万元并全额上缴财政。

政府融资基础夯实。2017年，县中心充分发挥资产集中管理优势，盘活国有资产，在县政府支持下，以下属公司或政府可调配企业做主体，采取资产抵押融资或项目融资方式，加强银企合作，积极争取国家政策性银行支持，共计向韶关市农业发展银行融资35800万元，其中：绿道二期建设项目向市农发行融资13800万元，并于3月29日完成签订借款合同；污水处理厂及管网建设项目向市农发行融资22000万元，5月获得批复并签订借款合同。

（彭艳芳）

住房公积金管理

【概况】 韶关市住房公积金管理中心公积金仁化办事处（简称“公积金仁化办事处”）是韶关市住房公积金管理中心的派出机构，副科级事业单位，主要负责仁化县辖区住房公积金归集、公积金贷款以及公积金存款管理工作；人员编制4名，2017年实有在职工作人员10人，其中聘用制工作人员5人。

2017年，公积金仁化办事处按照国务院《住房公积金管理条例》和韶关市《缴存管理实施规定》《提取管理实施细则》要求，严格遵守各项规章制度，加大作风改进力度，认真履行工作职责，执行韶关市住房公积金管理委员会的各项决策，加强管理监督，发挥部门职能作用，促进住房公积金管理工作规范化，确保住房公积金资金安全，加强公积金政策宣传，扩大住房公积金制度覆盖面；积极稳妥发放个人住房贷款，提高社会效益；提高工作效率和服务质量，做到让政府放心、群众满意，较好完成各项工作。

【住房公积金归集情况】 2017年，公积金仁化办事处归集额稳步提升。截至2017年年底，全县申报缴交公积金单位353个，公积金缴存人数约1.78万人，年内新增缴存单位29个，新增人员1424人，新增月缴存额84.65万元。2017年，仁化县月平均缴存额1833.21万元，比2016年1792.23万元增加40.98万元，增幅2.29%；当年归集公积金21998.55万元，比2016年21506.77万元增加491.78万元，增幅2.29%；年末公积金缴存余额41629.69万元（该数据已剔除两厂矿从市中心转移过来的余额24134.91万元），比2016年38959.24万元增加2670.45万元，增幅为6.85%；累计上划资金29847.26万元；历年累计归集住房公积金135062.91万元。历年归集的住房公积金，公积金仁化办事处通过上划到韶关市住房公积金管理中心进行大额存款统一保管方式，确保资金安全。

【住房公积金使用情况】 贷款管理。2017年，公积金仁化办事处根据韶公积金委〔2015〕1号文件通知，行政、企事业单位职工正常缴存住房公积金为6个月（含）以上职工，购、建、大修理自住住房时，可以申请住房公积金贷款。在韶关市所辖各县（市、区）范围内，可跨地域申请住房公积金按揭贷款。2017年度，全县发放住房公积金贷款431户，贷款发放金额11354万元，比上年度住房公积金贷款10088万元增加1266万元，增长12.55%，累计贷款49159万元。未发生新增逾期贷款个案，继续保持零逾期贷款。

支取管理。2017年，公积金仁化办事处根据《韶关市住房公积金提取管理实施细则》规定，职工在购买、建造、翻建或大修具有所有权自住住房、偿还购房贷款本息、租房自住、离休、退休、与所在单位终止劳动关系、职工死亡以及对既有住宅增设电梯等情形之一者，可申请提取住房公积金账户内存储余额。2017年，公积金仁化办事处减少审批环节，提取审核由10个工作日缩短为5个工作日；简化审核要件，提高资金到账效率，认真落实“首问责任制”“一次性告知制”，要求窗口工作人员必须为群众咨询提供详细、周到解释和答复，对于不在本办职责范围内的事项，必须明确告知对方具体承办单位，并告知联系电话。同时大力推行“预约服务”“延时服务”，缓解柜台压力。加强住房公积金管理，维护住房公积金缴存者合法权益。

2017年，全县职工支取住房公积金19328万元，比上年度住房公积金支取16383万元增加2945万元，增长17.98%，其中购建房支取12912万元，比上年度10745万元增长2167万元，增长20.17%；累计支取74315万元，其中购建房累计支取49049万元，截至2017年12月31日，住房公积金余额为65764.60万元；支付住房公积金利息912.23万元。

【公积金政策宣传与归集扩面】 2017年，公积金仁化办事处继续做好扩大公积金政策宣传和归集扩面工作。一是查漏补缺主动申请市公积金管理中心寄发催建通知及宣传资料，督促单位自觉保障职工权益。缴存住房公积金是单位应尽的责任，更是广大职工应该享有的合法权益。针对部分单位不缴或少缴职工的住房公积金，使职工无法享受住房公积金带来的实惠，损害职工正当合法权益情况，在市公积金管理中心全面寄发催建通知基础上，公积金仁化办事处根据实际，查漏补缺，摸清未建缴、未收到催建通知的单位，积极主动向市公积金管理中心汇报，及时寄发催建通知书及宣传资料，并取得良好催建效果。二是积极拓宽宣传渠道，扩大公积金影响力。加大楼盘销售现场宣传，制作住房公积金政策宣传展架，在全县主要商品房销售楼盘摆放公积金贷款宣传资料，让购房职工在售楼现场了解公积金贷款政策。加强和楼盘沟通，让楼盘销售人员了解公积金贷款政策，正确引导购房职工享受优惠政策。同时，对各承办银行办理公积金贷款工作人员进行公积金贷款政策及业务宣讲，学习公积金贷款政策，提高服务效率。三是抓紧欠缴单位的追缴工作。公积金仁化办事处加强与部门联系，主动走访长时间没有缴交公积金单位，深入基层宣传公积金政策，提高单位依法缴存住房公积金认识，强化单位维护职工权益责任意识。

【办事流程优化】 2017年，公积金仁化办事处认真落实市公积金管理中心关于简化提取及贷款要件相关规定，提高服务效率。在公积金仁化办事处前台配备高拍仪，业务资料扫描进电脑系统，建立电子档案数据库，实现提取、贷款业务系统间借款合同、购房合同等扫描资料共享，减少职工需提交的复印材料，降低办事成本。职工在首次提供相关购房资料扫描录入系统后，再次办理购房提取只需要提供一份“提取申请审批表”及房屋产权证明即可。同时，简化贷款资料，申请住房公积金贷款时，根据本人住房公积金月缴存额推算其月收入，不需提供单位出具的收入证明。发挥省“巾帼文明岗”模范带头作用，提升综合服务能力。公积金仁化办事在创建省“巾帼文明岗”过程中，全心全意为缴存人提供优质服务，综合能力得到进一步提高。给办理业务群众提供便利，在等候区摆放饮水机，并免费提供老花眼镜、报纸杂志等，为群众创造舒心办事环境。落实“首问责任制”“一次性告知制”，要求窗口工作人员必须为群众咨询提供详细、周到解释和答复，对不在该办职责范围内事项，必须明确告知对方具体承办单位，并告知联系电话。推行“预约服务”“延时服务”，缓解柜台压力。明确窗口受理业务应严格执行时限规定，在承诺时限内完成各项业务流程；在超过办公时间后，遇有受理业务未办结或还有群众有事未办的，主动延长办公时间，最大程度为群众提供便利。

韶关市住房公积金管理中心仁化办事处负责人名录：

主　任：周丽娟（女）

副主任：刘春玲（女）

（谭玮玲）

农　业

农业、农村工作

【概况】 2017年，仁化县农业农村工作贯彻落实中共十八大、十九大精神和上级农业农村工作总体部署和要求，围绕“农业增效、农民增收、农村增绿”总目标以及县委“一三九”发展战略，结合工作实际，采取有效措施，深入推进全县农业供给侧结构性改革，大力发展现代农业，加速推进农业产业化进程，促进农业特色产业转型升级，全面提高农业综合生产能力，扎实推进农业和农村体制改革工作，全县农业和农村经济保持稳步增长发展态势。2017年，仁化县农林牧渔业总产值为33.6亿元，同比上年增长4.3%，农民人均纯收入15479元，对比上年增长11.2%。

【稳定发展农牧业生产】 2017年，仁化县立足县域资源优势和产业特色，抓好水稻、花生、水果、蔬菜等农作物发展管理。全年全县农作物总播种面积4.18万公顷。粮食作物总播种面积1.63万公顷，其中：水稻播种面积1.25万公顷，水稻规模种植大户420多户。花生总播种面积0.84万公顷。蔬菜面积0.97万公顷。水果种植面积0.61万公顷。茶叶种植面积0.163万公顷。按照“一镇一业”“一村一品”实施方案，结合各镇（街）实际，发展优质特色农业。全县种植培育优质稻1.24万公顷、优质蔬菜0.28万公顷、优质水果0.57万公顷、花卉33.33公顷、中药材100公顷、食用菌（香菇等）133.33公顷。抓好畜禽、水产生产。全县生猪饲养量28.48万头（其中出栏量16.88万头，存栏11.6万头），能繁母猪13123头，家禽195.16万羽（其中出栏量119.54万羽，存栏量75.62万羽），肉类总产量13244吨。山羊饲养量11191只，牛存栏量6650头，与上年持平。全县水产养殖面积1783公顷，其中开展优质草鱼健康养殖技术推广面积233.33公顷，水产品总量9656吨。

【强化农业科技支撑】 继续加大新品种新技术推广力度。2017年，全县推广水稻新品种“吉田优16”“隆香优华占”“恒丰优1179”“华优665（CK）”12个；水稻新品种对比试验区5个、试验面积0.67公顷，良种覆盖率95%以上。在扶溪镇实验推广“鸭稻共作”“稻鱼共生”生态生产模式，实验面积13.33公顷（两造），投放鸭苗2200多羽，鱼苗2万多尾，带动农户40多户。继续大力推广测土配方施肥技术。测土配方施肥推广面积2.996万公顷，其中粮食1.744万公顷、花生0.688万公顷、果树0.564万公顷。配方肥应用面积1.85万公顷，使用配方肥11277吨，应用农户3.78万户，覆盖全县109个行政村。

抓好农业科技培训。2017年，仁化县抓好基层农技人员培训工作，联合广东省农业科学院举办基层农技人员技术培训班2期，培训基层农技推广人员111人次，提高基层农业人员业务水平。创新培训方式，抓好农民农业科技实用知识培训，做到“农民需要什么技术，送什么技术”。全年举办各类农业科技知识培训班27期，培训农户1900余人次，印发技术宣传资料3600余份；培育科技示范户470户、优秀科技示范户92户；培育贡柑生产经营型新型职业农民130人、专业技能型农民50人，畜牧养殖专业技能型农民50人，农业电商社会服务型人员50人。联合县科技、科协、教育局等有关部门到各镇（街）开展科技下乡活动，提高全县农业科技水平。

【强农惠农政策落实】　抓好耕地地力保护补贴发放。2017年，是仁化县贯彻落实广东省全面推行农业“三项补贴”改革工作第一年。根据上级要求将原有的种粮直补、综合补贴和良种补贴调整合并为农业支持保护补贴，政策目标调整为支持耕地地力保护补贴和粮食适度规模经营。年内，县农业局按照发放要求，联合县财政部门认真抓好耕地地力保护补贴发放工作。全县按家庭联产承包面积登记核实补贴面积11013.3公顷，补贴农户33208户，发放补贴资金1550.87万元。

推进政策性水稻种植保险。2017年，全县完成政策性水稻种植承保面积1.23万公顷，其中，早造4943.6公顷，中晚造7385.07公顷，承保率100%，按时完成省市下达目标任务。协助做好灾害理赔工作，2017年全县因暴雨、泥石流、大风、病虫害等原因造成水稻损失并达到赔偿标准的，共核定理赔面积363.35公顷，受灾农户2795户，赔付资金105.07万元，赔付率100%。

开展“一事一议”财政奖补。2017年，全县村级公益事业“一事一议”财政奖补建设项目86个，涉及丹霞街道办等9个镇（街），总投资2157.914万元，其中：财政奖补资金706.55万元（省级以上508万元、市级124.175万元、县级74.375万元）。项目建设主要有村内文化室建设、美化亮化、村道硬化及乡道道路扩宽平整、饮水工程、小型桥梁修建、健身广场建设等，其中村内文化室建设10个、村道硬化及乡村道路扩宽平整项目29个、饮水工程15宗、美化亮化项目11个、村内小型水利设施项目6个、村内环境整治及文化小广场项目12个、小型桥涵3座。截至2017年12月31日，完工项目81个，完工率94.18%，其余5个项目处于建设阶段。

【国家现代农业示范区建设】2017年，仁化县加快现代农业示范区建设，开展田园综合体、国家农村产业融合发展示范园创建申报工作。年内，建成标准化贡柑无病毒繁育苗基地2个，完成黄坑镇为试点的互联网农业小镇建设以及金喆园物流、仓储、展示综合项目等项目建设，完成登龙山庄、润华农业、众力农业、新农人等农业企业温控大棚设施建设并投入生产。完成长坝沙田柚产业基地环区观光路、旭日葡萄园观光亭等项目基础设施建设。

【农业品牌化建设】　2017年，仁化县抓好“丹霞贡柑”地理标志保护农产品登记工作，完善地标登记所需材料，申报材料已提交审核。组织发动新型经营主体申报广东省名牌产品，提升全县农产品市场竞争力。全年全县获得无公害农产品产地认证10个，无公害农产品认证3个，正在申报中的产品5个，准备申报的产品5个。组织企业申报广东省名牌产品、名特优新农产品。年内，仁化白毛茶等5个产品评选为广东省第二届名特优新农产品区域公用品牌，丹霞谢柚等7个农产品获评广东省第二届名特优新农产品经营专用品牌。红山镇鱼皇村被列为“全国一村一品示范村”。全县“三品一标”认证农产品累计46个，其中绿色食品3个、无公害19个、有机食品22个、国家地理标志保护产品2个（长坝沙田柚、仁化白毛茶）。广东省名牌8家，广东省“十大名牌”2家（仁化县红丹舒茶叶有限公司、仁化县红山镇富农茶叶专业合作社）。2017年12月8日，仁化县人民政府表彰奖励在农业品牌建设上成效显著企业和单位，奖励资金35万元。

【培育新型农业经营主体】2017年，仁化县新型农业经营主体不断壮大，其中红山镇富农茶叶专业合作社被认定为国家级农民合作社示范社，长坝惠香沙田柚农民专业合作社被认定为广东省第四批农民专业合作社省级示范社，鸿伟木业（仁化）有限公司被认定为广东省重点农业龙头企业。全年全县新增注册农民专业合作社25家、家庭农场33家。全县累计县级以上农业龙头企业31家、专业合作社292家、家庭农场107家，其中省级农业龙头企业4家、市级农业龙头企业12家、国家级农民专业合作社示范社2家、省级农民专业合作社示范社9家、市级农民专业合作社示范社13家、市级示范家庭农场10家，完成市下达培育工作任务。组织协助新型农业经营主体申报发展扶持项目，获得上级扶持资金160多万元。全县初步形成以合作社为纽带，龙头企业为骨干，集体经济组织和其他各类农村社会化服务组织为支撑，多种生产经营主体共存农业经营新格局。

【农产品质量安全监管加强】开展农业行政执法。2017年，仁化县推进农业执法专项治理，以体系建设为抓手，集中清理整顿农资经营主体，加大重点农时、重点区域巡查力度，重点打击非法使用高毒农药和制售假劣农资违法行为，规范农业投入品使用。全县累计出动执法人员867人次，检查种子、化肥、农药、饲料、兽药、农机及器械经营门店211家，实现全县范围内所有农资店全面监管；印发各类宣传资料0.66万份，查处违法案件3起，立案3起，结案3起。

开展农产品检测。2017年，仁化县抽检农产品2545批次，合格率99.75%（其中定性检测蔬菜2427批次、定性检测水果9批次、定量检测水果9批次），并通过“广东省农产品质量安全监督检测信息管理系统”实时向省农业厅报送检测结果。协助省市部门开展检测抽样工作，抽查样品53个，24批次，合格率100%。

做好农产品产地重金属污染防治监测。2017年，仁化县全面完成广东省农产品产地土壤重金属污染防治项目78个第二批农产品抽样、制样监测任务，完成广东省农产品产地土壤重金属污染防治项目第二批12个“省控点”标志牌制作树立、土壤和农产品样品抽取、制样、建立省控点档案工作。开展土壤详查采样工作质控检查和监督，完成127个农产品样品采集。

【全面深化农业农村改革】全力提速推进农村土地确权登记颁证工作。2017年，仁化县根据省、市确权工作部署和要求，强化责任担当，积极作为，压实责任，对各镇（街）和作业单位采取倒逼机制，定期通报工作进度，加大督查指导力度，督促各镇（街）、村围绕时间节点，狠抓工作落实，同时严格把关，狠抓确权质量，推进全县农村土地承包经营权确权登记颁证各项工作。完成土地实测面积外业指界2.05万公顷工作，实测率100.75%，颁证33143本，颁证率96.02%。投入85万元完成农村土地承包经营权信息应用平台建设。

规范农村“三资”管理。2017年，仁化县出台《关于进一步加强农村集体“三资”管理工作实施意见》规范性文件，理顺农村集体“三资”管理机制，全县125个村（居、社区）实行“村账镇代记”。2017年7月，完成“三资”管理服务平台安装建设。

开展农村普惠金融、“政银保”等试点工作。2017年，仁化县加强与县域金融、保险等有关部门沟通协调，采取有效措施，开展农村普惠金融工作，推动农业“政银保”和农村产权抵押工作开展。2017年，全县办理“政银保”业务11宗，发放贷款580万元；办理林权抵押17宗，抵押林权2559.2公顷，评估价值16116.5万元，发放贷款6220万元。

【实施高标准基本农田建设】 2017年，仁化县继续抓好2016年度项目建设，年内完成田间道1.8千米、生产路1.2千米；完成硬化灌、排渠21.1千米；完成过路涵20座、陂头8座，渠系建筑物237座。抓好2017年高标准基本农田建设项目选址、可研、立项、设计、专家设计评审等前期工作，项目建设地点为长江镇，建设面积0.04万公顷，投资总额864万元。

【招商引资】 2017年，仁化县农业局引进韶关丹霞女农业科技有限公司蔬菜种植、生态休闲旅游项目，仁化县长江镇周屋水农副产品加工项目，仁化县仁商果业有限责任公司果业及农副产品物流加工项目，广东广隽投资有限公司农业生态园项目4个项目。联系有意向到仁化县发展企业绿丹盛农林科技有限公司、绿之盛米面制品厂2家。

【农民电商知识专题培训】 7月10—15日，仁化县农业局举办农业电商社会服务型新型职业农民培训班，培训时间6天，有50名培育对象参加培训，是仁化县首次对农民举办电商知识专题培训。

仁化县农业局负责人名录：

局　长：梁　炜

党组成员、副局长：成晋荣

冯金财（任至2017年12月）

副局长：王金焕（女）

党组成员：潘志斌（2017年5月任职）

（刘志强　谭细远）

县委农办工作

【概况】 中共仁化县委农村工作办公室（简称“县委农办”）是仁化县委农村工作综合部门（正科级单位），根据《仁化县机构编制委员会关于调整县农业局（县委农办）有关机构编制事项的通知》，成立于2015年1月19日，主要负责全县农村工作组织领导和统筹协调、决策服务等工作，统一承担有关农村工作综合协调、农村改革、新农村建设指导、扶贫开发、老区建设等职责。内设股室扶贫办、新农村建设办、综合股、涉农维稳股等4个，人员编制5人，其中主任1人（正科级），副主任2人（副科级）。2017年，实有在职在编人员5人，抽调人员26人。

【新时期“精准扶贫”工作】 强化主体责任。2017年5月，中共仁化县委十三届三次全会制定“一三九”发展战略，将“精准扶贫”列为九大任务之一。仁化县全面落实县级主体责任，成立由县委主要领导为组长的脱贫攻坚工作领导小组，强化党委和政府脱贫攻坚主体责任；制定《仁化县新时期精准扶贫三年攻坚成效考核方案》《仁化县全面脱贫攻坚责任细则》《仁化县脱贫攻坚督查工作实施方案》等配套方案，明确“六个责任清单”［县级领导挂钩镇（街）村脱贫攻坚责任清单、镇（街）党政主要领导脱贫攻坚责任清单、镇（街）包干脱贫攻坚责任清单、驻村扶贫工作队员脱贫攻坚责任清单、“挂包帮扶”部门脱贫攻坚责任清单、行业主管部门脱贫攻坚责任清单］和职责，合力攻坚，共同推进扶贫开发工作。

全力落实“三保障”帮扶政策。年内，仁化县向全县义务教育阶段、高中、中职学校建档立卡学生发放生活补助费604.55万元；建档立卡贫困户危房改造开工860户，竣工745户，竣工率87%，发放补助款559户2219.2万元，补助款发放率65%；“精准扶贫”医疗救助支出331.19万元，“精准扶贫”参保支出163.39万元；“精准扶贫”建档立卡贫困人口大病患者住院及门诊638人；100%完成建档立卡9545人办理2018年度城镇居民保险参保缴费工作。

全力开展产业及就业帮扶。年内，仁化县因地制宜发展特色产业，大力发展黄坑镇贡柑、周田镇白莲、董塘镇河富村蔬菜、扶溪鸭稻和鱼稻、城口镇油茶、丹霞街道何首乌、红山镇茶叶种植，引进“鸡博士”养殖项目。董塘镇河富村现代化优质果蔬扶贫共建种植基地，带动河富村10户贫困户领种花菜3公顷，每批花菜每亩为贫困户增收2000元，每个劳动力年收入3万元以上，基地全年可带动100名有劳动能力贫困户实现务工增收；周田镇平甫村太空白莲种植建设项目种植白莲面积4.084公顷，聘请有劳动力贫困户参与白莲种植和日常管理共计300个时工，带动32人就业，惠及贫困户28户80人。全年全县举办“‘精准扶贫’进镇入村”专场招聘会15场，70名贫困户达成就业意向；举办实用性技能培训班22期，培训贫困户128户376人次；公益性岗位安置了33名贫困户实现就近就业。

统筹落实资产性收益项目。2017年，仁化县统筹4774万元扶贫资金注入仁化县锦霞投资开发有限公司，为期20年，每年税后可得收益1000.2万元，分配到仁化县建档立卡贫困户（按当年实际贫困户实际在册人数进行人均分配），人年均可增收1000元以上；统筹2017年省级、2017年东莞对口帮扶资金1907万元入股广东中金岭南环保工程有限公司，为期3年，每年获得入股本金税后8%保本收益计算，每年收益152.56万元，分配到仁化县建档立卡贫困户（按当年实际贫困户实际在册人数进行人均分配），人年均可增收160元。

【新农村建设工作】 规划先行。2017年，仁化县根据县委、县政府“一三九”发展战略工作部署，大力推进农村人居环境综合整治和新农村建设等工作。出台《仁化县农村人居环境综合整治建设社会主义新农村示范村三年攻坚行动方案（2017—2019）》，完成全县33个省定贫困村318个自然村整治创建规划，整治项目入库2500多项，预计投入6.7亿元。

大力开展“三清三拆”。2017年，全县开展农村人居环境整治村庄595个。完成清理巷道5048条，清理面积24.54万平方米；清理房前屋后、沟渠、池塘等12287处，清理垃圾3.57万吨；拆除危旧弃房、乱搭乱建等5288处19.07万平方米，33个省定贫困村“三清三拆”工作基本完成；恢复绿化面积1.3万平方米，种植绿化树3.9万株。每季度开展县域内国道、省道、县道、乡道及通往旅游景区主干道卫生大清理活动，不断改善全县农村环境卫生状况。

健全村民自治机制。2017年，全县建立村民理事会，制定村规民约、村民理事会章程、议事决事制度、卫生保洁制度等章程自然村931个，组建率98.83%；省定贫困村村民理事会实现全覆盖。

全力推进丹霞彩虹省级新农村示范片建设。2017年，仁化县投入资金1.2亿元（其中省级专项资金规划投入6900万元），完成主体村河口、众坝、青湖塘、瑶塘、断石、夏富村村道硬底化，夏富古村外立面改造、河口众坝外立面改造和污水处理站建设。

中共仁化县委农村工作办公室负责人名录：

主　任：梁钰清

副主任：谭定权　李文华（女）

（谭太忠）

林　业

【概况】 仁化县林业局内设办公室、财务股、人事股、林政股、营林科教股（县绿化委员会办公室）、政策法规股、森林防火办公室（县森林防火指挥中心）、林权争议调处办公室，下辖公安森林分局和12个林业工作站、4个林场、3个木材检查站，以及林业资源管护大队、林场管理总站、竹类资源管理站、生态公益林管理中心、森林病虫害防治检疫站、林业资源及产权登记管理中心、林业调查规划与资源资产评估中心和林业科学研究所（茶叶研究所、苗圃场）等直属事业机构。

县域自然保护区和森林公园主要有丹霞山国家级自然保护区、高坪省级自然保护区、粤北华南虎省级自然保护区、仁化林场省级森林公园、浉溪湖省级湿地公园、斯鸡山自然保护区、锦城省级森林公园、锦江湖县级湿地公园、闻韶镇县级森林公园等，以及各镇级森林公园。县内驻有丹霞山管理委员会，高坪省级自然保护区办事处，市属国营仁化林场，非公有制林茂林场、云格林场等。全县有木竹加工企业90余家，其中上规模林产品加工企业有鸿伟木业、奥达胶合板公司、富然农科等10余家。

2017年，仁化县林业用地面积17.35万公顷，森林覆盖率为78.92%。

2017年仁化县各镇（街道）林业用地情况表

表9　　　　单位：公顷

单　位	林业用地总面积	生态公益林面积	商品林面积	森林覆盖率
仁化县	173491.8	66986.8	106505	78.92
城口镇	20888.8	6881.7	14007.1	89.07
红山镇	15214.6	5308.2	9906.4	89.4
长江镇	23616.1	8164.9	15451.2	83.61
扶溪镇	14920.5	4865.8	10054.7	82.48
闻韶镇	7260.6	2760.8	4499.8	85.29
丹霞街道办	9998.3	4720.2	5278.1	66.98
董塘镇	12385.8	6455.5	5930.3	49.2
石塘镇	5493.5	1829.4	3664.1	66.6
黄坑镇	13717.3	4419.4	9297.9	78.55
周田镇	22193.9	6743.1	15450.8	77.9
大桥镇	14287.4	8348.3	5939.1	80.97
红城林场	3661.8	918.9	2742.9	88.26
长江林场	1778.1	444	1334.1	88.15
小楣水林场	4559.6	2318.5	2241.1	95.74
长坑林场	1406.6	1068.8	337.8	92.6
霞山林场	1281.4	971	310.4	61.07
丹霞山	773.5	768.3	5.2	85.87
苗圃场	54	—	54	82.35

【学习贯彻中共十九大会议精神】 2017年，县林业局把学习贯彻中共十九大精神作为首要政治任务，通过各种形式深入开展学习宣讲解读工作。邀请仁化县籍中共十九大代表冯金英到局宣讲中共十九大会议精神，局党组成员带头讲课，要求全局干部全文抄读中共十九大报告，真正做到学深悟透、入脑入心，切实用习近平新时代中国特色社会主义思想武装头脑、指导实践、推动工作；用中共十九大精神统一思想和行动，确保十九大有关林业工作部署得到全面落实。

【林业生态文明建设】 2017年，仁化县林业生态文明以建设“生态、活力、幸福”新仁化为目标，全县完成：春季造林0.073万公顷，溶岩石漠化造林43.33公顷，碳汇造林抚育0.087万公顷，生态景观林带提升改造抚育面积90公顷，3个省级乡村绿化美化示范点建设及10个县级乡村绿化美化示范点建设。

【造林及义务植树】 2017年，全县完成造林763.6公顷，其中，人工造林270.6公顷、退化林分修复351公顷、封山育林142公顷；林业大田育苗0.8公顷32万株；中幼林抚育3815.7公顷。春季抓好造林工作，动员全民行动植树造林，全县完成义务植树56万株，参与义务植树15.43万人次。

【乡村绿化美化】 2017年，仁化县在8个镇（街）规划实施并完成13个自然村乡村绿化美化工程（含省级示范点3个），其中，有石塘镇上中坌沙湾自然村、红山镇新山村五渡自然村等。种植乔、灌木绿化树21143株，有红豆杉、八月桂、四季桂、紫薇、红叶石楠、杜鹃、竹柏、樱花、柳树、落羽杉、红千层、紫玉兰、黄金叶、红继木、红花油茶、荷木、枫香、杜英、野牡丹、榕树、桃花、冬青、乐昌含笑、樟树24个树种。

【林业产业建设】 2017年，仁化县形成林茶、竹笋、林药、林禽、林畜等林下种养经济发展模式，有效增加林农经济收入。鼓励林农大力发展白毛茶、灵芝、石斛、冬菇及中药材种植，成立扶溪镇林下种养农民专业合作社；举办阳春砂培训班，积极推广林下产品种植，林业产值约22.98亿元。森林景观利用初见成效，建成以高坪水库周边茶园为主要景观的红山生态观光茶园。

【森林防火工作】 2017年，仁化县落实森林防火“预防为主，积极消灭”工作方针，以抓责任、夯基础，治隐患、强队伍、严管理，重扑救、保安全为抓手，全面提升森林防火综合防控能力。建立县、镇、村三级森林防火考核制度，层层签订责任书、层层抓落实。以宣传新颁布的《广东省森林防火条例》为契机，多次在县城广场及各乡镇举办大型宣传活动；投入资金50万元，通过送戏下乡、“六个一”进校园、创建“森林防火示范性学校”活动，全方位、多渠道开展防火宣传，组织“送戏下乡”活动7场，组织开展“六个一”进校园等宣传活动30余场次，制作固定宣传牌500块，发放宣传册及资料一大批。新购置15辆森林消防工具车分发到各站场，新建11个林火远程视频点，全县林火远程视频点49个，可监控全县50%以上森林资源。召开湘粤赣边界护林联防第四联防区第五十六次会议，加强边界工作联动，增进森林防火经验交流。

【林政管理】 严格林地审批和林木管理。2017年，全县办结林地征占用林地审批项目丹霞新城市政道路、妇幼保健院用地等11宗，涉及林地面积58公顷，依法征收植被恢复费1007万元；办理林木采伐许可221宗，涉及采伐林木蓄积70273立方米，林木出材43754立方米，采伐林地899公顷，均控制在限额计划内；整顿排查木材加工企业，从原有48家缩减至35家，全面完成预期控制目标，并通过市政府验收；规范木材运输办证，办结木材运输审批8350宗，办理运输木材88754.37立方木，各类板材42659.43立方米。

抓好森林资源管护工作。2017年，县林业局通过开展“2017年红线行动”“绿盾行动”等一系列专项行动，积极参与全县畜禽养殖整治，落实中央环保督查发现的问题整改。查处各类案件224宗，处罚金额86.4万元，有力震慑违法犯罪分子，维护林区秩序稳定。对全县范围内从事陆生野生动物人工驯养繁育单位和个人及场所展开调查统计，建立野生动物人工繁育档案，强化管理。对县城和丹霞山景区内各主要市场、酒家、饭馆经营野生动物情况进行清查，张贴宣传标语，保护野生动物资源。

开展森林资源二类调查工作。2017年，县林业局制定森林资源二类调查质量检查工作方案，组织127名干部职工积极参与森林资源二类调查实践活动，完成100%外业调查工作。

【信访维稳】 2017年，县林业局接待群众来访175批669人次，均得到较好处置。

山林纠纷调处。2017年，县林业局通过社会购买服务方式，聘请23名山林纠纷工作调解员，充实办案队伍，加快调处进度。处理案件70宗（含涉法涉诉及信访件），维护林区秩序和谐稳定。

丹霞山人工林赎买流转工作。2017年，县林业局严格按照要求受理丹霞山人工林赎买流转申请工作，受理并完成二期19宗林地调查评估工作，涉及面积2866.67公顷。

国有林场改革。2017年，县林业局贯彻落实《广东省林业厅关于韶关市市属和乐昌、曲江、仁化、新丰等县属国有林场改革实施方案的复函》和《韶关市人民政府关于深化全市国有林场改革的指导意见》文件精神，全面完成国有林场改革工作。理顺国有林场体制和职能，将现有林场全部纳入公益一类事业单位，定性于保护培育森林资源、维护国土生态安全和提供生态公益服务；将国有林场主要职能由发展经济转向保护森林资源和生态建设。整合林场资源，从原来的6个国有林场整合为4个国有林场，精简林场机构设置。五马寨林场纳入小楣林场管理，霞山林场纳入红城林场管理。建立林场职工保障机制，改革后，全县国有林场职工全部纳入县公益一类，工资津贴由县财政统一发放，改革国有林场经营体制。严格实行收支两条线管理，由县林场管理总站对各国有林场进行管理。做好清产核资工作，解决临时工清退和稳定问题，没有遗留问题。

【队伍建设】 2017年，仁化县林业系统机关、事业单位（不含森林分局）在编在岗人员219人，45岁以上163人，占全系统人员74%，中专以下学历122人，占全系统人员56%。年内，县林业局通过社会购买服务方式公开招聘生态公益林管护人员35名，全部安排到基层林业站场工作，解决基层无人可用，人员青黄不接问题。

【基础设施建设】 2017年，县林业局有序推进基层林业站和检查站建设。2017年省林业厅分别安排县辖红山、闻韶、周田3个林业站服务能力提升专项资金各5万元。3个林业站服务提升建设全部通过验收，服务能力、办公条件得到改善。石塘林业站标准站建设前期工作准备就绪，新庄铺检查站着手制定实施方案。

仁化县林业局负责人名录：

局　长： 廖永香（女）

副局长： 谢文桥　黄文胜　邓志华

党组书记： 廖永香（女）

党组成员： 谢文桥（2017年4月任职）

黄文胜（2017年4月任职）

邓志华（2017年4月任职）

蓝　磊（2017年4月任职）

党总支书记：谢文桥

（郭六生　钟鲁萍）

畜牧兽医水产和种植业

【概况】　2017年，仁化县生猪出栏量16.88万头，存栏量11.60万头，分别比上年增长－3.1%、－1.3%，能繁母猪13123头（其中韶关霞兴温氏畜牧有限公司9000头），比上年增长3.9%；家禽出栏量119.54万羽，存栏量75.62万羽，分别比上年增长0.4%、－0.1%；山羊出栏量7010只，存栏量4181只，分别比上年增长1.9%、6.2%；牛存栏量6650头，人工种植牧草面积344公顷，与上年持平。全县养殖总水面1783公顷（其中池塘1088公顷、山塘水库695公顷），与上年持平；水产品产量9656吨（其中池塘7162吨、山塘水库1564吨、淡水捕捞930吨），总产量比上年增加224吨，增长2.4%；鱼苗产量2.6亿尾，鱼种产量473吨，投放鱼种626吨。全县农作物播种面积4.33万公顷，其中粮食播种面积1.63万公顷，水稻播种面积1.25万公顷，花生种植面积0.84万公顷，果树种植面积0.61万公顷。

【畜牧业惠农政策落实】　①开展政策性生猪保险工作。2017年，韶关市下达仁化县生猪保险任务10万头，实际完成42221头，理赔198150元。政策性生猪保险保费每头20元，其中政策性补贴15元（中央8元、省4元、市县各1.5元），养殖户5元。②继续开展政策性能繁母猪保险工作。全年全县能繁母猪投保14608头次，理赔33.5万元。能繁母猪保险费每头60元，其中政策性补贴保险费每头53元，养殖户负担7元。③继续开展“全国基层农技推广补助项目”活动。活动内容主推品种三元杂交猪、草鱼、三角鲂、罗非鱼，主推技术三元杂交猪养殖技术、草鱼健康养殖技术、鱼类防病技术。全年全县有生猪养殖科技示范户50户、水产养殖科技示范户10户，设技术专家组2名，技术指导员6名。

【现代高效养猪场建设】　2017年5月，仁化县城口镇蒙甲生养猪场建设物联网式自动化现代高效养猪生产线1套，总投资150万元，猪舍面积1000平方米，饲养肉猪生产规模1200头。该现代养猪场由韶关霞兴温氏公司设计、施工、安装、调试，猪舍采用大跨度钢结构作为建筑主体，猪舍内安装自动控制的各种功能调控系统，包括自动调控稳定、湿度、饮水、给料、排粪、排尿、排水等，各系统通过物联网系统实现实时监控。2017年，该场饲养肉猪1200头，饲养员工人每头肉猪毛利润210元。

【动物防疫】　2017年，仁化县采取政府保密度、畜牧部门保质量开展免疫接种工作，牲畜口蹄疫、禽流感、小反刍兽疫等3种疫病列为政府强制免疫病种，要求免疫率100%。9月，全县禽流感疫苗开始使用H7N9+H5N1二价疫苗，全年全县免疫接种H7N9+H5N1二价疫苗195.6万羽，猪牛羊口蹄疫疫苗免疫31.96万头、小反刍兽疫0.85万头，免疫率均在97.5%以上。2017年，仁化县未发生重大动物疫情。

【动物检疫】　①动物产地检疫。2017年，仁化县11个镇（街）设立产地检疫申报点，除红山镇产地检疫申报点不能电子出证外，其他镇（街）实行产地检疫电子出证，有生猪定点屠宰场实行产品检疫电子出证。全年全县生猪产地检疫20.15万头，牛羊产地检疫0.23万只，家禽产地检疫38.6万羽。②动物屠宰检疫。2017年，全县生猪屠宰检疫6.205万头。

【病死畜禽无害化处理】　2017年，全县全面开展养殖和屠宰环节病死生猪无害化处理工作，采用深埋、化制、焚烧等无害化处理方法。全年养殖环节无害化处理生猪6696头，无害化处理补贴53.568万元，屠宰环节无害化处理病猪及其产品2100千克。

【动物疫病监测】　①动物疫病监测。2017年，仁化县动物疫病监测病种主要有猪瘟、牲畜口蹄疫、猪繁殖与呼吸综合征、高致病性禽流感H5N1、H7N9、鸡新城疫、小反刍兽疫、耕牛血吸虫、猪布病、牛结核病、羊痒病、狂犬病12种。监测工作分日常监测与集中监测开展，采集动物血清、咽喉、鼻腔、泄殖腔拭子、可疑病料送省（市）监测。全年血清学监测禽血清2067份、牲畜血清915份，病原学监测畜禽咽喉、鼻腔、泄殖腔拭子937份，可疑病料67份，监测结果均为阴性。②一级种猪扩繁场常规检测。2017年，对温氏3个种猪场抽取种猪血清75份，主要检测猪蓝耳病、猪伪狂犬、圆环病毒、布鲁氏菌病、猪瘟、猪口蹄疫等。③畜禽质量安全监督检测。采用定性检测与定量分析相结合方式开展监测。在养殖、屠宰环节、供莞生猪环节全年开展沙丁胺醇、莱克多巴胺、盐酸克伦特罗等瘦肉精检测3600份，检测结果全部阴性；开展省市级畜禽产品质量监测禽肉12份、禽蛋8份、猪肝12份、猪尿35份，检测结果全部合格。

【兽药饲料监管】　2017年，全县达到兽药GSP要求经营门店9家，饲料经营门店16家。全年出动执法人员310人次，检查整治兽药饲料经营场所140店次、养殖场150场次，未发现使用违禁药物情况。

【稻田养鱼技术推广】　2017年，仁化县开展稻田养鱼技术项目，在环境和水源较好的扶溪镇古夏村和丹霞街道办夏富村建立稻田养鱼示范基地，养殖禾花鲤2万尾，水稻选用“五优1179”和“百香139”等优质品种，分早、晚两造进行鱼稻共作，禾花鲤放养累计面积2.2公顷。禾花鲤收成单造亩产25千克，稻谷单产500千克。鱼稻共作过程相互循环利用，投资少产出多，为稳粮增产、农民增收、环境改善起到明显作用。

【鳜鱼养殖】　仁化县周田鱼苗繁殖场利用人工育苗以及优质灵溪河水源优势，开发养殖鳜鱼（俗称桂花鱼，典型的肉食性名贵鱼类）。2017年，该养殖场投资3万元进行塘基整治和设施设备建设，采用先进微

丹霞街道夏富村稻田养鱼示范基地　（县畜牧兽医水产局　供图）

孔曝气增氧技术养殖鳜鱼，放养水面0.8公顷，投放鱼苗3万尾，产鱼8500多吨，产值40多万元。鳜鱼专塘主养，在仁化县尚属首次。

【锦江自然保护区鱼类监测】 2017年1月，仁化县畜牧兽医水产局受广东省渔政总队仁化大队委托，开展锦江自然保护区鱼类资源监测工作，掌握仁新高速公路兴建对锦江鱼类生物多样性自然保护区生态的影响情况。经过1年现场考察和实地走访以及有关资料收集，形成《仁化县锦江鱼类生物多样性自然保护区鱼类资源监测报告》。报告详细阐述保护区鱼类群落结构和近几年鱼类资源量的时空变化，分析锦江鱼类生物多样性自然保护区渔业资源现状，提出如何恢复和发展渔业资源建议，以及锦江鱼类保护区发展前景。

【农田土壤重金属污染修复试验示范】 2017年，仁化县继续在董塘镇高莲村、红星村土壤重金属复合污染区开展多种不同类型修复技术试验示范。通过采取多种修复技术措施，结合污染程度，分类综合修复治理，对重金属污染形成层层阻控，尽最大可能实现污染土壤农产品安全生产目的。利用土壤调理剂技术钝化土壤重金属活性，减少重金属向农作物根部迁移能力，开展多种不同类型土壤调理剂筛选试验；采取阻隔剂技术阻断农作物根部重金属向可食部位迁移，开展不同叶面阻隔剂筛选试验；根据水稻自身生理特点，引进水稻重金属低累积吸附品种40多个开展筛选试验；根据往年土壤修复试验筛选的5种土壤调理剂进行大田示范展示，连片示范面积16公顷。通过印发大量农田土壤重金属污染防控技术资料，结合科技下乡、悬挂横幅、树立示范牌、召开现场观摩会等形式，提高广大农民群众对土壤重金属污染认识。

【水稻品种试验示范】 2017年，仁化县继续积极开展新品种试验工作，承担韶关市植保植检与种子管理站安排的水稻早、晚造新品种大田示范任务。示范目的是在统一栽培管理条件下，从中选出合适丰产、抗病优良品种，为大田生产提供科学依据。全年筛选出适合仁化县推广种植丰产、抗病优良品种一批。其中，早造参试水稻组合有“炳优华占”“吉田优16”“隆香优华占”“华优665（CK）”“恒丰优1179”5个。表现较好品种为“恒丰优1179”；晚造参试水稻组合有“星优622”“裕优锋占”“甬优4550”“五优珍丝苗”“深优9708（CK）”5个，表现较好品种有“五优珍丝苗”“星优622”。

【土壤有机质提升】 2017年，仁化县在省市上级部门支持下，建立油菜示范片2个，面积26.67公顷，其中丹霞街道办夏富村20公顷、长江镇石崀村6.67公顷。项目实施后，示范片土壤理化性状得到明显改善，土壤有机质含量稳定提高，年粮食增产3%以上，减少化肥施用量10%以上。

【稳步推进测土配方施肥技术普及应用】 2017年，全县推广测土配方施肥面积2.996万公顷（配方肥施用面积1.85万公顷），其中水稻1.744万公顷、花生0.688万公顷、果树0.564万公顷。举办测土配方施肥技术培训班18期，培训镇、村技术骨干214人次，培训农民1650余人次，发放技术资料15500余份；发放施肥建议卡51300张，应用农户37800户，覆盖109个行政村。在董塘镇高莲村、红星村建立千亩镇级测土配方施肥示范片2个；以整村、整镇“整建制”方式积极开展测土配方施肥普及行动，改善农田施肥结构，改变农民施肥习惯，提高科学施肥水平。委托广东省地质实验测试中心在董塘镇五一村开展水稻测土配方施肥肥效试验示范点1个，董塘镇高莲村开展花生测土配方施肥肥效试验示范点1个，奠定完善全县水稻、花生作物测土配方施肥指标体系基础。

【农村能源生产】 2017年，仁化县畜牧兽医水产局通过下发文件通知，联合相关镇开展安全排查，将情况及时上报，并对检查中发现的问题，提出整改等一系列有效工作措施，有效防范和遏制农村沼气、太阳能安全事故发生。按照省、市关于安全生产文件要求，加强全县农村沼气正确使用和安全生产，预防和遏制农村沼气安全事故发生，印制并发放给沼气用户“仁化县沼气安全使用挂图”1万份。

【病虫预测预报及防控】 2017年，仁化县按照科学发展观要求，坚持“预防为主、综合防治”植保方针，抓好水稻、经济作物及果树病虫害预测、预报和疫情调查工作。工作人员顶着酷暑高温、烈日曝晒深入各镇（街）田间地头调查，及时掌握各农时季节病虫发生动态，及时提供安全可靠、有效防治措施并有效指导农户防治。全年，向上级各相关部门提供书面汇报52次，电话汇报85次，发送传真及电子邮件33次，发布农作物病虫情报12期1100份（其中水稻7期、经济作物5期），准确性98%以上，为上级农业部门制定生产指导性措施提供准确、可靠依据，确保有效控制农作物病虫害大面积发生。加强花生、柑橘、蔬菜、茶树等经济作物病虫调查，不定期为农户解决农业生产中遇到的各种病虫发生及防治问题330次。按照省农业有害生物预警中心安排，设立水稻、柑橘病虫监测点，从3月1日至10月31日共调查并填报病虫适时信息表508份，调查数据1.2万条，完成全年监测任务。

仁化县畜牧兽医水产局负责人名录：

局 长：何 旭

副局长：谢增纲 邹华旭
蓝长旺 涂新红
曾志平

总畜牧兽医师：申广秋

（华少滨）

农业机械

【概况】 2017年，仁化县农业机械管理局（简称“县农机局”）围绕中共仁化县委、县政府“一三九”发展战略部署，以广东省农业机械化示范县项目为驱动，结合农机购置补贴工作，提高全县农业机械化水平，促进农业增效、农民增收。截至2017年年底，全县：农机总动力达12.24万千瓦；其中拥有12K（匹马力）以上拖拉机3008台、联合收割机867台、水稻插秧机196台及其他农机具一大批；农作物机械化生产综合水平达46%；水稻生产综合机械化水平为73.57%，其中，机耕率98%、机插率21.57%、机收率93%。

【农机安全】 2017年，县农机局围绕中共仁化县委、县人民政府关于安全生产工作部署，结合单位职能实际，强化组织领导，落实责任制度，狠抓农机安全监理，确保安全生产无事故。坚持“安全第一、预防为主、综合治理”方针，开展农机安全生产各项工作，层层签订农机安全生产管理责任书，落实各级工作任务和责任，形成齐抓共管局面。

贯彻落实安全生产目标责任制。年初，提请县政府组织召开全县农机安全生产工作会议，全面总结年度农机安全生产工作开展情况，研究部署农机安全生产工作和农机安全生产监管工作计划。由县政府与各镇（街）签订“仁化县农业机械安全生产责任书”，县农机局与各镇（街）农机员签订“仁化县农业机械购置补贴管理责任书”，贯彻落实安全生产目标责任制和农机购置补贴有关要求。指定各农机专业合作社负责人为该社农机安全生产第一责任人，并要求合作社负责人与本社社员签订“安全生产知责、履责承诺书”，进一步强化和明确各自农机安全生产责任。优化农机安全监理服务，积极组织全县农机监理人员、各镇（街）农机员开展岗位学习活动，全面提高全县农机监理人员业务能力素质。全年，县农机局签订各类安全生产责任书24份、承诺书229份；修订、完善农机安全监理、农机安全生产工作制度2项。

实施责任包干、分组落实制度，贯彻落实安全生产“横向到边、纵向到底”工作要求。2017年，县农机局通过建立并实施责任包干制，以班子带头、全员参与形式，对全县各农机专业合作社、农机经销点、农机维修点以及农机户进行区域性跟踪管理，针对不同区域、不同情况分组进行农机安全生产指导和开展检查工作。同时，通过成立由局长任组长的安全生产工作领导小组，定期对各责任包干区开展安全生产工作情况进行督查，对检查发现的问题及时进行研究，提出行之有效整改措施，确保农机安全生产工作实现常态化，提升全县农机安全生产工作水平和工作效率，确保全县农机安全生产零事故。

【农机安全宣传与教育活动】 2017年，县农机局积极开展各类安全生产现场咨询活动，通过印发《农机安全监理常识（系列）》《农机安全生产工作手册》《农机安全生产隐患排查要点》等宣传资料，并派发至各农机专业合作社、农机经销点、农机手手中。借助电视新闻滚动标语、“企信通”短信平台、宣传海报等渠道，开展农机安全生产宣传工作。适时组织开办农机操作员培训班和农机安全生产知识专题讲座，与各拖拉机驾驶员签订“拖拉机安全生产责任书”，提高农机手对农机安全生产业务水平。全年，县农机局累计印发“农机安全生产倡议书”等宣传资料50000余份，发送农机安全生产有关宣传短信5000余条；播报、刊登横幅及宣传标语25条。

【农机安全生产隐患排查】 2017年，县农机局在认真做好日常农机安全监理工作之余，利用元旦、春节等重大节假日前，春耕备耕、夏收夏种等重点时期，以及中共十九大召开前的特别防护期期间，积极组织各农机专业合作社、农机经销点、农机大户大力开展农机安全生产隐患排查工作，通过随时查、随机查方式，提高各农机行业、农机户严格遵循安全生产有关规定自觉性和主动性。修订完善《仁化县农机维修行业安全生产工作制度》并发放到各维修点，确保安全生产有关制度贯彻落实和有效执行，提高全县农机安全生产和农机监理水平，确保全县农机安全生产零事故。加大防护设施投入力度，集中采购符合消防标准手提式干粉灭火器一批配发至各镇（街）农办、农机专业合作社及农机经销点、农机维修点，提高各农机行业消防安全自我防范意识和应急处置能力。全年，县农机局组织开展农机安全生产隐患排查活动45次，累计出动农机监理人员182人次，检查农机合作社、农机经销商、农机大户68家。

【农机安全联合执法专项行动】 积极开展联合执法专项整治行动。2017年，县农机局积极配合公安交警等职能部门，集中力量对重点区域、重点路段存在的无牌（无证）驾驶拖拉机、拖拉机超载、超速、违规载人及酒驾等影响交通秩序、存在安全生产隐患情况进行重点治理，有效降低全县道路交通事故拖拉机涉案率，提升全县农机“三率”水平。适时联合县工商、质监等职能部门开展农机具打假专项整治行动，通过对全县农机经销点、农机专业合作社展开“地毯式”排查，杜绝因假冒伪劣产品引发的各类安全生产事故现象。主动联系县安监、消防等部门，对各农机专业合作社、农机经销点、农机维修点等农机行业生产车间、库棚、机具进行检查，重点加强防火、防盗、防雷工作。加强与各农机行业沟通联系，县农机局主要领导及班子成员经常到各农机行业走访，开展安全生产工作业务指导，实现农机安全生产工作常态化。全年，县农机局联合县安监、交警、工商、质监等职能部门开展专项联合整治行动9次，累计出动车辆17台次，出动监理人员33人次，稽查拖拉机（农用车）48辆，其中查处拖拉机违规案例15起，扣押无牌行驶农用车1辆、教育违规驾驶拖拉机驾驶员15人次。全年，全县无农机安全生产事故发生，并在全县安全生产工作考核中，被评为2016年度县级安全生产工作考核“优秀单位”。

【农机推广】 2017年，县农机局根据省农业厅、财政厅《关于印发广东省2015—2017年中央财政农业机械购置补贴实施方案的通知》文件要求，按照《仁化县2015—2017年中央财政农业机械购置补贴实施方案》有关工作部署，加强指导各镇（街）贯彻落实国家惠农强农政策，通过发送宣传短信、播报宣传标语、编印《仁化县农机购置补贴申办流程》《仁化县农机业务办理指南》等形式，做好农机购机补贴等有关惠农强农扶持政策宣传工作，扩大农机补贴政策知晓率和覆盖率，全面推进全县农机补贴工作开展。多次与省、市农机主管部门沟通联系，完善仁化县农机购置补贴网上公开体系，农机购置补贴资金监管及廉政风险防控等有关制度得到有效落实。全年，县农机局印发农机购置补贴宣传资料50000余份，发送政策宣传手机信息8000余条，刊登、发布购置补贴消息12条，印发购机补贴政策问答12000份，定制农机补贴政策宣传路牌11块；累计补贴农户92户，补贴机具数量101台（其中耕整地机械60台，动力机械21台，收获机械3台，农产品初加工机械5台，田园管理机1台，增氧机7台，谷物烘干机4台），累计使用补贴资金77万元。

【农机培训】 2017年，县农机局按照“立足农村、面向农民”的培训宗旨，以“实际、实用、实效”为原则，紧贴农民实际需求，结合实施农机购置补贴、机械化生产示范等工作开展，认真做好农机技术培训和农机社会化服务工作。加强农机管理人员培训力度。通过召开专题工作会议、行业经验交流座谈等形式，多次组织全体干部职工、各镇（街）农机员、各农机专业合作社负责人及部分农机大户、种粮大户，系统学习国家惠农政策、农机化法律法规、农机购置补贴政策、农机安全生产等内容。实施拖拉机驾驶证考证培训费用减免方案。通过减免部分拖拉机驾驶证培训费用，促进农机手参与拖拉机驾驶培训及考取拖拉机驾驶牌证积极性，提升拖拉机驾驶员操作水平，提高农民安全生产意识。结合农机技术推广工作开展，通过举办农机操作培训班、农机操作现场演示会以及农机运行原理知识讲解等农机技术培训活动，拓展技能培训渠道和活动覆盖面。结合开展农机安全生产事故应急演练活动，围绕农机事故应急救援等重点环节，学习事故现场应急止血、现场包扎等应急救援科目。全年，县农机局举办拖拉机驾驶员培训班2期，农机安全生产专题教育6期，开设各类农机具操作培训班4期，举办水稻直播机及其技术运用推广现场演示会1期，受益农户、农机手累计1600余人。

【农机专业合作社建设】 2017年，全县有农机专业合作社17家。年内，县农机局注重从政策、技术和资金方面，给予农机专业合作建设支持和帮助，引导其按照国家、省、市示范合作社标准进行建设，指导其按照农机化服务市场化、产业化、社会化方向发展。2017年，省、市农机主管部门领导多次到仁化县调研考察农机合作社建设与发展情况，并给予充分肯定。

仁化县农业机械管理局负责人名录：

局　长：李英云

副局长：冯碧云（女）　李集发

（刘　勇）

工　业

综　述

【概况】 2017年，全县规模以上（简称“规上”）工业增加值317090万元。完成规模以上工业总产值878264万元，中央、省属工业增加值234342万元，县属工业增加值82748万元。工业经济支柱行业中：有色金属行业增加值224563万元，电力行业增加值40562万元。主要工业产品产量同比2016年增减情况：发电量下降4.9%，锌精矿下降11.7%，锌锭增长7.5%，人造板增长9.1%。

【县域工业经济运行存在问题】 全县招商引资力度不够，缺乏新工业经济增长点。2017年，仁化县没有建成大工业项目（工业增加值超亿元项目），工业项目落地难，新增工业增长点匮乏，无法拉动仁化工业经济发展。可新增规模以上企业数量不多，可新增规上企业产值不大，新增经济增长点贡献力度不大。

全县支柱企业逐年减产，拉低经济增长。仁化县以凡口铅锌矿为依托发展有色冶炼产业，产业链不完善，资源综合利用率不高，导致全县高能耗低产出企业较多。工业经济对中央、省属厂矿和有色金属业依存度过大，比重占62%的支柱企业凡口铅锌矿产量也在逐年减产， 2017年受维修阻燃电缆等原因，产量仅15万吨，对全县工业经济增长影响巨大。虽然2017年价格同比上年同期价格增幅较大，累计产值同比增加4.98亿元，但是产量同比2016年减少，造成省市反馈的凡口价格指数偏高，折算2017年累计可比价增加值同比仅增加1960万元，仅拉动全县规上工业增长1.3个百分点。

受经济下行和供给侧结构性改革影响，有色金属民营企业市场低迷。受增长速度换档、结构调整阵痛、前期刺激政策消化“三期”叠加和经济下行压力增大等大环境影响，规模以上工业增加值为负增长，宏观形势体现在仁化县具体行业、企业就是表现出市场需求不足和市场原材料价格不稳定、波动大导致其产能无法发挥，如县域韶关市鑫海仁丹钨业有限公司、韶关中达锌业有限公司等企业，2017年年初后受原材料价格波动影响，产量和订单受到较大影响。供给侧结构性改革使全县部分产能过剩有色金属民营企业市场低迷。

各种制约工业经济增长要素依然存在。①招商引资工作力度仍需加大，投资营商环境亟待进一步优化。缺乏与县域产业发展实际情况相符招商引资优惠政策和专业招商队伍，在降低创设企业的制度性交易成本、园区基础设施及配套设施建设、生产性服务业引入、保障性措施等方面仍需进一步完善。②企业融资困难，资金压力大。受国家货币稳定政策影响，导致银行融资门槛较高，部分有核心技术潜力企业融资需求得不到满足，资金缺口较大。同时抵押物不足，导致无法进一步扩大生产规模。如韶关中弘金属实业有限公司，该公司生产的电池级碳酸锂、硫酸钴、硫酸镍和硫酸锰是三元前驱体材料，属于战略性新兴产业鼓励类产业，但由于受土地性质制约，土地不能办理担保抵押，融资渠道狭窄。③土地瓶颈有待破解。工业土地资源存量不足、大量闲置土地无法使用与项目建设需求矛盾日益突出，对项目引进和落地影响较大，部分现有企业因涉及用地问题导致企业投产、生产、扩产困难，部分手续办理进展缓慢甚至无法办理。④企业层次偏低，产业集中度低，产业链短。全县企业总体规模相对较小，高新技术企业少，品牌影响力和市场控制力相对较弱，拥有核心技术企业数量偏少。少数企业虽拥有核心技术但与国内外同行相比优势不明显，大多数企业不愿或无力投入更多资金搞研发、技术革新，企业建立研发机构比例偏低，进行高端创新无论是能力还是动力都相对不足，难以有效吸引上下游企业集聚。同时，产业链层次相对较低，产品大都以半成品为主，产品附加值较低，且相关企业之间很少以产品为纽带链接成具有价值增值功能链网式企业战略联盟，无法形成较完整产业链。

【主要工作措施】　强化经济运行监测预警。2017年，仁化县贯彻县委、县政府《仁化县经济建设“百日攻坚”行动方案》《2017年企业档案挂点联系制度》文件精神，密切关注影响全县工业经济主要指标变化情况，加强负增长企业运行情况监测分析，强化生产调度和协调，增强工作针对性、有效性。

培育新增规上企业。2017年，仁化县做好准规模企业资料跟踪、服务工作，配合县统计局引导企业做好上规模资料准备、收集、整理、上报工作。全年全县新增“规上”企业有广东欣伟建板业科技有限公司、仁化县金泽新能源发电有限公司、广东升隆电源有限公司、仁化县东田采石场有限公司4家。

企业项目跟踪服务。2017年，仁化县做好凡口铅锌矿完成6.7亿元选矿厂技术升级改造项目跟踪服务工作，以及韶关凯鸿纳米材料有限公司、韶关中达锌业有限公司综合利用锂矿石年产1万吨电池级碳酸锂项目服务工作。

（张水甜　刘大旺）

电力工业

【水力发电】　概况。2017年，全县水电站256宗（其中锦电总公司4宗、县水务局属电站5宗、石塘镇4宗、董塘镇8宗、丹霞街道办3宗、红山镇40宗、长江镇74宗、扶溪镇27宗、城口镇39宗、闻韶镇10宗、大桥镇3宗、周田镇11宗、黄坑镇28宗），装机容量18.3065万千瓦（其中：1万千瓦以上电站2座，装机容量3.67万千瓦；0.1万～1万千瓦电站24座，装机容量5.361万千瓦；0.1万千瓦以下电站230座，装机容量9.2755万千瓦）。全县水电站数和水电站总装机容量与上年度保持不变；全县小水电年发电量59951.66万千瓦小时，上网电量59471.2万千瓦小时，发售电收入32133.34万元，税收5462.67万元。

水电站建设管理工作。2017年，仁化县做好水电站汛前隐患排查工作。开展汛期前对小水电站安全检查，落实小水电站防汛责任、隐患处理、安全生产制度。根据《水利部办公厅关于开展农村水电站安全生产标准化试点工作的通知》《关于开展农村水电安全生产标准化试点建设督导工作的通知》文件要求和全国农村水电站安全生产标准化建设现场会会议精神，做好农村水电安全生产标准化试点建设工作，将火冲坑、三里亭2座电站有关评审资料上报上级主管部门申报验收，并被评为三级达标电站。

【锦江电力开发总公司】　2017年，锦江电力开发总公司发电量17206.77万千瓦时，上网电量16844.25万千瓦时，总收入9959.46万元，上缴财税3380万元（详见第226页分目“仁化县锦江电力开发总公司”）。

（刘　志）

【火力发电】 仁化县火力发电项目由仁化县华粤煤矸石电力有限公司采用先进、适用技术装备和科学管理方法经营仁化县华粤煤矸石电厂承担。2017年，仁化县华粤煤矸石电厂通过提高能源利用效率和利用低能级资源，改善环境，向社会提供高质量电力。全年，仁化县华粤煤矸石完成工业总产值35181万元，工业销售产值31998万元，累计工业产品销售率为90.9%，全年发电量74892万千瓦时，同比上年下降0.1%。

（张水甜　刘大旺）

仁化县锦江电力开发总公司

【概况】 仁化县锦江电力开发总公司（以下简称“锦电公司”）设行政办、党办、财务科、生技科4个科室，辖锦江电厂、黄屋电站、丹霞电站、瑶山电站、九龙岩电站、塘洞电站6个厂站。2017年，锦电公司职工总人数367人，其中在职291人，高级工程师2人，工程师55人。2017年，锦电公司实现全年发电量17206.77万千瓦时，上网电量16844.25万千瓦时，发电收入9896.18万元，总收入9959.46万元，上缴财税3380万元（其中，上缴税费2280万元，上缴财政1100万元）。年内，锦电公司严抓安全生产工作，实现全年安全生产无重大责任事故，公司中共党员冯金英当选为中共十九大代表。

【技改和检修工作】 2017年，锦电公司节约各项开支，完成：锦江电厂继保室第Ⅰ套直流装置改造，高压室5010屏柜更换及高压室铝排改造；全厂电视监控系统升级，110千伏升压站主变低压侧铝排技改；黄屋电站2号发电机抢修，升压站主变检修，1号机转轮更换改造，高压室设备更换改造；丹霞电站1号、2号机组冷却风机控制箱技改，大坝闸门集中控制柜技改，200安时直流装置蓄电池技改，升压站主变压器技改，集水井1号、2号渗漏排水泵技改，1号机组现地控制单元柜技改；瑶山电站大坝工业监控视频安装，2号机组转轮改造；各厂站所有机组增加逆功率保护功能，完善机组保护内容；九龙岩、塘洞电站电气屏柜技改。通过及时抓好机电设备维护、检修和技改工作，提高各厂站安全生产水平。

【职工教育培训】 2017年，锦电公司选派技术人员8名到武汉大学参加水电站机电技术培训，为期3个月。举办职工业务知识培训班2期7天，加强职工理论知识培训。公司分上半年和下半年考核2次，结合考核成绩实行奖罚机制，全年奖励职工29名，发放奖金2.55万元，扣罚职工5名，罚金2100元。

【党建工作】 2017年，锦电公司深入组织开展学习宣传贯彻中共十九大精神，制定学习方案，设置宣传栏4个，悬挂宣传横幅8条。公司瑶山电站党支部冯金英当选为中共十九大代表，是仁化县自新中国成立后第二位中国共产党全国代表。结合贯彻中共十九大精神组织实施“将业务骨干培养成党员，将党员培养成业务骨干”的“双培”战略，开展推进“两学一做”学习教育常态化制度化和“四强四优”“固定党日+”“戴党徽、亮身份、树形象”主题活动，抓好党风廉政建设工作。

【综治、人事、工青妇工作】 2017年，锦电公司抓好社会管理综治、计生、工青妇、文秘、劳资、档案、车队、后勤服务等工作，办好内刊《锦电通讯》，开展“十佳员工”、“十佳岗位女能手”评选活动，用活各种载体宣传公司。开展帮扶解困活动，帮扶董塘镇瑶族村、长江镇塘洞村计32.4万元，发放困难党员、老党员慰问金9400元。开展节日慰问，探望退休职工、生病职工及其家属、生育职工、家有去世老人职工，发放慰问金3.605

万元，奖励高考取得优异成绩职工子女7名2.5万元；扶持库区困难移民；开展党员互助金捐款7100元、“广东扶贫济困日”捐款2.154万元。

【库区农作物淹没补偿工作】 2017年，锦电公司通过采取汛前深入库区调查摸底、汛期调查走访受淹情况、汛后认真核实办法，妥善做好库区农作物淹没补偿工作。年内，发放受淹农作物补偿款38.1783万元，无发生库区群众因农作物被淹而出现的上访现象。

【承担企业社会责任】 2017年，锦电公司承担企业社会责任，树立社会形象。年内，抓好新时期精准扶贫工作。公司扎实抓好挂扶点董塘镇五一村“精准扶贫”工作，帮扶五一村9个自然村主村道安装路灯、投入资金16.0146万元，第一、二批产业帮扶为50户贫困户提供肥料和种苗投入资金10.742万元，帮扶修缮村委会建设文化广场和置办办公设施投入资金23.8132万元，发放困难户救助慰问金和助学金5.146万元，入股锦霞公司、投资光伏发电77.5万元。派出班子成员郑荣权担任省定贫困村长江镇塘洞村第一书记，开展“精准扶贫”和新农村建设工作。开展锦江水库环境治理工作。2017年5月、6月，锦江河面暴发大面积蓝藻，公司投入资金60.6万元，通过投放鲢鱼苗，打捞垃圾、浮莲、蓝藻等综合治理办法，锦江水库水质得到有效改善。

仁化县锦江电力开发总公司负责人名录：

总　经　理：曾军干

副总经理：吴联成　李　颖　郑荣权

总工程师：雷自力

（刘春香）

有色金属工业

【概况】 2017年，全县规模以上有色金属行业企业主要有凡口铅锌矿、丹霞冶炼厂、广东志成冠军电气器材科技有限公司、仁化县泰和元有限公司、韶关市鑫海仁丹钨业有限公司、韶关中弘金属实业有限公司、韶关凯鸿纳米材料有限公司、仁化县博世铝业有限公司。全年全县有色金属行业“规上”完成企业工业总产值66.8亿元，同比上年增长1.99%，完成工业增加值为25.4亿元，同比上年增长0.24%，占全县规上企业增加值76.3%。生产锌精矿10.13万吨，同比上年下降11.7%；生产铅精矿5万吨，同比上年下降9.5%；生产锌锭13.2万吨，同比上年增长7.5%；生产铝型材8815吨，同比上年增长5.8%。

【有色金属重点企业】 中金岭南有色金属股份有限公司凡口铅锌矿。矿资源丰富，品位高、储量大，是东南亚最大铅锌矿生产基地，中国最大铅锌生产矿山，隶属于深圳市中金岭南有色金属股份有限公司。2017年，凡口铅锌矿完成铅锌金属量生产15万吨，年产值22.58亿元，年工业增加值19.26亿元，年国地税收总额30672.89万元（详见第354页分目“深圳市中金岭南有色金属股份有限公司凡口铅锌矿”）。

中金岭南有色金属股份有限公司丹霞冶炼厂。2017年，该厂生产锌锭12.8万吨，实现生产总产值27.36亿元，上缴税金3795.6万元（详见第356页分目“深圳市中金岭南有色金属股份有限公司丹霞冶炼厂”）。

广东志成冠军电气器材科技有限公司。2017年，该公司年产值2.9亿元，铅酸蓄电池产量45.4万千伏安时，上缴税金977.6万元。

仁化县泰和元有限公司。位于仁化县东湖工业区，主要生产仲钨酸铵及钨制品等产品。2017年，该公司年产值1.39亿元，上缴税金61.6万元。

韶关市鑫海仁丹钨业有限公司。位于仁化县桂花村，主要生产钨粉、碳化钨粉等产品。2017年，该公司年产值8744万元，上缴税金82.6万元。

韶关中弘金属实业有限公

司。位于仁化县产业集聚地，是一家生产高能绿色可循环利用的电池材料为主的高新技术企业，主要产品有覆钴球形氢氧化镍、碳酸锂、硫酸钴、硫酸镍等锂离子正极材料。2017年，该公司年产值1.57亿元，同比上年增长96.5%，上缴税金166.62万元。

韶关凯鸿纳米材料有限公司。位于仁化县产业集聚地，是广东省内唯一一家规模化资源综合利用性新材料加工生产高纯纳米氧化锌企业，主要产品有煅烧型纳米氧化锌、高纯度纳米氧化锌及次氧化锌（锌64.5%）。2017年，该公司年产值1.68亿元，同比上年增长365.8%，上缴税金17.9万元。

仁化县博世铝业有限公司。是韶关市铝型材重点生产企业，位于仁化县产业集聚地。2017年，该公司实现生产总值1.49亿元，上缴国家税收352.6万元。

竹木加工与农产品深加工工业

【竹木加工业概况】 2017年，全县“规上”竹木加工企业完成工业总产值6.84亿元，同比上年下降0.5%；完成工业增加值1.64亿元元，同比上年下降2.4%；占全县“规上”企业增加值6.2%。

【竹木加工业重点企业】 鸿伟木业（仁化）有限公司。2017年，该公司产值4.34亿元，同比上年增长10.6%，上缴税金2131万元。

仁化县奥达胶合板有限公司。是广东省唯一集科研、制造、检测为一体竹胶合板生产企业。2017年，该公司产值1.2亿元，同比上年增长20.6%，上缴税金323.6万元。

仁化县智能木业有限公司。主要以开发儿童智力木制玩具为主，以工艺精湛家私为辅，兼生产各种竹木制品，产品出口销往欧美市场。2017年，该公司产值5078万元，同比上年下降17.6%，上缴税金39.9万元。

【农产品深加工】 2017年，仁化县农产品深加工“规上”企业主要有广东富然农科有限公司。该公司发展成为山茶油系列集种植开发、培育、加工、检测、品牌效应为一体现代农产品产业化基地，是“广东省林业龙头企业”“专利工作先进单位”“广东省现代产业500强”“广东省现代农业100强”“韶关市农业龙头企业”“广东省最具成长性品牌50强”“广东品牌100强”“2010年度广东省诚信示范企业”企业，被列入广东省“十二五”规划重点项目、省农业产业化示范区。2017年，该公司产值826万元，年产茶油276.6吨，上缴税金11.1万元。

（张水甜　刘大旺）

工业园区建设与管理

【概况】 仁化县丹霞旅游经济开发试验区管理委员会（简称“丹霞开发区”）属仁化县人民政府派出机构，设副科级职能科（室）办公室、园区科和招商科3个。主要负责县内工业园区开发建设和管理服务工作，管理工业园区小企业创业基地、坪岗工业园区、东湖民营企业工业园区3个。

2017年，丹霞开发区坚持以习近平新时代中国特色社会主义思想为指导，围绕县委、县政府中心工作，坚持县委“一三九”的发展战略，完善园区基础设施建设，加强园区企业管理、服务，全力推进工业园区发展建设。截至2017年年底，开发区有入园企业39家，其中投产企业20家、在建企业1家。全年园区完成工业总产值25.3亿元，实现税收1286万元。

【园区环境卫生综合整治】 2017年，丹霞开发区着力园区环境卫生综合整治，聘请卫生保洁员2名每天保洁清扫大岭工业园区主干道公路及两旁4千米。每周不间断派出专人专车巡查督促园区环境卫生保洁，一旦发现偷倒垃圾等现象，及时制止，并采取得力措施进行清除。督促辖区企业做好门前卫生“三包”工作，一旦发现有卫生不整洁现象，及时到企业协调处理，直至问题解决。对不听劝阻偷倒垃圾尤其是建筑垃圾等清理难度大违法违规行为，及时向县住建等职能部门反映，并会同其开展执法行动，有效打击在园区范围偷倒垃圾行为。2017年，丹霞开发区投入资金219184.26元，组织实施小企业创业基地工业大道路肩挡土墙修复及增设排水沟工程，结合创建县级文明城市工作投入23635元对小企业创业基地进行整体环境综合整治，确保园区环境干净卫生，全年未出现管理不善被投诉情况。

【招商引资】 2017年，丹霞开发区以东莞虎门对口产业帮扶为契机，加大招商引资力度，采取以商招商、行业协会招商、网上招商、“一把手”招商、针对性招商、乡贤招商等多种招商方式，利用小企业创业基地闲置土地开展招商引资工作。年内，以“零地招商”模式成功引进顺好包装有限公司项目，盘活闲置厂房2600平方米，截至2017年年底，该项目完成设备安装调试，进入试产。

【园区和谐安定】 2017年，丹霞开发区要求园区周边涉及的村居对照积案攻坚要求，拿出化解稳控方案。妥善处置影响麻塘群众生活的银海公司堆放在俊杰企业仓库原料散布异味事情和良种示范场退休职工反映的医保、房屋维修基金发放问题。启动2007年韶关市住宅建筑工程有限公司中纺城用地土地平整验收历史遗留问题处置工作，开展核算相关往来费用。加强普法宣传教育。加大普法宣传力度，开展法进企业、法进村居普法活动。开展危化品、冶金、烟花爆竹、职业危害、消防等专项整治活动，地毯式排查安全隐患，落实整改措施，重视前期预防，强化综合治理，提升全区安全管理水平，改善安全生态环境。2017年10月，针对坪岗工业区无证照生产经营乱象，联合县相关职能部门开展专项打击整治活动，关停、关闭无证照生产经营的公司和个体户8家。

【安全生产检查】 2017年，丹霞开发区把安全工作放在首位，安排部门领导1名专门负责园区企业安全生产工作，与相关企业签订安全生产目标责任书，落实安全生产责任制，确保园区安全生产。通过经常深入企业，采取自查和督查方式，及时消除安全隐患。组织人员不定期或定期对辖区企业15家持续进行安全生产督查检查，督查企业发现企业存在安全隐患35项，企业通过自查发现安全隐患68项，未发现较大以上安全隐患。督促企业加大消除安全隐患整治安全投入资金101万元。全年，丹霞开发区管辖企业未发生安全生产事故。

【“两学一做”学习教育活动】 2017年，丹霞开发区根据中央和省、市、县部署要求，开展“两学一做”学习教育常态化制度化活动，及时成立学习领导小组，研究制订学习教育活动实施方案，组织落实好学习教育活动各项工作。坚持以党支部为基本单位，采取“三会一课”、个人自学、单位集中学习、专题研讨、座谈交流等方式抓好日常教育，并在工作、学习和社会生活中起先锋模范作用，为“加快产业集聚、深化产城融合、推进转型升级、打造上亿园区”提供坚强组织保证。

【工农协调工作加强】 2017年，丹霞开发区加强与园区周边村民联系，设立群众和企业接访日，群众接访安排在周五，企业接访日安排在周三。领导积极接访、下访、探访，及时掌握民情，妥善处理工农矛盾。全年受理和解决“企忧档案”2宗、企业纠纷1宗、信访件2宗。协助园区企业招工，动员企业招聘县域农村富余劳动力，解决用工难和务工难问题。

【党建工作加强】 2017年，丹霞开发区按照“党要管党、从严治党”方针，加强对非公有制企业党建工作，根据非公企业实际，提高非公有制党组织组建力度。准确掌握非公企业党员人数、来源和基本情况，因地制宜，科学设置基层党组织。截至2017年年底，丹霞开发区党总支有非公有制企业党支部6个，党员37人。班子成员带领单位干部，积极深入“精准扶贫”挂点村、计生帮扶村做好相关工作。把“精准扶贫”工作纳入重要议事日程，做到统筹兼顾，周密部署。开发区挂点扶贫村委董塘镇新莲村，贫困户有19户，全年筹措资金9500元用于贫困户慰问，引导贫困户深入推进产业扶贫项目，帮助贫困户脱贫致富。组织党员干部到挂点村进行精准扶贫专项工作4次，动员和帮助贫困户在2017年动工进行危房改造8户；11月，对有劳力贫困户6户发放第一批农资（谷种、化肥、饲料、鸡苗等），确保“两不愁”“三保障”“一相当”等扶贫政策落实到位，精准扶贫工作初见成效。

仁化县丹霞旅游经济开发试验区管理委员会负责人名录：

主　任：邱志坚

副主任：李建平（主持开发区日常工作，任至2017年9月）

谢树富（2017年9月任职）

邹明华

（农兰君）

仁化县产业集聚地建设与管理

【概况】 仁化县产业集聚地原名为仁化县有色金属循环经济产业基地，于2009年8月开始筹建，位于仁化县周田镇浈江之畔，与国道323线一河之隔，经国道323线8千米连接国道106线，距韶赣铁路丹霞山站9千米，距韶赣高速总甫互通入口4.5千米、丹霞山出口9千米，经韶赣高速可直接与武深高速互通，到湖南郴州、江西赣州、广州高速公路里程均在200千米以内，交通便利，区位优势明显。

仁化县产业集聚地管理机构为仁化县有色金属循环经济产业基地管理委员会，设立于2013年6月，为县人民政府直属正科级公益一类事业单位，2017年11月15日调整为县丹霞旅游经济开发试验区管理委员会管理，内设正股级机构办公室、规划建设股、企业管理股、招商信息股4个，核定事业编制10名，后勤服务人员数1名，主要负责基地内基础设施建设、招商引资和企业管理工作。截至2017年年底，仁化县有色金属循环经济产业基地管理委员会有在职人数8人，其中，主任1人，副主任2人。

仁化县产业集聚地目标定位为充分发挥仁化县铅锌及稀贵金属资源优势发展有色金属深加工产业、储能产业、新能源产业中新能源汽车动力电池材料及三元前驱体材料等战略新兴材料产业。规划总面积500公顷，2017年已开发面积79.33公顷，规划分为有色金属深加工产业区一区、二区、稀贵金属深加工产业区、有色金属回收加工产业区。是“第一批省市共建循环经济产业基地”“广东省循环化改造试点园区”，东莞（韶关）产业转移工业园产业集聚地。

截至2017年年底，仁化县产业集聚地建成新庄大桥、新庄大道（2.6千米）、工业七路（0.9千米）、滨江路（3.5千米），首期路网建成通车7千米，排水管道建成4.5千米；供电系统、供水系统已覆盖首期所有入驻企业；新庄大道南段排水、排污管网、工业七路排水、排污管网、滨江路排水排污管网已接入园区污水处理厂；污水处理厂一期已完工并投入运营；引进泛能网建设项目并签订框架协议1家，推行“热—电—冷”三联供模式，在集聚地范围内配套供热、供电、供冷等服务。建成投产（试产）企业17家，其中规模以上企业15家；高新技术企业4家，园区就业人数1367人。全年完成固定资产投资13.09亿元，同比上年增长98.4%，完成产值12.56亿元，比上年增长30.19%，完成规模以上企业工业增加值2.2亿元，比上年增长33.46%，完成税收3281万元，同比上年增长52.12%。

2017年仁化县产业集聚地企业情况一览表

表10

序　号	企业名称	注册资本（万元）	主要产品	入园时间	投产时间	经济效益（万元）	法人代表
1	广东志成冠军集团有限公司仁化分公司/广东志成冠军电气器材科技有限公司	1000	铅酸免维护蓄电池与极板、输配电及控制设备类不间断供电电源（UPS）配套装置	2011年9月	2014年9月	30000	韩妹平
2	韶关中达锌业有限公司	500	氧化锌物料	2009年12月	2014年12月	9000	廖远尧
3	仁化县博世铝业有限公司	1500	铝型材、铝合金	2010年8月	2015年12月	20000	李健强
4	韶关元泰资源科技有限公司	120	碳化钨、钨粉、钼制品、钴制品	2012年11月	2015年12月	8000	钟　健
5	韶关中弘金属实业有限公司	500	球形氢氧化镍、硫酸镍、碳酸镍、电解铜板	2014年3月	2015年12月	20000	廖远坤
6	仁化县安顺达管道天然气有限公司	3000	天然气销售	2011年9月	2013年3月	1000	曾庆桥
7	仁化县王氏水务有限公司	200（港币）	自来水供应	2011年12月	2013年8月	300	王思立
8	仁化县古粤新能源科技有限公司	100	应急电源、灯具及其配套产品	2014年4月	2015年9月	8000	陈晓颖
9	广东英业达电子有限公司	1000	不间断电源、应急电源、铅酸蓄电池等	2014年4月	2015年9月	8000	汪国兵
10	广东日月潭电源科技有限公司仁化分公司/广东漫联新能源科技有限公司	5000	太阳能电池、不间断电源、应急电源、铅酸蓄电池等	2015年10月/2014年6月	2016年5月/2015年9月	6000	赵常凯
11	广东西力电源有限公司	1000	太阳能电池、不间断电源、应急电源、铅酸蓄电池等	2015年3月	2015年9月	8000	梁龙合
12	韶关富鑫有色金属有限公司	200	阴阳极板、铅合金	2014年4月	2015年9月	15000	曾韶生
13	仁化县特普尔电子科技有限公司	100	电源、电子、电池、照明产品	2015年6月	2016年5月	6000	罗　然
14	广东讯天新能源有限公司	1000	蓄电池、太阳能电力系统电源、太阳能路灯系统、UPS电源、逆变电源及控制器	2016年6月	2016年9月	6000	石桂明
15	韶关凯鸿纳米材料有限公司	500	纳米氧化锌、粗铅、精铁粉	2010年9月	2017年7月	30000	梁鹤贤
16	广东升隆电源有限公司	1000	铅酸蓄电池	2012年6月	2017年4月	20000	黄培辉
17	广东力圣蓄电池有限公司	2000	铅酸蓄电池	2014年8月	—	65200	唐瑞平
18	仁化县合泰铝制品有限公司	100	铝合金汽车配件	2015年10月	—	5000	宁铁军

续表10

序　号	企业名称	注册资本（万元）	主要产品	入园时间	投产时间	经济效益（万元）	法人代表
19	仁化县森辉节能科技有限公司	1000	热能供应	2016年9月	2017年12月	1000	许　明
20	广东基亿通用电气有限公司	16000	铅酸蓄电池	2017年3月	—	2000	李宏宇
21	广东能易储能科技有限公司	1180	电池制造	2017年8月	—	2000	孙良福
22	仁化县宏盛包装材料有限公司	10	包装材料	2017年8月	—	2000	韩　敬
23	韶关新奥能源发展有限公司	2500	电力、热力生产和供应；液化天然气储备站投资、建设及维护	2017年12月	—	9000	吴晓箐

【基础设施建设】 2017年，仁化县产业集聚地基础设施完成4000万元投资目标。其中，周田镇新庄新村安置房道路与排水工程完成次干道及支路路面80%工程量，完成主干道路面施工；商场、超市项目完成主体工程及广场建设；仁化县岭尾至新庄大坝二级公路新建工程（滨江路）全线建成通车、新庄大道北延段1.7千米完成混凝土路面施工；35千伏岭尾变电站完成资产移交工作；公共绿化一期工程完成项目立项、施工图设计、审图、预算工作；新庄基地工业二路道路市政工程完成项目可研、环评、立项工作，招标文件完成会审；志成冠军人才公寓实施主体建设。引进广东新奥能源发展有限公司泛能网建设项目，推行“热—电—冷”三联供模式，为园区配套供热、供电、供冷等服务，减轻企业生产负担，实现能源循环利用。该项目总投资3.2亿元，拟用地2.13公顷，于2017年12月28日与县政府签订投资协议。

【企业建设】 2017年，仁化县产业集聚地有4个新建项目开工建设，分别是仁化县合泰铝制品有限公司、仁化县森辉节能科技有限公司、广东基亿通用电气有限公司、广东能易储能科技有限公司；5个增资扩产项目动工，分别是韶关中弘金属实业有限公司硫酸钠MVR蒸发结晶技术改造项目、韶关凯鸿纳米材料有限公司煅烧纳米氧化锌生产线资源综合利用工艺技术改造项目、韶关凯鸿纳米材料有限公司纳米氧化锌增效及综合回收配套技术改造项目、仁化县博世铝业有限公司铝型材喷图木纹生产线技术改造项目、韶关元泰资源科技有限公司钨条烧结系统优化节能技术改造项目，总投资2.5亿元，年内完成投资1.2亿元；2个新项目建成投产，分别是韶关凯鸿纳米材料有限公司、广东升隆电源有限公司；3个增资扩产或技改项目启动建设，项目总投资30514万元，分别是韶关富鑫有色金属有限公司热风熔铸炉升级改造协同处理含铅废物项目、韶关中弘金属实业有限公司MVR蒸发结晶技术改造项目、韶关凯鸿纳米材料有限公司煅烧纳米氧化锌生产线资源综合利用工艺技术改造项目；3个“广东省高新技术企业”申报成功，分别是韶关凯鸿纳米材料有限公司、韶关中弘金属实业有限公司、广东英业达电子有限公司。

【领导调研】 2017年9月21日，中共仁化县委副书记、代县长周小明到仁化县产业集聚地调研，全面了解产业集聚地各项工作开展情况，到各企业了解企业发展情况。县委常委、副县长、虎门仁化对口帮扶指挥部总指挥梁晓晖，副县长丘光强陪同调研。

仁化县有色金属循环经济产业基地管理委员会负责人名录：

主　任：刘小飞

副主任：温石头　何世平

（李信章）

中小企业管理

【概况】　2017年，仁化县民营经济工作继续贯彻落实韶关市《关于促进民营经济加快发展的若干措施（试行）》通知要求，以增强民营企业核心竞争力和打造新型企业家队伍为抓手，加快民营企业转型升级步伐，助推民营经济发展上新水平。

2017年，仁化县民营企业主要分布在采矿、冶炼、有色金属加工、电力、竹木加工等行业，逐步培育成为特色突出、集约能力较强产业集群。全年全县完成规模以上工业总产值878264万元，同比上年下降4.8%；完成“规上”工业增加值317090万元，同比上年下降1.6%。完成民营经济增加值60.9亿元，同比上年增长3.5%；完成社会消费品零售总额32.8亿元，同比上年增长7.8%。

【民营经济进一步发展】　积极谋划产业共建新篇章。2017年，仁化县根据县委“一三九”战略部署，依托东莞虎门—仁化对口帮扶契机和仁化资源、生态、劳动力优势，谋划产业共建新机制。年内，县经信局起草《仁化县2017—2020年产业共建三年攻坚行动方案》，大力推进重大工业产业共建项目，以凡口铅锌矿尾矿综合提升项目及中金岭南有色金属产业集聚基地等建设为抓手，分片区推动县产业集聚地、产业集聚地内规划建设虎门—仁化对口帮扶产业共建园协同发展。加强基础设施及配套设施建设，在土地、资金、人才、政策等保障方面创新模式，提升企业孵化、落地、投产速度，形成以有色金属新材料、新型动力电池、有色电子信息材料等战略性新兴产业为主导产业集群发展模式。盘活坪岗老工业区闲置土地资源，把原广东铝厂土地作为中金岭南公司未来重大工业投资项目储备用地，围绕凡口铅锌矿、丹霞冶炼厂铅锌资源产业链及矿山设备需求打造机械装备制造园；把原水泥一厂闲置土地打造成生态竹产业园，结合华粤煤矸石电力有限公司热电联产项目建设，形成以镇为竹材初始加工基地，县区竹产业园深加工项目，实现生态、环保、智能化发展模式。依托仁化县丰富农产品资源和丹霞山旅游资源优势，推进农业、旅游及服务业产业共建，着力推动一、二、三产业协同发展。做大做强全域旅游配套项目，引进星级酒店，推进特色小镇建设，打造山地户外运动基地，并在丹霞新城和黄屋规划建设商业综合体，提升产业共建服务保障能力。推动产业创新驱动发展。围绕传统产业转型升级需求，组织实施一批科技专项，推动产业关键共性技术攻关，引进和培育一批具有较强自主创新能力高新技术企业。加快传统优势产业设备更新、技术升级、工艺优化和标准提升，提高产业发展品质和竞争力。围绕智能制造、机器人、生物医药、有色金属新材料、新能源、储能产业等领域，实施好省科技专项，重点引导和推动战略新兴产业发展。

发展特色产业，打造生态竹产业园。2017年11月，仁化县与湖南风河竹木科技股份有限公司签订战略合作框架协议。一期项目选址仁化县产业集聚地，以生产竹结构建筑为主要产品，计划于2018年12月30日前试产。

开展高企认定申报及高企培育入库申报工作。2017年，仁化县通过深入调研摸查，组织韶关中弘金属实业有限公司、韶关凯鸿纳米材料有限公司和广东英业达电子有限公司开展2017年国家高新技术企业认定申报工作和2017年广东省高新技术企业培育库入库申报工作。截至2017年年底，3家企业均通过2017年国家高新技术企业认定。

（张水甜　连柳娇）

商　贸

国内贸易综述

【概况】　2017年，仁化县重视商贸流通市场体系建设，围绕统筹城乡发展战略，抓实商贸基础设施建设，引进发展商贸企业，开拓农村市场，调整商业业态，全县商贸流通市场体系建设步伐加快，商贸流通经济稳步增长，社会消费品零售总额呈现增长态势。全年全县完成社会消费品零售总额328725.7万元，比上年增长7.8%。其中：批发和零售业零售额29.18亿元，比上年增长8.2%；住宿和餐饮业零售额3.69亿元，比上年增长5%。全县接待旅游人数951.28万人次，比上年增长11.61%；旅游总收入54.82亿元，比上年增长11.7%。

【流通规模平稳增长】　2017年，仁化县做好“限上”企业申报工作，提升商贸流通业发展水平。引导县域新增和限下批发、零售企业向限额以上企业发展，壮大商贸流通业，提升经济增长基础。全年全县有限额以上批发（年主营业务收入2000万及以上）和零售贸易业（年主营业务收入500万及以上）、住宿和餐饮业法人企业（年主营业务收入200万及以上）74家。

【商业经济持续多元化】　2017年，仁化县商业经济保持平稳增长，大型商场超市、休闲酒店饭店、汗蒸休闲会所、专业艺术摄影、黄金专卖店、美发足浴、连锁餐厅［百胜餐饮（广东）有限公司仁化分店和华莱士炸鸡汉堡］等传统商业经济继续发展。金逸电影院、畅想国度KTV和多多KTV等促进消费市场。实施“专业市场+电商+物流”商业发展模式，加快电子商务和信息服务业发展，推动现代物流和商贸服务等产业融合发展。全年全县引进或建立电子商务平台15个，以农产品、餐饮、住宿等网上交易涉网商户1000多家，电子商务成为县域经济发展“新引擎”。

【住宿餐饮业增长乏力】　2017年，仁化县受市场整体环境制约，住宿餐饮业增长不足，餐饮业营业额完成33033万元，比上年下降1.5万元；住宿和餐饮业零售额3.69亿元，比上年增长5%。

【房地产交易市场持续火爆】　2017年，仁化县房地产开发以丹霞新城房地产开发为主体，房地产投资76968万元，比上年增长50.9%。1—12月商品房销售面积21.1万平方米，比上年增长16.7%，商品房销售额80927万元，同比上年增长40.1%。

（张相群）

供销合作

【概况】　2017年，仁化县供销合作社联合社（简称“县供销联社”）坚持为“三农”服务办社宗旨，贯彻落实中共十九大、中共中央国务院《关于深化供销合作社综合改革的决定》精神，围绕中心工作和年度目标任务，重点抓好供销社综合改革、强化烟花爆竹安全经营管理和参与农业产业化经营等工作，推动全县供销社系统综合改革步伐。全年全系统商品总购进额9094.84万元，比上年增长7%；实现销售总额9030.74万元，同比上年增长7.48%。其中：农资销售2100.04万元，同比上年增长7.6%；日用消费品销售3153.81万元，同比上年增长7.6%；农产品加工与销售额2176.89万元，同比上年增长16.89%。

【供销系统综合改革】 2017年，县供销联社多次组织县联社机关干部职工及下属公司经理、基层社主任集中学习中共中央国务院《关于深化供销合作社综合改革的决定》（简称"决定"）和总社贯彻落实决定指导意见，深刻领会决定精神实质，准确把握科学内涵，切实统一思想和行动。深入企业对照综合改革主要任务进行改革调研摸底工作，按照市委、市政府《关于深化供销合作社综合改革的实施意见》和市供销社综合改革时间节点要求，结合综合改革试点县做法和经验，起草改革实施方案，争取市社和县委、县政府对县供销联社综合改革支持。推行"一县一社"管理模式，及时成立仁化县供销联社财务结算中心，加强全县供销系统各公司（厂）、基层社资产、财务统一管理，全面执行仁化县供销系统"一县一社"管理制度。

【茶叶产业助农增收】 2017年，县供销联社做大做优红山供销社集种植、加工、销售为一体化茶叶产业经营，推动红山茶叶产业化经营发展，帮助农民增收致富。利用市供销社组建的富农电商平台，展示县域茶叶品牌、发展在线订购业务，以平台促销售，以销售促生产，以生产提高科技含量。通过签订合作协议，把县域茶叶推向全国，至12月底成功销售茶叶75吨价值525万元。将富农茶叶打造成为广东省"十大名牌"茶叶，通过名牌示范带动效应，把具有富农专业合作社特色"丹霞工夫""丹霞银毫""丹霞银白""丹霞普洱"品牌产品推向各地，使富农茶叶向品牌化、标准化、规模化道路发展。

【基层社建设规范】 2017年，县供销联社增强基层供销社组织功能和为农服务实力。按"整合、规范、提高"方针，以建设区域性中心社为方向，加快基层社资源整合步伐，通过将黄坑、周田、大桥供销社合并组建为周田中心社，董塘、石塘供销社合并组建为董塘中心社，长江、扶溪、闻韶合并组建为长江中心社，对合并基层社人、财、事统一管理，实现资源最大化。继续领办创办农民专业合作社。全年，领办创办专业合作社仁化县大桥镇长坝太阳岩生态百果园种养农民专业合作社、仁化县炅泽果蔬种植专业合作社2家，密切供销社与农户经济联结。加强绿巨人柑橘种植农民专业合作社联合社指导工作，壮大联合社规模，提升素质，为建立和完善农产品电子商务销售平台打好基础。

【社有社资产管理加强】 2017年，县供销联社贯彻落实国家财经法规，确保供销社社有资产保值增值，加强社有资产获取、投资、运营、收回与处置、资本收益、监管与考核等管理工作，重新制定《仁化县供销社社有资产管理制度》，健全和完善全县社有资产管理制度，提高社有资产经营效益和经济收入。继续跟踪2016年建造乐屋电器商贸城在建项目。截至2017年12月底，该项目土地以419万元成功招拍挂，办好规划许可证，出好图纸，开工完成土地平整；项目到位资金1610万元。

【农业社会化服务】 2017年，县供销联社下乡开展农业社会化服务工作，提高农民种植技术和技能，全年开展有针对性农业专业培训8场。通过科学技术种植推广，技术咨询与交流，普及农业科技知识等农业社会化服务活动，提高农民科学种植、合理施肥、用药知识水平和农民素质，夯实供销社改革发展合作社农村电子商务惠农工程项目基础。

【"新网工程"建设】 2017年，县供销联社推进"新网工程”建设，提高供销社为农服务水平。年内，结合实际，将工作重点放在推进农资连锁终端网络建设方面来开展工作，建成以仁化县兴农农资配送中心为龙头，34个网络终端销售点为主体，网点覆盖全县各行政村农资配送经营网络。全年全系统农资销售2100.04万元，供应农资7943.1吨（其中化肥销售7865吨、农药78.1吨）。

【烟花爆竹专营管理】 2017年，县供销联社强化烟花爆竹专营管理，坚持“安全第一”经营方针，加大烟花爆竹安全管理工作力度，规范全县烟花爆竹经营市场，开展自查自纠安全检查，配合协助安监、公安、工商、质监等部门，取缔非法经营，打击假冒伪劣产品，加强经营网点人员安全培训教育。4月，县供销联社与仁化县公安局、安监局等职能部门多次联合执法查处非法烟花爆竹。8月17日，市供销联社技术人员到仁化县永安爆竹专营公司仓库进行安全生产检查。检查人员现场检查仓库灭火器、红外线报警器、温度计、降温喷头等安全设施器材，观看仓库喷水降温作业，检测仓库警报器灵敏度，均未发现有安全隐患。1—12月，全县烟花爆竹销售额70.60万元，同比上年下降13%。

【“两学一做”学习教育活动】 2017年，县供销联社扎实开展“两学一做”“学习习近平总书记对广东重要批示精神”“作风建设年”“一线双联”学习教育活动。通过成立学习教育协调小组，组织党员干部自学和集中学习方式，全面把握和深刻领会党章内容和习近平总书记系列重要讲话精神，对照检查，边学边改，解决突出问题，坚定党员理想信念，提高党员党性修养，做“四讲四有”合格党员。

【新时期“精准扶贫、精准脱贫”工作】 2017年，县供销联社按照省市县关于新时期“精准扶贫、精准脱贫”文件有关要求，及时组织人员到帮扶点新龙村对接“精准扶贫”工作。在入户核查过程中严格按照“四看”“五优先”“六进”“七不进”政策把关，根据上级要求进行精准识别“回头看”工作，了解全村贫困户生活、生产和家庭收入等情况。通过审查，全村有贫困户12户、贫困人口25人被纳入新时期“精准扶贫”户，并为12户贫困户制定符合自身脱贫情况帮扶3年总规划和2017年帮扶计划，实现“一户一法”，做到有计划，有规划逐步帮助贫困户实现脱贫。选派副主任1名任扶溪镇紫岭村第一书记，配合东莞市凤岗镇驻村干部做好该相对贫困村“精准扶贫”、党建等工作。

【做好“创文”工作】 2017年，县供销联社在县“创文”牵头单位县总工会带领下，推进仁化县创文网格化深入开展，通过主办开展庆“六一”道德讲堂活动，联合仁化县创文网格化管理第九区其他责任单位开展扶贫、义诊等活动，提高社区居民道德文化素质。

仁化县供销合作社联合社负责人名录：

主　任：江　云（任至2017年6月）
刘宝明（2017年7月任职）

副主任：朱建辉（任至2017年12月）
罗展华　郭宝华
何丽红（女，2017年12月任职）

（郭　徽）

粮食储备管理与流通

【概况】 仁化县粮食局是仁化县发展和改革局管理的公益一类事业单位，受仁化县人民政府委托的粮食流通监察管理执法单位。内设正股级机构办公室、粮食调控股、粮食统计股3个，主要负责全县粮食行政管理工作，包括负责全县粮食流通管理审核、发证、监督和检查，县级储备粮、军粮供应、救灾救险、水库移民口粮供应管理，全县粮食流通统计工作，作为牵头部门落实粮食安全政府责任制考核工作，承办县发展和改革局以及市粮食局交办其他事项。

仁化县粮食企业总公司是县属国有粮食企业。2017年，有员工58人。公司内设储运部、劳资部、财务部，辖直属库附城（含城口、红山库点）、董塘（含石塘库点）、扶溪（含长江、闻韶库点）、周田（含黄坑、大桥库点）4个、库点7个，主要承担全县各级储备粮油储存和轮换任务，负责供应军粮油和水库移民粮，协助粮食行政机构监控粮油市场和实施各级粮油应急预案。

【粮食安全政府责任工作】 2017年，仁化县贯彻国家确保粮食安全战略部署，严格落实省、市有关粮食安全工作指示精神，以保障粮食安全为核心，采取有效措施，总结上一年度工作经验，开展粮食安全考核工作，密切联系县各责任单位，细化考核工作任务。全面落实粮食安全责任制，健全粮食行政管理体制，增强耕地保护意识，提高粮食可持续生产能力，调动农民种粮积极性，完善粮油供应网点建设。全年全县粮食安全得到有效保障。

【粮食流通监督检查】 2017年，县粮食局发挥粮食管理部门粮食市场监督检查主体作用，规范涉粮企业粮食收购秩序。强化安全生产检查工作，开展“粮食安全隐患大排查快整治严执行”县级集中检查行动，依据《粮食流通管理条例》《粮油仓储管理办法》等法规，对照检查发现的问题，制定整改方案，明确整改要求、时限和责任，确保整改到位，不留死角、不留盲区，杜绝安全生产事故。压实企业经营管理主体责任，督促企业严格执行国家粮食法律法规和政策，完善内部规章制度，强化基础管理，建立粮食库存管理长效机制，清除各类风险隐患。全年全县开展粮食流通监督检查6次，出动人员20人次，检查中未发现违规经营粮食行为。

【世界粮食日和爱粮节粮宣传周活动】 2017年，县粮食局成立世界粮食日和爱粮节粮宣传工作领导小组，开展“爱粮节粮保安全，优粮优价促增收”主题粮食增收进农户宣传活动，帮助农户提升粮食种植和收储技术水平，减少粮食损失浪费，实现“隐性增收”，助力国家粮食安全。活动选址为丹霞街道官口村委会。活动主要分两部分进行，一是开展粮油增收进农村座谈会，以县粮食局局长宣读“爱粮节粮”倡议书拉开序幕；二是开展粮食增收进农户调研，实地考察农户使用科学储粮仓情况。通过开展系列活动，增强农民群众爱粮节粮意识，养成科学消费习惯，引导农民群众正确使用示范粮仓，做到节粮减损，科学储粮。

2017年4月26日，仁化县开展“粮食安全隐患大排查快整治严执”县级集中检查行动。图为检查人员在县粮食企业总公司进行粮食安全隐患排查　（张燕梅　摄）

【粮食流通统计】 2017年，县粮食局抓好抓实粮食流通统计工作，指导、督促企业严格履行《国家粮食流通统计制度》，落实粮食统计和经营台账记录，指定专人负责，确保县粮食统计基础数据质量。开展社会粮食供需平衡调查。在全县各镇（街）分别随机抽取10户城镇居民、15户乡村居民作为固定调查点，以全面、准确把握全县粮食和食用植物油供需平衡状况，为政府粮食宏观调控提供可靠数据，确保粮食市场稳定。开展粮食统计监督检查。检查各粮食企业是否规范填写粮食经营台账，是否配备专门人员负责统计工作。督促各企业按时保质保量报送统计数据及粮食收购情况，认真落实网络直报工作。粮食收购期间，县粮食局开展粮食统计监督检查工作出动人员12人次。

【全面完成年度购销任务】2017年，县粮食企业总公司收购粮食16202吨，其中早籼稻14304吨，中晚籼稻、优质谷1898吨。高质高效完成2017年储备粮及县级储备油轮换收储工作，全年实现营业收入4370万元。

【粮食储备与流通】 2017年，县粮食企业总公司发挥国有粮食部门职能，利用当地粮食收购库点多优势，收购当地产粮食16202吨，配合政府稳定和发展粮食生产，保护农民种粮积极性，解决农民余粮出售问题，维护当地粮食市场稳定和粮食流通。完成省、市、县三级储备粮、储备油轮换任务。

【粮油仓储管理】 2017年，县粮食企业总公司以规范化管理为目标，贯彻落实《广东省粮油仓储企业规范化管理评价办法》《粮食储藏技术标准》，完善各项规章制度，以确保库存粮安全为重点，做好粮食安全普查和“一符三专四落实”粮仓建设，坚持经常性粮情检查，做好查粮记录和粮情分析，及时排除不安全因素，完善粮食安全生产软件和硬件，强化粮食仓储管理，确保粮食安全储存。全年，各直属库库存粮食均达到“一符三专四落实”标准要求，“四无”粮仓达100%。

【粮食基础设施建设】 2017年，县粮食企业总公司筹集更新改造资金13.35万元，其中投入省级储备粮专项资金10.3万元维修省级储备粮仓库，投入3.05万元维修改造检验防化室，实现国有资产增值，为安全储粮、科学保粮提供有力保障。

【军粮供应】 2017年，县粮食企业总公司牢固“以兵为本”服务宗旨，坚持“为兵、敬业、务实、创新”军粮供应精神，贯彻落实军粮供应各项政策，以“四个坚持、三个支撑、两个走在前列”为统领，以“军粮供应军民融合发展”为主题，围绕规范化管理为主线，加强军粮供应制度建设，提升军粮供应质量水平，稳步推进军粮供应、军民融合深度发展，加强与驻军部队沟通和联系，认真对待部队对军粮供应工作的反馈意见和建议，加大力度推进军粮供应网点建设，确保军粮供应安全可靠、供应及时、部队满意。

仁化县粮食局负责人名录：

局　长：刘韶山

仁化县粮食企业总公司负责人名录：

总经理：张熙云

副总经理：张侃宁　陈卫权

（张燕梅　邓刘军）

烟草专卖

【概况】 2017年，仁化县烟草专卖局（广东烟草韶关市有限公司仁化县分公司）［简称“县烟草专卖局（分公司）”］有员工60人。县烟草专卖局（分公司）坚持稳中求进总基调，围绕韶关市烟草专卖局（公司）力争“取得两个新发展”（一是抓销售核心，力争取得卷烟营销新发展；二是抓烟叶基础，力争取得烟叶工作新发展），“实现三个见成效”（一是抓专卖保障，实现专卖监督管理见成效；二是抓降本增效，实现企业基础管理见成效；三是抓党的建设，实现精神文明建设见成效），稳步有序推进各项工作。9月，被韶关市国家税务局、韶关市地方税务局授予韶关市2016年度“模范纳税户”称号。全年，全县辖区经营卷烟零售户733户，销售卷烟8117.01箱，卷烟销售收入25838.35万元，同比增长4%，实现税收1422.96万元。

【卷烟经营】 2017年，县烟草分公司围绕保销量、增税利目标，严格规范卷烟经营要求，积极应对卷烟营销新形势，加大卷烟销售工作力度，提升卷烟营销服务水平，推进卷烟经营管理工作上水平。全年，全县卷烟销售实行“100%入网销售、100%落地销售、100%落户销售”，卷烟销量、卷烟销售收入稳步增长，客户满意度96.47%，客户综合毛利率为14.66%，扎实稳步推进现代卷烟零售终端建设。

【烟草专卖管理】 2017年，县烟草专卖局坚持以维护国家利益、维护消费者利益为指导，贯彻省、市局卷烟打假工作部署，保持卷烟打假打私高压态势，强化内部专卖管理监督，有效维护全县卷烟市场经营秩序健康稳定。全年出动执法人员2112人次，出动车辆518车次，检查零售户17860户次，发放宣传单张7209份；查处涉烟违法案件101宗（其中一般程序案件51宗，简易程序案件50宗），查获涉案卷烟331.63万支（其中假烟3.88万支、私烟2.561万支），案值87.18万元，市场净化率98.25%。

【涉烟违法案件查处】 2017年，县烟草专卖局多次联合公安、工商、质监部门开展联合行动执法检查，发现问题按照执法权限和职责分工及时查处。利用各种渠道各种方式深入社会，拓宽情报渠道，加强真烟非法流通治理工作力度。①2017年8月7日，根据群众举报，县烟草专卖局执法人员会同县公安执法人员，在县道335凡口矿706三岔路口查获无证运输卷烟案1起，现场查获卷烟双喜（软，971条）、白沙（精品，868条）等13个品种2606条，涉案卷烟价值约24.2万元。②2017年8月12日，根据群众举报，县烟草专卖局会同县公安局在仁化县城口公安检查站查获无证运输卷烟案1起，现场查获双喜（硬）、双喜（软）、白沙（精品二代）等10个品牌1495条卷烟，总案值12.3万元。

仁化县烟草专卖局（分公司）负责人名录：

局长（经理）：刘仲轩

副局长：邓满春

副经理：邓建良

（陈丽娟）

酒类生产经营监管

【概况】 2017年，仁化县有获证葡萄酒生产企业1家，获证酒类生产加工小作坊45家，以米酒为主，其中石塘镇有23家，主要生产非物质文化遗产“仁化石塘堆花米酒”；有酒类经营者453家，涵盖超市、食杂店、批发部等商业范围（餐饮店除外）。

【监督管理】 2017年，仁化县开展米酒小作坊专项整治行动。①加强排查。根据县域实际情况，组织执法人员对白酒作坊进行拉网式检查，并登记造册。摸底登记在册白酒小作坊29家。②开展白酒小作坊登记。督促辖区白酒小作坊落实《中华人民共和国食品安全法》《广东省食品生产加工小作坊和食品摊贩管理条例》等法律法规，开展白酒小作坊登记管理工作。截至2017年年底，取得白酒小作坊登记证45家。③加强监督检查力度。检查生产经营者资质，有无营业执照、小作坊登记证等。检查生产经营者生产加工场所环境卫生是否达标。检查生产经营者是否严格落实索证索票制度，是否做好进销货台账等。督促酒类经营单位（包括餐饮单位）严格按照规定，查验供货者证件和食品全格检验证明文件，不得销售无证或来源不明白酒和配制酒。倒追食品生产加工小作坊办证。

【酒类小作坊生产培训】 2017年，县食药监局组织开展酒类小作坊培训。全年组织酒类小作坊生产者35家开展食品安全培训，主要宣贯《中华人民共和国食品安全法》《广东省食品生产加工小作坊及摊贩管理条例》等法律法规，引导食品小作坊落实食品安全责任。

【食品安全专项整治】 2017年，县食药监局以消费量较大酒类批发、零售经营单位（者）为重点对象，全年检查酒类经营单位106家，其中酒类批发单位4家。酒类经营单位均通过正规渠道购进酒类产品，部分酒类经营单位存在散装酒类产品标签标识不规范情况。针对所发现问题，下发监督意见书35份、办证通知9份。截至2017年年底，酒类食品安全专项整治工作出动执法人员98人次，出动执法车辆35辆次，49家酒类生产经营单位签订食品安全承诺书。

【监督抽检】 2017年，县食药监局按照《2017年韶关市食品加工小作坊监督抽检计划》，组织执法人员对生产白酒小作坊进行抽样检验，抽取白酒6个批次，主要检验酒精度、甲醇、总酸、总酯、环已基氨基磺酸等指标，其中有5个批次散装米酒不合格，主要问题为总酸、总酯不合格。县食药监局根据《广东省食品生产加工小作坊和食品摊贩管理条例》第三十九条第一款规定，责令其立即停止生产经营，并召回已销售的该批次产品。

【酒类安全宣传】 2017年，县食药监局加大酒类安全宣传力度。向生产经营者下发《食品生产加工小作坊质量安全承诺书》《关于开展食品加工小作坊普查登记的通知》等宣传资料，督促生产者履行食品安全职责。利用“3·15”国际消费者权益日、食品安全宣传周等活动，向消费者宣传酒类食品安全，派发《酒类真假鉴定指导》《中华人民共和国食品安全法》等宣传资料800份。

（袁春林）

食盐专卖

【概况】 2017年，全县有销售碘盐网络11个，零售碘盐网点569个，与上年持平。碘盐覆盖率100%，碘盐合格率100%，合格碘盐食用率100%。全年全县完成食盐、生产用盐销售1248吨。其中，小包装食盐534吨（250克低钠盐267吨、250克自然食用盐42吨、400克自然晶盐53吨、400克海水晶60吨、500克加碘精制盐72吨、500克加碘日晒盐40吨），比上年减少16.04吨，低钠盐占小包装食盐销售50%；食品加工用盐61.96吨；小工业盐652吨，比上年减少152吨。

【食盐宣传与监督管理】 2017年，全县开展防治碘缺乏病和打击制售假冒盐宣传活动，及食盐市场综合整治活动。借助落实“一证两书”（食盐零售许可证、食盐安全责任书、食盐供应协议书），上门办理“食盐零售许可证”换证工作，在县城和各镇（街）开展地毯式检查。全年全县出动盐政执法人员466人次，出动车辆138台次，检查市场175个次、商店2712间次、饭店465家次、学校和幼儿园9所、食品加工厂4家。利用“3·15”国际消费者权益日、“5·15”防治碘缺乏病宣传日，多形式推广“食用低钠盐、预防控制高血压、保护心脑血管”健康食盐理念，派发低钠盐、宣传资料5000份，派发《关于加强全省食盐市场经营管理的通告》和《致食盐渠道商、消费者的一封信》15000份，电视台宣传报道3次。

（张相群）

生猪屠宰供应

【概况】 2017年，全县生猪定点屠宰场有县城、董塘、周田3家，全县生猪屠宰量51420头，比上年增长0.19%，生猪屠宰供应充足。

【生猪定点屠宰场管理】 2017年，仁化县畜牧兽医水产局根据《广东省生猪定点屠宰资格审核清理工作方案》，督促县城屠宰场进行原址改造升级，2017年7月完成原址重建，实行机械化屠宰；董塘生猪定点屠宰场进行污水管网铺设，引入董塘污水厂处理，完成污水改造；周田屠宰场异地重建因土地调规问题未完成整改工作。仁化县畜牧兽医水产局加强屠宰场管理，督促屠宰场做好日常管理工作，确保屠宰安全生产，生猪产品上市合格率100%。

【生猪屠宰行政执法】 2017年，仁化县畜牧兽医水产局加强屠宰环节监督管理检查工作，打击私屠滥宰行为，入场查物验证率和屠宰检疫率均达100%，全年屠宰场无害化处理不合格肉品2100千克；检查生猪定点屠宰经营场所24场次，出动执法人员72人次。

（华少滨）

对外与商贸合作

【概况】 2017年，全县引进外资项目3个，合同吸收外商投资939万美元，同比上年增长384%；实际吸收外商投资485万美元，同比上年上升491%；仁化县外贸进出口总值1982万美元，同比上年增长1.6倍，进口1370.6万美元，比上年增长306.4倍。

【外商投资企业平稳发展】 截至2017年年底，全县有外商投资企业34家。其中新注册外商投资企业3家，注销外商投资企业0家。全年全县外商企业完成投资0.82亿元，销售收入总额5.04亿元，上缴各类税收4000万元，从业人员1400人。

【加工贸易略有下降】 2017年，仁化县智能木业有限公司平均员工302人，实现加工贸易销售总额5180万元，同比上年下降16.53%，其中加工贸易出口额752万美元，同比上年下降15.57%，缴纳各类税费107万元。

【招商引资】 2017年，仁化县重视招商引资工作，严格按照县委、县政府关于大力推进产业共建和加大招商引资工作指导思想，开展招商引资工作。年内，县领导率领县发改局、经信、环保、财政等部门到深圳、广州等地开展招商活动6次。12月10日，举行首届仁化旅游文化节并进行签约项目仪式，新引进项目13个，涵盖房地产、全域旅游、“精准扶贫”和产业共建等产业及相关产业链，投资总额56.1亿元。

【商贸活动】 2017年4月20—23日，仁化县组织仁化县智能木业有限公司参展在东莞市厚街镇广东现代国际展览中心举行的2017年中国加工贸易博览会。智能木业展出家私8套。

【专项督导确保签约项目履约】 2017年，仁化县继续落实县政府外经贸任务目标。实施县经信局领导挂点联系外企项目制度，项目落实到具体责任人。加强工作任务督促检查，多次开展工作目标任务专项检查，并每个月汇报任务完成情况。做好“企忧档案”管理，组织人员定期下点调查研究，了解项目进展情况，解决项目跟踪落实过程中存在问题，敦促签约项目落实报批。年内，鸿伟木业公司新上刨花板贴面生产线项目。全年全县签约项目履约率100%。

（张水甜　曾晓榕）

旅游业

综述

【概况】 2017年，仁化县旅游发展工作贯彻落实市委、市政府关于旅游工作系列决策部署，结合县“一三九”发展战略，围绕推动大丹霞旅游经济圈建设、巩固丹霞山AAAAA旅游景区、发展仁化全域旅游三大工作，发展旅游文化产业，拓展发展空间，丰富旅游产品，抓好各项旅游设施建设。全力推进全域旅游全域联动，提升全县旅游格局，带动旅游产业发展。2017年，全县接待游客总人数951.28万人次，同比上年增长11.61%；过夜人次294.91万人次，同比上年增长11.62%；旅游收入54.82亿元，同比上年增长11.70%。

【机构编制】 2017年，县旅游局设正股级内设机构办公室、规划发展股、行业管理股3个。事业编制10名，内设机构领导职数3名，其中局长1名、副局长2名，工勤编1名，经费按财政补助一类拨付。截至2017年年底，有在职人员7人。县旅游局下属旅游发展服务中心为管理公益一类事业单位，事业编制8名，内设主任1名、副主任1名。经费按财政补助一类拨付，年内有在职人员7人。

【旅游管理服务】 2017年，县旅游局加强旅游从业人员培训管理工作，全年举办旅游培训班韶关市景区讲解员培训班、韶关市酒店和客栈服务员培训班、全域旅游之民宿经营管理培训班、旅游讲解员培训班、旅游“精准扶贫”培训班、仁化县酒店（宾馆）、民宿客栈从业人员培训班、仁化县全域旅游培训班8期，联合仁化县总工会、韶关市餐饮烹饪协会主办第八届劳动技能烹饪技能竞赛。

旅游经济

【概况】 2017年，仁化县有“限上”住宿企业9家（仁化县丹霞印象旅游产品有限公司、仁化县阳元村旅业发展有限公司、韶关中衍温泉大酒店有限公司、仁化县鑫农农特产品有限公司、仁化县丹霞假日山庄有限公司、仁化县瑞霞酒店有限公司、广东万物生旅游文化发展有限公司、仁锦水湾有限公司、和景酒店）。全年，全县住宿业实现营业额3900万元，同比上年下降7 %；接待游客总人数 951.28万人次，同比上年增长11.61%，其中过夜人数294.91万人次，同比上年增长 11.62%；实现旅游收入5.4亿元，同比上年增长11.7%。

【“黄金周”假日游】 2017年春节“黄金周”7天假期，丹霞山景区接待游客303904人次，同比上年增长0.04%；其中接待团队289个，车辆20680台，别传寺接待游客1393人次；双峰寨（石塘古村）景区接待游客3044人次；全县接待游客309361人次，与上年持平。主要酒店（宾馆）总接待游客过夜人次3.98万人次，同比上年增长2.84%，七天平均客房入住率57.2%。“十一”国庆旅游“黄金周”，全县累计8天接待游客408960人次，同比上年增速46.48%，其中，丹霞山景区接待游客295917人次，同比上年增长9.3%，双峰寨、石塘古村接待游客17581人次，同比上年增长239.66%；其他镇（街）景点旅游接待游客95462人次。

景区（点）基础设施建设

【旅游公路建设】 2017年，仁化县以韶关市打造丹霞山至南华寺旅游公路契机，打造县域旅游公路10条，建设总里程106.708千米，总投资金额11.66亿元，其中长江至万时山、灵溪河大桥至新凉亭旅游公路进入招标阶段。

【旅游厕所建设】 2017年，县旅游局争取2017年广东省旅游厕所发展专项资金70万元、韶关市旅游厕所发展专项资金26万元，新建或改建灵溪河大桥景区东门旅游厕所、仁化县大桥镇“仁爱老街”旅游文化村开发项目旅游厕所、仁化县红山镇旅游厕所、丹霞灵溪景区旅游公厕、韶关市五马寨菌业有限公司旅游厕所、仁化县大桥镇“青云古寺”旅游开发项目旅游厕所、仁化县大桥镇森林公园旅游厕所、仁化县丹霞山形景酒店旅游厕所、仁化县易客农庄旅游厕所9座。

【旅游标识标牌建设】 2017年，县旅游局投入资金9.8万元，在县域重要交通干道增设或更换旅游交通指示牌15块。

【仁化县旅游集散中心建设】 2017年，县旅游局利用县级资金75万元，完成仁化县旅游集散中心建设，并于12月29日正式启动。该中心位于仁化县丹霞山景区正对面。

旅游宣传促销

【旅游宣传】 2017年，县旅游局根据市旅游局统一部署，组织县域相关旅游企业参加2017广州国际旅游展、美丽中国2017港澳地区旅游宣传推广活动第四届四川国际旅游交易博览会、第四届中国（深圳）国际旅游博览会、第二届“韶关人游韶关”旅游文化节。通过活动现场发放宣传资料、赠送特色明信片与特色民宿画册、“关注即得好礼活动”以及现场为旅客解答出行问题等形式，推介仁化县旅游资源。制作旅游宣传用品《丹霞山——仁化系列》镇纸200个、《畅游仁化》画册1000本、签字笔1000支、毛巾1000条、陶瓷杯300个、帆布袋200个。

【“仁化旅游”官方微信】 2017年，“仁化旅游”官方微信公众号平台发布仁化旅游资讯宣传图文110篇，内容涵盖仁化县全年（各季节、月份）吃、住、行、游、购、娱主题攻略、旅游路线推荐，仁化当季热门旅游资讯、节庆活动宣传、旅游活动宣传。全年阅读总数322739次218272人，分享转发量16274次12231人；增加关注人数713人。

【旅游节庆活动】 2017年，县旅游局举办形式多样、内容丰富节庆活动。举办“仁化县第八届劳动技能大赛——烹饪技能竞赛暨2017仁化国际美食节”“长江镇六月六禾斋节”“扶溪古夏禾斋节”“2017年南粤古驿道定向大赛（韶关•仁化站）”“第四届龙皇宫生态旅游文化节”“2017广东仁化文化旅游节”等节庆和宣传活动，宣传县域旅游资源及景区（点），吸引更多游客到仁化休闲旅游观光。

旅游行业管理

【旅游市场监管】 2017年，县旅游局开展旅游市场专项整治行动及旅游市场全检查工作。对旅游企业开展常规性与专项安全生产检查10余次，其中3次为“黄金周”安全检查（含联合大检查1次），出动车辆12台次、检查人员50余人。

【旅行社管理】 2017年仁化县在全县旅游系统开展“安全

生产月”“安全生产万里行”活动。6月，以“安全生产月”活动为契机，县旅游局出动12人次，开展星级宾馆、景区、旅行社等涉旅单位安全大检查3次。9月27日，县旅游委组织县公安、交通、工商、质监、安监、食药监、消防等部门，出动车辆2台次，人员10次，开展辖区旅游企业安全生产和市场秩序工作情况检查。

【导游员培训】 9月6日，县旅游局在丹霞山原色客栈举办2017年讲解员培训班。该次培训班为期1天，培训讲解员23人，旨在让讲解员了解仁化人文历史、资源优势，掌握讲解员应具备知识和技能，提高讲解员队伍整体素质和服务水平，推广、宣传仁化旅游资源。

【星级饭店管理】 2017年8月，县旅游局联合县消防大队出动检查人员4人次，检查星级酒店锦城宾馆、和景酒店2家，检查内容涉及酒店应急预案制定、各种防火制度落实情况、消防设施是否符合要求、消防设施设备运行是否完好、消防通道是否通畅，杜绝一切引发火灾操作行为。

2017年仁化县酒店、民宿一览表（不完全统计）

表11

序　号	单位名称	单位所在地址	房间数	床位数	备　注
1	百顺旅店	周田镇	5	10	—
2	碧丽华酒店	丹霞山	103	206	—
3	财保招待所	仁化县城	24	45	—
4	常来旅店	建设路15号	5	10	—
5	城口供销旅店	城口镇供销社	8	18	—
6	丹霞景逸苑	丹霞山B区	17	34	—
7	德隆旅店	建设路15号	5	10	—
8	电大招待所	仁化县城	14	36	—
9	电信招待所	仁化县城	6	17	—
10	断石农民度假村	丹霞山断石村	165	330	—
11	肥姨酒店	丹霞山外山门	25	50	—
12	福生宾馆	丹霞山	15	31	—
13	福祥居	丹霞山B区	20	40	—
14	富春苑	金霞小区	40	80	—
15	富华招待所	仁化县城	8	16	—

续表11

序　号	单位名称	单位所在地址	房间数	床位数	备　注
16	广客楼	丹霞山金霞小区	20	40	—
17	广湘源	丹霞山金霞小区	20	40	—
18	国防中心招待所	仁化县城	14	87	—
19	海事酒店	丹霞山外山门	36	87	—
20	和顺楼	丹霞山B区	20	40	—
21	和泰宾馆	丹霞山外山门	8	20	—
22	和兴楼	丹霞山金霞小区	20	40	—
23	红玫住宿店	董塘镇仁塘路148号	40	90	—
24	红山镇粮所招待所	红山镇粮所	7	15	—
25	红叶宾馆	仁化县城	22	44	—
26	鸿福宾馆	仁化县建设路27号	21	42	—
27	厚德福楼	丹霞山	30	60	—
28	华山宾馆	丹霞山外山门	25	50	—
29	华泰宾馆	丹霞山	30	60	—
30	黄家旅店	董塘镇仁塘路33号	5	10	—
31	汇景轩	金霞小区	40	80	—
32	交通稽查招待所	周田镇	6	12	—
33	金传旅店	董塘镇仁塘路172号	7	15	—
34	金达旅舍	金山大道	10	23	—
35	金凤凰山庄	建路路6号	31	50	—
36	金狮山庄	凡口矿	61	138	—
37	金霞招待所	丹霞山售票厅对面	17	34	—
38	金叶酒店	仁化县城	25	60	—
39	锦华旅店	周田镇	5	10	—
40	锦园酒店	丹霞山外山门	10	20	—

续表11

序　号	单位名称	单位所在地址	房间数	床位数	备　注
41	景山渡楼	丹霞山金霞小区	20	40	—
42	湘君府	丹霞山	30	60	—
43	客家宾馆	丹霞山	22	50	—
44	客家农庄	丹霞山瑶塘村	7	14	—
45	林业站招待所	周田镇	6	12	—
46	凌波酒店	广东省韶关市仁化县城新东大街1号	35	78	—
47	美景酒店	丹霞山外山门内	32	58	—
48	平安居	丹霞山B区	20	40	—
49	桥宏酒店	城口镇地方坪	6	12	—
50	仁和楼	丹霞山金霞小区	20	40	—
51	仁化白领宾馆	仁化丹霞山丹霞小区	50	100	—
52	仁化凡口招待所	仁化县凡口矿	55	103	—
53	仁化和景酒店	广东省韶关市丹霞山和景酒店	120	240	—
54	仁化金城宾馆	仁化县丹霞山新山门兴丰路3号	8	20	—
55	仁化金圆宾馆	仁化县金山大道	16	28	—
56	仁化君怡酒店	仁化县丹霞大道变电站旁	23	46	—
57	仁化润兴酒店	仁化县丹霞山霞兴北路	20	60	—
58	仁化县城口镇进丁裕祥旅馆	仁化县城口镇竹子营1号	17	25	—
59	仁化县丹霞楼招待所	仁化县城建设路36号	22	44	—
60	仁化县丹霞山彤景酒店有限公司	韶关市仁化县丹霞山外山门彤景酒店	79	158	—
61	仁化县丹霞山雅泰宾馆	仁化县丹霞开发区	25	50	—
62	丹霞山庄	仁化县丹霞山内中山门旁边	60	120	—
63	仁化县董塘镇金传出租屋	仁化县董塘镇仁塘路172号	15	16	—
64	仁化县高朋商务宾馆	仁化县丹霞山	16	30	—

续表11

序　号	单位名称	单位所在地址	房间数	床位数	备　注
65	仁化县吉祥云舍快捷酒店	仁化县丹霞山新山门福祥北路	21	45	—
66	家和楼	仁化县丹霞山大道	13	21	—
67	仁化县金辉宾馆	仁化县城建设路34号	22	44	—
68	仁化县金领宾馆	仁化县丹霞山霞兴南路5号	20	40	—
69	仁化县锦城楼	仁化县丹霞大道锦城楼	14	28	—
70	仁化县君悦旅馆	仁化县建设路石凹背村3—1号	10	17	—
71	仁化县联城商务酒店	仁化县董塘镇莲塘路28—37号	36	72	—
72	仁化县梦轩酒店	仁化县丹霞山金霞小区2号台区	12	22	—
73	仁化县鸣曦宾馆	仁化县新城路19号宝业城三楼	10	22	—
74	仁化县启源水务酒店	仁化县高坪新村109栋	21	47	—
75	仁化县仁美大酒店	广东省仁化县丹霞大道16号	58	116	—
76	仁化县荣华酒楼	仁化县城新市场	5	10	—
77	仁化县万事胜意宾馆	仁化县建设路11号	10	20	—
78	仁化县霞峰宾馆	仁化县丹霞山开发区	47	91	—
79	畔山驿站	丹霞街道黄屋村	13	23	—
80	仁化县霞景酒店	仁化县丹霞山金霞小区环山北路	29	58	—
81	仁化县湘源红歌会酒店	仁化县丹霞山汽车站旁	20	40	—
82	仁化县秀丽招待所	仁化县建设路27号	5	10	—
83	仁化县雅洁宾馆	仁化县丹霞开发区金霞山区A面	20	40	—
84	仁化县英达旅舍	仁化丹霞大道104—2	16	32	—
85	仁化县周田华苑酒店	仁化县周田镇月岭街国道106线旁	27	47	—
86	仁化县周田镇林业站招待所	仁化县周田镇韶南路4号	6	14	—
87	仁化县周田镇月武饭店	仁化县周田镇灵溪桥头	13	19	—
88	仁化县周田镇醉月山庄	仁化县周田镇灵溪桥头	6	12	—
89	仁化意林宾馆	仁化县丹霞开发区金霞小区B面	20	40	—

续表11

序　号	单位名称	单位所在地址	房间数	床位数	备　注
90	日出山庄	丹霞山外山门	30	60	—
91	三嫂酒楼	丹霞山瑶塘村	4	8	—
92	韶关丹霞温泉假日山庄有限公司	仁化县金霞小区	220	440	—
93	韶关中衍温泉大酒店有限公司	仁化县丹霞大道389号	185	370	—
94	韶石山庄	大桥镇水江村	20	40	二星级农家乐
95	水利宾馆	仁化县城	22	46	—
96	同福楼	丹霞山金霞小区	20	40	—
97	汶桂旅店	沿江路27号	2	4	—
98	霞光酒楼	仁化县城	6	12	—
99	熊盛酒店	金山大道	26	50	—
100	谢兴旅店	沿江路横巷1号	6	12	—
101	柏豪商务酒店	新城路50号	42	84	—
102	馨怡酒店	丹霞山外山门	30	60	—
103	兴晖楼	丹霞山B区	20	40	—
104	雄兴旅店	周田镇	6	12	—
105	旭升楼	丹霞山金霞小区	20	40	—
106	旭霞居	丹霞山B区	20	40	—
107	沿江旅店	沿江路18号	7	15	—
108	阳元山度假村	丹霞山	296	600	—
109	怡景居	金霞小区	20	40	—
110	怡乐居	丹霞山外山门	64	128	—
111	迎宾旅店	沿江路33号	10	18	—
112	永平旅馆	沿江路27号	8	16	—
113	友谊旅店	董塘镇市场9号	10	20	—

续表11

序　号	单位名称	单位所在地址	房间数	床位数	备　注
114	云霞居	丹霞山金霞小区	17	30	—
115	樟林宾馆	建设路15号	10	20	—
116	长江华兴旅馆	长江镇锦新市场	6	12	—
117	长江锦江旅馆	长江镇人民街43号	19	38	—
118	长江酒店	长江镇黄金路	8	16	—
119	港湾居	丹霞山福祥北路	15	30	—
120	仁化阅山会所	丹霞山霞兴南路	12	20	—
121	品霞小筑	丹霞山售票厅对面	10	22	—
122	水务宾馆	仁化县建设路	22	46	—
123	车站招待所	仁化县建设路	22	48	—
124	仁武宾馆	仁化县新城路武装部大院内	14	28	—
125	红锦湾酒店	丹霞山派出所旁	127	238	—
126	香格里拉酒店	周田镇国道106国道323交汇处	5	10	—
127	鑫三洲酒店	仁化县周田镇韶仁路	178	356	—
128	五嫂酒楼	丹霞山景区瑶塘村	4	8	—
129	瑞霞酒店	仁化县城九龄路2号沁淮园商业楼	50	100	—
130	仁化县锦城宾馆	仁化县新城路2号	116	209	三星酒店
131	东莞外商假日俱乐部	丹霞山景区中山门	81	162	—
132	长线花苑酒店	仁化县丹霞街道大岭23-8号	20	40	—
133	途家斯维登公寓	仁化县丹霞丹霞大道389号	92	173	—
134	雯锋宾馆	仁化县丹霞山风景区霞兴南路4号	20	40	—
135	德龙宾馆	丹霞街道村青湖塘村（106国道旁）	12	20	—
136	维以纳酒店	仁化县丹霞大道228号	98	196	—
137	佳适尚品酒店	仁化县丹霞大道中黄坑路口宝能商业街内	109	218	—

续表11

序　号	单位名称	单位所在地址	房间数	床位数	备　注
138	银海酒店	仁化县丹霞大道银海花园27号	61	122	—
139	顺源酒店	仁化县董塘农场246省道南	45	90	—
140	中山门宾馆	丹霞街道黄屋瑶塘村小组15号	12	22	—
141	董塘镇伟城宾馆	董塘镇农场石灰油厂旁	20	50	—
142	福宝农家乐园	丹霞街道车湾村委会岭背云客山	10	20	四星级农家乐
143	倚云山庄	丹霞街道车湾村委会岭头组村口	15	30	二星级农家乐
144	半山宾馆	丹霞山景区瑶塘村14号	13	22	—
145	草根之家	丹霞街道青湖塘新村	10	20	—
146	新农民客栈	丹霞街道黄屋断石村	12	20	—
147	丹霞风情客栈	丹霞街道青湖塘新村	25	45	—
148	丹霞兰花庭	丹霞街道黄屋青湖塘村	16	31	—
149	丹霞山3号公馆	丹霞街道黄屋村	13	23	—
150	丹霞山5号公馆	丹霞街道黄屋村	13	23	—
151	丹霞山迎宾楼	丹霞街道青湖塘新村	13	23	—
152	丹霞印象客栈总店	丹霞山景区门口1号	33	70	韶关市市五星级乡村旅游民宿
153	丹霞印象（艺术家店）	丹霞山景区瑶塘新村入口第一家	22	38	韶关市市五星级乡村旅游民宿
154	丹霞印象（禅意店）	丹霞山景区瑶塘新村41号	8	13	韶关市市五星级乡村旅游民宿
155	丹霞印象（禅语店）	丹霞山景区瑶塘新28，29号	23	41	韶关市市五星级乡村旅游民宿
156	丹霞之都	丹霞街道黄屋青湖塘新村	13	23	—
157	德睿公馆	丹霞街道黄屋村	14	24	—
158	宝仁客栈	丹霞街道夏富村暖坑组	10	12	—
159	福万家	丹霞街道青湖塘新村	13	23	—
160	附霞栈	丹霞街道黄屋青湖塘村	14	25	—

续表11

序 号	单位名称	单位所在地址	房间数	床位数	备 注
161	海纳百川	丹霞街道青湖塘新村	13	23	—
162	濠景酒店	丹霞街道黄屋瑶塘村小组18—19号	17	32	—
163	好餐馆	丹霞山景区断石村	37	70	—
164	荷塘夜色	丹霞街道青湖塘新村	13	23	—
165	恒烨客栈	丹霞街道青湖塘新村	14	24	—
166	红豆兰亭	丹霞街道青湖塘新村	13	23	二星级农家乐
167	红豆兰亭客栈	丹霞街道黄屋断石村	9	15	—
168	宏后别苑	丹霞街道青湖塘新村	14	25	—
169	鸿运楼	丹霞山景区断石村	11	20	—
170	凤鑫客栈	丹霞山景区瑶塘村	15	25	—
171	花好月圆	丹霞街道青湖塘新村	13	23	—
172	假日阳光客栈	丹霞山景区断石村	8	14	—
173	建贵客栈	丹霞街道青湖塘新村	15	26	—
174	锦兴公馆	丹霞街道青湖塘新村	13	23	—
175	聚福轩	丹霞山景区断石村	17	30	—
176	君御公馆	丹霞街道青湖塘新村	13	23	—
177	浪漫之旅	丹霞街道黄屋青湖塘村	13	23	—
178	长兴山庄	丹霞山景区阳元山瑶塘新村8—10号	11	20	—
179	青湖塘家	丹霞街道黄屋青湖塘村	13	23	—
180	如意客栈	丹霞街道黄屋青湖塘村	13	23	—
181	山雨客栈	丹霞街道黄屋青湖塘村	13	23	—
182	上好家	丹霞街道黄屋村	13	23	—
183	胜福农庄	丹霞山景区断石村	5	10	—
184	时光驿站	丹霞街道黄屋青湖塘村	15	25	—
185	四海一家	丹霞街道青湖塘新村	15	25	—

续表11

序　号	单位名称	单位所在地址	房间数	床位数	备　注
186	四季丹霞	丹霞街道青湖塘新村	15	25	—
187	温声港湾	丹霞街道青湖塘新村	12	20	—
188	温馨客栈	丹霞街道黄屋瑶塘村小组40号	10	16	—
189	乡约客栈	丹霞街道黄屋青湖塘村	17	28	—
190	新颖客栈	丹霞街道青湖塘新村	12	23	—
191	馨佳缘	丹霞山景区青湖塘新村	13	23	—
192	星晴客栈2	丹霞街道黄屋青湖塘村	18	31	—
193	星晴客栈1	丹霞街道青湖塘新村	14	25	—
194	幸福公馆	丹霞街道青湖塘新村	11	20	—
195	雅舍兰香客栈	丹霞街道黄屋瑶塘村小组13号	12	22	—
196	妍旭客栈	丹霞街道青湖塘新村	15	26	—
197	阳元阁	丹霞山景区断石村	9	15	—
198	壹加壹客栈	丹霞山景区断石村	15	25	—
199	宜家驿站	丹霞街道黄屋青湖塘村	16	28	—
200	逸景缘客栈	丹霞街道黄屋瑶塘村小组27号	11	20	—
201	逸新缘客栈	丹霞街道黄屋瑶塘村小组28号	10	18	—
202	音乐之旅	丹霞街道青湖塘新村	14	24	—
203	友家客栈	丹霞街道黄屋村	15	25	—
204	友缘居	丹霞街道青湖塘新村	16	27	—
205	缘来客栈	丹霞街道青湖塘新村	15	25	—
206	远方的家客栈	丹霞街道黄屋青湖塘新村E区121号	22	40	—
207	雲来客栈	丹霞街道黄屋断石村	7	15	—
208	丹霞山国际青年旅舍	丹霞山景区外山门福祥北路	20	48	—
209	520客栈	丹霞山风景区断石村内	12	26	—
210	鹿源客栈	丹霞山景区断石村	10	23	—

续表11

序　号	单位名称	单位所在地址	房间数	床位数	备　注
211	阳元村酒店	丹霞山风景区断石村内	13	23	—
212	香港民俗	丹霞山景区断石村	6	16	—
213	丹霞山民俗	丹霞山景区断石村	30	52	—
214	回驿青年旅舍	丹霞山景区断石村	19	33	—
215	相悦客栈	丹霞山景区瑶塘新村	16	36	—
216	萤火虫客栈	丹霞山景区断石村	13	28	—
217	云宿咖啡精品客栈	丹霞山景区瑶塘新村	22	40	—
218	怀森小舍	丹霞山景区断石村	8	18	—
219	邂逅阳光客栈	丹霞山景区断石村	15	35	—
220	一千零一夜	丹霞山景区瑶塘新村	22	48	—
221	原色客栈	丹霞街道青湖塘村	26	56	—
222	在路上客栈	丹霞山断石村二排15号	13	18	—
223	有间客栈	丹霞山风景区断石村内	6	10	—
224	白大叔家园旅社	丹霞山福祥北路	17	30	—
225	丹景楼客栈	丹霞山景区瑶塘村	5	8	—
226	景阳旅业	丹霞山景区瑶塘村	23	50	—
227	8号客栈	丹霞山风景区大型生态停车场	20	36	—
228	丹霞山观日亭客栈	丹霞山景区阳元山瑶塘新村5号	3	6	—
229	丹霞山鸿运楼酒店	丹霞山景区断石村四排5号	15	28	—
230	丹霞山华盛酒店	丹霞山景区阳元山瑶塘新村3号	6	11	—
231	丹霞山霞谷居客栈	丹霞山景区断石村二排16号	7	15	—
232	丹霞山新农民客栈	丹霞山景区断石村二排5号	12	21	—
233	丹霞山阳元楼旅馆	丹霞山景区阳元山瑶塘新村	6	10	—
234	丹霞山悦景楼	丹霞山景区阳元山瑶塘新村	6	10	—
235	丹霞山照福楼旅馆	丹霞山景区阳元山瑶塘新村	6	10	—

续表11

序　号	单位名称	单位所在地址	房间数	床位数	备　注
236	红瑶楼快捷酒店	丹霞山景区瑶塘村	6	10	—
237	开心楼客栈	丹霞山景区瑶塘村	4	8	—
238	明慧楼	丹霞山景区阳元山瑶塘新村	8	12	—
239	庆丰楼客栈	丹霞山景区多仔村（断石村）	5	8	—
240	茗泉居客栈	丹霞山景区多仔村（断石村）	7	10	—
241	西岸客栈	丹霞山景区多仔村（断石村）	6	10	—
242	祈福楼客栈	丹霞山景区瑶塘村	5	8	—
243	四嫂客栈	丹霞山景区瑶塘村	10	16	—
244	仙缘客栈	丹霞山景区瑶塘村	10	16	—
245	兴旺楼客栈	丹霞山景区瑶塘村	5	8	—
246	幸福楼	丹霞山景区瑶塘村8号	7	12	—
247	阳元山鸿福楼客栈	丹霞山景区瑶塘村	4	8	—
248	阳元山雅园	丹霞山景区多仔村（断石村）	3	6	—
249	燕子呢喃	丹霞山景区瑶塘新村	26	56	—
250	丹霞山河鲜美食园	丹霞山断石村一排4号	5	8	—
251	丹霞山京仔农庄	丹霞山景区阳元山瑶塘新村7号	5	10	—
252	丹霞山胜福农庄	丹霞山景区断石村四排4号	9	13	—
253	海豚湾假日酒店	丹霞山景区阳元山瑶塘村	17	30	—
254	欢乐居饭店	丹霞山景区阳元山瑶塘村	6	12	—
255	家乡菜馆	丹霞山景区多仔村（断石村）	4	8	—
256	格物图书馆	丹霞山景区内瑶塘新村	26	46	—
257	归然客栈	丹霞山景区内瑶塘新村	26	47	—
258	九州连锁客栈	丹霞山景区内瑶塘新村8号	26	46	—
259	九州连锁客栈观景店	丹霞山瑶塘村32号	8	14	—
260	乌有同金寨	丹霞街道车湾管理区红坊丘村	21	37	—

续表11

序　号	单位名称	单位所在地址	房间数	床位数	备　注
261	永昌生态农家乐	红山镇红新路1千米	6	12	—
262	南庄生态名园	黄坑镇南庄村	7	12	二星级农家乐
263	茗村酒夏客栈	石塘古村梨树下62号	4	8	—
264	蝴蝶园客栈	石塘镇石塘村内	4	8	—
265	梨树下客栈	石塘镇石塘村内	4	8	—
266	古村乐农庄	石塘镇石塘村内	6	12	—

旅游资源

2017年仁化县主要旅游资源类型、级别、特征简表

表12

序　号	名　称	类　型	级　别	特　征	位　置
1	丹霞山	自然遗产 地质公园 风景名胜区 AAAAA级旅游景区 自然保护区 度假区	世界级 世界级 国家级 国家级 国家级 省级	1.丹霞地貌命名地，是丹霞地貌面积最大、发育最典型、类型最齐全、造型最丰富、风景最优美集中分布区 2.丹霞山风景雄、险、奇、秀、幽特点突出 3.丹山碧水、田园村舍组合风光别具特色 4.具有深厚历史文化、红色文化和宗教文化底蕴	丹霞街道、周田镇、董塘镇、黄坑镇、大桥镇
2	丹霞源	水利风景区	国家级	1.集绮丽丹霞、蜿蜒锦江、古老寺塔、婆娑绿影于一体 2.空间结构沿锦江自北向南延伸，北与长江镇万时山接壤，西临石塘镇双峰寨，南靠周田镇月岭 3.水域内有锦江水库和锦江、西岸、黄屋、丹霞、瑶山电站5个梯级电站 4.沿岸植被茂盛，森林覆盖率高	长江镇、扶溪镇、城口镇、丹霞街道、董塘镇、石塘镇、周田镇
3	丹霞山摩崖石刻	保护文物	国家级	1.内容涵盖僧尼、香客、政要人士、文人墨客登临丹霞山后题字、题名、题记、题诗、碑文、游记 2.书法有楷、行、草 3.数量逾数百款，镌刻时间跨越北宋至民国期间	丹霞山景区、丹霞街道、周田镇、董塘镇、大桥镇
4	古秦城	保护文物	县级	1.历史悠久建筑，广东仅存的赵佗城 2.红色文化丰富	城口镇
5	恩村古村	保护文物	县级	1.历史悠久建筑 2.白墙黑瓦式民居、鹅卵石街道、古城门、老商铺构成独具地方特色古村落 3.蒙氏家族遗风	城口镇

续表12

序号	名称	类型	级别	特征	位置
6	双峰寨	保护文物 中共党史教育基地 爱国主义教育基地 廉政教育基地	国家级 省级 市级 县级	1.气势雄伟、设计巧妙的清末大型军事堡垒 2.被中共广东省委誉为“农民暴动中最伟大的战斗”的仁化暴动主要战斗场所	石塘镇
7	云龙寺塔	保护文物	国家级	1.广东境内唯一一座列为国家级重点文物保护单位唐塔 2.佛禅“一花五叶”最早形成宗派沩仰宗开山鼻祖之一仰山慧寂禅师塔 3. 保存完好，具有较高研究价值的唐代方形楼阁式砖构五层实心塔 4.古刹、古塔、山林营造出深山藏古刹意境	董塘镇
8	石塘古村	中国历史文化名村 中国传统村落 AAA级旅游景区 最具红色景观村落 最美古村落 旅游名村	国家级 国家级 国家级 省级 国家级 省级	1.集古屋、古巷、古井、古寨、古风、古韵于一体的村落 2.悠久而光辉的历史，丰厚的红色与历史人文底蕴 3.古寨、古村落、田园风光组合景观良好	石塘镇
9	澌溪寺塔	保护文物	省级	1.唐末宋初斗拱平座楼阁式砖构半实心七层塔 2.古塔、古村落、瑶乡、水库、山林组合景观良好	董塘镇
10	凡口矿山公园	矿场	国家级	1.国内产量最大、矿井深达-900米的铅锌矿 2.多层保存完好，可供利用的废弃采掘坑道 3.升降机、地下车道、供电、通风、安全等配套完善的基础设施	凡口矿
11	华林寺塔	保护文物	省级	1.北宋斗拱檐平座楼阁式砖构六角半实心七层塔 2.古寺、古塔、古村落、田园组织景观良好	闻韶镇
12	文峰塔	保护文物	省级	1.明代八角九层楼阁式砖石空心塔，气势雄伟、建筑完好，塔高属县域之最 2.与城区周围文峰体育广场、文峰路景观连为一体	仁化县城
13	高 坪	自然保护区	省级	1.湖光山色、林深叶茂、风景迷人 2.温泉资源品质良好，周边环境优美 3.茶园密布，粤北白毛茶传统产地	红山镇
14	万时山	风景区	县级	1.山势巍峨，森林茂盛，罕见的南方高山草原 2.丰富的动植物资源和温泉 3.山下有湘粤赣边境著名的土法造纸地和古商贸城镇	长江镇
15	锦江库区	风景区	县级	锦江两岸风光绮丽、山色、田园、村落、桥梁、古塔等构成一道亮丽的风景线	丹霞街道
16	扶 溪	旅游区	县级	1.唐代古庙、古村落、古塔、古亭、古桥、温泉、梯田等旅游资源组合良好 2.历史与红色文化丰富	扶溪镇
17	暖水温泉	风景区	县级	以温泉资源为主的山林、村落、田园、水库等组合景观良好	闻韶镇

续表12

序　号	名　称	类　型	级　别	特　征	位　置
18	灵溪河	风景区	县级	架空索道与漂流结合，观赏景区红叶枫树	周田镇
19	鸡笼寨	风景区	县级	小丹霞地貌与淳朴古村寨遗址、清浅溪流、神秘洞穴山庄、古寺等景观组合，舒适、恬静	董塘镇
20	周田古村	古村落 风景区	省级 县级	名人张九龄故里、古村古民居	周田镇
21	东庄门楼	古村落 保护文物	省级 县级	县域古建筑中风格较为独特的一座建筑物	黄坑镇
22	南庄村	古村落	省级	1.集古屋、古巷、古风、古韵于一体的古村落 2.集田园、果园生态休闲旅游于一体	黄坑镇
23	夏富古村	古村落 最美古村落 旅游名村	省级 省级 省级	1.位于丹霞山核心地带，传统建筑风格独特，古风犹存 2.村巷中心地带的“三角街”是古民居建筑之谜 3.古村、田园、生态有机组合 4.广东省旅游名村	丹霞街道
24	鱼皇村	“全国一村一品”示范村	国家级	山清水秀，田园、生态有机组合，以茶叶种植闻名	红山镇
25	古夏古村	中国传统村落 古村落	国家级 省级	集古建筑、田园风光与传统文化于一体	扶溪镇
26	灵溪大围古村	古村落	省级	以围楼成村落，与田园风光相结合，历史悠久	周田镇

2017年仁化县旅游景点一览表

表13

名　称	简　介	位　置	电　话
丹霞山风景名胜区	世界自然遗产、世界地质公园、国家级重点风景名胜区、国家AAAAA级景区、国家级地质地貌自然保护区，广东四大名山之首，世界地质学上“丹霞地貌”的命名地，中国最美的红石公园，面积292平方千米，以“雄、奇、险、秀、幽”著称，因“色如渥丹、灿若明霞”而得名，千姿百态的赤壁丹崖令人叹为观止。丹霞山集自然景观、韶文化、红色革命文化、禅道儒文化于一体，除有别传寺、锦石岩、海天门、一线天等众多的名胜古迹外，还有历代文人墨客留下的诗文题刻。那些奇峰妙景，神形仙态，令人目不暇接。远看景区内的宝珠峰、海螺峰、长老峰3高峰，高耸对峙，如出天表，蜿蜒变化，奇险雄峻。被誉为“天下第一奇石的阳元石”和“天下第一绝景”的阴元石，则惟妙惟肖。主要游览区有长老峰游览区、阳元山游览区、翔龙湖游览区、锦江游览区、巴寨景区、韶石山景区	丹霞街道、周田镇、董塘镇、黄坑镇、大桥镇	6291683
丹霞源水利风景区	国家级水利风景区。位于县境内锦江流域，景区范围东至扶溪镇双合水，南至瑶山电站锦江河段及两岸视线范围内山脊线的内陆地，北至城口镇恩村至锦江入河河段及两岸视线范围内山脊线内陆地，西至董塘镇塘村锦江水库，仁化林场森林公园、丹霞山国家级风景名胜区，总面积约68.9平方千米其中水域面积10.49平方千米，陆地面积58.41平方千米。景区依山傍水，绮丽的丹霞，蜿蜒的锦江，婆娑的竹影，构成她独特的风景线。畅游在锦江中，两岸青山绿水，船在水中走，人在画中游。主要景点有鲤鱼跳龙门、锦岩大赤壁、群象过江、金龟朝圣、五指擒魔、长老仙翁、仙山琼阁等秀美风光	长江镇、扶溪镇、城口镇、丹霞街道、董塘镇、石塘镇、周田镇	6352328

续表13

名　称	简　介	位　置	电　话
丹霞山灵溪河森林旅游度假公园	中国飞索第一漂，实现架空索道与漂流的完美结合。灵溪河漂流全长3.5千米，漂流时间约1.5小时；灵溪河大峡谷观光索道全长1520.3米，单线乘坐时间约28分钟，沿途可观赏老鹰石、象鼻石，秋冬可赏红叶。旅游配套设施齐全	周田镇	6423028
石塘双峰寨	全国重点文物保护单位，省市县爱国主义教育基地，广东省中共党史教育基地。始建于清光绪己亥年（1899年），已有110多年历史。为“河护城”结构，外形长方形，墙体结构呈梯形，城墙全部由石块、石灰和青砖砌成，寨子面积3660.38平方米，寨外有宽13.7米、水深1.5米的护城河环绕。是广东省保存比较完整的古代建筑之一。1928年，双峰寨保卫战震撼整个北江地区，是仁化暴动重要组成部分，在粤北农运史上写下光辉篇章。双峰寨所在地是古老的石塘村，古称“千家村”，建于明代的古村落原貌保存完好，那高梁瓦屋，厅大房小，天井照壁，一应俱全。村里的民俗文化“月姐歌”是一项全省乃至全国唯一独特的传统民间艺术，可与广西的女书相媲美，与该地的“堆花酒酿造技艺”均属省级非物质文化遗产。此外，这里生产的大米、甜竹笋、马蹄、瓜果蔬菜堪称绿色食品	石塘镇	6394008
红山高坪省级自然保护区	保护区内有青山环抱的大型水库，有3333.33公顷次生林、温泉、峡谷溪流和茶园。四周环境幽雅，宁静秀美，片片茶园分布于山林之中，景色颇为壮观，令人心旷神怡。是粤北白毛茶传统产地	红山镇	6343702
长江万时山天山大草原	万时山（又称范子山、白云山、氾水山、万子山）位于长江镇与湖南汝城、江西崇义交界处，海拔1559米，是仁化县境内锦江河发源地之一，也是全县最高峰。登临“脚踏三省第一峰”，极目远眺，山势巍峨，林木葱郁。山顶有百亩高山草原，放眼望去，苍山如浪，重重叠叠。夏季清澈溪流，冬季神奇冰挂雾凇，蔚为壮观。长江镇是湘粤赣边境著名的土法造纸地和古商贸城镇	长江镇	6298666 6225051
锦江库区	范围125平方千米，水面916万平方米，库容1.89亿立方米，水位135米。库区悠长，中间有数座孤岛山头，两岸青山，山上满是松林杉林。风光旖旎，空气清新，山岭倒映水面，如真如幻。丰水期，可看见泄洪的美丽壮景；那越过泄洪闸坡的水，咆哮飞流，起落100多米的坝底，下溅出一片白茫茫浪花，蔚为壮观	丹霞街道	—
城口锦城温泉、古秦城	位于县城37千米的城口镇。温泉水含有硫黄、碳酸及碱等矿物质，四季达60℃之恒温，流量72立方米/小时，水质优良，含有多种对人体有益的微量元素，经常淋浴有强身健体、消除疲劳之功效。古秦城与城口温泉一街之隔。秦末，南越王赵佗在城口境内筑城。古秦城现为县文物保护单位	城口镇	6263001
长江清朝广州会馆	长江广州会馆建于清光绪十一年（1885年），占地面积为1571平方米，建筑面积为657平方米。整个会馆分为上、下座，中间一大院。由广属商贾联手30家商店“仰桃园之义重，恩梓里之情深”集巨资兴建。会馆左右两侧有厢房，中间有天井，馆内顶墙下，有108幅大小彩色壁画清晰易见，木染刻有大小各异龙凤图案。整个会馆用磨制过的青砖砌成，瓦面盖底、面瓦两层，阴瓦为筒瓦，沙灰结构，十分牢固。2007年县委、县政府投入20多万元对会馆进行全面修葺，在不改变文物原样基础上，更换木柱、木檩椽、硫漓瓦滴水、补跨墙和地面方砖等。广州会馆是古代长江繁荣发展的象征，具有很好的历史研究价值。2011年4月，广州会馆列为县第三批文物保护单位	长江镇东风街	6225051
恩村古村	恩村地处城口镇政府西南7千米，距丹霞山景区30千米，国道106线贯穿恩村。该村下辖8个村小组和1个村办林场。全村人口1400多人，是个历史悠久、建筑风格独特、具有深厚文化底蕴的古村落。在历代科举中走出26位进士，考上武举、岁贡、拔贡、监生、庠生、太学生等300多人，可谓冠盖连云，人才济济。在长期的官宦外迁、异地繁衍中，恩村的留守人丁仍然坚守着先人“耕读兴家”祖训，延续着气贯数百年的文化传统和伦理氛围，尽力守护着恩村文化古迹和历史荣耀。这个只有300多户人家的以蒙姓居多的小山村，有7个祠堂、4个牌坊、2座门楼、1座城堡，现在仍然可见古城墙横亘，堞垛巍峨，城门依旧。城楼虽坍塌，雄伟气势犹存；护城河已废，而当年遗泽、洼塘还在。村民家中还珍藏着古画、寿幛、官袍官帽、祖宗画像、神龛祭器、文房四宝、家具古玩……2009年11月，恩村被评为广东省第二批古村落	城口镇	6263001

续表13

名 称	简 介	位 置	电 话
夏富古村	夏富古村位于仁化县城西南面，距县城15千米，交通便利，全程为硬底化路面，历史上曾是锦江下游的第一商埠；位于世界自然遗产丹霞山风景区阳元山景区、巴寨风景区中心，是新景区服务基地的首选；合丹山、锦水特色美景为一区，是登山探险、水上漂游的好去处；集自然生态、田园景观为一体，是生态旅游、观光农业的理想地；融乡土民俗、历史文化为一身，是吃住游乐、休闲度假的好地方。夏富古村依山面水，广有田园，竹树村边合，青山廓外斜；岚光绕橘柚，云霞映稻花，开轩面场圃，江湾话渔樵，是人与自然生态和谐的最佳融合。村中有树龄在300年以上的古榕树7棵，见证了数百年的朝代更替。李氏宗祠的门楼风光、丹霞石柱、西北碉楼的凛然兀立，5座祖厅及画檐、藻井、天井、照壁等建筑艺术庄严肃穆，精湛的砖雕、灰塑，精美的供桌、神龛、门窗的雕花、边饰，古老的楹联、匾额，无不渗透出一种古朴文化的传承。夏富村是2011年广东省第三批命名的古村落，2012 年入选“广东最美古村落”，2015年入选广东省首批“广东省旅游名村”	丹霞街道	6352698
石塘古村落	石塘村地处广东粤北山区北部的丘陵地带，位于仁化县西南方的一个盆地之中，山清水秀，拥有悠久而又光荣的历史，蕴含着丰厚的文化底蕴。从明洪武年间李可求从福建移居此地、开荒建房算起，石塘古村已经走过640多年的风雨。石塘古村是集古屋、古巷、古井、古寨、古风、古韵于一体的村落，是仁化县乃至韶关市范围内历史较悠久、古建筑群最大、保存最完好的一个古村落。2009年被评为广东省第二批“历史文化名村”和“广东省古村落”，2010年12月，获第五批“中国历史文化名村”称号，填补了粤北韶关在这一领域的空白；2012年入选广东最美古村落，被评为“广东十大最美古村落”评选活动“最具红色景观村落”，并列入第一批中国传统村落名录；是2015年广东省首批“广东省旅游名村”；2016年成功创建为国家AAA级风景旅游区；2017年上榜“中国最美古村落”	石塘镇	6394008
古夏古村	位于扶溪镇北边，距镇政府1.5千米，坐落于丘陵地带，地势低平，依山傍水。南宋时期，李氏先祖从江苏省秣陵县（今南京秣陵江宁县）迁移至此。村内现存宗祠4座，主要有缵诒堂、光裕堂、司马第等。“尚忠门”始建于明朝。“李氏大宗祠”前的“甲第蝉联”照壁始建于清康熙年间，为县级文物保护单位。村内主要民俗有“禾斋节”、舞狮、板凳舞、闹春牛等；“八音”“走马灯”技艺为市级非物质文化遗产。2016年被列入广东省第五批古村落，2016年上榜第四批中国传统村落名录并被评为中国最美摄影地	扶溪镇	6288001
锦城广场	位于县城锦江河畔，占地面积12000平方米，广场中央有一座音乐喷泉，喷泉中矗立着体现仁化人精神的雕塑——丹霞之光。晚上锦江两岸的椰树灯、棕榈灯、芝麻灯、霓虹灯、地埋灯、草坪灯等艺术灯饰，华灯四射，喷泉五彩缤纷，令广场流光溢彩。在这里即可观赏到锦江两岸的山水美景和五光十色的灯饰，也可领略到丰富的广场文化	县城新城路	—
古塔	县境内有古塔14座，有唐代的董塘云龙寺塔，唐末宋初的澌溪寺塔，宋代的华林寺塔、明代的文峰塔、白塔（又称水口塔）、文明峰塔、华表峰塔、腾凤塔、水口塔，清代丹霞山舍利塔，分布在董塘镇、闻韶镇、丹霞街道、扶溪镇、长江镇、石塘镇、丹霞山风景区内。仁化，是名副其实的“古塔之乡”	县各镇区	—
仁化县博物馆	位于县城仁化剧院旁，建筑面积987平方米，为半封闭式琉璃瓦盖顶3层展览馆，中央有天井采光。现有馆藏文物800多件	县城新城路	6354795
丹霞山中华性文化博物馆	建成于2004年3月，是华南地区最大的性健康教育基地，馆内珍藏2500余件历朝历代与性有关的文物展品，形象地展示中华性文化的博大精深，充分展示中国人的性和性生活的演变史	丹霞街道丹霞大道	6293801

仁化县旅游局负责人名录：

局　长：叶志琴（女，任至2017年9月）

许关平（2017年9月任职）

副局长：沈家富　何丽红（女，任至2017年12月）

黄芳芳（女，2017年12月任职）

（易　佳）

财政·税务

财　政

【概况】　2017年，仁化县财政局（简称“县财政局”）局机关内设办公室（信息中心）、法规税政股、预算股（地方债务管理股）、国库股、综合股、行政政法股（县统发工资办公室）、教科文股、工贸发展股、农业股、农业综合开发办公室、经济建设股、社会保障股、外经金融股、政府采购管理办公室、会计股、绩效评价股、监督检查股、人事股和监察室19个正股级职能机构，下设国库支付中心（副科级）和财政投资评审中心（正股级）2个事业单位及11个乡镇财政所（正股级）。截至2017年年底，县财政局有干部职工88人，其中公务员31人，参公人员46人，事业干部3人，职工8人。

2017年，县财政局贯彻落实稳增长、促改革、调结构、惠民生、防风险等各项措施和政策，围绕仁化县“一三九”战略部署，把握稳中求进总基调，自觉服从和服务于全县经济社会发展大局，组织财政收入，发挥财政作用，强化资金安全监管，全县财政收支有序推进。但由于2017年结构性减税政策实施以及各种一次性税源大幅减少等因素影响，全县一般公共预算收入未能较好地完成县十五届人大二次会议确定的预期目标。

【财政收入】　2017年，来源于全县财政总收入完成 144309万元，同比上年增长7.86%。其中，上划中央收入完成42516万元，同比上年增长9.56%；上划省收入完成20422万元，同比上年增长27.52%；县本级收入81371万元（一般公共预算收入53833万元、政府性基金预算收入27538万元），同比上年增长3.03%。全县一般公共预算收入完成53833万元，同比上年减少14.23%，完成年度调整预算任务的100.13%。加上上级补助收入158913万元、上年结余收入931万元、地方政府债券收入4055万元和调入资金11890万元等，全县财政总收入（是指县行政区域范围内产生的财政总收入，包含中央库、省级库、市级库和县级库的地方一般公共预算收入和政府性基金预算收入）完成 229622万元，同比上年下降4.32%。

【财政支出】　2017年，全县一般公共预算支出完成207508万元，同比上年减少8.30 %，加上上解上级支出12500万元、预算稳定调节基金71万元和地方政府债券还本支出4055万元，全县财政总支出完成224134万元，同比上年减少6.24%。2017年，全县财政总收支相抵，滚存结余5488万元。全县财政预算实现收支平衡，略有结余。

*狠抓增收节支，财政统筹能力有效增强。*2017年，县财政局抓好组织收入工作，围绕全年收入预期增长目标，会同国、地税部门，加强分析协调和收入组织，力促财税收入依法征收。严格规范非税征管程序，清理规范非税收入项目，加强政府性基金等收入征缴管理，确保非税收入及时足额上解入库。但是，由于“营改增”全面推开、供给侧结构改革降成本行动计划实施，在税、费方面减收因素交错叠加下，全县财政收入预期目标难以实现。强化支出管理，严格执行年度预

算，完善《仁化县财政支出执行进度考核管理暂行办法》，以考核、通报等方式，促进预算单位履行支出主体责任，提高资金使用效益。加大重点支出监控力度，优化资金申报、审批流程。持续优化支出结构，积极推进厉行节约反对浪费，从严控制一般行政性经费和“三公”经费增长，把有限的财政资源用在“刀刃”上，集中财力办大事。

紧扣中心大局，重大决策支出保障有力。2017年，县财政局牢固树立服务大局观念，紧扣仁化县“一三九”战略部署，综合运用转移支付、债券、融资等多种形式筹措资金，支持“九大任务三年攻坚行动”实施、支持重大基础设施项目建设。2017年，县财政局成功争取省级债券资金2亿元，用于仁化新一小、人居环境综合整治、现代农业示范区等项目建设。促进产业转型升级，积极筹措各项资金，促进全县产业加快转型升级。其中，争取中央和省技术改造专项资金5000多万元，支持工业企业设备更新。支持旅游业做强做优，整合现有财政资源，投入9000万余元，完善旅游基础设施建设，发展乡村休闲游，推进全域旅游创建。

加快补齐短板，支持民生社会事业发展。2017年，县财政局牢固树立和落实共享发展理念，组织实施省、市、县民生实事，优先保障教育、文化、社保、医疗、就业等重点民生支出，确保相关配套资金及时、足额到位。健全财政支农投入稳定增长机制，足额安排中小河流治理等配套资金，推进民生水利工程和生态林业工程建设，加快国家农业综合开发土地治理项目建设步伐，全面推进基层公共服务平台建设，全力支持实施新时期精准脱贫。落实好公安、综治、禁毒等政法经费保障，促进社会和谐稳定。2017年，全县民生支出15.55亿元，占一般公共预算支出76%。

加强财政管理，提升财政管理效能。2017年，县财政局加强地方地方政府性债务管理，积极争取债券额度。2017年，省下达仁化县地方债券资金29530万元，其中新增债券转贷资金2亿元，成功置换存量债务9530万元；落实国库集中支付改革，及时抓好日常集中支付资金审核工作，出台《仁化县县级预算执行动态监控管理暂行办法》，加强预算执行动态监控；提高财政性资金投资项目的评审质量，优化政府投资评审工作流程，做到科学理财，厉行节约；加强财政票据管理。规范财政票据使用行为，严把票据发放、使用、核销等关口，严格执行行政事业性收费等规定；加强行政事业资产管理。盘活处置行政事业资产，做好资产变更跟踪监督工作。

【财政监管】 开展各种专项检查和资金审计工作。2017年，县财政局重点检查县旅游局、县城市园林管理所等3个单位会计信息质量情况。从检查情况看，没有发现截留挪用财政资金等违规问题，均能按照财政要求设置会计账簿，建立内部控制制度和监督制度，认真执行《中华人民共和国会计法》和相关会计准则、规定及会计制度。组织实施完成专项资金检查3项；开展2016年度省级财政一般性转移支付资金和专项资金检查工作，要求全县各单位对本单位省级专项资金进行自查；完成政府债券自查工作，开展预决算公开工作检查工作；根据省财政厅要求，进一步完善县财政局内部控制制度。

加大政府采购和投资评审监管力度。2017年，全县政府采购次数为558例，采购预算总金额为5165万元，实际总金额为4996万元，节约资金169万元，节约率3.3%；完成农田改造项目、公路建设、抢修项目、和市政工程等工程项目结算审核67个，涉及财政投资资金8946.79万元，核减金额595.2万元，核减率7%；完成预算审核项目53项，涉及财政投资资金11383万元，核减金额972.35

万元，核减率9%。

做好会计从业人员培训和管理。2017年，县财政局宣传贯彻落实行政事业新《会计法》。9月，举办全县行政事业单位财会人员培训学习班1期；鼓励会计从业人员参加专业职称考试，年内，全县报名参加会计专业职称考试人员73人次，其中中级专业技术资格34人、初级专业技术资格11人。

【供给侧结构性改革】 2017年，县财政局扎实推进供给侧结构性改革，去杠杆和降成本成绩凸显。2017年，县财政局印发《仁化县政府性债务风险应急预案（试行）》，切实加强监管，防范化解地方金融风险，控制地方政府债务风险。全面推行减税降费政策，切实降低企业成本，全年全县降低企业成本2.8亿元。

【队伍建设】 2017年，县财政局加强作风建设，增强干部队伍执行力。狠抓财政干部队伍思想、作风、廉政建设，着力提高财政队伍抓落实、促发展的服务效能。扎实推进“两学一做”学习教育活动，增强党员“四种意识”，为财政改革发展凝人心、聚能力。深入开展“比学赶超、以评促建、实干担当”作风建设年活动，整治队伍担当不强、执行不力、落实不严等作风问题；加强能力建设，举办政府和社会资本合作专题培训班等，组织学习新《预算法》释义，优化干部队伍知识结构，提升综合能力；壮大干部队伍，2017年通过公开招聘方式，向社会招录参公人员1名、选调1名；抓好财政队伍廉政建设和法制教育，贯彻落实党风廉政建设“五个一”制度，开展明察暗访、开展民主评议政风行风工作，开展纪律教育学习月活动，整治庸懒散奢等不良风气，落实风险防控和绩效考评工作任务；组织干部职工廉洁从政教育和法制教育学习，利用分散和集中学习廉政文件、播放廉政警示教育电教片及参观廉政教育基地等多种形式进行宣传教育。年内，黄坑财政所获“2016—2017年度韶关市精神文明建设先进集体（韶关市文明示范窗口）”称号。

【其他各项工作】 2017年，县财政局扎实推进乡镇财政所规范化建设，努力提高基层财政服务、新农村建设、促进城乡统筹发展能力和水平。各镇（街道）财政所认真落实各项强农惠农政策，严格资金拨付使用程序，确保每笔资金及时、安全发放。局班子成员率先垂范，积极开展“一线双联”活动，帮助挂点企业解决困难和问题，同时带领工作队帮扶周田镇上道村、鸡龙村贫困户42户，建成村文化室等基础设施一批。工会、人事、妇女、监察工作取得新成绩。保密宣传教育力度加大，通过签订保密承诺书、讲授保密专题党课、开展自查自纠、进行保密知识测试和发放宣传册形式，推动保密意识深入干部职工，全年全局无泄密事件发生。推进政府信息公开工作有序、高效开展，完成各项公开任务。完成综治维稳、信息调研、计生、精神文明建设和人事档案等各项工作。

县财政局负责人名录：

局　长：邓又进

副局长：邱岳铭　朱少媚（女）　李庆明

（余健勇　周　礼）

国家税务

【概况】 仁化县国家税务局（简称“县国税局”）是仁化县主管国家税收工作职能部门，为正科级全职能局。内设办公室、政策法规股、收入核算股、纳税服务股、征收管理股、人事教育股、监察室、税源管理一股、税源管理二股等9个正股级机构，辖1个直属机构（稽查局），1个事业单位（信息中心）和3个派驻机构（董塘税务分局、长江税务分局、周田税务分局）。主要负责征收国内增值税；中央与地方所属企、事业单位组成的联营企业、股份制企业缴纳的企业所得税；农村信用社缴纳的企业所得税；2002年1月1日以后注册的企业、事业单位缴纳的企业所得税；外商投资企业和外国企业所得税；储蓄存款利息所得个人所得税；出口产品退税；国家税务总局明确由国家税务局负责征收的其他税收及负责征收各税种的滞纳金、补税和罚款。2017年，县国税局有干部职工65名，含公务员59人，事业管理人员4人，工人2人；离退休人员38人。

2017年，县国税局以习近平新时代中国特色社会主义思想为指引，围绕税收现代化主题，以构建“六大体系”为工作主线，结合中共仁化县委关于实施“一三九”战略工作部署，突出加强党组织建设，抓好税收征管、纳税服务、人力资源管理、廉政惩防、行政管理和国税文化建设，全力服务经济社会发展大局，完成各项工作任务。

【税收收入】 2017年，县国税局坚持以组织税收收入为中心工作，力促实现税收与经济协调发展，持续释放营改增改革红利，助力供给侧改革。坚持组织收入原则，加强各部门之间和上下级之间交流配合，形成工作合力，多管齐下，充分发挥各职能部门作用，提高征收单位抓收入积极性，促进税收增收。组织召开税收收入分析会，研究和解决组织收入工作中存在的问题，制定有力组织收入措施，促进县国税局组织收入工作开展。加强税收调查预测分析，认真开展全县税收资料调查工作，完成全县调查企业税收资料录入、汇总、审核工作。强化税源监管，重点监控年纳税50万元以上重点税源企业，及时掌握了解企业生产经营情况，帮助企业解决实际困难，保证税收收入均衡入库。全年完成税收入库65593万元，占市国税局下达税收预期目标107.9%，比上年增长22.2%，增收11893万元；其中，完成县级库收入15622万元，占县政府下达税收预期目标100.1%，比上年增长20%，增收2600万元。

2017年仁化县国税局分级次税收收入统计表

表14

级　次	税收收入（万元）	比上年增（减）收（万元）	比上年同期增长（%）
中央级收入	34348	31386	9.44
省级收入	15623	9292	68.13
县级收入	15623	13022	19.97
合　计	65594	53700	22.15

2017年仁化县国税局分税种税收收入统计表

表15

税　种	收入数（万元）	比上年增（减）收（万元）	比上年同期增长（%）
增值税	59918	49594	20.8
消费税	1062	593	79.1
营业税	—	—	—

续表15

税　种	收入数（万元）	比上年增（减）收（万元）	比上年同期增长（%）
企业所得税	3214	2651	21.2
个人所得税	—	—	—
燃油税	—	—	—
车辆购置税	1399	862	62.3
合 计	65593	53700	22.15

2017年仁化县国税局非税收入统计表

表16

项　目	非税收入（万元）	比上年增（减）收（万元）	比上年同期增长（%）
税务文化建设事业收费收入	22	15	46.67
税务部门罚没收入	0.27	0.43	-37.21

【征管改革】 落实税收新政策，推进深化征管体制改革进程。2017年，县国税局加强组织领导，完善机制，有序推进国地税合作不断深入。年内，县国税局与县地税局联合召开4次国地税合作联席会议，联合制定并印发《仁化县国家税务局 仁化县地方税务局关于下发〈仁化县国家税务局 仁化县地方税务局联合开展政务工作规范〉的通知》《仁化县国家税务局 仁化县地方税务局关于仁化县周田镇平甫村农村实用人才培训基地有限公司欠缴税款情况的公告》《仁化县国家税务局 仁化县地方税务局关于做好2017年税收调查工作的通知》等文件，共同协商确定联合办证、信息共享、户籍管理、个体管理、税务检查、委托代征、信用等级评定、税收宣传、纳税服务等合作事项。全年，县国税局与县地税局联合办理税务登记1299户，办理变更2650户，注销873户；联合开展税收宣传13次，联合开展纳税人培训7次2530人次，通过联合培训宣传为税务机关节约资金4.8万元，县地税局代县国税局征收税款110万元，共同对41户纳税人联合开展核定征收企业所得税工作，协同开展定期定额户的定额核定2430户，双方互相共享内部涉税信息8267条，联合开展税收分析1次，联合税收调查1次，联合开展干部培训407人次。开展电子税务局集中和推广应用，统筹推进电子税务局实名认证工作，引导纳税人使用电子税务局网页版、手机app等方式进行实名认证，深化运用“互联网+税务”理念，构建以纳税人为中心“引导式+体验式”办税模式，全年为纳税人实名认证2274户，占全县国税系统电子税务局纳税人户数100%，纳税人通过电子税务局办理涉税事项办税率100%。落实征管体制改革，夯实税收工作基础，提高征管质效。

落实纳税服务规范，推进税收规范化建设。2017年，县国税局采取穿插式互设窗口（设备）形式为纳税人提供联合办税服务。在办税服务厅共设立地税窗口3个，对规定业务，纳税人可在同一联办窗口同时办理国税、地税业务。整合办税服务厅叫号机业务。由原来的9个叫号模块减少至4个，避免因业务不明导致叫错号现象，减少办税等待时间。整合国税办税窗口。将电子税务局发票发售及抄报认证业务单独设立窗口，其余窗口统一调整为综合窗口，受理除发票发售及抄报认证外的其他业务，调高办税窗口使用效率。实施纳税人分类分级管理。按照“统一分析、分类应对”要求，构建全县国税系统税收风险管理运行机制，推动增值税、企业所得税、出口退（免）税等风险模型本地化，确保税收征管改革深入，促进税收风险管理工作拓展。按照风险等级、税源分面梳理全县纳税人，实现分级分类管理，并与地税部门沟通，共同对纳税人进行分级分类管理。

推进信息共享，拓展部门合作，构建税收共治格局。2017年，县国税局与地税局共同建立信息共享机制，每季度共享纳税人欠税清册并联合开展欠税公告促进清欠工作，每月共享非正常户认定、注销登记、新开业户定额核定等信息。合力推进协税护税，坚持以政府为主导信息共享机制，通过主动加强与政府各相关职能部门沟通联系，定期召开协税护税工作会议，及时研究解决协税护税工作问题，强化责任落实，提高采集效率。全年，县国税局从各成员单位获取涉税信息88730条，通过分析利用，清缴入库税款及滞纳金9365万元。按照上级工作部署，做好《税收征管规范》《税源基础管理工作规范》《纳税人分类分级管理办法》落实与推广工作，实现纳税人办理各类涉税事项免填单业务、国地税联合办理税务登记等事项。

推进“放管服”改革，提升服务水平。2017年，县国税局按照上级要求深化税务行政审批改革，做好取消和下放税务行政审批项目贯彻落实和后续管理工作，减少审批事项，规范审批行为，推行网上审批。开展行政审批改革后，未出现过应取消未取消，变相审批、个别审批事项不规范、不公开、不透明等现象。加强与工商部门沟通联系，定期交换信息，及时掌握“五证合一”“两证整合”工作开展情况。做好办税大厅登记环节信息补录工作，做好台账记录，及时掌握商事制度改革后新开户变化情况，对前台出现的登记问题及时查找原因和解决方法，无法解决的及时反馈给上级税务机关。对部分已经领取“三证合一”或“两证整合”新版营业执照纳税人长时间没有办理信息补录，还存在一定管理难度。

加强涉税中介机构监管。2017年，县国税局认真组织审核涉税中介机构所提交相关涉税报告，依照税收法律法规及相关职业标准在纳税评估、税务检查工作中对其开展职业监督。密切关注涉税中介机构行业发展。时刻关注各项政策文件，了解学习涉税中介机构行业改革变化。采取集中学习与自行学习相结合方式，通过统一发布、文件阅读途径，为工作人员提供关于涉税中介机构行业变化信息。支持工作人员自行报考注册税务师资格。

推进纳税信用体系建设。2017年，县国税局按照《广东省地方税务局　广东省国家税务局关于做好 2016 年度纳税信用评价工作的通知》（粤地税发〔2017〕20号）和《韶关市地方税务局　韶关市国家税务局关于做好2016年度纳税信用评价工作的通知》（韶地税发〔2017〕31号）部署要求，开展纳税信用评价工作，及时向社会公布评价结果。加强与工商、地税、经信、银行等多部门合作，实施并拓展守信激励和失信惩戒措施。深入开展“银税互动”活动，2017年10月，县国地税与县内各商业银行在中国人民银行仁化县支行举行银税互动合作项目签约仪式，银税互动工作推进取得实质性进展。

落实小微企业所得税、增值税优惠政策，确保符合税收优惠条件企业能足额享受，减轻企业经营压力。2017年，县国税局落实税收优惠政策，确保纳税人及时、准确享受优惠政策。全年促进小微企业发展减免税收1354万元，支持“三农”发展减免税收6421万元，支持节能环保减免税收1682万元。落实研发费用加计扣除优惠政策，2016年度全县辖区企业所得税汇算清缴享受研发费用加计扣除优惠政策企业2户，享受研发费用加计扣除优惠政策扣除额147万元。通过落实税收优惠政策，减税降负效果明显，有效释放政策红利。

加快税收征管改革步伐。2017年，县国税局结合工作实际，经请示上级批准，将周田税务分局整体搬迁到县国税局大楼内办公，负责全县单位纳税人和一般纳税人管理职责，将周田税务分局人员与税源管理一股人员合并后实行调整，使税源管理人尽其用，管理趋向科学规范。

【税收执法】 2017年，县国税局推进税收法治建设，优化税收环境。加强税收风险管理，减少税款流失。2017年完成风险应对户次137户，其中有问题137户，查补入库税款、滞纳金、罚款2624万元。完成企业所得税汇算清缴。全年参加年度汇算清缴企业500户，汇缴面100%，实现市国税局降低亏损面工作目标，汇缴补缴入库企业所得税278万元，完成汇算清缴工作。发挥纳税评估职能作用，全年评估16户次，评估入库税款185万元。落实稽查随机抽查制度，发挥税警联系机制办公室作用，加大涉税违法行为查处和打击力度，对3户纳税人进行立案检查，查补税款107.48万元，督导企业自查补税999.24万元。

图为2017年4月12日，仁化县国、地税局联合举办2017年税收宣传月活动启动仪式,以“电子办税”推广会的方式拉开第26个全国税收宣传月序幕 （谭彩林 摄）

【纳税服务】 2017年，县国税局构建“窗口办税、网上办税、自助办税”三位一体多元化办税服务，加强办税服务厅和网上办税平台建设，完善联合办税大厅、互设办税窗口合作方式。贯彻落实便民办税春风行动。通过政府购买服务增加税收协管员8名，在办税大厅增加导税员1人，增设办税窗口1个，挑选业务骨干充实到一线，合理安排国地税互设窗口，实现代开发票一次叫号国地税窗口同时受理，缩短纳税人等待时间。设立资料预审岗。对资料不齐者一次性告知所需办税资料。建立容缺台账。对提供资料不齐全纳税人，先为其办理涉税业务，事后再由纳税人补齐资料。在办税体验区设置手写板2个，方便纳税人办理相关涉税业务，提高办税效率。开展全国第26个税收宣传月活动。以“深化税收改革 助力企业发展”为税宣月主题，开展一系列形式多样税收宣传活动，通过开展“电子税务局”“微信办税”及“自助终端办税政策推广会”“税企共话税收”专题访谈、“动漫税宣进万家”“税官风采”摄影作品展、公开“红黑榜”名单、“企业所得税汇缴专题讲座”、分片区税收政策系列宣讲会，以及开展“征纳零距离”系列活动，县国税、地税、财政联合开展重点税源调查、走访和税收政策辅导活动。

【队伍建设】 2017年，县国税局构建全面从严治党新格局，强化思想政治建设。推进数字人事管理。通过大数据分析，建立干部职业生涯量化指标体系，并与干部绩效考核、干部晋升相结合，激发税务队伍活力。推进“两学一做”学习教育常态化制度化。以“聆听、深学、宣传、践行”形式掀起学习十九大精神热潮。坚持示范引领。全年召开党组中心组理论学习会6次，班子成员上党课8堂次以上。坚持发挥主体作用，学做结合，依托活动平台激发党建工作活力。以“三会一课”为基础，开展“固定党日+”活动。以激发基层党建活力为目标，创新建立兼职党务工作者队伍。按照每个部门明确1名兼职党务工作者方法，建立一支10余名青年业务骨干组成的兼职党务工作者队伍，形成领导有力、科学有序、有机融合管党治党工作机制。加强税务文化建设，建好“党群共建”平台，打造“党员之家”“团青之家”“妇女之家”“职工之家”，深化党群沟通。打造创先争优平台，年内，县国税局代表市国税局参加市直属机关工委举办的工作创新创优技能大赛，党建创新工作法获得三等奖。2017年，县国税局连续第四年获仁化县政风行风建设优胜单位，县国税局纳税服务股被县妇联授予“巾帼文明岗”称号。

【廉政建设】 2017年，县国税局强化纪检监察和督察内审职责，严厉惩治腐败和失职渎职行为，规范权力运行，加强作风纪律整顿。组织监察员对单位内部干部职工开展不定期明察暗访3次；在各类活动中积极开展纳税服务制度、文明办税公开制度等落实情况督导检查，通过检查纳税人意见簿、开启意见箱、走访纳税人等形式对制度落实情况进行跟踪监控，切实加大税务人员依法行政、廉洁自律、文明服务的监管力度。落实“一书一卡”和“一案双查”，加强稽查廉政建设，自觉接受纳税人监督，确保以查促廉。

【政务事务】 2017年，县国税局加强绩效管理。制定和完善2017年度绩效管理考评规则和指标，逐条落实到分管领导、责任股室和个人，落实绩效考评结果运用。2017年，县国税局在全市国税系统绩效考核夺得第三名，获绩效考核优秀等次。严格财务管理，严肃财经纪律，实行“收支两条线”管理。推行经费预算预警制，明确各项经费支出指标，按月统计支出明细。加强基建项目管理，按时完成局饭堂及招待所维修项目。规范政府采购，优化后勤管理。做好安全保卫、机要保密、档案管理工作，提高后勤保障服务能力。

仁化县国家税务局负责人名录：

局　长：黄盛明

副局长：肖　雄（任至2017年9月）

罗　群

刘晓艮（女）

纪检组长：曾昭林

（谭彩林）

地方税务

【概况】 仁化县地方税务局（简称“县地税局”）内设办公室、人事教育股、监察室、思想政治工作办公室、征收管理股、税政股、纳税服务股、税收研究会8个职能股（室），1个直属行政单位稽查局，1个事业单位规费服务中心，下辖城区税务分局、董塘税务分局、周田税务分局、长江税务分局和城口税务分局。主要负责企业所得税、个人所得税、资源税、土地使用税、城市维护建设税、印花税、土地增值税、房产税、车船税、契税、耕地占用税等税种和社保费、教育费附加、地方教育附加、残疾人就业保障金、工会经费“五项”规费的征收管理。截至2017年12月，县地税局有在岗干部职工87名，通过劳务派遣公司购买服务人员15名（其中协税员10人、司机3人、后勤2人）。在岗干部职工（不含劳务派遣人员）中本科学历64人，大专学历21人，大专以上学历人员占97.70%；中共党员（在职）60名，占68.97%；30岁以下18人，31—40岁19人，41—50岁35人，51岁以上15人；平均年龄41岁。

【地方税费收入】 2017年，县地税局围绕组织收入工作中心，以收入持续稳定增长为目标，坚持依法征收，做到应征尽收。全年累计组织税费收入64967万元，其中：税收收入31373万元，比上年同期减收2987万元，减少8.69%，剔除营改增影响可比增长3.68%。税收入库级次分别为中央级8107万元，同比上年增收1501万元，增长22.72%；省级收入3900万元，同比上年减收1027万元，减少20.84%；县级收入19366万元，剔除营改增影响可比增长5.23%，完成县政府预期目标100.11%；组织规费收入合计33594万元，同比上年增收1934万元，增长6.11%，其中：社保费收入29611万元，同比上年增收2791万元，增长10.41%；其他规费收入3983万元，同比上年减收857万元，减少17.71%。

2017年仁化县地方税务局各税种收入统计表

表17

税　种	收入数（万元）	比上年增收（万元）	比上年增长百分比（%）
增值税	110	−72	−39.56
营业税	148	−4067	−96.49
企业所得税	7347	965	15.12
个人所得税	5950	1418	31.29
资源税	5750	2514	77.69
城市维护建设税	3164	354	12.60
房产税	1861	−96	−4.91
印花税	617	178	40.55
城镇土地使用税	211	−5131	−96.05
土地增值税	2352	598	34.09
车船税	486	80	19.70
契　税	2775	1057	61.53
耕地占用税	602	−785	−56.6
合　计	31373	−2987	−8.69

2017年仁化县地方税务局各规费收入统计表

表18

各项规费	收入数（万元）	比上年增收（万元）	比上年增长百分比（%）
社会保险费	29611	2791	10.41
工会经费	687	6	0.88
残疾人就业保障金	224	56	33.33
教育费附加	1843	205	12.52
文化事业建设费	0	–1	–100
堤围防护费	3	–1015	–99.71
价格调节基金	1	–251	–99.6
地方教育附加	1225	144	13.32
合　计	33594	1935	6.11

【税源监控】 2017年，县地税局及早谋划做好税收预测和税源分析工作，科学预判税收收入变化趋势，挖掘税收收入新增长点。重点跟踪监控建筑、金融、房地产、铅锌矿等重大项目税源变动情况，掌握辖区内房地产、建筑企业增减收情况。完善协税护税网络，取得地方政府支持，加强与县发改、国土、工商等部门联系，了解全县相关经济发展计划，加大企业生产经营状况监控，深挖税源增收潜力。加大涉税违法案件查处力度，推进国地税稽查联合执法，运用纳税评估和税务稽查手段，以查促管、堵漏增收。全年开展纳税评估77户，评估入库税款及滞纳金2004.81万元；清理积案1户，查处发票违法企业2户，补缴地方税费合计12.38万元，督导企业自查6户，入库税费、滞纳金合计1779.54万元。

【税种管理】 2017年，县地税局规范所得税基础管理，强化跟踪辅导，提高审核质量，加强核定征收和预缴管理，提高汇算清缴质量和水平。2016年度企业所得税汇算清缴251户，汇缴面100%，汇缴入库企业所得税1397万元，2016年度汇缴实际应纳所得税额4900万元，同比增收2145万元，增长78%。依托“互联网+税务服务”手段，做好高收入自然人税收管理，提升个人所得税管理与服务水平。超额完成2016年度年所得12万元以上个人所得税申报工作，全年受理自行纳税申报599人次，申报年所得额1.63亿元，同比增加4240万元，增长35%。加强土地增值税、车船税、印花税等财行税管理，全年累计组织土地增值税收入2299万元、车船税485万元、印花税616万元，同比上年分别增收31.2%、19.7%、39.1%。

【征管改革】 2017年，县地税局落实税收新政，推进深化征管体制改革进程，率先全市抓好“纳税人分类分级管理”改革。通过部门资源重构、业务流程优化、人力资源整合等一系列实践，打造出具有仁化特色的分类分级改革模式，为夯实税源管理，破解征管难题、增强纳税人获得感，实现事前审核向事中事后监管、固定管户向分类分级管户、无差别管理向风险管理、经验管理向大数据管理“四个转变”和税务人、纳税人“双向”减负奠定基础，取得成效。12月21日，全市地税系统转变税收征管方式推进分类分级改革现场会在县地税局召开。做好环境保护税开征实施前各项准备工作，成立环保税督导推进工作小组，制定开征实施方案，全面摸清辖区应税污染物信息，建立政府领导下多部门协管机制，确保环保税顺利开征。

【信息管税】 2017年，县地税局以信息管税为引领，推进国税局、地税局和县政府各有关部门在风险防控方面深度合作。开展国地税共管户登记信息关联比对，全年完成登记信息比对4414户，超额完成市地税局关联率考核要求。加强协税护税信息利用，与各政府职能部门建立信息交换机制，强化数据利用，全年与相关部门交换共享涉税信息27209条；运用信息补缴税费（含滞纳金、罚款）4630.46万元；联合开展信息比对，深挖数据增值潜力。依托申报征收信息查询功能模块，将增值税、消费税与城建税及附加等关联税费进行比对，核实调查所发现疑点数据，及时组织应缴税费入库。全年，通过国地税信息比对，核实增值税、消费税信息27085条，发现疑点数据8798条，组织入库城建税16.91万元，滞纳金5.45万元，入库教育费附加、地方教育费附加16.57万元。依托税收管理系统识别风险机制，排查风险户，及时传递预警信息，分户告知企业可能存在的涉税风险，引导企业自我排查和自我修正。借助国地税合作契机，与县国税局联合推进电子税务局上线及培训工作，提高数据采集口径和采集，形成协调一致信息管税日常工作机制。推行征管档案电子化工作，全年录入2015—2017年税费资料8.2万份，扫描资料62.9万页，组卷835份，实现电子档案和纸质档案一体化管理，征管基础夯实。

【规费管理】 2017年，县地税局抓好全县2017年度企业职工基本养老保险扩面征缴工作，履行社会保险费征缴职能，全面核对工资薪金个人所得税申报人数与缴费人数对比差异，会同县人社局和社保分局开展“拉网式”调查摸底，超额完成2017年社保费扩面征缴工作，完成2017年6—9月平均缴费人数16793人，完成率达102.40%。多次会同县人社局、财政局、社保分局和编办等有关单位召开会议研究部署公务员医疗保险和机关事业养老保险（改革）开征工作，分析和解决在开征工作中遇到的困难和问题，完成全县公务员医疗保险和机关事业养老保险（改革）开征工作。全年征收公务员医疗保险196万元，征收机关事业养老保险（改革）34户，征收入库125万元。做好机关事业单位编外人员参加养老保险工作，全年有机关编外人员登记参保83人，实现机关事业单位人员全员登记参保。加强和县总工会、残疾人联合会等业务单位沟通联系，做好工会经费和残疾人保障金征收工作。联合县总工会多次下户开展催缴和政策宣传，对尚未成立工会组织企业做好宣传解释工作；配合县残疾人联合会做好残联年审工作，年审期发放年审资料800多份。

【纳税服务】 2017年，县地税局营造和谐平稳征纳局面。推进“便民办税春风行动”，推行“网上办税为主，自助办税为辅，实体办税厅为补”多元化办税模式，构建以电子税务局为主、QQ群、微信群和短信为辅网上咨询服务体系，设立全市首个电子办税体验区，打造“互联网+税务”服务新体验，提升纳税人满意度和获得感。紧扣热点开展常态化税收宣传，结合税收宣传月和全国法制宣传日活动，组织开展“电子办税”推广会、“最美税务人”摄影作品征集、企业所得税汇算清缴专题讲座、徒步税宣、走访重点税源户、“模范纳税户评选”、入户送政策、税企“零距离”对话多形式税收宣传活动，营造依法诚信纳税氛围。推进纳税信用管理，通过仁化县6家金融机构，运用纳税信用信息为12户中小企业累计发放贷款1.29亿元，助力中小微企业解决融资难题。推进“纳税人满意度大走访”活动。由局党组成员牵头，成立走访小组5个，采取“联合国税局走访”“领导重点户走访”“基层分局全面走访”方式，挨家挨户为企业提供上门服务。全年走访辖区纳税人5046户，纳税人走访面100%，其中企业1149户，征求纳税人意见和建议156条，全部实行台账登记跟踪落实解决。推进“一企一策”辅导模式，建立“企忧档案”，主动跟踪了解企业生产经营面临问题和存在困难，协调帮助企业解决问题。2017年，县地税局在全省地税系统纳税人满意度专项调查中以94.51分的成绩位列全省149个县区局第三名，其中“政风行风”考评指标全省排名第一，有三大类考评指标全市排名第一。

【队伍建设】 2017年，县地税局坚持以“仁爱、和谐、法治、卓越”仁化地税文化理念为核心，抓好地税文化建设。组织开展“道德讲堂”、“最美税务人”评选、“巾帼文明岗”创建活动和羽毛球比赛、演讲比赛、知识竞赛、文艺会演等文体活动，营造深厚地税文化氛围。县地税局连续4年获全市地税系统绩效考核优秀等次和仁化县绩效考核垂直管理类单位考核第一名。坚持正确选人用人导向，践行“善待大龄人、用好中年人、加速培养年轻人”理念，按照服从改革需要、征管一线倾斜、年龄结构层次合理搭配等原则进行人员轮岗，最大限度激发干部职工工作积极性和创造性。年内，完成12名股级干部试用期满任职考核；选拔12名岗位能手参加市局业务“比武”，其中有3人代表市局参加省局业务“比武”；组织系统干部职工参加省、市、县培训42期，举办县局培训班11期，培训人数445人次。开展“连心桥”行动，建立健全“连心桥

图为2017年1月23日，仁化县国、地税局联合举办电子税务局线上业务培训班 （县地税局 供图）

日记”制度，通过基层走访、意见征集、领导接访日、谈心谈话等方式，注重从生活上关心干部职工疾苦，解决干部职工关注热点和难点问题，促进党群干群关系改善和地税队伍和谐稳定。

【基层党建】 2017年，县地税局筑牢从严治党政治根基和“抓好党建是最大的政绩”工作理念。全年组织党组中心组理论学习和专题学习7次，支部集中学习8次。严格落实“三会一课”、组织生活会、民主评议党员、“固定党日+”等党内生活制度，推进党建工作制度化和规范化。创新“党建+”模式，推动党建工作提质增效。持续开展“新税风、心服务”主题“轻松三分钟”微学堂创党建品牌活动和“双争双创”主题实践活动。创建“两学一做”学习教育常态化制度化微信群，每天向党员干部推送党章党规、系列讲话“微语录”1条。

【廉政建设】 2017年，县地税局积极落实“两个责任”，抓党风廉政建设，连续8年被评为“仁化县政风行风建设优胜单位”。全年制定和完善制度16项。组织县局党组与局内各单位和基层分局主要负责人签订“廉政责任书”，印发《仁化县地方税务局2017年党风廉政建设和反腐败工作任务分工》。开展“比学赶超、以评促建、实干担当”主题作风建设年活动，通过常态化督查、不打招呼检查、专项工作严查、第三方暗访调查等方式，整治“不会为、不想为、不敢为、慢作为、乱作为”等“慵懒散”现象。全年组织开展暗访调查16次，发出《仁化县地方税务局机关作风设暗访情况的通报》3期。聘请人大、政协、纪委等部门人员组成特邀监察员9名加强地税干部“八小时以外”活动监督。组建“税廉家园”微信群，适时推送反腐倡廉工作动态、廉言警句等图文信息，加强廉政宣教。全年组织党员干部廉政谈话30人次，开展抓早抓小谈话提醒22人次。召开“以案为鉴”研讨会，组织党员干部参观县反腐倡廉警示教育基地，发挥反面典型警示作用。

【“精准扶贫”】 2017年，县地税局结合帮扶村点长江镇河田村实际，加强基础建设，推动产业发展，落实帮扶措施，解决贫困户在生产和生活上实际困难。全年投入资金3万多元改造、安装河田村委办公空调3台；发放农资124190元，扶持贫困户种植毛竹、柑橘和饲养塘鱼；引导15户贫困户与新希望集团签订养鸭合同，帮助贫困户增收脱贫。对就读义务教育阶段建档立卡贫困户学生给予生活费补助。助力贫困户危房改造，2016年危房改造贫困户8户全部竣工并通过住建部门验收，对已竣工并验收贫困户每户发放4万元危房改造补贴；2017年危房改造贫困户30户，动工15户。

仁化县地方税务局负责人名录：

党组书记、局长：朱伟东
副局长：曾庆华　潘德才
纪检组长：何建生
总经济师：张春庭（任至2017年4月）
文维峰（2017年8月任职）

（叶惠娟　谢文昌）

银行·保险

中国人民银行仁化县支行

【概况】 2017年，中国人民银行仁化县支行（简称“人行仁化县支行”）有在职干部24人，其中，行长1人，副行长3人，副主任科员1人；离退休干部19人；内设办公室、综合业务股、会计国库股3个股室。2017年，人行仁化县支行贯彻中共十九大、全国金融工作会议和上级行工作会议精神，践行韶关中支党委“386”（与地方党政部门、与金融机构以及人民银行系统内部的“三个和谐”，和谐、务实、安全、高效的“八字”治行方针，政治意识、大局意识、廉政意识、先进意识、安全意识、节俭意识“六种意识”）工作理念，围绕“服务实体经济、防范金融风险、深化金融改革”三大主题，紧扣仁化县委“一三九”战略部署，认真履行基层央行职能，全面加强中共党组织建设和内部管理，采取多项措施加大金融支持地方经济发展力度，确保地方金融稳健运行。截至2017年12月末，全县各项存款余额94.06亿元，比上年增加3.41亿元，增长3.76%；各项贷款余额37.98亿元，比上年增加1.24元，增长3.37%。县辖银行业机构存贷比为40.38%，比上年下降0.15个百分点。

【稳健货币政策服务实体经济发展】 2017年，人行仁化县支行主动向县政府报送《仁化县中小微企业融资绿色通道建设实施方案》，提出改进中小微企业融资服务具体措施。组织召开全县“央扶贷”工作推进会暨政银企融资洽谈会，促成银企授信签约1.06亿元。推广“银税互动”项目，引导银行机构依托企业纳税信息创新信贷产品。应用中征应收账款融资服务平台，促进应收账款融资业务发展，全年通过应收账款融资服务平台促成融资交易17笔，金额7533万元。

【金融“精准扶贫”】 2017年，人行仁化县支行出台《仁化县金融精准扶贫精准脱贫三年攻坚工作方案》，引导金融机构发放“精准扶贫”贷款，增强贫困户“造血功能”。全年累计发放涉农贷款23.48亿元，占全部贷款61.81%。截至2017年年末，涉农金融机构累计为59户贫困户发放扶贫小额贷款230万元。发挥信用金融扶贫作用，推动县政府与韶关中支签订“行县共建信用扶贫示范区合作协议”，成功举办“韶关市2017年‘6·14’信用记录关爱日”活动。发展普惠金融，协助县政府承办全省普惠金融“村村通”培训会并拍摄普惠金融宣传片，推动县财政设立专项资金，奖补符合条件的助农取款服务点，全年累计发放奖补资金6.72万元。

【区域金融风险防范】 2017年，人行仁化县支行承办2017年粤湘赣“红三角”金融稳定联席会议，推动韶关中支与郴州、赣州中支签订“粤湘赣‘红三角’防范和化解金融风险合作备忘录”，建立信息共享和交流合作机制。该项工作被韶关中支推荐申报广州分行“十大亮点工作”。加强重点领域风险监测，及时掌握辖区金融风险隐患。强化警银合作，建立可疑交易线索移送机制，加大对非法集资、假币、洗钱等金融违法犯罪打击力度。2017年，收缴假币669张，金额54490元。协助县公安局破获“7·22”特大假币案件，涉案金额400万元。组织开展包括反假币、反洗钱、打击非法集资、防范电信网络诈骗等内容金融知识宣传活动，利用“‘3·15’国际消费者权益日”、“‘5·15’国际打击金融犯罪日”、“维以纳美食节”、“智游仁城夜光定向跑”、“迎接十九大，忠诚保平安”、“徒步穿越丹霞”等活动，通过制作宣传短片、设点咨询、派发讲解宣传资料等方式，引导公众学习金融知识，增强风险防范意识。制定《仁化县金融纠纷调处规则》，加强金融消费权益保护工作，全年未收到金融纠纷投诉案件。

中国人民银行仁化县支行负责人名录：

行　长：龚国雄

副行长：杨　杰

赖建新（2017年3月任职）

潘　俊（2017年3月挂职）

夏国忠（2017年2月任职）

（龚国雄　王建玲　龙　飞）

中国工商银行股份有限公司仁化支行

【概况】 2017年，中国工商银行股份有限公司仁化支行（简称“工行仁化支行”）内设机构有支行县城营业部、凡口支行2个营业网点，1个离行式自助网点，全行配置存取款柜员机5台、取款柜员机2台。截至2017年年末，有在职员工24人，其中行长1人、副行长1人、行长助理1人、网点负责人2人，女员工11人；本科学历8人，大专学历13人，中专学历3人。退休员工33人，其中内退员工1人。2017年，退休1人，工行韶关分行调入2人，调往工行韶关分行4人，招聘新员工2人。

2017年，工行仁化支行贯彻落实总、省、市分行决策部署和监管部门工作要求，深化细化“四大标杆”（同业占比、资产质量、经营效益、考核位次）“四大理念”（国有银行要支持民营经济、大银行要做小业务、老银行要做新业务、本土银行要有国际化视野），突出问题导向，强化过程管理，各项工作稳步发展。截至2017年年末，各项存款余额80166万元，比上年减少999万元，减少1.23%，其中，储蓄存款余额61484万元，比上年减少876万元，减少1.40%；各项贷款余额28738万元，比上年减少5804万元，减少16.80%；实现利润1656万元，比上年减少121万元，减少6.81%。

【党建引领发展新局面】 2017年，工行仁化支行党支部坚持党建工作和中心工作同谋划、同部署、同考核，在全行形成支部书记带头抓、支委成员分工抓、全体党员干部共同抓党建工作格局，履行党建工作主体责任，增强从严治党、从严治行意识。支行党支部研究制定工作计划、制度和措施，安排部署年度工作任务并组织实施。明确支行领导班子成员党建工作挂钩，确保“一岗双责”落地。推进“两学一做”学习教育常态化制度化，抓好“三会一课”落实，将全面学习贯彻落实中共十九大精神作为首要政治任务，提高政治站位，提升战略思维和统筹全局能力。坚持党建与经营发展有机结合，抓机遇、促转型、优结构；坚持党建与队伍建设有机结合，打造政治素质高、向心力强的战斗集体。通过一系列抓党建、强党建措施，发挥基层党组织战斗堡垒作用和党员先锋模范作用，引领市场拓展和客户服务向纵深发展，开创新业务发展新局面。

【业务发展】 2017年，工行仁化支行始终将业务目标瞄准同业上游位置，严格要求，主动加压，力争“业务发展比对手快一些，市场份额比对手多一点，竞争力比对手强一些”。把客户拓展作为业务发展重要落脚点，找准着力点，精准施策，筑牢业务发展基础。通过组织有特色聚类营销、精准营销活动，以代发工资、社保卡、信用卡为切入点积极拓展个人客户，抓好中高端客户和普通客户分层管理，防范高端客户流失，壮大日均金融资产5万元以上优质个人客户规模，推动客户“量质齐升”。运用工商注册信息库、工银e缴费等平台，通过大数据从源头拓展新增有效公司客户。深耕现有公司客户资源，提升现金管理、法人理财、财智账户卡、企业网银等产品覆盖率和渗透率，提升5万元以上优质账户规模和客户贡献度。全面梳理辖内机构客户视图，组织营销团队深入拓展中小机构客户。践行存款领先战略，提高存款统筹管理水平。以考核引导全行抓日均存款、抓低成本活期存款，将存款效益与员工收入挂钩，促使网点每位员工养成天天抓存款习惯，想方设法优化存款结构，控制付息成本，推动全行存款业务做大做优。根据当地经济形势变化和市场资金供求关系，及时与上级行沟通，加大利率事前控制管理。实时调整信贷投放结构和利率，实施资金配置与利率挂钩，提高各信贷品种定价管理水平。

【风控管理】 2017年，工行仁化支行发扬“工匠精神”，以严谨、专业、专注作风推动各岗位履好职、把好关，严格防控好信贷风险和案件风险。强化信贷作业监督和受托支付管理，以严抓放款核准质量为中心，坚决防范不合规业务发放，防止新增加风险点。抓好不良贷款清收处置，建立常态化清收工作机制，加大组织推动力度，通过诉讼等手段清收不良资产。将不良贷款控制目标与绩效考核挂钩，加大督导力度，全力压降不良贷款，守住信贷资产质量生命线。开展重点领域和关键环节专项风险排查、银监“三套利”（监管套利、空转套利、关联套利）专项治理，重点落实飞单销售、非法集资与民间借贷、违规担保、涉赌等领域员工教育和异常行为排查，强化内部管控，做细做实风险隐患排查。

【“精准扶贫”“创文”工作落实到位】 2017年，工行仁化支行贯彻执行“精准扶贫、精准脱贫”政策。按照县委县政府扶贫工作要求，选派1人担任工行仁化支行驻周田镇龙坑村专职扶贫联络员，负责该村日常扶贫工作，与村两委干部同工作、同管理、同考核。加强调查研究，深入了解建档立卡贫困户生产生活状况、生产意愿和需求，有针对性开展帮扶，及时发放生产物资化肥、鱼苗等。根据大罗村人口较为集中、村道较好特点，利用上级专项资金，安装太阳能路灯11盏，改善村民夜间出行条件。加大水利工程基础设施建设，积极向上级有关部门申请资金，完成大罗村至猪头皮村水利工程基础设施建设。积极参与镇村人居环境整治、新农村建设、“三清三拆”工作，清明节期间配合镇村干部做好森林防火宣传工作。加强多方联系与合作，主动联系县科协在龙坑村委联合举办科普知识和金融知识下乡活动。积极筹集资金，动员全行员工捐款献爱心，开展慰问贫困户送温暖活动。响应县委县政府创建“全国文明县城”号召，坚持每周四派出1名员工在县政府门前路口参加文明劝导。深入住宅区住户、店铺开展“创文”宣传活动，发放“创文”宣传资料。参与整治脏、乱、差现象，彻底清理包干区内垃圾、“牛皮癣”，疏通水沟渠道，劝导商户文明经商，杜绝违规占道经营行为。

【企业文化建设】 2017年，工行仁化支行通过加强企业文化建设，推进行务公开和民主管理，做好职工之家建设，组织评优评先、文体比赛、岗位技能比赛、郊游等活动，提升员工参与感、获得感。建立健全补充医疗保险、重大疾病保障、送温暖和扶贫济困等保障制度，落实家访制度，综合运用荣誉激励、补充福利等多种方式，解决员工实际问题，增强员工归属感，提升全行凝聚力和战斗力。

中国工商银行股份有限公司仁化支行负责人名录：

行　长：李钢生（任至2017年5月）
杨　瀚（2017年5月任职）

副行长：夏海帆　李功智（任至2017年9月）

行长助理：宾　峰（2017年9月任职）

（叶仲林）

中国建设银行股份有限公司仁化支行

【概况】　建行仁化支行是中国建设银行股份有限公司韶关市分行下辖县级营业机构，位于仁化县建设路45号。2017年，有在职员工16人，离行式自助银行2家，自动柜员机6台，智慧柜员机等自助设备6台（套）。截至2017年年底，一般性存款6036万元，比年初新增202万元。各项贷款余额35260万元，中间业务收入272万元。2017年，建行仁化支行获建行韶关市分行“先进党支部”称号。

【业务发展】　2017年，建行仁化支行自觉贯彻中共十九大精神和上级行综合经营计划，全面落实“普惠金融”政策，支持实体经营特别是中小微企业发展，与国税、地税部门合作，开发“税易贷”信用贷款品种，给予诚信纳税中小微企业信贷支持，促进实体经济发展，关注县域重点建设项目，与政府有关部门保持顺畅沟通，寻找在新农村建设、乡村振兴以及文化教育、卫生、新能源等领域合作机会。服务民生领域，优化个人住房按揭贷款流程，创新“快贷”等面向个人信用贷款品种，满足群众在购房、购车、耐用消费品以及旅游，以及子女出国留学等方面资金需求。履行国有金融企业社会责任，利用自身品牌和系统优势，服务全县社会发展事业，主动与中共仁化县委组织部合作，利用建设系统“党费易”品牌优势，实现党员党费线上交纳，实现基层党务管理电子化。推动移动支付在不同应用场景实现，建设智慧市场、智慧小区、智慧医院在县域推广应用。依托建行“裕农通”系统，在镇（街）广大农村推广助农小额存款业务。

【防范业务】　2017年，建行仁化支行贯彻中共中央“确保不发生系统性金融风险”总体要求，严格执行建行总行“零容忍”“不放过”工作要求，全面落实“一岗双责”，抓好党风廉政建设和案件防控工作。落实信贷业务“贷前调查、贷中审查、贷后调查”贷款“三查”制度，通过大数据技术，分析贷款风险形成和分布规律，做好事前预防，防范信用风险。开展会计和柜台操作风险专项检查，发现问题及时整改，防范操作风险。执行人民银行等外部监管部门关于反先钱、反假币工作，防范声誉风险。做好全体员工日常行为排查工作，做到防微杜渐，加强员工遵纪守法、遵守职业道德和社会主义核心价值观教育。

【“精准扶贫、精准脱贫”工作】　2017年，建行仁化支行按县委、县政府统一部署，派出专职驻村帮扶干部开展扶贫工作。驻村工作人员积极参与村委会公路、排水渠等民生工程维护，建行捐助扶贫资金8万元帮助村民贫困户解决危房改造和基础设施建设工作。多次组织员工到黄坑镇古竹村开展贫困户“一对一”帮扶和节日慰问活动。以“坚持精准扶贫、精准脱贫”为切入点，深入谋划，积极协调，扎实开展帮扶工作，完成各项工作任务。

中国建设银行股份有限公司仁化支行负责人名录：

行　长：曾凡松（任至2017年4月）
王伟平（2017年5月任职）

副行长：陈文胜（任至2017年

9月）
黄飞文（2017年10月任职）
（李功华）

中国农业银行仁化县支行

【概况】 2017年，中国农业银行股份有限公司仁化县支行（简称“农行仁化县支行”）有员工63人，其中：大专以上学历48人，占76.19%；助师级以上职称24人，占38.1%。2017年，农行仁化县支行贯彻落实分行年初工作会议精神，围绕“稳健行远、区域强行”战略目标，抓牢“一个重心、两项基础”全面推动转型发展、创新发展、稳健发展，提升市场竞争力、风险防控力、价值创造力、队伍战斗力，实现全年各项业务经营持续稳健发展。截至2017年年底，农行仁化县支行各项存款余额115128万元，比年初减少1608万元，比2016年年底下降1.38%；各项贷款余额为60673万元，比年初增长13576万元，比2016年年底增长28.83%。

【综合管理】 2017年，农行仁化县支行加强综合管理，深化“三线一网格”管理模式，构建“党建、党廉、案防”三位一体员工网格管理机制。强化问题导向，开展典型案例警示教育，定期召开风险分析例会，运用好监督执纪，守住案防生命线。健全监督机制，成立支行专检组，开展网格和党建常规检查、反欺诈等专项治理活动，抓好各类检查发现问题的整改，突出重点岗位和关键环节，健全流程监控、内部监督、风险管控等制度机制，压实案件防控基础。

【内控管理】 2017年，农行仁化县支行把内控管理和业务经营摆在同等重要位置，强化有效措施，抓实、抓好，依法合规经营，实现安全经营目标。明确岗位责任，梳理业务流程，整理业务规范，提升网点负责人履职能力，强化网点运营主管对风控和案防管理，签订人员岗位职责书，明确员工岗位职责。落实核查制度，保证各类可能风险事件得到及时核查、及时发现、及时处置。对检查所发现问题，明确到人及时整改，对查询及时核实回复。利用网格式员工行为管理工具，定期开展员工家访、谈心。开展合规教育，通过案件讲评、反洗钱业务学习等，培育合规文化，增强员工风险防范意识。

【业务经营】 2017年，农行仁化县支行采取有效措施，完成经营管理、开拓业务、创造经济效益等任期经营任务指标。存款业务稳定增长。树立“存款立行”理念，明确工作思路，落实上级行年度工作部署和要求，围绕业务经营中心工作，结合实际，明确工作思路，采取各项措施，制定方案开展“开门红”竞赛活动，有效推动业务发展。资产业务提升，加大大项目营销力度。年初，抓好个人住房贷款业务，实现同业增量和存量市场份额排名双第一。中间业务持续发展，加大汽车分期、家装分期、车位分期等信用卡分期业务营销力度，成立分期微团队，与合作企业加强沟通，保证信用卡分期收入稳健增长。经营效益提高，员工收入水平增加。加大“三农”业务拓展力度，抢占乡镇农村市场。做好惠农通和农户小额贷款业务，在乡镇农村布置惠农取款点78个，依托农业银行“e管家”、惠农通工程、银行卡等载体，推动产业扶贫新模式，提升县域竞争力。2017年，在当地金融机构中率先采用由广东省农业信贷担保有限责任公司担保方式，成功发放农户贷款130万元，新型农业经营主体比年初增加26户。

【服务管理】 2017年，农行仁化县支行围绕上级行转型理念，向先进行学习，根据实际情况，通过调整人员结构，压高转岗，优化劳动组合，转变经营理念，从简单做、容易做入手，通过加强业务指导和培训，发挥机器设备分流优势，努力改变客户交易习惯，把握市场机遇和工作主动权，加快网点转型效能提升，提升服务水平。

【团队建设】 2017年，农行仁化县支行加强团队建设。深入开展“比学赶超、以评促建、实干担当”活动，在全行形成相互竞争、相互参照局面，提高工作执行力和工作实效，着力解决干部“能力不足”“动力不足”问题。健全选人用人机制，加大青年员工培养力度，发挥资深员工主观能动性，形成各司其职、各负其责、联动协同最大合力。制定学习计划，学规章学业务，加强业务指导，提升员工队伍素质。组织各类工会活动，参与分行“道德大讲堂”和庆祝中国共产党诞生96周年朗诵比赛活动，增强团队凝聚力，营造和谐企业文化。

【廉政建设】 2017年，农行仁化县支行全面落实从严治党责任。落实党委“一把手”亲自部署、过问、协调、督办党风廉政建设工作制度，完成党风廉政建设各项要求和任务，以党建为引领，抓好两级班子建设工作。

中国农业银行仁化县支行负责人名录：

行　长： 辛文全（任至2017年10月）
伍国富（2017年10月任职）

副行长： 陈宏章
欧阳剑（任至2017年5月）

纪委书记： 雷璐璐（女，2017年5月任职）

（谭建华）

中国银行韶关仁化支行

【概况】 2017年，中国银行韶关仁化支行（简称“仁化中行”）按照韶关分行党委工作部署，围绕“两增一控”全年经营目标，稳步拓展业务发展，实现各项业务全面、快速增长。积极参与“精准扶贫”工作和县域经济发展建设，服务地方经济发展。2017年，仁化中行获韶关银行业“三星级网点”称号。

【经营业绩】 负债业务。截至2017年12月底，仁化中行各项存款余额51768万元（时点），比上年负增33100万元，其中储蓄存款时点负增2656万元，企业存款时点负增30444万元。日均存款平稳增长4361万元，其中储蓄存款日均新增1428万元，企业存款增2933万元。

资产业务。截至2017年12月底，仁化中行各项贷款余额为30501万元，较上年新增19638万元，其中零售贷款余额22627万元，较上年新增2576万元，票据贴现业务8185.99万元，完成全年任务272.87%。

中间业务及营业净收入。截至2016年12月底，仁化中行实现营业收入2242万元，其中实现非息收入555万元。

【“存款立行”经营】 2017年，仁化中行全面落实“两增一控”经营目标，狠抓营业收入和非息增长，严控经营风险。树立存款立行宗旨，根据分行有关工作布置要求，制定公私联动机制方案，以授信服务带动存款增长。做好存量行政事业单位存款维护工作，借力“跨行现金归集管理平台”产品，拓展行政事业单位存款。

【队伍建设】 2017年，仁化中行强化考核激励机制落实，提高服务水平。加强完善绩效考核一系列措施，通过将KPI指标分解落实到人，每月及时跟进通报员工完成情况，做好后进员工辅导和帮扶工作，每季末对全行员工做好绩效考核反馈与沟通工作。抓好加强标准化服务推广，实施预约服务、唤醒服务，实行全方位、全覆盖、常态化检查落实，促进服务效能提升，推进各项业务快速持续发展。

【廉洁从业】 2017年，仁化中行落实基层党建工作，坚持党支部理论学习制度，践行党建引领业务工作要求。通过学习《习近平总书记系列重要讲话读本》、十九大会议精神等，认清新时代、新时期、新任务，提升自身政治素质与业务素质，筑牢拒腐防变思想防线。实现以“党建促经营”，提高队伍战斗力、向心力和凝聚力。

【服务地方经济社会建设】 2017年，仁化中行参与仁化县政府组织各项社会、经济活动，助推仁化县经济发展。利用营业大堂、服务窗口，进行标准化服务流程，提供客户优质服务体验；利用金融产品、金融专业，开展“关注征信”送金融下乡活动，实现社会效益与经济效益共赢局面。

中国银行韶关仁化支行负责人名录：

行　长：曾　权（任至2017年12月）

邓　昕（2017年12月任职）

副行长：朱庆荣

刘瑞文（女，2017年4月任职）

刘　芳（女，任至2017年3月）

林龙田（2017年3月任职）

（林龙田）

仁化县农村信用合作联社

【概况】 仁化县农村信用合作联社（简称“仁化联社”）是一家服务“三农”和县域经济地方性农村金融机构，内设办公室、运营部、内审监察部、合规与风险管理部、授信管理部、安全保卫部、资产保全部，下辖营业部1个、信用社4个、信用分社9个。截至2017年年末，全社有从业人员184人，其中大专以上学历人员占91%。

【存款稳步上升】 2017年，仁化联社制定科学有效存款营销考核方案，将考核结果与绩效奖励、年度评优挂钩，提高员工组织存款积极性。定期研究分析县域存款形势、同业竞争态势和市场资金走势，及时解决存款组织工作中出现的问题，适时给各信用社主任、营业网点负责人定目标，压担子，确保存款稳步增长。上下联动，全方位出击，拓展筹资市场，联社领导班子主抓财政性存款组织与维护工作，加强与当地政府及其相关部门沟通联系，做好征地款、拆迁款、工资代发等项目存款工作；各信用社和营业网点开展储蓄存款攻坚工作，通过联络感情、关系维护、提供优质金融服务，确保存款业务持续快速增长。加强网点建设，强化员工柜台服务监督，提高服务质量和水平，促进存款增长。专门制定《仁化县农村信用合作联社客户走访管理办法》，明确大客户维护人员，通过客户走访推动经营理念从“经营业务”向“经营客户”转变，提高客户忠诚度。截至2017年年末，仁化联社各项存款余额39.52亿元，比上年增加4.91亿元，增幅14.18%。

【贷款略有下降】 2017年，仁化联社坚持“服务三农、支持中小微”理念，发挥农信社网点贴近市场、贴近农村优势，加大信贷营销力度。恢复3个分社贷款业务，支持乡镇农林产业、小微企业及个体工商户发展。重新梳理贷款流程，提高贷款办理效率，通过整合贷款资料、减少重复资料，缩短贷款发放时间。开展“开门红”“卡贷宝”“普惠金融浓情万家”等贷款营销活动。加强政银企沟通，寻求建立信息沟通、资源共享平台捷径及解决信息交流不对称、融资渠道不畅通等问题办法。完善制度，出台《仁化县农村信用合作联社“创业宝”贷款业务实施细则》《仁化县农村信用合作联社信贷业务操作管理办法（第三版）》等多项风险管理及业务操作信贷管理制度。严把贷款审查关，优化信贷流程，提高审批效率，严明信贷纪律。组织开展多种形式征信宣传活动，制定信贷检查计划，开展“卡贷宝”业务风险排查、信用风险专项排查、股权质押管理自查、新增购房按揭贷款、信贷风险自查等专项检查。强化培训，提高信贷从业人员识别、评估及防控小微企业信贷风险知识，提升信贷业务操作技能。截至2017年年末，各项贷款余额18.42亿元，比年初减少1.27亿元，减幅6.44%。

【案防和安全保卫工作】 2017年，仁化联社坚持“合规就是效益”经营理念，加大内控管理工作力度，完善案件防控机制建设。制定《仁化县农村信用合作联社2017年案件防控工作实施方案》，明确方案和工作要求、职责，确保案件防控权责清晰、责任落实。签订廉洁从业建设责任书、反赌博承诺书、遵纪守法廉洁从业承诺书各186份，党风廉政责任书5份。开展理事会及经营班子成员履职专项审计、职能部门履职情况检查、离任（岗）审计（7人）、常规稽核检查（2期）、整改“回头看”检查、信贷业务受理及存款客户走访排查、重要岗位员工异常行为排查、印章专项检查。做好安全保卫工作，强化安防设施建设，严格按安防标准做好网点改造工作，做好监控设备、防卫设施全面维护和更换工作。加强员工安全教育及应急演练，加强值班守库押运工作。截至12月10日，开展各项应急预案演练67次，参加演练人员468人次（其中开展防抢劫11次、防暴3次、防诈骗10次、灭火与疏散14次、其他演练29次，联社组织参与演练4次）。全年全社无安全事故发生。

【党团工会和文化建设】 2017年，仁化联社成立党建工作领导小组，建立党建工作责任制，健全党组织议事决策机制。强化基层党组织建设，制定切实可行企业党支部工作制度。通过党委书记讲党课、邀请党校教师讲解中共十九大报告等形式，确保学习效果。定期开展形势任务教育，建立健全党员教育长效机制。年内，邀请3名中共退休老党员上“不忘初心，争先创优”主题党课，邀请专家开展学习贯彻中共十九大精神专题讲座；组织中共党员到城口镇铜鼓岭红色革命根据地开展爱国主义教育，到南雄参观韶关农信社廉洁从业教育基地，到县检察院开展预防职务犯罪警示教育活动，观看《砥砺奋进的五年》和中共十九大开幕式及闭幕式。开展“仁信之家”建设，提出“仁信为本、服务至上”文化核心理念，创设整洁、安全、舒适、优美工作生活环境。发挥工会及团组织作用，开展员工文艺晚会、户外徒步、登山等企业文化活动，开展慰问及募捐活动。

仁化县农村信用合作联社负责人名录：

党委书记、理事长：何宗志
（2017年3月任职）

主　任：罗韶斌（其中，2017年1—2月代理党委书记、理事长职务）

监事长：卢志尚

副主任：赖海斌

（周庆国）

中国邮政储蓄银行股份有限公司仁化县支行

【概况】 截至2017年年末，中国邮政储蓄银行股份有限公司仁化县支行（简称“邮储银行仁化县支行”）有在职员工23人，其中行长1人、副行长1人、部门负责人1人、网点负责人2人，员工18人；研究生以上学历1人，占4.3%；大专及本科学历21人，占91.3%。截至2017年年底，各项存款余额169747万元，余额同比上年新增12169万元，增长7.72%；表内贷款余额13365万元，表内余额同比上年新增549万元，增长4.28%。

【经营管理】 2017年，邮储银行仁化县支行按照省、市分行发展理念，贯彻省行年初、年中等工作会议精神，坚守大型零售银行战略定位，围绕服务社区、服务中小企业、服务“三农”、践行普惠金融等重点工作，突出扶贫贷款、再就业贷款、中小企业贷款等业务发展，推进“两小”业务发展，落实国务院“双创”政策，以“转型发展年”为主题，全面促进转型发展，整合转型业务客户资源，支持当地经济建设，实现自身效益和社会效益同步增长。全年全县邮政储蓄存款169747万元，新增存款12169万元；其中，对公存款13646万元，较年初负增长724万元。表内外贷款余额15589万元，其中，中小企业贷款2224万元。

【网点管理架构优化】 2017年，邮储银行仁化县支行通过调整关键岗位人员，优化营业网点管理结构，调动人员积极性，提升服务质量，扩大客户基础。明确柜员、大堂经理、理财经理、客户经理各网点人员工作要求及作业标准；利用晨夕会，加强员工营销技巧演练，及时分享同行业先进经验，简要学习新产品营销要点，点评员工工作情况，树立工作榜样；通过加强服务培训，提升网点团队整体优质服务水平。

【精细化管理】 2017年，邮储银行仁化县支行启动开展精细化管理工作，推进9S管理、流程优化、合规建设精细化、“令您满意”、对标竞标活动5项，加强目标导向、过程控制，提升管理精细化水平。从员工教育、完善执行制度、自我剖析等方面开展精细化管理；从思想、工作意识上主动按照9S管理工作相关规定开展日常工作，强化落实，严格执行9S管理工作制度。定期召开9S管理工作例会。通过例会交流工作情况，提出问题制定整改措施，并通过定期和不定期抽查方式督促检查9S管理工作，强化监督严格落实奖惩，推动全行精细化管理。抓好网点转型工作，提升综合收益率。例如，做好网点和金库业务量统计分析工作，在相对闲暇时段合理安排人手走出网点，开展外部营销。

【内控案防】 2017年，邮储银行仁化县支行贯彻“内控优先”管理理念，落实上级行合规管理工作要求和工作部署，强化内控管理建设。践行合规理念，加强规章制度学习，强化监督机制以及制度执行。开展“三三四十”监管检查活动和行内“两个优化、两个加强”（优化制度体系、优化合规检查，加强整改问责、加强学习教育）活动。开展“内控优化年”活动，加强合规文化建设、合规问责和激励机制，提高代理机构管控力度，全年各项业务合规、稳健发展。

中国邮政储蓄银行仁化县支行负责人名录：

行　长： 李概彬（任至2017年2月）
卢永东（2017年2月任职，任至2017年9月）
李　峰（2017年9月任职）

副行长： 李燕芬（女）

（江文滔）

中国人民财产保险股份有限公司仁化支公司

【概况】 中国人民财产保险股份有限公司仁化支公司（简称“人保财险仁化支公司”）是中国人民财产保险股份有限公司（PICC P&C，简称“中国人民财险”）县级分支机构。下设内设机构综合部、直销业务一部、营销业务一部、营销业务二部和理赔仁化分部5个，拥有营业部1个和营销网点2个，2017年，建设路营销服务部迁址至长江镇，变更为长江营销服务部。2017年年末，人保财险仁化支公司有在职干部职工17人，其中，班子成员3人。截至2017年12月31日，公司年保费收入3872.3万元，比上年增长10.49%；为受灾保户支付赔款1628万元。

【业务发展】 政策性业务。2017年，人保财险仁化支公司承办全县政策性农房、水稻、能繁母猪、生猪、肉鸡养殖、自然灾害公众责任险等惠及民生系列政策性保险。承保：政策性水稻种植保险面积12329公顷，政策性农村住房保险40205户，政策性能繁母猪保险14308头，政策性生猪养殖保险54721头，政策性肉鸡养殖保险2000只；承保自然灾害公众责任保险，为县域244703位人民提供自然灾害意外保障。2017年，赔付自然灾害公众保险1宗，赔付金额20万元；赔付政策性农村房住房保险68宗，赔付金额24.49万元；赔付政策性水稻种植保险27宗，赔付金额105.4246万元；赔付政策性能繁母猪保险289宗，赔付金额33.5万元。

车险业务。2017年，人保财险仁化支公司调整业务结构，提高服务水平，车险业务平稳较快发展。全年车险保费收入2500.4万元，同比上年增长15.6%。

商业非车险业务。2017年，人保财险仁化支公司继续推广使用意外健康险手机app等移动销售工具，做到全员随时随地便捷出单。做好县域各大企业、小水电站财产险承保工作，重点推广环境污染、安全生产、校方责任、医疗责任、火灾公众责任险等与公众利益相关的责任信用保险，学生、幼儿意外伤害保险、“惠农保”农村小额意外伤害保险家庭保单、惠民保、安心保、任我行、合家安康和人人安康等分散性产品。全年仁化支公司商业非车险实现保费收入784万元，其中财产险330万元、责任险180万元、意外险258万元、信用保证保险10.68万元。

理赔。2017年，人保财险仁化支公司提升理赔及客服能力。加强理赔管控，优化理赔流程，简化客户索赔单证，提升客户体验。对小额赔案实行简易、快速理赔。在农险政策性业务领域实现红线管理机制，保证执纪问责严肃性。加强农险赔案及自动核保业务检查，落实农险“定损到户、承保到户、理赔到户”，确保承保理赔真实性、合规性。2017年度理赔农险案件808宗，支付农险赔款403.23万元。推进人伤调解、诉讼案件管理，改善外部理赔环境。继续联合交警、法院、司法等部门，打击黑中介，净化人伤理赔环境。2017年，人保财险仁化支公司处理赔案3083宗，支出赔款1628万元。

客服。2017年，人保财险仁化支公司进行职场标准化改造，实现功能分区。完善客服体系，以服务吸引客户，以品牌发展客户，以品质留存客户。加强客户管理，配合分公司建设客户资源管理系统，整合客户资源，挖掘客户价值。

【内控管理】 2017年，人保财险仁化支公司推进党内民主建设，树牢“四个意识”、坚定“四个自信”，用习近平新时代中国特色社会主义思想武装头脑，指导实践。严格执行“三重一大”党委决策制度，全面开展办公用房、公务用车自查整改。强化合规管理责任，支公司、各营销网点负责人均签署“依法合规经营承诺书”。开展合规宣导和培训，组织员工学习合规政策和分公司下发的每周普法知识，组织单位干部职工参加普法考试。深入开展反洗钱自查工作，做好客户身份识别，客户资料保存，客户风险等级划分和可疑交易分析工作，加强风险排查，防范洗钱风险。依法诚信纳税，年内，人保财险仁化支公司获韶关市2016年模范纳税户。

【内部建设】 2017年，人保财险仁化支公司落实销售队伍人力资源改革，加强销售团队建设。推广营销管理系统使用，做好渠道清分，加强销售团队建设与产能提升。加强业务队伍建设，提高销售人员占比。推进车商渠道建设，提升渠道掌控力。坚持“以客户为中心”，整合服务资源，创新服务举措，提升客户满意度。加强员工健康关心服务，办好员工重大疾病意外险和女性特定疾病保险，加强员工身体体检安排。加强支公司员工饭堂建设，方便员工就餐。推进文体协会建设，加强“职工之家”建设，营造良好工作环境，增强员工幸福感。

中国人民财产保险股份有限公司仁化支公司负责人名录：

经　理：邓军贵

副经理：曾海祥（2017年6月任职）

经理助理：张全忠

曾　凯（任至2017年5月）

（黎奎芳）

中国人寿保险股份有限公司仁化县支公司

【概况】　中国人寿保险股份有限公司仁化县支公司是中国人寿保险股份有限公司下属的分支机构（简称“中国人寿仁化支公司”）内设总经理室、办公室、客户服务部、个险销售部、中介代理部、团险销售部，辖营业及服务网点董塘营业部、长江镇营销服务部、周田镇营销服务部、城口镇营销服务部4个。截至2017年年底，中国人寿仁化支公司有278人，其中：一线业务骨干及精英269人，在职干部、职工10人（包括正、副总经理各1人、客户服务部经理1人）。

2017年，中国人寿仁化支公司贯彻落实相关工作部署，区域竞争力和影响力得到进一步提升。

【业务效益】　截至2017年12月31日，中国人寿仁化支公司总保费收入5527万元，比上年增加637万元，同比上年增长13.02%。新单保费收入2034.24万元。其中：①个险渠道。三到九年期交保费205.58万元，与上年同比减少40.43%；十年期交保费931.70万元，与上年同比增长74.62%；短期健康险保费50.19万元，与上年同比增长39.63%；短期意外险保费85.82万元，与上年同比减少0.03%。②银保渠道。趸交保费210.19万元，与上年同比减少72.79%；三到九年期交保费171.95万元，与上年同比减少16.80%；十年期交保费104.51万元，与上年同比增长90.21%；短期险保费15.03万元，与上年同比增长35.55%。③团险渠道。短期险保费259.27万元，与上年同比增长18.65%，其中意外险保费109.88万元，与上年同比减少20.56%。续期保费收入3492.76万元。全年给付支出3393万元，比上年增加125万元，同比上年增长3.82%（其中：满期给付支出2808万元、年金给付支出280万元、赔款给付支出305万元）。

【政企合作】　2017年，中国人寿仁化支公司加强与仁化人民政府沟通，通过仁化人民政府《关于加快推进‘银龄安康行动’的通知》文件精神，加大力度推广，抓好老年人意外伤害综合保险工作。与各乡镇、村委积极沟通，层层推进，提升基层干部、老年人、群众知晓率、认知度、获得感。做好前期准备工作，提升自付费业务覆盖率。全年全县参与到银龄安康行动老年人1.2万人，覆盖率36.71%。

【业务发展】　2017年，中国人寿仁化支公司坚持“以个险为基础、多管齐下、全面发展”指导方针，以多种方式和各种渠道给予营销员拓展工作支持和帮助。在公司内部各营销团队之间开展比拼活动，互相取长补短，交流心得体会，形成你追我赶局面。通过团队主管集中早会，根据各自团队实际情况小结分析及时反馈每天业务动态，有针对性地对次日工作进行部署和安排，对一些比较长时间不出单营销员，主管专门陪访跟进；对各团队或营销伙伴自行组织下乡开展客户说明会，在人力、物力及交通方面给予支持。

【强化风险管控】　2017年，中国人寿仁化支公司开展纪检巡查，严格执行中共中央“八项规定”精神和廉洁自律规定。强化廉政意识，完善廉政档案，促进党风廉政建设。加强风险自查及风险防范宣传教育，全面开展员工关键岗位轮换、监督管理及销售人员合规性监测工作，有效排查业务销售、业务管理、内控制度与执行、“三重一大”等情况。

【品牌宣传】 2017年，中国人寿仁化支公司强化保险行业公众宣传意识，推动保险行业形象持续改善和全社会保险意识提高。年内，继续开展“牵手”系列客户服务活动和“国寿客户节”组织策划极速客养、少儿绘画大赛、“知心姐姐”等活动。继续推出“爱无疆 责任在行”系列保险公众宣传日推广活动。举办大型健康讲座，邀请韶关市粤北人民医院专家到场为客户召开防癌养生健康讲座，提供医务答疑、现场咨询等服务，提高全民保险意识，倡导群众学保险、懂保险、用保险，了解保险含义及功能。提高运用保险机制促进和谐社会建设能力和水平；凝聚社会共识，通力协作，营造良好环境，促进保险业稳中求进、持续发展，发挥社会保险业“稳定器”和经济“助推器”作用，实现“守护美好从一份保障开始”。

【客户服务水平】 2017年，中国人寿仁化支公司坚持“成己为人、成人达己”“双成”文化理念，深化体制机制改革，在加强集团管控、完善公司治理、推进资源整合、强化风险管理、提升综合服务能力等方面迈出坚实步伐，综合实力快速发展、经营管理显著增强、品牌形象大幅提升。提升综合服务能力，满足客户多元化金融保险需求，创新服务内容。推进客户服务专业化进程，完善“95519”服务专线、“中国人寿广东省分公司”官方微信公众号、“e宝账”、“e路通”和微商城全自助式寿险保单电子化服务系统，提升服务效率。客户只需拨打“95519”，或是进入手机微信用扫一扫扫描“中国人寿”二维码，提供实现业务咨询、信息查询、保险投诉、挂失登记、理赔报案等“一站式”保险服务。

【履行社会责任】 2017年，中国人寿仁化支公司举办“国寿金矿企业家招募”增员活动，给有梦想愿意付出的人提供才华展示机会，搭建创业平台，在一定程度上缓解社会就业压力，承担保险行业社会责任。加强与社会公众、政府部门沟通联系，塑造公司形象。履行承诺，保障客户权益，提高服务品质和效率，开展各种各样特色客户服务活动。开展保险服务“温暖下乡”活动，拓展农村网点业务。推进政企合作，勇担社会责任。

【党建工作】 2017年，中国人寿仁化支公司强化责任担当。制定党建工作方案，严抓计划落实。深化基层党建联系点及党员领导干部“一岗双责”工作机制。坚持完善、严格落实中心组理论学习制度，带动党支部学习，提高党员干部政治理论素养。规范党支部建设。全对照规范标准开展专项检查，持续追踪整改落实情况。严肃党内政治生活。落实“三会一课”、民主生活会、领导干部双重组织生活、民主评议党员及谈心谈话等制度。推进“两学一做”学习教育常态化、制度化。加强党务干部培训，召开党员大会，组织党课学习，增强常态教育、管理和监督。学习贯彻十九大精神，多次召开专题学习会议，制定学习方案，加强内部学习宣传，掀起学习宣传贯彻十九大精神新高潮。

中国人寿保险股份有限公司仁化县支公司负责人名录：

总 经 理：李志英

副总经理：曾秀山（任至2017年5月）

罗家京（2017年6月任职）

（邹健伟）

教科文卫体

教育概况

2017年，仁化县教育局内设股室办公室、人事股、财务股、教研室、教仪站、教育股、督导室、德体卫艺股、招生考试办公室、结算中心10个。行政（事业）编制34名，后勤服务编制3人。全年全局实有人数29人，其中局长1名，副局长3名。

2017年，仁化县有各类学校115所，其中高级中学、完全中学、中职学校、电大进修学校、特殊学校各1所、初级中学6所、九年一贯制学校7所（含凡口学校）、完全小学13所，初级小学43所，幼儿园41所。全县中小学教职工2515人，其中在职教师2485人，在职职工30人。全县幼儿教师学历达标率100%，小学教师学历达标率100%，初中教师学历达标率98.7%，普通高中教师学历达标率98.2%，中职学校教师学历达标率71%，“双师型”教师占专业课教师46%。

2017年，全县学龄前三年幼儿9464人，入园幼儿9274人，学前三年教育普及率为98%。义务教育阶段在校学生23413人，其中小学450个班16771人，初中150个班6642人。小学阶段6—11周岁学龄儿童16159人，在校学生16771人，毛入学率103.79%，学年内辍学率为零。初中阶段12—14周岁人口5697人，在校学生6642人，毛入学率116.59%。九年义务教育巩固率93.06%。普通高中学生6345人，高中阶段毛入学率97.99%。适龄“三残”儿童少年148人，在校学生144人，入学率97.3%。中职学校开设教学班23个，学生798人，毕业班学生推荐就业率99%。有成人文化技术学校11所。全县教育形成以基础教育为主，拥有幼教、普教、职教、成教、特教等布局合理、规模适当多方位教育体系。

教育管理

【教育投入】 2017年，仁化县教育经费总投入 54075万元（教育经费统计报表数据）。全年全县免费义务教育学生22259人，免费资金3066.59万元。发放义务教育困难家庭学生生活费补助3915人97.375万元，发放学前教育生活费补助1496人149.6万元，高中受助学生675人助学资金135万元。开展生源地信用助学贷款工作，全县有考入高校就读家庭经济困难学生办理生源地信用助学贷款134人。

【教师队伍建设】 人才引进。2017年，仁化县教育局根据《事业单位公开招聘人员暂行规定》有关要求和经仁化县人民政府批准，公开招聘大专院校毕业生到中学及农村基层小学和幼儿园任教，确保全县达到广东省推进教育现代化先进县标准。年内，按照“公开、平等、竞争、择优”原则，通过笔试、试教、面试和实践操作方式面向全国（含县域户籍生源）公开招聘大学本科、专科和幼儿师范学历专业对口应（历）届普通高校（全日制）毕业生，招聘高中（中职）教师25名、义务教育阶段教师28名、幼儿园教师10名。

职称评定。2017年，仁化县根据省关于教师专业技术资格评审工作文件精神，全县通过高级职称评定36人，通过中级职称评定40人，通过初级职称评定25人，认定教师资格86人。

继续教育培训。2017年，仁化县落实《中小学教师继续教育规定》及省、市有关继续教育文件精神，提高中小学教师教育教学水平，促进教师教育改革和发展，提高校长和教师队伍整体素质。3月，安排2016年招聘的97名新教师参加韶关市新教师培训、6位幼儿园园长和10位校长参加任职资格培训；4月，安排105位学校中层干部参加韶关博雅文化教育大讲坛培训、选派45位初中物理、化学、生物实验教师参加培训活动；5月，安排8位副校长到东莞虎门跟岗学习、安排1位校长参加广东省乡村优秀校长培训、安排6位中小学校长、副校长，幼儿园园长（副园长）到虎门仁化实施教育融合发展对接行动跟岗学习培训；5—6月，组织2393位教师参加《工匠精神与广东制造》公需科培训；7月，选派3位教师参加“国培计划”示范性项目培训；8月，安排2位特校教师参加全市特殊教育学校校长、中层干部培训高研班、组织71位新招聘教师参加岗前培训；9月，组织15位初中语文、英语、生物教师参加顶岗置换培训、推荐2位教师参加京苏粤浙中小学卓越教师高端研修；10月，组织8位教师参加韶关市高中英语、生物骨干教师培训班、40位幼儿园园长或中层干部到乳源参加幼儿园管理高级研修班培训、组织40位骨干班主任参加班主任核心素养与智慧提升高级研修班学习、组织45位学校教学副校长外出交流学习。

山区、农村边远地区义务教育学校教师岗位津贴落实情况。2017年，仁化县教育局根据省市文件精神，联合县财政局、县人力和社会资源保障局制定《仁化县2017年山区和农村边远地区教师生活补助实施方案》，落实山区、农村边远地区义务教育学校教师岗位津贴，激励优秀教师在农村、边远山区安教、乐教。2017年1月起，农村、边远山区在编在岗教师严格按省文件精神发放津贴，具体为山区一类、山区二类、平原一类学校、平原二类，最高月津贴1400元，全县山区、农村边远地区义务教育学校有在岗教师1697人，人均山区岗位津贴从原来875元提高到910元，扩面到乡镇幼儿园及丹霞街道农村学校。

先进教师基本情况。2017年，仁化县有1人被评为韶关市优秀乡村校长，8人被评为韶关市优秀乡村教师。

【德育工作】 2017年，仁化县中小学德育工作贯彻落实中央8号文精神和《2017年韶关市中小学校德育体育卫生艺术教育工作要点》要求，立德树人，以创建文明校园为契机，全面加强学生思想道德建设，促进学生健康发展。

完成2017年“创文”任务。年内，各中小学校通过主题班会、宣传栏、制作宣传展板、发放《致家长的一封信》、创文问卷调查表，采用校讯通、家长微信群等渠道加强创文宣传，提高知晓率。每周发送创文宣传信息3次，入户宣传3次、发放《致家长的一封信》5万份，创文问卷调查表2.5万份。师生背诵社会主义核心价值观“24字”通过率100%。对照指标体系，完成档案整理。按照《创建全国县级文明城市测评体系任务分解表（2017）》及《未成年人思想道德建设工作测评体系任务分解表（2017）》，历经5个月10次修改，完成2015—2017年文档修改工作。

校园文化建设见成效。年内，举办校园文化建设主题讲座，邀请番禺区东怡小学校长简理怀、校园文化建设领域专家陈晓东介绍学校特色内涵发展专题讲座；邀请省督学王巨华到县指导校园文化建设工作；印发《关于加强校园文化建设工作督导的通知》（仁教通〔2017〕83号），确立股室帮扶学校制度，明确阶段工作任务，扎实推进校园文化建设。印发《关于开展仁化县中小学特色校园文化建设评估的通知》（仁教通〔2017〕85号），制定《仁化县中小学校园文化建设评估标准》，促进学校内涵发展。12月，组建3个组深入全县26所学校开展校园特色文化建设工作评估，做好推进教育现代化先进县验收准备。各校结合学校实际，挖掘当地人文历史，确定办学理念和“一训三风”，在校园内精心设计景观、画像等设施，结合文化定位开展校园品牌活动，开发校本教材，把校园文化融入学校管理中，营造育人文化氛围，提升校园文化内涵。

加强法制教育。2017年，县教育局与县人民检察院联合开展“法治进校园”活动，全年进入中小学校开展活动11所11场次，受教学生1003人次；参加韶关市“善美之城·与法同行”第三届青少年儿童法治文艺比赛，仁化一中、田家炳小学的节目获创作一等奖。加强毒品预防教育。5月19—21日，与公安局联合举办“2017年仁化县中小学毒品预防教育师资全员培训”活动，25所中小学校2317名教师分4批次参加培训，提前实现毒品预防教育师资全员培训目标。组织参加“护航青春 携手禁毒”2017年广东省青少年毒品预防教育课件设计比赛，有6位教师获奖。

加强心理健康教育。开展心理健康教育专题讲座。8月29日，在田家炳小学举行“教师职业 快乐人生——新学期教师心理健康主题讲座”，组织教师220余人参与。举行心理健康教育活动课比赛。9月21—22日，举行2017年仁化县中小学心理健康教育活动课比赛，分设小学组、初中组、高中组3个组别，优秀选手参加市级比赛均获二等奖。

重视加强德育干部培训。2017年，县教育局组织4批次112名班主任分别到清远、东莞、韶关、乳源等地参加新学期班主任核心素养与智慧提升培训，学习和借鉴优秀班主任工作方法和成长经验。5月27日，组织县城10所学校校长、主任参加2017年韶关市教育系统创文培训，学习创文工作经验，参观九龄小学、和平路小学等学校4所。11月底，组织25间中小学校德育副校长、主任到福建省泉州市参加德育培训。

“关心下一代”工作落到实处。2017年，全县动员学生参与“朝阳读书”“红旗飘飘引我成长”“中华魂（辉煌与梦想）”主题教育活动。组织中小学生学习《党史国史》、《血色岭南 军魂长存》图片展、《辉煌与梦想》读书活动、关爱留守儿童活动等，全县参加活动学生25000人次，订购《辉煌与梦想》读本1700余本。主题教育活动中，评选出优秀征文130余篇。组织参加2017年韶关市中小学（幼儿园）家庭教育优秀案例评选有6人分别获一、二、三等奖。参加“工匠精神与职业院校德育工作”征文活动中，县教育局获优秀组织奖，获一等奖2人、二等奖5人、三等奖4人。

【体育和艺术工作】 2017年，仁化县注重学校体育特色发展，形成“校校有特色，人人有项目”学校体育格局。仁化中学（田径、武术）、仁化一中（田径、足球）成为省特色发展学校，县实验学校、凡口学校、黄坑中学为全国足球特色发展学校，丹霞中心小学为乒乓球特色发展学校，田家炳小学为省足球、毽球特色发展学校。

实施阳光体育活动，确保每天锻炼一小时。全县各学校全面实行大课间体育活动制度，每天统一安排30分钟大课间体育活动，提高学生身体健康水平。开展冬季长跑活动，将冬季长跑活动与体育课教学、《国标》测试、学校体育特色建设相结合，形成学生体育锻炼习惯。2017年，《国家学生体质健康标准》测试和上报率100%，及格率96%，优良率32%。

举办多层次、多形式的体育、艺术竞赛，落实体育艺术2+1项目。2017年1—3月，开展教育系统书画、诗集作品征集活动，征集优秀作品70幅；5月，举办仁化县中小学生乒乓球比赛；11月，举办仁化县中小学生足球比赛。3—12月，开展“名师学子诵经典”活动，并在县电视台生活频道播放。5月25日，举办仁化县中小学“文明礼仪伴我行”演讲比赛活动。6—9月，联合县精神文明办在全县中小学校开展“童心向党”歌咏活动。7—8月，组织健儿参加韶关市第十五届青少年运动会获得金牌65枚、总分1506分，有12人4次打破4项市纪录，获得市运会学校体育组金牌总数、团体总分全市第一名；仁化中学获广东省体育传统项目武术套路比赛团体总分第二名。10月28日、29日，在田家炳小学举办“绘仁爱之城 创文明校园”2017年仁化县中小学校（幼儿园）艺术比赛。

健康与卫生教育。开展2017年春、秋开学季传染病防控工作部署。5月，做好周田中学发生的流行性腮腺炎防控工作。9月1日至10月10日，联合县卫计局对全县中小学校卫生评价进行抽样检查。10月31日，联合县卫计局举办全县学校卫生综合评价培训班。11月，检查全县幼儿园食堂卫生，完成全县7所学校食堂“灭C”工作。12月，开展仁化县中小学“12·1”世界艾滋病日宣传教育活动，接受市卫计局传染病防控工作检查。12月23日，组织校医、卫生人员在县慢性病防治站举办学校结核病防控暨心理健康教育培训班。12月，完善中小学、幼儿园食堂监管系统数据上报工作。

【教育教学】 加强教学常规管理。2017年，县教研室深入基层学校，采取“2+1”模式（教研室每周2天到基层学校开展集体视导，教研员每周1天到学校进行课题指导或开展学科片区教研活动），加强教学视导。集体视导做法为上午听课，中午查阅教师教案、作业批改、学科计划、教研组活动记录及课题开展情况，下午与听课教师交流，与学校行政领导进行反馈并提出对学校教学及管理意见和建议。

扎实开展片区教研活动。片区活动形式为“同课异构+交流研讨+学科讲座”。以同课异构为抓手，提高教师课堂操控能力和驾驭教材能力，重点解决用教材教学生，关注信息技术辅助课堂教学。全年，各学科教研员开展片区教研活动52次，参与活动教师1000多人次。

做好“两考”备考工作。①中考复习备考。到各中学听课视导，有重点指导复习备考工作。召开全县初三年级思品、语文、数学、英语、物理、化学复习备考研讨会。组织全县性初三模拟测试2次，并把数据及时反馈给各校，及时发现存在问题，找到解决问题方法。②高考复习备考。组织高三学生参加省、市组织的各项模拟测试。及时通报各地高考资料和信息。做好“市一模”“广一模”“广二模”等大型测试成绩分析工作。及时把握高考动态，主动应对。根据2017年新高考改革方案，县教研室组织全县高三教师到湖北黄冈、河北衡水等地实地考察，了解外省使用全国试题情况，为备战高考做好充分准备。

“两考”成绩。①高考成绩。2017年有1213名学生参加普通高考，其中重点本科上线人数141人，上线率11.62%；本科以上上线人数710人，上线率58.53%；专科以上上线人数1206人，总上线率99.42%。仁化中职参加职业类高考考生21人，上线21人，上线率100%。②中考情况。2017年中考，全县总分平均分为439.8分，总分600分以上考生94人，全县各科平均分均超市平均水平。仁化中学录取资格线为420分，仁化一中为339分。全县仁化中学以上上线率为56.5%，普高上线率为76.7%。

师生竞赛成绩。2017学年，仁化县学生参加全国、省、市各项竞赛，获全国一等奖7人、二等奖11人、三等奖33人；获全省一等奖50人、二等奖133人、三等奖224人；获全市一等奖57

人、二等奖123人、三等奖276人。全县教师参加全国、省、市各项教学技能比赛，获省级奖17人、市级奖48人。

教育科研成绩。教师在全国、省、市以上刊物发表教育教学论文37篇。教师论文参加全国、省、市各级评比，获全国奖1篇、省级奖23篇、市级奖78篇。有42个教育教学研究课题结题，其中省级课题6个、市级课题16个、县级课题20个。

【教育信息化建设】 2017年，仁化县投入1516.916万元实施教育装备现代化工程，为创建教育现代化先进县提供保障支撑，统一标准、统一品牌，新装备云教室5间；装备希沃交互式智能教学一体机269套，实施农村教学点“班班通”工程，实现41个教学点班班有多媒体教学平台；推进平安校园建设，为41个教学点安装校园监控和一键报警设备；推进智慧课堂建设，新增智慧课室9间，普及师生移动学习终端505套，推广基于云平台的互动、个性化学习；推进县教育系统同步课堂建设，搭建县教育视频网平台，新增精品录播室4间，教学点常态化录播课室8间，周田中心小学、长江中心小学、董塘中心小学所有教学点装配异地同步课堂，实现优质学校帮扶薄弱学校、教学点共享优质教育资源，推动教育公平。开展县教育系统区域云图书馆建设，全县中小学校（含教学点）全部图书采编加工，录入区域云图书馆，实现信息化管理。在创强复评5个镇中小学校、幼儿园中投入328.29万元，用于教学设施设备配备。推进信息技术与教育教学深度融合，全年引进“学乐云”教学平台，教师开通学习空间“人人通”100%，学生90%，学生家长30%，达到常态化应用。加强培训，组织好各类教研竞赛活动，1月，组织部分校长、分管教学副校长、局教研员、教仪站人员53人到东北师大参加8天信息技术培训班。组织参与各类教研竞赛活动，县教育局、仁化一中、田家炳小学、长江中心小学、实验学校获韶关市中小学生电脑制作最佳组织奖，县教育局获得广东省第十七届中小学生电脑制作比赛优胜单位奖。学生作品获市一等奖12个、二等奖37个、三等奖68个，长江中心小学获国家级一等奖2个，仁化一中教师杨宝林参加第二十一届全国教育教学信息化大赛获得一等奖。2016—2017年度“一师一优课，一课一名师”活动，全县参加晒课教师738人，晒课793节，其中有实录课例60节，获得县级优课39节、市级优课15节、省级优课4节。仁化一中被省教科院认定为“广东省基础教育研究实验基地学校”，项目为“信息技术与学科教学深度融合的实验研究”。

【教育督导】 省教育强镇复评。2017年，仁化县根据《广东省教育创强督导验收办法》要求，做好教育强镇复评工作。多次组织市、县督学深入镇（街）、学校和幼儿园督促强镇复评工作进度，形成督导通报4次。多次督促指导长江等5镇完成省教育强复评申报工作；9月，配合市人民政府教育督导室做好督前检查工作。督促指导年内复评的相关镇针对初评时督导验收组的后续发展建议以及县教育督导室和市人民政府教育督导室督前检查中提出的存在问题进行整改。12月，长江镇、黄坑镇、周田镇、红山镇和大桥镇接受并通过省教育强镇复评督导验收，全县通过省教育强镇第一轮复评督导验收。

全国义务教育阶段学生科学学习质量、德育状况监测。2017年，仁化县按照《广东省教育厅关于做好2017年全国义务教育阶段学生科学学习质量、德育状况监测的通知》（粤教督函〔2017〕5号）要求，第二次参加全国义务教育阶段学生学习质量监测。3月，成立义务教育质量监测工作领导小组，上传各种工作资料；4月1日，组织第一次专题培训会，来自县领导小组成员、责任督学以及18个样本校校长、副校长、主监测员80余人参加培训。5月5日，再次组织县派责任督学、主监测员，各样本校校长、业务副校长、信息员等80余人参加培训。5月16日，收到“2017年国家义务教育质量监测”监测工具箱20个。5月19日，各责任督学（视导员）到各自负责的样本校检查“2017年国家义务教育质量监测”前准备工作。5月22—24日，国家义务教育质量监测省级监测员彭海元到县各样本校督查测试准备工作落实情况。5月25日，全县18所样本校20个监测点进行2017年国家义务教育质量监测，5月26日通过县机要邮局回邮监测材料，完成质量监测工作。

创建广东省推进教育现代化先进县暨省教育强县复评。2017年年初，仁化县召开中小学校长、幼儿园园长会议，解读《广东省教育现代化督导验收办法》《广东省教育现代化督导验收方案》《仁化县创建广东省推进教育现代化先进县实施方案》，明确创建广东省推进教育现代化先进县工作思路、工作方法和工作要求。对照《广东省推进教育现代化先进县（市、区）督导验收指标体系》进行全面“短板”排查，要求责任区督学紧密结合“创现”工作需要加强责任学校、幼儿园督导，积极开展创建教育现代化先进县工作。指导全县中小学校（幼儿园）对照“创现”指标要求进行“补短板创特色”。做好创建广东省推进教育现代化先进县和省教育强县复评督导验收，即“两评合一”申报工作。2月，从基层学校抽调6名骨干行政和教师成立“创现”办公室资料组，按计划起草“仁化县申报广东省推进教育现代化先进县督导验收”“仁化县申报广东省教育强县复评督导验收”自评报告等申报材料，按要求收集整理相关资料。5月15日、16日，省教育厅党组成员、副厅长王创率省教育厅教育“争先”第二视导组到仁化县部分学校、幼儿园进行督导，指出仁化县在学前教育、义务教育、师资队伍、财政投入、信息化建设、对外开放交流等方面存在的问题，并要求扎实进行整改；6月12日，仁化县制定整改方案；8月完成申报材料送县政府审核，9月送市政府审核并作推荐，10月正式向省人民政府教育督导室上报申报材料。9月7日，县召开2017年教师节表彰暨教育“创现”工作推进会。11月28日，广东省人民政府教育督导室发出《广东省人民政府教育督导室关于韶关市等四个县（区）申报推进教育现代化先进县（区）暨教育强县（区）复评整改意见的函》（粤府教督函〔2017〕95号），12月28日向广东省人民政府教育督导室提交《仁化县申报广东省推进教育现代化先进县暨教育强县复评整改情况报告》。

督学责任区。根据上级有关工作要求，安排专项督导，开展规范义务教育阶段学校办学行为专项督导工作，实地督导检查各校（幼儿园）开学条件保障、规范办学行为、校园安全管理、校车安全管理、校舍安全管理和食品安全等6大项17方面情况。10月13日至11月，对推进实施全面改善贫困地区义务教育薄弱学校基本办学条件工作（简称“全面改薄”）组织开展学校自查和县全面核查。开展中小学有偿补课和教师违规收受礼品礼金问题专项治理、校园欺凌专项治理、学校美育工作专项督导、《学校体育三年行动计划（2015—2017年）》实施情况等工作。开展全县教师队伍建设专项督导。重新调整督学责任区，完成督学换届工作。开展市一级幼儿园复评和规范化幼儿园督导验收。县督导室多次督导闻韶镇、黄坑镇、长江镇、董塘镇、周田镇、大桥镇6所中心幼儿园和10所民办幼儿园，形成督导通报，督促整改。完成长江镇明星幼儿园、海丽达幼儿园、红苹果幼儿园、扶溪镇童乐幼儿园、周田镇智慧岛幼儿园、黄坑镇阳光幼儿园和博思特幼儿园县规范化幼儿园评估验收。4月，闻韶镇中心幼儿园、长江镇中心幼儿园、黄坑镇中心幼儿园接受市一级幼儿园复评督导验收；12月，周田镇中心幼儿园、大桥镇中心幼儿园、董塘镇中心幼儿园接受市一级幼儿园复评督导验收。

【教育财务结算中心】 2017年，仁化县教育局协助学校做好《2016年部门决算报表》《2016年教育经费统计报表》填报工作，做好2017年年初预算及2017年1—6月份学期收支计划审核工作。统筹2017年义务教育学校公用经费用于信息化建设工作，分批支付相关款项。协助学校按照年初预算安排做好新学期教学设备政府采购工作，配合学校和银行，做好开学收费检查工作，保证资金安全、及时、准确缴入国库。实施《仁化县学校（幼儿园）经费支出的管理暂行办法》（仁教字〔2016〕40号）及《仁化县中小学校（幼儿园）发展建设报批管理暂行规定》（仁教字〔2016〕41号），完善财务规章制度，规范学校公用经费管理。完成财政一体化平台延伸到各校测试工作。协助学校做好2016年各季度“三公”经费填报审核工作。协助审计部门做好学校法人离任审计，完成义务教育保障经费内审工作。将县域3所高中（中职）学校财务纳入县教育局结算中心集中核算管理。

【仁化县青少年宫】 仁化县青少年宫创办于2004年，位于县城中心锦江路2号，为股级全额事业单位，隶属县教育局领导和管理，内设办公室、活动部、培训部。在编人员5人，其中主任1人（法人代表）、财务2人（其中1人兼数学老师，1人兼舞蹈教师）。专职教职工20人，其中特聘兼职指导教师13名。

2017年，县青少年宫继续开设书法、绘画、拉丁舞、跆拳道、舞蹈、钢琴、电子钢琴、电子琴、小提琴、奥数、阅读与写作、小新星英语、开心数学等科目，满足全县青少年学生校外培训和教育活动需求。全年开设课外辅导班47个，包括各科目课外辅导、舞蹈班、乐器班、美术班、棋类以及运动类班级。其中，针对语文、数学、外语开设课外辅导班有拼音识字班、硬笔书法班、软笔书法班、三至六年级阅读与写作班、珠心算指心算基础班、三至六年级趣味数学班、四至六年级奥数班共11个班；小新星英语（包括特色口语、少儿口语、三至四年级星同步班）6个班。舞蹈班分为中国舞与拉丁舞类。中国舞分为中国舞启蒙班、提高班，中国舞表演1与表演2班，语言艺术班共9个班。拉丁舞分为初级、中级与高级班，共6个班。乐器类辅导班有钢琴、电子琴、葫芦丝、小/中/大提琴、长笛与萨克斯班。美术类班级分为少儿绘画初级、高级班以及素描班等，共9个班。运动类班级有跆拳道初/中、高级共4个班。象棋基础与提高班共2个班。

基础教育

【幼儿教育】 截至2017年年底，全县有幼儿园41所，其中公办幼儿园13所，民办幼儿园28所，边远乡村设有混合幼儿班。全县学龄前三年幼儿9464人，入园幼儿9274人，学前三年入园率98%，入园率超出省市平均指标。全县有幼儿园教职工985人，其中专业教师501人，在编教师198人，取得教师资格证385人。

2017年，全县新审批民办幼儿园1所，异地新建扶溪镇中心幼儿园，新增学位320个。公开招聘在编幼儿教师10名，充实到各镇中心幼儿园，解决公办幼儿园师资不足问题。按照省市文件精神，对全县民办幼儿园开展年度检查，规范民办幼儿园办学行为；开展普惠性民办幼儿园认定，认定仁化县普惠性民办幼儿园1所，全县公办和普惠性民办幼儿园覆盖率85.4%；开展“片区管理”活动，采取“以公带民”形式开展教研活动，促进全县学前教育健康发展。

2017年仁化县幼儿园、混龄幼儿班统计表

表19

独立幼儿园（所）						小学附设混龄班（个）	在园在班幼儿（人）	教职工（人）					
合计	教育局办	单位办	镇办	村办	私立			合计	其中				
									园长	教师	保育员	保健医生	其他
41	12	1	0	0	28	12	9464	985	55	501	253	17	159

2017年仁化县幼儿园情况一览表

表20

序号	幼儿园名称	地址	开办时间	在园幼儿人数（人）	教学班（个）	教职工数（人）	占地面积（平方米）	建筑面积（平方米）	等级
1	仁化县机关幼儿园	仁化县新城横路27号	1961年8月	512	14	67	4189	4958	省级
2	仁化县第二小学附属幼儿园	仁化县解放东路68号	2006年9月	213	5	19	4280	962	县级
3	长江镇中心幼儿园	长江镇田心村	2012年9月	296	8	35	1752	1752	市级
4	石塘镇中心幼儿园	石塘镇文昌街	2012年7月	133	4	19	2192	1148	市级
5	黄坑镇中心幼儿园	黄坑镇沿堤路5号	1996年8月	247	7	27	1200	1120	市级
6	城口镇中心幼儿园	城口镇莲塘口	1979年8月	228	6	24	800	1142	县级
7	红山镇中心幼儿园	红山学校内	2013年8月	170	6	19	901	678	县级
8	周田镇中心幼儿园	周田镇居民街	1999年9月	411	12	52	3120	2259	市级
9	大桥镇中心幼儿园	大桥镇鸿桥路	1999年9月	198	6	25	1331	1331	市级
10	扶溪镇中心幼儿园	扶溪镇平方馆	2009年9月	283	8	29	2840	2851	市级
11	闻韶镇中心幼儿园	闻韶镇白竹村	2010年3月	145	5	20	3290	1020	市级
12	董塘镇中心幼儿园	仁化县董塘镇繁塘路12号	2015年9月	274	7	28	2200	1696	市级
13	仁化小太阳幼儿园	仁化县建设路174号	1997年7月	260	8	28	250	800	无
14	仁化水南中英文幼儿园	仁化县水南花苑一至二楼	2010年3月	170	6	23	1800	1470	县级

续表20

序号	幼儿园名称	地址	开办时间	在园幼儿人数（人）	教学班（个）	教职工数（人）	占地面积（平方米）	建筑面积（平方米）	等级
15	仁化蓝天幼儿园	仁化县聚福花园A栋二层	2013年8月	120	5	13	850	720	无
16	仁化华英幼儿园	仁化丹霞大道27号银海花园E1E2栋一层	2014年9月	305	9	32	1880	1480	县级
17	仁化县蓓蕾幼儿园	仁化县建设路23号富临雅苑A栋3–4楼	1997年2月	397	11	46	730	1460	县级
18	丹霞麻塘村幼儿园	丹霞街道办原麻塘小学内	2013年2月	80	3	10	1200	600	县级
19	丹霞金果果幼儿园	丹霞大道黄屋村39号	2014年9月	172	5	18	1100	915	县级
20	仁化县快乐之星幼儿园	仁化新东大街富兴楼33号	2016年3月	170	5	18	600	1800	无
21	仁化县新起点幼儿园	仁化新东五谷村142号	2016年3月	158	5	19	2600	1300	无
22	仁化海丽达幼儿园	仁化县建设路29号盈锦花园A3栋负一、二层	2016年5月	358	11	40	2200	2800	县级
23	仁化县博思特幼儿园	仁化县建设路135–2号新车站	2016年12月	165	5	23	3200	1660	县级
24	仁化县爱儿思一品城幼儿园	仁化县新东大街8号晖景一品城C区1–2楼	2017年8月	259	9	26	1254	574	无
25	仁化红苹果幼儿园	仁化县建设路128号	2016年5月	190	6	21	1200	1000	县级
26	凡口新世纪幼儿园	凡口矿人民路	2003年9月	92	4	11	611	440	县级
27	凡口培正幼儿园	凡口新村路新村粮站	2000年2月	112	4	12	500	657	县级
28	凡口博艺幼儿园	凡口建设路	2000年7月	138	4	15	2863	1350	县级
29	董塘镇博雅幼儿园	董塘凡塘路13号	2001年2月	375	10	42	820	1980	县级
30	董塘镇天诚幼儿园	董塘镇仁塘路7号	2000年7月	280	8	19	1500	1600	县级
31	董塘镇开心宝宝幼儿园	董塘凡塘路（法庭旁边）	2005年8月	255	8	22	500	1500	县级
32	董塘镇坪岗凯利幼儿园	坪岗晶滢小学内	2000年8月	102	3	11	1200	448	县级

续表20

序　号	幼儿园名称	地　址	开办时间	在园幼儿人数（人）	教学班（个）	教职工数（人）	占地面积（平方米）	建筑面积（平方米）	等　级
33	董塘金太阳幼儿园	坪岗工业园社区	2002年8月	90	4	12	1000	600	无
34	黄坑镇阳光幼儿园	黄坑镇丽水街153号	2009年9月	192	6	17	797.5	923	县级
35	长江镇小天使幼儿园	长江镇供销大厦二楼	2014年7月	101	4	11	1100	780	无
36	长江镇锦江幼儿园	长江镇粮所	2011年9月	226	7	22	1800	705	县级
37	仁化县长江镇明星幼儿园	仁化县长江镇黄金坝村	2016年1月	208	6	22	1600	2100	县级
38	周田镇月岭中英文幼儿园	周田镇平甫村委石口村小组	2003年5月	153	6	19	1680	980	县级
39	周田镇智慧岛幼儿园	仁化县周田镇韶南大道117号	2016年1月	296	8	36	4500	1950	县级
40	扶溪镇童乐幼儿园	仁化县扶溪镇站前路	2016年5月	171	5	15	500	1080	县级
41	凡口矿幼儿园	凡口矿黄土高原中心幼儿园	1985年6月	244	9	35	5600	2636	无

【义务教育】　2017年，仁化县有义务教育阶段学校71所，其中完全中学1所，初级中学6所，九年一贯制学校7所（含凡口矿学校），中心小学7所，完小6所，教学点43所，特教学校1所。义务教育阶段在校学生23413人，其中小学450个班16771人，初中150个班6642人。小学阶段6—11周岁学龄儿童16159人，在校学生16771人，毛入学率103.79%，学年内辍学率为零。初中阶段12—14周岁人口5697人，在校学生6642人，毛入学率116.59%，学年内辍学学生0人。九年义务教育巩固率93.06%。适龄“三残”儿童148人，在校144人，入学率97.3%。义务教育阶段各项指标达到省市要求。

2017年仁化县九年义务教育情况统计简表

表21

小　学						初　中				
完全小学、一贯制（所）	分教点（个）	特教学校（所）	班（个）	学生（人）	毛入学率（%）	完全中学（所）	普通初中（所）	班（个）	学生（人）	毛入学率（%）
22	43	1	450	16771	103.79	1	6	150	6642	116.59

2017年仁化县小学基本情况一览表

表22

学校名称	地　址	开办时间	学生数（人）	教学班数（个）	教职工数（人）	占地面积（平方米）	建筑面积（平方米）	级　别
仁化县第二小学	仁化解放东路68号	1906年	380	8	21	7128	3757	正股
仁化县田家炳小学	仁化新城路32号	1962年	2648	49	138	13156	18679	正股
董塘镇中心小学	董塘繁塘路12号	1919年	1592	34	104	24285	11765	股级
董塘镇坪岗完小	董塘坪岗工业园内	1950年	267	6	13	23345	3559	—
董塘镇五一2完小	凡口706	1986年	155	6	13	25597	1667	—
石塘新华书店希望小学	石塘镇	1938年	593	12	37	10105	6089	股级
长江中心小学	长江镇锦江村	1919年	1322	30	81	22102	8013	股级
长江里周丘超荣小学	长江镇里周村	1950年	205	6	15	10000	4536	—
长江秦丽璋纪念小学	长江镇木溪村	1950年	214	7	17	8500	1826	—
丹霞中心小学	丹霞大道39号	1975年	567	13	46	6564	4115	股级
粤港警察希望小学	丹霞黄屋村	1960年	221	6	15	5888	1590	—
周田中心小学	周田月岭大街61号	1918年	1579	34	91	23951	17933	股级
大桥省善希望小学	大桥镇鸿桥路	1950年	507	13	37	9669	5695	股级
黄坑铭源希望小学	黄坑镇府前路44号	1936年	765	18	55	36550	5933	股级
董塘白莲教学点	董塘白莲村委会旁	1958年	4	3	4	4000	728	村级
董塘河富教学点	董塘河塘村	1951年	21	3	4	10600	1346	村级
董塘新莲教学点	董塘新莲村委会	1950年	22	3	5	8000	946	村级
董塘高莲教学点	董塘高莲村	1956年	17	3	5	11868	1379	村级
董塘高宅教学点	董塘高宅村委会	1940年	14	3	4	10392	990	村级
董塘五一教学点	董塘五一贵地村	1948年	32	3	5	9600	930	村级
董塘安岗教学点	董塘安岗村	1970年	17	2	5	4950	1508	村级
丹霞街道胡坑小学	丹霞胡坑村	1953年	44	2	2	3768	1409	村级

续表22

学校名称	地　址	开办时间	学生数（人）	教学班数（个）	教职工数（人）	占地面积（平方米）	建筑面积（平方米）	级　别
丹霞街道官口小学	丹霞官口村	1954年	42	2	2	4800	485	村级
丹霞街道康溪小学	丹霞康溪村	1951年	47	2	2	3200	753	村级
周田镇灵溪小学	周田镇灵溪村委	1950年	87	5	11	3282	2226	村级
周田镇平甫小学	周田镇平甫村委	1984年	33	2	3	8000	830	村级
周田镇较坑小学	周田镇较坑村委	清末民国初期	7	2	2	5000	562	村级
周田镇周田小学	周田村委	1918年	17	2	2	3000	370	村级
大桥镇古洋小学	大桥镇古洋村委	1950年	41	2	5	9876	788	村级
大桥镇长坝小学	大桥镇长坝村委	1952年	7	2	3	3600	492	村级
黄坑镇古竹小学	黄坑古竹村委会旁	1950年	2	1	2	4500	715	村级
长江镇省善希望小学	长江镇陈欧村	1957年	69	3	4	3500	2216	村级
长江镇河田小学	长江镇河田村	1956年	165	6	10	4800	1154	村级
长江镇白石湾教学点	长江河田村白石湾	1970年	18	2	2	1300	256	村级
长江镇莲河教学点	长江镇莲河村	1953年	15	2	2	1600	407	村级
长江镇凌溪小学	长江镇凌溪村	1953年	13	2	2	2454	516	村级
长江镇塘洞小学	长江镇塘洞村	1952年	9	2	2	1400	192	村级
石塘镇同心小学	石塘镇下中坌村	1960年	11	2	3	3500	1156	村级
石塘镇光明小学	石塘镇光明村	1950年	18	2	3	5652	521	村级
石塘镇京群小学	石塘镇京群村	1955年	24	2	3	9560	2004	村级
石塘镇上中坌小学	石塘镇上中坌村	1959年	12	2	3	8000	1004	村级
红山镇烟竹教学点	红山镇烟竹村	1953年	92	4	6	5430	706	村级
红山镇前洞教学点	红山镇前洞村	1954年	14	2	2	1680	1168	村级
红山镇中山教学点	红山镇中山村	1930年	21	2	3	1067	398	村级
红山镇福和希望小学	红山镇青迳村	清末民国初期	3	1	2	1814	708	村级

续表22

学校名称	地址	开办时间	学生数（人）	教学班数（个）	教职工数（人）	占地面积（平方米）	建筑面积（平方米）	级别
丹霞岭田小学	丹霞岭田村委	1950年	71	2	4	16000	3018	村级
丹霞狮井小学	丹霞狮井村委	1956年	34	2	3	18000	2810	村级
丹霞夏富小学	丹霞夏富村委	1951年	23	2	3	2250	1180	村级
丹霞车湾小学	丹霞车湾村委	1954年	19	2	4	3730	1263	村级
城口恩村小学	城口恩村	1951年	95	5	8	4500	1195	村级
城口上寨小学	城口上寨	1951年	10	2	1	2700	948	村级
城口东罗小学	城口东罗	1951年	17	2	2	2100	756	村级
城口东坑小学	城口东坑	1951年	0	0	0	1864	878	村级
城口六联小学	城口厚坑	1951年	0	0	0	9100	1177	村级
扶溪镇斜周小学	扶溪镇斜周村	1967年	14	2	2	1300	1040	村级
扶溪镇厚塘小学	扶溪镇厚塘村	1966年	8	2	3	1420	686	村级
扶溪镇左龙小学	扶溪镇左龙村	1966年	7	2	2	1480	411	村级

2017年仁化县中学基本情况一览表

表23

学校名称	地址	开办时间	学生数（人）	教学班数（个）	教职工数（人）	占地面积（平方米）	建筑面积（平方米）	级别	体制
仁化中学	仁化县龙井村3号	1925年	2737	56	258	166618	45472	正科	公办
仁化县第一中学	仁化县新东大街16号	1979年	2508	50	220	60000	32850	副科级	公办
仁化长江中学	长江镇长江中学	1956年	771	18	71	40000	16974	股级	公办
仁化董塘中学	仁化董塘镇五一村	1958年	757	18	88	100050	10780	副科	公办
仁化双峰寨中学	仁化石塘镇	1968年	277	6	37	33966	8616	股级	公办
仁化周田中学	周田韶南路北188号	1956年	639	14	81	59000	18210	股级	公办
仁化大桥中学	大桥鸿桥路42号	1964年	192	6	36	13259	11055	股级	公办
仁化黄坑中学	黄坑府前路04号	1968年	271	6	33	25673	3608	股级	公办

2017年仁化县九年一贯制学校基本情况一览表

表24

学校名称	地　址	开办时间	小学学生数（人）	中学学生数（人）	小学教学班数（个）	中学教学班数（个）	中小学教职工数（人）
仁化县实验学校	建设路高坪村38号	1994年	1662	821	31	16	中小学总数167
仁化县丹霞学校	仁化建设路198号	1964年	320	395	9	10	中小学总数88
仁化县格顶小学	仁化格顶矿	1959年	14		4		小学9
仁化闻韶镇泰学校	仁化闻韶镇白竹村	1972年	278	125	7	3	中小学总数32
仁化县扶溪学校	仁化扶溪镇	2009年	666	263	16	7	中小学总数80
仁化县城口学校	城口小河背水12号	1925年	468	179	12	6	中小学总数58
仁化县红山学校	仁化县红山镇	1972年	413	143	12	5	中小学总数67
仁化县凡口学校	仁化县董塘镇	1958年	699	361	18	9	中小学总数98

【普通高中教育】 2017年，仁化县高中阶段学龄人口有6475人，在校学生6345人，其中普通高中在校学生4004人（含县域外就读207人），中职在校学生1117人（含县域外就读319人），技校在校学生1224人，高中阶段毛入学率 97.99%。2017年，全县有普通高中学校2所，其中仁化中学为广东省国家级示范性高级中学，仁化县第一中学（简称“仁化一中”）是市一级完全中学。

仁化中学。2017年，仁化中学有教学班56个，学生2737人，教职工258人，其中专任教师230人（研究生学历15人、本科学历215人），高级职称48人，中级职称120人。2017年，学校坚持“仁爱统领，全面发展，创办特色”办学理念，“以德立教，教研求精，开发潜能，面向全体”教学理念，秉承“建设好一个服务型的领导班子，一支研究型的教师队伍，一个学习型的班级集体”管理宗旨，确定“教师有专长，学生有特长，办学有特色”省级优质高中办学目标，发展成积极向上、健康和谐学校文化与办学特色。全年全校参加高考893人，其中重本上线人数113人，重本上线率12.65%；本科上线人数452人，本科上线率50.62%；专科上线人数326人，专科以上上线率99.78%。

2017年仁化中学普通高中教育情况表

表25

普通高中（所）	高中班（个）	学生（人）	毕业生（人）	高考报考人数（人）	高考实考人数（人）	总上线人数（人）	总上线率（%）	重点本科上线（人）	重点本科上线率（%）	本科上线人数（人）	本科上线率（%）
1	56	2737	936	927	893	891	99.78	113	12.65	452	50.62

仁化一中。2017年，仁化一中有教学班50个，其中初中部26个班、高中部24个班，学生2508人；教职工220人，其中本科以上学历181人，大专学历11人；高级职称37人，中级职称106人。2017年，仁化一中高考上线率为98.24%，其中，本科上线人数66人，大专上线人数142人。

2017年仁化县普通高中教育情况表（仁化一中）

表26

普通高中（所）	高中班（个）	学生（人）	毕业生（人）	高考报考人数（人）	高考实考人数（人）	总上线人数（人）	总上线率（%）	重点本科上线（人）	重点本科上线率（%）	本科上线人数（人）	本科上线率（%）
1	24	1060	326	246	227	223	98.24	15	6.61	66	29.07

【特殊教育】 2017年，全县适龄残疾儿童少年148人，在校学生144人，其中特殊学校25人，随班就读学生79人，送教上门学生40人，入学率97.3%。

2017年仁化县特殊教育基本情况表

表27

学校名称	地　址	开办时间	学生数（人）	教学班数（个）	教职工数（人）	占地面积（平方米）	建筑面积（平方米）
仁化县特殊教育学校	仁化县东风横街30—2号	1994年	25	8	5	480	408
适龄残疾儿童少年	在校学生数					毕业生数	特殊学校职工数
	总计	特殊学校	随班就读	送教上门	入学率		
148	144	25	79	40	97.3%	2	5

【职业教育】 2017年，仁化县中等职业学校（简称“仁化中职学校”）有教学班23个，学生798人，开设新职高、旅游服务与管理、会计电算化、机械加工（含数控、模具、钳工、焊工、汽车维修）、制冷与家电、幼师、电工、计算机（含平面、动漫设计）专业9个。有专任教师67人，专业教师44人，占专任教师66%；本科学历65人，占专任教师97%；硕士研究生学历2人，占专任教师3%；高级职称1人，占专任教师1.5%；中级职称32人，占专任教师的48%；“双师型”教师占专业教师46%。

2017年仁化县中等职业技术教育学校基本情况表

表28

学校名称	地址	开办时间	学生数（人）	教学班数（个）	教职工数（人）	毕业人数（人）	专业分布情况（人）				占地面积（平方米）	建筑面积（平方米）	级别	体制
							工科	财经	文科	其他				
仁化中等职业学校	仁化建设路1号	1993年9月	798	23	75	278	590	6	202	0	87700	31800	省重点	公办

【成人教育】 2017年，全县有镇（街）成人文化技术学校11所，全年举办优生优育、种养技术和劳动技能等各类培训班，培训学员6791人次，其中发证663人。

2017年仁化县成人学校基本情况表

表29

学校名称	地　址	开办时间	学生数（人）	教职工数（人）	占地面积（平方米）	建筑面积（平方米）	级　别	体　制
大桥成人文化技术学校	大桥镇鸿桥路	1980年	11	10	650	1000	—	公办
石塘成人文化技术学校	石塘镇京群村	1987年	1160	17（兼职14）	2148	752	市级	公办
董塘成人文化技术学校	董塘繁塘一路	1995年	1513	21	400	400	—	公办
长江成人文化技术学校	长江沙坪村田心组	1988年	368	5（兼职）	2105	707.2	市级	公办
闻韶成人文化技术学校	闻韶镇政府	1992年	124	15	630	517	—	公办
丹霞成人文化技术学校	丹霞计生办3楼	1993年	1769	10（兼职）	160	142.3	—	公办
周田成人文化技术学校	周田镇政府	1987年	173	14	6500	2000	—	公办
黄坑成人文化技术学校	黄坑镇政府大院	1987年	248	7	600	470	市级	公办
扶溪成人文化技术学校	扶溪镇文化馆内	1994年	145	9	1200	800	—	公办
城口成人文化技术学校	城口小河背水12号	1996年	365	6	180	180	—	公办
红山成人文化技术学校	红山镇文化站	1980年	915	7	1401.45	1238.35	—	公办

仁化县教育局负责人名录：

局　长：刘秀琼（女）

副局长：肖振东　肖移珍（女）
唐　华

（何光理）

科学技术

【概况】 仁化县科学技术局（简称“县科技局”，加挂“仁化县知识产权局”“仁化县地震局”牌子），设立科技管理与知识产权股股和地震管理股2个股室。其中，科技管理与知识产权股股负责全县科学技术管理工作和知识产权保护、专利申请；国家、省市、县科技项目申报、组织实施工作，科技成果鉴定、科技进步奖申报工作，国家、省市科技考核工作等。地震管理股负责防震减灾管理工作。

【科技投入】 2017年，全县地方财政投入科技事业经费总额2282万元，比上年增加286.1万元，达到当年财政总支出（扣除专项转移支付）1.98%。

【科技项目资金】 2017年，县科技局争取省、市科技部门科技资金扶持科技项目2项，涉额资金48万元。年内，省科技厅向仁化县预下达科技资金60万元，其中用于高企培育30万元、企业研究开发补助30万元。县科技局向韶关市科技局推荐科技项目韶关市五马寨菌业有限公司《猴头菇系列功能食品深加工及产业化开发》和仁化县红山镇富农茶叶专业合作社《红山白毛茶酒研究开发项目》2个，其中《猴头菇系列功能食品深加工及产业化开发》获得市科技局立项，立项金额18万元。仁化县人民政府向长江镇水电管理所、仁化县红山镇富农茶叶专业合作社、仁化县新农人生态农业发展有限公司科技创新项目，扶溪镇政府与仁化县子明优质水稻农民专业合作社开展的鸭稻共作合作项目4个项目发放科技创新补贴资金20万元。

【科技成果】 2017年，仁化县韶关凯鸿纳米材料有限公司“氨法耦合超高温煅烧工艺制备亚微米煅烧氧化锌新技术研究”和丹霞冶炼厂“脱氯技术在湿法炼锌流程的研究和应用”2个项目分别获2016年韶关市科技进步奖二等奖、三等奖。

【高新技术企业认定】 2017年，仁化县韶关中弘金属实业有限公司、韶关凯鸿纳米材料有限公司和广东英业达电子有限公司三家企业被全国高新技术企业认定管理工作领导小组办公室认定为高新技术企业。2017年年末，仁化县高新技术企业增至5家，当年高企总数增加150%。

【高新技术产品认定】 2017年，仁化县广东英业达电子有限公司、韶关凯鸿纳米材料有限公司、鸿伟木业（仁化）有限公司、仁化县奥达胶合板有限公司、深圳市中金岭南有色金属股份有限公司（该公司2017年通过认定的“高品质精矿”根据市科技局属地分类归入仁化）有12项产品通过广东省高新技术企业协会认定。

2017年仁化县企业通过广东省高新技术企业协会高技术产品认定情况表

表30

序　号	企业名称	产品名称	纳税人识别号	所在地市
1	广东英业达电子有限公司	储能用铅酸蓄电池	9144022240952706001	仁化县
2	广东英业达电子有限公司	免维护铅酸蓄电池	9144022240952706001	仁化县
3	广东英业达电子有限公司	固定型铅酸蓄电池	9144022240952706001	仁化县
4	广东英业达电子有限公司	深循环蓄电池	9144022240952706001	仁化县
5	广东英业达电子有限公司	太阳能储能电池	9144022240952706001	仁化县
6	广东英业达电子有限公司	胶体电池	9144022240952706001	仁化县
7	韶关凯鸿纳米材料有限公司	煅烧纳米氧化锌	91440224582984985L	仁化县
8	鸿伟木业（仁化）有限公司	洗衣机盖板专业刨花板	91440200749960003P	仁化县
9	鸿伟木业（仁化）有限公司	货架承重板专业刨花板	91440200749960003P	仁化县
10	仁化县奥达胶合板有限公司	竹木复合集装箱底板用胶合板	91440224763819663F	仁化县
11	仁化县奥达胶合板有限公司	杉木芯细木工无醛胶合板	91440224763819663F	仁化县
12	深圳市中金岭南有色金属股份有限公司	高品质精矿	914403001922063060	仁化县

【知识产权管理】 2017年，全县申请专利234件，其中申请发明专利10件、实用新型专利123件、外观设计专利101件；专利授权70件，其中发明专利授权7件、实用新型39件、外观设计24件。落实2016年专利补助资金84300元。

2017年仁化县专利授权情况表（发放2016年补助资金依据）

表31

序　号	专利号	专利类型	专利名称	授权日	申请（专利权）人	发明人
1	CN201520877412.3	实用新型	蜂巢式多功能果树除草垫	2016/3/16	曾凡强	曾凡强
2	CN201620791566.5	实用新型	电梯全自动安保装置	2016/12/21	曾凡强	曾凡强
3	CN201630027781.3	外观设计	灯条模组（皓月）	2016/8/17	李炳森	李炳森
4	CN201630023552.4	外观设计	光源模组（皓月）	2016/7/6	李炳森	李炳森
5	CN201530312194.4	外观设计	声控止吠器	2016/1/20	李明有	李明有
6	CN201630183606.3	外观设计	礼品袋（堆花米酒）	2016/9/21	李修旺	李修旺
7	CN201530384777.8	外观设计	饰件（太极八卦转心）	2016/2/10	林树峰	林树峰
8	CN201310627172.7	发明	一种过敏性鼻炎外用药及其制备方法	2016/2/3	刘平昌	刘平昌
9	CN201620046812.4	实用新型	按摩椅	2016/6/29	刘少文	刘少文
10	CN201620184759.4	实用新型	双锤头按摩机	2016/8/17	刘少文	刘少文
11	CN201620050819.3	实用新型	按摩椅	2016/11/16	刘少文	刘少文
12	CN201620015091.0	实用新型	双锤头按摩机	2016/6/29	刘少文	刘少文
13	CN201620186194.3	实用新型	双锤头按摩机	2016/10/12	刘少文	刘少文
14	CN201620048715.9	实用新型	按摩椅	2016/6/29	刘少文	刘少文
15	CN201620010911.7	实用新型	双锤头按摩机	2016/8/17	刘少文	刘少文
16	CN201620180648.6	实用新型	按摩床	2016/8/17	刘少文	刘少文
17	CN201520602465.4	实用新型	电动修指甲器	2016/1/20	刘少文	刘少文
18	CN201620002169.5	实用新型	双锤头按摩机	2016/6/29	刘少文	刘少文
19	CN201620180649.0	实用新型	按摩椅	2016/8/17	刘少文	刘少文
20	CN201521124992.5	实用新型	双锤头按摩机	2016/6/29	刘少文	刘少文
21	CN201620178725.4	实用新型	新型按摩机	2016/8/17	刘少文	刘少文
22	CN201620055395.X	实用新型	按摩椅	2016/6/29	刘少文	刘少文

续表31

序　号	专利号	专利类型	专利名称	授权日	申请（专利权）人	发明人
23	CN201630030408.3	外观设计	双锤头按摩机纸盒	2016/8/17	刘少文	刘少文
24	CN201630026824.6	外观设计	双锤头按摩机	2016/6/29	刘少文	刘少文
25	CN201630028769.4	外观设计	双按摩板按摩机	2016/8/17	刘少文	刘少文
26	CN201620171038.X	实用新型	新型按摩机	2016/8/17	刘智敏	刘智敏
27	CN201620076390.5	实用新型	新型按摩机	2016/8/17	刘智敏	刘智敏
28	CN201620078591.9	实用新型	双锤头按摩机	2016/6/29	刘智敏	刘智敏
29	CN201620052053.2	实用新型	台式磨刀片机	2016/7/6	刘智敏	刘智敏
30	CN201620053589.6	实用新型	自动磨刀片机	2016/8/31	刘智敏	刘智敏
31	CN201620156716.5	实用新型	新型按摩机	2016/8/17	刘智敏	刘智敏
32	CN201620158119.6	实用新型	双锤头按摩机	2016/8/17	刘智敏	刘智敏
33	CN201620173713.2	实用新型	新型按摩机	2016/10/12	刘智敏	刘智敏
34	CN201310616386.4	发明	一种拖拉机车斗固定装置	2016/8/17	莫大清	莫大清
35	CN201630086435.2	外观设计	浴室柜（1806）	2016/8/17	彭伟龙	彭伟龙
36	CN201630025246.4	外观设计	浴室柜	2016/6/1	彭伟龙	彭伟龙
37	CN201630086812.2	外观设计	浴室柜（1807）	2016/8/17	彭伟龙	彭伟龙
38	CN201630086487.X	外观设计	浴室柜（1806落地）	2016/8/17	彭伟龙	彭伟龙
39	CN201630086437.1	外观设计	浴室柜（1627）	2016/8/17	彭伟龙	彭伟龙
40	CN201310316563.7	发明	卷布吸水拖把	2016/8/10	仁化县汇能电器销售部	黄锦文
41	CN201520497137.2	实用新型	一种地膜裁剪尺	2016/1/20	仁化县特种名茶综合店	谭桥辉
42	CN201520497141.9	实用新型	一种带绳子的毽子	2016/3/2	仁化县特种名茶综合店	谭桥辉
43	CN201520577304.4	实用新型	铁皮石斛培育室	2016/1/20	韶关车八岭农业科技有限公司	魏召峰
44	CN201520577479.5	实用新型	铁皮石斛种植床	2016/1/20	韶关车八岭农业科技有限公司	魏召峰
45	CN201520577502.0	实用新型	用于大面积种植铁皮石斛的供水池	2016/2/10	韶关车八岭农业科技有限公司	魏召峰
46	CN201630014608.X	外观设计	包装箱（金果柚）	2016/9/21	韶关市金果农业生态园有限公司	李玉英
47	CN201630014606.0	外观设计	包装箱（富硒柚）	2016/8/10	韶关市金果农业生态园有限公司	李玉英

续表31

序 号	专利号	专利类型	专利名称	授权日	申请（专利权）人	发明人
48	CN201520956091.6	实用新型	一种新型的快速溶解反应器	2016/4/27	韶关中弘金属实业有限公司	杜元富 陆凯忠 杨 璐 谢清华
49	CN201620080044.4	实用新型	一种防杂的液压系统	2016/8/31	深圳市中金岭南有色金属股份有限公司丹霞冶炼厂	张庆恩 滕年高 何 磊 朱将荣
50	CN201620081404.2	实用新型	一种反应釜的挡流柱	2016/8/31	深圳市中金岭南有色金属股份有限公司丹霞冶炼厂	黄勇光 周东风 陈吉阳 颜会龙
51	CN201620081403.8	实用新型	一种过滤器	2016/8/10	深圳市中金岭南有色金属股份有限公司丹霞冶炼厂	胡 凯 邓运芳 黄勇光 肖光辉
52	CN201620083541.X	实用新型	一种砂磨机锆珠防溢出装置及砂磨机	2016/10/5	深圳市中金岭南有色金属股份有限公司丹霞冶炼厂	刘新元 邓运芳 黄勇光 胡 立
53	CN201620083516.1	实用新型	一种砂磨机筒体	2016/8/17	深圳市中金岭南有色金属股份有限公司丹霞冶炼厂	刘新元 胡 凯 胡东风 胡 立
54	CN201620084924.9	实用新型	一种防断搅拌轴及搅拌机	2016/8/31	深圳市中金岭南有色金属股份有限公司丹霞冶炼厂	胡东风 张庆恩 郭 涛 黄勇光
55	CN201630008635.6	外观设计	耳机（2016-1）	2016/6/1	谢汉兵	谢汉兵
56	CN201630008651.5	外观设计	耳机（2016-2）	2016/6/1	谢汉兵	谢汉兵
57	CN201520536650.8	实用新型	隔板可折叠的橱柜	2016/1/20	许剑辉	许剑辉
58	CN201520733002.1	实用新型	一种新型文具盒	2016/1/20	许文俊	许文俊
59	CN201521104301.5	实用新型	一种备用储气筒调节阀	2016/5/18	杨建发	杨建发
60	CN201630076835.5	外观设计	真空贴合机（601）	2016/11/23	张国华	张国华
61	CN201630033462.3	外观设计	真空贴合机（203）	2016/8/3	张国华	张国华
62	CN201630058722.2	外观设计	真空贴合机（203L）	2016/8/17	张国华	张国华
63	CN201630058721.8	外观设计	真空贴合机（600）	2016/8/10	张国华	张国华

【防震减灾管理】 2017年，县科技局（县地震局）加强凡口铅锌矿地下水位观测站（粤04井）管理，按时保质向省、市汇报监测相关数据资料；结合“科技进步月”、文化科技卫生“三下乡”活动，向参与群众发放防震减灾知识宣传资料，宣传防灾减灾；联合县科协、县教育局、县消防大队等相关单位，于9月15日到长江镇中心小学、11月14日到董塘镇凡口社区五一（2）小学开展消防安全及防震演练；11月29日，根据省地震预警与烈度速报台网建设项目安排，协助省地震局在仁化县实验学校安装“地震预警与烈度速报信息接收终端”。2017年12月，仁化县地震局在2017年度广东省市县防震减灾工作年度考核中被省地震局评为优秀单位。

【省科技教育基地】 2017年，仁化县科技局组织县域相关部门申报2017年广东省科技教育基地，其中韶关市五马寨菌业有限公司通过认定。该基地以传统农业生产及食用菌为主题，建有传统农业生产工具展示区、食用菌科普长廊、蘑菇工坊、灵芝人工栽培示范区、野生灵芝展示区和灵芝工艺观赏区等景观项目；景观安排有专业讲解员解说农耕文化、食用菌科普知识。

仁化县科技局负责人名录：

局　长： 肖润华

分管领导： 温美莲（女，县科协副主席兼任）

（吴静涛）

文化行业管理

【概况】 截至2017年年底，仁化县文化广电新闻出版局（简称“县文广新局”）有在职干部职工51人。年内，县文广新局认真学习贯彻中共中央决策和习近平总书记系列重要讲话精神、中共十九大会议精神，把握中共十九大对文化工作提出的新要求，完善公共文化服务体系，推进文化惠民工程，丰富群众文化生活，加强文化市场执法，规范文化市场秩序，促进全县文化事业繁荣发展。

【公共文化基础设施】 2017年，中共仁化县委、县政府坚持文化建设与经济建设并重，加大投入，以完善公共文化服务体系为重点，完善覆盖城乡公共文化服务网络。争取并投入100多万元完成以县图书馆为总馆，以长江镇、闻韶镇、董塘镇、红山镇、丹霞山（格物图书馆）5个镇（街）为分馆以及15个服务点的图书馆总分馆体；系争取上级专项资金及莞韶帮扶文化帮扶资金共55万元，完成闻韶镇、红山镇、石塘镇综合文化站升级改造为省二级站工程；全面铺开基层综合性文化服务中心建设工作，投入215万元建设长江镇、长江镇沙坪村、长江镇油洞村、周田镇龙坑村、大桥镇共和村、丹霞街道狮井村、董塘镇河富村、董塘镇南湖村、大桥镇大桥村、周田镇上道村、城口镇上寨村、丹霞街道康溪村、董塘镇安岗村基层综合性文化服务中心13个，投入30万元建设城口镇、闻韶镇文体广场。

【安全播出】 2017年，县文广新局确保广播电视安全播出，加强广告监管，在重要节假日等节点安排值班人员，在中共十九大召开期间落实每天零报告制度，确保安全播出无事故。

【文化市场管理】 2017年，县文广新局做好文化市场日常监管，全年出动文化执法人员1647人次，检查网吧206家次、歌舞娱乐场所89家次、书报刊经营单位116家次、音像出版物经营单位33家次、印刷经营单位23家次、电影院9家次。加强重大节假日和专项检查工作，与工商、公安、消防等部门联合开展“扫黄打非”专项检查6次，安全生产、消防安全联合检查5次，收缴非法出版物3000余册。组织开展中共十九大前安全隐患排查行动，全面排查县城和丹霞山周边文化娱乐场所安全隐患。

【图书】 2017年，仁化县图书馆打造“韶关图书馆联盟仁化馆”，借助加盟韶关图书馆联盟体系，整合资源、优势互补、上下联动、共建共享，推进全县图书馆自动化建设，投入8万余元修复图书馆古籍修复室，提高全县古籍保护工作水平。投入9万多元整治厕所和周边环境，增加残障人士专用厕所。县图书馆全年接待读者6万人次，办理借书证376个，订阅报刊250种，借阅图书4.3万册次。

群众文化活动

【概况】 2017年，县文广新局完善全县公共文化服务体系建设，广泛开展群众文化活动，扎实推进文化惠民工程，丰富全县广大人民群众精神文化生活。

【文化活动】 2017年，县文广新局围绕弘扬社会主义核心价值观、全县创建全国文明县城验收、道德模范表彰、全县第五届运动会开闭幕、国庆节、中秋节及中共十九大召开等重要节点，在县城范围内举办“锦江欢歌”系列广场文艺演出10场；在县图书馆举办书法作品展2期；举办演讲比赛、征文比赛、朗诵比赛、书法比赛、书画作品展览等一系列阅读推广、廉洁读书月教育活动11场次。组织指导各镇（街道）结合重大节庆、重要活动开展民俗巡演、文艺会演、文娱活动比赛等各类文化活动97场次。

【文化惠民】 2017年，县文广新局扎实推进文化惠民工程，实施文化惠民工程，开展文化“三送”下乡活动。聘请业余团队开展广场演出、送戏下乡演出活动，县文化馆专业人才给予一定设备支持和专业指导，开展“携手共建文明城同心共筑中国梦”“共建仁爱仁化·促进戏曲传承”文化消费补贴送戏下乡巡回演出活动2轮56场次；由深圳市前海丝路新语文化传播有限公司在城口恩村举行“情暖南粤·文化关爱与教育宣传综艺专场”文艺演出1场。参与2017年仁化县科技文化卫生“三下乡”暨科普宣传进社区、进企业活动，开展送书、送视频下乡活动12次，送去图书1200多册，发放科普知识资料2400多份。县文化馆选派优秀业务骨干“走出去”到街道、企业、学校机关等，认真开展免费辅导、送戏下乡等活动，全年服务群众13万人次。做好“2131”农村电影放映服务采购项目，完成农村电影放映项目单一来源采购工作，组织开展送电影下乡活动，全年送电影进农村、进社区、进校园、进军营专场电影放映1600场次。

文艺创作·文化交流

【文艺创作】 2017年，县文广新局抓文艺精品创作，继续鼓励文艺作品创作，组织工作人员、广大文艺创作爱好者深入基层、广接地气。创作出舞蹈、小品、表演唱、军体操、音诗画、采茶小戏、广场舞、服装秀、书画作品等内容丰富、形式多样的各类文艺作品30余件，其中，宣扬“精准扶贫”政策采茶小戏《扶贫新曲》获第五届韶关市戏剧曲艺花会比赛戏剧类金奖，极具粤北革命特色表演唱《月姐歌·双峰寨战歌》和反腐倡廉题材小品《车位的名义》分获曲艺类和小品类铜奖，原创中国画作品《高原牧歌》《雨洗高秋》《心闲应是仙》被选送广东省第十四届美术书法摄影作品联展。

【文化品牌】 2017年，仁化县繁荣文艺精品创作，深入挖掘县域文化遗产丰富内涵，创作本土文艺精品，打造特色文化品牌，坚持开展“锦江欢歌”系列广场活动，全年开展广场演出活动10场。

【文化交流】 2017年，仁化县继续开展文化交流工作，配合完成第10期粤赣湘三省三县文艺特刊《南岭风》杂志征稿、组稿和编辑工作。

文物·博物

【文化遗产保护】 2017年，仁化县有序开展文物保护，做好文物保护利用工作。做好文物保护修缮工作，全年投入50万元维修整改文峰塔、澌溪寺塔周边环境，重新修整、粉刷围墙，对云龙寺塔进行塔身修缮，完成申报华林寺塔、双水塔、董劝书院保护规划资金193万元，完成董劝书院、灵溪大石围为省级保护单位申报工作。做好文物巡查工作，全年开展文物巡查2次历时64天，巡查全县范围内各级文物保护单位66处，及时发现并解决文物安全问题，加强对文物保护单位消防安全检查及风险排查，确保文物安全。开展文物保护宣传活动，结合“5·18”国际博物馆日、“八一”中国人民解放军建军节、建国纪念日契机，举办“让文物活起来”文艺专场演出1场，“红色岭南，军魂长存——红军粤北历史图片进校园巡回展览”“花是结果，血是成果——仁化暴动史迹图片展”“迎十九大——中国共产党党旗诞生历程图片展”共36场次，发放文物宣传小册子4000多份，宣传普及县文物保护工作、文化遗产知识。完成韶关市历史文化名村和传统村落文物调查、长征文物基本情况调查以及南粤古驿道遗存资料统计工作。

仁化县文物保护单位一览表

表32

序　号	名　称	公布或批准机关	公布或批准时间、批次	批准文号或备注
1	云龙寺塔	国务院	1988年1月13日、第三批国家级文物保护单位	国发〔1988〕5号
2	双峰寨	国务院	2006年5月25日公布为第六批国家级文物保护单位	国发〔2006〕19号
3	丹霞山摩崖石刻	国务院	2014年3月5日公布为第七批国家级文物保护单位	国发〔2014〕13号
4	鲶鱼转遗址	广东省人民政府	1960年10月30日第一批省级文物保护单位，1978年7月18日重新公布	粤府办〔2002〕56号
5	澌溪寺塔	广东省人民政府	1979年12月19日第二批公布广东省文物保护单位	粤府办〔2002〕56号
6	华林寺塔	广东省人民政府	1989年6月29日第三批公布广东省文物保护单位	粤府办〔2002〕56号
7	水南文峰塔	广东省人民政府	2008年11月18日第五批公布广东省文物保护单位	粤府办〔2008〕68号
8	双水塔	广东省人民政府	2008年11月18日第五批公布广东省文物保护单位	粤府办〔2008〕68号
9	董勤书院（原名：董塘区农会旧址）	仁化县人民政府	1982年3月27日第二批公布为仁化县文物保护单位	仁府〔1982〕第009号

续表32

序　号	名　称	公布或批准机关	公布或批准时间、批次	批准文号或备注
10	安岗思诒堂 （原名：苏维埃政府旧址）	仁化县人民政府	1982年3月27日第一批公布为仁化县文物保护单位	仁府〔1982〕第009号
11	古秦城	仁化县人民政府	1982年3月27日第一批公布为仁化县文物保护单位	仁府〔1982〕第009号
12	仁化县暴动纪念碑	仁化县人民政府	1989年6月3日第二批公布为仁化县文物保护单位	仁府布字〔1989〕4号
13	石塘大革命烈士纪念碑	仁化县人民政府	1989年6月3日第二批公布为仁化县文物保护单位	仁府布字〔1989〕4号
14	红山红军长征革命烈士纪念碑	仁化县人民政府	1989年6月3日第二批公布为仁化县文物保护单位	仁府布字〔1989〕4号
15	长江革命烈士纪念碑	仁化县人民政府	1989年6月3日第二批公布为仁化县文物保护单位	仁府布字〔1989〕4号
16	董塘大革命烈士纪念碑	仁化县人民政府	1989年6月3日第二批公布为仁化县文物保护单位	仁府布字〔1989〕4号
17	覆船岭遗址	仁化县人民政府	1989年6月3日第二批公布为仁化县文物保护单位	仁府布字〔1989〕4号
18	康溪走马坪遗址	仁化县人民政府	1989年6月3日第二批公布为仁化县文物保护单位	仁府布字〔1989〕4号
19	腾凤塔	仁化县人民政府	1989年6月3日第二批公布为仁化县文物保护单位	仁府布字〔1989〕4号
20	历林水口塔	仁化县人民政府	1989年6月3日第二批公布为仁化县文物保护单位	仁府布字〔1989〕4号
21	文明峰塔	仁化县人民政府	1989年6月3日第二批公布为仁化县文物保护单位	仁府布字〔1989〕4号
22	华表峰塔	仁化县人民政府	1989年6月3日第二批公布为仁化县文物保护单位	仁府布字〔1989〕4号
23	张子胄墓	仁化县人民政府	1984年4月4日公布为曲江县文物保护单位。2015年1月6日重新公布为仁化县第四批文物保护单位	曲府布〔1984〕1号 仁府通〔2015〕1号
24	东庄门楼	仁化县人民政府	1993年6月21日公布为曲江县文物保护单位。2015年重新公布为仁化县第四批文物保护单位	曲府〔1993〕126号 仁府通〔2015〕1号
25	老街万年桥	仁化县人民政府	1993年6月21日公布为曲江县文物保护单位。2015年重新公布为仁化县第四批文物保护单位	曲府〔1993〕126号 仁府通〔2015〕1号
26	水南村梁氏宗祠	仁化县人民政府	2011年4月21日仁化县第三批文物保护单位	仁府〔2011〕10号
27	夏富村李氏宗祠	仁化县人民政府	2011年4月21日公布为仁化县第三批文物保护单位	仁府〔2011〕10号
28	恩村蒙氏家庙	仁化县人民政府	2011年4月21日公布为仁化县第三批文物保护单	仁府〔2011〕10号

续表32

序　号	名　称	公布或批准机关	公布或批准时间、批次	批准文号或备注
29	恩村昆寿公祠	仁化县人民政府	2011年4月21日公布为仁化县第三批文物保护单位	仁府〔2011〕10号
30	恩村蒙氏宗祠	仁化县人民政府	2011年4月21日公布为仁化县第三批文物保护单位	仁府〔2011〕10号
31	恩村德志祠	仁化县人民政府	2011年4月21日公布为仁化县第三批文物保护单位	仁府〔2011〕10号
32	古竹村石拱桥	仁化县人民政府	2011年4月21日公布为仁化县第三批文物保护单位	仁府〔2011〕10号
33	春坑古竹石拱桥	仁化县人民政府	2011年4月21日公布为仁化县第三批文物保护单位	仁府〔2011〕10号
34	下徐村黎氏宗祠	仁化县人民政府	2011年4月21日公布为仁化县第三批文物保护单位	仁府〔2011〕10号
35	左龙村石拱桥	仁化县人民政府	2011年4月21日公布为仁化县第三批文物保护单位	仁府〔2011〕10号
36	灵溪大石围	仁化县人民政府	2011年4月21日公布为仁化县第三批文物保护单位	仁府〔2011〕10号
37	石塘镇贻德堂	仁化县人民政府	2011年4月21日公布为仁化县第三批文物保护单位	仁府〔2011〕10号
38	李仲生故居	仁化县人民政府	2011年4月21日公布为仁化县第三批文物保护单位	仁府〔2011〕10号
39	旱禾田民居	仁化县人民政府	2011年4月21日公布为仁化县第三批文物保护单位	仁府〔2011〕10号
40	石塘镇门楼	仁化县人民政府	2011年4月21日公布为仁化县第三批文物保护单位	仁府〔2011〕10号
41	石塘镇杂货铺	仁化县人民政府	2011年4月21日公布为仁化县第三批文物保护单位	仁府〔2011〕10号
42	长江镇广州会馆	仁化县人民政府	2011年4月21日公布为仁化县第三批文物保护单位	仁府〔2011〕10号
43	长江镇刘氏宗祠	仁化县人民政府	2011年4月21日公布为仁化县第三批文物保护单位	仁府〔2011〕10号
44	船背坝石拱桥	仁化县人民政府	2011年4月21日公布为仁化县第三批文物保护单位	仁府〔2011〕10号
45	长江镇陈氏宗祠	仁化县人民政府	2011年4月21日公布为仁化县第三批文物保护单位	仁府〔2011〕10号
46	城口镇红军烈士纪念碑	仁化县人民政府	2011年4月21日公布为仁化县第三批文物保护单位	仁府〔2011〕10号
47	谭甫仁将军故居	仁化县人民政府	2011年4月21日公布为仁化县第三批文物保护单位	仁府〔2011〕10号
48	红军石拱桥	仁化县人民政府	2011年4月21日公布为仁化县第三批文物保护单位	仁府〔2011〕10号
49	黄溪水拱桥	仁化县人民政府	2011年4月21日公布为仁化县第三批文物保护单位	仁府〔2011〕10号
50	宝珠峰塔墓	仁化县人民政府	2011年4月21日仁化县第三批文物保护单位	仁府〔2011〕10号

续表32

<table>
<tr><th>序号</th><th colspan="2">名称</th><th>公布或批准机关</th><th>公布或批准时间、批次</th><th>批准文号或备注</th></tr>
<tr><td>51</td><td colspan="2">雪岩寺</td><td>仁化县人民政府</td><td>2011年4月21日仁化县第三批文物保护单位</td><td>仁府〔2011〕10号</td></tr>
<tr><td>52</td><td colspan="2">海螺峰石乳泉</td><td>仁化县人民政府</td><td>2011年4月21日仁化县第三批文物保护单位</td><td>仁府〔2011〕10号</td></tr>
<tr><td>53</td><td colspan="2">佛日峰塔墓</td><td>仁化县人民政府</td><td>2011年4月21日仁化县第三批文物保护单位</td><td>仁府〔2011〕10号</td></tr>
<tr><td>54</td><td colspan="2">断石村吴氏祠堂</td><td>仁化县人民政府</td><td>2011年4月21日仁化县第三批文物保护单位</td><td>仁府〔2011〕10号</td></tr>
<tr><td>55</td><td colspan="2">细美寨</td><td>仁化县人民政府</td><td>2011年4月21日仁化县第三批文物保护单位</td><td>仁府〔2011〕10号</td></tr>
<tr><td>56</td><td colspan="2">狮子岩庙遗址</td><td>仁化县人民政府</td><td>2011年4月21日仁化县第三批文物保护单位</td><td>仁府〔2011〕10号</td></tr>
<tr><td>57</td><td colspan="2">燕岩禅寺</td><td>仁化县人民政府</td><td>2011年4月21日公布仁化县第三批文物保护单位</td><td>仁府〔2011〕10号</td></tr>
<tr><td>58</td><td colspan="2">锦江岩画</td><td>仁化县人民政府</td><td>2011年4月21日仁化县第三批文物保护单位</td><td>仁府〔2011〕10号</td></tr>
<tr><td>59</td><td colspan="2">澹归塔墓遗址</td><td>仁化县人民政府</td><td>1989年6月3日仁化县第二批文物保护单位</td><td>仁府布字〔1989〕4号</td></tr>
<tr><td>60</td><td colspan="2">锦石岩普同塔</td><td>仁化县人民政府</td><td>1989年6月3日仁化县第二批文物保护单位</td><td>仁府布字〔1989〕4号</td></tr>
<tr><td>61</td><td colspan="2">螺顶浮屠遗址</td><td>仁化县人民政府</td><td>1989年6月3日仁化县第二批文物保护单位</td><td>仁府布字〔1989〕4号</td></tr>
<tr><td>62</td><td colspan="2">金龟岩庙遗址</td><td>仁化县人民政府</td><td>1993年6月21日曲江县文物保护单位。2015年重新公布为仁化县第四批文物保护单位</td><td>曲府〔1993〕126号
仁府通〔2015〕1号</td></tr>
<tr><td>63</td><td colspan="2">涌泉岩庙遗址</td><td>仁化县人民政府</td><td>1993年6月21日曲江县文物保护单位。2015年重新公布为仁化县第四批文物保护单位</td><td>曲府〔1993〕126号
仁府通〔2015〕1号</td></tr>
<tr><td rowspan="2">64</td><td rowspan="2">打锣岩庙、古道</td><td>打锣寨上京古道遗址</td><td>仁化县人民政府</td><td>1993年6月21日曲江县文物保护单位。2015年重新公布为仁化县第四批文物保护单位</td><td>曲府〔1993〕126号
仁府通〔2015〕1号</td></tr>
<tr><td>打锣岩庙遗址</td><td>仁化县人民政府</td><td>1993年6月21日曲江县文物保护单位。2015年重新公布为仁化县第四批文物保护单位</td><td>曲府〔1993〕126号
仁府通〔2015〕1号</td></tr>
<tr><td>65</td><td colspan="2">穿窿岩庙遗址</td><td>仁化县人民政府</td><td>1993年6月21日曲江县文物保护单位。2015年重新公布为仁化县第四批文物保护单位</td><td>曲府〔1993〕126号
仁府通〔2015〕1号</td></tr>
<tr><td>66</td><td colspan="2">古夏司马第祠堂</td><td>仁化县人民政府</td><td>2015年1月6日仁化县第四批文物保护单位</td><td>仁府通〔2015〕1号</td></tr>
<tr><td>67</td><td colspan="2">下徐仇氏宗祠</td><td>仁化县人民政府</td><td>2015年1月6日仁化县第四批文物保护单位</td><td>仁府通〔2015〕1号</td></tr>
<tr><td>68</td><td colspan="2">白竹何屋村何氏宗祠</td><td>仁化县人民政府</td><td>2015年1月6日仁化县第四批文物保护单位</td><td>仁府通〔2015〕1号</td></tr>
</table>

续表32

序　号	名　称	公布或批准机关	公布或批准时间、批次	批准文号或备注
69	白竹刘屋村刘氏宗祠	仁化县人民政府	2015年1月6日仁化县第四批文物保护单位	仁府通〔2015〕1号
70	抗日阵亡将士纪念碑	仁化县人民政府	2015年1月6日仁化县第四批文物保护单位	仁府通〔2015〕1号
71	高岗庙遗址	仁化县人民政府	2015年1月6日仁化县第四批文物保护单位	仁府通〔2015〕1号

说明：该表由仁化县文化广电新闻出版局、县博物馆提供

【非物质文化遗产保护】 2017年，仁化县全面提升非物质文化遗产传承保护水平。争取市级专项资金25万元升级改造省级非遗项目“月姐歌”“土法造纸”传承基地2个，投入15万元在夏富村建成市级非遗项目“装故事”“闹春牛”传承保护基地。做好非遗申报工作，完成“装故事”申报第七批省级非物质文化遗产项目申报工作，以及“土法造纸”“装故事”“丹霞红豆饰品制作”3个项目传承人申报第六批市级非遗项目代表性传承人申报工作。开展非遗宣传活动，组织非遗项目仁化石塘堆花米酒酿造技艺、丹霞红豆饰品制作参加第十三届中国（深圳）国际文化产业博览交易会；配合全省开展“文化和自然遗产日”宣传活动，6月10日在丹霞山举办仁化县非物质文化遗产项目展示展演活动，增强广大群众非物质文化遗产保护意识；配合市文广新局开展全市非遗宣传片拍摄工作。

仁化县省级非物质文化遗产项目名录一览表

表33

序　号	保护项目名称	项目属性	保护级别	公布或批准时间	批准文号
1	石塘月姐歌	民间音乐	广东省第三批省级非物质文化遗产保护项目名录	2009年	粤府〔2009〕112号
2	仁化土法造纸技艺	民间手工技艺	广东省第三批省级非物质文化遗产保护项目名录	2009年	粤府〔2009〕112号
3	《石塘月姐歌》传承人	民间音乐	广东省第二批省级非物质文化遗产项目代表性传承人	2011年	粤文非遗〔2011〕2号
4	《仁化土法造纸技艺》传承人	民间手工技艺	广东省第二批省级非物质文化遗产项目代表性传承人	2011年	粤文非遗〔2011〕2号
5	仁化石塘堆花米酒酿造技艺	民间手工技艺	广东省第四批省级非物质文化遗产保护项目名录	2012年	粤府〔2012〕20号
6	《仁化石塘堆花米酒酿造技艺》传承人	民间手工技艺	广东省第三批省级非物质文化遗产保护项目代表性传承人	2012年	粤文非遗〔2012〕65号

仁化县文化广电新闻出版局负责人名录：

局　长：刘　强

副局长：江美成　叶长盛

（谢　磊）

广播电视

【概况】 2017年，仁化县广播电视台围绕县委县政府中心工作，坚持正确舆论导向，抓好宣传报道和安全播出工作，推进有线电视网络建设，发展有线数字电视业务，提高中央、省、市、县广播电视节目覆盖率，拓展数据多功能增值业务，强化内部管理，广播电视事业得到进一步发展。2017年，县广播电视台被评为县2016年度信访工作优秀单位、创文网格化管理先进责任单位、社会治安综合治理暨平安创建工作目标管理责任制考核优秀单位、消防工作和省政府挂牌督办周田镇火灾隐患重点地区整治工作先进单位，2011—2015年全县法治宣传教育先进集体。

【宣传报道工作】 2017年，县广播电视台在“仁化新闻”栏目播出新闻2281条，在电台播出新闻1720条，“百姓生活”栏目播出节目99期；上送中央电视台和电台播出新闻各1条，上送省电视台和电台播出新闻分别为6条和8条，上送市电视台和电台播出新闻分别为148条和186条。在2016年度全省县（市、区）新闻评析和客家地区播音主持作品评比活动中，县广播电视台获得一等奖1个、二等奖1个、三等奖5个，其中1件作品获省政府三等奖。在市级评比中，获二等奖3个、三等奖7个。

2017年度仁化县广播电视台获省级奖励作品情况一览表

表34

时　间	作品标题	奖　次	授奖单位级	作品作者
2017年1月	《七旬老人手写的感谢信》	三等奖	广东省广播电影电视协会播音主持专业委员会	闫敬宇
2017年3月	《最新〈环保法〉亮剑 仁化开出首张罚单》	一等奖	广东省广播电影电视协会	邓金梅 曾文韬 闫敬宇
2017年3月	《我县警方破获仁化史上最大毒品案》	二等奖	广东省广播电影电视协会	欧健明 曾神福 郭友慧
2017年3月	《惠民工程缘何变成扰民工程》	三等奖	广东省广播电影电视协会	肖　欣 谭　俊 闫敬宇
2017年3月	《“互联网+”精准扶贫》	三等奖	广东省广播电影电视协会	廖志英 江升平 闫敬宇
2017年3月	《红色小镇种贡柑叩开致富门》	三等奖	广东省广播电影电视协会	何燕兵 邓晨峰 郭友慧
2017年4月	《最新〈环保法〉亮剑 仁化开出首张罚单》	三等奖	广东省新闻出版广电局、广东省广播电影电视协会	邓金梅 曾文韬 闫敬宇

2017年仁化县广播电视台送中央人民广播电台、中央电视台采用作品情况简表

表35

播出栏目	播出时间	新闻节目标题	作者
中央13台《新闻联播》	2017年4月6日	《三名登山男子徒手攀岩被困，消防官兵冒雨紧急营救脱险》	肖欣 谭俊
中央10台	2017年12月	《广东韶关：东西南北，欢欢喜喜过大年》	谭作明

重点工作宣传报道。2017年，县广播电视台根据中共仁化县委、县政府中心工作，通过新闻报道、开辟专栏、制作专题片形式，利用广播电视、大型LED电子显示屏幕，认真宣传中共十九大精神，深入宣传报道习近平中国特色社会主义思想，重点宣传报道县委县政府及全县各镇（街）、部门学习宣传贯彻十九大精神、习近平总书记对广东工作重要批示、省第十二次党代会、市委全委会的具体做法和成效；全面深入解读县委“一三九”发展战略，宣传报道县委县政府落实“一三九”发展战略的具体措施和全县各镇（街）各部门学习宣传贯彻“一三九”发展战略的具体做法和成效；认真报道县人大、政协“两会”和创建全国县级文明城市、“两学一做”学习教育、“精准扶贫”、作风建设年活动等的具体做法和成效。办好专题栏目“百姓生活”栏目，制作播出“创文进行时”“政法之窗”“创文曝光台”等，宣传全县在“五个文明建设”中采取的新举措、取得的新成就和各行业涌现出的先进典型及社会新风尚，系统地介绍仁化旅游资源等。

加强市县合作宣传。2017年，县广播电视台分别与韶关广播电视台新闻综合频道和广播新闻综合频道开辟“韶关新闻联播县、市（区）连线”专版和“美丽韶关”专栏，每周分别播出节目1期，全年各播出52期，系统全面宣传中共仁化县委县政府中心工作和“五个文明建设”成果，介绍神奇而美丽仁化风光和厚重人文底蕴，提升仁化知名度。

发挥新媒体宣传职能作用。2017年，县广播电视台协助县委宣传部做好“仁化文明网”“文明仁化”版面设计、内容更新、网络安全维护工作，完善“仁化广电”微信公众号发布内容和形式，扩大仁化本土信息宣传覆盖面，为社会各界了解宣传仁化提供丰富资讯平台。

做好公益宣传。2017年，县广播电视台围绕创建全国县级文明城市、计划生育、“精准扶贫”、招商引资等工作，播放大量公益广告、电视标语、通知、广告、告示、领导电视讲话，发挥广播电视为政治、经济、民生和社会服务职能。

【有线电视网络建设】 有线电视网络建设和维护。2017年，县广播电视台完成县城龙井村等双向网改造和周田、大桥、城口、黄坑镇有线电视数字化，建设有线电视光纤21千米，对旧小区楼房进行集中分配改造，提高有线电视播出质量。整治县城新旧农贸市场“线路乱搭”现象，拆除部分横跨县城主干道电缆，更新广播电视BOSS收费系统，完成盛世铭庭小区、丹霞学校旁棚户区安居房各栋楼光纤入户试点，加强有线电视网络维护管理，提升广播电视网络传输质量。

发展有线电视业务。2017年，县广播电视台组建运营中心，完善管理办法，推出一系列促销优惠措施和开展迎

"五一""七一""十一"优惠促销活动，争取县委县政府支持由县政府发文要求县财政供养人员安装广播电视，发展广播电视用户，减少用户流失。全年完成网络建设及集中分配安装丹霞新城二期步梯楼600户，棚屋区5—6栋、二期2栋电梯楼850户，盛世铭庭328户。截至12月20日，全县在使用有线数字用户26955户（主机22982台、副机3973台），全年新发展有线数字电视用户758户（其中农村用户416户）。

*发展数据多功能增值业务。*2017年，县广播电视台全面完成凡口至红山机房30千米环网建设，争取上级广电网络公司支持，将全县个人宽带网速从6兆提高至20兆；承接全县社会治安视频监控网一类点日常维保工作，更换高清摄像头80支，调整维护高清摄像头等设备一批；建设县公安交警大队"抓拍违停"摄像点建设项目摄像点12个。截至12月20日，个人宽带总用户数为1584户（其中新发展用户912户），共有专线889条（其中新发展政务网OA专线和教育网、公安网、供电网等数据专线82条）。

【安全播出】 2017年，县广播电视台注重安全播出管理，加强对前端机房值班人员教育、培训，加强预警演练，实行严格交接班审核制度、播出机房24小时值班制度和重大节日、重要时段双岗值班制度。加强政治思想学习教育和意识形态工作，开展安全播出大检查，排查和整改存在播出隐患，确保中共十九大等重大安全保障期安全播出，确保2017年高考、中考教育网畅通。

【"精准扶贫、精准脱贫"工作】 2017年，县广播电视台筹集6万多元支持红山镇中山村委建设农家书屋、改造村委办公危房、建设新办公楼、重建围墙，筹措资金1.4万元慰问贫困户65户，开展"精准扶贫、精准脱贫"贫困村有线电视信号覆盖网络光纤建设工作，争取县财政政府债券资金200万元（第一期）建设全县114个贫困村（33个重点贫困村、81个分散贫困村）有线电视信号覆盖网络光纤建设工程项目，完成摸底调查、建设规划、经费预算、设备招标采购等工作，并开工建设。

【党建工作】 2017年，县广播电视台党员干部深入学习宣传贯彻中共十九大精神、习近平中国特色社会主义思想、新党章和习近平对广东工作的重要批示精神及省委十二届党代会、省委十二届二次全会以及市委、县委有关会议精神，学习《中国共产党纪律处分条例》《中国共产党廉洁自律准则》《中国共产党问责条例》等党内法规。严格执行"一岗双责""三会一课"制度、领导班子议事制度和重大事项决策制度，坚持民主集中制原则，开展党组织和党员基本信息采集普查，核准党员党籍信息，开展"固定党日+"活动，加强作风建设，落实全面从严治党要求。

【内部管理】 2017年，县广播电视台进一步加强内部管理，制定《仁化县广播电视台2017年管理细则》《仁化县广播电视台2017年工作岗位责任制》《仁化县广播电视台职工探亲规定》《仁化县广播电视台关于加强办公设备使用管理补充规定》《仁化县广播电视台关于进一步加强工作纪律奖惩管理办法的补充规定》，规范管理，提高工作质量和效率。开展"比学赶超、以评促建、实干担当"主题作风建设年活动，加强台干部职工上班纪律明察暗访力度。对多种形式培训新闻工作者及有线电视、互联网技术人员及台中层干部，提高队伍素质。充实队伍，公开招聘新闻工作人员1名。

仁化县广播电视台负责人名录：

台　长：许关平（任至2017年9月）

郭继周（2017年12月

任职）

副台长： 徐迪敏 欧阳剑蔚
郭继周（任至2017年12月）

（欧阳剑蔚 黄敦雄）

医疗卫生行业管理

【概况】 2017年，全县有县级综合医院仁化县人民医院（二级甲等）1所、县妇幼保健计划生育服务中心1所，民营专科医院1所，县疾控中心、县卫生监督所、县慢性病防治站各1所，中心卫生院1所，建制乡镇卫生院9所，社区卫生服务中心1所，村卫生室113所。全县有卫生技术人员1083人，其中县级医疗卫生机构卫生技术人员413人、专业公共卫生机构卫生技术人员131人、基层医疗机构卫生技术人员539人。住院床位739张，其中县级444张，乡镇295张。

【医疗卫生体制改革】 2017年，县委办、县政府办印发《中共仁化县委办公室 仁化县人民政府办公室关于调整仁化县深化医药卫生体制改革工作领导小组的通知》，将卫生强县和医改工作纳入县政府对部门工作绩效考核内容，确保全县深化医药卫生体制改革实施。根据省、市2017年全面推开公立医院综合改革工作部署，县人民医院、县妇幼保健院自7月1日起取消挂号费，县慢性病防治站自7月起纳入公立医院改革，同步实施取消药品加成、挂号费和调整医疗服务价格政策。2017年，县公立医院（县人民医院、县妇幼保健院）基本药物销售额为1857.49万元，占全部药品销售额54.48%。落实公立医院内部人事管理、绩效工资分配、运营管理等自主权。仁化县县级公立医院有经营管理权和招聘自主权，医院法人全面负责医院业务工作、管理医院日常事务，负责医院人事、财务、资产等管理、按照医院班子会决议主持开展工作。提升县级公立医院服务能力。县人民医院设置特设岗位5个，提高医院ICU、内科、外科、妇产科、儿科科室专科服务能力。通过远程医疗平台及与东莞市人民医院对口支援，有效提高医务人员医疗技术和管理水平，强化县人民医院急诊科、重症医学科等学科建设。

【医疗服务质量管理】 2017年，仁化县建立卫生系统医疗质量管理体系，制定医疗质量管理方案，健全医疗质量管理队伍，全年开展医疗质量管理活动2次。加强医疗质量安全管理、开展“平安医院”创建工作，提高医疗服务质量，完善医疗纠纷人民调解机制，加强医疗机构治安综合管理，提高医院治安防控能力。继续推进医疗纠纷“第三方调解机制”建设，提高全县医疗纠纷人民调解水平。医疗机构通过设立意见箱，公布投诉电话、监督电话，及时回复“网络问政”等方式，受理病人投诉和建议。落实医院安全保卫责任，完善警医联动机制，制定《仁化县维护医疗秩序打击涉医违法犯罪专项行动实施方案》，加强与县公安局沟通，建立警医联动制度，及时调处化解矛盾，严厉打击“医闹”等涉医违法犯罪行为。

【分级诊疗试点】 2017年，仁化县继续推进分级诊疗工作，建立县级公立医院与基层医疗卫生机构之间分工协作制度，通过支援、巡回医疗、培训等形式促进协作。县级医院发挥技术优势，定期对基层医疗机构进行技术指导和培训，提高基层医疗服务机构服务能力和水平。2017年，全县转诊1262人，其中县内转诊236人，县外转诊1026人。

【家庭医生签约服务】 2017年，仁化县按照省、市要求，全面实施家庭医生签约服务。年内，县卫计局多次召开家庭医生签约服务工作推进会，将签约服务目标任务及重点人群测算数逐项细化、分解到每一个基层医疗卫生机构。各基层医疗卫生机构成立家庭医生团队，以高血压、糖尿病等慢性疾病为突破口，扩大签约范围，优先覆盖老年人、孕产妇、儿童、残疾人、贫困人口等重点人群，实现建档立卡农村贫困人口和计划生育特殊家庭全覆盖，全面启动实施家庭医生签约服务工作。截至2017年12月30日，全县10个镇卫生院和1个社区卫生服务中心组建签约团队33个，签约居民77951人，签约率36%；重点人群签约数33371人，重点人群签约率70%。签约服务人群覆盖率、重点人群签约率均超省市30%、60%年内目标要求。

【基本公共卫生服务】 2017年，县卫计局围绕国家、省、市关于促进基本公共卫生服务逐步均等化目标要求，加大公共卫生服务体系建设力度，提高全县公共卫生防控能力和健康服务水平。全年全县累计建立电子健康档案162471份，建档率78.3%，动态使用率41%。全县各基层医疗卫生机构累计在管高血压患者7742人，规范管理率73.42%，管理人群血压控制率62.14%；在管2型糖尿病患者2232人，规范管理率76.16%，血糖控制率65.82%。全县累计重性精神疾病患者登记在册确诊患者1055人，重性精神疾病患者管理率90.17%。所有患者均纳入严重精神障碍患者社区防治项目，并做好随访、评估及健康指导等工作。

【妇幼卫生体系建设】 *孕产妇系统管理。*2016年10月1日至2017年9月30日全县活产儿数2273人，住院分娩2273人，住院分娩率100%，孕产妇系统管理2069人，系统管理率91.03%。按照市三级转诊标准，要求基层对高危孕产妇都要送县级医院，高危孕产妇住院分娩100%，全县无孕产妇死亡。全年辖区人员无新生儿破伤风发生。开展妇女常见病筛查工作，全年妇女常见病筛查1773人，筛查率7.0%。实行免费婚检，2016年10月1日至2017年9月30日全县登婚人数3148人，参加婚前医学检查564人，婚检率17.92%。

积极开展农村妇女“两癌”免费筛查项目。“精准扶贫”“两癌”筛查三年总任务5674人，国家项目任务筛查宫颈癌5000人。“精准扶贫”2017年完成宫颈癌筛查HPV（人乳头瘤病毒）人数2522人，其中HPV阳性226人，16.18型33人。已做TCT（超薄液基细胞学检测）人数180人，高度病变4人；阴道镜95人，活检高度病变17人，手术10人；乳腺筛查人数2561人，其中乳腺B超0级3级4级共45人，已做乳腺钼靶检查35人，已做手术10人，乳腺癌1人。国家项目宫颈癌筛查TCT3623人，TCT异常222人，其中高度病变11人，阴道镜213人，活检高度病变24人。

*全力开展出生缺陷综合防控项目。*2017年1月，仁化县启动出生缺陷综合防控项目，建立健全出生缺陷综合干预中心，加强妇幼健康服务机构服务能力建设，普及出生缺陷三级筛查和诊断技术。该项目于1月起为本地常住人口符合政策怀孕孕妇和符合政策生育新生儿减免规定项目检查费用80%，部分规定项目免费。10月12日，仁化县出生缺陷综合干预中心通过市级验收。

【中医药服务能力建设加强】 2017年，县卫计局根据县委、县政府推进卫生强县、加强医疗卫生服务能力建设有关要求，联合发展和改革局、人力资源和社会保障局、食品药品监管局制定《仁化县中医药服务能力提升工程“十三五”行动计划实施方案》，实施中医药服务能力提升工程，加强县级综合医院、县妇幼保健机构中医药科室建设和基层医疗卫生机构中医综合服务区（中医馆）建设，加强中医药服务能力建设，提高常见病、多发病和慢性病中医规范化诊疗服务能力。

社区卫生

【概况】 仁化县丹霞街道社区卫生服务中心开设内科、外科、妇幼保健科、中医馆、检验科、预防接种门诊、公共卫生科等临床、公卫、医技科室。下属有卫生服务站2个，负责辖区内18个村（场）卫生站（所）管理、培训和指导工作。2017年，丹霞街道社区卫生服务中心有各类卫技人员69人，其中副高职称2人、中级职称14人。开放病床26张。设备有B超、心电图、DR、健康一体机、全自动生化分析仪、全自动血球计数仪、全自动尿液分析仪、血糖仪、多普勒超声诊断仪、中医定向透药治疗仪等。

2017年，中心强化内部管理，完善各项规章制度，建立各类记录，公示检查及收费标准，实行药品零差率销售，执行一般诊疗费制度，推行院务公开。医疗业务工作得到提高，十四项公共卫生服务项目均达标。

【医疗服务】 2017年，丹霞街道社区卫生服务中心加强医疗服务质量管理，严格落实各项医疗质量管理核心制度，抓实医务人员医德医风建设，继续实行24小时值班制度，提高服务水平，医患关系和谐。

【业务工作】 2017年，丹霞街道社区卫生服务中心门诊人次20773人，平均日门诊人57人/次，收治入院病人数512人次，住院人数同比上年上升14%；出院病人数502人次，治愈好转率98%，床位使用率43%。

【公共卫生工作】 2017年，丹霞街道社区卫生服务中心服务总人口62036人，居民健康档案工作以0—6岁儿童、孕产妇、老年人、慢性病患者和重性精神疾病患者等人群为重点，在居民自愿基础上建立统一、规范居民健康档案，信息包括居民个人基本信息、健康体检、重点人群健康管理记录及其他卫生服务记录。全年，丹霞街道社区卫生服务中心居民建档48297人，建档率78.8%；电子档案47766人，电子建档率77%。

【妇幼工作】 2017年，丹霞街道社区卫生服务中心重视妇女儿童健康保障工作。年内，至少为每一位孕产妇开展孕期保健服务5次和产后访视3次，对孕产妇全程追踪与管理，了解产妇产后恢复情况并指导产妇产后保健及常见问题。2017年，丹霞街道社区卫生服务中心管理产妇数662人，产妇管理率88.3%，访视2640人次，产后访视率91.3%，孕产妇建册662人，建册率88.3%。

【高血压、糖尿病管理】 2017年，丹霞街道社区卫生服务中心对高血压、糖尿病等慢性病高危人群进行筛查、随访评估、分类干预、健康体检。对35岁以上人群实行门诊首诊测血压。为高血压和糖尿病患者定期随访、建档，指导患者用药、饮食、运动、心理等。全年登记管理高血压病人1640例，规范管理1538人，管理率94%，随访率94%，随访血压达标1380人，血压控制率84.2%；糖尿病病人630例，规范管理603人，管理率96%，随访率94%，随访达标530人，血糖控制率84.8%。

【重性精神疾病管理】 2017年，丹霞街道社区卫生服务中心对辖区内诊断明确、在家居住重性精神疾病患者进行登记管理、治疗随访和康复指导。全年登记管理重症精神病患者258人，定期上门随访指导，结合随访进行体检，规范管理229人，规范管理率88.7%。

【家庭医生签约服务】 2017年，丹霞街道社区卫生服务中心制定《仁化县丹霞街道社区卫生服务中心2017年家庭医生式服务工作方案》。全年召开专题会议6次，组建团队7个，团队成员65人，举办培训会议12次，已签约19371人。

【卫生监督协管服务】 2017年，丹霞街道社区卫生服务中心辖区内有集中式供水单位2家，学校卫生单位14家，医疗机构19家，总计35家。开展相关卫生知识培训，培训率100%。按新规范要求开展食品安全信息报告、职业卫生咨询指导、饮用水卫生安全巡查、学校服务、非法行医和非法采供血信息报告，协助巡查饮用水39处，其他巡查174次，发现并报告线索1条。

【“精准扶贫”】 2017年，丹霞街道社区卫生服务中心成立“精准扶贫”工作小组，安排乡村医生通知并带领贫困户到中心免费体检，体检项目有空腹血糖测量、尿常规、血常规、肝功能、肾功能、B超、心电图。年内建档贫困人口775人，建档率94%%，参加免费体检贫困人口88人。

疾病预防与控制

【概况】 仁化县疾病预防控制中心（简称“县疾控中心”）是仁化县卫生和计划生育局下属副科级公益一类事业单位，事业编制34名，2017年实有在职人员39人，正式编制33人，临聘人员6人。经费由县财政补助一类拨付。

2017年，县疾控中心有建筑面积3200平方米，其中实验室面积750平方米，占总面积23.4%，功能性区域区分明确，设备布局科学合理，有合适空间便于操作和维修，配备冷暖空调和除湿机，控制实验环境条件，确保检验检测质量，提高结果准确度。按照《省、地、县级疾病预防控制机构实验室主要仪器装备标准》，县级应为39类61台（件），该中心有30类56台（件），检验设备达标率75.6%，未达到疾控机构绩效考核指标（≥90%）要求。按照《省、地、县级疾病预防控制机构检验能力标准》，县级机构基本检验能力118项，该中心实际能开展101项，实验室检验项目开展率85.6%，达到疾控机构绩效考核指标（≥85%）要求。

【免疫规划与预防接种工作】 2017年，县疾控中心开展一类苗规范接种，接种、建卡率达标，完成托幼机构和学校接种证查验工作。开展预防接种异常反应监测，全年报告疑似预防接种异常反应35例，均及时正确处理，无接种事故发生。开展麻疹病例监测，全年报告麻疹疑似病例7例，经市实验室检测均排除。开展AFP病例监测，全年报告疑似AFP病例6例，其中经省实验室确诊排除脊髓灰质炎3例，经临床诊断排除3例。

2017年仁化县基础疫苗接种表

表36

疫苗名称	2017年1至11月本地加流动儿童接种情况			
	剂　次	应种数（人数）	已种数（人数）	接种率%
乙肝疫苗	1	2809	2809	100
	1（及时）	2809	2781	99
	2	3192	3191	99.97
	3	3026	3025	99.97
卡介苗	1	2660	2660	100
脊灰疫苗	1	2986	2984	99.93
	2	3262	3260	99.94
	3	3166	3163	99.91

续表36

疫苗名称	2017年1至11月本地加流动儿童接种情况			
	剂　次	应种数（人数）	已种数（人数）	接种率%
百白破疫苗	1	3176	3173	99.91
	2	3084	3081	99.9
	3	2969	2964	99.83
含麻类疫苗	1	3029	3026	99.9
A群流脑疫苗	1	2990	2988	99.93
	2	2895	2890	99.83
乙脑疫苗	1	3105	3104	99.97
甲肝疫苗	1	2736	2735	99.96

2017年仁化县加强疫苗接种表

表37

疫苗名称	2017年1至11月本地加流动儿童接种情况			
	剂　次	应种数（人数）	已种数（人数）	接种率%
脊灰疫苗	4	3358	3354	99.88
百白破疫苗	4	2799	2798	99.96
白破疫苗	1	3236	3233	99.91
含麻类疫苗	2	2716	2715	99.96
A+C流脑疫苗	1	2872	2868	99.86
	2	3038	3032	99.8
乙脑疫苗	2	2813	2810	99.89

2017年，县疾控中心门诊为城区儿童开展预防接种服务，新生儿建卡855人，接种卡介苗 56人次，脊灰3076人次，免费IPV425人次，无细胞百白破3338人次，白破657人次，麻风839人次，麻腮风595人，甲肝619人，新生儿乙肝1836人次，A群流脑1623人次，A+C群流脑1008人，乙脑1459人次，自费乙肝604人次，儿童甲乙肝191人，轮状病毒苗340人，HIB苗269人，水痘547人， 小儿流感375人次，成人流感389人次，EV71（手足口病）982人次，23价肺炎228人次。

接受药监部门监督，加强疫苗冷链管理，开展二类苗推广使用，二类苗全部从省采购平台采购，全年全县用二类苗22000支，有效控制传染病暴发流行。

【传染病防治】 做好传染病管理和控制。2017年，县疾控中心加强不明原因肺炎、埃博拉出血热、人感染H7N9禽流感、流感、登革热、流行性腮腺炎、手足口病、狂犬病、霍乱、重点感染性腹泻等重点传染病监测，加强重点区域和重点人群防控工作，未发现不明原因肺炎病例、人感染H7N9禽流感病例、登革热、寨卡病毒病病例，未发生季节性流感疫情。全年全县传染病发病数1401例，发病率662.79/10

万。各病种发病情况：艾滋病3例，肝炎207例（乙肝182例、丙肝19例、戊肝2例、未分型4例），乙脑1例，痢疾8例（细菌性痢疾3例、阿米巴性痢疾5例），肺结核119例，伤寒5例，副伤寒3例，百日咳1例，猩红热1例，布病1例，淋病12例，梅毒80例，流行性感冒75例，流行性腮腺炎178例，急性出血性结膜炎46例，斑疹伤寒5例，其他感染性腹泻病166例，手足口病490例。HIV发病4例。2017年传染病死亡数0例，死亡率为零。HIV死亡2例。

传染病疫情。2017年，全县发生聚集性疫情10起，分别为周田中心小学流行性腮腺炎暴发疫情、丹霞街道狮井村重症手足口病（1例）、周田中心幼儿园聚集性手足口病疫情、丹霞街道银海花园重症手足口病（1例）、董塘河富村江头山组聚集性手足口病疫情、仁化县小太阳幼儿园聚集性手足口病疫情、董塘镇五四村聚集性手足口病疫情、周田镇麻坑村聚集性手足口病疫情、丹霞街道丹冶公寓聚集性手足口病疫情、董塘镇瑶族村聚集性手足口病疫情。发生突发疫情3起，分别为周田中心小学流行性腮腺炎暴发疫情（1起）、董塘镇布鲁氏菌病确诊病例（1例）、周田镇灵溪村流行性乙型脑炎确诊病例（1例）。经过及时处置，上述疫情均得到有效控制。

举办传染病和突发公共卫生事件防控培训班。2017年1月6日，县疾控中心举办传染病和突发公共卫生事件防控培训班，培训县级医疗单位、社区卫生服务中心、乡镇卫生院和县疾控中心传染病和突发公共卫生事件管理相关人员35人。

传染病实时监测。2017年，县疾控中心每日4次实时监测传染病直报网络，加强沟通与管理全县网络直报单位16个。每月按时完成传染病监测数据分析工作，提供传染病疫情分析报告，并及时反馈给相关单位。

传染病督导检查。2017年，县疾控中心对社区卫生服务中心（1个）和镇卫生院（10个）开展了传染病防控督导检查4次。采取询问、座谈等方法，现场查看各单位门诊、住院部、检验科、影像科、公共卫生科相关资料，对督导检查中发现的问题及时提出指导意见。

学校卫生工作。2017年，全县学生因病缺勤网络直报监测点校工作开展率100%。学生因病缺勤网络直报实报率100%。

艾滋病防治工作落实。2017年，全县艾滋病病人及感染者28人（按现住址统计），其中艾滋病病人15例，感染者11例，死亡2例，在存活的26例病例中，新发病例5例（含死亡病例1例），艾滋病病人及感染者做CD4检测25例，占总病例数96.15%，抗病毒人数24人，抗病毒治疗率占全县总病例数抗病毒治疗人数92.31%，配偶应检测8人，已检测6人，检测率75%。县疾控中心对自愿咨询者13人做HIV抗体检测，无阳性病例；县妇幼保健院、人民医院自愿咨询132人，HIV抗体检测 6875人，无发现阳性病例。全县HIV检测（含乡镇卫生院）累计20357人，超过常住人口10%。监管场所HIV抗体检测（初筛）299人，无发现阳性病例。发放宣传手册 440 份。娱乐场所及高危人群干预106人，发放避孕套 1180个，宣传手册200 份，HIV检测91人，检测率85.85%，无阳性病例。

【卫生监测】 公共场所监测。2017年，县疾控中心受委托监测公共场所67家，其中旅店业39家、美容美发店13家、足浴业3家、文娱场所8家、商场2家、候车室和游泳场各1家，合格户次57家，合格率为85.07%；微环境卫生监测605项次，合格597项次，合格率为98.68%；公共用品用具监测215项次，合格203项次，合格率为94.42%。双随机监督性抽检17户，合格17户，合格率为100%。

饮用水监测。2017年，县疾控中心监测城市饮用水92份（中出厂水12份、末梢水80份），合格92份，合格率为100%。监测农村饮用水样品182份，合格42份，合格率为23.07%。

医疗单位消毒效果监测。对全县110间医疗单位进行消毒效果监测，项目有空气、医务人员手、物体表面、紫外线灯、消毒液、透析用水和灭菌生物监测7项，其中空气监测份数共225份，合格123份，合格率为54.66%；医务人员手监测份数共138份，合格92份，合格率为66.67%；物体表面监测份数共228份，合格192份，合格率为84.21%；紫外线灯监测份数共174份，合格164份，合格率为94.25%；另外使用中消毒液119份、灭菌生物13份和透析用水1份合格率为100%。对5间托幼机构进行监测，监测份数共95份，合格43份，合格率为45.26%。

食源性疾病监测。2017年，县疾控中心以仁化县人民医院为哨点进行食源性疾病监测，收到县人民医院食源性疾病病例报告10例，规定时间内完成审核和上报，完成全年任务率100%。8—10月，对城口、周田、黄坑、闻韶、石塘镇土壤、学校和农户环境卫生进行调查和采样，完成网络录入农村环境卫生监测。通过付费购买方式采集饮用水和土壤各12份，食品样品40份，并送韶关市疾控中心检测，完成重金属污染重点防控区域监测。微生物采送样4次19份，3次89份理化项目，全年采送样108份，完成食品安全风险监测。8月，完成韶关市食源性致病菌监测5类25份，检出4株致病菌并上送韶关市疾控复查。

登革热蚊媒密度专项监测。2017年，县疾控中心开展登革热蚊媒密度专项监测，对5235户进行伊蚊幼虫滋生地调查，其中居民区2865户、农户2134户、外环境236户，县城全年平均布雷图指数为1.76。

病媒生物监测。2017年，县疾控中心开展病媒生物监测，在县城布放诱蚊灯99盏次，年平均蚊密度为1.93，种类分布以致倦库蚊、白纹伊蚊为主。在县城布放有效鼠夹数396只，年平均鼠密度为2.53%，种类分布以褐家鼠、黄胸鼠为主。在县城布放诱蝇笼38个，年平均蝇密度为5.87，种类分布以家蝇、市蝇和麻蝇为主。在县城布放蟑螂粘捕盒690盒，年平均蟑螂密度为0.17，侵害率为2.46，种类分布以美洲大蠊和德国小蠊为主。

碘盐监测。2017年，县疾控中心监测5个镇（街）8—10岁儿童家庭食盐200份，合格193份，合格率为96.50%；无发现非碘盐，有7份食盐碘含量不在18－33毫克/千克范围，其中4份超出33毫克/千克，3份低于18毫克/千克。监测5个镇（街）孕妇家庭食盐100份，合格98份，合格率98%；无发现非碘盐；不合格碘盐2份，盐碘含量低于21毫克/千克。以街道或镇为单位对1份集中式供水和55份分散供水进行饮用水水碘监测，水碘含量分别是2.25微克/升、0.5—7.9微克/升。

【慢性非传染性疾病报告管理】 2017年，县疾控中心按照县卫计局工作安排部署，开展全县基本公共卫生服务项目工作督导指导4次，将每次指导、督导的记录表、反馈意见、通报及时报送县卫计局。

2017年，全县管理高血压患者7742名，管规范管理5484人，规范管理率为73.42%；最近一次随访血压达标人数4811人，管理人群血压控制率62.14%，在管高血压患者家庭医生签约人数6482人，在管高血压患者家庭医生签约率83.73%。管理糖尿病患者2232人，管理率76.16%，最近一次随访空腹血糖达标人数1469人，管理人群血糖控制率65.82%。辖区内65岁及以上常住居民接受健康管理人数19860人，接受健康管理人数9668人，老年人健康管理率48.68%，建立65岁及以上老年人健康档案数12083人。辖区内常住居民数207500人，建档人数164721人，健康档案建档率79.38%，建立电子健康档案人数162325人，电子健康档案建档率78.23%，档案中有动态记录档案份数67303份，健康档案使用率40.86%。

2017年，县疾控中心调整

死亡原因登记工作管理科室和工作人员，全员参加省专项培训。但因基础差，重视不够，工作仍不如意。全年全县报告死亡病例1202例，其中长江镇103例、黄坑镇107例、大桥镇59例、董塘镇288例、周田镇160例、石塘镇29例、扶溪镇49例、红山镇27例、城口镇42例、闻韶镇31例、丹霞街道294例。

【血吸虫病及寄生虫防治工作】 积极开展螺情监测。2017年3月，县疾控中心在石塘镇京群中桥坑沟1300米沟渠范围内投放稻草框（约0.1平方米）200个进行水下诱螺调查，放置7天后回收稻草框168个，回收率84%，有螺框数63个，有螺框率55%，捕获杂螺751个。5月，组织8人在原疫区石塘镇光明、京群、水历村及董塘镇江头、高宅村河滩、沟渠、荒地等开展系统结合环境抽样调查常规查螺，查螺6天，共查21000平方米，查螺框数3406框，其中系统框722框、环境框2684框，质控框查获率80.39%，标记螺查获率65.41%。5月，根据国家监测点查螺工作要求，组织8人在国家监测点新莲开展查螺，查螺5天，采取系统结合环境调查法，查螺面积31260平方米，调查框数2604框，其中系统框333框、环境框2271框，质控框查获率81.89%，标记螺查获率64.99%，均没有查到活钉螺。

开展人畜血吸虫病监测。对仁化县丹霞冶炼厂等企业10家进行调查，调查1191人，其中外省人员388人，来自达到传播控制标准县21人，血检21人。县人民医院、董塘卫生院、丹霞街道社区服务中心和石塘卫生院共对外省109人进行监测，其中来自达到传播控制标准县3人，血检3人，均未检出阳性病人。全年全县没有引进来自达到传播控制标准县的动物（牛、猪、羊）。调查新莲村国家监测点耕牛21头，没有来自达到传播控制标准县耕牛。耕牛牛血清检测20头，未检出家畜日本血吸虫抗体。

加大疟疾防治知识宣传力度。2017年4月26日是全国疟疾日，县电视台连续播放《4·26全国疟疾日电视宣传内容》1周，在县城文化广场设立宣传点，发放宣传画50份，悬挂横幅1条，宣传单500多份，各镇（街）卫生院、村卫生站及学校通过刊出板报、张贴标语、设立咨询台等方式宣传疟疾防治知识。4月，对县内4所哨点医院的县、镇16名医务人员进行疟疾知识、诊断、治疗及镜检等系列内容培训、考核。5月、11月，分别对4个哨点医院进行督导工作，对4家哨点医院10%的相片进行复核，复核17片，全部为阴性片，全县完成血片镜检155例，达到血检要求。12月，对周田镇外派非洲务工回国的龚某家属进行RDT检测3例，结果均为阴性。

【检验检测】 水质常规指标检测。2017年，县水质检测中心水质检测常规指标36项，非常规指标2项（氨氮和亚硝酸盐氮）。

2017年仁化县水质检测常规指标简表

表38

类　别	指　标	备　注
感官性状和一般化学指标（17项）	色度、浑浊度、臭和味、肉眼可见物、pH值、铝、铁、锰、铜、锌、氯化物、硫酸盐、总硬度、溶解性总固体、挥发酚类、耗氧量、阴离子合成洗涤剂	—
毒理学指标（13项）	氟化物、硝酸盐氮、氰化物、铬（六价）、砷、硒、汞、镉、铅、三氯甲烷、四氯化碳、亚氯酸盐、氯酸盐	溴酸盐、甲醛不作要求
微生物指标（4项）	细菌总数、总大肠菌群、耐热大肠菌群、大肠埃希氏菌	

续表38

类　别	指　标	备　注
消毒剂指标（2项）	游离余氯、二氧化氯	一氯胺、臭氧不作要求
放射性指标（0项）	总α放射性、总β放射性	不作要求

生活饮用水监测。2017年，县疾控中心对城市生活饮用水和农村生活饮用水进行监测。

2017 年仁化县城市生活饮用水监测点信息汇总表

表39

城区监测点	水样类型								
	出厂水			末梢水			二次供水		
	监测样品数	合格样品数	合格率（%）	监测样品数	合格样品数	合格率（%）	监测样品数	合格样品数	合格率（%）
仁化县城	12	12	100	80	80	100	—	—	—

2017 年仁化县农村生活饮用水监测点信息汇总表

表40

乡镇监测点	水样类型											
	出厂水			末梢水			学校集中式供水			学校自备供水		
	监测样品数	合格样品数	合格率（%）	监测样品数	合格样品数	合格率（%）	监测样品数	合格样品数	合格率（%）	监测样品数	合格样品数	合格率（%）
黄坑镇	6	0	0	6	0	0	—	—	—	—	—	—
石塘镇	4	0	0	4	0	0	—	—	—	—	—	—
城口镇	9	0	0	8	0	0	—	—	—	—	—	—
大桥镇	5	0	0	4	0	0	—	—	—	—	—	—
闻韶镇	5	0	0	5	0	0	—	—	—	—	—	—
红山镇	11	4	36.36	11	4	36.36	—	—	—	—	—	—
长江镇	19	2	10.52	19	2	10.52	—	—	—	—	—	—
周田镇	8	5	62.50	8	5	62.50	—	—	—	2	0	0
扶溪镇	8	1	12.50	8	1	12.50	2	0	0	—	—	—
董塘镇	8	2	25.00	8	2	25.00	—	—	—	—	—	—
丹霞街道	7	7	100	7	7	100	—	—	—	—	—	—

卫生监督

【概况】　仁化县卫生监督所是参照公务员法管理副科级事业单位，主要承担全县卫生法律、法规和规章赋予的卫生行政部门综合卫生监督执法任务，内设机构有办公室、办证科、卫生监督一科、卫生监督二科、稽查科、科教信息管理科6个股室。经县机构编制委员会核定事业编制18名，其中所长1名，副所长2名；内设机构领导职数6名。后勤服务人员数

2名。经费按县财政补助一类拨付。2017年，有在职在编工作人员13名。

【卫生监督队伍建设】 2017年，县卫生监督所加强党组织建设，切实抓好党员干部学习教育工作。加强业务培训工作。年内，选派业务骨干参加省、市卫生监督所举办各类业务培训班6期，参训人员16人次。县卫生监督所举办培训班5期，参训人员279人次。利用国家卫生监督网络平台、广东省国家公职人员学法用法平台、广东省干部培训网络学院平台学习，加强卫生监督员业务知识学习。推行民主集中制、岗位责任制、考勤制、事务公开制等制度。

【节假日卫生安全保障】 2017年，县卫生监督所组织开展元旦、春节、国庆及县重大活动期间公共场所、集中式供水单位专项检查。公共场所主要检查持“两证”（卫生许可证和健康合格证）、公共用品用具消毒落实情况、卫生许可证和卫生信誉度等级公示以及周围环境等情况，检查大型商场销售的消毒产品和涉水产品是否符规范要求；检查水厂消毒产品和涉水产品、消毒运转情况等。全年出动卫生监督执法人员51人次。检查期间，对现场检查发现小旅店布草间卫生设施未完善制作现场笔录，下达卫生监督意见书要求整改落实，对未公示卫生许可证和卫生信誉度等级单位要求立即改正，督促美发美容店完善消毒设施，确保公共卫生和饮用水卫生安全。

【卫生监督宣传工作】 2017年，县卫生监督所利用电视、宣传周和“3·15”国际消费者权益日活动及举办各类人员培训班和较大监督活动邀请电视台拍摄新闻等形式，宣传、报道卫生监督工作。采用电子显示屏、悬挂横幅、展示宣传展板、现场咨询和发放宣传资料等方式向人民群众宣传公共场所卫生、生活饮用水卫生、职业病防治、传染病防治等卫生法律法规知识。印制卫生监督宣传小册子、卫生知识资料一批，耐心细致向咨询群众解答涉《中华人民共和国职业病防治法》《中华人民共和国传染病防治法》《公共场所卫生管理条例》等法律法规相关问题。增强群众用法维权及遵法守法意识。全年发放宣传资料1100余份，现场解答群众法律咨询35人次，向市卫生监督所和县卫计局上报工作动态信息24篇。

【“精准扶贫”工作】 2017年，县卫生监督所“精准扶贫”工作挂点长江镇浒松村。年内，建档立卡“精准扶贫”户19户47人，其中低保贫困户16户，一般贫困户2户，“五保”贫困户1户；无劳动能力户8户，有劳力户11户。落实好贫困户住房、医疗、教育三大保障工作。开展产业帮扶，2017年第一批产业扶持资金74520元，给有劳力贫困户11户免费发放鸡苗200羽、鸭苗1613羽、鹅苗45羽、饲料7吨价值32260元。通过“以奖代补”政策鼓励，提高贫困户种植、养殖积极性，减轻产业发展投入，提高产业收入。发放农药、化肥用帮扶贫困户种植柑橘、水稻、山楂、毛竹价值27900元。开展产业发展技能培训。通过浒松村腊鸭协会，邀请农技专家进行技术培训、带领农户异地产业参观学习等形式帮扶贫困户掌握相关种养技术。根据贫困户就业意愿，引导有劳动能力贫困户参加县镇各类招聘会，实现转移就业。2016年脱贫8户9人，2017年脱贫7户24人（其中6户靠在家务农，饲养鸡鸭鹅及定期领取低保金脱贫、1户靠外出务工及定期领取低保金等）。

【督导检查基本公共卫生服务】 2017年，县卫生监督所开展基本公共卫生服务督导和指导4次。从督导检查结果看，协管工作总体完成情况较好，但部分协管室存在被监管单位分户档案建档内容不完善，档案资料未及时更新归档、卫生监督协管信息有迟报、漏报等问题。督导人员边检查边指导边培训，发现问题，当场指正，考核情况当场向各单位相关人员反馈，并进行客观评价。

【政务服务工作】 2017年，县卫生监督所推进简政放权、放管结合、优化服务改革，转变工作作风、改进工作态度、提高工作效率。成立政务服务工作领导小组，将政务服务工作纳入单位年度目标管理考核内容，召开研究解决政务公开服务工作方面领导班子成员会2次。制定单位“企优档案”工作计划，每季度研究和部署工作。

【推行执法全过程记录试点工作】 仁化县是韶关市卫生计生监督执法全过程记录试点单位。2017年，县卫生监督所按照省安排部署开展试点工作。成立执法全过程记录试点工作领导小组，明确责任，稳步推进。制定《仁化县卫生监督所卫生计生监督执法全过程工作实施方案》，配备监督执法设备，建立健全执法全过程工作制度，规范使用要求。结合业务会议及时总结执法记录仪在使用过程中的不足，在行政处罚、日常卫生监督等执法行为中推进使用全过程记录。升级改造询问室建设，与政府采购商协议先建设后付款，待县财政拨付设备购置款7.5万元到位后，实行财政直接支付。

【卫生依法行政力度加大】 2017年，仁化县将打击“非法”行医列入常态化监管，加大执法力度，发现一宗打击一宗，严格按照《韶关市卫生行政处罚自由裁量权阶次划分标准（试行）》要求裁量，制作书写规范、法律法规运用正确、实施行政处罚程序合法、量罚适度执法文书。全年，形成卫生行政处罚案卷16宗，其中“非法”行医案件6宗，对当事人作出责令停止执业活动，没收药品、器材6批次，共计罚款2.75万元。按照行政审批“三集中，三到位”（行政审批职能、审批和服务事项、审批人员向行政审批股集中，并成建制进驻行政服务中心集中办公，通过完善委托权制度将审批和协高权力集中到窗口组长，做到事项进驻到位、审批授权到位、业务人员到位）工作要求，优化行政审批流程、压缩行政审批时限。严格执行岗位责任制、首问负责制、一次性告知制、限时办结制等审批服务制度。2017年，县卫生监督所窗口进驻办事大厅，原单位不再受理、出件，统一在县行政服务中心受理、出件。全年办理各类卫生行政许可审批事项454件，提前办结454件，提前办结率100%。全年未收到对办事窗口的群众投诉。受理投诉举报案件4宗，及时到现场核实处理，并将处理情况反馈给投诉人。

【“双随机、一公开”工作制度落实】 2017年，县卫生监督所按照国家卫计委监督中心和省卫生监督所统一部署，推进“双随机、一公开”（在监管过程中随机抽取检查对象，随机选派执法检查人员，抽查情况及查处结果及时向社会公开）监管模式。全年接到卫生计生监督信息平台下达抽查任务28间，关闭3间，其中公共场所15间、游泳场1间、放射卫生2间、传染病防治4间、学校卫生3间。按质量完成“双随机”抽查工作任务，并及时在门户网站公布抽查结果。

【医疗卫生监督】 2017年，县卫生监督所重点开展“医疗机构依法执业专项监督检查”“医疗废物处置执法监督专项检查”“查处违法违规应用人类辅助生殖技术”等医疗卫生专项监督检查。年内，继续开展传染病防治分类监督综合评价试点工作，无不合格和重点监督单位，对综合评价结果和存在问题的单位进行反馈，要求对照检查，落实整改，提高院感（医院感染）管理规范化水平，控制医源性传播，保护人民群众身体健康。通过监督检查，加强医疗机构规范管理，强化依法执业意识，严厉查处违法违规行为，维护医疗市场秩序，保障人民群众健康权益。全年出动卫生监督执法人员944人次，监督检查医疗卫生机构151家，实际监督户次数190次；传染病防治监督146家，实际监督户次数146次；母婴保健技术服务机构8家，实际监督户次数8次。监督覆盖率为100%。

【生活饮用水卫生监督】 2017年，县卫生监督所监督检查集中式供水单位11家，其中持有有效卫生许可证水厂3家（仁化县银龙供水有限公司1家和周田王氏水厂2家），其余8家镇集中式供水单位因达不到供水卫生标准，均未办理卫生许可证。重点加强周田镇扬子坑王氏水厂监督执法工作，建立长效监管机制；每月监督水厂1次，并查看水厂每日自检出厂水水质结果；查看县疾控中心检测结果，全年该水厂水质监督监测未发现异常。根据省、市卫计局、环保局《关于开展全省农村饮水安全专项监督检查工作的通知》要求，制定具体实施方案，对农村饮用水状况进行监督摸底调查，监督检查农村饮用水310户。对出厂水水质不符合卫生标准水厂进行行政处罚2次。

【学校卫生监督】 2017年，县卫生监督所按照广东省2017年公共卫生抽检计划要求，对学校进行学校传染病防控监督检查，重点检查学校突发公共卫生事件、传染病和常见病防控、校内医疗机构及保健室、生活饮用水、教学环境、生活环境等方面工作落实情况，对检查发现问题提出指导性整改意见，跟踪落实整改情况。完成综合评价工作，抽取5所学校进行教学和生活环境现场检测评价，综合评价结果为A级1所、B级3所、C级1所。开展学校饮用水卫生监督检查，强化学校落实饮用水监督管理，督促学校落实自备水源保护和供水消毒工作，确保饮用水质达标。

【公共场所卫生监督】 2017年，县卫生监督所继续贯彻落实《公共场所卫生管理条例实施细则》，提升全县公共场所卫生管理水平，将“创文”与日常业务工作相结合，加大公共场所监管力度。年内，对县城公共场所单位168家进行地毯式卫生监督，重点检查卫生许可、从业人员持证、消毒措施落实及禁烟标识张贴等情况，督促经营单位按照国家卫生县城标准完善卫生设施，落实卫生管理制度和进行卫生监督量化分级管理评分。全县公共场所应监督户数260家，实监督户次数494次，监督覆盖率100%。行政处罚违反相关法律法规规定经营单位3家。

【放射诊疗、职业卫生技术服务机构卫生监督】 2017年，县卫生监督所落实《中华人民共和国职业病防治法》《放射诊疗管理规定》等相关法律法规，严格执行放射卫生“三同时”（与主体工程同时设计、同时施工、同时投入生产和使用）制度。全年全县有新建改建放射诊疗项目2间，组织专家开展“控评”审核和竣工验收1间。重点督促医疗单位建立健全放射卫生管理制度、应急预案及放射工作人员职业健康档案，完善放射工作场所防护设施、警示标识，配备有效足量个人防护用品，定期开展放射仪器状态和防护性能检测、个人辐射剂量监测和职业健康体检等工作，确保放射工作人员、受检者和公众健康权益不受损害。严肃查处违法行为，有2间新建改建放射项目未进行预评价受到行政处罚。全年全县有职业健康检查机构1间，取得广东省职业健康检查机构证，开展职业健康体检40人次，检出禁忌人数1人，疑似职业病人数1人。监督检查抽查职业健康检查档案8份，未发现弄虚作假、违规出具检查报告等违法行为。

【卫生监督信息化工作】 2017年，县卫生监督所贯彻执行《全国卫生监督调查制度》《卫生监督信息报告管理规定》等有关规定，规范开展卫生监督信息报告工作。及时上传各类卫生监督信息和行政处罚案件到韶关市卫生监督信息系统，全年报送市卫生监督所和县卫计局工作动态信息24条。

健康教育

【概况】 仁化县健康教育所设立健康教育科，人员由县疾病预防控制中心调配，有专职人员1名，主要负责全县健康教育与健康促进、控烟等工作。

【主题实践宣传】 2017年，县健康教育所严格按照健康教育服务规范要求，针对健康素养基本知识和技能及辖区重点人群、危险因素、重点疾病、主要卫生健康问题等内容，利用卫生宣传周（日）向城乡居民宣传健康教育，提供健康教育知识咨询服务。通过知识讲座、网络、板报、发放宣传资料等健康教育宣传方式，提高人民群众健康意识。全年累计发放健康教育印刷资料14种69358份，播放音像资料12种3045次时长7049小时，更换宣传栏频次83次，举办健康知识讲座132次，公众健康咨询活动105次，参加人数5036人次。5月22—28日，县各医疗卫生单位根据《韶关市卫生计生局关于开展2017年“健康中国行”主题宣传活动的通知》（韶卫办函〔2017〕37号）要求，开展一系列“健康中国行”主题宣传活动，宣传“合理营养、平衡膳食”知识，引导群众树立健康观念，养成健康行为，提高健康素养水平。

妇幼保健

【概况】 仁化县妇幼保健计划生育服务中心是全县妇幼保健及计划生育工作指导中心，担负着10镇1个街道109个行政村及13个助产单位妇幼卫生保健、计划生育技术指导和急危重孕产妇接诊及抢救工作。内设办公室、财务科、医教科、计划生育和妇幼健康服务科、妇产科（麻醉科）、儿科、护理部、影像检验功能科、药品和避孕药具管理科、门诊部。2017年，有在职干部职工83人，其中卫生专业技术人员72人、管理人员4人、工勤人员7人；退休人员16人。

【妇女保健】 2016年10月1日至2017年9月30日，全县活产儿数为2273人，孕产妇系统管理2069人，住院分娩2257人，系统管理率91.67%，住院分娩率100%，高危孕产妇住院分娩率100%。全年全县无孕产妇死亡，无新生儿破伤风发生，孕产妇死亡率及新生儿破伤风率均为零。开展县直机关及全县妇女病普查普治工作1次。全县全年妇科病普查 25337人，普查率81.37%。检查出患病人数1773人，患病率6.99%，全部患者给予治疗与干预。

【儿童保健】 ①2016年10月1日至2017年9月30日，全县各助产单位活产儿1353人，接受筛查新生儿2560人，筛查率100%，出生监测点共计围产儿2581例，出生缺陷46例（其中引产5例），出生缺陷发生率179.68人/万人。1—11月，新生儿听力筛查2165例，筛查率100%，查出转诊32例。②2017年，全县7岁以下儿童16150人，参加保健服务15395人，7岁以下儿童保健覆盖率95.33%，3岁以下儿童6256人，系统管理5339人，系统管理率85.34%，5岁以下儿童死亡率6.59‰，婴儿死亡率3.95‰，新生儿死亡率3.95‰，新生儿访视率91.2%；对11002名儿童进行营养评价，生长发育迟缓率0.88%，肥胖率2.45%。③2017年，全县各妇幼保健机构均对适龄儿童进行入园体检及在园儿童体检工作。

【基本和重大公共卫生服务项目】 2017年，仁化县开展全县新生儿及产妇产后入户访视工作，提高孕产妇及儿童健康档案质量，完善0—6岁儿童和孕产妇健康管理，加强基层妇幼卫生服务项目培训和督导，推进适龄妇女叶酸增补工作。1—11月，全县农村孕产妇数1651人，应发放叶酸1284人，实际发放叶酸1211人，发放率94.31%；住院分娩任务数2169人，实际住院分娩补助446人，补助率20.56%。加强地中海贫血干预项目开展，通过婚前检查、孕前检查，以及产前筛查和诊断等防控措施，减少重症地中海贫血病例出生。1—11月，地贫筛查2103例，其中地贫电泳检测652例，地贫基因检测201例，产前诊断15例，筛查出重症地贫3例（其中引产2例、继续妊娠1例）。加强预防艾滋病母婴传播宣传咨询，有效干预措施预防艾滋病母婴传播，按月收集监测资料汇总上报，做好婚姻登记男女青年艾滋病免费自愿检测、孕产妇艾滋病筛查、宫颈癌筛查项目工作。

【婚姻保健】 2016年10月1日至2017年9月30日，全县登婚人数为3148人，参加婚前医学检查564人，婚检率为17.92%，检出疾病300人，检出患病率53.19%，检查出对婚育有影响者69人，对全部新人给予婚前卫生指导和咨询。

爱国卫生

【概况】 县爱国卫生运动委员会主任由副县长兼任，副主任由县政府办副主任和卫计局局长兼任，成员包括县政府办、宣传部、发改局等31个部门负责人。下设办公室，为全额拨款的副科级参照公务员管理事业单位，编制4人，建立除“四害”消杀队和献血站。负责农村改水改厕及卫生镇、村建设、防制病媒微生物、无偿献血、组织协调全县创建和巩固国家卫生县城等工作。

【除“四害”工作】 2017年，仁化县除“四害”工作走上科学化、制度化轨道。年内，县爱卫办加大县城公共厕所、公园、广场、下水道、沟渠、垃圾中转站等重点对象除“四害”消杀力度，加工毒鼠谷2050千克，开展“黄金周”期间景区病媒生物防治工作。年内，组织开展“做好蚊媒传染病防控工作”主题春季爱国卫生运动、“清洁卫生齐动手、预防疾病保健康”主题春季爱国卫生运动统一日行动、“为了人民的健康——65年的历史与展望”主题爱国卫生月活动、“迎国庆、贺中秋，整洁家园、善美仁化”主题秋季爱国卫生活动。5月26日，在县外环境（如下水道、广场等）、县内环境（如县城各机关、单位办公室、饭堂等）以及各镇辖区开展“防蚊灭蚊登革热防控”统一行动，召开蚊媒伊蚊监测、消杀培训班。通过综合防治，全年县城区鼠、蚊、蝇、蟑螂等病媒生物得到有效控制，鼠密度达标，蝇密度达到全国爱卫办规定标准，蚊、蟑螂不超过国家标准2倍。

【改水改厕及卫生镇、村建设工作】 截至2017年12月底，全县有农村总人口41391户148608人，改水受益人口144880人，改水普及率97.49%。农村使用卫生厕户40149户，其中使用三格化粪池34306户、使用沼气池5173户，卫生厕户普及率98.3%。按照《韶关市2015—2020年加快推进创建卫生镇村工作方案》，仁化县2017年度卫生镇任务数为1个、卫生村任务数为13个。截至2017年12月，全县有省级卫生村村委会3个，市级卫生镇4个（长江镇、董塘镇、石塘镇、红山镇），市级卫生村57个。

【巩固国家卫生县城工作】 2017年，仁化县按照国家卫生县城命名和考核办法、《仁化县巩卫工作方案》等巩卫文件要求，建立长效机制，实行常态化管理，做好县城环境卫生整治，督促各单位落实门前“三包”及包干区范围卫生整治工作，开展周五公共卫生日活动，创建整洁、干净、舒适生活和工作环境。

【无偿献血工作】 2017年，全县参加无偿献血903人，献血量252860毫升，全县用血296900毫升。县域临床供血100%来自无偿献血。

仁化县卫生和计划生育局负责人名录：

党组书记、局长：邬立雄

副局长：黄正亿　卜卫群（女）

李光聪（2017年12月任职）

（陈丽茹）

体　育

【概况】 仁化县体育局位于锦江路3号，局机关内设职能股人秘股、竞技体育股、群众体育股、体育场馆管理股4个，行政定编为事业编制7名，其中设局长1名、副局长2名，股长4名。2017年，全县体育工作深入贯彻中共十九大精神，坚持以人为本，依法治体；乘势而上，干事创业，开创全县体育工作新局面。

【群众体育】 全民健身运动会蓬勃开展。2017年县体育局根据县委“一三九”发展战略和创建“全域旅游示范区”，建设“生态、活力、幸福新仁化”要求，响应市政府打造“韶关户外活动天堂”号召，首次着手编制仁化县户外运动规划，并于9月完成规划编制。加快体育场地设施建设，推进城乡公共体育场地设施一体化。向上级争取篮球架3副、健身路径18套和室外乒乓球台21张，配送至19个贫困村委会和部分村委，并将器材安装完毕。

2017年仁化县体育场地统计表

表41

项　目			单　位	数　量	同比上年增减（%）
标准体育场			个	3	0
足球场	其中	105×70米标准草地场	个	3	0
		105×70米合格土场	个	17	0
		70×50米中型场	个	0	0
		小型场	个	3	0
	合计		个	23	0
篮球场	其中	灯光球场	个	50	8.7
		水泥场	个	269	5.9
		土场	个	0	0
	合计		个	319	6.3
排球场			个	18	0

续表41

项目			单位	数量	同比上年增减（%）
羽毛球场	其中：室内		个	20	25
	合计		个	80	0
台球场			个	100	1150
乒乓球室			间	60	0
网球场	其中：室内		个	0	0
	室外		个	3	0
	合计		个	3	0
门球场			个	2	0
手球场			个	0	0
游泳场	其中：标准场		个	1	0
	合计		个	1	0
田径场	其中：	400米跑道	条	8	0
		200米跑道	条	17	0
	合计		条	25	0
全民健身路径			条	38	111.1
综合训练房			间	1	－50
健身室			间	0	0
保龄球室			间	0	0
棋牌室			间	56	0
摔跤柔道房			间	1	0

【体育事业发展】 2017年，仁化县建立健全体育组织网络，加强体育协会组织管理，完成7个协会年检工作。广泛开展体育活动，举办春节期间文体活动、“丹霞新城杯”仁化县第五届广场舞大赛、仁化县中小学生乒乓球比赛。积极和省社会体育中心对接，完成2017年南粤古驿道定向大赛（仁化站）赛事，承办好2017“丹霞杯”围棋城市邀请赛，举办仁化县第五届运动会。利用现有徒步穿越丹霞山户外运动品牌，发展“体育+旅游”户外运动产业，助力仁化打造“绚美大丹霞、活力新仁化”和建设全域旅游示范区发展，举办南粤古驿道·2017年仁化首届迷你徒步穿越丹霞山活动。

【仁化县第五届运动会】 2017年9月28日，仁化县第五届运动会在县体育馆开幕，该届县运动会是仁化县规模最大、水平最高大型综合性运动会，是检阅全县各镇（街）体育运动成效，展示各镇（街）、各单位干部职工精神风貌载体。比赛设12个大项目比赛，有1500多名运动健儿参与角逐。

【社会体育指导员发展】 2017年，仁化县大力发展社会体育指导员，为体育比赛执裁和指导群众科学健身创造条件。借助举办健身舞培训，全年发展三级社会体育指导员80名。

【竞技体育】 2017年，仁化县承办韶关市第十五届青少年运动会开、闭幕式和武术、田径赛事。县委县政府高度重视此项赛事，县委林国华书记多次现场过问赛事的筹备情况。开闭幕式达到“节俭、隆重、热烈、精彩、安全、有序”效果，得到市政府、县委县政府及相关部门好评。该次赛事，仁化体育健儿摘取足球、篮球、武术、田径、乒乓球等多项金牌，仁化县取得“金牌全市第一、总分全市第二”成绩。全县竞技体育综合实力排位从全市第三跃居全市第二。

2017年仁化籍运动员参加国家级比赛获奖情况表

表42

姓　名	性　别	竞赛项目	名　次	赛事举办时间	赛事举办地点
雷灶钊	女	天津全运会女子赛艇四人双桨	第二名	6月	天津

2017年仁化县运动员参加韶关市第十五届青少年运动会团体赛名次表

表43

时　间	团　体	各项目团体	名　次
8月	第二名	乒乓球	第五名
		羽毛球	第六名
		举重	第八名
		赛艇	第二名
		皮划艇	第三名
		武术套路	第一名
		跆拳道	第一名
		足球	第一名
		射击	第六名
		田径	第二名

【学校体育和业余训练】 2017年，县体育局按照体教结合思路，实施“全员互动”，凝聚发展合力，加强与县教育局联系，联合开展“阳光体育”活动，学生身体素质得到提高。

在体育人才培养方面，从青少年体育俱乐部、传统体育项目学校和业余体校入手，一改业余体校工作方式和机制，实行奖励补偿机制，引进民营项目（跆拳道）办学，拓宽业余体育训练思路，寓训于学，发现和训练一批体育人才，率先在全市走出一条有自己特色的体教结合之路，并使得业余训练走上良性循环发展轨道。

【体育产业管理】 2017年，县体育局重点对体育场馆经营情况和健身市场进行专题调研，探索适合仁化体育产业经营发展思路，繁荣健身休闲、体育用品、体育彩票等体育市场，促进体育产业健康发展。对游泳场等高危体育项目实行有效监管，进行安全检查，保障人民群众健身人身安全，推进全民健身有序开展。加强组织游泳救生员培训，组织3名救生员参加市组织的技能培训，实行救生员凭证上岗，规范游泳救生员资格管理。贯彻落实省体彩工作会议精神，强化基础工作，通过政策引导、技术培训、营销宣传、新增站点等措施，抓质量提升。科学有效开展体彩销售工作，截至2017年12月底，仁化县体育彩票销量2000万元。

【“两学一做”学习教育活动】 2017年，县体育局落实习近平总书记重要指示精神和中共中央部署安排，学习贯彻习近平总书记对广东工作作出的重要批示精神，扎实推进“两学一做”学习教育常态化制度化。突出思想教育，坚持用党章党规规范党组织和党员行为，坚持学思践悟、知行合一，坚持全覆盖、常态化、重创新、求实效，增强党组织和党员“四个意识”，确保党组织充分履行职能、发挥核心作用，党员领导干部忠诚干净担当、发挥表率作用，党员党性坚强、发挥先锋模范作用。

【“精准扶贫”和计生挂点工作】 2017年，县体育局按县委、县政府统一安排部署，派出副局长谭菊兰任仁化县周田镇雷坑村党支部第一书记。5月，根据县委办和政府办通知要求，挂点扶贫村由周田镇新庄村委会调整为石塘镇京群村委会，选派徐志勇为单位扶贫联络员，做好京群村扶贫工作。给予计生挂点黄坑镇黄坑村委会捐赠健身路径1条，给予黄坑村2000元作为村计划生育工作经费。

【法律法规学习】 2017年，县体育局结合工作实际，组织全局干部职工以学习宪法为核心，加强相关法律法规宣传教育，形成深入开展法制宣传教育，弘扬法治精神，自觉学法守法用法氛围。组织干部职工学习《中华人民共和国体育法》《中华人民共和国劳动合同法》《中华人民共和国禁毒法》，提高干部职工学法守法自觉性。组织干部职工开展保密宣传教育活动，采取集中学习与自学相结合，收看相关保密警示教育片。组织相关涉密人员4人参加“七五”保密法制宣传教育暨《中华人民共和国保守国家秘密法》。组织干部职工8人参加普法考试。

仁化县体育局负责人名录：

局　长：何为君

副局长：谭菊兰（女）　赖　力（徐志勇）

社会生活

人事•人才

【概况】 2017年，仁化县人力资源和社会保障局（简称“县人社局”）着力规范人事人才管理工作。按照法律法规要求，做好机关事业单位工作人员录（聘）用、年度考核、干部任免、工资福利等日常管理及统计工作，落实事业单位人事管理、专业技术人员管理及人才管理等工作。

【公务员招考录用转正登记工作】 2017年，县人社局在公务员招录过程中，抓实招考计划编报、笔试后资格复审、体检合格后考察以及录用报批工作。按照省人社厅、省公务员局、韶关市人社局工作部署，仁化县全年招录公务员82人。政府口招录71人（含2016年考试，因怀孕推迟体检录用4人），其中：县直单位招录公务员26人；乡镇招录18人；公安机关招录6人，特招3人；公安局森林分局招录8人；招录参公人员10人。党群口招录11人，其中人民法院招录7人，检察院招录2人，党群单位招录1人，招录参公人员1人。新招录公务员一年试用期满后需考核转正定级，报市批准后进行公务员登记。全年全县办理公务员转正定级89人，报市人社局审批公务员登记89人。

【公务员转任和干部任免工作】 2017年，县人社局接收公务员（科员及以下）转任67例。按照干部管理条例规定，全年全县发文干部任免17份。按规定接收办理提前退休材料5份，审核并请示县政府后办结4例，办理公务员辞去公职0人。

【公务员统计工作】 2017年，县人社局按照韶关市《关于开展2017年全市公务员、事业单位领导人员统计工作的通知》要求，根据分工原则，实名统计县政府机关及参照公务员法管理事业单位工作人员情况。2017年，仁化县政府机关（含乡镇机关）有公务员1073人，参公215人。其中本科及以上学历701人，占总人数54.42%。

【公务员选调工作】 2017年，仁化县开展公开选调公务员6次，拟面向社会公开选调公务员（含参公人员）56名。经过笔试、面试、体检、考察、公示环节，选调公务员15名，其中10人为县外调入。

【企业军转干部解困维稳工作】 2017年，县人社局做好企业困难军转干部解困及维稳工作，按规定对企业困难军转干部每月困难补助代发工作，适时提高军转干部生活待遇。2017年，经请示县政府同意，提高相关待遇，“八一”中国人民解放军建军节、春节各发放慰问金500元，从8月起，全县企业困难军转干部每人每月困难补助实际提高300元，增发自由择业军转干部一次性过节费2000元，保证军转干部退休待遇不低于当地普通公务员退休工资总额的90%。

【事业单位人事管理工作】 2017年，县人社局对392人在岗位变动、岗位晋升或新聘用人员拟聘岗位方面按相关程序进行严格审核，予以核准聘用，要求聘用单位与被聘用人员签订“事业单位聘用合同”或“聘用合同变更书”，做好聘用后管理工作。根据事业单位提交人员核减报告单，及时在事业单位人事管理信息系统做好人员退休、死亡、辞职或调出等变动管理，做好全县事业人员动态管理，要求事业单位做好聘用合同解聘、终止工作。全年全县核减186人，完成随军家属定向招聘工作1人。

【事业单位人力资源和社会保障统计】 2017年，全县事业单位人员总人数4900人，其中，年龄35岁及以下1455人，占29.69%；36—40岁911人，占18.59%；41—45岁802人，占16.37%；46—50岁799人，占16.31%；51—54岁506人，占10.33%；55—59岁421人，占8.60%；60岁及以上6人。文化程度研究生以上35人，占0.71%；本科1908人，占38.94%；大专2126人，占43.39%；中专522人，占10.65%；高中及以下309人，占6.31%。专业技术人员总人数3337人，其中高级以上职称221人。

【专业技术职务资格申报评审和认定工作】 2017年，仁化县完成上年度中小学教师职称制度改革后专业技术人员发证工作，对上年度取得职称教师进行全部聘任。完成2017年度各系列职称认定76人，完成农业、工程、教育系列职称申报评审，合计72人。

【专业技术职务聘任管理】 2017年，仁化县完成不同级别专业技术职务聘任工作248人，涉及林业、工程、教育、卫生等行业专业技术职务聘任。全年有技术工人2名新晋技术等级和办理聘用手续。

【专业技术人员和公务员教育培训工作】 2017年，仁化县继续教育公需科目以面授培训或远程网络学习两种方式进行，需要参加培训人员可以选择适合自己的学习方式，完成公需科目学习。全年全县举办主题为《工匠精神与广东制造》面授培训班5期，每期学习时间为两天半，培训人数760人；选择远程网络学习人数2912人。4月，安排基层公务员20人到东莞市委党校培训。5月，开展习近平总书记重要批示精神全员培训，共6期，参培人员1700多人。12月，开展2017年关于开展公务员学习贯彻中共十九大精神及新时期公务员职业道德建设专题全员培训，培训时间每期2天，共举办6期10个班，1744人参训。

【组织各类公开招聘工作】 2017年，仁化县人社局按照《广东省事业单位公开招聘人员办法》和《事业单位人事管理条例》规定，以及参照事业单位公开招聘人员办法，协助各招聘单位组织各类公开招聘考试15场（其中事业单位公开招聘考试9场，聘用制后勤服务人员公开招聘考试6场），向社会公开招聘岗位248个（其中事业单位工作人员岗位149个）。完成事业单位公开招聘工作，通过考试拟聘用事业单位工作人员127人，其中本科及以上学历人员70人，占聘用总人数的55.12%。

【“三支一扶”管理】 按照省、市派遣名单，2017年仁化县“三支一扶”大学生到岗7人，分别安排在县域各镇人民政府（街道办事处）工作。通过建立“仁化县三支一扶人员微信群”，加强“三支一扶”人员沟通联系。通过微信群与“三支一扶”人员沟通，实时了解“三支一扶”人员平时工作和生活状况，为“三支一扶”人员在工作和生活中遇到问题提供帮助。12月，县人社局组织工作人员深入“三支一扶”人员工作单位慰问“三支一扶”人员，通过召开有“三支一扶”员工作单位领导、部门负责人、“三支一扶”人员参与座谈会，收集了解“三支一扶”人员在工作单位表现、状态和意见建议。截至是年6月底，全县2015届“三支一扶”大学生服务期满7人，全部完成期满考核，均获得“高校毕业生‘三支一扶’服务证书”。

【人才档案管理和高校毕业生报到、登记工作】 2017年，县人社局接收应届普通高校毕业生档案及其他零散档案1023份，办理档案调出410份（次）。高校毕业生档案库在库档案数累计10600余份。在接收或调出档案后，县人社局及时办理档案整理和登记入库、出库工作，所有档案全部实行电子化管理。

【乡镇机关事业单位工作人员乡镇工作补贴】 2017年，县人社局按照全县乡镇机关事业单位乡镇工作补贴实施办法，审核全县991人乡镇工作补贴标准，月人均755元，每月共748205元。

【公务员职务与职级并行】 2017年，县人社局按照《关于县以下机关建立公务员职务与职级并行制度的实施意见》（粤办发〔2015〕10号）规定，按要求完成符合职务与职级并行条件人员（科员晋升副科职级）审批工作，办理符合条件晋升上一职级人员享受上一职级（科员晋升副科职级）工资待遇增资17人。

【调整基本工资标准】 2017年，仁化县根据《广东省人民政府办公厅转发省人社资源社会保障厅 广东省财政厅关于调整机关事业单位工作人员基本工资标准和增加机关事业单位离休人员离休费实施意见的通知》（粤府办〔2016〕113号）和《关于印发〈韶关市调整机关事业单位工作人员基本工资标准和增加离休人员离休费实施方案〉的通知》（韶人社〔2016〕258号）有关精神，全县机关事业单位工作人员从2016年7月起调整基本工资标准和离休人员增加基本离休费。其中，机关单位在职人员1834人，人均增资496元/月；事业单位在职人员3999人，人均增资527元/月。机关单位离休人员20人，人均增加基本离休费463元/月；事业单位离休人员2人，人均增加基本离休费400元/月。审核全县机关事业单位在职人员津贴补贴（绩效工资）纳入基本工资额度，人均纳入额度195元/月。

【工资福利日常管理工作】 2017年，仁化县按照《关于印发〈广东省公务员工资制度改革实施意见〉的通知》（粤人发〔2007〕55号）、《关于印发〈广东省事业单位工作人员收入分配制度改革实施意见〉的通知》（粤人发〔2007〕56号）规定，全县机关事业单位符合条件工作人员5592人从2017年1月1日起晋升（薪级）工资。其中，公务员（含参照公务员管理人员）420人，人均月增资59元；事业单位4048人，人均月增资72元。做好2017年机关事业单位工作人员年终一次性奖金（绩效工资）和退休人员年终一次性补贴审核工作。在职工作人员人平年终一次性奖金（绩效工资）4850元，退休人员按1000元发给，离休人员参照在职同等人员待遇发放。根据《广东省人事厅关于给机关事业单位年度考核被评为优秀人员发放奖金问题的通知》（粤人发〔2002〕1号）规定，做好机关事业单位2016年度考核评为优秀等次人员发放年度考核优秀奖金审核工作。全年审核调入调出工作人员、新录用国家公务员、新招聘工作人员、在职工作人员相关工资确定和变动252人。审核机关单位职务工资变动手续120人，审核事业单位工资变动手续324人。审核抚恤金68人，审批符合条件享受遗属生活困难补助遗属生活困难补贴16名。做好乡镇机关事业单位、县直派驻乡镇工作人员乡镇工作补贴标准变动审批工作。根据《转发人力资源社会保障部、财政部〈关于调整人民警察警衔津贴标准的通知〉》（粤人社发〔2016〕55号），审核县公安局和公安森林分局调整人民警察警衔津贴标准增资补发301人。审核符合条件晋升上一职级人员享受上一职级工资待遇增资17人。

【机关、事业单位工作人员上年度考核工作】 2017年，县人社局完成2016年度全县机关事业单位工作人员年度考核工作。2016年年度考核工作分3块进行：市管干部报市考核；正乡科级单位“一把手”，按照县落实科学发展观考核实施细则进行考核；其余机关、事业单位工作人员由各单位（或有人事权的主管部门）考核。县考核委员会指导全县考核工作，掌控全县考核情况，最后进行综合汇总，审核、审批。2016年年度，全县公务员、参照公务员法管理单位工作人员参加年度考核1727人，其中，评为优秀242人，评为不称职9人，评为不定等次103人（其中试用期人员100人），评为称职1373人；未参加考核3人。全县事业单位参加年度考核4200人，评为优秀579人，占参加考核人数14.0%，不合格7人，不定等次92人。

劳动·就业

【概况】 2017年，县人社局贯彻落实劳动监察保障法律法规，加大处理欠薪案件工作力度，加强专项检查和日常巡查工作，做好劳动人事争议仲裁案件处理，深入开展“精准扶贫进镇入村”就业援助招聘活动，积极开展就业创业政策宣传，继续打造月嫂技能培训金字招牌，加大职业技能鉴定质量监管力度，全面完成市级下达各项就业目标任务。

【劳动保障】 2017年，县人社局积极推进和谐劳动关系建设，加大欠薪案件处理力度，做好农民工维权工作。全年，劳动保障监察综合执法大队受理投诉及信访案件78宗。其中受理举报投诉案件31宗，涉及劳动者509人，涉及劳动者工资862余万元，结案率96.7%（剩余1宗在法定时限内，处于调处阶段）。处理信访案件、政府热线、网络问政案件47宗，办结率为91.5%（剩余4宗在法定时限内，处于处理阶段）。

【劳动监察执法专项检查】 2017年7月，县人社局劳动监察部门联合有关部门开展“用人单位遵守劳动用工和社会保险法律法规专项执法检查”。深入县区内大中型企业，重点检查招用农民工较多建筑、制造、冶炼、小矿山、砖厂、服务、餐饮和其他中小型劳动密集型企业。该次专项检查检查民营企业、服务业、服务业、餐饮业、建筑业、砖厂等用人单位52家，涉及劳动者2438人，各用工企业和劳动者签订劳动合同2394份，未签订劳动合同人数44人，督促用人单位签订劳动合同44份，参加社会保险人数1567人，未参加社保人数871人。未发现违反女职工、未成年工特殊保护规定。在检查过程中，发现部分用人单位参保率较低，部分企业未按规定发放高温补贴问题，检查组对用人单位存在问题当场责令其限期内整改，并向违法企业发出“劳动保障监察限期改正指令书”。

【建筑行业用工行为监管】 2017年，县人社局全面落实《国务院关于治理拖欠农民工工资问题的意见》（国办发〔2016〕1号）、《广东省人民政府办公厅关于全面治理拖欠异地务工人员工资问题的实施意见》（粤府办〔2016〕111号）精神，严格按照《韶关市建设领域施工企业工人工资支付保证金管理办法》（韶人社〔2017〕133号）要求，在建设领域实行工人工资保证金制度。建立工人工资保证金制度，为106户建设项目缴存工人工资保证金，缴存总额18278624.3元，其中通过验收，且未发生拖欠工人工资而退还工资保证金建设项目66户，退还金额10543768.84元。现有在县人社局缴纳工人工资保证金建筑项目40户，缴纳总额为7734855.46元。根据《广东省建设领域工人工资支付分账管理暂行办法》规定，仁化县加强建设领域企业管理，要求施工项目在办理工人工资保证金时实施工人工资支付分账管理，由发包单位、承建单位、银行签订“建筑工程农民工工资支付三方协议书”，县人社局存协议书1份，保障工人权益。

【工伤宣传和工伤认定】 2017年，县人社局按照《广东省工伤保险条例》有关程序规定，做好工伤认定和政策宣传工作。一是加大宣传力度，特别是建筑业参加工伤保险宣传。深入企业、建筑工地、文化广场、人群密集地方进行现场宣传，为群众、用人单位讲解工伤保险相关政策宣传，发放宣传资料，推进工伤保险扩面征缴工作，发放宣传资料800余份。6月26日，举办仁化县建筑业“千企万人”工伤保险与安全生产集中培训班1期，参加培训班单位32个，人数64人。参加建筑业工伤保险建设项目单位69个。二是以法律为依据，以服务为宗旨，做好工伤认定工作。结合国家和省《工伤保险条例》《工伤认定办法》规定程序，依法受理，调查取证，认定、送达等，规范每个操作环节和实行对工伤发生单位24小时内电话报告制度，做好现场调查取证认定工作。遇有复杂和典型案例，主动与上级业务部门和法律人士探讨、沟通，把握工伤认定准确性和把握性。全年受理工伤认定申请135宗，其中：工伤认定133宗，不予工伤认定1宗，撤销申请1宗。另有未参保案件8宗经当事人双方同意未予受理，而是依法成功调处，直接让受伤工人获取相应待遇，避免后续劳民伤财。

【“企忧档案”工作】 2017年，县人社局按照县域发展要求，抓好“企忧档案”落实工作。9月起，县人社局挂点企业由原来2家更改为3家，分别是仁化县格顶闽富达墙材有限公司、仁化县丹霞山彤景酒店有限公司、仁化县星联科技有限公司。全年，县人社局走访联系挂点企业28次，挂点企业均无企忧事项申请，并每月按时将“企忧事项申请表”及企忧事项情况汇报给县企忧办。

【劳动争议调解仲裁工作】 2017年，县人社局劳动人事争议调解仲裁工作坚持以人为本，把劳资关系和谐和社会稳定作为调解仲裁工作根本点，公平、公正处理劳资纠纷。全年，县仲裁院立案受理29宗，不予受理3宗，涉及劳动者81人，涉案金额196.1万元，法定审限内结案28宗，法定审限内结案率100%，有1宗未结（尚在法定审限期内），处于处理阶段。立案后调解处理20宗，裁决6宗，经调处劳动者撤诉2宗。案外调解10宗，涉及劳动者10人，涉案金额4.44万元，仲裁调解率76.92%。

【就业目标完成情况】 2017年，全县实现城镇新增就业人数2693人，完成市下达任务的149.6%；城镇失业再就业人数1712人，完成任务的107%；就业困难人员实现再就业297人，完成任务的106.1%；促进创业人数166人，完成任务的110.7%；城镇登记失业率为2.39%，控制在年度目标3.5%以内。

【举办企业用工专场招聘会】 2017年，仁化县在县锦城文化广场、新南康、广客隆及镇村举办企业招聘会22场，参会企业445家次，提供就业岗位22266个，进场咨询人数15070人，现场达成就业意向人数2935人。运用“六位一体”［定期通过县政府网、县电视台、微信公众号、基层公共服务平台和气象预警信息发布平台、县镇（街）村（居）人社平台、招聘会现场宣传惠民政策］宣传模式推进网络实时招聘，累计发布招聘信息15期1.07万条。

【举办“精准扶贫”进镇入村专场招聘会】 2017年，县人社局就业部门主动加强与县扶贫办对接，以联合举办的形式，举办“精准扶贫”专场招聘会15场，参会企业378家次，提供就业岗位21606个，进场参会建档立卡贫困户人数589人，现场达成就业意向70人。

【就业服务管理】 2017年，县人社局继续做好广东省人力资源和社会保障业务管理软件信息录入、更新工作。全年登记招聘单位53家，招聘信息数154条，登记招聘岗位2063个，登记求职人数1651人。全县担保基金规模达370万元，2017年新增经办银行1家；全年贴息金额70.3万元，发放创业担保贷款38笔达638万元，直接扶持创业38人，带动就业115人。全年审核发放各类就业创业补贴90.62万元，惠及人数556人。其中：企业吸纳社保补贴10人2.13万元；岗位补贴20人4.41万元；灵活就业社保补贴11人1.64万元；创业带动就业补贴26人4.2万元；职业培训补贴（家政服务类）489人78.24万元。

【就业信息宣传】 2017年，县人社局加强政策宣传，提升公共就业服务，提高就业创业政策群众知晓率。建立“六位一体”宣传模式，即定期通过县政府网、县电视台、微信公众号、基层公共服务平台和气象预警信息发布平台、县镇（街）村（居）人社平台、招聘会现场宣传惠民政策，开展政策宣传23期次，发放就业服务指南和毛巾、雨伞、环保袋等宣传品1.49万份、宣传单3.2万张。

【劳动力技能培训】 2017年，县人社局以家政服务培训为突破口，开展劳动力技能晋升培训及技能鉴定工作。一是安排年度专项资金48万元用于开展家政服务类职业技能培训，增强城乡劳动者职业技能素质和就业能力，凸显“丹霞月嫂”品牌效应，促进城乡富余劳动力向家庭服务业转移就业。全年开办育婴员培训班4期，参训人员445人，系统开班考试人数379人， 获初级资格证人数361人，获证率95.3%。二是采取培训机构推荐、组建微信群发布招聘信息、加强与省市家庭服务企业对接、组织参加省家庭服务劳务韶关专场招聘会等方式推荐就业。

【就业困难人员认定工作】 2017年，县人社局在33个省定贫困村和81个分散村中开展认定工作，确保建档立卡贫困户知晓和享受人社部门相关扶持政策，创新做法，促进各项惠民政策落实。全年发放就业创业证403本，认定就业困难人员413人。

【就业社保技能“精准扶贫”工作】 2017年，县人社局全力搭建公共就业扶贫平台，促进有就业意愿和劳动能力贫困人员实现就近就地就业，通过精准识别、精准招聘、精准施策以及招“两后生”（初、高中毕业后未就业的学生）等措施，确保“找得准、出得来、干得了、稳得住、过得好”，探索可复制、可推广“精准扶贫”工作办法。夯实民生保障基础，提供多方位公共就业服务。举办“‘精准扶贫’进镇入村”专场招聘会15场，进场参会建档立卡贫困户人数589人，现场达成就业意向70人。兜牢民生底线，做到“两种保险”（城乡医疗保险和城乡养老保险）全覆盖。实施技能提升，按需安排培训。截至2017年年底，全县组织贫困学生就读各类技校124人，落实建档立卡贫困家庭在省就读技校学生生活费补助的40%，34人次，共40800元。全年组织贫困劳动力参加职业技能（育婴员）培训11人，通过鉴定并取得资格证贫困人员5人。推进挂点扶贫村周田镇谭屋村驻村扶贫工作，制订帮扶计划，有序推进各项扶贫工作。

社会保障

【概况】 2017年，仁化县按照“广覆盖、保基本、多层次、可持续”方针，坚持“人人有保障”工作目标，建立健全统筹城乡社会保障体系，推进社保制度改革创新，社会保障水平稳步提升。全年全县参加城乡居民基本养老保险76608人、城乡居民基本医疗保险181004人、失业保险12648人、工伤保险18393人、生育保险18333人，完成韶关市政府下达的工作任务。

【企业职工基本养老保险扩面征缴工作】 2017年，仁化县抓好社保扩面工作，强化责任抓好落实，全面完成社保扩面工作任务。县政府制定《仁化县2017年社保扩面征缴工作实施方案》，将社保扩面任务指标合理分配到各镇（街）、相关单位，签订责任书，实行扩面指标任务完成情况与年终绩效考评挂钩，做到奖罚分明。2017年，全县企业职工基本养老保险参保人数31795人，占任务比例100.38%。

【城乡居民社会养老保险参保扩面工作】 2017年，仁化县全面实施城乡居民养老保险制度，基本养老实现全覆盖。全年，市下达仁化县城乡居民基本养老保险参保任务数75580人，全县实际完成参保人数76608人，完成参保任务101.36%；缴费人数34282人，收入4802.97万元。

【城乡居民医疗保险】 2017年，仁化县城乡居民医疗保险参保任务178200人，实际完成参保人数181004人，完成参保任务数101.57%。

【职工医疗保险】 2017年，仁化县职工医疗保险参保任务25200人，基金征收任务7070万元。全年全县实际完成参保人数27193人，基金征收收入8539.23万元，分别完成参保、征收任务107.91%、120.78%。

【失业保险】 2017年，仁化县失业保险任务人数14340人，基金征收任务360万元。全年全县实际完成参保人数12648人，基金征收收入为379.22万元，分别完成参保、征收任务数88.20%、105.34%。

【工伤保险】 2017年，仁化县工伤保险任务人数17400人，基金征收收入500万元。全年全县实际完成参保人数18393人，基金征收收入为557.20万元，分别完成参保、征收任务数105.71%、111.44%。

【生育保险】 2017年，仁化县生育保险任务17000人，基金征收收入259万元。全年全县实际完成参保人数18333人，基金征收收入为233.94万元，分别完成参保、征收任务107.84%、90.32%。

【机关事业单位养老保险改革】 2017年，仁化县制订《仁化县机关事业单位基本养老保险参保登记工作方案》，全年参保登记180个单位计9477人（在职6531人，退休2946人），完成应参保人数100%。县直机关单位正式开展养老保险征缴工作，完成上线单位27个，征收机关养老保险基金在职人员361人，基金累计收缴108.32万元。9月起发放养老保险待遇，发放待遇单位15个计83人，累计支出81.05万元。8月开始机关事业单位养老保险制度改革前个人缴费本息发放工作，完成个人缴费本息发放工作单位75个1545人，累计发放金额2564.43万元。

【被征地农民养老保障】 2017年，县人社局按照《仁化县被征地农民养老保障预存资金分配工作方案》精神，多措并举推进被征地农民养老保险工作，完成年度资金分配任务。仁化县根据实际情况，灵活运用政策，克服征地名单落实及社保资金分配等困难，完成被征地农民养老缴费工作。第一，组织工作组走村入户，与村干部、村民代表沟通协调，了解掌握具体对象名单。第二，定期研究处理工作推进过程中遇到的问题和困难，推动被征地农民养老保险工作。第三，严格程序办理，由各镇（街）提交被征地农民名单、县人社局提供省国土部门批文等相关资料、县社保分局和邮储银行完成后期实际缴费录用审核等工作，将征地农民养老保险资金分配、缴费登记工作落到实处。全年全县征地社保资金实际落实927人，分配资金2002.32万元。银行落实到账820人，金额1771.2万元，领取待遇人数113人。

仁化县人力资源和社会保障局负责人名录：

局　长：林伟清

副局长：谢东生　何　艾（女）
黄家磊（党组成员任至2017年12月）
（周鹏举　李　荣）

民　政

【概况】 仁化县民政局（简称“县民政局”）是县人民政府主管社会行政事务的职能部门，承担全县救灾救济、城乡最低生活保障、城乡困难群众重大疾病救助、基层政权建设、区划地名管理、“双拥”、优抚、退役士兵安置、婚姻登记、儿童收养登记、社团登记、民办非企业单位登记、社会救助、殡葬管理、老龄工作职能。下设职能股室人秘股、优抚安置股、基层政权股、救灾救济股、社会事务股5个。2017年，全局有干部职工22人。

【城乡低保】 2017年1月，县民政局按照省、市有关文件精神，落实最低生活保障政策，做好兜底民生、“精准扶贫”保障工作，促进低保工作公平、公正、公开，组织相关人员到各镇（街）开展低保户核查工作。截至2017年12月底，全县城乡有低保户2019户4207人（其中城镇298户443人，农村1721户3764人），累计发放低保金1306.61万元，城镇月人均补差为482.2元/人，农村月人均补差为278.03元/人。2017年1月1日起，仁化县低保标准为城镇580元/月/人，农村400元/月/人。

【城乡特困人员供养管理】 2017年，仁化县加强敬老院内部管理，利用多种手段提高工作人员管理水平、业务水平，完善敬老院制度和院务公开，解决特困人员食住、医葬等问题。确保全县民政服务机构安全，吸取新丰县“练溪”事件教训，全面检查县辖区内养老服务机构从人员管理和日常安全，通报检查所发现问题，下发整改通知责令限时整改到位。按有关要求调整城乡特困人员供养标准，2017年，仁化县执行标准为城镇928元/人/月、农村700元/人/月，特困人员供养标准达到省、市规定标准。

【救灾救济】 2017年春节期间，全县走访慰问优抚对象和各类困难群众4240人，发放慰问金33.5万元，发放春节慰问粮、油及其他慰问品价值23万多元。做好临时救助人员甄别工作，全年临时救助494人次，救助金额80.45万元。2017年，全县因水灾洪涝影响受灾1602人，经济损失312.4万元，因灾倒塌房屋30户117间。灾情发生后，县民政局组织干部职工及时赶赴现场，安全转移受灾群众，送去基本生活用品、食品等救灾救济物资，确保灾民基本生活保障。

【城乡医疗救助】 2017年，县民政局按照县人民政府《城乡特困人员医疗和临时救助管理办法》有关规定，及时做好困难群众生活和医疗救助。全年全县发放医疗救助金284.26万元，救助638人。

【临时困难救济】 2017年，县民政局按《救助管理条例》要求，做好流浪乞讨人员甄别工作。全年救助流浪精神病患者、危重病人1名，遣送长期滞留在县城精神病人3名；救助流浪乞讨人员65人次，救助金额7.32万元。

【慈善救助】 2017年6月30日，仁化县召开募捐大会，筹集资金314.55万元，并将募集资金全部用于县扶贫“双到”工作。

【“双拥”工作】 2017年，仁化县加大“双拥”工作力度，开展争创省“双拥”模范城宣传教育，为驻仁化部队办好事实事，增进军民团结。春节、“八一”中国人民解放军建军节期间，组织慰问团慰问驻仁化部队、韶关军分区、驻韶关炮旅、二炮等部队，赠送慰问金22万元。

【优抚安置】 2017年，仁化县落实优抚对象自然增长机制，提高抚恤补助标准，确保优抚对象生活与当地群众生活水平同步增长。2017年，仁化县烈属月定抚恤2054元、农村病故遗属月定抚恤1707元；在乡老复员军人月定补1210元，高于省标准173元；带病回乡退伍军人月定补627元，高于省标准105元，参战涉核退役人员月定补590元，高于省标准50元；定恤定补标准达到省规定补助标准，支出退伍军人医疗补助和生活特别困难补助6万多元。做好2017年军烈属优待工作，全年优待城镇义务兵每人优待金16400元、农村义务兵每人优待金14000元；优待定恤“三属”9人，每人9800元；优待孤老复员军人每人1000元，优待在乡伤残军人每人800元，优待非定恤烈属每人1200元，全县支出优待款226万多元，全部发放到优待对象。

【换届选举】 2017年，仁化县完成第七届村委、第六届居委换届工作，截至2017年5月底，全县109个行政村和16个社区居委会完成“两委”换届，村委支部书记主任“一肩挑”和村“两委”成员交叉任职率93%以上。

【地名普查】 2017年，县普查办组织专家对县第二次全国地名普查成果进行县级自查，通过自查，对地名资料查漏补缺。11月1—3日，省级地名普查验收组全面检查仁化县提供的验收资料国家地名与区划数据库数据、第二次全国地名普查地名目录（6022条）、第二次全国地名普查地名成果表（6022条）、第二次全国地名普查成果图（1:10000比例尺106幅）、第二次全国地名普查地名标志登记表（120张）、第二次全国地名普查地名用字读音审定申报表（39条）、第二次全国地名普查地名标准化处理统计表（140条），并通过省级验收。

【民间组织管理】 2017年，县民政局坚持培育和管理监督并重要求，推进社会组织健康有序发展，加强日常登记管理，检查，监督和业务指导，提升全县社会组织自律能力和公信力，促进社会组织合法经营。截至2017年年底，全县有社会组织103个（其中社会团体71个、民办非企业32个）。

2017年仁化县社会团体统计表

表44

序　号	单位名称	序　号	单位名称	序　号	单位名称
1	仁化县体育总会	2	仁化县乒乓球协会	3	仁化县慈善会
4	仁化县足球协会	5	仁化县老区建设促进会	6	仁化县殡葬管理协会
7	仁化县老年人体育协会	8	仁化县集邮协会	9	仁化县水利水电行业协会
10	仁化县棋类协会	11	仁化县历届政协委员联谊会	12	仁化县仁化中学教育学会
13	仁化县羽毛球协会	14	仁化县私营企业协会	15	紫岭病虫专业化防治协会

续表44

序　号	单位名称	序　号	单位名称	序　号	单位名称
16	仁化县篮球协会	17	仁化县性学会	18	仁化县有机产品种植专业技术协会
19	仁化县建筑工程学会	20	仁化县质量计量标准化协会	21	仁化县摄影协会
22	仁化县个体劳动者协会	23	仁化县婚姻家庭建设协会	24	仁化县民间企业家协会
25	仁化县林业学会	26	仁化县董塘镇高莲村沼气协会	27	仁化县扶溪左龙村毛竹生产加工流通合作社
28	仁化县水利学会	29	仁化县价格协会	30	仁化丹霞旭日青少年体育俱乐部
31	高莲病虫专业化防治协会	32	天湖病虫专业化防治协会	33	周田病虫专业化防治协会
34	仁化县丹霞山断石乡村旅游协会	35	仁化县茶业协会	36	仁化县书画家协会
37	仁化县扶溪镇左龙村扶贫互助社	38	仁化县青年摄影学会	39	仁化县旅游协会
40	仁化县红山镇小楣水村扶贫互助社	41	仁化县罗汉果协会	42	仁化县妇女健身协会
43	仁化县董塘镇塘联村扶贫互助社	44	仁化县梅州客家文化促进会	45	仁化县石塘镇农民用水协会
46	仁化县金融协会	47	仁化县扶溪镇农民用水协会	48	仁化县小水电行业协会
49	仁化县闻韶镇农民用水协会	50	仁化县董塘镇农民用水协会	51	仁化县丹霞街道办事处农民用水协会
52	仁化县兴宁客家文化促进会	53	仁化县护理学会	54	仁化县河源移民传统文化促进会
55	仁化县音乐协会	56	仁化县志愿者联合会	57	仁化县丹霞义工会
58	仁化县观赏石协会	59	仁化县南水移民传统文化促进会	60	仁化县非公林业产业协会
61	仁化县丹霞仁家协会	62	仁化县石塘堆花米酒生产技术协会	63	仁化县文化艺术交流协会
64	仁化县电子商务行业协会	65	仁化县董塘镇岩头村扶贫互助社	66	仁化县爱国拥军促进会
67	仁化县户外运动协会	68	仁化县武术协会	69	仁化县董塘镇社会工作与志愿服务协会
70	仁化县红山镇社会工作与志愿服务协会	71	仁化县客栈民宿协会	—	—

2017年仁化县民办非企业单位统计表

表45

	单位名称	序　号	单位名称	序　号	单位名称
1	仁化县董塘开心宝幼儿园	2	仁化县蓓蕾幼儿园	3	仁化县丹霞山性文化博物馆
4	仁化县董塘镇天诚幼儿园	5	仁化县培正幼儿园	6	韶关岭南职业培训学校
7	仁化县海丽达幼儿园	8	仁化县小太阳幼儿园	9	仁化县锦江中心幼儿园
10	仁化县希望之星培训中心	11	仁化县黄坑镇阳光幼儿园	12	仁化县明珠幼儿园
13	仁化县月岭中英文实验幼儿园	14	岭田青草地幼儿园	15	仁化县董塘坪岗凯利幼儿园
16	仁化县水南中英文幼儿园	17	仁化县凡口新世纪幼儿园	18	仁化县长江镇小天使幼儿园
19	仁化县华英幼儿园	20	仁化县董塘镇博雅幼儿园	21	麻塘村幼儿园
22	仁化县金太阳幼儿园	23	仁化县丹霞金果果幼儿园	24	仁化县蓝天幼儿园
25	仁化县快乐之星幼儿园	26	仁化县新起点幼儿园	27	仁化县扶溪镇童乐幼儿园
28	仁化县龙星青少年足球俱乐部	29	仁化县精武道青少年体育俱乐部	30	仁化县长江镇明星幼儿园
31	仁化县周田镇智慧岛幼儿园	32	仁化县爱儿思一品城幼儿园	—	—

【殡葬改革】 2017年，殡葬文明优质服务上新水平。仁化县开展“以民为本、为民解困，丧属至上、优质服务”殡仪服务创建活动。按省、市民政部门要求，落实殡改各项政策，完善殡改各项设施，在年初与各镇（街）签订殡改责任书。加强仁仙陵园监管，加大基础设施建设，该公墓达到省、市经营性公墓标准。开展“银色殡葬、人文殡葬”主题，保持火化率100%为重点宣传活动，营造殡改氛围。引导群众革除封建丧葬陋俗，开展“文明殡葬”“绿色殡葬”活动，继续推进村级生态公务和骨灰楼建设。

【婚姻与儿童福利工作】 2017年，县民政局加大基层公共服务平台建设力度，提高基层服务水平，完善各项规章制度，提高工作人员办事效率和服务质量。全年，办理结婚登记1289对，离婚登记456对，登记合格率100%。配合计生、妇儿工委做好计生和婚检工作，婚检率80%以上。做好“全国农村留守儿童和困境儿童信息管理系统”录入工作，建立健全困境儿童和留守儿童信息库。做好孤儿和事实无人抚养儿童生活保障工作。全县孤儿保障标准达到省规定标准，每月生活保障金880元/人，全年为37名孤儿发放生活保障金33.53万元。确保残疾人补贴发放到位，做好《广东省残疾人两项补贴管理系统》和《全国残疾儿童信息系统》动态审核管理，保障到位。

【老龄工作】 2017年，县民政局贯彻上级老龄工作文件精神，为全县80岁以上老年人发放老龄津贴。全年，累计为全县5406名80岁以上老人发放老龄津贴131.22万元，其中为27

名百岁以上老人发放长寿保健金200元/人/月，全县形成“爱老、敬老”社会氛围。

仁化县民政局负责人名录：

局　长： 谭卫东

副局长： 钟　健　刘新娣（女）　詹碧清

（罗润桃　叶莉华）

民族宗教事务

【概况】 2017年，仁化县民族宗教工作围绕民族工作“两个共同”和宗教工作“两个根本”主题，加快推进民族地区全面建成小康社会步伐，推动民族团结进步事业发展，扎实做好城市民族、宗教领域重点工作，维护民族宗教领域和谐稳定。加强宗教团体自身建设，夯实民族宗教工作基础。

【推动民族地区加快发展】 做好民族工作。2017年，县民宗局结合县委“一三九”发展战略思路，推进全域旅游创建工作开展。发挥民族文化和生态环境优势，支持散居民族地区大力发展民俗生态文化旅游业。重点支持周田镇灵树禅寺重建、灵树禅寺佛教文化旅游综合开发项目、周田镇灵溪大围村古村文化资源开发。加大宣传推广力度，结合大丹霞旅游发展规划，打造独具仁化特色古色旅游品牌。结合董塘镇瑶族连坑村“小丹霞”旅游度假村综合开发，打造一批体现民族风情特色旅游品牌，推进少数民族村经济社会发展。

少数民族经济社会发展得到稳步推进。2017年，县民宗局发挥职能作用，争取到省民委、省财政扶持仁化县少数民族发展补助资金9万元和市级少数民族发展补助资金，实施少数民族村委董塘镇瑶族村亮化工程，申报周田镇瑶溪村委饮水工程项目1个，解决瑶族部分村民饮用自来水困难问题，支持散居民族地区发展。

加强对城市外来少数民族流动人口的服务和管理。2017年，县民宗局加强城市外来少数民族流动人口服务和管理。会同县公安国保大队及时掌握外来少数民族新疆西藏流动人口动态和情况，妥善处置涉疆涉藏少数民族矛盾纠纷，切实保障少数民族合法权益。

深入开展民族团结宣传教育活动。2017年，县民宗局结合组织开展民族团结宣传月活动，促进各民族交往交流交融。8月6日，召开全县统战委员会议，学习宣传中国共产党民族理论、民族政策、民族法律法规、民族优秀文化和全省民族团结进步事业成效。通过增设宣传栏（窗），张贴宣传画方式，做好公共场所少数民族宣传活动。在县散居少数民族镇、村宣传栏上张贴宣传画76份。

散居少数民族合法权益得到有效保障。2017年，县民宗局贯彻实施《中国公民民族成分登记管理办法》，严格按2016年1月1日施行的新政策做好民族成分变更和政策解释相关工作。保障少数民族平等受教育的权利。年内，县民宗局落实少数民族考生中、高考加分政策，全年办理符合条件少数民族考生加分审核少数民族中考生13名、少数民族高考生3名；审核和报批县域少数民族聚居区符合少数民族助学资金申请条件大学生18人，资助金额18万元。

民族团结进步事业得到长足发展。2017年，县民宗局不定期深入基层开展调研工作，调研中发现矛盾纠纷问题及时向县委、县政府分管领导汇报。做好来信来访工作，重视政策法律法规宣传教育，与少数民族村干部群众交心谈心，建立友好感情。推进民族团结进步宣传月活动，以点带面，巩固和发展平等团结互助和谐社会主义民族关系。

【贯彻全国全省宗教工作会议精神】 深入贯彻全国全省全市宗教工作会议精神。2017年，县民宗局贯彻全国全省全市宗教工作会议精神。召开全县宗教工作会议，研究部署宗教工作；参加市局举办宗教场所换发证业务工作培训班；开展宗教工作三级网络建设专题调研，健全全县宗教工作三级网络和两级责任制。

着力解决宗教工作中的重点难点问题。2017年，县民宗局解决宗教工作重点难点问题。继续协调处理韶关市天主教爱国会仁化房地产遗留问题；协调灵树禅院土地调规、报建等有关工作；协助做好妙善禅寺、董塘云龙寺土地使用、报建等相关工作。

积极指导宗教界加强自身建设。2017年，县民宗局指导宗教界加强自身建设，促进宗教活动场所活动管理规范化；鼓励和支持宗教界开展公益慈善活动。组织和引导宗教界人士发挥自身优势，开展2017年广东扶贫济困日暨宗教慈善周活动，筹集资金2万元。

提高宗教工作法治化水平。2017年，县民宗局加强宗教宣传教育引导，提高宗教工作法治化水平，做好新修订《宗教事务条例》宣传和培训工作。做好宗教活动场所统一社会信用代码赋码工作，开展"宗教活动场所登记证"换证和宗教教职人员证书发放工作。

【做好宗教信访维稳工作】 2017年，县民宗局开展民族宗教领域重大生产安全事故隐患排查，全力维护全县民族宗教领域和谐稳定。5月14日，仁化县妙善禅寺举办祖师殿及居士楼奠基庆典活动，县民宗局按照《宗教事务条例》有关规定进行报批制度及制订安保应急处置工作预案，确保该活动安全有序开展。

认真贯彻落实中央《关于进一步加强宗教工作和抵御境外渗透工作的通知》精神。2017年，县民宗局贯彻落实中共中央《关于进一步加强宗教工作和抵御境外渗透工作的通知》精神，汇同县政法委、县公安国保大队及镇（街）有关部门，检查非法宗教书籍、刊物、音像制品等，收缴部分非法印刷宗教类书籍，加强境外宗教渗透排查，建立健全抵御境外宗教渗透工作机制，及时掌握出入境人员宗教活动情况。

开展专项整治非法宗教活动点。2017年，县民宗局开展专项整治非法宗教活动点。年内，取缔非法宗教活动点闻韶镇下徐村"华林寺"、县城老街"龙母宫"、董塘镇岩头村"五仙岩观音堂"、黄坑镇"基督教私设聚会点"，对当事人进行严肃批评教育，指出乱建寺庙和非法开展宗教活动危害性，责成其写出书面保证，并在期限内自行撤走神像、功德箱和香炉，拆除牌匾标识，关闭非法宗教活动点。

认真开展全县宗教活动场所安全大检查。2017年，县民宗局开展全县宗教活动场所安全大检查。7月6日，县民宗局联合市民宗局、市消防大队、县消防大队等部门组成调查小组对县重点、大型宗教活动场所进行安全检查，对少数宗教活动场所重点点位未配备灭火器、电路老化现象、电源开关未按保护设施等问题，要求场所及时整改，消除安全隐患。

加强网络宗教事务管理。2017年，县民宗局加强网络宗教事务管理。发挥网络宗教事务管理协调机制作用，加强配合协调，及时正确应对重大网络宗教舆情；重视民族宗教信访工作，妥善处理信访问题。

仁化县民族宗教事务局工作部负责人名录：

局　长：谢树富（任至2017年9月）
叶志琴（女，2017年9月任职）

（朱福娣）

人　口

【概况】 2017年，全县总人口244041人，比2016年下降0.27%；出生人口3091人，出生率15.74‰，比2016年提高2.36%；自然增长率为8.63‰，比2016年提高1.9%。

【人口变动与迁移】 人口自然变动。2017年是全面二孩政策放开后第二年，仁化县人口出生率和自然增长率有所提高。

2017年，全县总人口244041人，比2016年下降0.27%；出生人口3091人，出生率15.74‰，比2016年提高2.36%；死亡人口1397人，死亡率7.11%；自然增长率为8.63‰，比2016年提高1.9%。

2017年仁化县人口出生、死亡、自然增长统计表

表46

年　度	年末总人口	出　生		死　亡		自然增长率（‰）
		人数（人）	出生率（‰）	人数（人）	死亡率（‰）	
2017	244041	3091	15.74	1397	7.11	6.73

说明：该表统计数据来自县公安局、县卫生计生局统计年报

人口迁移。2017年，全县年末总人口244041人。迁入人口1458人，其中省内迁入1102人，占75.6%；省外迁入356人，占24.4%；迁出人口2742人，其中迁往省内2401人，占87.6%；迁往省外341人，占12.4%。

【**人口密度**】　2017年年末，全县常住人口21.06万人，全县人口密度为94.7人/平方公里，比2016年94.02人/平方公里提高0.68人/平方公里。全县人口密度较大镇（街）有丹霞街道（含县城）、董塘镇、石塘镇，人口密度均在100人/平方公里以上，其余8个镇人口密度均在100人/平方公里以下。人口密度最高的镇（街）是丹霞街道，为217人/平方公里，人口密度最低的镇（街）是红山镇，为47.7人/平方公里。

2017年仁化县各镇（街道）人口密度情况表

表47

镇（街道）	土地面积（平方公里）	总人口（人）	人口密度（人/平方公里）
总　计	2223.21	210611	94.7
丹霞街道	288.13	62518	217.0
董塘镇	243.34	47368	194.7
石塘镇	77.92	9371	120.3
红山镇	169.64	8095	47.7
城口镇	266.89	8749	32.8
长江镇	300.64	22919	76.2
扶溪镇	187.90	9823	52.3
闻韶镇	85.78	4475	52.2
黄坑镇	164.94	8947	54.2
周田镇	296.12	20730	70.0
大桥镇	132.80	7616	57.3

说明：董塘镇人口数包含凡口矿人口数

【人口性别构成】 2017年，全县性别比（女性=100）104.2，比2016年上升0.9%；男性人口12.45万人，占总人口比重为51%；女性人口11.95万人，占总人口比重49%。

2017年仁化县人口性别构成统计表

表48

年　度	总人口（人）			占总人口（%）		性别比（女=100）
	合计	男	女	男	女	
2017	244041	124523	119518	51	49	104.2

说明：该表资料来自县公安局统计年报

2017年仁化县各镇（街道）人口性别比例情况统计表

表49

镇（街道）	总人口（人）			性别比（女=100）
	合　计	男	女	
全县合计	244041	124523	119518	104.2
丹霞街道	63050	31961	31089	102.8
董塘镇	43037	22053	20984	105.1
石塘镇	13546	6956	6590	105.6
红山镇	10987	5814	5173	112.4
城口镇	10808	5554	5254	105.7
长江镇	27455	13994	13461	104.0
扶溪镇	13713	6986	6727	103.9
闻韶镇	6471	3246	3225	100.7
黄坑镇	15454	7939	7515	105.6
周田镇	28340	14380	13960	103.0
大桥镇	11180	5640	5540	101.8

说明：该表资料来自县公安局统计年报

【人口地域分布】 2017年，全县常住人口人，从各镇人口分布构成情况看：人口分布较多地域是丹霞街道62518人，占总人口29.7%；董塘镇47368人，占总人口22.5%；周田镇20730人，占9.8%；长江镇22919人，占10.9%。闻韶镇人口分布最少，人口4475人，占总人口2.1%。

2017年度仁化县各镇（街道）常住人口分布构成比例统计表

表50

镇（街道）	人口数（人）	占总人口（%）
全县合计	210611	100
丹霞街道	62518	29.7
董塘镇	47368	22.5
石塘镇	9371	4.4
红山镇	8095	3.8
城口镇	8749	4.2
长江镇	22919	10.9
扶溪镇	9823	4.7
闻韶镇	4475	2.1
黄坑镇	8947	4.2
周田镇	20730	9.8
大桥镇	7616	3.6

说明：该表资料来自县统计局统计年报

【农业、非农业人口构成】 2017年，全县总人口24.4万人，其中：农业人口15.11万人，比2016年多2587人；非农业人口9.28万人，比2016年少3249人，户籍人口城镇化率为40.12%，比2016年提高0.55个百分点。

2017年仁化县农业及非农业人口构成情况统计表

表51

年　度	总人口（万人）	农业人口		非农业人口	
		人数（万人）	占总人口（%）	人数（万人）	占总人口（%）
2017	24.39	15.11	62	9.28	38

说明：该表资料来自县统计局、县公安局统计年报

【劳动力构成】 2017年，全县各行业在业总人口10.9万人，占常住人口比重为51.8%，其中：第一产业5.29万人，占各行业在业总人口48.5%；第二产业1.73万人，占各行业在业总人口15.9%；第三产业3.88万人，占各行业在业总人口35.6%。

2017年仁化县社会劳动力在业人口构成统计表

表52

职业名称	人数（万人）	所占比重（%）
社会从业人口	10.9	100
其中：第一产业	5.29	48.5
第二产业	1.73	15.9
第三产业	3.88	35.6
一、城镇职工	1.9	17.4
1.国有单位职工	1.04	9.5
2.集体单位职工	0.18	1.7
3.其他类型职工	0.68	6.2
二、城镇私营和个体劳动者	3.7	33.9
三、农村劳动者	5.29	48.5

说明：该表资料来自县统计局统计年报

（邓慧华）

计划生育

【概况】 2017年，仁化县户籍出生3905人，出生率15.96‰，同比上年增加518人，增长15.34%，其中二孩出生2228人，同比上年增加575人，占出生总量57.19%，多孩出生300人，政策外多孩生育率3.69%，自然增长率10.05‰，总和生育率1.95，出生性别比107.82，政策生育率95.90%。

【流动人口管理】 2017年，仁化县开展流动人口管理服务专项活动，全面清理清查流动人口，更新流动人口档案资料，抓好流动人口生育落实，建立健全流动人口信息库。全年全县清查商铺929间、住宅小区146个、出租屋844间、厂区宿舍117间、工地窝棚60个，新建信息档案1006人，清理无效流动人口档案296人，清理重复人口信息1919人。

【利益导向】 2017年，仁化县建立和完善人口奖励、优惠、扶持、救助、保障等利益导向政策体系。全年，全县城镇独生子女父母奖励对象1401人，实际发放14981人次，奖励标准为每人每月80元；农村部分计划生育家庭奖励对象670人，实际发放7858人次，奖励标准为每人每月120元；农村计划生育节育奖励对象3805人，实际发放45887人次，奖励标准为每人每月50元；计划生育家庭特别扶助对象48人，实际发放558人次，奖励标准伤残类为每人每月500元，死亡类为每人每月800元；计划手术并发症对象45人，实际发放扶助金540人次，奖励标准为每人每月1000元。

【优质计生服务】 2017年，仁化县开展计划生育手术并发症鉴定工作。6月和12月，各组织计划生育手术并发症县级鉴定1次，鉴定人数7人，鉴定结果为并发症3级6人，不能定为并发症1人。做好地贫防控项目工作，2016年10月至2017年9月，全县完成地中海贫血初筛3042例，初筛阳性658例，送检血红蛋白电泳249例，基因检测107例，所有档案全部录入地贫防控系统。2016年10月至2017年9月，全县卫计部门做计划生育手术2744例，所有计划生育手术均无技术事故发生。

【综合治理工作】 2017年，仁化县严厉打击利用B超技术和其他技术手段进行非医学需要胎儿性别鉴定和选择性别人工终止妊娠行为，促进出生人口性别比趋向平衡。7—11月，全县开展集中整治“两非”专项行动。通过印发宣传资料、张贴宣传标语、发送手机短信、电台电视台宣传等形式，广泛宣传严禁“两非”行为规定、举报“两非”有奖制度等。8月28日，召开全县查处“两非”专项行动工作会议；县查处“两非”联合执法队调查对全县各医疗保健机构、计生服务机构的B超孕检、政策内怀孕14周以上实施终止妊娠手术情况、各药店销售及使用终止药品情况、各镇符合政策生育与怀孕14周以上孕情消失人员情况，调查医疗保健机构13家、计生服务机构12家、药店在B超孕检25家，成功查处非法为他人进行胎儿性别鉴定“两非”案件1例，对涉案人员处以罚款1万元，并没收非法所得500元。

（陈丽茹）

农村居民收入与消费

【概况】 2017年，仁化县农村居民收入稳步提高，消费能力增强。据农村住户调查资料显示，全年全县农村居民人均纯收入达到15478.6元，比上年增长11.2%；人均生活消费支出12772.38元，比上年增长17.1%。

【农村居民收入增长特点】 增速得到进一步提升。2017年，全县农村居民人均纯收入15479元，比上年增长11.2%，增速比上年上升0.3个百分点，总体发展呈上升态势。

工资性收入年内有上升。2017年，仁化县农村居民工资性收入人均7056.23元，比2016年增加226.17元，增长3.31%，占农村居民人均可支配收入的45.59%。

家庭经营收入上升。2017年，仁化县农村民居家庭经营收入人均6361.33元，比2016年增加793.26元，增长14.25%，占农村居民人均可支配收入的41.1%。

非经营性收入增幅平稳。年内，仁化县农村居民转移性收入人均1823.61元，比上年增长39.64%，主要是外出从业人员寄回带回收入；财产性收入人均237.49元，比上年增长10.17，主要以农村集体分配红利、生态林分红为主。

2017年仁化县农村居民分项收入情况表

表53

指标名称	2017年（元/人）	2016年（元/人）	增幅（%）
农村居民可支配收入	15478.6	13919.6	11.2
（一）工资性收入	7056.23	6830.06	3.31
（二）家庭经营纯收入	6361.33	5568.07	14.25
（三）财产性纯收入	237.49	215.57	10.17
（四）转移性纯收入	1823.61	1305.9	39.64

【生活消费支出稳中有升】 2017年，全县农村居民人均生活消费支出12772.38元，比2016年多1865.54元，上升17.1%。“八大类消费”呈“六升二降”态势。食品消费支出、居住消费支出、家庭设备、用品及服务支出、医疗保健消费支出、交通通讯消费支出、文教娱乐用品及服务支出有所上升，增速分别为2.68%、37.21%、30.71%、33.40%、1.50%、43.82%，衣着消费支出、其他商品和服务支出呈现出下降，增速分别为－7.84%、－0.73%。

2017年，全县农村居民用于食品消费支出方面因为生活水平与上一年略有上升，人均支出为3805.31元，比上年增长2.68%，恩格尔系数为29.80%，比上年下降3.5个百分点，显示农村居民整体生活越来越富裕。

随着生活水平提高，农村居民自我保健意识越来越强，防病治病观念提高到新层次。农村新型合作医疗普及和参保就医报销比例提高，农村就医难现状得到改善，人们健康意识强，养生保健投入大，全县农村居民人均医疗保健消费支出1812.07元，同比上年提升33.4%。

随着收入增加，在食物需求基本满足情况下，全县农村居民消费重心开始向实在等方面转移，人们健康意识加强，注重环境美化改造。2017年，全县农村居民人均居住消费支出3224.3元，比上年同期上升37.21%，呈平稳态势。

随着生活质量越来越好，精神文化享受氛围浓，教育政策落实到位，文化教育、娱乐消费支出呈现大幅度提升，全县农村文教娱乐用品及服务消费支出人均803.89元，比上年增长43.82%。与国家教育政策落实有关，中小学义务教育阶段学费全免，减少农村居民教育支出。显示消费理念转变，开始向文化娱乐消费领域倾斜。

2017年，全县农村居民交通通信支出略有提升。抽样调查数据显示，农村居民人均交通和通信支出1929.87元，比上年提升1.50%，支出呈平稳。居民生活理念及生活方式逐步改变，摩托车、农用汽车和生活用汽车快速进入农村家庭，居民购买相关车辆用燃料支出及车辆使用税费支出增长明显。居民收入提高，消费理念转变，汽车以普通日常出行工具走进寻常百姓家。电脑和手机应用增长速度加快，互联网应用普及，人们生活越来越便利。

2017年仁化县农村居民人均生活消费情况表

表54

指标名称	2017年（元/人）	2016年（元/人）	增幅（%）
生活消费支出	12772.38	10906.84	17.10
1.食品消费支出	3805.31	3705.90	2.68
2.衣着消费支出	359.66	390.24	–7.84
3.居住消费支出	3224.3	2349.83	37.21
4.家庭设备、用品及服务支出	680.60	520.69	30.71
5.医疗保健消费支出	1812.07	1358.36	33.40
6.交通通信消费支出	1929.87	1901.26	1.50
7.文教娱乐用品及服务消费支出	803.89	558.94	43.82
8.其他商品和服务支出	156.65	157.81	–0.73

城镇居民收入与消费

【概况】 2017年，仁化县推进“精准扶贫”工作，加大民生工程扶持力度，出台一系列改善民生和扶贫政策，政策效应显现，居民收支趋势良好。2017年，仁化县城乡一体化抽样调查结果显示，全县城镇居民人均可支配收入25641元，比上年同期增长9.7%；人均消费性支出13222元，比上年同期增长2.12%。

【城镇居民收入情况】 2017年，仁化县城镇人均可支配收入为25641.2元，比上年同期23373.9元增长9.7%；家庭人均消费支出13222元，比上年同期12948元增长2.12%。其中，居民食品消费为3954.96元，占家庭消费总支出比重（恩格尔系数）29.9%，比上年增长9.11个百分点，显示城镇居民整体生活质量有所提高。

【城镇居民收入特点】 2017年，仁化县城镇居民收入稳定增长。收入“四项”构成中，工资性收入成主要来源。因受到国家调控政策、国际经济形势、加大各种惠民政策补贴、房地产市场波动因素影响及居民在投资理财方面处于高速增长和房租增长等原因，2017年，仁化县城镇居民财产性收入人均1066.60元，比2016年增长8.65%。商品销售市场活跃，批发和零售业收入大幅增加，人均经营净收入6315.04元，比2016年增长27.10%。经营净收入增长成为拉动仁化县城镇居民收入稳步增长重要组成部分。

2017年仁化县城镇居民收入情况表

表55

指标名称	2017年（元/人）	2016年（元/人）	增幅（%）
城镇居民可支配收入	25641	23373.9	9.7
（一）工资性收入	12702.52	12273.6	3.49
（二）家庭经营纯收入	6315.04	4968.7	27.10
（三）财产性纯收入	1066.60	981.7	8.65
（四）转移性纯收入	4251.41	5149.9	–17.45

【城镇居民消费特点】 2017年，仁化县城镇居民家庭人均生活消费性支出为13222元，同比上年增长2.12%。“八大类”消费支出呈“三升五降”态势，其中：医疗保健支出、交通通讯支出、文教娱乐用品及服务消费支出分别比上年增长113.09%、59.01%、12.16%；食品烟酒、衣着、居住、家庭设备用品及服务支出、其他用品和服务支出分别比上年下降19.74%、2.18%、3.05%、14.05%、5.49%。

教育文化娱乐增长呈平稳。2017年，全县教育文化娱乐人均支出1603.89元，比上年上升12.16%。居民在教育文化娱乐方面投入增幅较大，显示居民消费理念转变，向教育文化消费领域倾斜，精神追求丰富，预示居民投入教育文化方面有更大增长空间。

医疗保健增长较大。随着社会保障投入加大和医疗改革深入，以及居民生活观念转变，居民医疗和保健成本下降，负担减轻，对养生保健方面增强。2017年，全县城镇居民人均医疗保健支出1012.07元，比上年同期增长113.09%。

交通和通讯类支出高速增长。全年全县城镇居民人均交通和通信类支出1929.87元，比2016年同期增长59.01%。交通和通信类支出增长主要原因是2017年抽样调查记账户有新购置汽车，从而影响增长。

其他用品和服务呈下降态势。全年全县城镇居民其他用品和服务人均支出306.65元，同比上年下降5.49%。下降原因是大部分城镇居民加大美容美发方面支出，对金银珠宝饰品、化妆品等需求欲望日益收缩，转向理性消费。

2017年仁化县城镇居民消费性支出情况表

表56

指标名称	2017年（元/人）	2016年（元/人）	增幅（%）
生活消费支出	13222	12948	2.12
1.食品消费支出	3954.96	4866.90	–18.74
2.衣着消费支出	509.66	521.02	–2.18
3.居住消费支出	3224.3	3325.75	–3.05
4.家庭设备、用品及服务支出	680.60	791.86	–14.05
5.医疗保健消费支出	1012.07	474.95	113.09
6.交通通信消费支出	1929.87	1213.66	59.01
7.文教娱乐用品及服务消费支出	1603.89	1429.99	12.16
8.其他商品和服务支出	306.65	324.47	–5.49

【存在问题及指导建议】 2017年，仁化县城镇居民家庭总收入以工资性收入为主，经营性收入为辅，人均工资性收入与经营性收入成为重要影响，而财产性自主创收比例较低，比例较上年有所增长，主要是出租房屋收入和集体分配红利为主，表明城镇居民收入渠道较为狭窄，理财及投资意识不强。

工资性收入为可支配收入“四项”构成中比重较高，财产性收入为可支配收入“四项”构成中比重较低。建议引导居民树立新就业观念，鼓励劳动者自主创业；引导居民逐步从存款保值向投资生财转变，拓展投资渠道以增加财产性收入。提升居民理财水平，培养居民多渠道投资意识，通过财产运营增值财产。通过多种渠道提高城镇居民收入水平，不断优化居民收入结构。

（吴基辉）

中央、省、市驻仁化单位

深圳市中金岭南有色金属股份有限公司凡口铅锌矿

【概况】 深圳市中金岭南有色金属股份有限公司凡口铅锌矿（简称“凡口铅锌矿”），1958年建矿，1968年正式投产，年生产能力18万吨铅锌金属量。2017年，全矿生产和销售铅锌金属量15万吨，销售收入为年度预算110.78%，利润为年度预算116.80%，在岗职工人数2534人。

【安全环保】 2017年2月9日，凡口铅锌矿井下发生一起“冒顶”事故，导致驻矿施工单位广东十六冶建设有限公司矿建凡口分公司在井下狮岭-550米二分段S10-14#采场作业死亡1人。针对该起事故，凡口铅锌矿通过各种会议及一系列措施强力实施，提高干部思想意识，抓好安全环保工作，坚守生存底线，扭转安全生产被动局面。3月10日，国家审计署广州特派办指出“韶关凡口铅锌矿尾矿库项目存在安全隐患”。凡口铅锌矿邀请专家对尾矿库安全风险进行评估和论证评审，经各方艰苦努力，如期完成了尾矿库安全生产许可证换证工作。4月8日，《凡口铅锌矿尾矿库专项安全论证报告》通过专家组评审；8月4日，按照政府要求与北京矿冶研究院《中金岭南公司凡口铅锌矿尾矿库逐步退出方案》，按照“通过管理、技术措施分阶段逐步退出”思路，完成方案编制并上报，根据方案全面铺开尾矿库环境综合整治工作。11月20日，完成整改工作并提交《凡口矿尾矿库专项治理落实情况总结》，得到审计署广州特派办和广东省安监局认可。继续完善井下通风防尘系统、进行井下通风系统检测、反风试验，做好爆破作业现场末端管控，继续实施安全举报奖励制度，加强矿区环境治理、环境监测，稳妥处置矿区危险废物。全年全矿接受上级公司和政府安全环保督查、检查10余次。11月17日，根据广东省安全生产监督管理局要求，凡口铅锌矿在尾矿库举行应急预案综合演练，演练模拟凡口铅锌矿尾矿库2#副坝因连日降雨发生排洪沟出现淤堵现象，继而坝体局部发生塌坑、渗流、坍塌、坝坡出现深层滑动“险情”而展开一系列应急救援活动。演练用时27分钟，参加演练人员达116人，出动抢险车、消防车和救护车等各种车辆20多辆，受到在现场观摩中国尾矿库首席专家田文旗等专家和市、县安监部门、上级公司领导好评。

【企业管理】 2017年，凡口铅锌矿针对井下周转采场少、边远采场多，水泥钢材等原材料价格上涨等因素，严格执行公司“两个计划”，从人工成本入手挖潜革新，生产工艺精益求精，提高生产效率。

成本管控稳中有降。2017年，凡口矿通过逐级分解细化落实成本责任、定期分析通报成本计划执行情况、强化关键环节管控、开展技术经济指标攻关、加大废石回填等措施，保障财务预算目标实现。2017

年生产总成本比预算成本节约2600万元。

生产管理数据共享。2017年，凡口矿启动采矿劳动组织改革，提升工作效率和安全可控度。1月，采矿生产组织协调信息指挥系统全面上线，实现井下生产数据共享、网络传输等现代化管理。

劳动整合相得益彰。2017年，凡口矿通过推进机械化作业，整合劳动组织，以及建立井下压风、通风、排水、配电系统集控中心，实现“机械化换人、自动化减人”目标。8月15日，采矿车间（经过1年零4个月试运行）通风、压风、排水、提升、配电集中控制中心（简称“集控中心”）正式投入使用；10月18日，挂牌运行。该中心担负井下排水、通风和地表通风机和压风机远程监控任务，把原有井下排水人员全部集中到控制室，减少人力投入，便于管理。

竞聘干部拓宽晋升通道。3月22日，在全矿高级主管以上干部中公开竞聘党委工作部部长，开启矿山选人用人新模式。9月13日，公开竞聘离退休管理中心主任岗位，拓宽选人用人渠道。11月17日，根据中金岭南公司要求，进行重要岗位管理人员轮岗。

提高工龄补贴职工受惠。从2017年4月1日起，对职工工龄津贴标准进行调整，将原来10年以下工龄每人每月补贴2元、11—20年4元、21—24年8元、25年以上10元4个档次缩小为2个档次，调整后标准分为20年以下每人每月10元和20年以上15元2种。

调整工作时间深得人心。从2017年5月15日起，工作时间实行大调整，机关工作时间调整为上午8：00—12：00时，下午14：30—17：30时。

资源开发实现新突破。2017年，凡口铅锌矿继续进行矿山边部、深部、外围找矿勘查工作，增强矿山发展后劲，全年探获新增金属量超过40万吨。

逐步退出社会化企业模式。2017年6月27日，开办50年的凡口矿职工子弟学校正式移交仁化县管理，逐步按上级公司和政府要求进行矿山“三供一业”移交工作。

【党群工作】 依托新媒体构建教育体系。2017年，凡口矿以“五好班子”建设为契机、面向基层一线为重点、多种宣传手段联动为依托，构建以宣传橱窗、矿内报纸和电视为点，微信群、QQ群为线，内网平台和微信公众号为面全覆盖宣传网络。保证中共十九大等重要精神、公司新发展理念和要求及时传达到位，引导干部员工统一思想，主动作为，凝聚改革共识、形成发展合力。8月2日，凡口铅锌矿首个微信公众号“凡口聚焦”上线运营。

融入中心展示新作用。2017年，凡口铅锌矿党群部门利用“三个创新”、劳模（职工）创新工作室、合理化建议、矿山工匠评选等载体，搭建员工创新发力平台，培养员工科学精神和工匠精神，开展党员岗位“承诺、亮诺、践诺”活动、“四强四优”争创评比活动。全年，“三个创新”参评项目254项，创历史新高，劳模创新工作室确立创新项目12个，提出创新合理化建议250条，确立并实施“书记项目”22项，创建“党员安全生产示范岗”80个、“党员安全责任区”78个、“党员安全隐患举报”229起，“创星达标”支部建设17项。

合力搭台关爱暖人心。2017年，凡口铅锌矿各级群团组织开展劳动竞赛56项、设备维护竞赛31项、岗位创新80多项。丰富员工业余文化生活，营造积极健康工作生活氛围。积极开展困难救助、金秋助学等工作。全年度为全矿417名困难职工发放补助金669500元，组织158名职工及家属到江西宜春进行疗养。

中金岭南公司凡口铅锌矿负责人名录：

矿长、党委副书记：蔡　文

党委书记：骆建辉

党委副书记、纪委书记、工会

主席： 王铁龙

副矿长： 田志刚 蔡江松

邓拥军 张卫民

梁成石

（张秋利）

深圳市中金岭南有色金属股份有限公司丹霞冶炼厂

【**概况**】 2017年，丹霞冶炼厂生产锌及锌制品12.8万吨，为年预算（12万吨）107%，同比上年提高7%，其中4N7锌锭5.05万吨，占比39%，同比上年提高39%；硫磺3.45万吨，为年预算（3.2万吨）107%，同比上年提高1.1%；硫酸4.99万吨，为年预算（4.5万吨）111%，同比上年提高22%；锗精矿含锗（金属量）5.6吨；阴极铜205吨；高银渣含银（金属量）22吨。实现首次年度盈利，成功入选国家首批绿色制造体系（绿色工厂）示范名单，工厂“南华”牌锌锭在上海期货交易所成功注册。

【**生产管控**】 2017年，丹霞冶炼厂坚持问题导向，针对生产过程中因氟、氯、钴、镉、油等杂质导致剥锌困难、质量波动大等难题，放大视野放宽思路，统筹兼顾精准施策，通过创建全流程净化体系、创建除镉除钴流程，并利用移动互联网平台，对生产、工艺、设备进行动态全时全域管控，破解高产与低质、高产与高耗、有机系统与无机系统融合三大矛盾，实现高产高质、高产低耗以及两个系统有效融合，效率和效益最大化，开创行业先河，拓展氧压浸出工艺原料适应性，为工厂健康发展探索积累宝贵生产经验。

【**生产技术指标创新高**】 2017年，丹霞冶炼厂高压釜浸出率99.04%，比上年高0.6个百分点；硫精矿含锌5.83%，比上年低1.1个百分点；铅银渣含铅15.16%，比上年高2.22个百分点；置换渣含锌13.74%，比上年低2.96个百分点。0号锌品级率99.33%，实现连续10个月为100%，锌锭含铅稳定在28百万分比浓度以下，推动产品认证工作如期完成。10月10日，工厂“南华”牌锌锭正式成为上海期货交易所交割品牌，产品市场竞争力和溢价能力得到提升。

【**成本管控**】 2017年，丹霞冶炼厂持续推进成本管理进班组，严格成本预算、计划、控制、核算、考核、分析“六大环节”管理，每周统计成本消耗情况，每月开展成本分析考核，提升成本管控水平。加强生产管控，提高生产能力，锌锭产量同比上年提高7%。开展技术攻关，提升金属直收率，锌直收率比上年高1.08个百分点。参与电力集中竞价交易，推进洗涤塔余热利用，水的分级处置、分质使用、梯级利用，电力及煤炭成本降低。推行设备点检标准化和设备预防性维护，加大设备自主维修力度，降低维修成本。压缩非生产性支出，减少管理费用。

【**安全管理水平提升**】 2017年，丹霞冶炼厂以“安全生产基层管理年”活动为契机，加强班组安全管理，开展“每周一题、每月一考”工作，先后组织安全学习7000余人次，提高全员安全意识和防范技能。全面实施安全绩效看板制度，将安全培训教育、风险辨识管控、应急预案演练等与职工利益紧密挂钩，增强职工做好安全工作主动性。开展安全生产检查和隐患排查治理活动，各级领导带头参加安全大检查，查处并整改各类隐患239项，降低安全生产风险。加大安全生产投入力度，支出1249万元用于安全设施完善、安全隐患整改等项目，夯实安全生产基础。开展职业病预防，定期进行岗位职业卫生检测，组织一线职工750人进行职业健康体检，确保职工健康从业。加强危险源辨识和管控，对富氧焙烧、液氧充装、氯气库等危险源，制定专项管理方案，组织开展氯气泄漏等应急预案演练35项700余人次，提高应对突发事件快速反应能力。做好新建项目验收工作，综合回收项目安评、职评、环保验收通过专家评审并备案，焙烧富氧冶炼项目相关手续有序办理。

【科技创效水平提升】 2017年，丹霞冶炼厂坚持创新驱动发展战略，牢固树立“人人都是创新主体、处处都有创新项目”理念，以职工创新工作室为平台，围绕制约工厂生存发展瓶颈开展全员创新，年内开展优化工艺提高锌一次直收率等技术创新项目78项，实现科技创效约1.2亿元。全年申报国家专利14项，取得国家授权发明专利1项，获韶关市及公司科技进步奖7项，有群众性技术创新成果60多项在生产现场得到应用。

【营销管理】 2017年，丹霞冶炼厂采购氧化锌12634吨（金属量），锌焙砂2690吨（金属量，不含加工焙砂），锌粉11258吨（实物量）。抢抓市场有利时机，积极创新营销方式，加强对外沟通协调，全年销售锌锭127600吨、硫磺35316吨、硫酸48705吨、阴极铜125吨，实现销售收入约31亿元，同比上年增长47%。创新应用锌氧压浸出新工艺，强力推进渣料资源化，经济效益呈现连续盈利势头，实现建厂以来首次年度盈利。全年比预算减亏约2.1亿元，上缴税收3851万元，其中首次实现上缴增值税1068万元。

【深化改革取得突破】 2017年，丹霞冶炼厂推进“三项制度”改革，开展职能部室和辅助生产单位25个关键管理岗位、车间90名值班长公开竞聘工作，完成工厂管理架构与管理通道搭建，实现管理架构扁平化、管理流程简洁化、管理权责对等化。推进绩效考核，以业绩和贡献为导向，对年薪人员、大班长、关键管理岗位人员进行严格考核，建立以“业绩论英雄、收入凭贡献”激励机制，营造干事创业氛围，增强职工感情认同、利益认同和理念认同，提升职工幸福感、获得感和归属感。

【党建管理】 2017年，丹霞冶炼厂加强党风廉政建设，切实履行“两个责任”，严格落实“一岗双责”，将党风廉政建设与生产经营等工作同布置、同检查、同考核。出台巡查、谈话等制度，并与相关岗位人员签订廉洁从业承诺书，提高广大干部职工廉洁从业自觉性。开展全方位廉洁风险隐患排查，重点排查工程建设、物资采购、检化验等领域，查出并整改各类隐患112项。深入学习宣传贯彻中共十九大精神，扎实开展“三会一课”活动，增强基层党组织战斗力。严格落实中共中央八项规定精神和反“四风”要求，重新修订《业务接待管理办法》，严格公务用车管理，实现“三公”经费大幅下降。开展形势任务教育、建厂10周年等系列活动，增强全厂职工凝聚力。参加“江铜杯”全国有色金属行业班组长综合管理技能竞赛，取得优异成绩。履行社会责任，先后支出150万元用于对口帮扶等活动，树立企业社会形象。

深圳市中金岭南有色金属股份有限公司丹霞冶炼厂负责人名录：

厂　长：刘野平（2017年4月起主持党委工作）

党委书记：江晓武（任至2017年4月）

常务副厂长：吴　涛

党委副书记、纪委书记、工会主席：李良生

副厂长：张登凯　廖云军　周　平

（江输华）

中核韶关锦原铀业有限公司

【概况】 中核韶关锦原铀业有限公司（简称“中核锦原”）隶属中国核工业集团公司，是中核金原铀业有限责任公司的全资子公司，下设三个分（子）公司，分别地处韶关

南雄市、广西南宁市、广西资源县。截至2017年年底，中核锦原有在岗职工262人，其中各类专业技术人员158人（其中高级以上职称18人、中级职称74人），拥有采矿、水冶、机电等各类专业齐全人才队伍。

2017年，中核锦原贯彻落实中共十八大和十八届历次全会精神、十九大及国有企业党建工作会议精神，全面落实中核集团公司工作部署，围绕“十三五”战略目标和2017年JYK（计划—预算—考核一体化）考核重点任务，深化内部机制改革，依法从严治企，实施技术改造，建设安全标准化一级矿山、广东省绿色矿山、开展6S管理等一系列举措，完成全年各项工作任务。12月底，中核锦原公司被授予韶关市“文明单位”。

【生产经营】 2017年，中核锦原牢记“守牢安全环保底线，建立硬岩铀矿山标杆，推动非铀产业发展，不断提升员工幸福感、获得感”四大使命，提出按“新模式、新标准、新形象、新效益”和“机械化、自动化、信息化”的“四新三化”标准建设安全达标、绿色环保、高效低耗的硬岩铀矿山标杆奋斗目标。严格执行生产计划，继续运用好JYK管理工具，优化劳动组织、成本控制和提升过程管理水平，实现各项生产任务全面完成。

【安全环保】 2017年，2017年，中核锦原贯彻落实新《中华人民共和国安全生产法》和上级及地方安监、环保部门安全环保工作要点，坚持“不安全不生产、不环保不运行”安全环保原则，“党政同责、一岗双责、齐抓共管”，落实各级安全环保责任，“从严、从细、从实”开展安全环保工作。建立全员安全生产责任制体系和安全生产责任制考核制度，逐月进行安全生产绩效考核，实现安全生产绩效考核常态化。持续推进安全生产标准化建设，坚持开展作业现场对标整改。扎实开展“安全管理提升年”活动，开展自查自纠，完成作业现场整治和管理漏洞等6个方面自查，查出问题13项，制定防人因专项整治方案；开展活动考核，自评得分100分，活动达到预期效果。强化风险辨识，确保风险管控，根据2017年度安全环保风险分析评估，确定安全环保风险14项，建立2017年安全环保风险清单。强化环保意识，确保达标排放，中核锦原严格执行流出物与环境监测计划，配备流出物与环境监测人员。强化应急管理，提升应急响应能力，投入资金11万余元，新增应急救援物资；开展应急救援演练4次。开展安全教育培训，组织安全培训31场次，参加培训人员830人次。保持维持维护矿点安全环保风险受控，全面完成2个关停矿点安全环保隐患整治。

【调整改革】 2017年1月，中核锦原召开职代会，高票通过调整改革方案；3月，完成人员分流安置工作，安全环保值守工作稳定、可控。

【规范管理】 2017年，中核锦原推进“依法治企”建设，健全法制组织机构、加强法制队伍建设和完善法制规章制度；做好法律风险防范工作，实现规章制度、经济合同和重要决策法律审核率100%；各项质量目标完成情况良好，开展QC活动4项，其中《降低沉淀母液中的铀浓度》获得中核集团公司QC活动二等奖；组织开展制度修订，完成管理体系内部审核和管理评审；开展科技创新，《难处理铀矿绿色生物堆浸关键技术与应用》项目获中国有色金属工业科学技术奖一等奖，开展自主科研项目《棉花坑矿井南部降温控制和地热预测研究》；与化冶院合作对棉花坑矿井南部矿体进行回采技术研究。抓好项目建设，各项目按进度计划稳步实施。推进信息化建设，通过商网平台，公司财务、审计系统、办公收文相继接入中核集团公司系统；引入OA办公系统，公司日常管理逐步实现内部网络化和无纸化，提高办公效率。

优化物资采购管理，物资采购资金节约率11.16%，电子采购率85.35%。加强内部控制，健全内控流程，全年完成内控流程编制19项。绿色矿山建设全面完成阶段目标，在广东省矿业绿色矿山建设中具有典型示范意义。导入6S管理，年内通过验收样板区5处，拓展区16处，围绕区域建设、岗位维持基准、OPL教育、6S竞赛制度及评价运营、6S管理看板导入、危险源预防手册导入、VIP通道规划8个方面开展管理提升。开展“筑牢安全生产首到防线”“党员身边无违章、党员班组无事故”“核你在一起”科普开放等企业文化建设主体活动。通过搭建新闻宣传平台，宣传橱窗、微信公众号，创新开展新闻宣传工作，向外界展示公司形象。2017年，中核锦原被韶关市授予文明单位。

【非铀项目全面启动】 2017年，中核锦原利用企业优势资源，按照“有所为有所不为”发展思路，依托“四大发展平台”，拓展非铀产业市场，实现中核锦原产业多元化经营发展。年内，取得房地产开发资质证书，具备自主开发条件。重点开展韶关西郊土地开发前期工作，编制公司自主开发房地产方案，开展详细前期市场调研和论证，从定位设计、规划变更、潜在意向摸底、资金筹措、专业人员引进、队伍考察等方面为土地开发项目按期开工做好准备。

【党建工作】 2017年12月11日，中核锦原召开第三次党员代表大会，完成公司党委换届。认真学习贯彻上级重要会议精神，组织全体党员收看十九大开幕会直播，组织十九大专题研讨，订购教材、笔记本，邀请市委党校教授到公司做专题解读。认真落实全国国有企业党建工作会议精神，对照国企党建会精神重点任务，梳理党建工作责任。建立《“两个责任”清单》《强化纪委委员监督责任》《密切联系群众，畅通职工诉求工作方案》。开展“四同步”“四对接”自查工作并对自查发现的13项问题，全面完成整改。开展党建工作检查、督导，制定年度党员教育培训计划、中心组学习计划，编排党课课程表，举办支部书记集中培训1期，指导各级党组织开展“三会一课”。结合特色党支部创建工作，推进标准化党支部建设。深化中国铀业公司布置的“支部书记下基层”活动，开展“支部书记进宿舍”活动，编制“四送十问”工作指南，做好服务群众“最后一公里”工作。

中核韶关锦原铀业有限公司负责人名录：

执行董事、总经理： 王　成（任至2017年6月）

廖德攀（2017年6月任职）

党委书记： 朱曙光

副总经理： 谭荣泽　张善果

曾令国（2017年9月任职）

总工程师： 罗春梧（2017年6月任职）

纪委书记： 张善果（任至2017年8月）

罗媛媛（女，2017年8月任职）

总会计师： 闫凤霞（女，2017年9月任职）

（游　泳）

韶关市丹霞山管理委员会

【概况】 2016年4月，韶关市委市政府对丹霞山管理体制进行改革，根据韶机编发〔2016〕5号和韶委办发电〔2016〕45号精神，韶关市丹霞山管理委员会不再加挂韶关市环丹霞山旅游产业园管理委员会牌子，仍与广东韶关丹霞山国家级自然保护区管理局合署办公，丹霞山国家风景名胜区、国家自然保护区、国家AAAAA级旅游景区、国家地质公园、世界地质公园、世界自然遗产几块牌子，一套人马，为市政府直属参照公务员管理公益一类事业单位，正处级。

负责丹霞山的保护、开发、利用和管理。内设机构由党政办公室、国土规划建设环保科、文物宗教旅游发展科、农林与社会事业管理局和综合执法局调整为办公室、建设科、管理科、科技科4个科（室），机构人员编制15人。2017年，丹霞山接待游客259.8万人次，旅游总收入6.27亿元。

【规划设计】 丹霞山风景名胜区控制性详细规划编制工作。2017年，丹霞山管委会协助市规划局和规划编制单位开展丹霞山风景名胜区控制性详细规划编制工作。9月，完成丹霞景区、韶石景区、巴寨景区、飞花水景区、仙人迹景区、锦江风光带、浈江风光带7个片区详细规划中期成果。

开展环丹霞山游憩景观道项目规划工作。2月15日，丹霞山管委会完成对测绘、可行性研究报告编制、规划编制及环境影响评价项目招标工作；经与市规划局等相关职能部门以及广东省城乡规划设计研究院等单位多次评审、修改，于3月22日完成项目测绘成果；5月8日，通过环丹霞山游憩景观大道规划评审；5月18日，通过环丹霞山游憩景观大道工程可研究性报告评审；项目环境影响评价成果已提交讨论。

开展丹霞山国家级自然保护区范围和功能区调整申报工作。2017年，丹霞山管委会聘请中国地质大学团队对丹霞山自然保护区原有规划存在的问题开展前期调查、评价。按照《国务院关于印发国家级自然保护区调整管理规定的通知》（国函〔2013〕129号）规定，由管委会征求市国土、规划、林业和环保部门意见，向市政府提请启动丹霞山国家级自然保护区范围和功能区调整申报工作。管委会选派技术骨干参加黑龙江省五大连池考察组，并对五大连池成功申报调整自然保护区范围和功能区相关工作经验及日常管理工作经验进行学习借鉴，学习成果向市政府汇报。向省国土厅、省环保厅提请下发丹霞山自然保护区边界数据矢量。

图为丹霞山别传寺区域旅游步道　（谢嘉文　摄）

【基础设施建设】 2017年，丹霞山管委会完成阳元石步道、翔龙湖旅游步道和长老峰别传寺区域旅游步道3条步道改建，索道上站至舵石旅游步道和长老峰票站至于翔龙湖码头道路2条旅游步道在建项目；完成丹霞山翔龙湖码头、索道上站、阴元石3座旅游厕所改建；完成别传寺、菜籽坝2座旅游厕所新建；完成游客服务中心和长老峰2座第三卫生间建设。增设13个景区视频监控点，完成丹霞山景区标识牌更新，安装游客中心Wi-Fi无线覆盖和景区语音广播系统建设。基础设施建设总投入659万元。

【丹霞山户外活动品牌】 2017年，丹霞山打造户外运动活动品牌。11月25日上午，由广东省体育局、广东省旅游局支持、韶关市旅游局、韶关市体育局、韶关市丹霞山管理委员会主办的第十届“徒步穿越丹霞山”活动在韶关丹霞山举行，徒步穿越丹霞山活动线路全程49.5千米，有6708人参加。其中，韶关市内参加徒步爱好者2024人，参加徒步市外爱好者4684人。12月30日，由省体育局社会体育中心、省户外运动协会、省旅游协会以及市体育局和旅游局指导，丹霞山管理委员会、仁化县人民政府主办“南粤古驿道·2017年仁化首届迷你徒步穿越丹霞山”活动，吸引各地徒步爱好者1204人参加，其中1140人成功穿越全程29.2千米徒步行程。

【科普教育】 2017年，丹霞山科普基地接待游客300万人次，其中参加科普活动40万人次。3月，丹霞山科普基地被中国科学技术协会评为“全国优秀科普基地”；5月，公园负责科普工作的陈昉入选联合国教科文组织世界地质公园评估专家，7月赴日本云仙世界地质公园执行评估任务；10月，在首届中国（黄石）地矿科普大会上，经国土资源科普基地办公室推荐，丹霞山科学名山科普品牌活动（中国丹霞进校园、丹霞山科普志愿者训练营、丹霞山自然学校）获优秀奖；12月，丹霞山入选教育部首批“全国中小学生研学实践教育基地”。是年，编辑出版《图说丹霞山科学名山》。12月26日，丹霞山世界地质公园与王屋山—黛眉山、乐业—凤山缔结友好姊妹公园。

【广东省“文化和自然遗产日”系列活动】 6月10日，广东省“文化和自然遗产日”系列活动分会场活动在丹霞山举行，广东省住房与城乡建设厅党组书记、副厅长杨细平，中共韶关市委副书记、韶关市人民政府市长殷焕明，广东省文化厅党组成员、副厅长张奕民，韶关市人民政府副市长许志新，中共仁化县委书记、丹霞山管委会书记、主任林国华以及各市直单位领导、媒体以及摄影家代表、小作家代表、骑行爱好者等近千人参加。广东省“文化和自然遗产日”系列活动设开平市主会场、丹霞山分会场。丹霞山分会场活动由省文化厅、省住建厅、韶关市人民政府主办，省非物质文化遗产保护中心、韶关市住建局、韶关市丹霞山管理委员会、仁化县人民政府承办，南方报业传媒集团支持。启动仪式上，韶关市副市长许志新和省住建厅党组书记、副厅长杨细平作讲话，全省8家国家级风景名胜区代表作为广东省文化和自然遗产地守护者，共同发表“保护人类遗产，爱护地球家园”公益宣言并签名。

【丹霞山获“全国科普教育基地”称号】 3月6日，中国科协办公厅公布2016年度优秀全国科普教育基地名单，丹霞山榜上有名。全年开展“中国丹霞进校园、进博物馆”科普讲座32场，实施丹霞山科普志愿者培训5批次，承办国土资源科普基地办公室主办4批次120人参加的“丹霞山科普志愿者体验营培训”班，举办各类科普展览、主题活动20余场。丹霞山科普基地全年接待游客300多万人次，丹霞山博物馆接待游客40万人次，吸引10万师生和社会公众参与丹霞山主题科普活动。

丹霞山管委会领导班子成员名录：

党委书记、管委会主任：刘　锋（兼，任至2017年4月）
林国华（兼，2017年4月任职）

党委副书记：王晓梅（女，兼，任至2017年4月）
周小明（兼，2017年8月任职）

党委副书记、管委会副主任、丹霞山国家级自然保护区管理局局长：谢庆伟

管委会副主任：侯荣丰

纪委书记：黄德贵（任至2017年6月）

副主任、丹霞山国家级自然保护区管理局副局长：陈　昉（女）
沈建图（兼）
梁钰清（兼）
张爱军（兼，2017年

9月任职）
彭荣华（兼，任至
2017年9月）
（韩秀娟）

韶关市国有仁化林场

【概况】 2017年6月30日，韶关市国有仁化林场（简称“仁化林场”）根据《韶关市机构编制办公室关于印发〈韶关市国有仁化林场机构编制方案〉的通知》（韶机编办发〔2017〕87号），将仁化林场内设机构更名为生态建设股、资源管护股、资源发展股、计划财务股、办公室。核定编制数为79人，截至2017年12月31日，林场有在职人员64人，其中管理人员15人、专业技术人员10人、工勤技能人员39人；编外人员20人；离退休人员133人（其中离休2人、退休131人）。林场有以场带队高联村委会1个自然村3个，总人口386人。

【林场经济发展】 2017年，仁化林场林地总面积11457.2公顷，其中生态公益林有2587.6公顷，森林蓄积量为90万立方米，年生长量4.3万立方米，森林覆盖率为86.2%。年内，仁化林场执行一类事业单位制度，并执行收支两条线管理。应体制改变，从执行《国有林场及苗圃会计制度》改为执行《事业单位会计制度》。全年全场总支出17740649.80元，其中财政预算支出16974305.36元（基本支出11259775.28元、项目支出5714530.08元）；自有资金支出766344.44元。

【林业建设】 育苗。2017年，仁化林场实际成苗木培育0.23公顷，其中完成育杉苗0.02公顷，阔叶树苗（荷木、香樟）0.21公顷。苗木粗壮健康，长势良好，合格苗占总苗量91%以上。

造林。2017年，仁化林场实际完成造林185.53公顷，其中杉树7.34公顷，阔叶树53.33公顷，油茶造林33.33公顷，桉树91.53公顷，总体成活率95%以上，完成丰产林任务100%。

木材生产。2017年，仁化林场林木采伐经营权除因林地特殊情况均向社会公开招标，木材生产严格按照采伐合同执行。全年领取林木采伐许可证22984立方米，完成林木采伐14378立方米。

木材经营。2017年，仁化林场办理木材运输证9714.04立方米（其中杉树3812.93立方米、松树1448.27立方米、杂树1204.19立方米、桉树3248.65立方米）。木材加工厂转办证1216.06立方米（其中杉树20.02立方米、松树125.6立方米、杂树329.1立方米、杉板411.04立方米、松杂板330.3立方米）。

森林公园建设。2017年，仁化林场根据省市相关文件要求，成立广东仁化森林公园总体规划领导小组，办公室设在资源发展股。8月，委托第三方进行公开招标；9月，完成招标，中标金额508000元；12月底，完成初稿并交仁化林场检查审核，审核通过后出征求意见稿交专家评审。

森林防火工作。2017年，仁化林场增设大型森林防火宣传牌11块，警示碑2座，悬挂（张贴）护林防火宣传标语200条；购置防火服11套，新增风力灭火器2台。全年未发生森林火灾。

【林场改革】 2017年2月，仁化林场根据粤林复函〔2016〕639号文件指导意见，对仁化林场改革方案进行修改。6月，编制韶关市国有仁化林场机构编制方案并报韶关市机构编制委员会，获批准。8月，根据粤林复函〔2017〕438号文件指导意见，对仁化林场改革方案进行修改完善。

韶关市国有仁化林场负责人名录：

党委书记、场长：叶昌旺
党委副书记、副场长：吕中跃
党委组织委员、副场长：
孟光辉（任至2017年6月）
党委宣传委员：杨汉忠
党委纪律检查委员：顾新华
（吴春松）

镇（街道）概况

丹霞街道办事处

【基本情况】 位于仁化县中南部，是中共仁化县委、县人民政府驻地，全县政治、经济、文化、金融、信息和科技中心。处在北纬25°16′—25°20′，东经113°28′—113°33′，平均高度为海拔100米。总面积288.13平方千米，其中耕地面积2747.53公顷，山地面积21265.64公顷，森林覆盖率66.98%。2006年，由丹霞镇和仁化镇重新合并成丹霞街道办事处。2017年，全街道辖村委会13个、社区居委会4个、农场2个，村民小组158个，总人口21615户63050人，其中农业人口26487人。境内水陆交通便利，锦江河自北向南穿过，国道106线、省道323线、武深高速公路贯穿全境，村村通硬底化公路。

丹霞街道自然资源和人文景观丰富。境内有世界自然遗产、世界地质公园、国家AAAAA级景区、世界“丹霞地貌”命名地丹霞山，瑶前晒谷岭古人类遗址，丹霞源国家水利风景区、省级文物保护单位明代文峰塔，“广东省古村落”“广东旅游名村”夏富村以及国家级文物保护单位丹霞山摩崖石刻，省级文物保护单位文峰塔。

【经济发展概况】 2017年，丹霞街道农业总产值达67091万元，比上年增长6%，农民人均纯收入18178元，比上年增长10%；粮、油种植面积0.56万公顷，同比上年增长4.2%；水果种植面积1120公顷，同比上年增长5.1%，其中贡柑种植617.87公顷，同比上年增长10%，形成“一镇一业”。全年完成税收入库7718万元，社会固定资产投资175240万元。

【党组织建设】 2017年，丹霞街道通过开展“作风建设年”、“三会一课”、驻点直联等活动，加强干部日常管理监督，落实党管人才机制。年内，通过“八查八看”自查自纠收集自查报告41份，完成普遍驻点直联既定走访计划9900户，收集群众意见64条，接到群众反映问题341件，解决问题291件，其中团队自行解决257件，街道协调解决34件。新成立社会组织党支部丹霞电商协会党支部1个。

掀起学习贯彻中共十九大精神热潮。2017年，中共丹霞街道党工委组织全体党员干部认真学习中共十九大精神及省委十二届二次、三次全会精神，制定《学习宣传贯彻党的十九大精神工作方案》。各班子成员到所驻村（社区）上党课（以十九大精神为主题）22次，参加人数1172人次。邀请中共十九大代表冯金英为村党支部党员宣讲中共十九大精神。利用短信平台、党员微信交流群、QQ交流群等载体发送学习十九大精神短信576条。

扎实推进村（居）两委换届。2017年，全街道选举产生新一届村“两委”干部61人，社区“两委”干部20人，书记、主任一肩挑15人，一肩挑比例88.2%；“两委”交叉任职45人，比例88.2%。其中，村（居）“两委”干部具有大专以上学历33人。加强换届后村（居）“两委”班子建设，持续整顿软弱涣散基层党组织，建设堡垒型、服务型、规范型农村基层党组织。

开展党风廉政教育，严肃党风党纪。2017年，丹霞街道以“作风建设年”活动为契机，全面加强干部职工反腐倡廉宣传教育工作，组织学习《新形势下党内政治生活若干准则》《中国共产党党内监督条例》等法规。加强监督检查、强化执纪问责，全年开展明察暗访3次，开展换届纪律提醒谈话17人次。认真组织开展农村基层党员干部违纪违法线索集中排查工作，排查出扶贫领域问题线索2宗，办结2宗。办理县纪委转办信访件5宗，办结5宗，转立案1宗，办结1宗；自办信访件6宗，办结6宗；计生案件6宗，办结6宗。处分中共党员7人。

【产业共建】 2017年，丹霞街道坚持“稳增长，调结构”，农业总产值67091万元，比上年增长6%，农民人均纯收入18178元，比上年增长10%；粮、油种植面积比上年增长4.2%；水果种植比上年增长5.1%，形成“一镇一业”。坚持项目促发展，重点项目建设大干快上。全年落户街道重点项目4宗，总投资5.4亿元。把黄屋村、夏富村、车湾村涉及丹霞山景区范围内村庄纳入丹霞生态旅游特色小镇建设规划，投入3500多万元完成村庄道路、绿化、给排水、外立面改造、文娱广场等公共设施建设项目一批，发展民宿、农家乐、餐饮等旅游配套服务产业，扎实特色小镇建设基础。

【注重城镇提升】 2017年，丹霞街道投入70多万元抓好环境卫生，推进城乡环境卫生市场化服务，生活垃圾清运处理覆盖率高，提升村庄颜值。中小河流治理顺利实施，畜禽养殖整治清理得到落实，开展城乡生态环保巡查并完成整改，提升城区环境生态保护。按照省市县河长制相关要求，严格执行河长制，成立工作领导小组，制定《丹霞街道全面推行河长制工作方案》，全面建立区域与流域相结合的以街道、村（居）二级“河长”为主要内容“河长制”组织体系，提升辖区河道清洁卫生。按照全国文明县城创建工作要求，投入30多万完成3个社区办公场所搬迁和街道综合文化站、公共服务窗口整改工作，提升居民文明素质、城市环境、基础设施。投入80多万元完成街道公共服务中心和16个村（社区）公共服务站建设，完善“一站式一网式”公共服务平台建设。

【卫生强县工作】 2017年，丹霞街道完成高联、胡坑、康溪、黄屋、车湾村5间公建规范化卫生站主体工程建设。

【教育现代化】 2017年，丹霞街道配合县做好创建教育现代化先进县有关工作，做好县特殊学校选址、房屋拆迁等工作。年内，配备胡坑、官口、康溪、岭田、狮井、车湾、夏富村7个教学点保安，由村委会治保主任兼任。确定新城社区为2017年仁化县社区教育实验区试点之一，逐步完善牌匾、制度、宣传栏等软硬件建设。

【全域旅游发展】 做好旅游规划。2017年，丹霞街道协调编撰丹霞山风景区保护区详细规划、环丹霞山游憩景观道建设规划、车湾村旅游名村建设发展规划、仁化县北线游旅游发展规划。

做好乡村休闲旅游发展。2017年，丹霞街道大力发展乡村休闲旅游产业，累计建成各类酒店、农家乐、民宿客栈340家，其中星级“丹霞仁家”农家乐12家、“特色民宿”5家。

做好旅游特色发展和全域旅游宣传。2017年，丹霞街道依托辖区丰富旅游资源和旅游文化底蕴，协调组织举办好各类特色旅游节庆活动和做好全域旅游宣传。全年协调组织举办夏富油菜花观光摄像亲子活动、环丹霞山公益徒步比赛等特色旅游节庆活动5场，“醉美丹霞”旅游微信公众号发布信息16篇，设立户外旅游宣传广告牌5个，特色客栈、农家乐标志标示12个。

做好丹霞山保护与管理。2017年，丹霞街道根据县委、县政府要求，完成对丹霞山国家自然保护区遥感监测实地核查整改工作，对街道辖区范围内所有涉及图斑进行认真梳理、核实并整改。截至2017年年底，完成整改6处，立案调查1处。

图为2017年2月19日，在广东省 旅游名村夏富村举办的“装故事”民俗活动巡演现场 （谢海燕 摄）

【“精准扶贫”】 2017年，丹霞街道有符合“精准扶贫”对象326户815人（无劳力户124户190人，有劳力202户625人），其中一般贫困户77户233人、低保贫困户201户533人、“五保”户48户49人，贫困发生率2.94%。岭田、康溪村为省定贫困村。全年全街道落实产业扶贫、转移就业扶贫、危房改造、完善民生基础设施建设等扶贫措施，发放生产帮扶物资55.6万元，发放种植、养殖产业“以奖代补”补助资金9.9万元。光伏产业扶贫项目并网发电，2017年计划危房改造53户，完成改造并通过验收51户，在建2户。铺设岭田、康溪乡村公路12千米。投入138万元完成康溪、狮井、官口等7个村委会路灯安装、自来水改造、农田水利灌溉、交通安全标识、文化广场等民生工程设施建设。全年完成脱贫任务93户217人。

【农村人居环境整治与建设】 2017年，丹霞街道贯彻落实全省推进农村人居环境综合整治及贫困村新农村建设精神，抓好农村人居环境整治，建设宜居、宜游、宜业社会主义新农村。街道13个行政村20户以上村小组（120个）均建立村民理事会。完成2个省定贫困村村庄规划，20个村小组示范村编制规划。完成人居环境综合整治自然村9个，完成村庄规划自然村53个，实现村巷道硬底化自然村75个，实现通自来水自然村103个，完成垃圾整治并建有卫生保洁队伍自然村89个，实行雨污分流自然村16个。完成新东村叶屋组、官口村田螺塘组、车湾村月岭组“美丽乡村”示范村建设工作。

开展“三清三拆”工作。2017年，丹霞街道2个省定贫困村20个自然村清理村巷道65条；清理房前屋后杂草杂物、积存垃圾355处；清理沟渠池塘河道淤泥、漂浮物和障碍物49条。拆除危旧房、废旧猪牛栏及露天厕所茅房113间；拆除乱搭乱建、违章建筑4处；拆除非法违规商业广告、招牌42处。

抓好“丹霞彩虹”省级新农村示范片建设。2017年，丹霞街道瑶塘村、断石村分别完成工程总量清单98%和96%，成为全县社会主义新农村建设高标准示范村。夏富村完成工程总量清单31%。

【深化农村综合改革】 推进产权制度改革。2017年，丹霞街道推进农村土地制度改革，加快推进农村土地承包经营权确权登记颁证工作。全年全街道完成13个行政村、121个经济社涉面积2774.67公顷实测及签印工作，完成审核颁证工作4410户，颁证率96.77%。

推进农业生产结构调整。找准农业供给侧结构性改革着力点，围绕优质水稻、优质花生、优质水果等特色产业，提升产业化、集约化、专业化水平。通过播种良种五优308、五优360，应用“三控”技术、测土配方施肥、秸秆还田、合理田亩施肥科学配比等，实现增产增收。

推进农村金融改革。开展普惠金融，推进农村普惠金融服务“村村通”。全年采集农户户数5036户、评定信用户4571户，完成信用村全部评定并规范街道、村金融服务站和取款点建设，街道普惠金融工作多次接受省、市、县检查。

【示范园区建设抓实】 2017年，丹霞街道抓住省级示范园区建设项目契机，抓好项目建设鑫宇铁皮石斛种植项目、盛丰水果种植项目、智翔现代农业生态园项目、众力农业有限公司无病毒果苗种植项目、润华农业科技有限公司无病毒果苗种植项目、黄屋猕猴桃种植项目、丹仁南药何首乌种植项目等7个。智翔现代农业生态园6.67公顷葡萄、盛丰水果合作社11.67公顷火龙果、贡柑打造成休闲采摘现代农家乐园，鑫宇生态开发有限公司打造成现代农业观光园。积极培育“三品一标”农产品，提高农产品竞争力和带动农业规模化发展，全年有“三标一品”农产品铁皮石斛有机食品、温氏生猪无公害产品、夏富沙田柚农民专业合作社无公害沙田柚产品3个。

【民生保障到位】 2017年，丹霞街道有低保户339户572人，发放低保金198032元，人均346元；分散“五保”户70户70人，供养标准农村每人每月700元，城镇每人每月928元；敬老院在院老人17人，供养标准农村每人每月700元，城镇每人每月928元。城乡居民参加医保人数35796人，完成任务数104.20%；新增城乡基本养老保险284人，待遇领取254人。就业困难人员认定67人，其中贫困户14人。8个灵活就业人员申请社保补贴10806.98元，6个企业申请社保、岗位两项补贴38642.34元，2个企业申请创业带动就业补贴12000元。

【人口计生管理服务到位】 全年全街道人口出生数837人（男433人，女404人），计划生育率95.10%，出生人口政策率、政策外多孩率控制在年度人口和计划生育工作目标计划之内。免费孕前优生健康检查参检并录入信息系统128.5对（1对夫妻折合1个指标），已检率91.79%。针对育龄妇女不同需求，开展送避孕药具入户、送宣传资料入户、送优惠政策入户，计生政策法规宣传上门、术后跟踪随访上门、扶贫帮困上门“三送三上门”服务。

【安全生产狠抓不懈】 2017年，丹霞街道抓好农业水利安全生产工作。与各村签订好防汛抗旱责任书，责任到人。及时对康溪东田山塘、夏富泥龙冲、新斗塘、城南村葛布山塘、岭田小田大塘山塘、岭田大田湾塘山塘及霞山湖小（2）型水库等进行安全隐患排查，并将存在隐患的康溪东田山塘、岭田大田湾塘山塘和霞山湖小（2）型水库列入维修和除险加固计划。定期或不定期开展烟花爆竹、危险化学品、非煤矿山等行业安全大检查。检查中，发出现场检查文书169份，发现一般隐患204条，整改隐患187条，整改率92%。

【平安街道建设】 2017年，丹霞街道开展“一厅三档案”活动，完善矛盾纠纷排查调处组织制度、联络员制度、排查调处和专项整治制度以及督办检查制度，开展各类矛盾纠纷排查调处工作，消除各种不稳定社会因素，建设“平安街道”，维护街道社会和谐稳定。全年受理群众来信来访81批（次），接访群众139人次；召开调解会议12次；

受理网络问政53宗，民声热线1宗，“12345”热线18宗，县交办信访案件52宗。中共十九大特别防护期维稳工作受到市委通报表扬。有序开展“中心+网格化+信息化”试点工作。以综治信访维稳中心为基本平台，强化中心职能，由党工委书记直接担任中心主任，牵总统筹协调指导“中心+网格化+信息化”工作，打造升级版综治中心。围绕“排查防控违法犯罪、排查化解矛盾纠纷、排查排除安全隐患”三大工作任务，打造“信息收集、研判分析、指挥调度”三大板块。制定和完善《联勤指挥工作制度》《网格员工作制度》《信息收集报告制度》《分析研判工作制度》等有关工作制度。落实“四定”（定网格、定人员、定职责、定流程）工作。以村小组（居民小组）为单位划分为158个网格，由村小组组长担任网格员，明确工作任务，按照制定工作流程开展工作，实现有效、高效处理问题。实行信息化管理，各村、社区办公电脑装置广东政法综治E通应用软件，各网格员配置APP手机（县、街、村配置手机206台），使用电脑、APP手机应用软件开展网格巡查、上报、分派任务等工作。

2017年丹霞街道办事处村委会（社区）基本情况一览表

表57

村委会（社区）名称	村小组（个）	自然村（个）	村委会（社区）集体纯收入（万元）	现有集体经济发展项目	特　产	村委会（社区）负责人
胡坑村	14	14	4.79	电站、入股锦电	沙田柚、西瓜、糯米、地膜花生、红花油茶	罗仁松
官口村	10	10	4.13	—	英德麻竹、沙田柚、贡柑	刘卫明
康溪村	11	8	3.26	果场、林场	香芋、贡柑、沙田柚	黄细金
城南村	9	6	–3.58	物业出租	贡柑	陈宝华
新东村	6	6	2.8	—	—	卢金传
岭田村	11	7	–10.87	光伏发电 鱼塘出租	贡柑、沙田柚	黄康明
狮井村	12	10	–3.4	—	贡柑	谭细祥
麻塘村	4	4	–2.94	入股锦电分红	贡柑、糍粑、阳桃、优质水稻、淡水鱼	谭伟强
中心村	8	8	–9.69	—	—	吴建辉
黄屋村	11	11	8.62	黄屋电站租金、石母宾馆租金	水稻、贡柑、砂糖橘、沙田柚	刘德能
车湾村	12	12	–4.9	入股锦电	贡柑、砂糖橘、优质水稻、淡水鱼、沙田柚	李小明
夏富村	12	8	–1.39	果场收租	沙田柚	李尧星
高联村	3	3	1.01	—	贡柑、砂糖橘、优质水稻	张仕明

续表57

村委会（社区）名称	村小组（个）	自然村（个）	村委会（社区）集体纯收入（万元）	现有集体经济发展项目	特　产	村委会（社区）负责人
水南社区	4	—	2.82	无	丹霞红茶、丹霞石斛	梁明福
新城社区	8	—	1.47	—	—	谢学勤
老城社区	12	—	3.55	—	—	李月古
高坪社区	11	—	0.43	—	—	叶春桃

丹霞街道办事处党政负责人名录：

书　记：连辉标

副书记：王剑斌　梁美娥（女）　连光才

人大工委主任：张增清

党工委委员：马兴战　熊　婵（女）　曹培镇　谭　浩　赖建明　张石龙　曾威荣

办事处主任：王剑斌

办事处副主任：曾威荣　赖道友　赖海文

（谭雯英）

董塘镇

【基本情况】　位于仁化县城西南部，东邻丹霞街道办，北接红山镇，西毗石塘镇和乐昌市，南连浈江区。镇政府驻董塘社区，距县城12千米。省道246线贯穿墟镇，一小时内可到武广高铁韶关站，位于仁化县城西南部，东邻丹霞街道办事处，北接红山镇，西毗石塘镇和乐昌市，南连浈江区。镇政府驻董塘社区，距县城12千米。省道246线贯穿墟镇，1小时内可到武广高铁韶关站，省道345线通乐昌，京广铁路黄岗支线从镇区北面经过，董塘河流与锦江河相接，交通便利。辖区总面积243.3平方千米，其中耕地3405.77公顷，墟镇面积3.09平方千米。辖五一、安岗、高宅、高莲、江头、红星、董联、董中、白莲、新龙、新莲、岩头、河富、坪岗、南湖、瑶族、塘联村委会17个和董塘、广东铝厂、凡口社区居委会3个，198个村民小组。2017年，全镇常住人口47812人，其中，农业人口29763人，外来人口10947人。是第一批省级中心城镇，省教育强镇。

董塘镇地处粤北山区，属中亚热带季风气候。整个地形四面山地，中间小盆地，墟镇处于盆地中央，主要以丘陵山地为主。镇域旅游资源丰富，有旅游景点巴寨、燕岩、大石山、飞花瀑布，属丹霞山风景名胜区；古塔有国家级文物保护单位、广东省现存最早唐代砖塔云龙寺塔，省级文物保护单位唐末宋初澌溪山寺塔，明万历腾风塔。革命遗址有思诒堂、董劝书院、华阳寨。矿产资源丰富，有锌、铅、铁矿和石灰石等。工业发达，有知名企业中金岭南凡口铅锌矿、丹霞冶炼厂。土地肥沃，农业发展以优质水稻和高产地膜花生生产为主，种植农作物主要有优质稻、花生、柑橘、火龙果、淮山、竹类等。养殖业主要以养猪、养鱼和养鸽为主。

【经济发展概况】　2017年，董塘镇经济运行呈平稳增长态势。全年全镇完成地区生产总值35.33亿元，比上年增长2.8%。完成固定资产投资13.27亿元，比上年增长31.7%；农村居民人均可支配收入为16072元，比上年增长10%。积极履行协税护税职责。各项事业全面发展，社会和谐稳定，人民群众安居乐业。

【组织建设】 依法依规完成村“两委”换届选举工作。2017年，全镇20个村（居）委会新一届党支部书记、主任“一肩挑”率95%，村（居）“两委”交叉比例91.67%。新一届“两委”班子文化程度、年龄结构、女性委员职数均有改善，班子整体素质和战斗力得到提高。

多形式开展“作风建设年”活动。2017年，董塘镇加强中国共产党作风建设，提高拒腐防变和为民办实事能力。

整顿软弱涣散党组织。2017年，董塘镇通过换届选举，选强配强村（居）“两委”班子。通过开展“两学一做”学习教育等活动，增强党组织凝聚力。筹措资金，加强村（居）党建阵地和完善村（居）公共服务平台建设，提高为民服务能力，完善水利设施建设工程、亮化工程、捐资助学等。

开展领导干部驻点普遍直接联系活动。截至2017年12月中旬，各驻点团队走访联系群众7549户，覆盖率83%。收集群众意见243条，反映问题476条，其中解决问题398条，办结率83.6%，正在处理78条，上报并需要县协助解决问题1条。

开展“两学一做”学习教育常态化制度化工作。2017年，董塘镇强调“三会一课”要求，把“固定党日+”和“两学一做”融入组织生活，严格落实党员信息排查工作，严肃组织生活纪律，对排查出的失联党员，作出暂停党籍处理。

【“九大任务”攻坚行动成效明显】 全域旅游开局良好。2017年，董塘镇结合凡口矿山公园、云龙寺塔、思诒堂等景点打造遗迹游和红色旅游线路，完善旅游线路标示标牌、路网改扩建等配套设施，形成初步方案。发展特色乡村旅游，新莲村成功举办第四届龙皇宫生态旅游文化节。推行“厕所革命”，新建山背村小组旅游厕所1座。全镇接待游客及旅游总收入分别比上年增长11.8%和11.9%。

产业共建扎实推进。2017年，董塘镇组建董塘镇商会，为董塘籍企业家、乡贤搭建一个信息互通、共谋发展、共同致富、服务家乡纽带平台。成功引进光伏发电、河富菜场、雄达驾校社会考场等优质项目一批，全年引进招商项目3个。省重点项目阳光电源股份有限公司董塘镇土壤修复与150兆瓦光伏发电综合利用示范项目建成投产。丹霞冶炼厂扩产增效、凡口铅锌矿尾矿综合提升项目稳步实施。新增金泽、金裕新能源等“规上”企业，超额完成县下达目标任务。

现代农业提质增效。2017年，董塘镇大力开展农业农村工作，国家现代农业示范区核心区新农人生态农业设施升级改造项目建成并投入生产。粮食种植面积2481.8公顷，总产量1.5万吨。加快农村电子商务平台建设，推广丹霞贡柑、无公害蔬菜种植，发展现代农业，助推全国现代农业示范区品牌，拓宽农民增收渠道。建成市示范家庭农场1家、县示范家庭农场1家。新增农民专业合作社1家、家庭农场4家。投入3000万元实施中小河流治理项目4个，分别完成河道清淤、岸坡整治37千米。投入685万元完成高标准农田整治304.458公顷。做好“三防”信息平台建设，“三防”工作稳步推进。实现耕地保有量3240.47公顷，基本农田面积2650.27公顷，超额完成县下达目标任务。

城镇品质稳步提升。2017年，董塘新城建设项目前期工作扎实推进。董塘镇繁塘路至省道246线路段改造提升工程，通过开展大量协商工作，完成征拆工作，路基，稳定层、排水、污水管网等完成砌筑铺设。投入50万元对墟镇主干道修缮提升、划线。更换墟镇主干道部分路灯，实现墟镇全范围亮化。实现环卫服务市场化，全镇20户以上自然村全部纳入北控清运和保洁范围，实现保洁体系建设全覆盖。经市爱卫办考核验收，董联村、南湖村、新莲村被评为“韶关市卫生村”，董塘镇被授予“韶关市卫生镇”和“韶关市灭鼠达标镇”称号。完成项目用地报批10.4公顷。第二次全国地名普查工作通过省检查验收。“两违”整治工作成效明显，拆除“两违”建筑8宗，面积3834平方米。

农村环境日益改善。2017年，董塘镇率先全市完成5个省定贫困村农村人居环境整治规划，开展省定贫困村和国、省道路沿线村庄“三清三拆三整治”，清理村巷道414条42185平方米，拆除废弃房屋54117平方米。打造安岗村山背村小组示范点，争取上级专项资金和社会资金400多万元完成森林公园、道路硬底化、太阳能路灯安装、停车场、雨污分流系统、污水处理设施修建，完善村内文化室、文体健身广场。成功举办全市农村人居环境综合整治工作现场会，并被列为省级“美丽乡村”建设示范点。投入45万元完成新龙村新坪村小组美丽乡村示范点建设。完成农村公路硬底化工程8千米，完成白莲村候车亭建设。投入近千万元完成5个村农村电网改造工程项目。投入600万元完成新农村道路、污水处理等基础设施建设一批。

“精准扶贫”有效开展。2017年，董塘镇统筹扶贫资金1134.6万元投入阳光电源二期光伏电站、中金岭南等资产性收益项目进展顺利。实施河富村现代化优质果蔬种植、新农人公司无土栽培示范基地等产业帮扶项目一批。全年脱贫158户506人，完成上级下达脱贫攻坚任务，其中通过种养加产业脱贫46户142人；举办多期“精准扶贫”专场招聘会和培训班，落实就业培训脱贫106户352人。为建档立卡学生发放生活补助费76万元；投入58万元用于贫困人口医疗救助，100%完成建档立卡贫困人口城镇居民保险参保缴费。落实社会保障兜底4户4人和医疗诊治、康复治疗脱贫及教育文化脱贫2户8人。贫困村投入250万元新装太阳能路灯690盏，投入456万元改善农村基础设施一批。“精准扶贫”户危房改造152户全部完成建设，补助款及时发放到位。

农村综合改革不断深化。2017年，董塘镇17个行政村全部建立村民理事会，5个省定贫困村20户以上自然村村民理事会实现全覆盖，建立村民理事会64个，理事会成员数量251名，并制定理事会章程。农村土地承包经营权确权登记颁证5025本，颁证率97.2%。建成农村普惠金融“村村通”信用村、取款点各17个，评定信用户5490户，累计授信贷款27万元。

教育现代化进程加快。2017年，董塘镇投入100多万元对中小学部分教学楼、宿舍楼修缮改造，全面消除中小学D级危房。创建“平安食堂”工程，改扩建中小学幼儿园学生饭堂，被评为韶关市示范性A级饭堂。投入100多万元解决董塘中学师生饮用水和校园内外2千米路灯问题。投入100多万元新添置教学设备和教学仪器。实施农村教学点“班班通”工程，全镇教学点多媒体课室实现全覆盖。启动董塘中心小学、董塘中心幼儿园改扩建教学楼工程。筹集资金8万元继续开展奖教奖学活动，巩固省教育强镇成果。

卫生创强有序实施。2017年，董塘镇基层卫生服务能力提升，全面完成5间村卫生站公建民营规范化建设任务，家庭医生式服务铺开。“两孩政策”全面落实，计生服务水平提高。2017年，董塘镇被评为市卫生镇。

【生态环境优化】 完成造林面积166.67公顷，碳汇林抚育100公顷，建成山背村小组、新坪村小组乡村绿化美化示范点，全镇森林覆盖率49.2%。全面推行“河长制”，开展锦江河流域董塘辖区水质综合治理工作。整治完成畜禽养殖场（户）12户。全镇水、空气环境质量均保持较好水平。中央环保督察、“绿盾2017”自然保护区监督检查等专项行动整改工作有效落实。土壤污染综合防治工作扎实开展，董塘镇五一村、高宅村重金属污染农田土壤治理修复工程项目开展治理修复2次，完成研究基地基础设施建设。光伏发电综合利用示范项目在发电区完成2公顷种植修复示范区。董塘镇光伏下74.67公顷重金属污染土壤治理与修复工程（一期）实施方案通过专家评审，协助完成坪岗工业园、丹霞冶炼厂及凡口铅锌矿等县重点行业在产企业相关地块土壤污染状况详查工作。加强饮用水源地保护工作，有序开展五一村水环境整治项目及董塘镇农村环境整治项目。

【社会事务工作】 2017年，董塘镇10件惠民实事扎实开展，完成安岗村居家养老中心、安岗村山背村小组人居环境整治示范点、新龙村新坪村小组美丽乡村示范点、新龙、新莲村环境综合整治工作；完成董联、江头、岩头、瑶族、塘联村高标准农田整治项目主体工程。城乡社会保障体系完善，全年全镇参加城乡医疗保险人数30819人，覆盖面97.72%。完成农村劳动力技能培训（月嫂培训）108人；完成20个村（社区）妇代会改建妇联工作，召开董塘镇妇女第十三次代表大会。县第五届运动会获得团体总分第二名。建设完成镇级综合性文化服务中心图书馆升级改造工程，电子阅览设施设备齐全。安岗、河富、南湖、新龙村率先全镇完成村级综合文化服务中心建设，设立县图书馆董塘分馆服务点董塘博雅幼儿园、凡口铅锌矿、河富、安岗等5个。“扫黄打非”进基层试点工作取得实效，建立日常工作机制，净化文化市场。送戏、送电影等文化活动有序开展。完成100个自然村落历史人文普查和不可移动文物普查工作。“飓风2017”专项打击行动成效显著，投入70多万元建设省二级消防站，专职消防队实体运作，社会治安、安全生产持续稳定。城乡居民养老保险、医疗保险有效扩面，城乡低保、五保和医疗救助标准稳步提高，切实兜住民生底线。积极开展“创文”工作，全面提升环境卫生，并纵深推进，全力打造“仁爱仁化”文明创建品牌，大力培育和践行社会主义核心价值观、公民思想道德教育活动，镇推荐的常军德和李辉红获“第三届仁化县道德模范”称号，董塘籍刘莲获2017年“韶关好乡贤”。实现中共十九大特别防护期、全国、全省“两会”等期间零进京上访。

2017董塘镇村委会（社区）基本情况一览表

表58

村委会（社区）名称	村小组（个）	自然村（个）	村委会（社区）集体纯收入（万元）	现有集体经济发展项目	特　产	村委会（社区）负责人
董中	18	9	6	房租、血铅协调费	花生、优质水稻、蔬菜	何国强
高莲	10	4	4.9	管理费、血铅协调	花生、淮山、水稻	刘煌义
安岗	14	6	2.8	苗圃、血铅协调费，租金	水稻、贡柑	谭世海
河富	12	6	-4.2	租金	—	吴新水
董联	13	7	3.7	光伏发电	花生、莲藕	叶亚全

续表58

村委会（社区）名称	村小组（个）	自然村（个）	村委会（社区）集体纯收入（万元）	现有集体经济发展项目	特　产	村委会（社区）负责人
红星	9	5	5	租金	优质水稻、莲子、梅花猪	肖国瑞
高宅	11	4	8.75	土地租金	无	叶永福
五一	26	12	12	血铅协调费、管理费	贡柑、优质水稻	谭月福
瑶族	7	6	6.81	山租，锦电利息	竹、柑橘、冬菇、茶叶、木耳	李学强
岩头	6	4	7.5	山地发包、学校、旧砖厂等场地出租，锦电入股，水库租金	水稻、花生、贡柑	张贻德
坪岗	17	10	2.3	管理费山租，塘租	贡柑、花生	陈德优
新莲	8	6	–5.8	锦电利息	花生、水稻、贡柑	张祖瑞
新龙	7	7	1.1	锦电利息	花生、水稻、贡柑	宁声珍
江头	10	6	3.5	土地流转、林地出租	百香果基地、黄皮果、贡柑	张伟全
南湖	17	10	8	血铅协调、租金	水稻、花生、豆类、贡柑	肖彩英
白莲	10	5	–1.3	山租	贡柑、花生、水稻	张贻成
塘联	3	2	3.4	—	—	蒙传盛
董塘社区	—	3	—	—	—	何志衡
广东铝厂社区	—	—	—	—	—	陈书强
凡口社区	—	—	—	—	—	饶小明

董塘镇党政负责人名录：

书　记：万志明

副书记：刘志坚　刁祥军
刘剑勇（任至2017年12月）
严华明（2017年12月任职）

党委委员：樊　欣　谢金云
麦海芳（女）
唐　源　黄大放
张建忠　肖文荣

人大主席：刘剑勇（2017年12月任职）

镇　长：刘志坚

副镇长：肖文荣　吴显桃（女）
李光聪（任至2017年12月）
许晓燕（女，挂职，2017年7月任职）

（郭　粤　张静怡）

石塘镇

【基本情况】 位于县境西部，东连董塘镇，南接浈江区花坪镇，西与乐昌市廊田镇为邻，北与红山镇交界，属石塘镇。镇政府驻石塘镇，距县城19千米。省道345线贯穿全境，石塘河与董塘河相接，交通便利。辖区面积77.92平方千米。镇辖上中垒、下中垒、石塘、光明、水历、京群村委会6个和石塘居委会（社区）1个，总户数3817户，年末户籍人口13546人，其中，农业人口9086人，外来人口12人。

石塘镇历史悠久，南北朝时期就有先民在该地卜居。镇内人文特点以“中国历史文化名村”石塘村为标志，地方语言独特，李氏祠堂和明清时期古建筑群众多，有闻名省内外国家重点保护单位、广东省中共党史教育基地、广东省爱国主义教育基地石塘双峰寨，有流传悠久民间艺术、省级非物质文化遗产“石塘月姐歌”，有以打醮为主庙会活动，还有以清、香、醇著称广东省非物质文化遗产“堆花酒酿造技艺”——仁化石塘堆花米酒和各个时节用大米加工而成的各式各样糍粑。

石塘镇具有得天独厚农业资源优势，形成以优质稻、花生、蔬菜、马蹄、西瓜、甜笋竹6大传统项目为主的农业产业结构，建立优质稻、花生、马蹄、甜笋竹基地，形成“一村一品”发展格局。石塘土地肥沃，旱涝保收，粮油充裕，是县内吨谷镇。旅游资源有国家AAA级旅游景区石塘古村、“中国历史文化名村”石塘村、国家级文物保护单位双峰寨、古建筑群景点、土法酿酒景点、娘娘庙景点、省非物质文化遗产“月姐歌”和李仲生故居等。

2017年6月，石塘古村荣登“2017年中国最美古村落榜单”；12月，仁化石塘堆花米酒被评为“2017年省级名特优新农产品区域公用品牌”。

【经济发展概况】 2017年，全镇地区生产总值2.14亿元，同比增长4.4%；人均生产总值达16139元；农业增加值15357万元，同比增长4.6%；农村人均可支配收入13920元，比上年11207元增长24.2%；完成固定资产投资9387万元。

【农村综合改革推进】 大力培育新型农业经营主体。2017年，石塘镇依托地区资源优势，发展贡柑、马蹄、甜竹笋、肉牛、黑山羊等特色种养产业，壮大发展新型农业经营主体。新增县级龙头企业1家；新增农民专业合作社1家，总数达到12家；新增家庭农场2家，总数达到12家。农旅结合成效明显，农业观光采摘园3家，休闲农庄3家。成立石塘镇商会，促进非公有制经济健康发展。

全面推进农村土地承包经营权确权登记颁证。2017年，石塘镇农村土地承包经营权确权工作在全镇44个自然村全面铺开，累计确权外业勘界面积1411.73公顷，实测率达90%；土地承包调查户2550户，已签印农户2448户，完成率达96%，农村土地承包经营权确权登记颁证2390本，颁证率达94%。

全面推进河长制工作建设。2017年，石塘镇建立覆盖镇、村的二级河长组织体系，落实“河长制”责任，同步对辖区流域内畜禽养殖场8家进行清查，对存在问题畜禽养殖场进行整治或限期关闭。

村民自治重心下移。2017年，石塘镇推进村民理事会建设工作，健全全镇44个自然村村规民约、章程，成立村民理事会。2017年，石塘镇光明村、京群村、上中垒村、水历村、石塘村、下中垒村、石塘社区被命名为市级“民主法治村（社区）”。

【旅游产业建设完善】 主动对标仁化全域旅游战略，扎实做好石塘古村基础设施建设。2017年，石塘镇完成全镇低压电网改造、石塘村委会至蔡屋路段沥青路面铺设、李仲生旧居至梅石井河卵石路面改造，兴建礼园组、塘下组健身小广场2个，完成古村古民居修缮14栋，对小学围墙和仁化石塘堆花米酒展馆范围墙面进行省非物质文化遗产以及人文历史墙绘展示，提升城镇整体面貌。

酒香古镇建设不断推进。2017年，石塘镇联合县食药监局对全镇各堆花米酒作坊酿制环境进行改造提升，仁化石塘堆花米酒于2017年12月获得省级名特优新农产品区域公用品牌称号。全年全镇发展仁化石塘堆花米酒坊33家，堆花米酒商业销售点（店铺）23个，其中镇内12个，仁化县城9个，韶关市区2个，实现电商网络销售2家。成功承办2017年南粤古驿道定向大赛（韶关仁化站）；石塘古村再度上榜“2017中国最美古村落”。

【人居环境整治工作】 加大农村人居环境整治力度。2017年，石塘镇完成光明村马斯坳、石塘村等农村综合整治自然村13个，完成石塘村、马斯坳村巷道清理及房前屋后清理自然村9个，完成沟渠池塘清理自然村12个。启动石塘村8个自然村“三清三拆三整治”工作，累计拆除危房、违章建筑等3360平方米。农村垃圾收运体系日趋完善。全镇42个自然村已基本实现垃圾桶（点）设置全覆盖，全镇建立垃圾收集点90个，配置垃圾桶200多个，完成村（组）一级保洁员推荐工作。全市人居环境整治现场会观摩点在石塘镇召开，得到上级的充分肯定和表扬。全镇城乡面貌得到不断改善。

加快美丽乡村建设。2017年，石塘镇启动饮用水源保护工程建设，实施京群乌猪嘴、光明马斯坳、水历历林3个村农村污水处理环保人工湿地设施和上中坌沙湾村人工湿地升级改造，昔日农村“污点”变成村内“亮点”和“景点”。完成光明马斯坳村美丽乡村示范村建设工作，并得到上级肯定。

【“精准扶贫”工作】 落实“精准扶贫”资金。截至2017年12月底，石塘镇“精准扶贫、精准脱贫”到位资金累计339.924万元，按照石塘镇“精准扶贫”项目资金使用规划，2017年落实第一批帮扶项目情况：投入15.02636万元用于贫困户产业项目扶持，投入45.7877万元用于分散村基础设施建设工程，投入7万元用于购置扶贫办公设备及扶贫宣传开支，投入5.0904万元用于驻村干部补助，以上总计投入72.90446万元，资金使用率为21.44%。

落实“‘精准扶贫’三保障”。2017年，石塘镇全面落实贫困户子女教育保障，对符合补助条件范围（教育阶段）贫困学生落实生活补助发放。2016—2017学年，全镇有贫困学生56人（小学17人，初中11人，中专、中职、高中16人，大专4人，本科7人，研究生1人），均无因贫辍学。对列入“大病救助”范围贫困户，落实医疗救助16人次。落实贫困户住房保障。2017年贫困户危房改造动工13户。

实施“精准扶贫”产业帮扶。2017年，石塘镇按照石塘镇脱贫攻坚产业帮扶规划，产业帮扶贫困户47户148人，发展胡须鸡养殖1820羽，草鱼、大头鱼养殖8000尾，清远鹅养殖131羽，黑山羊养殖20只，蜜蜂养殖50箱，奈李种植2公顷，贡柑种植3.33公顷，以上项目可为47户贫困户年人均增收1万元。

【社会治安综合治理】 2017年，全镇排查出各类矛盾104宗，调处成功97宗，调处成功率93.2%。其中，镇排查出矛盾纠纷66宗，调处成功60宗。受理县信访局交办信访案件16宗，群众来信来访21宗，网络问政案件1宗，做到件件有落实，有结果。全年全镇没有出现群体性事件及到省进京上访事件。率先完成“中心+网格化+信息化”试点工作。积极落实千案大化解工作。截至2017年12月底，全镇化解积案6宗，日常矛盾纠纷54宗，由年初全县排名靠后实现超前。强化重点时期综治信访维稳工作。制定相应应急预案，及时介入排查出的不稳定因素，全力化解，完成全国“两会”、“一带一路”高峰论坛、省第十二次党代会、村“两委”换届、中共十九大特别防护期等重点时期维稳任务。

【安全生产管理】 2017年，石塘镇坚持“以人为本，安全第一，综合治理”方针，按照镇党委、政府提出“统一思想、提高认识、措施落实、认真负责、责任明确、工作到位”要求，抓好全镇安全生产工作。严格执行“一岗双责”制度，以“安全生产事故隐患排查整治行动”“安全生产月”“防范遏制重大事故”和“安全生产执法年”为主题，促进各生产经营单位落实责任，健全制度，立足防范强化宣传，整治隐患。按上级主管部门工作要求，与工商、食药监等部门经常性联合开展辖区内饭店和酒坊检查，确保辖区内食品药品安全。全年，辖区内无发生重大安全生产事故。

【民生保障体系完善】 完善公路交通建设。2017年，石塘镇新建第一期农村公路51条35.722千米，进入施工阶段。

加大社会保障工作力度。2017年，全镇完成低保入户调查工作122户，取消低保户16户，死亡1户，新增低保户5户。完成镇域退伍军人核查登记工作。投入15万元完成敬老院消防安全设施。完成城乡居民社会养老保险任务数50%，完成社会保险扩面征缴任务数100%。

加大创文投入完成农贸市场改造。2017年8月，石塘镇投入30万完成农贸市场改造，国道两旁摊贩全部纳入市场管理，解决群众经营场所需求和占道经营问题。

水管网进行改造升级。2017年，石塘镇积极争取“村村通”自来水试点镇专项资金，并与仁化县银龙供水有限公司初步达成供水协议，由该公司对石塘镇自来水管网进行改造升级，改善群众生活用水。

【文化计生工作】 文化投入加大。2017年，石塘镇争取上级资金25万升级改造镇级文化站，增加功能室多个，加强文化站对外开放能力，文化站顺利升级为二级文化站。开展武装工作。做好民兵整组、民兵训练、民兵役备预登记工作、夏秋季征兵工作及村级民兵营建设工作。

教育卫生工作稳步推进。2017年，石塘镇石塘双峰寨中学和新华书店小学获得全市首批（4所）“文明学校”称号。完成省计划生育“三结合”石塘镇马蹄种植项目工作；完成“孕检”任务48对。完成镇卫生院业务综合楼改建工作以及上中坌、光明2个村卫生站建设工作。

【基层组织治理】 村（社区）“两委”换届平稳有序。2017年，石塘镇通过积极筹划、统一部署，全镇村（社区）支部书记、主任“一肩挑”率达100%和“两委”干部交叉任职率100%，村（社区）“两委”换届均实现组织意图。

党建阵地化建设更规范。2017年，石塘镇通过不断推动镇村两级基层公共服务综合平台建设和“两个重心”下移，各村委阵地化建设得到优化，党建阵地更深厚、公共服务能力更全面。通过筹集上级资金和镇村自筹资金，投入15万对软弱涣散村上中坌村进行阵地规范化建设，打造成全县党建示范点。

驻点普遍联系群众持续开展。2017年，石塘镇驻点联系群众工作有7个驻点团队和7个辅助团队，驻村（社区）领导14人，驻点团队成员49人，实现驻点团队和辅助团队驻点联系村（社区）全覆盖。全年，驻点团队成员走访群众3346户，收集和解决群众反映问题131件，团队自行解决群众反映问题84件，镇级协调解决群众反映问题47件。

逐步改善农村基层队伍结构。2017年，石塘镇落实好

“青苗工程”，将35岁以下、大专学历年轻人员列为后备干部，加强后备力量储备，确保每个村有3名后备村干部的常量。9月，对下中坌、石塘、光明村3个村委新进村干部参照行政事业人事招考流程实行公开招聘，明确“35周岁以下，高中学历以上，掌握基本电脑操作”资格门槛，村干部年龄结构老化、学历偏低、信息化水平低问题得到改善。

开展作风建设年活动。2017年，石塘镇以“比学赶超、以评促建、实干担当”为主题，在全镇开展作风建设年活动，以建立优化提升发展环境长效机制为根本，出台一系列有针对性、可操作性长效机制，着力改进干部工作作风，推进依法作为、廉洁作为，杜绝“吃拿卡要”、以权谋私发生，着力转变服务方式，提高办事效率。

提高档案管理水平。2017年，石塘镇加强档案法制建设，规范全镇档案管理，加强档案人才队伍建设，提高服务水平。

【石塘村入选中国最美古村落】 2017年5月13日，在深圳举行的第十三届中国（深圳）国际文化产业博览交易会主题活动第七届全国生态旅游文化产业发展高峰论坛上，石塘村入选“2017中国最美古村落”榜单。

2017年石塘镇村委会（社区）基本情况一览表

表59

村委会（社区）名称	村小组（个）	自然村（个）	村委会（社区）集体纯收入（万元）	现有集体经济发展项目	特　产	村委会（社区）负责人
上中坌	11	11	7.2	锦电入股	甜竹笋、马蹄、灵芝、贡柑	刘永松
下中坌	4	4	9.2	锦电入股、山林租金	马蹄	何为亮
石　塘	8	8	8.94	锦电入股、山林租金、门店出租、鱼塘	仁化石塘堆花米酒、优质米、花生油、甜竹笋、贡柑	李朝用
光　明	5	5	8.51	锦电入股、山林租金	优质米、贡柑	徐文明
水　历	7	7	8.1	锦电入股、山林租金、鱼塘、门店出租	优质米	刘贵新
京　群	8	8	9.7	锦电入股、鱼塘	花生油、优质米	周培全
石塘社区	1	1	0.5	—	—	邓　新

石塘镇党政负责人名录：

党委书记：江艳芬（女）

党委副书记：叶文华　肖志文　郭胜洪

人大主席：李培林

纪委书记：罗福胜

党委委员：刘祖松　谢高文　罗福胜　朱帆杰　何梅娣（女）　叶展飞　冯海年

镇　长：叶文华

副镇长：刘祖松　连志毅　麦海桃（女）

（张雪琴）

红山镇

【基本情况】 红山镇是革命老区镇、仁化县城居民食水源头地、省自然环境保护区及林业生态镇，地处仁化县城西北部，粤湘两省交界处，东邻城口镇，南接董塘、石塘镇，西连乐昌市五山镇，北与湖南汝城县大坪镇交界。距县城52千米，距国道106线30千米，县道335线贯穿全镇，西面有公路经前洞村通往乐昌市。全镇总面积169.64平方千米，其中山林面积1.53万公顷，耕地面积1188.47公顷，辖村委会8个，居委会1个，77个村民小组。全镇总户数2920户，总人口10767人，其中农业人口10455人。全镇以山地为主，山高陡峭，山多田少，是典型“九山半水半分田”山区镇，森林覆盖率89.4%，林木、水力、矿产资源丰富，交通方便，通信发达。境内有高坪省级自然保护区，红山湖和温泉。茶叶产业是红山镇特色农业产业，竹木、茶叶收入是全镇农民主要经济来源。水电站发电收入是镇、村主要经济支柱。

【经济发展情况】 2017年，全镇完成地区生产总值4.7亿元（数据均为预计数，下同），其中，第一产业增加值 8985万元，第二产业增加值24896万元，第三产业增加值13119 万元，人均生产总值13515元；完成固定资产投资5500万元，截至11月底，全镇完成税收收入225万元，其中国税175万元、地税50万元。

【做好“三农”工作】 2017年，红山镇全面深化农村综合改革，推进基层治理体系和治理能力建设，巩固和发展改革成果，确保农村综合改革各项政策落实到位，促进农村经济和社会事业健康、可持续发展。

创新和强化基层党组织建设，深入推进“两个重心下移”。2017年，红山镇加强农村基层两委班子建设。做好村两委换届工作，提高村两委班子队伍整体素质，配齐配强村两委班子，和平稳顺完成换届。各村小组在镇、村指导下全面建立村民理事会，全镇77个村小组有62个村小组建立村民理事会，15个村小组处于建设中。争取上级各项资金，加强新农村建设。

茶叶生产稳步推进，茶叶生产效益显著提高。2017年，红山镇鱼皇村被列入全国“一村一品示范村”，是韶关市唯一上榜村。积极鼓励茶农发展茶叶产业，根据上级扶持茶叶产业发展补助政策开展惠茶农扶持补贴。年内，经县、镇两级农业部门联合验收，验收茶农合格户数66户，共补贴扶持资金75.686万元。

创新和改善基层农村经济发展机制，积极探索“两个”整合。2017年，红山镇整合农村土地资源。全年完成土地确权颁证面积774.449公顷，完成颁证户数1631户，除青迳小部分农户在乐昌五山镇域内一小部分“飞地”尚未确权和鱼皇村未确权外，红山镇土地确权完成率95%，颁证率95%。整合财政涉农资金。各村涉农资金由各村统筹安排使用，投入到村级亮化工程、自来水建设等村公益事业和支农项目。

创新和完善基层公共服务平台，建立“两级”基层治理公共服务体系。2017年，红山镇继续完善镇村公共服务平台设施，做好工作服务平台的信息更新。

水利工作取得实质性成效。2017年，红山镇推进小型水利工程改革，落实工程管护主体和责任。年初与镇辖范围内42座小水电站法人代表签订安全生产责任书，确保水电安全生产。河长制工作逐步开展，制定红山镇河长制工作方案，成立工作领导小组，明确各村居河长责任人。

农村畜牧业生产得到稳步发展，春夏季动物疫情防控工作稳步推进。2017年，红山镇通过畜禽养殖禁养区和限养区规划，配合县政府开展锦江河流域环境综合整治，开展畜禽养殖清理整治工作。发放《畜禽养殖清理整治通知》14份，发放《关于开展仁化县畜禽养殖清理整治专项行动的通告》16份，清理关停禁养区养殖户2家。

【“精准扶贫、精准脱贫”工作】 2017年，红山镇有贫困户340户1204人，占到全镇人口总户数11.5%、总人数11%。有劳力296户1139人，无劳力44户65人。其中有2个重点村、7个分散村，重点村有贫困户126户483人，分散村214户721人。2016年实现脱贫111户（占总贫困户32.6%）327人（占总贫困人口27%），2017年脱贫117户450人。2017年规划建房户154户，动工129户。

实施医疗保险医疗救助保障扶贫工程。2017年，红山镇对贫困人口应缴纳基本医疗保险费用给予全额补贴，全年补贴13.668万元；7个较远村居设立医疗救助站；送药送医及帮助地中海贫血患者3.4万元。

加大美丽乡村、新农村基础设施建设投入。2017年，红山镇重点抓好新山、新白2个省定贫困村新农村示范村建设。新山村示范点是伍渡村小组，新白示范片是河背、田心村小组，均处于开展“三清三拆”工作阶段。

实施教育文化保障扶贫工程。2017年，红山镇有在读学生219人，落实“两免一补”政策学生196人29.4万元；漏发补助23人，已统计并上报县教育局；青迳福和希望小学宿舍修缮投入3万元。

实施劳动力就业转移发展扶贫工程。2017年，组织贫困户参与“春暖行动”“红山镇专场招聘会”就业转移贫困户劳动力109人。

实施产业发展扶贫工程。2017年，多次开展科学种养培训活动，扶持农户种植茶叶，柑橘，杉树，实施家庭禽畜养殖，茶叶机械加工等扶持项目。截至2017年10月20日，下拨各类财政资金1477.3万元（各级财政资金1455.2万、慈善资金22.1万），使用并报账138.4万元，剩余1338.9万元，总使用率9.4%。其中人均2万到账资金1351.376万元，使用并报账55.08万元，使用率4%。

【人居环境整治】 2017年，红山镇人口20户以上自然村有54个，全部成立村民理事会。重点抓好新山、新白2个省定贫困村新农村示范村建设，2个重点村中20户以上自然村有17个（其中新山8个、新白9个）。制定2017—2018年新农村建设作战挂图，镇党政“一把手”亲自督战，实时掌握整治及建设项目进展情况，及时跟进未落实项目。截至2017年年底，有15个自然村完成道路硬底化建设、11个自然村实现集中供水、1个自然村完成“三清三拆三整治”及村巷道硬底化建设，建好垃圾收集点自然村14个，建成雨污分流及污水终端处理系统自然村3个；17个自然村均配备保洁员。按照“先拆除、先清理，后建设”原则，新山伍渡村小组完成“三清三拆”，其他16个村小组处于“三清三拆三整治”阶段。全镇8个村委30个自然村启动“三清三拆”，160多人自发参加劳动，清理村巷道乱堆乱放42处650平方米，房前屋后杂草垃圾380平方米18吨；清理沟渠池塘30处3000多米，清理垃圾15吨；拆除危房废弃猪栏茅房75间1390平方米，乱搭乱建、违章建筑5处130平方米。

【信访维稳】 开展平安镇村创建工作。2017年，红山镇继续加大平安创建工作宣传力度，以社区示范点带动各村平安创建工作，制定《红山镇2017年综治暨平安创建宣传工作方案》，做好各类平安创建工作。深入开展各类法治宣传教育，抓好各类犯罪的预防，加大“禁毒”工作宣传。

严重精神障碍患者服务管理工作。2017年，红山镇严格落实村委干部、村小组长、派出所民警和监护人“四位一体”包保责任。对有严重肇事肇祸倾向精神障碍患者及时上报有关部门并实施强制治疗。截至2017年7月底，红山镇在管患者50人，非在管患者2人，失访患者14人，存在问题主要是治疗费（包长期药费）和管护费落实不到位。

开展社会矛盾纠纷排查化解。2017年，红山镇实行滚动排查，并将排查结果及时报送，及时做好分析研判，建立规范台账，落实防控化解措施。全年全镇滚动排查各类矛盾纠纷41宗，化解调处35宗，剩下6宗正在调处。发生刑事案件2宗，破案2宗，破案率100%，治安案件3宗，查处3宗。转来信访件9宗，办结5宗，剩下4宗正在调查办理。

做好重点群体和人员的稳控。2017年，红山镇按照到省进京非正常上访应急处置方案，开展劝阻、劝返、劝离等应急措施，按照人员分类做好重点监控。

【通力解决民生问题】 人口与计划生育工作稳步推进。2017年，红山镇完善利益导向机制，积极落实各项扶助政策，上报当年符合农村计划生育家庭奖励扶助和升学加分等条件计划生育家庭。

社会保障工作全面落实。截至2017年11月底，红山镇劳动争议投诉案件为零。实现城镇就业新增100人，占全年任务数50%。城镇失业人员在就业人数130人，完成率100%。就业困难人员实现就业人数20人，完成率100%。城镇职工登记失业率控制在3.5%以内。加强劳动力转移工作，组织农村劳动力参加“春暖行动”暨“精准扶贫”专场招聘会等各种用工招聘活动，输转富余劳动力500多人次。临时救助26人，发放救助金16595.6元；申报县临时救助6人，发放救助金40800元；申报大病医疗救助10人，发放救助金84744元。

教育环境不断改善，教育质量不断提高。2017年，红山镇切实巩固“普九”成果，抓好中小学防流控辍工作。做好普及高中阶段教育巩固提高工作。与学校、司法所、派出所等单位配合，加强日常巡逻检查，维护学校幼儿园及其校园周边治安环境。成功通过教育“创现”，学校办学条件和生活环境得到完善，教师队伍建设加强，教学质量不断提高。

【干部队伍建设】 做好抓班子带队伍工作。2017年，红山镇以开展作风建设年活动为契机，制订完善一系列规章制度，强力贯彻执行镇村考勤制度，实行镇干部指纹签到考勤制度和村级干部签到考勤制度，镇纪委实行不定期巡查制度。考勤情况与绩效补贴挂钩。加强督导，严格执纪。由镇纪委牵头，不定期对镇各部门、各村（居）进行明察暗访，对发现违反工作纪律、工作推动不力行为，在全镇范围内予以通报曝光，对当事人进诫勉谈话。年内，对2名驻村联络员、2名村支书进行全镇通报批评，对2名村干部及1名镇干部进行约谈。

常态化开展“两学一做”学习教育。2017年，红山镇创新开展“三会一课”，利用多种形式开展学党章和习近平总书记讲话精神，争当合格党员活动，提升党员能力素质，夯实基层堡垒基础。

大力抓好软弱涣散党组织整顿工作。2017年，红山镇青迳村党组织被列为软弱涣散村党组织。镇党委高度重视，与挂点单位县交通局互相配合，共同努力，帮助青迳村班子研究解决实际问题，建立健全党务村务各项工作制度，投入4500元完善各项宣传栏、公开栏和办公场所，投入20多万元解决公路拓宽及村庄美化亮化等问题，提高青迳村“两委”班子解决问题、化解矛盾纠纷能力，化解黄泥洞生态林补偿款发放纠纷等问题。

落实驻点联系群众和“一线双联”工作。2017年，红山镇9个村（社区）驻点团队48人，辅助团队61人，全镇需要联系户数2619户，已走访2510户，入户率95.84%。县挂点领导按照“一线双联”工作要求，分别到新山、新白两个重点村一线联村联户，为群众解决热点难点问题一批，工作形式从被动上访变为主动下访，群众上访案例有减少，基层干部与基层群众联系得到加强。全年收集群众意见建议128条，需解决问题47件，已为群众解决问题45件。

推动基层治理工作。2017年，红山镇落实基层工作重心下移，在鱼皇高坪村建立党小组示范点，全镇77个村小组有65个成立村民理事会，农村基层形成自我完善、自我管理、自我服务管理机制。建设完成1个镇级公共服务中心和7个村级公共服务站。坚持“政府主导、整合资源、统一建设、规范运作、信息共享、便民高效”原则，按照“五个统一”要求，建设镇公共服务中心办事大厅，建设村级公共服务站站点7个，均投入使用。

推动社会综治网格化管理。2017年，红山镇开展“平安镇村”试点建设，加强基层信访维稳中心建设，抓好基层信访积案化解，成功化解多项矛盾纠纷。全年化解矛盾纠纷42宗。加强“一村居一视频”监控建设并于年底完成。推进公共法律服务体系建设。全面落实“一村一法律顾问”制度，满足基层群众基本公共法律服务需求，完善法律援助制度。

2017年红山镇村委会（社区居委会）基本情况一览表

表60

村委会（社区居委会）名称	村小组（个）	自然村（个）	村委会（社区委会）集体纯收入（万元）	现有集体经济发展项目	特　产	村委会（社区居委会）负责人
青迳	15	19	20.3	林木	萝卜	连树苟
新白	10	12	56.4	水电站	笋干	连锦华
新山	10	12	21.1	水电站	竹子	张正荣
中山	10	12	19.2	水电站	竹子	杨贱均
前洞	10	10	16.7	水电站	竹子	叶流玉
鱼皇	7	11	70.9	水电站	茶叶	袁远请
烟竹	9	14	33.1	水电站	茶叶	张俊有
小楣水	3	8	12	锦江电站分红	茶叶	张玉林
社区居委会	3	4	10.6	水电站	茶叶	谢和安

红山镇党政负责人名录：

党委书记：刘志宏

副 书 记：何海生　刘家雄　王启贵

党委委员：赖茹辛　顾志坚　连穗霞（女）　赖贵平　张海斌　张　帆　邱冬福

人大主席：李培云

镇　　长：何海生

副 镇 长：张桥古　冯紫娟（女）

（郑　威）

城口镇

【基本情况】 位于县境北部，东连长江镇和扶溪镇，南接丹霞街道，西与红山镇为邻，北与湖南省汝城县三江口镇交界，属山区镇。镇政府驻城口镇城群村委会辖区（墟镇内），距县城38千米。国道106线、武深高速（仁化段）贯穿全境，城口东河河流与城口西河相接，交通便利。辖区面积266.89平方千米。辖东罗、东坑、城群、上寨、东光、恩村、厚坑村委会7个和城口镇社区居民委员会1个。2017年年末总户数2689户，总人口10683人，其中农业人口9583人、外来人口110人。常用耕地面积1422.21公顷，粮食播种面积1163公顷，粮食产量7372.1吨。林地面积24546公顷，森林覆盖率89.07%。主要经济来源有农业生产、水力发电、畜牧养殖、矿产资源等。全镇有初级中学1所、小学4所（其中，中心小学1所，完全小学0所，教学点3个）、幼儿园2所（其中公办1所），在校学生785人；有文化站1个，广播站1个。全镇参加医疗保险人数7972人，覆盖面100%。主产优质稻谷、柑橘、辣椒和茶叶，土特产有冬笋、香菇、木耳等，其中以“古秦城板鸭”闻名。域内资源有水利、林木和矿产，工业以萤石矿开采、小型水电站为主，有企业水电管理所、仁化县城口镇城兴加油站等24家。旅游景点主要有谭甫仁旧居、恩村古村落、上寨美丽乡村等。

【镇域经济情况】 2017年，全镇生产总产值35885万元，比上年增长4.5%，其中：农业总产值11817万元，同比上年增长4.5%；第二产业5981万元，同比上年增长3.3%；第三产业18087万元，同比上年增长5.18%；完成固定资产投资18517万元，同比上年增长459.4%；财政可支配收入完成802.43万元；农民人均可支配收入16223元，比上年增长11.2%。

【农林牧渔业发展】 农业生产稳步发展。2017年，城口镇水稻种植面积275.93公顷，种植花生46.67公顷、经济果树413.33公顷（其中贡柑280公顷）；新成立合作社1家（厚坑贡柑合作社），新成立家庭农场2家（东坑半山、城群下村）。全年，全镇：组织群众参加柑橘栽培、管理、植保、土肥配施等培训班10次500余人次；“点对点”开展农业科技示范户示范推广28户；7个村委会和1个水电管理所办理政策性水稻种植保险业务；加强农机管理，开展农用机械所有者摸底调查以及农机数据更新工作，有农机用户412户，农用机械623台；组织开展农机安全生产演练1次，安全检查5次，安全生产事故为零。

林业工作扎实推进。2017年，城口镇接受群众山林纠纷争议案申请3宗，立案3宗（其中集体与集体纠纷1宗、个人与个人纠纷2宗），调处3宗，接待群众来访15次26人。

畜牧业生产持续发展。2017年，城口镇重视畜牧业生产与发展，做到动物防疫村不漏户、户不漏栏。全年全镇有养殖户67户，其中生猪养殖户63户。生猪养殖户中：温氏养殖43户，散养户20户；年出栏量2000头以上4家，1000—2000头16家，500—1000头21家，500头以下22家；通过环评37户。根据上级关于畜禽养殖整治工作精神和部署，对镇域67家畜禽养殖户下发“城口镇养殖场整治通知书”，对第一批禁养区内1户（肉鸭养殖户）进行关停整治，国土部门对禁养区内畜禽养殖场（户）下发“责令限期整改通知书”，对占用耕地养殖场（户）下发整治通知书。

【水电行业管理】 2017年，城口镇通过加强电管所内部管理，落实岗位责任制和完善财务、统计、仓储管理、考勤制度，内部运转得到改善。开展鱼跳电站重建前期工作，打开工农协调和招商融资局面。加强墟镇偷漏电问题整治，稳定墟镇电压，减少安全隐患，提倡节约用电。

【基础设施建设】 截至2017年12月7日，城口镇投入东坑村、城群村、东光村3个分散村基础设施建设资金34万元，其中东坑村投入12万元用于农田灌溉水渠建设、投入5万元用于村道硬地化建设；城群村投入9万元用于村庄亮化工程建设、投入5万元用于农田灌溉水渠建设；东光投入3万元用于村庄亮化工程建设。落实新农村建设专项资金46.6万元。

【重点项目工程】 “红军长征粤北纪念馆”建设。城口镇是红军长征突破敌人第二道封锁线所在地。2017年4月，中共中央批复同意在城口镇设立红军长征粤北纪念馆，是广东省唯一以长征为主题的大型纪念馆。年内，城口镇根据中共仁化县委有关工作部署，多次召开专题会议研究部署红军长征粤北纪念馆有关征地及工农协调工作，做到分工明确、责任到人、定期督导，确保项目顺利推进。7月26日，红军长征粤北纪念馆奠基仪式在城口镇举行。

丹霞丰源温泉度假村项目。该项目由东莞丰泰集团投资建设，旨在开发城群村委会拱桥头温泉资源，该项目计划投资10亿元，占地面积约266.67公顷，综合利用仁化县城口镇农业、温泉等旅游观光资源，重点开发温泉休闲中心、旅游度假酒店及旅游养生配套、森林旅游观光以及绿色有机健康食品、饮品等。

城口红色特色小镇建设。2017年5月，韶关市政府将城口镇列入全市第一批特色小镇建设示范点。城口镇红色特色小镇以“九址一馆一礼堂”重要红色革命遗址为基础，打造“重走红军路”旅游路线，以丹霞丰源温泉度假村项目为依托，以“红色+温泉”“双引擎”带动整个特色小镇商业、服务业、生态农业以及各项基础设施建设和发展。2017年6月，城口镇委托广州大学规划设计学院编制《城口红色小镇》规划，经过前期调研及评审会意见汇总。完成城口铜鼓岭烈士纪念园和城口红军长征纪念广场修缮工程。

【社会保障、民生事业稳中有进】 社会层面总体和谐稳定。2017年1—12月，全镇接待群众来信来访68批92人次、办理上级转办信件18件，办结25宗，办结率100%；排查出各类矛盾纠纷83宗，成功处理82宗，调处率98%。全年全镇社会治安稳定，辖区内没有发生群体上访事件和安全生产责任事故，没有传销或变相传销非法活动。

社会保障体系更加完善。2017年，城口镇建立低保审核制度，开展“双拥”优抚安置工作，及时发放各类救助金和慰问品解决困难群众基本生活，做好城乡养老保险新参和待遇享受、新生儿新参城乡医保及中途参保工作，结合“精准扶贫”有针对性开展就业培训。

计生工作常抓不懈。2017年，城口镇完善全员人口系统信息，核查派出所、卫生院等周边部门资料，提高信息准确性，加强流动人口管理力度，以流动人口清理清查宣传服务活动为契机，提高流动人口优质服务。

文娱活动开展丰富多彩。2017年，城口镇开展春节晚会、元宵晚会、“三八”国际妇女节文艺晚会、“庆国庆贺中秋”文艺晚会，引领群众积极参与健康向上文娱活动，弘扬中华优秀传统文化，摒弃赌博、封建迷信等陋习。

做好相关红色文化建设工作。2017年，城口镇完成红军纪念广场“红色文化”主题戏台改造，红军长征粤北纪念馆选址、画出红线图、张贴征地公告、放红线、入户调查等工作。做好红色特色小镇建设前期工作，协助广州学院设计院做好红色特色小镇规划工作。做好红色文化挖掘，收集城口红色故事，多次接待外来人员参观红色遗址讲解等工作。

国土资源管理、生态建设和环境保护得到加强。2017年，城口镇完成镇、村基层公共服务平台硬件建设。安全生产和食品药品安全无发生人员伤亡事故。落实基层武装部“四个基本”建设。加大奖教奖学力度，营造“尊师重教”氛围。工、青、妇工作开展有声有色。

【基层组织和干部队伍建设】 2017年，城口镇开展“直联”工作和“干群会客厅”活动，畅通民意表达渠道，了解群众所需，密切党群干群关系。加强干部队伍理论学习教育，提高干部队伍思想政治素质和业务水平，解决党内政治生活随意化、庸俗化、形式化等问题。推动基层建设全面进步，健全基层组织民主决策管理机制和工作运行机制，以村（社区）“两委”换届为契机，选优配强村级干部队伍，加强村干部队伍管理。加强反腐倡廉建设，贯彻落实《中国共产党党内监督条例》，抓好党风廉政教育，营造风清气正发展环境。做好“比学赶超、以评促评、实干担当”作风建设年活动，解决部门和个人不敢担当、不思进取、缺乏创新精神、行政效能低下等问题，推进作风建设常态化、长效化。

【政府行政效能提升】 2017年，镇政府严格落实中央“八项规定”，合理减压“三公”经费，主动公开政府信息，依法向人大报告工作，加强与政协联系，广泛接受社会监督。制定和健全镇村内部管理制度，坚持明察暗访制度，改善镇、村政风行风。开展“两学一做”学习教育活动，全面落实驻点直接联系群众工作，提升公职人员为民意识、服务意识和效能意识。全年镇政府累计办理人大代表建议议案14件，受理网络问政10宗。

2017年城口镇村（居）委会基本情况一览表

表61

村（居）委会名称	村小组（个）	自然村（个）	村（居）委会集体纯收入（万元）	现有集体经济发展项目	特　产	村（居）委会负责人
东罗	8	12	11.05	毛竹合作社	竹笋	蒙万贱
东坑	8	8	8	小型水电站、毛竹	竹笋	苏东明
城群	18	7	13.5	萤石矿、石板材、石碑石、硅铁矿	香菇、“古秦城”腊味	朱红古
上寨	11	5	13	小型水电站	柑橘	黄仁润
东光	5	7	19.6	优质稻谷、绿色茄子基地、小型水电站、毛竹	优质稻谷、柑橘	刘红生
恩村	8	5	9	温氏养猪、辣椒合作社、香黏米、毛竹	辣椒、砂糖橘	邓攸发
厚坑	9	8	2.1	水电站	辣椒	曹良平

城口镇党政负责人名录：

书　记：李汉辉

副书记：谭卫财　陈旭虹（女）
蒙书发

党委委员：谢榜贵
范　灵（女）
刘　明
蔡定忠
刘工溥
林　敏（女）
顾智波

人大主席：钟叶山

镇　长：谭卫财

副镇长：顾智波　吴书友
赖香松

（曹忠政）

长江镇

【基本情况】 位于仁化县东北部，南距仁化县城49千米。地处粤赣湘三省五县交界处，东与江西省内良乡、河洞乡接壤，东南与南雄市百顺镇相接，西南与扶溪镇、城口镇毗邻，西北与湖南省汝城县三江口镇、热水镇相依，北与江西省崇义县聂都乡、乐洞乡相连，属省级中心镇，镇政府驻地在沙坪村委会。镇内交通便利，经省道246线与县城接连，经县道336线至城口镇与国道106线相连。锦江河贯穿全境。辖区面积300.64平方千米，其中耕地面积3101.97公顷，山林面积23596公顷。下辖16个村委会和1个社区居委会。2017年，家庭总户数7789户，总人口27455人。全镇有初级中学1所、小学9所（其中，中心小学1所，完全小学3所，教学点5个）、幼儿园4所（其中，公办1所）；有文化站1个，广播站1个。山林面积、木材蓄积量均居全县首位，活立木蓄积量130.88万立方米，毛竹8275.9公顷，是全县最大毛竹基地。2017年，全镇有竹加工厂29家，其中筷子厂20家、竹地板加工厂1家、竹炭厂8家，年销售竹子20万吨。有小水电站72座，总装机容量27194万千瓦，其中镇属电站16座，总装机8000多千瓦。矿藏资源有铀、钨、铜、硅石、钾长石、辉绿石、花岗石等，其中铀分布面最广，储量最多。镇域内有全省第三高峰、“脚踏三省”和“鸡鸣三省闻”之称的万时山高山草原（海拔1559米），有风景秀丽、蔚为壮观的万亩竹林，有保留完好的古塔、会馆等自然景观和人文景观，红色遗迹有中共五岭地委成立地、中山公园、红军桥、红军路。土特产有玉扣纸、浒松腊鸭、冬笋、白糖饼、米粉、香菇等，其中以玉扣纸、浒松腊鸭、白糖饼闻名。

【经济发展概况】 2017年，全镇实现地区生产总值84108万元，比上年增长4.6%；农业总产值21748.32万元，比上年增长4.4%；农民人均纯收入达15324.66元，比上年增长11%。1—12月份，镇财政收入8285.56万元。镇属电站发电量3318.9万度，总收入为1699.28万元。比2016年同期发电量4837万度，减少1518.1万度，总收入2480万元，同比上年下降780.72万元。

【党建工作】 完成村（居）“两委”换届。2017年4月9日至5月16日，长江镇开展换届选举工作，整个换届过程依法依规，风清气正，平稳有序，高质量完成县委、县政府下达工作指标任务。全镇17个村（居）选举出党组织委员51名，村（居）委会成员63名。党组织书记和村（居）会主任“一肩挑”比例达到100%，支委委员和村委会组成人员交叉任职比例达到98.04%（只有支委委员1名未实现交叉）。

推进“两学一做”学习教育常态化制度化。2017年，长江镇结合理论中心组学习、干部职工大会、“三会一课”、“固定党日+”、党群联席会议活动，扎实开展“两学一做”学习教育。根据中央、省、市、县委关于认真学习宣传贯彻中共十九大精神决策部署，结合长江镇实际，把学习宣传贯彻中共十九大精神作为首要政治任务来抓，通过学习深刻领会和全面把握十九大报告科学内涵和精神实质，精心组织安排各项学习宣传活动，在全镇掀起学习宣传贯彻十九大精神高潮。组织全镇党支部书记、各支部党员分别开展专题学习会，各分管领导、驻村组长利用驻村时间，深入到自身驻村联系点上党课，提升党员干部思想政治水平和思想素质。通过党委会、党委中心组学习会等多种形式，持续学习宣传贯彻中共十九大精神和党的理论和路线方针政策。年内，镇党委中心组按照县委统一部署制订学习计划，组织学习会17次。

落实青苗工程。2017年，长江镇选拔村级后备干部51名，通过镇选村培选定党员培养对象51名，开展党员信息全面采集工作，推荐村干部22名参加全县素质提升工程大专班学习。

“直联”工作深入民心。2017年，长江镇严格落实驻点普遍联系群众制度，17个驻点团队坚持每周开镇级班子会，分析解决问题。通过落实好“直联”、社工委、信访工作，及时了解群众所需所难，化解存在问题，融洽干群关系。截至2017年12月底，全镇17个驻点团队走访群众5404户，入户率100%，收集群众意见、反映问题总数80条，解决问题80宗。

【新农村建设】 2017年，长江镇对标县全域推进农村人居生态环境综合整治建设社会主义新农村示范村三年攻坚行动方案，启动镇辖7个省定贫困村和主要道路沿线村庄农村人居环境综合整治工作。全镇162个20户以上自然村均成立村民理事会，制定村规民约和卫生保洁等制度；完成7个相对贫困村59个20户以上自然村规划设计工作；全面开展“三清三拆三整治”行动，7个省定贫困村“三清三拆”工作完成率为100%，其中学堂圳村“三清三拆”工作在12月初完成。学堂圳村和芭蕉垅村筹集250多万元建设部分自然村文化室和文化广场。

【“精准扶贫”】 2017年，长江镇精准扶贫工作有序推进，积极落实扶持产业发展，充分挖掘巩固原有成效产业发展优势，盘活贫困户现有资源，引导帮助贫困户发挥现存潜能。以新时期“精准扶贫”产业扶持为契机，通过发展“专业社+基地+农户”产业模式农民专业合作社做大做强种养产业，拓宽群众致富渠道。明确长江镇“一镇一业”毛竹为主导产业，猕猴桃、百香果、山楂、柑橘、灵芝、养殖鸡、鸭、鹅等“一村一品”为主要产业，光伏、稻鸭、禾花鱼等为辅助产业的联动发展生产格局。全年，全镇贫困户外出就业人员304人，镇政府、村委会提供公益性岗位29人。年内，长江镇积极推进小额信贷、危房改造等工作，按照《仁化县新时期精准扶贫资金管理暂行办法》要求严格管理和规范各种专项扶贫资金。2017年，全镇低保、“五保”、义务教育、医疗救助、大病救助“三保障”政策全面落实，做到应保尽保。

【城镇提升工程建设】 2017年，长江镇完成镇区路灯改造工程。通过分期投入财力，增强城监管理队伍，实施镇容镇貌整治工作，街道“脏、乱、差”现象得到改变。完成建设饮用水水源地保护项目前期投资25万元工程建设。进行总投资6000万元“锦绣豪庭”商住小区开发项目建设。启动象形岭森林公园一期工程。

【农村人居环境整治】 2017年，长江镇卫生环境明显得到改善。通过引进北控公司、壮大城监物业队全天监督维护镇容镇貌卫生整治成效等举措，实现农村生活垃圾清运全覆盖。全镇167条自然村全部实现县、镇、村三级联运垃圾收集模式，配备垃圾桶500多个、垃圾收集车3辆，保洁人员168名，实现垃圾“统一收集、统一清运”全覆盖。墟镇周边农村生活污水得到有效处理。建成镇污水处理厂并投入运营，解决墟镇周边3个村居生活污水处理问题。畜禽养殖污染整治按时完成。坚决执行县有关整治行动方案，按县部署安排，长江镇第一批畜禽养殖场13家全部停养、去功能。美丽乡村示范点建设按时推进。学堂圳村河坑组美丽乡村示范点建成并完成验收，完成河田村白沙坡组美丽乡村示范点建设。

【农村综合改革】 农村产权改革工作扎实推进。2017年，长江镇成立农村土地承包经营权确权登记颁证工作领导小组。农村土地承包经营权确权颁证项目是由广州市市政工程设计研究总院负责实施，全镇16个行政村、167个经济合作社，涉及承包农户5612户，完成确权面积（包括机动地）2539.08公顷，已签盖农户5579户，签盖面积2504.77公顷，打印全镇5579户土地承包经营权，所有已签盖合同资料全部移交县农业局审核，并同步进行整理归档。实施农村土地管理制度改革，成立长江镇集体建设用地使用权流转领导小组，搭建镇（村）“三资”交易平台，制定《长江镇农村公共资产资源交易暂行管理办法》，搭建长江镇集体建设用地使用权流转和土地资源整合平台。全镇（村）基层公共服务平台建成并投入使用。

新型农业经营主体不断壮大。截至2017年12月底，长江镇新成立长江河田柑橘种植农民合作社、利民香菇和众鑫食用菌等农民专业合作社3家，全镇土鸭养殖量10多万羽，引进板鸭加工企业仁化县长宏食品有限公司、仁化县宇廷贸易有限公司2家及土鸭养殖合作社宏江专业养殖合作社等5家。灵芝种植2公顷试种基地已出产，成立沙坪灵芝合作社。截至2017年12月底，全镇有已注册各类专业合作社32家，家庭农场2家，科技示范户62户，培育新型职业农民85人。

【产业共建】 2017年，长江镇与中核韶关锦原铀业有限公司合作，在远离人村的原745矿508矿区建设竹产业园，解决长江镇竹产业发展瓶颈。该项目取得锦原铀业公司支持，该公司已向北京总公司提出书面请示，正等待批复。

【安全生产】 2017年，长江镇按照省、市、县安全生产工作文件会议指示精神，坚持每月班子例会制度，深刻总结传达各类安全事故经验教训，认真部署各领域安全生产工作。通过实施安全生产定期例行大检查和整改任务倒逼机制，各种隐患得到有效整改，全镇安全生产形势持续稳定发展。

【社会保障】 2017年，长江镇医保和养老保障体系覆盖率分别为99.8%和90%。截至2017年12月底，全镇纳入低保317户761人。全年全镇：发放城乡居民最低生活保障金合计267.47万元；临时救助51人，发放临时救助资金4.51万元；纳入特困人员58户，年发放金额36.96万元。

2017年长江镇村（居）委会基本情况一览表

表62

村（居）委会名称	村小组（个）	自然村（个）	村（居）委会集体纯收入（万元）	现有集体经济发展项目	特　产	村（居）委会负责人
居委会	0	0	0	—	白糖饼、米粉	邹业春
塘洞	15	15	2.77	电站、石厂	冬笋、香菇、竹木	吕家华
莲河	8	8	49.29	电站、林场	砂糖橘、贡柑	马雪发
冷饭坑	8	8	14.56	电站、林场	冬笋、香菇、竹木	曾凡华
河田	12	12	45	电站、林场	冬笋、香菇	夏后松
浒松	12	12	12.17	电站	腊鸭、腊肠、腊肉	郑华胜
油洞	9	9	6.75	电站、林场	冬笋	刘长海
凌溪	9	9	8.53	电站	冬笋、玉扣纸、黄酒	黄金发

续表62

村（居）委会名称	村小组（个）	自然村（个）	村（居）委会集体纯收入（万元）	现有集体经济发展项目	特　产	村（居）委会负责人
芭蕉垅	7	7	8.94	电站、林场	冬笋	梁绘芹
沙坪	10	16	17.68	电站、物业	香菇、椪柑	黄美英
石凷	12	12	37.52	电站、林场	野菊花、冬笋、茶油	张根香
高洞	12	12	4.65	电站	冬笋、香菇	莫敏
里周	10	10	30.39	电站、林场	袋装香菇、花生油	邓利庭
木溪	9	13	9.25	电站	香菇、腊鸭	饶昌胜
陈欧	16	16	42.12	电站	冬笋	刘九英
学堂坳	7	8	19.09	电站、林场	冬笋、香菇	邓家顺
锦江	11	11	14.87	林场、物业、电站	白糖饼、长江米粉	邓建福

长江镇党政负责人名录

书　　记：邹汉明

党委副书记：李杏兰（女）

张细友　邹家平

党委委员：庞国雄

刘　敏（女）

钟文君（女）

温　健　周凤林

邹孟宏　冯锐成

人大主席：熊世伟

镇　　长：李杏兰（女）

副 镇 长：冯锐成　刘天蔚

刘大红

（张九香）

扶溪镇

【基本情况】　扶溪镇位于仁化县境东北部，东连南雄百顺镇，南接闻韶镇，西与丹霞街道、县城为邻，北与长江镇交界。镇政府驻紫岭村委会，距县城28千米。省道342线贯穿全境，锦江河与扶溪河相接，交通便利。辖区面积187.9平方千米，山地15942.73公顷；耕地面积1927公顷，其中有效灌溉面积927公顷。下辖村委会9个，居委会1个，总户数3725户，总人口13713人，农业人口8826人。全镇有初级中学1所、小学1所（其中，中心小学1所，完全小学1所，教学点2个）、幼儿园2所（其中公办1所），在校学生1301人；有文化站1个，广播站1个。扶溪镇是典型盆地山区镇，整个地势属山地丘陵地带，山岭连绵起伏、茂林修竹终年覆盖，地形特征俗有“九山、半水、半分田”之称。境内物产资源丰富，矿产资源主要有铀、铁、钨、硅石、花岗石等，土特产主要有优质稻米、板鸭、砂糖橘、贡柑、冬笋、香菇等。境内水资源丰富，年均降雨量达1690毫米，水能蕴藏量达10000千瓦。

扶溪镇历史悠久，境内存有石拱桥、石坎路、古亭、寺庙、宝塔、碉楼、明清古建筑群体和土法造纸遗址，部分保存完好。其中，明代水口白塔（又名水口塔、双水塔），是省重点文物保护单位；唐代南台庙（龙母庙）是旅游和历史考察景观，具有深度开发前景。八音、花灯、走马灯、火狮、火龙、禾斋、板凳舞等民俗文化丰富。其中，八音、走马灯、土法造纸已列入韶关市级非物质文化遗产。古夏村是广东省古村落、中国传统村落。

【经济状况】 2017年，全镇社会生产总产值33502万元，比上年增长7%。其中农业总产值21712.29万元，比上年增长0.65%。居民人均可支配收入15426元，比上年增长11.2%。

【基础设施建设加强】 乡村道路硬底化建设。2017年扶溪镇争取上级专项资金1729万元对全镇累计59.778千米乡村公路进行硬底化建设，年内完成招投标工作。

推进扶溪河治理工程。扶溪河治理工程列入仁化县2017年度实施项目，整个工程治理河道长度19.5千米（其中古夏水11.1千米，左龙水8.4千米），总投资2486万元（其中古夏水1933万元，左龙水553万元）。年内，扶溪镇全力协调解决工程施工用地、临时用地问题，确保河道管理范围内占用、变更土地、林地、农田等严格按相关法律、法规执行，不设置任何附加条件，协调工程施工过程中施工单位与村委、村民关系，截至是年年底完成征地工作。

搞好农业综合开发土地治理。2017年，扶溪镇推进水口、紫岭、古夏、厚塘村农业综合开发建设，成立工作领导小组，积极配合施工方做好相关服务，做好政策宣传及群众动员工作。全年，扶溪镇农业综合开发土地治理项目规划建设面积406.67公顷，总投资915万元，项目包括水利“三面光”防渗灌排渠道总长19.774千米、项目区规划机耕路8条共8.227千米。

【农业生产布局调整】 截至2017年年底，扶溪镇实际耕种面积944.27公顷，全年完成农作物种植面积632.53公顷。高收益性水果种植面积持续扩大，贡柑种植面积220公顷，产量5700吨；砂糖橘种植面积233.33公顷，产量5500吨；橙子种植12公顷，产量68吨。

【因地制宜发展绿色生态农业】 2017年，扶溪镇依托华南农业大学鸭稻共作生态农业关键技术及农民专业合作社生产团队，在古夏村先行实施百亩鸭稻共作示范项目。全年，该村开展鸭稻共作8公顷，养殖鸭6000羽，收获稻谷228吨，总产值89万元。

【“精准扶贫”工作】 2017年，扶溪镇通过实施医疗保险医疗救助保障扶贫工程，全镇有贫困村民150余名享受到全科医生义诊服务和免费药品待遇；实施农村危房改造扶贫工程，通过修缮或重建实现“精准扶贫”户住房保障，全镇2016年“精准扶贫”户改造99户，完成验收99户，其中拆除重建49户，修缮加固50户；通过实施教育文化保障扶贫工程，落实教育助学金19.43万元，帮助贫困户学生143人次，全年全镇没有因贫困辍学儿童；通过实施劳动力就业转移发展扶贫工程，成功就业转移贫困户劳动力87人，安置贫困人员进入公益性岗位3人，分别为护林员2人，北控环境清洁公司1人；通过实施产业发展扶贫工程，发放蛋鸡鸡苗4330羽，鸭苗5050羽，饲料14.4吨，发放梅花猪74头，扶持柑橘种植18.67公顷、水稻种植40公顷，2017年第一、二批产业使用扶贫资金696849元；通过实施社会保障扶贫工程，积极与民政部门协调，联合核查对于符合条件贫困村民纳入最低生活保障，年内纳入“五保”户贫困户18户21人，低保户61户136人，均由政府统一购买城乡居民医疗保险，在动态管理下做到应保尽保；通过实施资产收益扶贫工程，成立以贫困户为主体合作社，年内，古夏村成立晟夏农民种养专业合作社，纳入本村贫困户20户39人。

【禽兽养殖监督与整治】 2017年，扶溪镇加强辖内各养殖场生产监督检查，重点监督管理生产用药、安全生产和农业污染等方面。按照县政府要求，做好禽兽养殖场整治调查摸底工作。经过排查，全镇有需整治养殖户28家，截至2017年年底，全部送达完县政府通告，其中发放整改通知书养殖户1家。

【新农村建设和人居环境整治工作】 2017年，扶溪镇省定贫困村厚塘、紫岭、斜周全部村小组均成立村民理事会和制定村民自治相关制度，完成贫困村编制新农村示范村推进规划及资料汇编。相关规划编制单位进场衔接，完成测绘，并与各村村民理事会充分沟通。截至2017年年底，上述3个省定贫困村完成创建社会主义新农村示范村暨农村人居环境整治规划编制，并通过专家评审。截至2017年11月底，完成全镇“三清”工作，其中清理村巷道255条，清理面积19627平方米；清理房前屋后杂草垃圾481处884吨；清理沟渠池塘（河）淤泥82条、垃圾216吨。截至2017年12月底，全镇拆除危旧房、废旧猪牛栏及露天厕所茅房189间5461平方米，拆除违规建筑乱搭乱建4处205平方米，拆除非法违规商业广告牌3处405平方米。

【社会事务工作】 落实社会保障各项政策。扶溪镇有低保户61户，低保对象136人，截至2017年11月发放低保金46.68万元，发放医疗救助26人次101770.7元。投入7000多元完善镇敬老院基础设施，改善敬老院居住环境。

抓好综治信访维稳。2017年，扶溪镇根据上级综治信访工作部署，以创建“平安扶溪”为目标，以化解社会各类矛盾纠纷积案为着手点，加大社会矛盾化解工作力度，全年排查出各类矛盾纠纷150宗，化解130宗，网上信访交办受理7宗，答复5宗，化解2宗。

计划生育工作常抓不懈。2017年，扶溪镇围绕“强基础、升质量、抓落实、上台阶”工作思路，认真宣传贯彻计划生育法律、法规，坚持依法行政、文明执法实施计划生育基本国策，开展规范生育秩序治理。全年全镇：已婚育龄妇女2737人，户籍人口出生人数236人，一孩86人，二孩132人，三孩及以上18人，政策内187人，政策外6人，政策生育率95.76%，政策外多孩率4.24%；参加免费孕前优生健康检查应检50对，已检44.5对，参检率84%。

加强安全生产，严防安全生产事故发生。2017年，扶溪镇是全市第九批火灾隐患重点地区，火灾隐患整治工作列为全镇安全生产工作重中之重。年内，镇党委、政府根据镇域实际，明确工作重点，强化工作措施，确定工作思路，成立火灾隐患重点地区整治专项办公室，制订各项具体可行工作方案。强化执法力度，深化生产储存经营场所违规住人、“三小”场所专项整治，截至10月19日，全镇排查登记“三小”场所63家，公共场所15家，工业建筑（企业）1家。镇政府投入共60多万元，用于“三小”场所、出租屋火灾隐患整改、消防规划编制、消防队伍和公共消防设施建设、消防安全网格化管理以及消防宣传教育培训等工作。利用电视、微信、户外显示屏等媒体，加强消防安全知识宣教工作，联合县消防大队、派出所等部门开展安全生产知识讲座及演练活动。

【乡村文化事业蓬勃发展】 利用传统民俗文化，打造当地品牌文化。2017年6月25日，扶溪镇古夏村举行“禾斋节”。禾斋节现场展示八音、凳青、采茶戏等非遗民俗表演，吸引众多市民、游客2000余人前往参加庆典。

积极参与镇外文体活动。2017年春节期间，扶溪镇按照县文广新局部署和安排，组织古夏村青少年舞狮队到县文化广场为广大群众表演舞狮、凳青等节目。5月20日，扶溪镇组织广场舞队伍2支参加仁化县第五届广场舞比赛，并获一、二等奖。

大力举办本地文化活动，提升群众文化生活质量。2017年正月初一，扶溪镇组织镇辖区内广场舞队伍15支100余人，在扶溪镇文化健身广场举办“扶溪镇2017年春节广场舞文艺会演”活动，吸引群众观看1000余人。3月8日，扶溪镇综合文化站联合镇妇联在扶溪镇政府开展庆祝“三八”国际妇女节活动，镇、村（居）妇女代表60人参加活动，活动安排妇女表彰大会、文艺游园会、包饺子大赛等项目，丰富广大妇女精神文化生活，激励广大妇女继续发扬“自尊、自信、自立、自强”品格。

2017年扶溪镇村（居）委会基本情况一览表

表63

村（居）委会名称	村小组（个）	自然村（个）	村（居）委会集体纯收入（万元）	现有集体经济发展项目	特　产	村（居）委会负责人
居委会	0	0	—	—	—	黄丽珠
紫岭	9	5	17.3	小水电站分红，木材厂租金	优质稻米	谭东如
扶中	14	12	12.7	砖厂租金，鱼塘、电站入股	优质稻米	罗胜奇
水口	4	4	16.3	小水电站分红，林场，砖厂租金	砂糖橘	谭雪意
古夏	13	8	18.6	小水电站分红	腊鸭	夏习桃
厚塘	10	7	20.3	小水电站分红，南台庙管理费	鸭	邓润旗
长坑	9	9	16.3	小水电站分红	冬笋	罗建平
斜周	8	8	20.3	小水电站分红，沙场，果园	优质稻米	李文满
蛇离	8	8	12.1	小水电站分红	冬笋	黄德文
左龙	6	6	14.1	小水电站分红	竹笋、香菇	刘树鹏

扶溪镇党政负责人名录：

书　记：彭国强

副书记：邓文光　蒙升龙　骆宝生

党委委员：李书文　李少锋　刘建光　黎郁文　李惠方（女）　邓作华　罗　耿

人大主席：肖武荣

镇　　长：邓文光

副 镇 长：罗　耿　李凤昌　刘克慧（女）　（张国辉）

闻韶镇

【基本情况】　位于仁化县东部，距县城32千米，东连南雄市百顺镇，南接黄坑镇，西与丹霞街道办事处为邻，北与扶溪镇交界，属典型山区镇。辖区总面积98.68平方千米，镇辖村委会5个居委会1个，人口总数1128户5938人，有九年一贯制学校1所，在校学生378人，中心幼儿园1所，在校幼儿168人。

镇内旅游资源丰富，有人文景观省级文物保护单位北宋华林寺塔，山寨，古村，石拱桥，庙宇和自然旅游景点笔架山，风车巷，暖水温泉，有“天然氧吧”美誉。省道342线公路贯穿全镇。交通便利，水力资源丰富。4条河流与浈江相接，境内建有水电站12座，装机容量5300千瓦，是全镇经济支柱之一。城内矿产蕴藏种类繁多，主要有金、银、铜和磁铁，稀土，翡翠岩，黄蜡石，温泉等。全镇有竹制品工3家，竹炭厂1家，木头加工厂1家。主要特产有冬笋，番薯，优质米等。

【经济发展】 2017年，闻韶镇工业总产值2896万元，比上年增长0.5%；农业总产值10985万元，比上年增长0.32%；农村人均收入12035元，比上年增长0.99%。

【农业产业发展状况】 2017年，闻韶镇农作物种植面积145公顷，其中优质稻种植面积约104.33公顷。全面落实惠农政策，发放综合直补943532.59元。种、养殖业平稳发展，全年生猪养殖大户12户，养猪4185头，养鸡13.5万羽、鸭1.2万羽、鹅626羽，“三鸟”存栏11万羽，比上年增0.6%。发展柑橘产业，全年全镇柑橘种植面积320多公顷，比上年增加0.3%，新种贡柑13.33公顷，比上年减少11.4%，贡柑产量1960吨，实现收入800多万元，比上年增加200多万元，开展科技兴农，全年全镇早、中稻面积104.33公顷，优质稻种植面积100%，邀请专家举办技术培训班9期，其他农类培训班5期。全面推进农民购买政策性水稻保险，农户参保率100%。

【林业发展】 2017年，闻韶镇深化林权制度改革，加强生态林管护，开展植树造林行动，开展集中整治森林秩序，打击涉林违法犯罪行动，打击盗伐林木专项行动。全年全镇接受群众来电来访26人次，受理山林纠纷2宗，成功调处2宗，成功调处率100%。全镇毛竹面积640.8公顷，新种杉、松面积17.87公顷。加大森林防火宣传和监管，发放防火宣传资料1850份，张贴防火宣传标语238条，横幅10条，无山火发生。

【“精准扶贫”工作】 2017年，闻韶镇全力助推“精准扶贫”工作。年内，投入25.0940万元抓好产业扶贫，其中投入2.13万元扶持贫困户种植贡柑10.83公顷、花生1.87公顷、优质稻谷6.2公顷。推进扶贫项目。全年全镇扶贫项目9个计90.715万元。年内，投入5.98万元完成下徐村委会主干道路灯亮化工程，投入0.96万元建成下徐村垃圾池12个，投入0.935万元修复芸坑村小组公路0.5千米，投入12万元建设完成江南村委会文体休闲广场，投入3万元建设完成马屋寨村小组农田水利灌溉工程0.6千米，投入2万元安装塘源村太阳能路灯4盏，投入2万元修复华塘村委会串坪村小组公路0.4千米，投入6.2万元维修镇泰学校积水路段0.3千米，投入15万元安装塘源白竹、华塘村小组太阳能路灯14盏，投入111万元为闻韶镇建档立卡在册贫困户入股入仁化县锦霞投资开发有限公司实施资产性收益项目，为贫困人口增加人均年收入400元。落实“三保障”政策。全镇贫困户2017年在校就读子女均接受义务教育，按政策享受教育补助，12户贫困户危房动工建设。

【人民武装工作】 2017年，全镇完成适龄青年全国征兵网兵役登记，超额完成年度征兵任务。

【卫生教育工作】 2017年，全镇新建居民健康档案3653人，为125名老人免费健康体检并提供中医药健康咨询服务。年内，镇政府为考取本科以上闻韶籍考生12名、优秀教师6名发放奖学奖教金1.5万元。慰问退休教师。

【社会保障工作】 2017年，闻韶镇新增新农保参保15人，续保4196人，为60岁以上老人办理养老待遇84人，解决群众城乡医保返回结算825单，咨询并解决社保使用问题142人次。全镇职工社会保险参保率100%。每月发放低保户（53户）救助款25020元，全年发放300240元；发放“五保”户（13户）供养金每户每月700元，全年发放100800元。做好社会优抚和关爱残疾人工作，“八一”中国人民解放军建军节和春节，镇党委，政府组成慰问团慰问军烈属，发放复员退伍军人和抗战老兵慰问金。解决残疾群众生产生活困难，免费治疗白内障患者36人，免费办理残疾人城乡居民医疗保障65人。组织残疾人参加职业培训，对残疾人种植柑橘、三华李和养蜜蜂进行创业培训，增加残疾人参加社会就业和创业机会。

【乡村清洁工作】 2017年，全镇40个村小组建立定点垃圾点112个、运行垃圾集点40个、环卫垃圾桶234个、垃圾小推车102部、电动车4部。实现全镇垃圾中转运行正常，实现镇转运，县处理清洁美工作机制。

【农村电网改造升级】 截至2017年年底，全镇完成4个供电区13个村小组电网改造升级改造协议签订工作，其余27个村小组正在协商中。

【“两违”整治】 2017年，全镇发现违法用地行为18起，镇政府和镇国土规划部门采取动态巡查劝告和下发责令停止国土资源违法行为通知等形式，切实将土地行为控制在萌芽状态。多次组织派出所、国土规划、综治等部门开展辖内违法采矿行为动态巡查，重点排查易发非法开采地区，严厉打击非法采矿行为。全年全镇未发现非法开采矿产资源行为。

【综治维稳】 2017年，闻韶镇加强重点人员和“两劳”释放人员安置帮教工作，做到“四知”（知人、知面、知住所、知去向），安置帮教3人，社区矫正对象4人，无脱管和重新犯罪现象发生。开展领导干部接访工作，着力抓好矛盾纠纷排查调处工作。全年全镇接待来电来访群众25批60人次，办结上级交办来信工作2件，办结率100%；排查调处纠纷21起，调处成功20起，调处成功率95.2%；刑事案件立案5宗，破案率60%；治理案件立案14宗，查出8宗，查案率57.6%。

【普法宣传】 2017年，闻韶镇加大创建“平安闻韶”工作宣传力度，提升群众安全防范意识，以普法禁毒及反邪教宣传为重点，通过悬挂横幅，张贴海报，发放宣传资料，干部职工普法和召开座谈会等方式抓好宣传并落实。全年发放普法宣传资料1620份；防火宣传册1265本，张贴防火宣传标语600多条，悬挂防火宣传横幅13条；开展禁毒宣传教育活动1次，平安校园宣传日活动1次。

【安全生产】 2017年，闻韶镇贯彻落实省、市、县安全生产工作指示精神，坚持“安全第一，预访为主，综合治理”方针，开展安全生产“八打八治”专项活动。年内，镇政府多次组织镇派出所、工商、安监站等部门突击检查，加大食品药品安全检查力度。全年全镇开展安全生产检查出动人员66人，检查电站3次、竹制品加工厂3家、木制品加工厂1家，发现存在乱堆乱放情况竹制品加工厂2家、木制品加工厂1家，检查组立即责令厂家做好清理工作。全年全镇无安全生产和食品药品事故发生。

【党风廉政建设】 2017年，闻韶镇贯彻落实党风廉政建设责任制，抓好党政领导干部廉政学习，增强领导自律意识。公开党务、政务和村务，接受群众监督，提高工作质量和效率，抓好村级“五个规范”建设工作，层层落实党风廉政建设责任制。全年镇纪委受理信访案件7宗，办结5宗，办结率71.4%。

【计生服务】 2017年，闻韶镇贯彻落实人口与计划生育目标管理责任制，开展计生春季、秋季优质服务月活动。全年全镇出生人数59人，人口出生控制率9.93%，人口自然增长率5.39%，政制生育率98.31%，政制外多孩率1.6%，出生男女性别比84.38；“四术”落实21例；孕前优生检查任务数24对，完成24对，完成率100%。

【档案工作】 2017年，闻韶镇将档案工作经费纳入年度预算，加强镇，提高村档案员业务能力，建立健全镇村档案考核机制。全年全镇完成2017年度文书、照片和实物档案收归档工作，整理文书档案85卷、照片档案12卷、实物18件（卷）。

【文化体育工作】 2017年，闻韶镇投入18万元完善文化硬件设施建设，扩大装修文化站图书室和文化站办公室，电子阅览室等文化设施工程。全年坚持免费开放图书室、娱乐室、电子阅览室等文化场所，增添新书1300册。建立下徐、江南、塘源、华塘、白竹村委会电子阅览室5个，添置电脑6台、移动音响2台。抓好文物保护工作，净化文化市场。镇文化站不定期深入各文物场所24人次，检查网吧、流动书摊、影碟、音像文化市场32次。组织开展各项文体活动。年内，镇文化站举办各种科技培训班13期，其中文体协管员培训班2期，播放电影24场次，观众2236多人次，配合县文广局送电影下乡72场，送戏下乡3次。10月，组织参赛选手80多人参加县全民运动会，取得全县镇（街道）女子拔河第二名，象棋比赛团体第二名，健身气功团体赛第四名，田径团体总分第三名。

2017年闻韶镇村（居）委会基本情况一览表

表64

村（居）委会名称	村小组（个）	自然村（个）	村（居）委会集体纯收入（万元）	特　产	村（居）委会负责人
闻韶居委会	—	—	3.5	—	陈永生
下徐村委会	10	7	7.5	冬笋、贡柑	邓有为
江南村委会	6	6	8.8	冬笋、贡柑	欧书贵
塘源村委会	6	6	9.6	冬笋、优质米、贡柑	温天成
华塘村委会	10	8	11.5	冬笋、优质米、贡柑	朱德群
白竹村委会	8	3	9.3	冬笋、番薯、贡柑	凌家优

闻韶镇党政负责人名录：

党委书记：刘普新

党委副书记：冯　鹄　卢明春（任至2017年12月）　谭志强　朱建辉（2017年12月任职）

党委委员：刘厚明　邓树根　黎名全　刘茗瑞（女）　刘四娣（女）　温志清　李芬萍（女）　张功庭

镇　长：冯　鹄

副镇长：欧江锋　曾志坚　刘厚明

人大主席：黎名全（黎学荣）

黄坑镇

【基本情况】 位于县境东南部，东接南雄、始兴县，南临周田镇，西与世界地质公园丹霞山相连，北与闻韶镇相邻，总面积164.9平方千米，其中有林地13388.32公顷，耕地1708.79公顷。辖7个行政村和1个居委会，共77个自然村。2017年，全镇总人口15082人，其中农业人口有13934人。有初级中学1所，完全小学1所，村教学点1所，中小学生共1008人，其中初中269人、黄坑铭源希望小学736人、古竹小学教学点3人；公办、民办幼儿园各1所，在园幼儿437人。有文化站1个，广播站1个。

黄坑镇资源丰富，盛产竹木、水稻、柑橘、茶叶、花生等，以贡柑闻名；矿产资源有硅石、稀土矿等，古竹大坪村有地下热水1处。工业以小型水电站、加工业为主，有企业上坑水电站、中寨水电站、辉祥果业打蜡厂等68家。旅游景点主要有南庄生态名园、东庄门楼、冯屋文明公祠等。

【经济发展】 2017年，全镇地区生产总值3.186亿元，比上年增长7.5%，其中农业总产值2.273亿元，比上年增长5.6%；财政收入885万元，比上年增长4.48%；农民人均收入18328元，比上年增长8.4%。

【农业发展】 2017年，黄坑镇坚持发展特色产业，多种产业齐头并进，带动经济发展。全镇特色农产品贡柑种植面积1333.33公顷，挂果量2.5万吨，总产值2亿元。有合作社22家，其中，黄坑柑橘合作社和黄坑冯屋贡柑合作社为县龙头企业、示范合作社。新增贡柑种植“家庭农场”2家，种植规模26.67公顷，年生产总值60万元。推进土地确权颁证工作，完成7个村外业查田勘界1364.94公顷。

【“精准扶贫”工作】 2017年，黄坑镇有贫困户260户728人，贫困户家庭学生就读小学60人、初中22人、高中14人、中职11人、大专9人，镇政府扶助贫困户就读小学到高中学生生活补助每学年3000元/人，大专及以上每学年7000元/人。按照规定程序，对符合条件纳入低保或“五保”贫困户予以纳入，全年全镇纳入低保贫困户146户、纳入“五保”贫困户17户。采取发动贫困户种植特色农产品贡柑、引进光伏发电项目、投资黑山羊养殖项目、建设互联网小镇促进销售、外出务工人员就业扶持、利用普惠金融贷款放大扶贫资金等多种方式推进脱贫攻坚。发动贫困户种植贡柑123户、总面积22.17公顷，对种植贡柑农户实行以奖代补，奖补123户224910元。提高壮大贫困村集体经济。与多个公司合作，引进太阳能光伏扶贫发电站项目和黑山羊养殖项目。光伏发电项目利用废弃砖厂和镇政府办公楼楼顶闲置空间，装机230千瓦，投资150万元，投产后按每年10%用于增加贫困人口资产收益。黑山羊养殖项目设立在高塘高夫村，投入扶贫专项资金150万元，每年收益按10%返还给3个扶贫村，壮大村集体收入。

【新农村建设】 2017年，黄坑镇坚持以基础设施建设为重点，推进人居环境综合治理、美丽乡村建设和公路硬底化等工程，发挥村民理事会作用，有序推进“三清三拆”工作。年内，省定贫困村（黄坑村、下营村、曰庄村）均按上级要求完成“三清三拆”工作，清理村巷道75条6783平方米，清理房前屋后垃圾96处241.7吨，拆除危旧房屋552间21294平方米，拆除乱搭乱建、违章建筑26处772平方米，拆除非法商业广告招牌25处92.7平方米。抓好下营村委会上皇村小组美丽乡村示范村建设，建设项目有垃圾处理、绿化亮化美化、村标建设、房屋整治、污水处理、文化休闲设施等，年内该完成建设点前期选址、方案、立项、申报、评价、现场勘查、与村民沟通达成共识、施工方的选定等系列工作。

【安全生产】 2017年，黄坑镇强化“红线”意识，落实安全生产责任制，镇政府与各村委、各单位签订安全生产责任书。加强安全生产工作检查力度，制定应急方案，全年全镇没有发生安全生产事故。

【教育创强复评】 2017年，黄坑镇做好教育创强复评工作，投入资金20万元，用于黄坑中学增设校园防护栏，制作楼梯、走廊“社会主义核心价值观”宣传栏，加强校园文化宣传。年内，黄坑中学获“仁化县高考优秀生源学校”“仁化县首批文明校园”“韶关市首批文明校园”称号，成功入选全国青少年校园足球推广学校，连续13年被评为“县教学质量优胜单位”。

【计生工作】 2017年，黄坑镇新生儿233人，其中一孩92人、二孩127人、多孩14人，政策内出生219人、政策外出生14人，政策生育率93.99%，男女性别比99.15；落实“四术”97例，免费孕前优生优育健康检查101人。

【社会保障能力提高】 2017年，黄坑镇新农保新参保164人，续保1643人，续缴21.39万元，60岁以上办理养老待遇167人；城乡医保参保6314人，续缴113.562万元，解决群众城乡医疗返回报销234例，返回报销金额194953.54元。办理医疗转院手续185人；解决群众咨询社会保险相关业务1213例；新增社保扩面增缴11人；解决辖区劳资纠纷问题2件；完成镇劳动力人员失业登记43人；完成贫困人口办理困难人员认定23人。举办职业技能培训1期，参加培训79人。

【基层党建工作】 2017年，黄坑镇开展“一线双联”活动累计走访3106户，直接联系群众1万多人次，收集群众反映问题60宗，解决问题60宗，其中村（居）自行解决55宗，镇协调解决5宗。基本做到了群众反映问题件件有着落、事事有回音。开展夜间走访入户倾听群众声音活动，成立走访小组5个，每个小组配置班子成员3名、中层干部2名，主要走访老党员、老干部、乡贤、贫困户、村小组长、村民代表等，全年累计走访226户，座谈群众520多人，收集群众反映问题和意见42项，并对部分问题作出解答，将部分建议、意见纳入班子会讨论事项。

2017年黄坑镇村（居）委会基本情况一览表

表65

村委会（社区）名称	村小组（个）	自然村（个）	村委会（社区）集体纯收入（万元）	现有集体经济发展项目	特　产	村委会（社区）负责人
高塘	16	16	3.5	投资镇扶贫电站；山塘、厂场出租；山林发包、黑山羊养殖	贡柑	冯立雄
下营	13	13	4.1	投资镇扶贫电站；鱼塘出租；山林发包、黑山羊养殖	大米、贡柑	简河清
黄坑	13	13	3.25	山塘出租；林地发包；电站、水厂资源费、黑山羊养殖	大米、贡柑	李金荣
小溪	7	7	11	电站资源费；厂场出租；林木资源费	贡柑、白毛银毫茶叶、大米	钟新平
蓝田	5	5	2.7	电站资源费	贡柑	张　微

续表65

村委会（社区）名称	村小组（个）	自然村（个）	村委会（社区）集体纯收入（万元）	现有集体经济发展项目	特　产	村委会（社区）负责人
曰庄	11	11	1.7	电站资源费	大米、贡柑	邓大有
古竹	12	12	5.5	镇政府电站投资	竹笋、大米	欧秋生
社区	1	0	0	—	—	莫尚中

黄坑镇党政负责人名录：

书　记：谭家琪

副书记：邓永林　刘小巧　沈家盛

党委委员：李维胜　江谷林　张晓飞　许兴远　冯智灵　张建梅（女，任至2017年2月）

人大主席：许俊华

镇　　长：邓永林

副 镇 长：沈　刚　刘德荣　卢华英（女）（谭有娣　李　奇）

周田镇

【基本情况】 周田镇位于仁化县境南部，东连始兴县，南接曲江区，西与世界地质公园丹霞山及大桥镇为邻，北与黄坑镇交界，属省级中心镇，仁化县重点发展镇和经济发展“桥头堡”。镇政府驻平甫村，距县城17千米。国道323线、106线贯穿全境，赣韶铁路、韶赣高速公路及武深高速途经该镇，并设有丹霞山火车站和丹霞高速公路出入口，浈江河流与北江相接，形成便利水陆交通网络，成为粤北地区交通枢纽重镇。辖区面积296.12平方千米，辖周田、较坑、平甫、龙坑、上道、鸡龙、台滩、新庄、谭屋、上坪、雷坑、麻洋、灵溪、下洞、瑶溪村委会15个和周田居委会（社区）1个，年末户籍户数8349户（常住户数5890户），户籍人口28660人（常住户籍人口25766人），外来人口1443人。林地面积22331.4公顷，森林覆盖率77.9%。主要经济来源有企业税收、河砂开采协调费、有色金属循环经济产业、种植业、养殖业、外出务工等。全镇有初级中学1所、小学1所（其中中心小学1所、教学点4个）、幼儿园 3所（其中公办1所、私立2所），在校学生3190人（其中初中639名、小学1704名、幼儿园847人）；有文化站1个，广播站1个。全镇参加城乡居民医疗保险人数21876人，覆盖面100%，养老保险续保人数4040人，完成率67.33%，领取待遇人数3595人。主产优质谷、柑橘、花生、西瓜和蒿竹等，土特产有灵溪冬菇、平甫奈李、花生、西瓜、粉葛、柑橘等，其中以灵溪冬菇、平甫奈李闻名。域内资源有水力发电、铅、锌，工业以仁化县产业集聚地（原仁化县有色金属循环经济产业）和水力发电为主，有企业广东志成冠军电气器材科技有限公司、博世铝业有限公司、王氏水务有限公司、盈保电业有限公司、富然农科有限公司等“三上”企业和房地产业企业24家（其中规模以上企业17家、重点服务业2家、限额以上贸易2家、房地产业3家），其中仁化县产业集聚地引进22家，投（试）产17家。旅游景点主要有灵溪河森林旅游度假公园，韶石山景区（拟开发）、广东省古村落灵溪大围古村、周田风度（张屋）古村等。

2017年2月，周田镇获广东省公安消防总队颁发的“2016年度全省政府专职消防队伍建设先进单位”称号；3月，省政府办公厅正式发文公布全省第八批火灾隐患重点地区整治工作检查验收结果，周田镇验收合格并予以摘牌；4月，获仁化县“2016年度全县消防工作先进单位”称号；5月，获仁化县“第八批（周田镇）火灾隐患重点地区整治工作先进单位”称号。

【镇域经济稳步发展】 招商引资促企业快速健康发展。2017年，周田镇按照“工业强镇、农业稳镇、商贸兴镇、旅游旺镇、宜居城镇、产业富民、和谐保障”发展目标，立足优越区位条件，依托大丹霞旅游资源，全力打造旅游配套服务中心小镇。创新招商方式，通过以志成冠军、凯鸿纳米、中弘金属为龙头的储能产业、战略性新型材料、新能源等产业链招商，全年集聚地引进新项目3个，引进总投资额7000万元。全年全镇工业产值37988万元，比上年增长15.5%。

经济指标平稳增长。2017年，周田镇地区生产总值94121元，同比上年增长9.4%。其中第一产业（农业增加值）28621万元，比上年增长4%；第二产业37988万元，比上年增长15.5%；第三产业27512万元，比上年增长8.47%。固定资产投资方面，城镇投资额95411万元，同比上年减少14.6%，其中镇属投资额54211万元。

征地力度增强。2017年，完成产业集聚地新庄大道北延段及工业二路东段项目征地15.103公顷，完成岭尾村小组片项目征地45.576公顷。完成项目所涉拆迁房屋评估工作50户、拆迁安置协议签订工作47户。做好武深高速公路征地、拆迁、迁坟、安置地建设等项目工作。积极处理武深高速周田段所涉及“三改”用地、填平区、临时用地及补征地涉农问题，完成交地任务，确保年内武深高速公路仁化段建成通车。完成银海公司新址征地范围确定、补偿方案制定、项目征地预算、征地公告发布等工作。完成县国土资源局信息中心放桩、征地权属调查和征地费用预算。做好丹霞山火车站广场储备用地征地后续收尾工作。

基础设施建设进一步完善和优化。仁化县产业集聚地位于镇区新庄村委。年内，完成集聚地基础设施投资目标4000万元，其中新庄新村安置房道路与排水工程完成次干道及支路路面工程量80%，完成主干道路面施工；集聚地商场、超市项目主体及广场完工；岭尾至新庄大坝二级公路新建工程（滨江路）全线贯通，完成新庄大道北延段混凝土路面施工1.7千米；完成集聚地35千伏岭尾变电站资产移交工作和公共绿化一期工程项目立项、施工图设计、审图、预算工作；完成新庄基地工业二路道路市政工程项目可研、环评、立项和招标文件会审工作；实施志成冠军人才公寓主体建设。

加强环保，注重安全。加强对环保工作领导，明确工作责任，以加强企业安全、快速、健康、环保发展为目标，立足改善发展环境，提升企业管理服务质量和服务水平，助推企业快速健康发展。年内，重点加强工业污水排放、有害气体排放、环保设施检查和灵溪水源保护区内重要污染源治理，保证饮用水水源地环境质量，保证镇村饮用水安全。

【农村农业工作】 实施特色经济，推进农业产业化进程。2017年，周田镇坚持以“农业增产，农民增收，农村稳定”为目标，调整农业产业和产品结构，开拓市场发展“一村一品”特色农业生产模式，以风顺养殖合作社、兴旺奈李水果合作社、广东富然农科有限公司等龙头企业为依托，实施特色经济，推进农业产业化进程，提高农村经济和农民收入。2017年，全镇实现农业总产值19560万元，农村居民人均收入15032元，同比上年增长6.34%。耕地面积1396.5公顷，粮食播种面积1543.9公顷，比上年减少6.99%；粮食产量10129吨，比上年减少4.25%；油料3775吨，比上年减少28.5%。农业总产值45353.66万元，比上年增长4.1%。

*完成村（居）“两委”换届。*2017年，全镇完成15个村委、1个社区党支部和村委会及居委会换届选举工作。

*改善农村人居环境。*年内，周田镇制定新农村示范村建设实施方案，完成雷坑、平甫、较坑、灵溪、下洞、龙坑6个重点村农村人居环境整治规划。开展省级相对贫困村和新农村示范村“三清三拆三整治”工作。截至2017年年底，全镇累计清理村巷道129条，清理房前屋后杂草杂物、积存垃圾159处，清理沟渠池塘溪河淤泥、漂浮物和障碍物56条，拆除危旧房、废旧猪牛栏及露天厕所茅房80间。完成龙坑村农村人居环境综合整治项目立项，开展招投标等前期准备工作。年内，上坪村、麻洋村获“韶关市卫生村”称号。

*做好农村财务、土地确权、矛盾化解等工作。*在全镇168个村小组推行“组账镇管”工作。协助土地确权单位做好土地确权工作，全年成功调处确权纠纷45宗，信访件5宗，确权工作进入颁证阶段，上报“一事一议” 惠民工程 4宗。开展护林防火宣传及森林纠纷调解工作，成功调解山林纠纷3宗，信访件2宗。全年农业技术下乡服务15次。

*做好环境综合整治与安全生产工作。*做好农村环境综合整治工作。定期检查农机安全生产，全年无安全事故发生。及时发放渔民政策性补助款。做好畜禽环境整治工作，督促兽医部门做好全镇兽禽防疫工作，全年无重大疾病发生。

*大力发展种养业。*养殖业得到较好发展，形成基地化、规模化经营格局，其中省级农业合作社仁化县凤顺养殖业合作社和省龙头企业广东富然农科有限公司有力带动、促进农民增产增收。全年生猪出栏量15595头，出产鸡鸭鹅202710羽、鱼1553.7吨，特色水果奈李、火龙果、杨梅、草莓、葡萄、砂糖橘、贡柑、香蜜橙等产量5508吨，农业总产值同比增长6%。

*农村基础设施不断完善。*2017年，周田镇继续深入开展高标准农田和中低产田改造，协助县国土部门做好较坑村委13.33公顷旱田改水田整治工作，完成较坑、龙坑高标准农田建设并通过验收，鸡龙、谭屋、灵溪、平甫、周田5个村委4.8千米的农田水利工程建设也已完成。有序推进灵溪河流域整治项目，完成灵溪河整治青苗清点及征地工作。推进中小河流治理、小型灌区改造等农田水利建设，做好汛期“三防”工作，加强山塘水库除险加固，完成11宗病险山塘除险加固工程准备工作，确保农田灌溉。推进农网改造项目，完成麻洋、平甫、灵溪、下洞、瑶溪5个村农网改造。完善农村道路建设，完成农村道路硬底化51.523千米工程招投标工作。

*农业普查等各项工作落实。*全年，完成全国第三次农业普查工作。落实国家惠农政策，实现农村住房保险、水稻保险全覆盖，农机补贴、粮食直补、禁渔期补贴、基本农田保护补偿、生态公益林补偿资金全面落实到位。抓好土地确权和山林确权颁证工作，及时调解纠纷，堪界工作取得阶段性成效。实施“科技兴农”战略，以鑫三州农业培训基地为依托，培养农业实用人才，有400人接受实用技术培训。推广适用农机装备和技术，全方位服务“三农”工作。

【“精准扶贫、精准脱贫”工作】 *基本情况。*2017年，周田镇坚持“精准扶贫、精准脱贫”基本方略，协调动员各方面力量，扎实推进脱贫攻坚各项工作，取得成效。截至2017年12月底，全镇有相对贫困户507户1330人，贫困总人口占比4.7%。其中相对贫困村贫困人口284户776人，分散贫困人口223户554人。有劳动能力贫困人口317户1060人，无劳动能力贫困人口190户270人。一般贫困人口240户797人，低保户210户473人，“五保”户57户60人。建档立卡信息系统贫困人口全部纳入重特大疾病救助范围，全部参加城乡居民基本医疗保险，符合纳入低保、“五保”条件贫困户实现应保尽保。通过产业、就业、教育、医疗救助、社会保障兜底帮扶措施，2016年，全镇实现脱贫262户524人，贫困人口脱贫率39%。

产业发展。2017年，周田镇优化贫困户农作物种植结构调整，挖掘提高土地利用率、产出率。形成水稻、花生、蔬菜、果树、经济林木、竹子种植“六大产业”，2017年利用土地104.5公顷。扶持有条件有劳力贫困户发展养殖业，有劳动力贫困户种养收入提高138.79万元，人均收入提高1305.65元。针对贫困户产业情况，通过提高土地利用率、土地产出率和种养积极性进行帮扶。协助有劳力贫困户利用土地资源，制定耕地种植规划。有针对性对贫困户进行专业培训，提高种养技术水平；改善田间设施，新建维修灌溉水渠、农田水利工程、桥梁；投入资金72.4998万元，在5个省级相对贫困村发展白莲产业种植9.94公顷，带动185户贫困户实现增产增收。从思想、观念、信心方面帮助贫困群众树立摆脱困境斗志和勇气；采取发放化肥农资，帮助贫困户管理自家种养产业；根据《仁化县新时期精准扶贫精准脱贫产业扶贫“以奖代补”实施细则》，对自主发展种养产业贫困户给予奖补，全年为有劳动力贫困户奖补37.40万元。搭建贫困户信贷平台，组织贫困户13户参加县“金融知识扶贫”专题讲座活动。

就业帮扶。2017年，举办贡柑种植技术培训班3期，贫困户参与人数120余人。为贫困户提供就业信息，组织贫困户参加电商、红豆编制技能培训，提升有意愿务工贫困户就业技能。全年有贫困户就业人员299人。

危房改造。2017年，周田镇危房改造任务115户，各村因地制宜，精准施策，截至是年底，改造任务全部完成。

“精准扶贫、精准脱贫”取得成效。通过各项帮扶举措，各村道路、路灯、安全食用水工程、文体设施等公共基础设施和村容村貌得到改善，主导产业初具规模，村集体收入、贫困户人均纯收入大幅提高，平甫、较坑、雷坑、灵溪、下洞村5个省级贫困村基层组织建设进一步加强，全镇脱贫攻坚各项工作有效推进，“精准扶贫、精准脱贫”取得成效。

【推进休闲商旅化建设】 2017年，周田镇设计并制定镇村旅游工作方案。落实旅游服务工作，做好旅游名镇、名村规划工作，打造环丹霞山大景观、大旅游工作思路，做好景点景观保护工作，打击景区各类乱砍滥伐、乱搭乱建行为，助推全域旅游项目建设。累计完成灵溪河森林度假景区项目投资2亿元，形成围绕灵溪河流域打造周田旅游配套服务中心小镇布局。借助打造“广东省古村落”周田张屋村、灵溪大围村平台，以省级新农村和“丹霞彩虹”建设为契机，打造“九龄文化”和古村科考、旅游线路，并对古村予以保护、传承、开发、建设。做好旅游服务，借助周田旅游咨询服务中心平台，谋划推介周田旅游景点，提升周田旅游景点知名度。打造“丹霞仁家”品牌，建设和助力“农家乐”管理升级。完善旅游景点景区配套服务设施建设，加强镇内酒店、旅馆服务管理，提升旅游接待能力和水平，优化旅游人文环境。

【社会各项事业】 2017年，周田镇以维护人民利益为工作出发点和落脚点，推进各项事业协调发展。

突出城镇扩容提质。以全力打造旅游配套特色小镇和宜业宜居城镇为目标，开展美丽乡村建设工作，实施村庄环境改造和整治计划，引导村民规划建房，全镇90%以上村实现村村通硬底化道路，65%的村建成饮水安全工程，15个村在上级和对口帮扶单位支持下安装太阳能路灯；推进街道亮化工程，在周田中学至周田中心小学路段新安装太阳能路灯22盏。投资900多万元加快推进镇墟街道整治项目，完成韶赣高速出口及国道106线改扩建工

程、武深高速公路（周田段）14千米征地任务；建设乡村公路51千米；月谭公路及辅助线改造进入招投标阶段。

卫生创强有序实施。加强计划生育优质服务建设，开展以“关爱家庭健康，促进家庭发展”为主题，“促进家庭文明、呵护家庭健康、帮助家庭发展、引领家庭奉献”为内容宣传和服务活动。关爱留守儿童，开展形式多样关爱农村留守儿童健康教育活动；关爱流动人口，推进“6+1”健康服务；关爱农村妇女，开展免费“两癌”筛查；关爱计划生育特殊家庭人员，落实家庭医生签约服务，定时开展计生困难家庭人员走访慰问活动；关爱女孩，宣传“两非”危害性及严厉打击“两非”行为。全面完成周田卫生院综合楼基础工程，完成谭屋、下洞、台滩、较坑4个村级卫生站建设。

文化活动氛围浓厚。以“中国梦”为主旋律，开展丰富多彩节日群众文化和文化“三下乡”活动，广场舞等群众自发性活动普及。

教育现代化进程有序推进。2017年，投入650万元周田中心小学综合楼建成使用。投入150万元实施周田镇灵溪小学综合楼和运动场等薄弱学校改造项目，投入35万元完善中小学校、幼儿园完善教育教学设备，改善教育教学环境。省教育创强成果得到巩固，教育强镇复评达标通过。表彰奖励该年度优秀教师，营造尊师重教氛围。

社会保障体系进一步完善。2017年，完成就业再就业和劳动技能培训和转移就业劳动力目标任务；城乡居民医疗保险人数21876人，完成任务数100%，城乡养老保险续保人数4040人，完成率67.33%。开展最低生活保障工作，特困人员供养工作有序推进，敬老院设施全面改善，殡葬改革工作和“双拥”工作常态化发展。镇、村（社区）基层公共服务平台建设加强，“一站式”公共服务日趋完善。

综治信访维稳工作扎实开展。2017年，围绕习近平总书记新时期对政法工作提出的维护社会大局稳定、促进社会公平正义、保障人民安居乐业“三大任务”，按照“打防结合，预防为主，专群结合，依靠群众”工作方针，坚持系统治理、依法治理、综合治理、源头治理。深入开展平安创建活动，安全生产“一岗双责”责任制得到落实，确保全镇社会安定、和谐，提升人民群众安全感和满意度。

开展城乡环境整治。2017年，引进北控环保公司实行城镇和自然村生活垃圾转运集中处理，实现城乡环卫保洁全覆盖。以建设美丽乡村为目标，在全镇范围内全面推进改善农村人居环境综合整治工作，各行政村制定新农村示范村建设实施方案。在省级相对贫困村开展新农村示范村“三清三拆三整治”工作。推进新庄安置地、石马龙安置地建设及龙坑新村、黄泥塘新农村项目。

【作风建设加强】 2017年，周田镇贯彻落实县委关于开展“比学赶超、以评促建、实干担当”作风建设年活动，坚持依法行政，强化法治政府，完善镇村绩效考核制度，加强镇、村干部管理，提高工作执行力，制定《周田镇干部职工绩效考核办法》《周田镇村（社区）考勤制度》。以打造学习型、诚信型、廉洁型、效能型、服务型“五型”党支部为目标，推进“固定党日+”活动与“两学一做”“精准扶贫”“三会一课”工作无缝对接等项目建设，抓好基层党组织建设。加强村（社区）“三定”干部队伍建设，落实和提高离任村（社区）干部离退待遇。强化村（社区）干部组织纪律观念，下发《周田镇村（社区）干部考勤制度》。强化纪委监督执纪问责职能。制定并印发《仁化县周田镇2017年度工作作风明察暗访方案》，对全镇各部门、村（居）委会明察暗访。制定并下发《关于进一步规范村（居）委自筹津补贴发放的意见》，深入开展干部联村联户活动。全年，全镇组建16个驻点团队和16个辅助团队，实现驻点团队和辅助团队驻点联系村（居）全覆盖。围绕“一查两包三建设”整顿主题和要求，抓好软弱涣散村整顿转化工作。抓好党风廉政建设，严守换届纪律，营造风清气正换届风气。

【周田镇月岭街道整治主体工程建设】 2017年，周田镇开展月岭街道整治项目。周田镇月岭街道经过40年发展，出现路面坑洼不平、沟渠排水不畅，严重影响当地居民生活质量。为切实解决该问题，在周田镇第十五届五次人代会议上，镇政府把整治城镇建成区内韶仁路、府前街、居民街等“一路二街”列为2015年10件民生实事之一进行办理。整治内容包括路面、人行道、绿化、路灯、电线和电缆下地等。该项目于2016年1月立项，计划整治路面长度903米，预计总投资900万元。2017年6月，完成项目招投标程序；9月初，动工建设。截至2017年12月底，周田镇组织召开专题会议13次，与商铺业主和当地居民代表座谈会6次，设置大型宣传栏2处，各类通告牌匾5块，发放告知书1000多份，拆除违法搭建73户，清理违法占用公共用地45处。

【火灾隐患整治成果巩固】 2017年，周田镇巩固全省第八批火灾隐患重点地区整治成果，加强周密部署，强化领导，杜绝隐患。2017年2月，周田镇人民政府被广东省消防总队授予“2016年度全省政府专职消防队伍建设先进单位”称号。3月，省政府办公厅正式发文公布全省第八批火灾隐患重点地区整治工作检查验收结果，周田镇验收合格并予以摘牌。

2017年周田镇村委会（社区）基本情况一览表

表66

村委会（社区）名称	村小组（个）	自然村（个）	村委会（社区）集体纯收入（万元）	现有集体经济发展项目	特　产	村委会（社区）负责人
较坑	18	14	8.44	鱼塘、韶石山集体山岭出租、生态公益林	蒿竹、贡柑、花生	刘作财（党支部书记）邱光来（村委主任）
平甫	20	17	3.02	鱼塘、灵溪河森林公园及电站协调费	奈李、西瓜	罗朋文
周田	24	6	54.37	鱼塘、韶石山集体山岭出租，土地、房屋出租、生态公益林	优质谷、西瓜	雷小强
龙坑	5	5	7.94	鱼塘、韶石山集体山岭出租、房屋出租、生态公益林	优质谷、贡柑、西瓜	梁树红
上道	10	9	3.93	鱼塘、竹园、孔雀场等租金、生态公益林	优质谷、花生、蒿竹	李振春
鸡龙	6	3	6.45	鱼塘、竹园、房屋、葡萄园出租，锦江电站分红	萝卜、沙葛	吴仲雄（党支部书记）熊向东（主任）

续表66

村委会（社区）名称	村小组（个）	自然村（个）	村委会（社区）集体纯收入（万元）	现有集体经济发展项目	特　产	村委会（社区）负责人
台滩	15	15	11.18	鱼塘、锦江电站分红、房屋出租	优质谷、花生	龚厘团
新庄	10	10	3.06	新庄电站协调费	优质谷、花生	朱伟金
谭屋	10	10	3.05	锦江电站分红、新庄电站协调费、房屋及土地出租	优质谷、花生	张清华
上坪	7	7	7.55	锦江电站分红、鱼塘、房屋、集体山岭出租、生态公益林	优质谷、贡柑、蒿竹	赖绍斌
雷坑	7	7	3.07	新庄电站协调费、林地租金	蒿竹	彭长明
麻洋	6	6	8.91	鱼塘、集体山岭出租	红瓜子、蒿竹	黄新华
灵溪	15	12	3.02	竹器厂、灵溪河森林公园协调费	冬菇、冬笋	高红星
下洞	10	7	6.97	灵溪河森林公园及电站协调费	冬菇、冬笋	吴娘明
瑶溪	5	5	3.02	锦江电站分红、集体山岭出租、生态公益林管理费	冬菇、木耳、蜂蜜	邵万明
社区	—	—	2.58	街道占用费	—	孔志海

周田镇党政负责人名录：

党委书记：冯奋德

副 书 记：曾凡军

涂丽玲（女）

党委委员：刘润芳

杨秀芬（女）

许雪峰　马爱军

廖苑威　余诗金

饶长田

人大主席：侯政春

镇　　长：曾凡军

副 镇 长：许雪峰　刘新其

罗福贤

（黄福成）

大桥镇

【基本情况】　地处仁化县南部，距县城24千米，与韶关市东郊相连，东与周田灵溪、枫湾镇为界、南与火山镇、湾头黄浪为界，西与犁市黄竹为界，北与周田较坑、平甫为界。全镇土地总面积132.8平方千米，其中农用地12055.6公顷，占土地总面积89.75%，农用地中，耕地面积为917.6公顷，林地面积10182公顷，森林覆盖率80.97%。辖6个村委会，1个居委会，70个村民小组。2017年年末，全镇户籍人口11180人，乡村人口8500人，外来人口116人。

大桥镇地理位置优越、交通网络发达，国道106、323线贯通全境，韶赣高速、韶赣铁路穿镇而过，浈江从北至南、锦江从西至东流经辖区在大桥水江交汇。湾头水利枢纽工程，使韶关至大桥通航能力达50吨。两江四岸景观优美、秀丽。

大桥镇旅游资源丰富，旅游景点主要有五马归槽、韶石山、金喆园、青云寺等。地势平坦，土壤肥沃，水源充足，灌溉便利，是仁化县重要的粮食经济作物区，形成以水稻、沙田柚、贡柑、蚕桑、西瓜等五大传统项目为主的农业产业结构。其中，有“中华名果”之称的长坝沙田柚，是国家地理标志产品。

【经济发展概况】 2017年，全镇实现地区生产总值36400万元，同比上年增长5.5%；农业生产总值23473万元，同比上年增长3%；完成全镇总税收162万元；完成固定资产投入6259万元，同比上年下降12.13%；完成镇本级财政预算收入1057.7万元，同比上年增长2.46%，农民人均可支配收入15071元。

【重点项目建设】 *丹霞山南门水乡项目*。该项目坐落于仁化县大桥镇古洋村委，规划占地总面积1000公顷，其中建设用地166.67公顷，是集交通集散、运动休闲、科普教育、商务会议、健康养生等综合性服务功能于一体大型综合性商业旅游集散地，主要提供适合大丹霞旅游健康养生区域、户外运动休闲天堂、独具特色文娱科普基地、高端商务会议及生态休闲旅游度假体验中心等旅游产品，是丹霞山风景名胜区观光旅游的补充。截至2017年年底，项目尚处于前期阶段，累计完成投资2.2亿，征地145.07公顷。

旭日农业科技种植酿酒生态旅游度假观光园项目。该项目发展目标定位是建成集农业种植、果品采摘、酿酒、旅游观光、假日休闲于一体的现代休闲观光农业企业，用地范围涉及大桥镇古洋、长坝2个村委会8个村小组。占地面积200多公顷。截至2017年年底，种植葡萄80公顷，建设有标准化灌溉排水等现代农业设施，葡萄园区公路8千米。建设沙田柚、蔬菜等绿色果品基地，占地面积100公顷。计划总投资8亿元，已投资3.2亿元，征租地200多公顷，建有酒庄1栋，面积1200平方米。园区在建办公楼、储存仓库及旅业园区，占地面积20公顷。逐步完善旅游观光、采摘、酒店、绿色农产品展示馆等设施设备。

石斛生态观光园区项目。该项目投资1.5亿元在大桥镇古洋农科所建立育苗基地，年产优质种苗3000万丛，是全国最大单一品种铁皮石斛育苗基地。建有铁皮石斛仿原生态种植示范区8.67公顷，年产铁皮石斛约200万丛。

金喆园沙田柚种植及休闲生态农业示范项目。该项目位于长坝村，占地面积66.67公顷，计划总投资2.1亿元，逐步建成集生产、仓储、销售与休闲观光于一体现代生态农业示范园区。截至2017年年底，种植沙田柚13000棵、桂花4万多棵，完成部分设施建设，作为大桥镇森林公园正在申报AAA景区。

韶关新马农业有限公司项目。该项目主要从事中草药材种植及后期深加工，前期投入资金306万元。截至2017年年底，建成办公大楼及加工厂，加工设备安装调试完毕，进行中草药批量种植生产。

【农业、农村工作】 2017年，大桥镇实现农业总产值23473万元。依托现代农业示范园区辐射示范带动作用，推广良种良法和农业新技术，全年举办贡柑种植、农机使用技术和水肥一体化技术等培训班6期，受训农民群众400多人次。改善农村环境，整合美丽乡村建设资金完善下墩坪新农村示范点环境。做好农村危房改造工作，全年完成危房改造任务32户，开工率100%，竣工率100%。开展土地确权工作，全年完成外业调查合作社68个，外业调查面积865.29公顷，实测率94.3%，已签盖户数1641户，签盖率91.27%。做好“一事一议”、“三防”、畜禽养殖整治、动物疫情防控、农机安全生产等工作。

【“精准扶贫”工作】 2017年，大桥镇实施产业发展、劳动力就业、社会保障、教育文化、医疗保障、教育文化、医疗保险和医疗救助保障、农村危房改造、基础设施建设、人居环境改善等扶贫工程，建立种养产业帮扶项目，向农户发放帮扶农资327970元；通过宣传、培训形式，帮助有劳动能力的建档立卡贫困户实现就业106名；实现享受教育扶持政策学生84名；为70名建档立卡学生发放生活补助费26万元；投入38.15万元用于贫困人口医疗救助，100%完成建档立卡贫困人口办理2018年度城镇居民保险参保缴费工作，全面落实“三保障”惠民政策。

【新农村建设工作】 2017年，大桥镇完成两个贫困村新农村建设和人居环境综合整治规划设计，扎实推进2个贫困村“三清三拆”工作；继续完善长坝“丹霞彩虹”省级新农村示范片工程建设，整治新农村示范点河口、众坝村小组村容村貌，完成道路硬底化及路灯（含辐射村小组）、文化广场、文化室、绿道、湿地公园等项目完善和建设；各村组配置保洁员并设立垃圾收集点，实现环境卫生保洁清运全覆盖。

【全域旅游工作】 2017年，大桥镇广泛宣传五马归槽、韶石山等景点，推介具有本地特色国家地理标志产品“长坝沙田柚”等旅游资源。加大乡村旅游发展力度，深入挖掘乡村旅游资源，扶持“丹霞仁家”农家乐形式乡村旅游示范户，加快乡村旅游民宿、旅游驿站、旅游厕所、星级农家乐发展建设。全年全镇完成青云古寺、仁爱老街、五马寨生态园及金喆园旅游厕所建设。

【民生事业】 2017年，大桥镇完成国道323线至长坝东山等公路硬底化建设、32户危房改造、农村电网改造和长坝、古洋村第一期“村村通”饮水安全工程；建成长坝、大桥、共和、亲联4个村级文化站及长坝、亲联、水江3个村级卫生站；加大市场整治力度；投入13万元修缮敬老院房门、窗户、围墙、防洪挡土墙，更换生活设施设备。

【社会各项事业持续发展】 社会保障工作日益完善。2017年，大桥镇城乡医保参保率100%。加强低保户、“五保”户规范化管理，全年全镇有农村低保对象68户，“五保”对象41人（其中集中供养13人、分散供养28人）。

科教文卫事业稳步发展。2017年，大桥镇投入30万元用于教育创强复评工作，教育创强复评通过省验收。严格执行落实“两孩政策”，做好计生惠民工程，完善各村人口计生健康服务室建设。

安全稳定工作扎实开展。2017年，大桥镇不定期组织开展安全生产大检查，定期安排专人安全监管辖区内渡口渡船、山塘水库、道路交通、境内学校、市场门店、各企业等，全年没有发生安全生产事故；排查调处矛盾纠纷案件117宗，成功化解117宗。切实抓好人民武装工作，积极推动民兵预备役建设，完成2017年民兵整组、预备役训练、“四个基本”建设及征兵工作任务。

其他工作稳步推进。2017年，大桥镇工会、共青团、妇联、关工委等群众团体发挥桥梁纽带作用，开展档案、食品药品安全工作，推动全镇各项工作全面发展。

【党建工作】 全面推进“两学一做”常态化制度化。2017年，大桥镇确保学习常态化，结合党委中心组学习、“三会一课”组织党员干部认真学习党章党规，学习习近平总书记系列重要讲话精神，坚持开展集中学习和自主学习。以“固定党日+”活动为载体，全面落实“三会一课”等党内组织生活制度，规范组织生活会召开时间、内容和形式；结合镇各项中心工作，组织开展“学习廖俊波同志先进事迹”

“学习做‘四个合格’党员专题党课”“七一慰问”“《将改革进行到底》专题讨论”“观看《传递正能量 共筑中国梦》先进人物、道德模范宣传光碟，学习身边先进典型”活动，推动全镇党员干部围绕“一三九”发展战略实施，率先垂范，发挥党员带动引领作用。

扎实开展领导干部驻点普遍直接联系活动。2017年，大桥镇在开展驻点联系群众基础上，结合“一线双联”活动，各挂点领导及成员协助驻点村推进党建、“精准扶贫”、新农村建设和人居环境整治、民生工程等中心任务，促进挂点村班子建设，为挂点村群众排忧解难、谋求福利。

认真开展作风建设年活动。2017年，大桥镇按要求开展作风建设年活动，落实有关制度，完善《大桥镇内部管理制度》。开展自查自纠活动，通过“八查八看”，着力查摆作风方面存在的突出问题，列出问题清单，建立整改台账，推进党员干部作风建设。

强化落实党风廉政建设责任制。2017年，大桥镇明确工作职责，强化“一把手”负总责、镇纪委具体抓工作机制，制定大桥镇领导班子及领导班子成员党风廉政建设主体责任清单，明确领导班子全面领导责任及各班子成员的工作职责。镇党委书记与镇党政班子成员、各村（居）党支部书记签订党风廉政建设责任书，落实“一岗双责”要求，筑牢廉政“防火墙”。

2017年大桥镇村（居）委会基本情况一览表

表67

村（居）委会名称	村小组（个）	自然村（个）	村（居）委会集体纯收入（万元）	现有集体经济发展项目	特　产	村（居）委会负责人
长坝	10	10	35	沙田柚种植	沙田柚	谭宜彬
古洋	21	20	15	生态林 山林发包 古洋电站	柑橘、葡萄	张传明
大桥	12	12	5.5	山林发包、 门店出租	砂糖橘、西瓜	王伟明
共和	8	8	2.6	无	桑葚	张　吉
亲联	10	10	8.5	切片厂、种养场、 旧小学及门店出租	贡柑、砂糖橘	邱文辉
水江	9	9	1.3	门店出租	砂糖橘、 贡柑、篙竹	唐昌胜
居委会	—	—	—	无	无	钟善庭

大桥镇党政负责人名录：

书　记：黄银泰

副书记：郭兰招（女）
谢卫锋　邓　飞

党委委员：刘群珍（女）
张　文　钟祥坚
邵　强
黄晓梅（女）
张保卫　张晓彬

人大主席：钱世全

镇　长：郭兰招（女）

副镇长：张晓彬　肖炎林
丘定志

（黄　睿）

先进单位·先进个人

2017年获省级（含省直部门及市委、市政府授予）以上先进单位称号名录

表68

单 位	授予时间	荣誉称号	授予单位
仁化县	2017.12	2017年地质灾害防治高标准“十有县”	国土资源部
仁化县	2017.6	2016年度广东省严重精神障碍管理治疗工作先进县区	广东省精神卫生中心
仁化县	2017. 6	广东省2016年度土地执法监察考核三等奖	广东省人民政府
仁化县	2017.7	2016年度广东省计划生育目标管理责任制考评优秀县	广东省人民政府
仁化县	2017. 8	韶关市2016年度土地执法监察先进单位	韶关市人民政府
仁化县	2017.11	韶关市2016年度计划生育目标管理责任制考核优秀县	韶关市人民政府
仁化县	2017.11	广东省科普信息化试点县（市、区）	广东省科学技术协会
仁化县	2017.12	在党的十九大特别防护期信访维稳安保工作中表现突出的单位	中共韶关市委办公室、韶关市人民政府办公室
仁化县人民检察院公诉科	2017.1	青年文明号	共青团广东省委员会
仁化供电局	2017.1	青年文明号	共青团广东省委员会
仁化供电局	2017.1	先进职工之家	广东电网有限责任公司工会委员会
仁化供电局	2017.2	2016年农电工作先进集体	广东电网有限责任公司
仁化供电局	2017.2	模范“职工之家”	中国南方电网有限责任公司
凡口铅锌矿采矿车间提升工区老副井卷扬机班	2017.2	“全国五一巾帼标兵岗”	中华全国总工会
周田镇人民政府	2017.2	2016年度全省政府专职消防队伍建设先进单位称号	广东省公安消防总队
周田镇上坪村	2017.3	2015“百县千乡万村无邪教创建示范工程”活动创建无邪教示范村	国务院防范和处理邪教问题办公室
韶关市住房公积金管理中心仁化办事处	2017. 3	广东省“巾帼文明岗”荣誉称号	广东省妇女联合会

续表68

单　位	授予时间	荣誉称号	授予单位
丹霞山管理委员会	2017.3	全国优秀科普基地	中国科学技术协会
仁化县地税局	2017.3	2016年广东省模范职工之家	广东省总工会
石塘古村	2017.5	2017年中国最美古村落	第十三届中国（深圳）国际文化产业博览交易会第七届全国生态旅游文化产业发展高峰论坛
凡口铅锌矿选矿厂磨浮工段	2017.5	全国“工人先锋号”	中华全国总工会
锦江电力开发总公司	2017.6	广东省守合同重信用企业	广东省工商行政管理局
凡口铅锌矿采矿车间提升工区老副井卷扬机班	2017.6	“广东省五一劳动奖状”	广东省总工会
凡口铅锌矿	2017.8	广东省“十大书香企业”	广东省总工会宣传教育部
丹霞冶炼厂	2017.8	国家绿色制造体系（绿色工厂）	国家工业和信息化部
仁化县行政服务中心	2017.10	“信息化优秀”称号	《紫光阁》杂志社、中国行政体制改革研究会、人民网
仁化县书画家协会	2017.10	中老年书法学报组织奖	书法学报社
韶关市仁化公路局	2017.11	政研活动先进集体	广东省公路职工思想政治工作研究会
丹霞街道办事处	2017.11	韶关市2016年度计划生育目标管理责任制考核优秀镇	韶关市人民政府
城口镇	2017.11	韶关市2016年度计划生育目标管理责任制考核优秀镇	韶关市人民政府
石塘镇	2017.11	韶关市2016年度计划生育目标管理责任制考核优秀镇	韶关市人民政府
大桥镇	2017.11	韶关市2016年度计划生育目标管理责任制考核优秀镇	韶关市人民政府
扶溪镇	2017.11	韶关市2016年度计划生育目标管理责任制考核优秀镇	韶关市人民政府
仁化县农业局	2017.11	2016—2017年度广东省化肥农药零增长技术进万家活动先进单位	广东省农业厅、中国电信股份有限公司广东分公司
仁化县农业技术推广中心	2017.11	2016—2017年度广东省化肥农药零增长技术进万家活动先进单位	广东省农业厅、中国电信股份有限公司广东分公司
中核韶关锦原铀业有限公司“沉淀”QC小组	2017.11	中核集团公司优秀质量管理小组QC活动二等奖	中核集团
张庆恩创新工作室	2017.12	广东省劳模（职工）创新工作室	广东省总工会
中核韶关锦原铀业有限公司	2017.12	中国有色金属工业科学技术奖一等奖	中国有色金属工业协会、中国有色金属学会
中核韶关锦原铀业有限公司	2017.12	中国铀业公司2017年度管理创新成果二等奖	中国铀业公司
石塘镇	2017.12	2017年南粤古驿道“天翼高清杯”定向大赛优秀组织奖	广东省体育局
丹霞山管理委员会	2017.12	全国中小学生研学实践教育基地	教育部
仁化县工商联	2017.12	广东省“五好”县级工商联	广东省工商业联合会

2017年获省级（含省直部门及市委、市政府授予）以上先进个人称号名录

表69

姓　名	性　别	授予时间	获奖时工作单位	荣誉称号	授予单位
宋　挺	男	2017.1	仁化移动公司	2016年度广东公司先进个人	中国移动广东公司
蒙艳青	女	2017.1	仁化移动公司	2016年度广东公司先进个人	中国移动广东公司
李明辉	男	2017.1	仁化移动公司	2016年度广东公司先进个人	中国移动广东公司
刘凤娟	女	2017.1	仁化移动公司	2016年度广东公司先进个人	中国移动广东公司
刘洁灵	女	2017.1	仁化移动公司	2016年度广东公司先进个人	中国移动广东公司
胡志勇	男	2017.1	仁化移动公司	2016年度广东公司先进个人	中国移动广东公司
蓝俊峰	男	2017.1	仁化移动公司	2016年度先进班组长	中国移动广东公司
潘　煌	男	2017.2	周田镇政府	2016年度全省专职消防队优秀队长	广东省公安消防总队
谭湘艳	女	2017.2	仁化县农村信用合作联社城口分社	农信天使	广东省农村信用社联合社
阙伟雄	男	2017.2	仁化供电局	2016年度安全生产先进个人	广东电网有限责任公司
邓美玲	女	2017.2	仁化供电局	2016年度安全生产先进个人	广东电网有限责任公司
温嘉曦	男	2017.2	仁化供电局	2016年度营销优秀班组长	广东电网有限责任公司工会
王春生	男	2017.3	仁化供电局	2016年内部审计工作先进个人	中国南方电网有限责任公司
温美莲	女	2017.4	仁化县科学技术协会	全国科协系统先进工作者	人力资源和社会保障部 中国科学技术协会
龙　飞	男	2017.5	中国人民银行仁化县支行	2016年度中国人民银行优秀共青团员	共青团中国人民银行委员会
谢锦树	男	2018.5	仁化县摄影家协会	2017年度广东省摄影家协会优秀会员	广东省摄影家协会
曾春莲	女	2018.5	仁化县城乡住房和建设局	2017年度广东省摄影家协会优秀会员	广东省摄影家协会

续表69

姓　名	性　别	授予时间	获奖时工作单位	荣誉称号	授予单位
谢海燕	女	2018.5	仁化县丹霞街道城区居委会	2017年度广东省摄影家协会优秀志愿者	广东省摄影家协会
刘日红	男	2017.5	周田镇司法所	全国模范人民调解员	中华人民共和国司法部
邓文琼	女	2017.6	仁化县农村信用合作联社城口分社	优秀党员	中共广东省农村信用社联合社委员会
陈景标	男	2017.6	仁化县风顺养殖农民专业合作社党支部	广东省非公有制经济组织党务工作标兵	中共广东省非公有制经济组织委员会
刘兰军	男	2017.6	仁化县慢病站	全省结核病防治工作优秀共产党员	广东省防痨协会
谭宜彬	男	2017.8	大桥镇长坝村	广东百佳新型职业农民	广东省农业厅
陈著光	男	2017.9	仁化县人民检察院	全国检察机关万名侦防能手人才	最高人民检察院
朱世发	男	2017.9	仁化县人民检察院	全国检察机关万名侦防能手人才	最高人民检察院
黄远飞	男	2017.9	仁化县人民检察院	全国检察机关万名侦防能手人才	最高人民检察院
刘洁真	女	2017.10	韶关市仁化公路局	广东省公路职工思想政治工作研究会第十五届年会三等奖	广东省公路职工思想政治工作研究会
谭建华	男	2017.12	中共仁化县委政法委员会	在党的十九大特别防护期信访维稳安保工作中表现突出的个人	中共韶关市委办公室、韶关市人民政府办公室
谭群辉	男	2017.12	中共仁化县委政法委员会	在党的十九大特别防护期信访维稳安保工作中表现突出的个人	中共韶关市委办公室、韶关市人民政府办公室
罗锦富	男	2017.12	中共仁化县委政法委员会	在党的十九大特别防护期信访维稳安保工作中表现突出的个人	中共韶关市委办公室、韶关市人民政府办公室
邓建国	男	2017.12	中核韶关锦原铀业有限公司	中国有色金属工业科学技术奖一等奖	中国有色金属工业协会、中国有色金属学会
朱曙光	男	2017.12	中核韶关锦原铀业有限公司	中国有色金属工业科学技术奖一等奖	中国有色金属工业协会、中国有色金属学会
陈廷美	男	2017.12	中国电信仁化分公司仁化政企部	2017年中国电信广东公司“天翼云”杯技能竞赛明星	中国电信股份有限公司广东公司、中国电信集团工会广东省委员会
许瑞琳	女	2017	仁化法院民二庭	记个人二等功	广东省高级人民法院

社会经济统计资料

2017年仁化县基本情况表

表70

项　目		单　位	2017年	2016年	增长（%）
人口情况	一、年末总人口（户籍）	人	244041	244703	-0.27
	其中：男	人	124523	124334	0.15
	女	人	119518	120369	-0.71
	二、年末总户数	户	72924	73587	-0.90
	三、年出生人口	人	3091	2709	14.10
	出生率	‰	15.74	13.4	17.46
	四、年死亡人数	人	1397	1347	3.71
	死亡率	‰	7.11	6.65	6.92
	五、年平均人口	人	244372	243579	0.33
	六、自然增长率	‰	8.63	6.73	28.23
劳动力	年末社会就业人员	万人	10.9	10.89	0.09
	其中：第一产业	万人	5.29	5.31	-0.38
	第二产业	万人	1.72	1.72	0
	第三产业	万人	3.88	3.86	0.52
土地情况	土地面积	平方公里	2223	2223	—
	1.建成区面积	平方公里	19.6	19.6	—
	2.耕地面积	公顷	—	21359	—
	其中:水（旱）田	公顷	—	17747	—
	旱地	公顷	—	2708	—
	3.鱼塘面积	公顷	—	1783	—
	4.果园面积	公顷	—	3422	—
	5.林业用地	万公顷	—	17	—
镇村	镇（街道办）	个	11	11	—
	村委会	个	109	109	—
	居委会	个	16	16	—

2017年仁化县地区生产总值一览表

表71

项　目	按现价计		比　重	按可比价计		
	2017年（万元）	2016年（万元）		2017年（万元）	2016年（万元）	增长（%）
地区生产总值	1124469	1027888	100.0	1050454	1012074	3.8
一、第一产业	212305	206407	18.9	204165	195936	4.2
二、第二产业	418852	362512	37.2	366908	363187	1
1.工业	386374	333399	92.2	336696	334074	0.8
2.建筑业	32478	29113	7.8	30212	29113	3.8
三、第三产业	493312	458969	43.9	479381	452951	5.8
1.交通运输、仓储和邮政业	68522	63577	13.9	70185	63169	11.1
2.批发零售业	109112	105062	22.1	108137	104748	3.2
3.住宿和餐饮业	37426	37033	7.6	37077	36826	0.7
4.金融业	27959	26934	5.7	26935	26807	0.5
5.房地产业	47985	41470	9.7	42036	39643	6
6.其他营利性服务业	63650	53452	12.9	61081	52767	15.8
其中：信息传输	13143	9965	20.6	13143	9965	31.9
7.非营利性服务业	138658	131442	28.1	133930	128991	3.8

2017年仁化县国民经济主要指标

表72

项　目	单　位	2017年	2016年	增减（%）
地区生产总值（当年价）	万元	1124469	1027888	7.8
地区生产总值（可比价）	万元	1050454	1012074	7.8
规上工业总产值	万元	878264	904429	–4.8
农业总产值	万元	336902	327392	4.3
农业机械总动力	万千瓦	12.24	11.95	2.4
全县固定资产投资总额	万元	674556	637496	5.8
年末通车公路里程	公里	2004.25	1851	8.3
公路货运周转量（全社会）	万吨/公里	90231	92280	–2.2
公路客运周转量（全社会）	万人/公里	11003.93	10892	1
年末电话用户数	万户	2.99	3.4	–12.1
年末移动电话用户数	万户	16.4	17.3	–5.1
社会消费品零售总额	万元	328726	304816	7.8
外贸出口总额	万美元	611	746	–18
实际利用外资总额	万美元	485	82	491.5
旅游总收入	万元	548268	490852	11.7
接待国内外游客	万人	951	852	11.6
地方财政一般预算收入	万元	53833	62767	–13.2
地方财政一般预算支出	万元	207508	226410	–8.3
金融机构各项存款余额	万元	940554	906442	3.76
其中：城乡居民储蓄存款余额	万元	657115	629800	4.33
金融机构各项贷款余额	万元	379769	367401	3.4
保险机构保费收入	万元	9400	8398	11.9
城镇居民人均可支配收入	元	25641	23374	9.7
农村居民人均可支配收入	元	15479	13919	11.2
年末参加失业保险人数	人	12648	14326	–11.7
年末参加城乡社会养老保险人数	人	76608	75446	1.5
年末参加工伤保险在职人数	人	18383	17668	4.1
年末享受社会养老保险人数	人	35081	33736	4

2017年仁化县国民经济主要人均指标

表73

项　目	单　位	2017年	2016年	增减（%）
人口密度	人/平方公里	94.7	94.02	0.72
人均地区生产总值（当年价）	元	53597	49082	3
人均地区生产总值（不变价）	元	50067	48332	2.8
人均耕地面积	亩	—	1.54	—
人均粮食产量	公斤	492.8	493.9	–0.2
人均社会消费品零售总额	元	15608	14637	6.6
人均城乡居民年末储蓄余额	元	31200	30242	3.2
人均地方财政收入	元	2556	3014	–15.2
城镇居民人均可支配收入	元	25641	23374	9.7
农村居民人均可支配收入	元	15479	13919	11.2
每万人拥有卫生技术人员数	人	51.4	52.2	–1.5
每万人拥有病床位数	张/万人	35	36	–2.8

说明：该表人均指标除城镇、农村居民人均可支配收入外，以常住人口计算

2017年仁化县主要农业产品产量一览表

表74

项　目	单　位	2017年	2016年	增减（%）
粮食	吨	103796	102853	0.9
其中：稻谷	吨	84102	83513	0.7
花生	吨	32644	33650	–5.5
水果	吨	79637	63260	5.4
茶叶	吨	2225	2165	2.8
蔬菜	吨	244469	233580	4.7
水产品	吨	9926	9656	2.8
生猪饲养量	万头	27.35	26.89	1.7
生猪出栏量	万头	16.7	16.6	0.9
“三鸟”饲养量	万羽	345	323	7
出栏和自宰家禽	万只	251	233	7.7
“三鸟”存栏量	万羽	94.2	89.6	5.2
禽蛋产量	吨	1355	1279	5.9

2017年仁化县主要工业产品产量一览表

表75

产品名称	单　位	产　量		增减（%）
		2017年	2016年	
发电量	万千瓦小时	116994	123055	-4.9
其中：水电	万千瓦小时	35401	48078	-26.4
火电	万千瓦小时	74892	74977	-0.1
锌精矿	万吨	101337	114728	-11.7
锌锭	万吨	131866	122680	7.5
硫酸	万吨	48960	40150	21.9
铝型材	吨	8815	8328	5.8
人造板	立方米	381036	349347	9.1

2017年仁化县文教卫生基本情况表

表76

项　目		单　位	2017年	2016年	同比增长（%）
教育	学校数	所	73	71	2.8
	其中：普通教育	所	30	30	—
	在校学生数	人	27210	26517	2.6
	普通中小学招生数	人	6837	6886	-0.7
	普通中小学毕业生数	人	5527	5842	-5.4
	教职员工数	人	2487	2401	3.6
	专任教师	人	2455	2367	3.7
	学龄儿童入学率	%	98	98	—
卫生	卫生机构数	个	145	146	-0.7
	卫生院	间	11	11	—
	卫生机构床位数	张	739	750	-1.5
	卫生技术人员数	人	1083	1087	-0.4
	其中：执业医师	人	265	280	-5.4
	执业助理医师	人	131	146	-10.3
	注册护士	人	423	394	7.4

（邓慧华）

附　录

全面从严治党　狠抓作风建设
全力推动仁化经济社会稳中求进

——在中共仁化县委十三届三次全会上的报告

（2017年5月3日）

中共仁化县委书记　林国华

同志们：

这次全会的主要任务是，深入贯彻党的十八届六中全会、中央经济工作会议、习近平总书记系列重要讲话精神和治国理政新理念新思想新战略，以及对广东工作的重要批示精神，全面落实省委十一届八次全会、省委经济工作会议、市第十二次党代会、市委十一届十一次全会和市委工作会议精神，部署我县全面从严治党、下一步工作及今年目标任务，努力开创我县全面从严治党和经济社会发展新局面。

下面，我代表县委常委会向全会作报告。

一、准确把握稳中求进工作总基调和当前的发展形势

（一）要牢牢坚持稳中求进工作总基调。去年12月召开的中央经济工作会议强调，“稳中求进工作总基调是治国理政的重要原则，也是做好经济工作的方法论，明年（2017年）贯彻好这个总基调具有特别重要的意义。稳是主基调，稳是大局，在稳的前提下要在关键领域有所进取，在把握好度的前提下奋发有为。”今年，党中央将召开党的十九大，省委将召开第十二次党代会。当前，我县山林土地、征地拆迁、劳资纠纷等矛盾问题仍较为突出，维护社会稳定压力较大。同时，今年经济不确定性因素增多，周期性经济风险加大。因此，全县各级各部门要认真贯彻落实中央和省委、市委的部署，坚持稳中求进工作总基调，全力抓好村（社区）“两委”换届、经济发展、安全生产、生态建设、环境保护、食品药品安全、综治信访、社会治安等各项工作，确保基层组织、经济建设、社会事业保持稳定。

（二）要准确把握当前面临的发展机遇。当前，我县发展机遇千载难逢。一是在发展全域旅游方面，李克强总理在2017年政府工作报告中明确提出，“完善旅游设施和服务，大力发展乡村、休闲、全域旅游”，这是“全域旅游”首次写入政府工作报告；今年1月，省旅游局将仁化列入首批“省级全域旅游示范区”创建单位名单，并支持我县申报国家全域旅游示范区；市委、市政府不断深化丹霞山管理体制改革，制定出台《关于加快发展乡村旅游的指导意见》，并将“韶关高铁站—丹霞机场—丹霞山”云轨建设提上议事日程，可以说仁化以丹霞山为龙头的全域旅游正迎来发展的春天。二是在发展新型工业方面，省委、省政府大力推进珠三角与粤东西北产业共建，将部分工业产业迁出珠三角地区；市委、市政府积极实施丹冶扩产增资；同时受国际有色金属供需关系影响，近两年铅锌矿的价格持续上升，这些对我县发展新型工业空前利好。三是在发展现代农业方面，2017年中央农村工作会议提出“大力推进农业供给侧结构性改革，加快现代农业建设”，我县作为全市目前唯一的国家现代农业示范区，推进农业产业现代化建设优势显著。因此，我们要抢抓机遇，鼓足干劲，切实增强发展的信心和决心，全力推动仁化县域经济加快发展。

（三）要清醒看到面临的问题与挑战。近年来，我县经济社会取得了长足发展，根据《广东县域经济综合发展力研究报告》，2014年、2015年连续两年位居全省28个山区县（市）经济综合发展力的第三位，2016年全县地区生产总值完成103.3亿元，首次突破百亿大关。但是，我们也要看到发展中面临的问题和挑战，一是县域经济基础仍然薄弱，经济总量仍然偏小、产业结构和所有制结构单一，民营经济发展滞后、活力不足，带动性强的重点产业项目数量少、质量不高，增长乏力，财政收支矛盾突出。二是发展制约因素越来越多，随着国家对生态环境和资源损害问题实行终身追查制以及中央环境保护督察力度的不断加大，我县加快发展的制约因素进一步加大。三是民生欠账较多，如城镇化水平不高，城市基础设施不够完善，城乡群众收入偏低，教育、医疗、养老、卫生等方面工作仍待加强。四是作风建设任重道远，一些干部思维固化、能力不足、不敢担当、不愿担责，重要领域和关键环节改革力度还不够大，行政效率还不适应仁化振兴发展的要求，等等。这些问题，我们必须要勇于面对，敢于担当，采取务实有效措施加以解决。

总体来说，机遇与挑战并存，但机遇大于挑战，我们必须要坚定发展信心，凝聚发展合力，变压力为动力、化挑战为机遇，全力推动经济社会平稳健康发展。

二、大力实施“一三九”发展战略，推动仁化经济社会稳中求进

根据对当前工作形势的判断以及仁化的发展实际，当前及今后一段时期工作的总体要求是：全面贯彻落实中央、省、市各项工作安排部署，以习近平总书记对广东提出的“四个坚持、三个支撑、两个走在前列”为统领，坚持稳中求进工作总基调，加快推进供给侧结构性改革，积极主动融入珠三角，贯彻落实县第十三次党代会精神，紧紧围绕建设“生态、活力、幸福”新仁化这一目标， 主攻“生态经济、幸福民生、美丽乡村”三大重点领域，大力开展“全域旅游、产业共建、城镇提升、教育现代化、卫生创强、精准扶贫、农村人居环境综合整治、农村综合改革、国家现代农业示范区建设”九大任务三年攻坚行动，着力打造美丽环境、发展美丽经济、创造美丽生活，加快建设生态更美、产业更优、机制更活、百姓更富、社会文明程度更高的美丽幸福新仁化。

以上简称为“一三九” 发展战略，其中2017年5月至2020年5月为三年攻坚期。各级各部门要紧紧围绕“一三九”发展战略，狠抓工作落实，争取各项重点工作取得新突破，力争2017年获得全国县级文明城市荣誉称号；确保2018年底如期完成脱贫攻坚任务；2020年实现全面建成小康社会目标。

2020年5月至2021年5月为巩固期。要进行九大任务三年攻坚行动“回头看”，切实找准工作短板，集中精力加以解决，确保九大任务三年攻坚行动取得实实在在的成效，成为造福全县人民群众重要抓手。

根据续承与发展的原则，围绕年初县委、县政府确定的工作目标任务，以及当前的发展形势，今年经济社会发展的主要预期目标是：地区生产总值增长8%；固定资产投资和地方一般公共预算收入与去年持平；城镇居民人均可支配收入和农村居民人均纯收入分别增长9%和10%；完成市下达的节能减排和城镇登记失业率任务。

为完成以上目标任务，我们重点要抓好以下工作：

（一）坚持以加强党的领导为根本，统筹推进各项事业发展

要落实全面从严治党要求，全面加强和改善党的领导，进一步加强党总揽全局、协调各方的领导核心作用，确保全县经济社会各项事业平稳健康发展。加强县委对县人大、县政府、县政协工作的领导，建立县人大、县政府和县政协党组向县委报告重大工作和重大情况制度，及时研究解决工作中的实际困难和问题，为县人大、县政府、县政协依法行使职权、发挥职能作用创造条件，切实形成县四套班子齐心合力、共谋发展的良好局面。县人大及其常委会要依法履行监督和法治建设职责，做好对县政府重大事项的监督，并加强与省、市人大沟通，做好丹霞山立法工作的对接。县政府要坚持稳中求进工作总基调，奋力抓好经济社会各项事务工作。县政协要履行好参政议政职责，做好仁化与社会各界联系工作，并就丹霞山与仁化融合发展等重大课题开展调研。各级党委要切实把意识形态工作摆上全局工作的重要位置，加强阵地、内容、队伍和制度建设，牢牢掌握意识形态工作的领导权和主导权。要积极稳妥推进群团组织改革工作，切实发挥工会、共青团、妇联、侨联、工商联、文联等群团组织的桥梁纽带作用。加强党管人才工作，拓宽人才的引进、培养渠道，积极构建仁化与中金岭南公司、中南大学等企业高校联合培养人才机制。加强党对政法工作的领导，全力做好综治信访各项工作，积极推进平安仁化、法治仁化建设。要切实加强对社会事务的管理，县委每季度听取一次安全生产、综治信访、环境保护等重要工作汇报，确保社会和谐稳定。

（二）坚持以发展生态经济为中心，不断增强县域经济实力

我县作为国家重点生态功能区，必须充分利用丰富的生态资源，大力发展生态型和环保型经济。科学划分县域发展功能区域，其中，西部片区重点作为生态工业和工业旅游结构板块，中部、东部和南部片区重点作为生态旅游、生态观光、农业休闲结构板块，北部片区重点作为生态农业农村结构板块。

一是大力发展全域旅游。市委十一届八次全会提出，将仁化重点建设成为生态休闲示范区，同时逐步改革理顺了丹霞山的管理体制机制，丹霞山与仁化融合发展的保障助推机制初步形成，为我县在全市率先发展全域旅游创造了有利条件。我们要以创建国家级和省级全域旅游示范区为目标，切实加强对丹霞山的保护与管理，加快丹霞山与仁化融合发展，充分利用丹霞山辐射带动，将我县打造成广东户外运动天堂、休闲旅游观光农业乐园和精品特色民宿集聚地。高标准编制《仁化县全域旅游发展规划》，用全域旅游理念来谋划、发展旅游产业。大力推进旅游交通基础设施建设，既

要打通旅游公路“大动脉”，又要疏通连接景区、乡村旅游点、旅游特色村的“毛细血管”，形成网状旅游道路交通格局。建设完善县域旅游配套基础服务设施，大力推进重点旅游项目建设。继续抓好A级景区创建工作。做好农业旅游产业配套工作，打造一批丹霞乡村游、红色旅游、民俗文化体验游、生态观光游等旅游线路。逐步打造“红色+温泉”乡村旅游产业链，将城口镇建设成为红色教育基地和红色旅游胜地。依托凡口国家矿山公园等资源，培育工矿遗迹游等特色工业旅游。继续开展好徒步穿越丹霞、南粤古驿道定向大赛等户外体育活动。加强旅游宣传推介，充分利用传统媒体和新媒体等资源，加大对珠三角和其他重点客源城市的宣传推广力度。继续办好特色旅游节庆活动，大力改善旅游业服务质量，优化旅游消费环境，不断提升仁化旅游美誉度和吸引力。

二是积极推进产业共建。依托本地特色资源优势，积极参与珠三角的产业分工，强化与珠三角产业共建，大力振兴实体经济，做优做强特色优势产业。进一步优化完善工业园区建设，充分发挥省级专项资金的撬动作用，加快我县产业集聚地道路管网等基础设施和生活配套服务区建设，扶持志成冠军储能产业发展。利用东莞虎门镇对口帮扶仁化的有利契机，大力推进产业共建，将产业集聚地建成我县民营工业的大本营。大力改造提升传统产业，为凡口铅锌矿、丹霞冶炼厂等企业技改升级创造良好的外部条件，支持企业做好产学研合作对接工作，做强下游产品深加工。加强与中金岭南公司沟通对接，积极推进丹冶扩产增资各项工作。积极配合市委、市政府做好中金岭南公司主体经济法人代表在韶关（仁化）注册工作。利用华粤煤矸石电厂的热气能，引进新项目推动坪岗工业园转型升级。大力发展乡村休闲旅游，培育一批特色农家乐和民宿客栈，大力发展民宿经济。深入实施“旅游+”发展战略，推进旅游与农业、体育、手工制造、文化、康养、互联网等产业深度融合。大力发展农产品加工业，延伸农业产业链条，实现农业提质增效。要把招商引资作为产业共建的主抓手，改进招商理念，大力开展领导招商、网上招商、行业协会招商、以商招商、大众招商，强化党政“一把手”和分管领导的招商主要责任，充分发挥县四套班子领导的积极性共同抓好招商工作，明确招商的责任主体部门是县经信局、丹霞开发区、旅游局、行政服务中心、虎仁对口帮扶指挥部。要加大招商推介力度，积极赴珠三角开展招商宣传推介活动，重点引进生态旅游、生态竹产业深加工、有色金属深加工、储能产业、新能源产业、现代农业等新项目。要狠抓项目落地，着力解决企业发展中遇到

图为2017年11月5日，仁化红色特色小镇启动暨丹霞丰源温泉奠基仪式在城口镇举行　（龙全明　摄）

的困难和问题，下大力气降低营商成本，为企业提供优质服务。加大政府主导项目的投资力度，大力拓宽融资渠道，发挥县国有资产经营（集团）有限公司的融资作用，推进一批重点项目早日落地建设。

三是扎实推进城镇提升。坚持规划引领，高质量编制城镇建设规划，推进城市规划、土地利用规划与旅游规划多规合一。加快编制《仁化县基本生态控制线规划》等规划。扎实组织实施好《仁化县城市提升三年行动计划（2016-2018年）》，建设一批市政道路、绿道、公园、园林绿化、文化体育、医疗教育等重点项目。加快交通基础设施建设，完成韶赣高速丹霞出口道路改建工程，加快推进县城北环路、丹霞大道二期（卜古岭至青湖塘）、县城北门片路网、丹霞新城路网贯通工程建设。加快丹霞绿道二期、城区重点易涝区段整治、三板桥片排污管网等民生工程建设。积极推进县城“五小”（小公园、小广场、小运动场、小停车场、小菜市场）惠民工程，提升公共设施配套服务水平。以创建全国县级文明城市为抓手，改造提升城市短板和薄弱环节，尽快启动农贸市场改造项目和新农贸市场的规划建设工作，推进“仁爱广场”建设，抓好城市管理服务，做好城乡清扫、垃圾清运环卫工作以及污水处理工作，积极维护交通秩序，规范服务行业管理，推进创文“网格化”管理，开展各类文明志愿服务，力争今年成功跻身“全国县级文明城市”行列。加强县城建筑物外立面管理，严厉打击“两违”行为，切实维护规划的严肃性。推动城市管理管办分离，推进市政设施、市政公用事业管理运营专业化、市场化。以城口红色特色小镇为示范点，带动全县特色小镇建设，丹霞小镇重点打造为生态旅游特色小镇，石塘镇重点打造酒香古镇，长江镇重点打造北部商贸小镇，周田镇重点建设成为旅游配套服务中心小镇。同时，加强各墟镇基本公共服务能力建设，进一步吸引农业转移人口就地城镇化。

（三）坚持以打造幸福民生为目标，切实提高人民群众获得感

一是全力推进精准扶贫精准脱贫。大力实施新时期精准扶贫精准脱贫三年攻坚行动，增强贫困村、贫困人口的“造血”功能和自我发展能力，确保今年实现898户3000人贫困人口脱贫，并于2018年如期完成脱贫攻坚任务。落实县镇村三级领导干部帮扶制度，把精准扶贫与“三农”工作紧密结合起来，构建扶贫开发与农村综合改革、现代农业、美丽乡村建设一体化工作格局。重点抓好产业扶贫和危房改造两个关键，围绕贫困户脱贫增收这一主线，坚持一户一策、因户施策，制定帮扶方案，大力发展特色种养业、电商扶贫、旅游扶贫、资产收益扶贫和外出务工扶贫，增加贫困村和贫困户收入。全力抓好贫困户危房改造工作，多方筹措资金，帮助无经济能力的贫困危房户住上安全舒适的住房，确保年底全面完成贫困户危房改造任务。落实无劳动能力的贫困人群兜底性保障政策，确保现行标准下的贫困人口稳定脱贫。实施教育扶贫，落实好贫困家庭子女受教育的各项奖补措施。推进医疗扶贫，切实减轻贫困户看病负担，确保贫困户不因病返贫。全面落实脱贫攻坚责任制，各镇（街）和村委会要切实负起主体责任，推动政策措施、项目和资金安排到户到人。完善督查考核机制，以最严格的考核评估制度、督查巡查制度，确保脱贫攻坚责任落到实处。加强扶贫资金的使用和监管，严查扶贫领域违法犯罪行为，确保扶贫资金使用规范安全高效。

二是全力推进教育均衡优质内涵发展。坚持教育优先发展战略，以学生的全面发展为核心，落实核心素养培育任务，统筹教育资源配置，深化教育综合改革，办人民满意的教育。2017年力争成功创建广

东省推进教育现代化先进县；2018年力争成功创建“广东省社区教育示范区”；2019年力争成功创建广东省现代职业教育综合改革示范县。坚持问题导向，对照“广东省推进教育现代化先进县”督导验收指标体系要求，扎实推进薄弱环节的整改落实。认真抓好周田镇等五个镇的创强复评验收工作及教育强县复评验收工作。实施“义务教育学校科研改薄”、“普通高中学校高考提质”和“中职学校办学实力提升”三大工程，促进教育优质内涵发展。推进幼儿园规范化建设，均衡配置中小学教育资源，异地新建仁化县第一小学和特殊教育学校。稳步改善办学条件，全面提高普通高中教育质量，大力发展中等职业教育，保障特殊群体平等接受教育，促进民办教育规范特色发展。加强教师队伍建设，提高教师信息化运用能力，促进教师队伍和教育质量双提高，推动校长、教师合理有序流动。

三是全力推进卫生强县建设。大力开展创建卫生强县工作，争取到2020年，总体实现基本医疗卫生服务均等化，主要健康指标达到创建卫生强县要求。编制医疗卫生服务体系规划和医疗机构设置规划，稳步推进县级公立医院改革，积极探索、制定和完善基层卫生医疗机构的绩效奖励机制，逐步实现分级诊疗。加快推进县妇幼保健计划生育服务中心整体搬迁工程，争取2018年底前投入使用。优化医疗卫生资源布局，重点提升基层医疗卫生服务能力，集中力量用3年时间对11个镇（街）的卫生院进行全面改造，解决农民看病就医难问题，今年要保质保量完成周田镇等7个镇卫生院业务楼建设。3年内完成108间村卫生站公建民营规范化建设。推进家庭医生签约服务，逐步转变基层医疗卫生服务模式。积极推进医联体建设，充分利用韶关、东莞等地优质医疗资源，让人民群众享受更加便捷优质的医疗服务。建设完善医疗卫生急救网络体系，增强重大疾病、传染病防控能力。加大医疗卫生人才培养和引进力度，主动对接做好省选派三甲医院骨干医生到基层的相关工作，建立完善卫技人员教育培训制度，加强乡村医生队伍建设。坚持计划生育基本国策，深入开展计划生育优质服务。

（四）坚持以建设美丽乡村为引领，推动农业农村工作迈上新台阶

一是大力推进农村人居环境改善工程。认真落实《仁化县改善农村人居环境建设美丽乡村工作分工实施方案》要求，按照“示范带动、全面推进、重点培育、争创品牌”的思路，打造国省道沿线人居环境综合整治示范点，以点带面抓好全县农村人居环境改善工作。加快农村生活垃圾和污水处理设施建设，力争今年实现环境卫生保洁覆盖所有墟镇，生活垃圾清运延伸到部分自然村。落实好“户集、村收、镇运、县处理”的农村生活垃圾集中处理体系，推进村道村巷整治，确保今年完成378个自然村（总目标的50%）整治工作，2018年完成80%以上自然村整治，2020年全面完成。务实高效推进“丹霞彩虹”省级新农村示范片建设，建成“长坝柚香”、青湖塘“农耕岁月”、“瑶塘问茶”、“夏富田园”等一批岭南特色主题村，确保今年高标准通过省考评验收。优先把相对贫困村纳入建设范围，通过省级新农村示范片示范带动，加快推进仁化美丽乡村建设。加快实施一批山水林田河重大生态修复工程，强化生态环境对经济社会发展的重要支撑，努力实现重点区域生态环境明显改善。全面推行河长制，出台县内主要河流的“一河一策”实施方案及河长制考核督查等配套制度，构建平安绿色生态水网。

二是稳步推进农村综合改革。深入推进农业供给侧结构性改革，加快调整农业产业结构，做大做强特色农业产业。结合化解矛盾、基层组织建设、农村人居环境改善工程、

精准扶贫，推动以“两个重心下移”、“两个整合”为重点的农村综合改革。探索发展村小组党组织，有效扩大基层党组织覆盖面。加快村民理事会推广建设，确保到2018年全县村民理事会组建率达到80%以上，切实发挥理事会在调动村民参与公共事业、协调矛盾等方面作用。完善公共服务平台建设，优化县、镇、村三级“三资”管理服务平台，有效整合现有各类基层公共服务平台资源，因地制宜增加贴近群众日常需求的生产生活类服务内容，切实解决好联系服务群众“最后一公里”问题。加大工作力度深入推进土地确权，确保今年顺利完成确权登记颁证工作。深化农村集体产权制度改革，处理好农民与土地关系，落实农村土地所有权、承包权、经营权“三权分置”。健全土地承包经营权流转体系，推进农村土地有序流转。

三是扎实推进国家现代农业示范区建设。依托国家现代农业示范区和国家农业科技园区，定期召开农业招商推介会，引进一批示范带动力强的农业观光企业和项目，推动传统农业向观光农业、休闲农业转变。充分发挥省级专项资金的杠杆作用，多方撬动社会资金投入园区核心区基础设施建设。加快一二三产业融合发展，逐步建成一批具有区域代表性的特色生态农业观光项目，努力创建“全国休闲农业与乡村旅游示范县”。以打造特色农业品牌为主攻方向，做优做强黄坑贡柑、长坝沙田柚、红山白毛茶、丹霞铁皮石斛等特色农业品牌。积极推进“三品一标”申报工作。大力发展特色农产品深加工，由政府建立农产品深加工交易平台，让农民得到实惠，让丹霞农业走出仁化。加快构建新型农业经营主体社会化服务体系，大力培育龙头企业、农民专业合作社、家庭农场、种养大户等新型农业经营主体，提高农业适度规模经营水平。加强对动植物疫病防控，建立风险防范应急机制，全面提升农产品质量和食品安全水平。大力发展农村电子商务，加快黄坑镇互联网试点小镇建设，推行“互联网+农业”生产经营模式，积极构建农产品电子产销平台和物流平台，破解农产品销售难的问题，拓宽农民增收渠道。

三、坚定不移推进全面从严治党，为建设美丽幸福新仁化提供坚强的政治保障

党的十八大以来，仁化坚决贯彻落实中央和省、市的决策部署，以更严更实的要求全面加强党的建设，严格落实全面从严治党责任，狠抓作风建设和党风廉政建设，形成了风清气正干实事，凝心聚力谋发展的良好氛围，为推动全县经济社会持续健康发展打下了坚实的基础。

当前，仁化正处于全面建成小康社会的关键时期，只有坚定不移推进全面从严治党，才能保持各级党组织和党员领导干部的先进性和纯洁性，提高凝聚力和战斗力，不断推动我县经济社会发展开创新局面。党的十八届六中全会对全面从严治党作出了全面部署，省委、市委也召开了全会对全省、全市全面从严治党工作进行了专题部署。我们要认真贯彻落实中央和省委、市委的部署，坚持问题导向，切实解决管党治党中存在的突出问题，为仁化经济社会各项事业发展提供坚强政治保证。

（一）从严抓思想政治教育，切实增强“四个意识”。加强对党员干部的思想政治教育，是我们党保持先进性、纯洁性的重要途径。当前，一些党员思想道德防线不牢，理想信念发生动摇，律己不严、腐化堕落，走上违纪违法道路；一些基层党组织忽视开展理论学习教育的极端重要性，政治属性淡化，政治功能弱化，软弱涣散，战斗堡垒作用削弱；一些领导干部不讲政治、不守规矩、不知敬畏，如遇事不报告、外出不请假，等等。我们必须牢牢抓住理想信念这个根本，通过中心组学习、集中培训、专题辅导等形式，坚持不懈推进理论武装，修好马克思主义理论必修课，坚定共产党员的理想信念。深入学习习近平总书记系列重要讲话精神和治国理政新理念新思想新战略，以及习近平总书记对广东工作的重要批示精神，进一步增强“四个意识”，坚定“四个自信”。要以“四个坚持、三个支撑、两个走在前列”为统领，坚持不忘初心、继续前进，走好新的长征路。要推进“两学一做”学习教育常态化制度化，坚持学做结合，着力推动学习教育各个环节、各个动作向基层下沉、向每位党员覆盖。强化问题导向，在增强党性观念、严肃党内政治生活、提振干事创业精气神上聚焦发力，切实用党章党规规范言行，用系列讲话精神统一思想。各级党委（党组）要认真抓好《关于新形势下党内政治生活的若干准则》和《中国共产党地方委员会工作条例》、《中国共产党党组工作条例》的学习贯彻落实，切实解决党内政治生活随意化、庸俗化、形式化等问题，不断提升各级党委（党组）的工作水平。要制定党员干部党性教育计划，定期开展党委（党组）中心组学习、专题培训等集体学习。严格依法依规决策，落实党委法律顾问制度，加强对党委文件、重大决策的合法合规性审查。要严肃党内政治生活，严格落实民主集中制、“三会一课”、双重组织生活、民主评议等组织生活制度，提高组织生活质效。

（二）从严抓好党的作风建设和干部队伍建设，增强发展信心和主人翁意识。党的作风就是党的形象，关系人心向背，关系党的生死存亡。当前，我县一些党员干部懒慢涣散、消极怠工，工作只求过得去，不求过得硬，“士气”低迷；一些领导干部安于现状、不敢担当，遇到问题往外推，碰到困难绕着走，“暮气”很重；一些单位和部门对群众长期反映的问题和诉求无动于衷、麻木不仁，“官气”很足。因此，县委把今年定为“作风建设年”，通过县委理论学习中心组集中学习讨论，深入学习贯彻习近平总书记对广东工作的重要批示精神，进一步加强作风建设，让全县党员领导干部解放思想、提振信心，牢固树立仁化主人翁意识，切实增强加快仁化发展的紧迫感、责任感和使命感，坚决扫除一切作风之弊，根治一切作风之害，解决不想为、不敢为、不会为、慢作为、乱作为的问题。要紧紧围绕市委常委会议提出的“把政治上的坚定性体现为工作上的责任心，把思想上的紧迫感化为工作使命感，把个人的工作水平转化为工作的实际成效”的要求，深入开展“比学赶超、以评促建、实干担当”活动，通过比学作风、家风、民风，比学先进典型、先进事例；比评班子成员在工作中的团结主动性、比评各部门工作业绩的好与差、比评各镇（街）的争先竞优意识，形成相互竞争、相互参照的良好局面，切实提高工作执行力和工作实效，着力解决干部“能力不足”“动力不足”的问题。深入实施《仁化县科级领导干部“干事档案”实施方案》《仁化县科级领导干部政绩档案管理意见（试行）》《仁化县科级领导干部考验性管理意见（试行）》，打破“无错无为不摘帽”的惯例，解决“重选轻管”的问题，全力营造勇于担当、干事创业的氛围。深入开展“为官不为”专项治理，认真执行《韶关市机关作风和效能问责实施意见》《仁化县科级领导干部能上能下实施意见》，大力惩戒敷衍塞责、懒政怠政、失职渎职等行为。坚持“两个尊重”、“三个区分”原则，制定出台《关于仁化县党员干部干事创业容错免责实施意见》，为敢于担当者担当，为敢于负责者负责，为改革创新者铺路。坚持党管干部原则，坚持“二十字”好干部标准，围绕“责任、担当、为民”三个基本导向，坚持重视基层、凭实绩用干部。要健全选人用人机制，严格执行《科级领导干部选拔任用工作流程》，健全干部监督联席会议制度，构建纪检、组织、信访、审计等部门信息共享机制，防止“带病提拔”、“带病上岗”。

（三）从严抓好基层组织建设，增强基层党组织凝聚力和战斗力。党的基层组织是党联系群众的纽带和桥梁，是党执政的力量源泉和根本依托。当前，一些农村基层党支部处处落后、软弱涣散成为“尾巴”支部；一些机关党组织臃肿庞杂、运转失灵成为“瘫子”支部；一些企事业单位党支部建而不用、有名无实成为“摆设”支部；一些“两新组织”党支部场所丧失、党员流失成为“空壳”支部，如此种种严重削弱了基层党组织的战斗堡垒作用。推进全面从严治党，必须牢固树立大抓基层的鲜明导向，推动基层建设全面进步、全面过硬，努力把每个基层党组织建设成为坚强战斗堡垒。着力抓好今年村（社区）“两委”换届工作，选优配强“两委”班子，特别是党组织书记，并确保村党支部书记、主任“一肩挑”和“两委”班子成员交叉任职达到90%以上。实施农村基层党建“三选三强”项目和“固定党日+”制度，确保基层党组织的组织生活、党员管理更严更实。健全基层组织民主决策管理机制和工作运行机制，全面落实“四议两公开”“四民主工作法”，规范实施班子联席会议制度和党群联席会议制度。实行支部书记培训、后备干部培育“双培计划”，提升村干部能力。选好培优党员发展对象，探索推进乡镇组织委员全程跟踪指导的农村党员发展模式，着力解决农村发展党员唯亲、唯友等问题。强化村级党组织的政治功能和服务功能，深入推进抓党建促脱贫攻坚工作。持续整顿软弱涣散基层党组织，采取领导挂点联系、工作组包村、选派第一书记、先进示范点挂钩联系帮扶等方式，实行一村一策、分类指导，集中解决党组织班子软弱、基层矛盾突出、经济发展长期落后、基础保障不足等问题。扎实开展驻点直接联系群众工作，落实“三个固定”和县、镇、村三级问题联动调处机制，密切党群干群关系。进一步整合和完善领导干部接待来访群众制度与干群会客厅工作机制，实行领导干部每周三定期下访制度，接地气、化矛盾、解民忧，着力把矛盾化解在基层。突出重点行业和重点领域，积极推进“两新”组织党建工作。

（四）从严开展党风廉政建设和反腐败斗争，增强党员领导干部拒腐防变能力。党风廉政建设和反腐败斗争永远在路上，只有进行时。当前，在一些农村基层，挪用、私分涉农资金和扶贫款等损害群众利益的问题依然屡禁不止；一些机关单位“四风”问题反弹，个别党员领导干部顶风作案，违反中央“八项规定”精神，奢侈腐败、挥霍浪费。因此，我们要驰而不息抓好党风廉政建设和反腐败斗争。要切实抓好党风廉政教育，充分利用县级廉政教育基地，坚持开展警示教育。加强廉洁文化建设，挖掘仁化优秀传统文化中的家规家风、乡规民约、官德箴言精华，引导党员干部廉洁修身、廉洁齐家。加强对重点领域、重点工程项目、重要岗位的廉政风险防控。贯彻落实《中国共产党党内监督条例》，加强对领导干部的监督。要深入贯彻落实中央“八项规定”精神，紧盯“四风”新动向新形式新表现，重点查处党的十八大以后仍然顶风违纪不收手、不收敛，变换花样规避组织监督的行为，坚决遏制“四风”问题反弹。深入开展以案治本工作，落实“一案双报告”制度，强化警示震慑。严肃查办发生在领导机关和领导干部中的滥用职权、贪污贿赂、腐化堕落、失职渎职等案件。建立完善对农村基层违纪违法问题的常态化排查机制，持续深入开展基层党员干部违纪违法线索排查，集中力量解决发生在群众身边的吃拿卡要、与民争利、欺压百姓，以及征地拆迁、惠农资金、生态环境保护等工作中的腐败问题。强化扶贫领域监督执纪问责，严肃查处扶贫领域中的违纪违法行为。建立健全巡察工作领导体制和工作机制，推动全面从严治党向基层延伸。完善反腐败工作协调机制，健全依纪依法、各司其职、高效协同的查办腐败案件工作机制。

同志们，全面从严治党和建设“生态、活力、幸福”新仁化责任重大、任务艰巨。让我们更加紧密地团结在以习近平同志为核心的党中央周围，坚定不移地推进全面从严治党，紧紧围绕习近平总书记对广东工作作出的“四个坚持、三个支撑、两个走在前列”重要批示精神，奋发有为，攻坚克难，努力开创我县各项工作新局面，以优异的业绩迎接党的十九大和省第十二次党代会胜利召开！

名词解释：

1.习近平总书记重要批示精神：希望广东做到“四个坚持、三个支撑、两个走在前列”，即，坚持党的领导、坚持中国特色社会主义、坚持新发展理念、坚持改革开放，为全国推进供给侧结构性改革、实施创新驱动发展战略、构建开放型经济新体制提供支撑，努力在全面建成小康社会、加快建设社会主义现代化新征程上走在前列；

2.两个重心下移：村民自治和公共服务重心下移；

3.两个整合：涉农资金整合、土地资源整合；

4.三品一标：绿色食品、无公害农产品、有机食品、地理标志保护产品；

5.四个意识：政治意识、大局意识、核心意识、看齐意识；

6.四个自信：中国特色社会主义道路自信、理论自信、制度自信、文化自信；

7.三会一课：定期召开支部党员大会、支部委员会、党小组会，按时上好党课；

8.两个尊重：即，尊重广东历史、尊重广东省情；“三个区分”，即要把因缺乏经验、先行先试出现的失误与明知故犯的违纪违法行为区分开来，把国家尚未明确规定时的探索性试验与国家明令禁止后有纪有法不依的行为区分开来，把为加快发展的无意过失与为谋取私利故意违纪违法的行为区分开来；

9.二十字好干部标准：信念坚定、为民服务、勤政务实、敢于担当、清正廉洁；

10.三选三强：选优配强农村支部书记，强素质促发展；选好培优党员发展对象，强队伍添活力；选准办好为民服务项目，强服务聚民心；

11.四议两公开：党支部会提议、“两委”会商议、党员大会审议、村民代表会议或村民会议决议；决议公开、实施结果公开；

12.四民主工作法：民主提事、民主议事、民主理事、民主监事；

13.固定党日+：以党支部为基本单位，每月定期组织开展各类党组织活动，真正使党的组织生活、党员教育管理在基层支部严起来、实起来；

14.三固定：固定人员、固定时间、固定地点；

15.“两新”组织：指新经济组织和新社会组织。

政府工作报告

——2018年1月10日在仁化县第十五届人民代表大会第四次会议上

仁化县人民政府县长　周小明

各位代表：

现在，我代表县人民政府，向大会报告政府工作，请予审议，并请县政协各位委员及其他列席人员提出意见。

2017年工作回顾

2017年是新一届政府履新之年，也是党的十九大胜利召开之年。一年来，在县委的正确领导下，在县人大、县政协的监督支持下，我们团结和带领全县人民，认真学习贯彻党的十九大精神以及习近平总书记对广东工作的重要批示精神[1]，积极落实市委、市政府“主动融入珠三角”总体部署和县委“一三九”发展战略[2]，以推进供给侧结构性改革为主线，以“九大任务”[3]三年攻坚行动为抓手，解放思想，攻坚克难，狠抓各项工作落实，力促全县经济社会保持平稳发展。2017年，全县完成地区生产总值112.5亿元，增长3.8%。完成固定资产投资67.46亿元，增长5.8%；完成社会消费品零售总额32.94亿元，增长8%；城镇和农村居民人均可支配收入分别为25478元和15450元，分别增长9%和11%。全面小康实现程度为74.6%，比2016年提高3.5个百分点。

（一）“九大任务”攻坚行动成效明显。认真按照“九大任务”三年攻坚行动方案和县政府2017年工作要点的具体要求，健全工作机制，突出项目建设，狠抓工作落实，“九大任务”攻坚行动实现平稳开局。

全域旅游开局良好。全域旅游发展规划通过了专家评审，制定了大丹霞旅游经济圈发展建设工作实施方案。成功举办了“丹霞杯”围棋城市邀请赛、南粤古驿道定向大赛（仁化站）、“绚美大丹霞、活力新仁化”2017广东仁化文化旅游节等活动。县游客集散中心建成使用，灵溪森林旅游度假区建成开园。城口红色特色小镇建设全面启动，完成了城口铜鼓岭烈士纪念园修缮工程，红军长征粤北纪念馆和丹霞丰源温泉一期项目开工建设。推行“厕所革命”[4]，新建和改造提升旅游厕所29座。启动了长江至万时山、灵溪河至新凉亭2条旅游公路建设。全县接待游客及旅游总收入分别增长11.6%和11.7%，新增4家限上零售企业，全县批发零售业销售额完成44.4亿元，增长2.6%。

产业共建扎实推进。建立健全了招商引资项目综合评选机制，组建了中山、东莞、珠海、广州、佛山（仁化）商会和8个镇级商会。成功引进了亿航丹霞旅游无人机、江西宜春邦华新材料科技有限公司等一批优质企业和项目。全年累计引进招商项目17个，合同利用资金超75亿元。实际吸收外资485万美元，货物进出口总额1982万美元，超额完成市下达的目标任务。创新实施“一线双联”制度[5]，实行一企一策、上门服务、跟踪落实，服务企业效率明显提高。丹霞冶炼厂扩产增效、凡口铅锌矿尾矿综合提升项目稳步实施。阳光电源股份有限公司15万千瓦光伏发电综合利用示范项目建成投产，二期项目开始实施。新增金泽新能源、升隆电源等4家“规上”企业，超额完成市下达的目标任务。化解钢铁产能50余万吨，占全市总量的21.74%。县产业集聚地建设步伐加快，合泰铝制品、森辉节能、基亿通用电气、能易储能等4个项目开工建设，富鑫有色、中弘金属、凯鸿纳米等3个增资扩产或技改项目启动，滨江路3.4公里、新庄大道北延段1.62公里实现通车，公共绿化一期、工业二路等工程加快推进，产业集聚地服务中心已建成。全县完成“规上”工业增加值33.84亿元，增长0.2%。

现代农业提质增效。完成了国家现代农业示范区核心区现代农业生产技术升级改造二期项目，润华农业、众力农业、新农人等设施农业项目建成并投入生产。建成了黄坑贡柑、长坝沙田柚、红山茶叶等3个万亩农业生态观光园。粮食种植面积24.89万亩，总产量超10万吨。黄坑镇互联网农业小镇试点项目加快建设。仁化白毛茶等5个产品被评为省第二届名特优新农产品区域公用品牌，丹霞谢柚、富然油茶被评为省第二届名特优新农产品经营专用品牌，仙障白茶等7个农产品被评为广东省名牌农产品。红山镇鱼皇村被列入全国一村一品示范村，是全市唯一上榜村。红山镇富农茶叶专业合作社被认定为国家级农民合作社示范社，鸿伟木业（仁化）有限公司被认定为省重点农业龙头企业。全县“三品一标”[6]认证农产品累计达46个，农业观光采摘园147家，休闲农庄136家。新增农民专业合作社25家、家庭农场33家。投入1600多万元实施中小河流治理重点县综合整治及水系连通试点项目4个，分别完成河道清淤、岸坡整治10余公里。投入6000多万元实施广东省山区五市中小河流治理项目，完成河流治理36公里。投入3963万元实施村村通自来水工程5宗。完善了“三防”[7]信息平台建设，“三防”工作稳步推进。实现耕地保有量21419.36公顷，基本农田面积16773.33公顷，超额完成市下达的目标任务。全县农林牧渔业总产值35亿元，同比增长4%。

图为清明节前，鱼皇村茶农在采摘茶叶　（谢嘉文　摄）

城镇品质稳步提升。丹霞新城、盛世铭庭等房地产开发工程扎实推进。碧桂园商贸城落地开工。北门片区市政道路一期工程、丹霞新城龙井路基本完成，丹霞新城农贸市场投入使用。韶赣高速丹霞出口至国道106道路改造提升稳步实施。全县十镇一街均实现了环卫服务市场化，石窝生活垃圾填埋场试运营，基本实现了保洁体系建设全覆盖。武深高速仁化段已建成通车。全县土地利用规划中期调整获省批复。完成项目用地报批828.5亩。第二次全国地名普查工作通过了省检查验收。“两违”[8]整治工作成效明显。

农村环境日益改善。在全市率先完成了33个省定贫困村农村人居环境整治规划，编制了周田镇、大桥镇南门控制性详细规划和仁化县基本生态控制线、“五小”[9]专项规划等。大力开展省定贫困村和国、省道路沿线村庄“三清三拆三整治”[10]，清理村巷道732条、10万平方米，拆除废弃房屋面积20万平方米。完成农村公路硬底化工程84公里。建成农村候车亭12个。投入8720.8万元完成156个农村电网改造工程项目。投入1.52亿元完成“丹霞彩虹”省级新农村示范片道路、污水处理等一批基础设施建设。

精准扶贫有效开展。实施了河富村现代化优质果蔬种植、新农人公司无土栽培示范基地、黑山羊养殖等一批产业帮扶项目。发放产业扶贫小额信贷资金203万元，实施产业种养项目53个。扶贫资金投入光伏电站等资产性收益项目进展顺利。举办15场精准扶贫专场招聘会，现场达成就业意向2752人。为建档立卡学生发放生活补助费398.2万元；投入331.19万元用于贫困人口医疗救助，100%完成建档立卡贫困人口城镇居民保险参保缴费。投入672万元改善了一批农村基础设施。投入127万元实施村基层组织建设项目36个。

农村综合改革不断深化。建立自然村村民理事会689个，省定贫困村20户以上自然村村民理事会实现全覆盖。农村土地承包经营权确权登记颁证33143本，颁证率达96.02%。建成了农村土地承包经营权信息应用平台。建成农村普惠金融“村村通”信用村、取款点各109个，评定信用户32911户，累计授信贷款1.47亿元。供销社体制改革、农信社改制工作全面启动。

教育现代化进程加快。投入1621万元实施周田镇灵溪小学综合楼和运动场建设等山区薄弱学校改造项目11个，全面消除了中小学D级危房。投入1420万元实施全面创建平安食堂工程，改扩建中小学幼儿园学生饭堂52所，全面消除C级饭堂。投入1500多万元新装备云教室和录播室26间、交互式智能教学设备203套、师生移动学习终端600套。实施农村教学点“班班通”工程，全县41个教学点多媒体课室实现全覆盖。县第一小学已开工建设，县特殊学校迁建工程全面启动。省级教育强县、教育强镇复评指标全部达标。中小学教师“县管校聘”[11]管理改革稳步推进。

卫生创强有序实施。累计争取县人民医院新门诊综合楼、县妇幼保健计划生育服务中心搬迁、村卫生站标准化建设等项目资金9396万元，基层卫生服务能力提升工程进展顺利，新建卫生院业务综合楼7个，全面完成了乡镇卫生院改造和33间村卫生站公建民营规范化建设任务。实施基层医疗机构“中医馆”建设项目11个、基本公共卫生服务项目46个。公立医院改革进展顺利，全面取消药品加成。家庭医生式服务全面铺开，签约人数57445人。二孩政策全面落实，计生服务水平进一步提高。

（二）财税金融稳健运行。全县完成一般公共预算收入5.38亿元，一般公共预算支出20.75亿元。八项支出完成15.55亿元，占财政总支出的74.94%。用于保障和改善民生事业资金17.64亿元，占一般公共预算支出比重达85.01%。全县金融机构各项存款余额93.24亿元，增长2.87%；各项贷款余额40.06亿元，增长9.04%；城乡居民储蓄存款余额64.37亿元，增长2.21%。全面落实“营改增”和减税降费政策，降低企业成本约2.8亿元。新增债券转贷资金2亿元，置换存量债务13092万元。

（三）生态环境更加优化。完成造林面积1.1万亩、碳汇林抚育1.75万亩，建成13个乡村绿化美化示范点，全县森林覆盖率达78.92%。全面推行“河长制”[12]，开展了锦江河流域水质综合治理工作。制定了畜禽养殖“三区”划定[13]方案，整治完成畜禽养殖场（户）60个。全县水、声、空气环境质量均保持较好水平。中央环保督察、“绿盾2017”自然保护区监督检查等专项行动整改工作有效落实。土壤污染综合防治工作扎实开展，完成了坪岗工业园、银海、丹霞冶炼厂及凡口铅锌矿等县重点行业在产企业相关地块土壤污染状况详查工作。全县单位GDP能耗为0.714吨标准煤每万元，同比下降2.9%。

（四）社会事业全面进步。八件惠民实事扎实开展，全民文化广场、县城第一农贸市场改造提升基本完成，第二农贸市场改造提升扎实推进；实现了环境卫生保洁覆盖所有墟镇，生活垃圾清运延伸到部分自然村。860户贫困户危房改造任务全部开工建设。十六冶棚户区（晟泰花园）等保障性安居工程进展顺利，对440套安置户完成抽签分配，让老职工实现了安居梦。10个县城“五小”惠民工程有序实施。完成了数字档案馆第一期建设。城乡居民养老保险和医疗保险参保人数分别为76334人和180436人。村（社区）“两委”实现了“五个好”换届目标。成功举办韶关市第十五届青少年运动会、县第五届运动会等体育赛事。2017年普通高等学校招生考试再创佳绩，高考总上线率达到99.42%。初中和小学教学成绩稳步上升。13个基层综合性文化服务中心建设全面铺开。“扫黄打非”[14]成效显著。成功侦破多起开设赌场赌博案和伪造假币案，“飓风2017”专项打击行动综合排名全市第二，董塘镇、长江镇专职消防队实体运作，社会治安、安全生产持续稳定。城乡居民养老保险、医疗保险有效扩面，城乡低保、五保和医疗救助标准稳步提高，切实兜住民生底线。县综合应急指挥信息平台基本建成。“创文”工作纵深推进，开展了文明劝导、“礼让斑马线”等“仁爱之城”创建系列活动，大力培育和践行社会主义核心价值观，网格化管理常态化开展。

（五）政府建设持续加强。深入开展“两学一做”学习教育常态化、制度化和“比学赶超、以评促建、实干担当”作风建设年活动。严格落实领导干部学法制度，加强政府规范性文件管理和行政执法监督，做好行政复议及行政应诉工作，推进政府依法行政。深化简政放权、“放管服”[15]改革，全面推进“一门式一网式”政府服务。认真落实党风廉政建设责任制，持续强化重点领域、关键环节的行政监察和审计监督，原县委书记、县长离任审计问题整改工作扎实开展。严格落实“一岗双责”，政府系统党风廉政建设深入开展。制定实施县政府“三重一大”[16]决策、县政府党组会议议事规则等制度，科学、民主决策水平进一步提高。自觉接受县人大法律监督和县政协民主监督，办理人大代表议案、建议107件，政协提案、意见47件，办结率100%。

此外，信访维稳、拥军优属、民族宗教、外事侨务、应急管理、审计、物价、粮食、统计、档案、人防、消防、工商、质监、工青妇、通讯、广播电视等工作均取得新进步。

各位代表，上述成绩的取得，是县委坚强领导、科学决策的结果，是全县广大干部群众齐心协力、真抓实干的结果。在此，我谨代表县人民政府，向全县广大干部群众，向各位人大代表、政协委员，向所有关心支持仁化发展的社会各界人士，表示衷心的感谢，并致以崇高的敬意！

在肯定成绩的同时，我们也清醒地认识到，我县经济社会发展中还存在不少困难和问题，主要有：一是对标全面建成小康社会指标，经济总量小，城乡发展差距大，民生社会事业存在短板，与全国同步全面建成小康社会的压力巨大。二是对标“九大任务”三年攻坚行动要求，项目支撑不足的问题较为突出，新项目、大项目少，且受征地拆迁、用地审批、配套资金等因素影响，一些项目推进总体缓慢，如期完成九大攻坚任务的难度较大。三是我县属于国家重点生态功能区，对项目用地、环评审批等方面的要求提高，加快发展方式转变的压力增大。四是财政收支矛盾突出。税源结构不合理，财政收入持续增长后劲依然不足，而财政刚性支出持续增加，对财政收支平衡形成较大压力。五是干事创业氛围不够浓厚。少数干部责任担当精神不强，工作作风不够扎实，创新意识有待提高，“不想为、不敢为、不能为”等现象依然存在，政府行政效能还有待进一步提高。对此，我们将采取更加有力的措施，认真加以解决。

2018年工作安排

2018年是全面贯彻党的十九大精神的开局之年，是改革开放40周年，是决胜全面建成小康社会、深入实施“十三五”规划承上启下的关键一年，做好全年各项工作意义重大。党的十九大报告提出：从现在到2020年，是全面建成小康社会的决胜时期。当前，我县全面建成小康社会实现程度仅为74.6%，实现与全国同步全面建成小康的任务仍然很重。为此，我们必须要用发展的眼光分析优势和短板，对标全面建成小康社会目标、“一三九”发展战略以及“九大任务”三年攻坚行动方案，不忘初心，牢记使命，坚定信心，砥砺奋进，在新起点上展示新气象，实现新作为，努力开创仁化振兴发展新局面。

今年政府工作的指导思想是：全面深入学习贯彻党的十九大精神和中央经济工作会议、中央农村工作会议精神，以及中央和省、市、县委各项工作部署，坚持以习近平新时代中国特色社会主义思想为指导，坚持以供给侧结构性改革为主线，坚持以人民为中心的发展理念，坚持全面深化改革，落实高质量发展的要求，积极转变发展方式，坚决执行县委“一三九”发展战略，深入开展“九大任务”攻坚行动，把唱响红色主旋律、打造绚美大丹霞、产业共建、城镇提升和乡村振兴发展作为今年重中之重的工作，坚决打好“防范化解重大风险、精准脱贫、污染防治”三大攻坚战，推动质量变革、效率变革、动力变革，促进经济社会持续健康发展，着力建设“生态、活力、幸福”新仁化，为确保如期全面建成小康社会、开启全面建设社会主义现代化新征程奠定坚实基础。

根据中央和省、市决策部署，县委研究提出2018年全县经济社会发展的主要预期目标是：地区生产总值、固定资产投资、地方一般公共预算收入分别增长6%；社会消费品零售总额增长6.5%；城镇和农村居民人均可支配收入增长与经济发展同步；主要污染总量减排和大气、水环境质量和城镇登记失业率完成市下达目标任务。

围绕上述目标，我们将努力做好以下几方面工作。

一、紧扣三大重点，全力发展生态经济

贯彻落实县委十三届四次、五次全会要求，突出全域旅游、产业共建和城镇提升三大重点，以项目带动和企业服务为抓手，全力推动生态经济扩量提质。

（一）加快全域旅游发展。对标创建国家和省级全域旅游示范区要求，推进旅游重点项目和A级景区建设，完善一批旅游基础设施和开展系列旅游节庆活动，持续做旺旅游市场，实现旅游总收入增长11.7%，带动第三产业增加值增长5.4%。

突出红色文化旅游。围绕“唱响红色主旋律、打造绚美大丹霞”要求，编制《仁化县红色革命文化遗址保护利用规划》，大力开展红色文化资源挖掘和红色历史遗迹修缮保护工作，有效保护红色遗迹遗址，高水平推进红军长征粤北纪念馆、红军街、谭甫仁将军旧居等项目建设。整合县域红色文化旅游资源和发挥丹霞山龙头带动作用，规划打造长江凌溪至红山红军长征旅游线路、丹霞山至石塘双峰寨和丹霞山至城口红色特色小镇、董塘镇安岗红色村至石塘双峰寨等红色旅游线路。加大红色文化、丹霞山和仁化县政策法规的宣传力度，推动红色文化深入人心，提升丹霞山乃至仁化县的知名度和美誉度。

建设大丹霞旅游经济圈。加强大丹霞旅游营商引资工作，积极配合市委市政府引进战略投资者，以“打通南门、联通北门”为突破点，做好景区整体规划。启动南门项目规划编制工作，加快南门建设用地征收工作。积极做好规划编制、环评审批以及征地拆迁等工作，加快夜丹霞项目建设步伐，全力打造“绚美大丹霞”。深入挖掘“舜帝南巡奏韶乐”的韶乐文化内涵，打造一台在现代语言环境下很有分量的、以韶乐为背景的演出品牌。依托亿航丹霞旅游无人机项目，规划建设无人机观光和培训基地。积极谋划建设环丹霞山生态旅游公路。按照5A级景区标准，完善景区道路交通等基础设施建设。加强对现有旅游产品的改造和提升，全方位、多层次满足游客需求。

推进旅游项目建设。全面落实全域旅游发展规划，加快推进宝能国际旅游度假、亿航无人机、丹霞丰源温泉等重点旅游项目建设，创建丹霞灵溪景区、五马寨等2家A级景区，提升石塘古村3A级景区，打造大桥长坝村、石塘古村、城口恩村、扶溪古夏村、丹霞街道夏富村等5个乡村旅游示范点。推进灵溪河大桥至新凉亭、长江至万时山2条旅游公路建设。完善旅游指示标识、旅游公厕、旅游观景台、旅游驿站等设施建设，提升仁化旅游综合承载能力。推行民宿联盟考核机制，促进规模以上旅游企业逐年增长。

强化旅游营销管理。建立仁化旅游数据中心，完善旅游数据采集体系，开展旅游大数据统计。建立门票网上预订、电子门禁、智能导游、景区监控管理、停车场管理等智慧旅游服务系统。拍摄仁化旅游宣传形象片，办好南粤古驿道系列活动、徒步丹霞等旅游文体活动，提升仁化旅游知名度。建立旅游综合管理和联合执法体制，成立旅游联合执法队伍，加强对旅游市场的服务和监管，提升旅游服务水平。

（二）加快产业共建步伐。对标产业共建攻坚行动要求，加大产业招商和项目落地力度，加快产业园区和产业共建重点项目建设，加强企业综合服务，力争全年新增“规上”工业企业3家，全县“规上”工业增加值增长6%。

坚持全面深化改革。坚持以供给侧结构性改革为主线，落实“三去一降一补”任务。坚持“破”“立”“降”并举，落实市下达的淘汰落后产能任务，坚决破除无效供给、培育新动能、降低实体经济成本，推进产业结构调整和转型升级。深化“放管服”改革，将“一门式一网式”政务服务平台下沉到镇村一级，优化政府服务水平。开展“减证便民”行动，实施“马上办”、“跑一次”、“零见面”服务模式，不断提高政务服务效率。深化营商环境综合改革，强化招商办职能，出台招商引资激励政策，完善精准招商工作机制，提升工作效能和服务质量，降低营商成本，增强发展环境的吸引力和竞争力。加快投融资体制改革，进一步放宽企业投资准入，最大限度下放项目审批权限，优化审批流程。

加大招商引资力度。加强与珠三角地区的产业对接与合作，大力引进珠三角产业转移项目，力争全年新引进项目20个，合同利用外地资金80亿元以上。紧盯国家产业政策和投资导向，健全项目清单管理制度，积极做好项目策划、储备、包装和申报工作，力争全年争取上级项目资金有新突破。

加强产业项目建设。狠抓项目跟踪服务，确保签约项目尽快落地、在建项目早日投产，重点抓好中达锌业有限公司年产1万吨锂离子正极材料等一批签约项目落地，加快推进阳光电源二期、华粤煤矸石电力有限公司热电联供、新奥能源泛能网等8大产业共建重点项目建设，力促凡口铅锌矿选矿厂技术升级改造项目投入试产、尾矿综合提升项目加快推进，力争全年完成工业投资15亿元、工业增加值35亿元。

加快产业园区建设。推进县产业集聚地建设，继续做好省级循环经济工业园申报工作。完成工业二路等道路及管网建设，建成多功能商业综合体，推进公共绿化一期、110千伏变电站基础设施建设。加快森辉节能、力圣蓄电池、富鑫有色金属等6个工业项目建设，力争产业集聚地完成工业投资10亿元，实现工业总产值15亿元。启动虎门-仁化产业共建园、生态竹产业园规划建设，着力打造新产业集群。

（三）加快推进城镇提升。对标城镇提升攻坚行动要求，制定各镇（街）城镇提升要点，以文明县城和特色小镇建设为重点，以基础设施建设和城镇综合管理为抓手，加快推进城镇提升，力争常住人口城镇化率提升至47.8%。全年完成固定资产投资71.5亿元，其中基础设施投资完成30亿元，分别增长6%和7%。

建设文明县城。对标创文标准，制定创文工作目标任务，完善县城市政基础设施，加快县域污水处理厂及配套污水管网升级改造等市政功能设施项目建设，完成县城北门片区市政二期工程、县城防洪排涝整治工程。启动县城北环路及锦江大桥建设，改造提升仁化大桥至松香厂道路、房管所至新省道246线新建市政道路，完成九龄路与新城路接驳处贯通工程，完善城市道路网络。继续实施县城“五小”惠民工程，启动仁化县工人文化宫、县城综合性农贸物流市场等项目，推进县城北门碧桂园商贸城、维也纳酒店和丹霞新城商业综合体、公共停车场等项目建设。加强城市综合管理，提升县城文明形象。

创建特色小镇。编制和实施特色小镇建设规划，积极发挥政府主导和企业主体作用，切实做好特色产业发展、资源要素保障和生态环境保护等基础性工作，吸引社会资本参与特色小镇建设。重点推进城口“九址一馆一礼堂”建设，打造城口红色特色小镇；完善瑶塘新村、断石村、青湖塘新村等丹霞山北门连片村庄基础设施，推进丹霞山北门水上入口接待区等项目建设，打造丹霞旅游特色小镇。加快推进国道323线仁化丹霞出口至小观园段、中古坑至周田路面大修和国道535线董塘至乐昌坳等城镇道路提升工程，加快县道335线城口马岭至红山上社段公路建设，完善城镇路网体系。深入推行“厕所革命”，改造提升一批城镇及农村厕所。完善“两违”整治和城镇建设管理制度，大力整治“六乱”现象[17]和“两违”行为，提升城镇管理水平。

二、围绕三大领域，全力打造幸福民生

（一）全力攻坚精准扶贫精准脱贫。对标精准扶贫短板，紧扣精准扶贫工作重点，全面落实精准扶贫精准脱贫“1+N”配套政策，打好精准扶贫精准脱贫攻坚战役，确保全县建档立卡贫困户3310户、9545人如期脱贫。突出产业扶贫，加快种、养、加工一体化，推动光伏、旅游、电商等产业项目落实到村到户，支持自主创业，增加经营性收入。精准对标省、市要求，完善资金管理办法，加强资金管理，加强扶贫领域监督执纪专项工作，规范使用扶贫资金。抓好扶贫资金整体入股扶贫光伏电站等扶贫项目，增加资产性收益。落实就业、教育、医疗、低保兜底政策，把符合条件的贫困人口全部纳入低保范围，实现应扶尽扶。全面推进贫困村（居）村道亮化、贫困户危房改造工程。完成重点贫困自然村公路硬底化任务，新建农村候车亭20个。改善贫困村供水、供电和通信设施，实现贫困户有安全饮用水、稳定的家庭用电和电视信号等“八有一稳定”[18]目标。压实县、镇、村三级扶贫主体责任，落实县四套班子“挂镇包村联户”制度，确保高质量完成脱贫攻坚任务。

（二）全力推进教育现代化。对照创建教育现代化指标要求，提升教育教学质量，实现教育内涵式发展。增加幼儿园、中小学学位和优质教育资源供给。推进新一小、董塘镇中心幼儿园综合楼等标准化学校建设项目。实施信息化与教育深度融合工程，逐步达到教育现代化标准。完善教师全员培训制度，实施教师提升工程，建设高素质教师队伍。启动教师发展中心建设。加强校园文化建设。加快特殊教育学校建设，保障“三残”[19]儿童少年普遍接受义务教育。全面完成改薄项目。深入开展“平安校园”、“文明校园”创建活动，进一步完善中小学校（幼儿园）示范性平安食堂，建立消防标准化示范学校。探索实施学校扁平化管理模式，积极推进教师“县管校聘”管理等教育改革。

（三）全力创建卫生强县。对标创建卫生强县短板，加强县、镇卫生院急救站建设，建成覆盖全县的医疗急救体系。启动县人民医院新门诊综合楼建设，加快异地新建妇幼保健计划生育服务中心进度，完成38间公建民营村卫生站规范化建设，扎实推进卫生强基工程。深化医疗、医保、医药“三医联动”改革，推进县域医疗联合体建设。完成6个基层医疗机构“中医馆”建设项目。加快卫生信息化建设，居民电子健康档案和电子病历达到80%。加强基层卫生人才队伍建设，完善绩效激励机制，引进全科医生充实乡镇卫生院，提升医疗服务水平。深入实施国家基本公共卫生服务项目，开展健康教育和健康促进行动。推进分级诊疗体系建设，完善医疗卫生机构分工协助机制，健全城乡一体基本医疗保险体系，提升医疗保障能力。

三、突出三大抓手，全力推动乡村振兴

（一）推进国家现代农业示范区建设。以顺利通过国检为目标，对标存在短板，完善现代农业示范区建设水平监测评价体系。深化农业供给侧结构性改革，围绕“一镇一业、一村一品”目标，发展壮大沙田柚、茶叶等传统产业，大力提升贡柑品牌产业，培育猕猴桃等特色产业，加快推进健美滋等农产品深加工项目，培育和发展2个特色产业镇、3个特色产业村。大力发展林下经济，着力抓好2个以上林下经济示范项目建设。围绕大丹霞旅游经济圈建设，通过多方共建的方式，打造集循环、创意、体验为一体的生态休闲农业观光园，推动农旅融合发展。新增县级以上农业龙头企业5家以上、农民专业合作社5家以上、完成农产品地理标志申报不少于1项，“三品”认证产品新增数量不少于5个。完善大桥沙田柚、红山茶园、黄坑贡柑等生态休闲农业观光带道路、水利等基础设施。推进特色蔬菜大棚种植、智能温控、工厂化健康养殖等设施农业项目，实现农业生产管理智能化和高效化。完成储备粮仓智能化升级改造，提升粮食安全保障能力。

（二）推进新农村建设。按照“产业兴旺、生态宜居、乡风文明、治理有效、生活富裕”的乡村振兴发展目标，加快推进新农村建设，制定出台村、镇建设的管控制度，深化33个省定贫困村及国省道沿线村庄“三清三拆三整治”；按照农村人居环境综合整治创建社会主义新农村示范村整治标准，开展33个省定贫困村整治工作，同时逐步推进示范村创建工作，重点打造平甫、河富、康溪、上寨等4个县级新农村示范村和“一镇一标杆”示范村，每个省定贫困村配套建设1个文化广场和文化室。加快村庄污水处理设施和绿化美化工程建设，实现目标村庄80%以上农村生活污水得到有效处理，村庄绿化覆盖率30%以上。

加大农村畜禽污染整治力度，逐步实现人畜分离、畜禽集中圈养。加快推进基层综合性文化服务中心建设，确保实现全覆盖；完善村庄文体广场、路灯、外立面改造等功能配套设施。加快实施环丹霞山片区新农村，继续抓好“丹霞彩虹”省级新农村示范片黄屋、夏富、长坝3个主体村二期建设，完善基础设施，推动环丹霞山农村环境连片提升、产业连片发展，积极打造省级新农村示范片建设样板。加快通自然村公路路面硬底化建设、窄路面路基拓宽和农村公路生命安全防护工程，实现目标村庄200人以上自然村公路路面实现硬底化，90%以上行政村达到通小型客运车辆要求。

（三）推进农村综合改革。推进集体建设用地和宅基地使用权、集体林权等不动产确权登记管理工作，完成农村土地承包经营权确权登记。大力推进农村集体产权制度改革，加快土地流转步伐，促进农业规模化集约化经营。深化农村金融改革，巩固农村普惠金融服务“村村通”成果。开展供销社体制改革，转变联合社职能，理顺社企关系。推进农信社改制组建农商行工作。完善并尽快启用县镇村三级公共服务平台和农村“三资平台”[20]，推动涉农资源资产资金有效整合。启动第三次全国土地调查工作，科学规划、合理利用国土资源，推进土地资源节约集约利用。全面完成自然村成立村民理事会工作，规范建立村规民约，促进党组织建设下移、公共服务重心下移、村民自治重心下移，健全自治、法治、德治相结合的乡村治理体系。

四、强化三大保障，全力打造和谐仁化

（一）强化生态保障。严格落实自然资源资产和生态环境保护责任，严格控制生态保护、永久基本农田、城镇开发边界三条红线，筑牢粤北生态安全屏障。

强化自然资源保护。严格保护耕地和矿产资源，开展国土绿化行动，严厉打击“两违”、“非采”和乱砍滥伐行为。稳步推进高标准农田建设，把旱地园地改造为水田，提升耕地质量等级。加强造林绿化，推进生态景观林带、乡村绿化美化等重点生态工程建设，切实打造韶赣高速、仁新高速交通枢纽的景观林带。稳步推进丹霞山人工林赎买流转工作，积极引导全县桉树林有序退出。充分发挥全县60万亩竹类的效益，将资源优势转变为经济效益优势。加强丹霞山、高坪、粤北华南虎等自然保护区的保护与管理。加大饮用水源保护力度，确保县城和农村饮用水源水质安全。

打好污染防治战役。全面落实“河长制”，并延伸到村小组，完善水治理体系，加强河流生态管护。推进锦江河流域综合治理，积极开展锦江河流域网箱养殖、畜禽养殖以及水浮莲清理，实施农村生活垃圾和工业企业污染整治；加快县域污水处理厂及配套管网建设。深入推进环丹霞山环境综合治理、畜禽养殖清理整治。继续抓好中小河流治理重点县综合整治和水系连通试点等水利工程建设。推进凡口矿周边土壤治理与修复，加强重金属污染综合防治，全面提升土壤环境质量。加强大气污染防治，促进县城空气质量达到国家二级标准。对中央环保督察发现问题整改情况进行“回头看”，确保整改落实到位。

（二）强化社会保障。落实就业创业扶持政策，加大技能培训力度，推进就业创业。统筹做好就业困难人员、农民工、高校毕业生等群体就业工作，确保城镇登记失业率控制在3.5%以内。加快人才公寓建设进度，创造有利条件，加大人才引进力度。完成闻韶、扶溪、长江3个镇干部交流楼建设任务，改善镇干部住宿条件。开展欠薪、欠保等专项治理，努力构建和谐劳动关系。深化续保和扩面工作，健全完善城乡低保、五保、城乡医疗和优抚对象的网络动态监控系统，实现应保尽保。落实城乡居民社会保险养老保险“四统一”[21]要求，完善信息整合工作。完善城乡低保标准与价格上涨联动机制，提高低保、五保、老年优待标准。积极开展第四次全国经济普查工作。完善县突发事件预警信息发布中心建设。建立健全全县中小学生气象防灾减灾认证科普教育体制机制。严格落实消防安全和安全生产主体责任，坚决预防和遏制重特大火灾和安全生产事故发生。完善食品药品监管机制，保障“舌尖上的安全”。全面开展扫黑除恶专项斗争。加强“扫黄打非”工作，净化文化市场。推进“平安仁化”建设，健全排查和治理工作机制，打击严重刑事犯罪和黑恶势力犯罪，夯实“中心+网格化+信息化”基层综治基础建设，提高社会治理水平。对标全面建成小康社会指标，认真做好县“十三五规划”中期评估、修编工作。

（三）强化财金保障。加强税收监管，规范税收执法。加强经济工作，加快经济增长，保障财政收入增加。加大协税护税力度，对各税种应收尽收。规范非税收入管理，依法足额征收矿产资源费、土地资源费、水资源费等费用。严格执行新《预算法》，深化预算改革，进一步规范和细化预算编制方法和内容，强化预算约束。加强预算支出管理，严格按照预算计划安排支出，加大财政八项支出安排。加强和规范地方政府债务管理，加大清理盘活财政存量资金力度，有效防范金融风险。加大政银企合作力度，充分利用PPP、政府购买服务等多种方式，搭建平台，拓宽投融资渠道，集聚资本要素支持民生项目建设。

重点办好八件惠民实事：

1.完成董塘中心小学综合楼建设；

2.新建县城公厕，改造提升原有公厕；

3.实施卫生强基工程，完成38间村卫生站公建民营规范化建设；

4.新建仁化县人民医院综合大楼（含县120急救体系标准化建设项目）；

5.建设仁化县全民健身广场；

6.完成33个贫困村通自然村公路路面硬底化工程、建设农村公路生命安全防护工程100公里；

7.全面建成城乡垃圾收运体系；

8.新建北门片区停车场和农贸市场。

同时，认真做好统计、民族宗教、外事侨务、人才、妇女儿童、编制、广播电视、老龄、残联、档案等各项工作。

五、坚持三大原则，全力提升政府形象

准确把握新形势，主动适应新要求，打造务实高效、法治清廉政府，奋力开创政府工作新局面，提升政府新形象。

（一）坚持提升效能。深入开展学习贯彻党的十九大精神活动，开展“不忘初心、牢记使命”活动，继续推进“两学一做”学习教育常态化、制度化，巩固“比学赶超、以评促建、实干担当”作风建设年活动成果，深入开展“六讲六比”[22]作风建设年活动，强化政风行风评议，大力整治“庸懒散奢”、不作为、乱作为、慢作为等不良现象。落实“两个尊重、三个区分”[23]，落实干事创业容错免责制度，营造鼓励创新、宽容失误的社会氛围，打造一支想干事、能干事、干成事的干部队伍。加强基层公共服务平台管理，完善便民利企服务体系。加大行政效能监督力度，精简规范行政审批项目流程，压缩项目审批时限，对于不涉及征地拆迁的项目，从立项到落地的时间不超过92天。制定实施每半个月定期召开项目联审联批和综合调度会议制度、每季度定期召开经济运行调度和分析会议制度，推动政府工作提速、提质、提效。

（二）坚持依法行政。大力开展依法治县工作，按照法定权限和程序履职尽责，加快法治政府建设。深入推进司法体制改革，提升司法效能和公信力。加大“七五”普法宣传力度，落实“谁执法谁普法”责任制。继续推进一村（社区）一法律顾问工作，完善公共法律服务体系建设。自觉接受人大法律监督和政协民主监督，认真办理人大代表议案、建议和政协委员提案、意见。健全依法决策机制，坚持“三重一大”事项合法性审查、集体研究和民主决策。充分发挥政府法律顾问作用，提高依法行政水平。规范行政执法行为，提高行政执法公信力。

（三）坚持清正廉洁。认真贯彻落实中央八项规定和省、市有关规定，坚持不懈纠“四风”、树新风，以钉钉子精神推动中央八项规定精神落地生根、成风化俗。严格控制“三公”经费，建设节约型政府。加强财政资金使用、政府投资采购、公共资源交易等关键环节和重点领域监管，强化自我监督、群众监督和审计监督。做好原书记县长离任审计问题整改工作。严格落实党风廉政建设责任制，集中整治和查处侵害群众利益不正之风，加大正风肃纪反腐力度，加强腐败问题专项治理，持续巩固风清气正的政治生态。

各位代表，新时代要有新气象，更要有新作为。让我们以习近平新时代中国特色社会主义思想为指引，更加紧密地团结在以习近平同志为核心的党中央周围，在县委的坚强领导下，团结和依靠全县人民，以时不我待的紧迫感和使命感，以只争朝夕的事业心和责任心，撸起袖子，真抓实干，为加快建设“生态、活力、幸福”新仁化，实现与全国同步全面建成小康社会目标而努力奋斗！

名词解释：

1.习近平总书记对广东工作的重要批示精神：2017年4月4日，习近平总书记对广东工作作出重要批示，希望广东坚持党的领导、坚持中国特色社会主义、坚持新发展理念、坚持改革开放，为全国推进供给侧结构性改革、实施创新驱动发展战略、构建开放型经济新体制提供支撑，努力在全面建成小康社会、加快建设社会主义现代化新征程上走在前列。

2.“一三九”发展战略：紧紧围绕建设“生态、活力、幸福”新仁化这一目标，主攻“生态经济、幸福民生、美丽乡村”三大领域，大力开展“全域旅游、产业共建、城镇提升、教育现代化、卫生创强、精准扶贫、农村人居环境综合整治、农村综合改革、国家现代农业示范区建设”九大任务三年攻坚行动，着力打造美丽环境、发展美丽经济、创造美丽生活，加快建设生态更美、产业更优、机制更活、百姓更富、社会文明程度更高的美丽幸福新仁化。

3.“九大任务”：即“全域旅游、产业共建、城镇提升、教育现代化、卫生创强、精准扶贫、农村人居环境综合整治、农村综合改革、国家现代农业示范区建设”。

4.“厕所革命”：指对发展中国家的厕所进行改造的一项举措，最早由联合国儿童基金会提出。习近平总书记指出，厕所问题是城乡文明建设的重要方面，不但景区、城市要抓，农村也要抓，要把这项工作作为乡村振兴战略的一项具体工作来推进，努力补齐这块影响群众生活品质的短板。

5.“一线双联”制度：县领导班子、县直机关单位和镇（街道）干部大抓基层在一线，实行干部联村联户。之后将联村联户拓展到联系企业和企业党组织。

6.“三品一标”：指无公害农产品、绿色食品、有机农产品和农产品地理标志。

7.“三防”：即“防旱防汛、防风、防冰冻”。

8.“两违”：违法用地和违法建设行为。

9.“五小”：即“小公园、小广场、小运动场、小停车场、小菜市场”。

10.“三清三拆三整治”：“三清”清理村巷道乱堆乱放，清理房前屋后垃圾、卫生死角，清理沟渠池塘溪河淤泥、垃圾；“三拆”拆除危旧房、废弃猪牛栏及露天厕所茅房，拆除乱搭乱建、违法建筑，拆除非法违规商业广告、招牌；“三整治”整治垃圾，建立健全长效保洁机制和垃圾收集、转运、处理长效运营机制，落实门前“三包”（包卫生、包秩序、包绿化）责任制和生活垃圾处理费征收工作；整治污水，建设污水处理设施，推广沼气综合利用，实行雨污分流、污水排放暗渠化，实现农户卫生厕所改造率达到100%；整治畜禽污染，建设栅栏圈围，实现人畜分离、家禽集中圈养。

11.“县管校聘”：指全体公办义务教育学校教师和校长全部都实行县级政府统一管理，特别是统一定期强制流动到县域内的义务教育学校，从而将教师和校长从过去的某学校的“学校人”改变为县义务教育系统的“系统人”。

12.“河长制”：即由各级党政主要负责人担任“河长”，负责组织领导相应河湖的管理和保护工作。

13.“三区”划定：为促进环境保护和畜牧业协调发展，综合考虑各区域主体功能定位及生态功能重要性，在与生态保护红线格局相协调前提下，以饮用水水源保护区、自然保护区的核心区和缓冲区、风景名胜区、城镇居民区、文化教育科学研究区等区域为重点，兼顾江河源头区、重要河流岸带、重要湖库周边等对水环境影响较大的区域，科学合理划定畜禽养殖的禁养区、限养区和适养区范围。

14.“扫黄打非”：“扫黄”指清理黄色书刊、黄色音像制品及歌舞娱乐场所、服务行业的色情服务，就是指扫除淫秽色情、封建迷信等危害人们身心健康、污染社会文化环境的文化垃圾；“打非”是指打击非法出版物，即打击违反《中华人民共和国宪法》规定的破坏社会安定、危害国家安全、煽动民族分裂的出版物，侵权盗版出版物以及其他非法出版物。

15.“放管服”：就是简政放权、放管结合、优化服务的简称。“放”即简政放权，降低准入门槛；“管”即公正监管，促进公平竞争；“服”即高效服务，营造便利环境。

16.“三重一大”：指重大问题决策、重要干部任免、重大项目投资决策、大额资金使用。

17.“六乱”现象：指乱搭乱建、乱堆乱放、乱设摊点、乱拉乱挂、乱贴乱写乱画、乱扔乱吐等现象。

18.“八有一稳定”：即“有安全住房、有安全饮用水、有电用、有电视信号覆盖、有网络信号覆盖、有教育保障、有医疗保障、有最低生活保障或稳定的收入来源”。

19.“三残”：指“智残”、“体残”、“肢残”三类。

20.“三资平台”：集“资金管理，资产监管，资源监管”三大功能于一体的平台。

21.“四统一”：指实施机关事业单位养老保险制度改革，推动全国所有县级行政区建成制度名称、政策标准、经办服务、信息系统“四统一”的城乡居民养老保险制度。

22.“六讲六比”：即“讲学习、比能力，讲宗旨、比服务，讲正气、比党性，讲发展、比创新，讲奉献、比实绩，讲落实、比担当”。

23.“两个尊重、三个区分”：即尊重历史、尊重实情；区分因缺乏经验、先行先试出现的失误与明知故犯违纪的行为，区分国家没有明确规定时的探索性试验与国家明令禁止后我行我素的行为，区分加快发展的无意过失与为谋私利故意违纪的行为。

仁化县人民政府文件

仁府规〔2017〕3号

《仁化县县级政府投资项目管理办法》（仁府规审〔2017〕2号）已经2017年11月21是仁化县人民政府第十五届第16次常务会通过，现予发布，自2018年1月1是起施行，有效期五年。

仁化县人民政府

2017年12月1日

仁化县县级政府投资项目管理办法

第一章　总则

第一条　为规范县级政府投资项目管理，提高政府投资效益，根据《国务院关于投资体制改革的决定》、《广东省企业投资管理体制改革方案》、《韶关市市级政府投资项目管理办法》等文件精神和有关法律法规规定，结合我县实际，制定本办法。

第二条　本办法所称政府投资项目是指全额或部分使用县本级政府资金的投资项目（不含使用政府补助或贴息的社会投资项目），包括新建、扩建、改建、维修改造等工程建设项目和单纯购置项目。

前款所称县本级政府资金包括县级一般公共预算资金、县级政府性基金预算资金、县级国有资本经营预算资金、其他县级财政性资金，包括政府债务资金等。

使用国家和省财政性资金的建设项目，参照本办法进行管理。但是，国家和省对应急抢险建设项目、党政机关楼堂馆所建设项目、水利建设项目、公路和水运建设项目、轨道交通和民用航空建设项目、利用国际金融组织和外国政府贷款建设项目等审批管理另有规定的，从其规定。

采用政府和社会资本合作（PPP）模式的项目，根据国家、省和县有关规定执行。

总投资在200万元以下的项目列入部门预算管理，不适用本办法。

第三条　政府投资项目管理应当遵循以下原则：

（一）决策机制科学、民主。投资项目坚持民主科学决策制度，实行集体决策和依法决策；

（二）规模合理。坚持量力而行，每个时期的政府投资总规模应与财政承受能力相适应；

（三）规划指引。项目建设应当符合国家、省、县投资政策和相关发展规划，符合资源利用、环境保护、节能减排等规定；

（四）程序严格。严格工程建设全过程造价控制管理，对项目报建、验收阶段的行政审（查）验（收）事项，推行会审会商制度；落实行政审批中介服务事项目录清单制度；

（五）资质管理。对非经营性政府投资项目推行代建制，即通过招标等方式，选择专业化的项目管理单位负责建设实施。

第四条　政府投资项目管理工作的职责分工：

（一）县发展改革部门负责编制项目储备库、项目投资年度计划，负责审批项目建议书、可行性研究报告、节能评估报告书（表）和项目投资概算，审核重大项目社会稳定风险评估报告，以及综合统筹协调项目建设和项目稽查；

（二）县财政部门配合县发展改革部门编制项目投资年度计划，负责审定工程预算、结算和竣工财务决算，负责对项目的财务活动全过程实施监督检查，并组织开展项目投资绩效评价；

（三）县住建部门负责项目规划设计及其他工作，并指导、协助项目单位办理规划许可等手续；

（四）县国土部门负责指

导、协助项目单位办理建设用地相关手续以及协助开展项目用地征收工作；

（五）县环保部门负责指导、协助项目单位办理环境影响评价文件审批手续；

（六）县水务部门负责指导、协助项目单位办理水土保持方案审批手续；

（七）县交通运输、林业、城管、消防、人防等相关主管部门按各自职责指导、协助项目单位办理建设工程报批手续；

（八）县审计部门依照有关规定对项目进行审计监督；

（九）县监察部门依法对项目开展廉情评估，发出廉政风险预警，对项目建设进行全程监督；

县直其他相关主管部门按各自职责履行监管职能。

第二章　项目储备

第五条　政府投资项目实行规划指引制度，各行业主管部门或有关部门要依据全县国民经济和社会发展规划，编制相关专项规划，有序推进项目建设。

按照规定权限和程序批准的相关专项规划，是投资决策、项目审批的重要依据。

第六条　政府投资项目实行储备库管理制度，编制三年滚动投资计划，从项目策划、前期工作、开工准备、工程施工等实行全过程动态管理。储备库项目包括规划项目、预备项目和建设项目。已列入全县国民经济和社会发展规划纲要、各专项规划的项目为规划项目；开展前期工作的项目为预备项目；完成前期工作的项目为建设项目。

县发展改革部门商财政部门在项目库中筛选规划项目、预备项目和建设项目纳入三年滚动投资计划。三年滚动投资计划的预备项目，可开展项目规划设计、征地拆迁、用地收储等前期工作。

第三章　项目审批

第七条　政府投资项目审批内容包括项目建议书、规划选址、用地预审、环境影响评价、节能评估、社会稳定风险评估、可行性研究报告、规划许可、用地报批、初步设计、投资概算、施工图设计、工程招标、开工许可、竣工验收、工程结算和竣工财务决算等。

第八条　项目单位可自行编制或委托具备相应资质机构编制项目建议书，并报县发展改革部门审批。项目建议书要对项目建设的必要性、是否符合国家及省相关政策、主要建设内容、拟建地点、拟建规模、投资估算、资金筹措以及社会效益和经济效益等进行初步分析，并附相关文件资料。项目建议书的编制格式、内容和深度须达到国家规定要求。

县发展改革部门对项目建议书进行初审，征求县财政等有关部门意见后将项目报送县政府审定，获得同意后批复项目建议书。

对经济、社会和环境有重大影响的项目，应通过公示、专家论证和听证等方式广泛征求社会各界和公众的意见，做好社会稳定风险评估。

第九条　项目建议书批准后，项目单位可自行编制或委托具备相应资质机构编制项目可行性研究报告，并报县发展改革部门审批。可行性研究报告要对项目在技术和经济上的可行性以及社会效益、节能、资源综合利用、生态环境影响、社会稳定风险等进行全面分析论证，落实各项建设和运行保障条件。可行性研究报告的编制格式、内容和深度须达到国家规定要求，项目总投资原则上不得超过项目建议书批准的总投资。

县发展改革部门对可行性研究报告进行审核、批复。如项目建设规模、建设内容、估算总投资其中任何一项内容发生重大变化，超过原批准项目建议书范围的，由县发展改革部门对可行性研究报告进行初审，征求县财政等有关部门意见后将项目重新报送县政府审定，获得同意后批复可行性研究报告。

勘察、设计、可行性研究报告、招标代理等服务的选择，需要提前进行招标的，可以在可行性研究报告审批前向县发展改革部门申请单独核准。

第十条　可行性研究报告批准后，项目单位应当委托具备相应资质的设计单位编制初步设计文件，并报相关部门审查。初步设计应当符合国家有关规定和可行性研究报告批复文件的有关要求，明确各单项工程或单位工程的建设内容、建设规模、建设标准、主要材料、设备规格和技术参数等，不得存在影响项目使用功能的漏项。初步设计实行限额设计，不得突破可行性研究报告批准的建设规模和投资规模。

公路和水运工程、水利工程、大中型房屋建筑和市政工程的初步设计文件，分别报县交通运输、水务、住建部门依法组织审查。

第十一条　初步设计审查通过后，项目单位须委托具备相应资质的工程造价咨询单位编制项目投资概算，并报县发展改革部门审核。投资概算主要构成如下：

（一）工程费用。包括建筑工程费用、设备及工器具购置费、安装工程费等。

（二）工程建设其他费用。包括土地有关费用、市政设施配套建设费、勘察设计费、监理费、招标代理服务费、建设单位管理费，以及其他相关服务费等。有关计费执行国家有关取费标准。代建费用从建设单位管理费中列支。

（三）基本预备费。以工程费用和工程建设其他费用之和为基数，按照一定比例计取。

投资概算编制原则上不得超过可行性研究报告批准的估算总投资。凡超过批准估算总投资的，在保证项目能建成投入正常使用的前提下，通过降低建设标准，或调整设备选型等方式压减投资。

第十二条　项目建设实施过程中，出现以下情形之一且动用预备费仍无法解决的，项目单位应及时向县发展改革部门申请调整投资概算：

（一）因国家建设标准和规范等政策调整，导致按原批准规模和造价无法满足建成后工作需要的；

（二）因项目建设期价格大幅上涨、地质条件发生重大变化和自然灾害等不可抗力因素，导致原批复概算不能满足工程实际需要的；

（三）其他需调整的。

符合以上情形的，项目单位要提出调整项目概算申请，县发展改革部门会同财政以及有关主管部门等研究提出调整概算意见，并上报县政府审定。

第十三条　县政府投资项目有以下情形的，可以对相关审批手续予以适当简化：

（一）县政府同意（包括县政府会议纪要和有关批准文件）、纳入项目投资年度计划的、估算总投资1000万元以下的简单、小型项目，不须报批项目建议书、可行性研究报告，由项目单位填报《仁化县政府投资项目申报表》申请审批；

（二）估算总投资3000万元以上、决策阶段前期工作深度已达到项目建议书要求的，简化项目建议书审批流程，直接报批项目可行性研究报告；总投资1000万元以上3000万元以下的，简化项目建议书、可行性研究报告、初步设计审批流程，直接核定投资概算；

（三）已列入全县国民经济和社会发展规划的、行业发展专项规划的、经县政府常务会议或专题会议决定的项目，不须报批项目建议书，直接报批项目可行性研究报告；

（四）单纯购置项目，可以不审批或审查项目建议书、可行性研究报告、初步设计及概算，直接通过政府采购程序办理。

第十四条　项目投资概算审定后，项目单位负责组织编制施工图设计文件，并报相关部门审查（审核）或备案。施工图设计文件不得改变初步设计文件审查确定的建设内容和建设规模。

房屋建筑和市政工程、公路和水运工程、水利工程的施工图设计文件，分别由县住建、消防、交通运输、水务部门审查（审核）备案。

第十五条 施工图设计审查通过后，项目单位委托具备相应资质的工程造价咨询单位编制工程预算，并报县财政部门审核。工程预算不得超过经审查的投资概算。

第十六条　工程预算经审核后，项目单位依照相关规定开展建设工程招标等开工准备工作，具备开工条件后，项目单位向相关部门申请开工许可。房屋和市政工程、公路和水运工程、水利工程的开工许可，分别由县住建、交通运输、水务部门办理。

未完成规划选址、用地预审、环境影响评价等法律法规规定手续的项目，不得批准开工建设。

第十七条　项目建成后，项目单位按照国家有关规定，组织设计、施工、监理等单位进行初步验收。初步验收通过后，项目单位向相关主管部门申请工程建设、规划、消防、人防、防雷、环保、水土保持等专项进行联合验收，并及时将建成项目交付使用。未通过竣工验收的，相关建筑物、构筑物不得交付使用。

第十八条　项目竣工验收后，要及时开展工程结算和竣工财务决算，并报县财政部门审核。

第四章　计划管理

第十九条　县发展改革部门年底前会同财政部门组织编制县级政府投资下年度项目投资计划，计划草案报县政府审定后，由县发展改革部门会同财政部门下达。经批准的项目

2018年10月30日，中央环保督察组一行到仁化县督察丹霞山自然保护区整改工作，省、市环保督察组参加了督察活动，县长周小明、副县长丘光强及相关部门负责人陪同督察。图为县长周小明（右四）陪同督察组在瑶山电站实地督察　（龚贤　摄）

投资年度计划是申请拨付政府投资资金的依据。

第二十条　项目投资年度计划确定后，各部门要严格执行，对未列入项目投资年度计划的，原则上不安排政府投资资金。

第二十一条　项目投资年度计划下达后，相关部门和项目单位不得擅自调整，确需调整的，按原报批程序办理调整手续。

第五章　监督与责任

第二十二条　项目建设单位要于每季度首月15日前将项目建设进展情况报送县发展改革部门。县发展改革部门汇总报告县政府后，公布项目进展情况。

第二十三条　党政机关及其工作人员有下列行为之一的，由相关部门责令改正；涉及违规违纪行为的，依据党纪政纪和有关法律法规追究相关人员责任；构成犯罪的，依法追究刑事责任。

（一）违反规定审批项目的；

（二）违反规定办理用地审批、规划许可、环评审批、节能审查、初步设计审查备案、招标投标、政府采购、开工许可、竣工验收备案、项目预决算等手续的；

（三）违反规定拨付政府资金的；

（四）违反规定要求中介服务机构进行技术审查（或出具审查意见）的，或违反规定指定特定中介机构提供服务的；

（五）其他违法违规行为。

第二十四条　项目单位及其工作人员有下列行为之一的，由县财政部门暂停或者停止支付资金，已经支付资金的，应当依法收回已支付的资金；情节严重的，由相关部门责令暂停或者停止项目建设，并追究相关人员的责任；构成犯罪的，依法追究刑事责任。

（一）弄虚作假骗取项目审批的；

（二）未按规定程序报批，未依法办理用地审批、规划许可、环评审批、招标投标、政府采购、开工许可等手续，未经许可擅自开工建设的；

（三）未经批准擅自扩大建设规模、改变建设内容、提高建设标准、增加投资概算的；

（四）转移、侵占或者挪用政府资金的；

（五）其他违法违规行为。

第二十五条　工程咨询、勘察、设计、审图、施工、监理等中介服务单位及其工作人员，因故意或者重大过失，造成评估结论严重失实、设计和投资漏项、安全和质量问题等严重后果的，或拖延服务时限，造成项目工期严重延误的，以及有关工作人员收受贿赂的，由相关主管部门责令限期改正，依法实施行政处罚，构成犯罪的，依法追究刑事责任。

对违规的中介服务单位记入诚信管理系统，五年内不得承接县级政府投资项目的相关中介服务。

第六章　附则

第二十六条　本办法自2018年1月1日起施行，有效期五年。

仁化县人民政府文件

仁府规〔2017〕2号

《仁化县集体土地征收补偿标准》（仁府规审〔2017〕4号）已经2017年10月19日仁化县人民政府十五届第15次常务会议审议通过，现予印发，自2017年12月1日起施行，有效期五年。

仁化县集体土地征收补偿标准

第一章　总则

第一条　为规范、统一我县辖区内征地补偿标准，维护被征地集体的合法权益，保障建设项目及政府储备用地征收的顺利进行，根据《中华人民共和国土地管理法》《广东省实施〈中华人民共和国土地管理法〉办法》《关于印发广东省征地补偿保护标准（2016年修订调整）的通知》等规定，参照市、相邻县及我县已实施的补偿标准并结合实际，制定本规定。

第二条　县辖区范围内建设项目及政府储备用地征收集体土地、地上附属物及青苗补偿标准适用本规定。

第二章　土地补偿及安置补助标准

第三条　征收集体土地补偿费、安置补助费按下列标准执行：

一、八类区（丹霞街道办）

（一）耕地（含利用水田种植的菜地、桑田、果园）补偿51678元/亩。

其中：1.土地补偿费：23490元/亩；

2.安置补助费：28188元/亩。

（二）鱼塘（含水田开挖的鱼塘）补偿56376元/亩。

其中：1.土地补偿费：28188元/亩；

2.安置补助费：28188元/亩。

（三）园地（含土地补偿费、安置补偿费）补偿29334元/亩。

（四）林地（含土地补偿费、安置补偿费）补偿13800元/亩。

（五）集体建设用地补偿23490元/亩（参照邻近耕地的土地补偿标准）。

（六）未利用地补偿11734元/亩。

二、九类区（周田镇、大桥镇、董塘镇、长江镇）

（一）耕地（含利用水田种植的菜地、桑田、果园）补偿38704元/亩。

其中：1.土地补偿费：24190元/亩。

2.安置补助费：14514元/亩。

（二）鱼塘（含水田开挖的鱼塘）补偿43542元/亩。

其中：1.土地补偿费：29028元/亩。

2.安置补助费：14514元/亩。

（三）园地（含土地补偿费、安置补偿费）补偿27000元/亩。

（四）林地（含土地补偿费、安置补偿费）补偿12000元/亩。

（五）集体建设用地补偿24190元/亩（参照邻近耕地的土地补偿费标准）。

（六）未利用地补偿10800元/亩。

三、十类区（黄坑镇、石塘镇、城口镇、闻韶镇、扶溪镇、红山镇）

（一）耕地（含利用水田种植的菜地、桑田、果园）补偿31334元/亩。

其中：1.土地补偿费：19704元/亩；

2.安置补助费：11630元/亩。

（二）鱼塘（含水田开挖的鱼塘）补偿32564元/亩。

其中：1.土地补偿费：20934元/亩；

2.安置补助费：11630元/亩。

（三）园地（含土地补偿费、安置补偿费）补偿24134元/亩。

（四）林地（含土地补偿费、安置补偿费）补偿10500

元/亩。

（五）集体建设用地补偿19704元/亩（参照邻近耕地的土地补偿标准）。

（六）未利用地补偿9667元/亩。

第三章　青苗、地上附着物及构筑物补偿标准

第四条　青苗、地上附着物补偿标准

一、果树青苗补偿（成片种植按实际种植情况清点，但超过规定种植密度的果树按零星种植果苗标准补偿。各种果树种植密度详见附表）

（一）柑橘、李、枣、桃、龙眼、板栗、枇杷、石榴、沙梨、青梅、阳桃、柿子、油茶、木瓜、火龙果补偿：

1.大（主直径4厘米以上，且冠幅1.5米以上）按300元/棵计；

2.中（主直径2厘米以上，且冠幅0.9米以上）按200元/棵计；

3.小（主直径1厘米以上，且冠幅0.5米以上）按60元/棵计；

4.零星种植果苗：按8元/棵计；

（二）葡萄：

1.大（主直径4厘米以上，且冠幅1.5米以上）按250元/棵计。

2.中（主直径2厘米以上，且冠幅0.9米以上）按150元/棵计。

3.小（主直径1厘米以上，且冠幅0.5米以上）按50元/棵计。

4.零星种植果苗：按8元/棵计；

5.葡萄园棚架：水管架设的按2000元/亩补偿，铁线架设的按1500元/亩补偿，竹片架设的按600元/亩补偿。

（三）沙田柚：

1.大（主直径5厘米以上，且冠幅1.5米以上）按450元/棵计。

2.中（主直径3厘米以上，且冠幅0.9米以上）按300元/棵计。

3.小（主直径1厘米以上，且冠幅0.5米以上）按80元/棵计。

4.零星种植果苗：按8元/棵计；

（四）以上果树苗圃补偿

1.大果苗（未挂果、高度≥1.3米、平均密度≥500棵）按4000元/亩补偿；

2.小果苗（未挂果、0.5米≤高度≥1.3米平均密度≥1000棵）按3000元/亩补偿；

3.幼苗（未挂果高度≤0.5平均密度≥1500棵）按2000元/亩补偿；

（五）蕉：

1.大（主直径10厘米以上，且冠幅1.5米以上）按30元/棵计；

2.中（主直径5厘米以上，且冠幅0.9米以上）按20元/棵计；

3.小（主直径2厘米以上，且冠幅0. 5米以上）按7元/棵计；

4.蕉苗圃（平均密度≥200棵/亩）按1500元/亩补偿。

二、其他青苗补偿

（一）单竹、簕竹、黄竹（高度4.0米以上）连片种植按11000元/亩补偿，散种按每条补偿4.0元，未成林竹（高度4.0米以下）按减半计算。当年种小竹每丛补偿10元。苗圃按3200元/亩补偿。

（二）甜竹：

1.大（主直径5厘米以上）每丛补偿100元；

2.中（主直径3厘米以上）每丛补偿60元；

3.小（主直径2厘米以上）每丛补偿20元；

4.甜竹苗圃按3000元/亩。

（三）苗竹：（高度4.0以上）每条补偿6元，未成林竹（高度4.0米以下）按减半计算。当年种小竹每丛补偿10元。苗圃按3200元/亩补偿。

（四）按季节收成的青苗补偿：水稻、棉花按每造1200元/亩补偿；桑田：水田种植按3000元/亩补偿、在其他地类种植的按2000元/亩补偿；西瓜、玉米、水瓜、草莓、香瓜按4000元/亩补偿；花生、辣椒按2000元/亩补偿；黄烟按收成初期1600元/亩、中期1200元/亩、后期800元/亩补偿。

（五）蔬菜、番薯、木薯、黄豆、芋、象草、茄子、丝瓜等按1000元/亩补偿；姜、葱、蒜按1500元/亩补偿。

（六）淮山（以行计）每米补偿10元。

（七）鱼塘（水田）补偿1500元/亩；山塘补偿1000元

/亩；鱼苗塘补偿2000元/亩。

（八）林木补偿费

1.自然林：成熟林补偿900元/亩；中龄林补偿800元/亩；幼龄林补偿600元/亩；

2.人工林：成熟林（10年以上）补偿2500元/亩；中龄林（5—9年）补偿2300元/亩；幼龄林（1—4年）补偿1750元/亩；

3.林木苗圃按2000元/亩补偿。

（九）桉树：大（直径8厘米以上）补偿1800元/亩；中（直径5厘米以上）补偿1500元/亩；小（直径5厘米以下）补偿1200元/亩；苗圃补偿2000元/亩。

（十）零星种植树木（以棵计）：直径10厘米以上的补偿60元/棵；直径5厘米以上的补偿40元/棵；直径5厘米以下的补偿15元/棵。

（十一）茶叶：

1.大（主直径5厘米以上，且冠幅1米以上）按80元/棵计；

2.中（主直径3厘米以上，且冠幅0.6米以上）按50元/棵计；

3.小（主直径1厘米以上，且冠幅0.3米以上）按20元/棵计；

4.茶苗：按5元/棵计；

（十一）其它不在此方案列表的青苗补偿参考相似类别适当补偿。

序　号	项目名称	单　位	规　格	迁移单价
1	乔木迁移（截干起挖）（直立主干且高达4米以上的木本植物）	棵	胸径4—6厘米	100元
			胸径7—10厘米	160元
			胸径11—15厘米	370元
			胸径16—20厘米	625元
			胸径21—25厘米	850元
			胸径26—30厘米	1150元
			胸径26—30厘米	1525元
2	灌木迁移（截干起挖）（没有明显的主干、呈丛生状态的木本植物）	棵	冠幅40厘米	18元
			冠幅60厘米	25元
			冠幅80厘米	40元
			冠幅100厘米	65元
			冠幅120厘米	85元
			冠幅150厘米	130元
			冠幅180厘米	175元
			冠幅200厘米	190元

第五条　对以上一、二、三项中尚未包括的附着物、构筑物参照类似的种类标准给予补偿；对个别特殊的附着物、构筑物由当地价格主管部门确定补偿标准或由有资质的中介机构评估后协商确定。三、花圃、苗木场搬迁补偿费用标准

第四章　坟墓迁移补偿标准

第六条　坟墓及其他附属设施迁移费用按下列标准执行：

序　号	项目名称	单　位	规　格	补偿标准
1	祖坟（村庄里大家族的共同祖先，六代或100年以上）	座	单人墓＞4平方米，双人合葬墓＞6平方米	5000元/座
			单人墓≤4平方米，双人合葬墓≤6平方米	4000元/座
2	瓷片坟、砖坟（包括遗体坟或骨灰坟）	座	双人、多人合葬墓	3000元/座
			单人墓	2500元/座
3	土坟	座	—	1500元/座
4	骨坛	穴	—	600元/座
5	印子坟	个	—	100元/个
6	单碑墓（只单独立了碑或其他标识，而没有坟头的墓）	穴	砖石碑	500元/座
			非砖石标识	300元/座

第五章　其他

第七条　经批准依法收回的国有农场、林场等农用地，其补偿、安置补助标准参照本规定执行。

第八条　有合法手续的砂石场、预制场、砖场、养殖场等企业的搬迁及补偿补助费用由有资质的单位评估后，协商确定。

第九条　征收土地预公告发布后，各种播种、抢种、抢建的青苗和附着物、建筑物、构筑物等一律不予补偿。

第十条　被征收并落实补偿的青苗、附着物等，在规定期限内由所有权人自行清理和搬离（不得索取清理、搬迁等其他费用），材料归其所有；逾期不清理或搬离，由征收单位组织清理，材料归征收单位所有。

第十一条　本规定自2017年12月1日起施行，有效期五年。本规定施行前已开展的具体建设项目或政府储备用地征收工作并发布征地拆迁方案的，按原方案执行。

附表

征收经济林果补偿标准以及种植密度表

名　称	成品（元/株）			普通种植密度	备　注
	大	中	小	密度（株/亩）	
沙田柚	450	300	80	55	—
柑橘	300	200	60	85	—

续上表

名　称	成品（元/株）			普通种植密度	备　注
	大	中	小	密度（株/亩）	
葡萄	250	150	50	100	—
板栗	300	200	60	50	—
火龙果	300	200	60	80	—
油茶	300	200	60	55	—
青梅	300	200	60	55	—
龙眼	300	200	60	55	—
桃树	300	200	60	55	—
李树	300	200	60	55	—
枇杷	300	200	60	55	—
阳桃	300	200	60	55	—
红枣	300	200	60	55	—
石榴	300	200	60	55	—
沙梨	300	200	60	55	—
柿子	300	200	60	55	—
蕉	30	20	7	100	—
茶叶	80	50	20	500	单行种植

仁化县人民政府文件

仁府规〔2017〕1号

《仁化县困难群众医疗救助暂行办法》（仁府规审〔2017〕1号）已经2017年10月19日仁化县人民政府十五届第15次常务会议审议通过，现予印发，自2017年12月1日起施行，有效期三年。

仁化县困难群众医疗救助暂行办法

第一章　总则

第一条　根据中共中央、国务院《关于打赢脱贫攻坚战的决定》（中发〔2015〕34号）、《社会救助暂行办法》（国务院令第649号）、《国务院办公厅转发民政部等部门关于进一步完善医疗救助制度全面开展重特大疾病医疗救助工作意见的通知》（国办发〔2015〕30号）、省委、省政府《关于新时期精准扶贫精准脱贫三年攻坚的实施意见》（粤委〔2016〕13号）、《广东省人民政府办公厅转发省民政厅等部门关于进一步完善医疗救助制度全面开展重特大疾病医疗救助工作的实施意见》（粤府办〔2016〕2号）和《广东省城乡医疗救助基金管理办法》（粤财社〔2015〕26号）、《关于印发广东省困难群众医疗救助暂行办法的通知》（粤民发〔2016〕184号）和《关于印发韶关市精准扶贫医疗救助工作实施方案的通知》（韶民发〔2016〕87号）精神，为进一步完善我县困难群众医疗救助制度，结合我县实际，制定本办法。

第二条　本办法所指医疗救助，是指对救助对象参加基本医疗保险给予资助，保障其获得基本医疗保险服务；对救助对象在扣除各种医疗政策性补偿、补助、减免及社会指定医疗捐赠后，仍难以负担的符合规定的医疗费用，给予适当比例补助，帮助困难群众获得基本医疗服务。

第三条　医疗救助工作遵循以下原则：

（一）托住底线。根据经济社会发展水平、救助对象医疗费用、家庭困难程度和负担能力等因素，科学合理制定救助方案，确保其获得必需的基本医疗卫生服务。

（二）统筹衔接。推进医疗救助制度城乡统筹发展，加强与基本医疗保险、大病保险、疾病应急救助及各类补充医疗保险、商业保险等制度的有效衔接，形成制度合力。加强与慈善事业有序衔接，实现政府救助与社会力量参与的高效联动和良性互动。

（三）公开公正。公开救助政策、工作程序、救助对象以及实施情况，主动接受群众和社会监督，确保过程公开透明、结果公平公正。

（四）高效便捷。优化救助流程，简化结算程序，加强信息化建设，增强救助时效性，使困难群众及时得到有效救助。

第四条　医疗救助实行部门负责制。县民政局负责实施本区域医疗救助工作。

县财政局、县人社局、县卫计局等部门按照各自职责主动配合，密切协作，做好相关制度的衔接工作。各镇（街道）、村（居）民委员会要主动发现并及时核实辖区居民罹患重病等特殊情况，帮助有困难的家庭或个人提出救助申请。

第二章　救助对象和病种

第五条　下列人员可以申请相关医疗救助：

（一）收入型贫困医疗救助对象（限于本地户籍人口）。最低生活保障家庭成员和特困供养人员为重点救助对象，精准扶贫建档立卡的贫困人员（不含最低生活保障家庭成员，下同）、低收入家庭的老年人、未成年人、重度残疾人和重病患者等困难群众（以下统称低收入救助对象），以及县级以上人民政府规定的其他特殊困难人员。

（二）支出型贫困医疗救助对象（限于本地户籍人口和符合一定条件的持本地居住证的常住人口）。当年在基本医疗保险定点医疗机构（以下简称定点医疗机构）住院治疗疾病和诊治门诊特定项目，个人负担的合规医疗费用达到或超过其家庭年可支配总收入的60%，且家庭资产总值低于户籍所在地规定上限的因病致贫家庭重病患者（以下称因病致贫家庭重病患者）。

第六条　除重点救助对象和建档立卡的贫困人员外，我县医疗救助对象的家庭财产需同时符合下列所有标准：

（一）共同生活的家庭成员名下产权房屋总计不超过1套；

（二）共同生活的家庭成员名下人均存款（包括定期、活期存款），不超过当地12个月城镇最低生活保障标准；

（三）共同生活的家庭成员名下均无机动车辆、船舶（残疾人代步车、摩托车除外）；

（四）共同生活的家庭成员名下有价证券、基金的人均市值，不超过当地12个月城镇最低生活保障标准；

（五）共同生活的家庭成员名下均无工业、商业、服务业营利性组织的所有权；

（六）本条第（二）、（四）款所述项目相加总计不超过当地12个月城镇最低生活保障标准。

第七条　住院治疗的特困供养人员、最低生活保障对象、农村戈谢病患者、精准扶贫对象的医疗救助不设病种限制。

住院治疗的低收入家庭成员和其他医疗费用巨大的重病患者必须是患大病或重症慢性病才纳入救助，主要病种是：1.恶性肿瘤；2.重型再生障碍性贫血；3.脑中风；4.尿毒症；5.急性坏死性胰腺炎；6.急性或亚急性重症肝炎；7.急性心肌梗塞；8.需外科手术或植入手术治疗的心脏大血管疾病；9.严重精神障碍疾病；10.艾滋病；11.重症慢性病；12.晚期血吸虫病。

门诊治疗的重点救助对象的医疗救助不设病种限制，门诊治疗的其他救助对象必须是因患慢性病要长期服药或重特大疾病要长期门诊治疗导致自负费用较高的才纳入救助，具体是：1.因休克、昏迷、严重呼吸困难、自发性气胸、血气胸、内外大量出血、心脏骤停、急性心衰、急性中毒等医疗机构进行急症抢救治疗的；2.恶性肿瘤的化疗、放疗；3.尿毒症透析治疗；4.器官、造血干细胞移植术后进行的抗排异治疗及相关检查；5.再生障碍性贫血、血友病的治疗；6.珠蛋白生成障碍（地中海贫血或海洋性贫血）的治疗；7.乳腺癌、前列腺癌的内分泌治疗；8.艾滋病病毒感染者、艾滋病患者的治疗；9.部分医疗康复项目：残疾人的运动疗法、偏瘫肢体综合训练、脑瘫肢体综合训练、作业疗法、认知感觉功能障碍训练、言语训练、吞咽功能障碍训练、日常生活能力评定康复项目；10.精神分裂症、分裂情感性精神障碍、偏执性精神病、双相障碍（含躁狂症、抑郁症）、癫痫所致精神障碍、精神发育迟滞伴发精神障碍等重性精神疾病的治疗。11.高血压（Ⅱ期）；12.冠心病；13.慢性心功能不全；14.肝硬化（失代偿期）；15.慢性病毒性肝炎（乙型、丙型活动期）；16.中度及重度以上慢性阻塞性肺疾病；17.类风湿关节炎；18.糖尿病；19.帕金森病；20.脑血管疾病后遗症；21.系统性红斑狼疮；22.肺结核病；23.癫痫。

第三章　申请审核审批程序

第八条　重点救助对象、建档立卡的贫困人员和县级以上人民政府认定并在民政部门备案的救助对象，由县民政局直接审核办理。上述对象在定点医疗机构就医时，实行医疗救助和基本医疗保险、大病保险同步结算的“一站式”服务。

第九条　低收入救助对象、因病致贫家庭重病患者和地方人民政府规定且没有在民政部门备案的其他特殊困难人员申请医疗救助，需进行家庭经济状况认定（家庭收入和家庭财产认定范围参照《广东省最低生活保障申请家庭经济状况核对及认定暂行办法》（粤民发〔2014〕202号）执行），申请审核审批程序如下：

（一）申请人应当向户籍所在地镇（街道）提出书面申请，填写《医疗救助申请审批表》（户主申请有困难的，可以委托村民委员会、居民委员会或个人代为提出申请），并如实提供如下证明材料：

1.申请人的身份证或户口簿原件及复印件（委托他人申请的，同时提供受委托人的身份证或户口簿原件及复印件）；

2.相关医疗机构出具的诊断结果、病历、用药或诊疗项目、收费明细清单、转诊证明、转院通知、基本医疗保险审批表或结账单、定点医疗机构复式处方或定点零售药店购药发票等能够证明合规医疗费用的有效凭证等；

3.家庭成员收入财产证明、申请社会救助家庭成员收入财产审核声明书（授权书）、农信社存折复印件。

（二）镇（街道）受理救助申请后，应当自受理申请之日起10个工作日内，在村（居）委会协助下，组织经办人员，对申请人家庭实际情况逐一完成调查核实，每组调查人员不得少于2人。入户调查时，调查人员须到申请人家中调查其户籍状况、家庭收入财产状况和吃、穿、住、用等实际生活状况。根据申请人申报的家庭收入和财产状况，核查其真实性和完整性。入户调查结束后，调查人员应当填写家庭经济状况调查表，并由调查人员和申请人（被调查人）分别签字。

（三）对经济状况符合条件的申请人家庭，镇（街道）应当根据入户调查情况，在3个工作日内，对其医疗救助申请提出审核意见，并及时在村（居）民委员会设置的村（居）务公开栏公示入户调查和审核结果，公示期为5日。

（四）公示期满无异议的，镇（街道）应当于公示结束后3个工作日内将申请材料、家庭经济状况调查结果等相关材料上报县民政局审批。公示期间出现异议且能出示有效证据的，镇（街道）应当组织民主评议，对申请人家庭经济状况进行评议，作出结论。民主评议由镇（街道）工作人员、村（居）党组织和村（居）委员会成员、熟悉村（居）民情况的党员代表、村（居）民代表等参加。

（五）经民主评议认为符合条件的，镇（街道）应当将申请相关材料上报县民政局审批；经民主评议认为不符合条件的，镇（街道）应当在3个工作日内书面告知申请人并说明理由。

（六）县民政局对申请和相关材料在5个工作日内进行审核。符合条件的，核准其享受医疗救助的金额，并将批准意见通知镇（街道）；不符合条件的，应将材料退回，书面告知申请人并说明理由。

（七）镇（街道）应当对拟批准的申请家庭通过固定的政务公开栏、村（居）务公开栏以及政务大厅设置的电子屏等场所和地点进行公示。公示内容包括申请人姓名、家庭人数、拟救助金额等。公示期为5日。

（八）公示期满无异议的，县民政局应当在3个工作日内作出审批决定，在批准申请后5个工作日内，向同级财政部门提出申请。县财政局接到县民政局的审批表后，在3个工作日内将救助资金拨付到指定金融机构，直接支付给医疗救助对象。

公示期间出现异议的，县民政局应当重新组织调查核实，在20个工作日内作出审批决定。对拟批准的申请重新公示，对不予批准的申请，在作出决定后3个工作日内通过镇（街道）书面告知申请人并说明理由。

第十条　对获得医疗救助的对象名单，应当在镇（街道）、村（居）委会政务公开栏以及政务大厅设置的电子屏等场所和地点进行为期半年的公示。

第四章　救助方式与标准

第十一条　资助参保。对重点救助对象、低收入救助对象、建档立卡的贫困人员等参加城乡居民基本医疗保险的个人缴费部分，给予全额资助。对重点救助对象、低收入救助对象等参加职工基本医疗保险的个人缴费部分，按照不低于资助参加城乡居民基本医疗保险的水平给予资助，保障其获得基本医疗保险服务。

第十二条　门诊救助。门诊救助的重点是因患慢性病需要长期服药或者患重特大疾病需要长期门诊治疗，导致自负费用较高的医疗救助对象。最低生活保障家庭成员和特困供养人员全面纳入门诊救助范围，集中供养特困人员的门诊救助资金可由供养机构统筹管理使用。卫生计生部门已经明确诊疗路径、能够通过门诊治疗的病种，如精神病、肺结核等病种，采取单病种付费等方式开展门诊救助。

第十三条　住院救助。对重点救助对象、低收入救助对象和建档立卡的贫困人员等经基本医疗保险、大病保险及各类补充医疗保险、商业保险等报销后个人负担的合规医疗费用，县民政局直接予以救助；因病致贫家庭重病患者等其他救助对象负担的合规医疗费用，先由其个人支付，对超过家庭负担能力的部分予以救助。合规医疗费用范围主要参照广东省基本医疗保险、大病保险相关规定确定。对已明确临床诊疗路径的重特大疾病病种，采取按病种付费等方式给予救助。

第十四条　在年度最高救助限额内，在医保协议管理医疗机构就医，经基本医疗保险、大病保险及各类补充医疗保险、商业保险报销后，门诊和住院合规医疗费用，最低生活保障对象按照80%的比例给予救助，特困供养人员按照100%的比例给予救助，低收入救助对象、建档立卡的贫困人员、因病致贫家庭重病患者医疗救助参照80%的比例执行，经县政府批准的在县慢性病防治站管理治疗的精神病、肺结核病人中重点救助对象、低收入救助对象和建档立卡的贫困人员门诊和住院医疗费用按照100%的比例给予救助。

对因各种原因未能参加基本医疗保险的救助对象，合规范围内发生的医疗费用，参照参加基本医疗保险对象个人负担部分的补助政策，按所属对象类别给予救助。

第十五条　重点救助对象、低收入救助对象、建档立卡的贫困人员和归口在县慢性病防治站管理治疗精神病、肺结核病病人取消救助起付线。因病致贫家庭重病患者和县级以上人民政府规定的其他特殊困难人员重特大疾病医疗救助起付线为1万元以上（不含1万元），1万元以上部分按80%给予救助。医疗救助封顶线年度最高限额如下：

1、戈谢病患者为25万元；

2、城乡低保对象、特困供养人员、建档立卡的贫困人员和因病致贫家庭重病患者和县级以上人民政府规定的其他特殊困难人员为5万元；

第十六条　对参加城乡居民基本医疗保险的0—14周岁（含14周岁）儿童治疗急性白血病和先天性心脏病的限定医疗费用，由城乡居民基本医疗保险基金支付70%，城乡医疗救助基金救助20%。

第十七条　下列产生的医疗费用不予救助：

（一）自行到非正规医疗机构就医或自行购买药品无正规票据的费用；

（二）因自身违法行为导致的医疗费用；

（三）因自残等发生的医疗费用（精神障碍患者除外）；

（四）交通事故、医疗事故等应由他方承担的医疗费用；

（五）超出城乡居民基本（职工）医保的药品目录、诊查项目、医疗服务设施标准等规定范围的医疗费用。

第五章　资金筹集和管理

第十八条　由县人民政府建立城乡医疗救助基金，城乡医疗救助基金来源主要包括：

（一）县财政局每年根据本地区开展城乡医疗救助工作实际需要，按照预算管理的相关规定，在公共预算中安排城乡医疗救助资金；

（二）上级财政补助资金；

（三）社会各界捐赠用于医疗救助的资金；

（四）城乡医疗救助基金形成的利息收入；

（五）按规定可用于城乡医疗救助的其他资金。

第十九条　由县财政局会同县民政局根据城乡医疗救助对象需求、工作开展情况等因素，按照财政管理体制，科学合理地安排城乡医疗救助补助资金。

第二十条　县民政局要按照财政预算编制要求，根据救助对象数量、患病率、救助标准、医药费用增长情况，以及基本医疗保险、大病保险、商业保险报销水平等，认真测算下年度城乡医疗救助基金需求，及时报县财政局。经县财政局审核后，列入年度预算草案报县人民代表大会批准。县民政局、县财政局应当严格执行《广东省城乡医疗救助基金管理办法》，加强基金使用管理，提高医疗救助基金的使用效率。

第六章　社会力量参与

第二十一条　鼓励单位和个人等社会力量通过捐赠、设立帮扶项目、创办服务机构、提供志愿服务等方式，参与医疗救助。

第二十二条　县人民政府应按照国家有关规定制定相关政策，鼓励、支持社会力量参与医疗救助。

第二十三条　县人民政府可以将医疗救助中的具体服务事项通过委托、承包、采购等方式，向社会力量购买服务。

第七章　责任追究

第二十四条　任何单位和个人不得骗取、挪用、克扣、截留医疗救助资金。

第二十五条　对骗取医疗救助的，一经查实即取消救助，县民政局追回所领救助金，相关信息记入有关部门建立的诚信体系，构成犯罪的，依法追究法律责任。

第二十六条　医疗救助经办人员应当依法对救助申请开展调查、审核、审批，不得以权谋私、营私舞弊，不得泄露救助对象公示范围以外的信息，否则依法追究有关人员的责任，构成犯罪的，依法追究法律责任。

第二十七条　对在医疗救助工作中作出显著成绩的单位、个人，按照国家和省有关规定给予表彰、奖励。

第二十八条　医疗机构违合作协议，对不按规定用药、诊疗以及提供医疗服务所发生的费用，医疗救助基金不予结算；造成医疗救助资金流失或浪费的，终止定点合作协议，取消医疗救助定点医疗机构资格，并依法追究责任。

第八章　附则

第二十九条　本办法自2017年12月1日起施行，有效期为三年。《仁化县城乡特困人员医疗救助制度实施办法》（仁府〔2012〕33号）同时废止。

仁化县人民政府文件

仁府〔2017〕5号

仁化县人民政府关于第一批清理规范32项县政府部门行政审批中介服务事项的决定

各镇人民政府，县各有关单位：

为贯彻落实《广东省人民政府关于第一批清理规范58项省政府部门行政审批中介服务事项的决定》（粤府〔2016〕16号）、《广东省人民政府关于第二批清理规范68项省政府部门行政审批中介服务事项的决定》（粤府〔2016〕55号）和《韶关市人民政府关于第一批清理规范48项市政府部门行政审批中介服务事项的决定》（韶府〔2016〕31号）精神，进一步推进我县政府职能转变和深化行政审批制度改革，县政府决定第一批清理规范32项县政府部门行政审批中介服务事项，不再作为行政审批的受理条件。

各有关部门要加强组织领导，按照简政放权、放管结合、优化服务的要求，认真做好清理规范行政审批中介服务事项的落实工作，加快推进配套制度改革和规范体系建设，切实加强事中事后监管，保障行政审批质量和效率。要督促相关行业中介服务机构建立健全规章制度，规范从业人员执业行为，细化服务项目、优化服务流程、提高服务质量，营造公平竞争、破除垄断、优胜劣汰的市场环境。对涉及公共安全领域的行政审批事项，在清理规范相关中介服务后，要进一步完善监管措施，确保安全责任落实到位。促进中介服务市场健康发展，不断提高政府管理科学化、规范化水平。

附件：仁化县人民政府决定第一批清理规范的县政府部门行政审批中介服务事项目录（共计32项）

仁化县人民政府

2017年5月25日

附件

仁化县人民政府决定第一批清理规范的县政府部门行政审批中介服务事项目录（共计32项）

序　号	中介服务事项名称	涉及的审批事项项目名称	审批部门	中介服务设定依据	中介服务实施机构	处理决定
1	社会团体法定代表人离任审计	县级社会团体变更登记	县民政局	《社会团体登记管理条例》（国务院令第250号） 注：审批工作中要求申请人委托有关机构出具法定代表人离任审计报告	会计师事务所	不再要求申请人提供法定代表人离任审计报告，改由审批部门委托有关机构开展社会团体法定代表人离任审计。
2	社会团体注销清算报告审计	县级社会团体注销登记	县民政局	《社会团体登记管理条例》（国务院令第250号） 注：审批工作中要求申请人委托有关机构出具社会团体注销清算审计报告	会计师事务所	不再要求申请人提供清算审计报告，改由审批部门委托有关机构开展社会团体注销清算审计。
3	民办非企业单位法定代表人离任审计	民办非企业单位变更登记	县民政局	《民办非企业单位登记管理暂行条例》（国务院令第251号） 注：审批工作中要求申请人委托有关机构出具法定代表人离任审计报告	会计师事务所	根据国务院清理决定，不再要求申请人提供法定代表人离任审计报告，改由审批部门委托有关机构开展民办非企业单位法定代表人离任审计。
4	民办非企业单位注销清算报告审计	民办非企业单位注销登记	县民政局	《民办非企业单位登记管理暂行条例》（国务院令第251号） 注：审批工作中要求申请人委托有关机构出具民办非企业单位注销清算审计报告	会计师事务所	根据国务院清理决定，不再要求申请人提供清算审计报告，改由审批部门委托有关机构开展民办非企业单位注销清算审计。
5	采矿权申请范围核查	采矿权审批	县国土资源局	《国土资源部关于调整探矿权、采矿权申请资料有关问题的公告》（国土资源部公告2009年第17号） 《国土资源部办公厅关于做好探矿权采矿权登记与矿业权实地核查工作衔接有关问题的通知》（国土资厅发〔2009〕54号）	具有资质的测量单位	不再要求申请人委托具有资质的测量单位出具采矿权申请范围核查意见，改由地方国土资源部门委托有关机构进行核查。

续上表

序　号	中介服务事项名称	涉及的审批事项项目名称	审批部门	中介服务设定依据	中介服务实施机构	处理决定
6	矿产资源开发利用方案编制	采矿权审批	县国土资源局	《国土资源部关于矿产资源勘查登记、开采登记有关规定的通知》（国土资发〔1998〕7号） 《国土资源部关于探矿权、采矿权申请资料实行电子文档申报的公告》（国土资源部公告2007年第12号）	具有设计资质的单位	申请人可按要求自行编制矿产资源开发利用方案，也可委托有关机构编制，审批部门不得以任何形式要求申请人必须委托特定中介机构提供服务；保留审批部门现有的矿产资源开发利用方案技术评估、评审。
7	矿产资源储量核实报告编制	采矿权审批	县国土资源局	《固体矿产资源储量核实报告编写规定》（国土资发〔2007〕26号）	具有相应地质勘查资质的单位	申请人可按要求自行编制矿产资源储量核实报告，也可委托有关机构编制，审批部门不得以任何形式要求申请人必须委托特定中介机构提供服务；保留审批部门现有的矿产资源储量核实报告技术评估、评审。
8	矿山储量年报编制	采矿权审批	县国土资源局	《矿产资源监督管理暂行办法》（国务院1987年发布） 《矿产资源开采登记管理办法》（国务院令第241号） 《矿山储量动态管理要求》（国土资发〔2008〕163号）	具有资质的地质测量机构	申请人可按要求自行编制矿山储量年报，也可委托有关机构编制，审批部门不得以任何形式要求申请人必须委托特定中介机构提供服务；保留审批部门现有的矿山储量年报技术评估、评审。
9	矿山地质环境保护与治理恢复方案编制	县发证矿山地质环境保护与治理恢复方案审查	县国土资源局	《矿山地质环境保护规定》（国土资源部令第44号）	具有地质灾害危险性评估资质或者地质灾害治理工程勘查、设计资质和相关工作业绩的单位	申请人可按要求自行编制矿山地质环境保护与治理恢复方案，也可委托有关机构编制，审批部门不得以任何形式要求申请人必须委托特定中介机构提供服务；保留审批部门现有的矿山地质环境保护与治理恢复方案技术评估、评审。

续上表

序　号	中介服务事项名称	涉及的审批事项项目名称	审批部门	中介服务设定依据	中介服务实施机构	处理决定
10	矿产资源开采地质报告编制	采矿权审批	县国土资源局	《国土资源部关于矿产资源勘查登记、开采登记有关规定的通知》（国土资发〔1998〕7号）	具有相应地质勘查资质的单位	申请人可按要求自行编制矿产资源开采地质报告，也可委托有关机构编制，审批部门不得以任何形式要求申请人必须委托特定中介机构提供服务；保留审批部门现有的地质报告技术评估、评审和备案。
11	矿业权转让鉴证和公示	采矿权转让审批	县国土资源局	《国土资源部关于建立健全矿业权有形市场的通知》（国土资发〔2010〕145号） 《矿业权交易规则（试行）》（国土资发〔2011〕242号）	矿业权交易机构	不再要求申请人委托矿业权交易机构进行鉴证和公示，改由审批部门负责发布矿业权转让公示信息并出具公示无异议的意见。
12	开采矿产资源土地复垦方案报告书编制	采矿权审批	县国土资源局	《国土资源部关于组织土地复垦方案编报和审查有关问题的通知》（国土资发〔2007〕81号） 注：审批工作中要求申请人委托有关机构编制土地复垦方案报告书	具有水土保持、生态环境工程等规划设计资质或具有从事土地复垦规划设计业绩的单位	申请人可按要求自行编制土地复垦方案报告书，也可委托有关机构编制，审批部门不得以任何形式要求申请人必须委托特定中介机构提供服务；保留审批部门现有的土地复垦方案报告书技术评估、评审。
13	建设项目竣工环境保护验收监测或调查	建设项目环境保护设施验收	县环境保护局	《建设项目环境保护管理条例》（国务院令第253号） 《建设项目竣工环境保护验收管理办法》（环保总局令第13号） 《环境保护部建设项目“三同时”监督检查和竣工环保验收管理规程（试行）》（环发〔2009〕150号）	具有相应资质的环境监测机构、环境放射性监测机构、环境影响评价机构等有关技术单位	不再要求申请人提供建设项目竣工环境保护验收监测报告（表）或调查报告（表），改由审批部门委托有关机构进行环境保护验收监测或调查。
14	建设工程勘察设计企业资质申请人财务报表审计	建设工程勘察设计企业资质核准	县住房和城乡规划建设局	《建筑业企业资质管理规定和资质标准实施意见》（建市〔2015〕20号）	会计师事务所或者审计事务所及其他具有相关资格的审计机构	不再要求申请人提供经审计的财务报告。

续上表

序　号	中介服务事项名称	涉及的审批事项项目名称	审批部门	中介服务设定依据	中介服务实施机构	处理决定
15	县管交通工程建设项目（公路、水运）初步设计技术审查咨询	县管权限交通建设项目初步设计审批	县交通运输局	《建设工程质量管理条例》（国务院令第279号） 《公路建设市场管理办法》（交通部令2004年第14号，2011年11月30日交通运输部予以修改） 《公路建设监督管理办法》（交通部令2006年第6号） 《港口建设管理规定》（交通部令2007年第5号） 《航道建设管理规定》（交通部令2007年第3号） 注：审批工作中要求申请人委托有关机构编制初步设计技术审查咨询报告	具有相关资质等级的单位（通过招标等方式选择）	不再要求申请人提供初步设计文件技术审查咨询报告，改由审批部门委托有关机构进行初步设计文件技术审查咨询。
16	生产建设项目水土保持设施验收技术评估	生产建设项目水土保持方案审批	县水务局	《开发建设项目水土保持设施验收管理办法》（水利部令第16号，2005年7月8日予以修改） 注：审批工作中要求申请人委托有关机构编制水土保持设施验收技术评估报告	具有生产建设项目水土保持设施验收技术评估工作相应能力和水平且具有独立法人资格的企事业单位	不再要求申请人提供水土保持设施验收技术评估报告，改由审批部门委托有关机构进行技术评估。
17	生产建设项目水土保持监测报告编制	生产建设项目水土保持方案审批	县水务局	《中华人民共和国水土保持法》 注：审批工作中要求申请人委托有关机构编制水土保持监测报告	具有生产建设项目水土保持监测工作相应能力和水平且具有独立法人资格的企事业单位	申请人可按要求自行编制水土保持监测报告，也可委托有关机构编制，审批部门不得以任何形式要求申请人必须委托特定中介机构提供服务；审批部门完善标准，按要求开展现场核查。
18	生产建设项目水土保持方案编制	生产建设项目水土保持方案审批	县水务局	《中华人民共和国水土保持法》 注：审批工作中要求申请人委托有关机构编制水土保持监测报告	具有生产建设项目水土保持方案编制工作相应能力和水平且具有独立法人资格的企事业单位	申请人可按要求自行编制水土保持方案，也可委托有关机构编制，审批部门不得以任何形式要求申请人必须委托特定中介机构提供服务；保留审批部门现有的水土保持方案技术评估、评审。

续上表

序　号	中介服务事项名称	涉及的审批事项项目名称	审批部门	中介服务设定依据	中介服务实施机构	处理决定
19	建设项目水资源论证	取水许可	县水务局	《取水许可和水资源费征收管理条例》（国务院令第460号） 《建设项目水资源论证管理办法》（水利部、国家计委令第15号）	具有建设项目水资源论证报告书编制能力且具有独立法人资格的企事业单位	申请人可按要求自行编制建设项目水资源论证报告书，也可委托有关机构编制，审批部门不得以任何形式要求申请人必须委托特定中介机构提供服务；保留审批部门现有的水资源论证报告书技术评估、评审。
20	入河排污口设置论证	入河排污口设置审核	县水务局	《入河排污口监督管理办法》（水利部令第22号） 注：审批工作中要求申请人委托有关机构编制入河排污口设置论证报告	具备相应资质的单位	申请人可按要求自行编制入河排污口设置论证报告，也可委托有关机构编制，审批部门不得以任何形式要求申请人必须委托特定中介机构提供服务；保留审批部门现有的排污口设置论证报告技术评估、评审。
21	河道管理范围内建设项目防洪评价	县管河道管理范围内工程建设方案审批	县水务局	《河道管理范围内建设项目管理的有关规定》（水政〔1992〕7号） 注：审批工作中实际由申请人委托有关机构编制防洪评价报告	具有编制河道管理范围内建设项目防洪评价报告能力且具有独立法人资格的企事业单位	申请人可按要求自行编制防洪评价报告，也可委托有关机构编制，审批部门不得以任何形式要求申请人必须委托特定中介机构提供服务；保留审批部门现有的防洪评价报告技术评估、评审。
22	杂交水稻、杂交玉米及其亲本农作物种子生产许可申请人注册资本证明	主要农作物杂交种子及其亲本种子生产经营许可证核发	县农业局	《农作物种子生产经营许可管理办法》（农业部令2011年第3号）	会计师事务所或者审计事务所及其他具有相关资格的机构	不再要求申请人提供注册资本证明；仅需要提供工商部门核发的营业执照副本复印件。
23	提供杂交水稻、杂交玉米及其亲本农作物种子生产涉及计量的检验设备检定材料	主要农作物杂交种子及其亲本种子生产经营许可证核发	县农业局	《农作物种子生产经营许可管理办法》（农业部令2011年第3号）	具有资质的计量检定单位	不再要求申请人提供检验设备检定材料，检验设备的检定依法由质监部门开展。

续上表

序　号	中介服务事项名称	涉及的审批事项项目名称	审批部门	中介服务设定依据	中介服务实施机构	处理决定
24	种子经营许可申请人注册资本证明	农作物种子生产经营许可证审核、核发	县农业局	《农作物种子生产经营许可管理办法》（农业部令2011年第3号）	会计师事务所或者审计事务所及其他具有相关资格的机构	不再要求申请人提供注册资本证明；仅需要提供工商部门核发的营业执照副本复印件。
25	种子经营许可申请人注册固定资产证明	农作物种子生产经营许可证审核、核发	县农业局	《农作物种子生产经营许可管理办法》（农业部令2011年第3号）	会计师事务所或者审计事务所及其他具有相关资格的机构	不再要求申请人提供固定资产证明。
26	提供种子经营涉及计量的检验、包装设备检定材料	农作物种子生产经营许可证审核、核发	县农业局	《农作物种子生产经营许可管理办法》（农业部令2011年第3号）	具有资质的计量检定机构	不再要求申请人提供检验、包装设备检定材料，检验、包装设备的检定依法由质监部门开展。
27	建设项目使用林地可行性报告编制或林地现状调查表编制	建设工程征用、占用林地审核（含临时占用林地审批）	县林业局	《建设项目使用林地审核审批管理办法》（国家林业局令第35号）	具有林业调查规划设计资质的单位	申请人可按要求自行编制建设项目使用林地可行性报告或林地现状调查表，也可委托有关机构编制，审批部门不得以任何形式要求申请人必须委托特定中介机构提供服务；保留审批部门现有的建设项目使用林地可行性报告技术评估、评审。
28	县级文物保护单位文物保护工程勘察设计方案编制	县级文物保护单位文物保护工程许可	县文化广电新闻出版局	《中华人民共和国文物保护法》《文物保护工程管理办法》（文化部令第26号）	具有文物保护工程勘察设计乙级及以上资质的设计单位	申请人可按要求自行编制市级文物保护单位文物保护工程勘察设计方案，也可委托有关机构编制，审批部门不得以任何形式要求申请人必须委托特定中介机构提供服务；保留审批部门现有的勘察设计方案技术评估、评审。
29	建设项目雷电灾害风险评估	防雷装置设计审核和竣工验收	县气象局	《防雷装置设计审核和竣工验收规定》（中国气象局令第21号）注：审批工作中要求申请人委托有关机构编制雷电灾害风险评估报告	具备能力的防雷技术服务机构或地方性法规明确的机构	不再要求申请人提供雷电灾害风险评估报告；审批部门完善标准，组织开展区域性雷电灾害风险评估。

续上表

序　号	中介服务事项名称	涉及的审批事项项目名称	审批部门	中介服务设定依据	中介服务实施机构	处理决定
30	防雷产品测试	防雷装置设计审核和竣工验收	县气象局	《防雷装置设计审核和竣工验收规定》（中国气象局令第21号） 《防雷减灾管理办法》（中国气象局令24号） 注：审批工作中要求申请人委托有关机构开展防雷产品测试	国务院气象主管机构授权的检测机构	不再要求申请人提供防雷产品测试报告；审批部门完善标准，组织开展防雷产品质量检查。
31	防雷装置设计技术评价	防雷装置设计审核和竣工验收	县气象局	《防雷装置设计审核和竣工验收规定》（中国气象局令第21号）	具备能力的防雷技术服务机构或地方性法规明确的机构	不再要求申请人提供防雷装置设计技术评价报告，改由审批部门委托有关机构开展防雷装置设计技术评价。
32	新建、改建、扩建建（构）筑物防雷装置检测	防雷装置设计审核和竣工验收	县气象局	《防雷减灾管理办法》（中国气象局令20号，2013年5月31日予以修改） 《防雷装置设计审核和竣工验收规定》（中国气象局令第21号）	取得相应防雷装置检测资质的单位	不再要求申请人提供新建、改建、扩建建（构）筑物防雷装置检测报告，改由审批部门委托有关机构开展新建、改建、扩建建（构）筑物防雷装置检测。

2017年中国共产党仁化县委员会文件目录一览表

表77

序　号	发文单位	文件名	发文号	发文时间
1	中共仁化县委、仁化县人民政府	中共仁化县委、仁化县人民政府关于暂时调整部分县领导分工的通知	仁发〔2017〕1号	2017.3.10
2	中共仁化县委	中共仁化县委关于深入推进全面从严治党的实施意见	仁发〔2017〕2号	2017.5.16
3	中共仁化县委仁化县人民政府	中共仁化县委、仁化县人民政府关于调整县政府部分领导班子成员工作分工的通知	仁发〔2017〕3号	2017.7.4
4	中共仁化县委	中共仁化县委关于全面开展巡察工作的实施意见	仁发〔2017〕4号	2017.7.21
5	中共仁化县委	中共仁化县委关于印发《仁化县委巡察工作五年规划（2017—2021年）》的通知	仁发〔2017〕5号	2017.7.21
6	中共仁化县委、仁化县人民政府	中共仁化县委、仁化县人民政府关于调整部分县领导分工的通知	仁发〔2017〕6号	2017.7.21
7	中共仁化县委	中共仁化县委关于印发《中国共产党仁化县委员会工作制度》的通知	仁发〔2017〕7号	2017.7.31

续表77

序　号	发文单位	文件名	发文号	发文时间
8	中共仁化县委、仁化县人民政府	中共仁化县委、仁化县人民政府关于调整县委、县政府领导班子成员工作分工及县四套班子领导挂点联系镇（街）的通知	仁发〔2017〕8号	2017.9.18
9	中共仁化县委	中共仁化县委关于印发《仁化县群团改革工作方案》的通知	仁发〔2017〕9号	2017.10.9
10	中共仁化县委、仁化县人民政府	中共仁化县委 仁化县人民政府关于调整部分县领导工作分工的通知	仁发〔2017〕10号	2017.10.31
11	中共仁化县委	中共仁化县委关于认真学习宣传贯彻党的十九大精神的通知	仁发〔2017〕11号	2017.11.3
12	中共仁化县委	中共仁化县委关于坚持以习近平新时代中国特色社会主义思想为指引加快仁化振兴发展的决定	仁发〔2017〕12号	2017.12.22

2017年仁化县人民政府文件目录一览表

表78

序　号	发文单位	文件名	发文号	发文时间
1	仁化县人民政府	关于表彰2016年度仁化县政风行风建设优胜单位的决定	仁府〔2017〕1号	2017.2.20
2	仁化县人民政府	仁化县促进企业上市挂牌的若干措施	仁府〔2017〕2号	2017.3.10
3	仁化县人民政府	关于进一步做好计划生育手术并发症人员扶助工作的通知	仁府〔2017〕3号	2017.3.15
4	仁化县人民政府	仁化县人民政府关于印发仁化县人民政府2017年工作要点的通知	仁府〔2017〕4号	2017.5.24
5	仁化县人民政府	仁化县人民政府关于第一批清理规范32项仁化县人民政府部门行政审批中介服务事项的决定	仁府〔2017〕5号	2017.5.25
6	仁化县人民政府	丹霞创客	仁府〔2017〕6号	2017.5.31
7	仁化县人民政府	仁化县人民政府关于印发仁化县盐业体制改革实施方案的通知	仁府〔2017〕7号	2017.6.5
8	仁化县人民政府	关于印发红军长征粤北纪念馆建设项目土地征收补偿标准的通知	仁府〔2017〕8号	2017.7.17
9	仁化县人民政府	关于印发红军长征粤北纪念馆建设项目房屋征收与补偿方案的通知	仁府〔2017〕9号	2017.7.24
10	仁化县人民政府	关于调整应急领导小组成员的通知	仁府〔2017〕10号	2017.9.20
11	仁化县人民政府	仁化县人民政府关于印发仁化县畜禽养殖禁养区和限养区划定方案的通知	仁府〔2017〕11号	2017.9.30

续表78

序　号	发文单位	文件名	发文号	发文时间
12	仁化县人民政府	仁化县人民政府关于印发城口温泉建设项目土地征收补偿标准的通知	仁府〔2017〕12号	2017.10.9
13	仁化县人民政府	关于公布仁化县第四批县级非物质文化遗产项目代表性传承人的通知	仁府〔2017〕13号	2017.11.6
14	仁化县人民政府	仁化县人民政府关于印发仁化县食品安全事故应急预案的通知	仁府〔2017〕14号	2017.11.10
15	仁化县人民政府	仁化县人民政府关于印发仁化县畜禽养殖场整治奖补方案的通知	仁府〔2017〕15号	2017.11.13
16	仁化县人民政府	仁化县人民政府关于印发仁化县享受仁化县人民政府特殊津贴人才选拔管理实施意见的通知	仁府〔2017〕16号	2017.12.18
17	仁化县人民政府	仁化县人民政府关于印发仁化县行政许可调整事项目录（2017年版）的通知	仁府〔2017〕17号	2017.12.22
18	仁化县人民政府	仁化县人民政府关于印发仁化县行政许可事项目录（2017年版）的通知	仁府〔2017〕18号	2017.12.22
19	仁化县人民政府	仁化县人民政府关于第二批清理规范16项仁化县人民政府部门行政审批中介服务事项的决定	仁府〔2017〕19号	2017.12.25
20	仁化县人民政府	2016年度仁化县计划生育目标管理责任制考评情况的通报	仁府〔2017〕20号	2017.12.30
21	仁化县人民政府	关于我县全倒户自愿放弃重建家园补助资金的请示	仁府报字〔2017〕1号	2017.1.16
22	仁化县人民政府	请求解决仁化县石塘古村体育健身广场等建设缺口资金的请示	仁府报字〔2017〕2号	2017.1.16
23	仁化县人民政府	关于黄樱同志工作调任的请示	仁府报字〔2017〕3号	2017.2.13
24	仁化县人民政府	关于协调增加仁化县华粤煤矸石电力有限公司2017年上网电量计划指标的请示	仁府报字〔2017〕4号	2017.2.13
25	仁化县人民政府	关于协调增加仁化县华粤煤矸石电力有限公司2017年上网电量计划指标的请示	仁府报字〔2017〕5号	2017.2.13
26	仁化县人民政府	仁化县人民政府关于明确丹霞山景区内行政执法主体的请示	仁府报字〔2017〕6号	2017.3.9
27	仁化县人民政府	关于请求调整锦江仁化石下至江口河段地表水功能区划的请示	仁府报字〔2017〕7号	2017.3.10
28	仁化县人民政府	关于协调解决广晟公司驻仁企业社会职能机构移交有关事项的请示	仁府报字〔2017〕8号	2017.3.10
29	仁化县人民政府	关于报请审批《仁化县周田镇总体规划（2014—2030）》的请示	仁府报字〔2017〕9号	2017.5.9
30	仁化县人民政府	关于支持仁化县申报省级循环经济工业园的请示	仁府报字〔2017〕10号	2017.5.17
31	仁化县人民政府	关于仁化县董塘镇受污染高标准农田进行易地补建的请示	仁府报字〔2017〕11号	2017.6.12

续表78

序　号	发文单位	文件名	发文号	发文时间
32	仁化县人民政府	关于要求对仁化县丹霞山人工林调查报告、评估报告进行评审验收的请示	仁府报字〔2017〕12号	2017.6.14
33	仁化县人民政府	关于对国道G106线城口圩镇路段实行改建的请示	仁府报字〔2017〕13号	2017.6.20
34	仁化县人民政府	关于申报农村综合性改革试点的请示	仁府报字〔2017〕14号	2017.6.20
35	仁化县人民政府	关于审批《韶关市仁化县土地利用总体规划（2010—2020年）调整完善方案》的请示	仁府报字〔2017〕15号	2017.7.3
36	仁化县人民政府	仁化县人民政府关于申请提高仁化县华粤煤矸石电力有限公司2017年上网电量兑现率的请示	仁府报字〔2017〕16号	2017.7.18
37	仁化县人民政府	仁化县人民政府关于申请提高仁化县华粤煤矸石电力有限公司2017年上网电量兑现率的请示	仁府报字〔2017〕17号	2017.7.18
38	仁化县人民政府	关于支持仁化县应急指挥平台建设的请示	仁府报字〔2017〕18号	2017.8.1
39	仁化县人民政府	关于协调增加仁化县华粤煤矸石电力有限公司上网电量计划指标的请示	仁府报字〔2017〕19号	2017.8.25
40	仁化县人民政府	关于协调增加仁化县华粤煤矸石电力有限公司上网电量计划指标的请示	仁府报字〔2017〕20号	2017.8.25
41	仁化县人民政府	仁化县人民政府关于申请解决200米沥青路面铺设的请示	仁府报字〔2017〕21号	2017.8.25
42	仁化县人民政府	关于请求协调解决国庆中秋假日期间G106线仁化县周田段车辆分流的请示	仁府报字〔2017〕22号	2017.9.26
43	仁化县人民政府	关于申请将G106线灵溪水桥作为应急抢险工程组织实施的请示	仁府报字〔2017〕23号	2017.9.30
44	仁化县人民政府	关于仁化县大桥镇古洋水乡度假区项目深化发展建设的请示	仁府报字〔2017〕24号	2017.10.16
45	仁化县人民政府	仁化人民政府关于设立仁化县景区综合执法局的请示	仁府报字〔2017〕25号	2017.10.18
46	仁化县人民政府	仁化县人民政府关于请求解决柑橘黄龙病综合防控资金的请示	仁府报字〔2017〕26号	2017.11.11
47	仁化县人民政府	关于对丹霞山景区内四家核心资源企业整合工作的请示	仁府报字〔2017〕27号	2017.12.1
48	仁化县人民政府	关于妥善解决丹霞山南门项目土地一级开发问题的请示	仁府报字〔2017〕28号	2017.12.1
49	仁化县人民政府	关于请求解决丹霞山古洋南门项目预征地启动资金的请示	仁府报字〔2017〕29号	2017.12.5
50	仁化县人民政府	关于申请周田高速出口到丹霞山景区内“六乱”整治及拆违打违工作经费的请示	仁府报字〔2017〕30号	2017.12.6
51	仁化县人民政府	仁化县人民政府关于报送《关于推进大丹霞旅游项目建设工作方案》的请示	仁府报字〔2017〕31号	2017.12.6

续表78

序　号	发文单位	文件名	发文号	发文时间
52	仁化县人民政府	关于请求解决仁化县建设项目农用地转用指标的请示	仁府报字〔2017〕32号	2017.12.7
53	仁化县人民政府	仁化县人民政府关于调整《仁化县2015年度省级现代农业示范区实施方案》上报备案的请示	仁府报字〔2017〕33号	2017.12.18
54	仁化县人民政府	仁化县人民政府关于请求解决大丹霞旅游项目顾问团队工作经费的请示	仁府报字〔2017〕34号	2017.12.27
55	仁化县人民政府	关于仁化县城市综合执法体制改革机构编制调整的请示	仁府报字〔2017〕35号	2017.12.27
56	仁化县人民政府	通告	仁府通〔2017〕1号	2017.1.19
57	仁化县人民政府	关于确定2017年度仁化县消防安全重点单位和火灾高危单位的通告	仁府通〔2017〕2号	2017.3.27
58	仁化县人民政府	征地预通告(扶溪河治理工程）	仁府通〔2017〕3号	2017.4.11
59	仁化县人民政府	关于开展整治非法营运专项行动的通告	仁府通〔2017〕4号	2017.5.2
60	仁化县人民政府	征地预通告（武深高速仁化出口收费站至106国道高速引线工程项目）	仁府通〔2017〕5号	2017.5.9
61	仁化县人民政府	征地预通告（红军长征粤北纪念馆项目）	仁府通〔2017〕6号	2017.5.24
62	仁化县人民政府	关于清理仁化县河道内闲置、沉没船舶的通告	仁府通〔2017〕7号	2017.6.5
63	仁化县人民政府	关于严厉打击非法开采矿产资源行为的通告	仁府通〔2017〕8号	2017.6.20
64	仁化县人民政府	第二农贸市场（新市场）进行休市改造和启用丹霞新城农贸市场的通告	仁府通〔2017〕9号	2017.6.9
65	仁化县人民政府	仁化县2016年度第五批次城镇建设用地征地通告	仁府通〔2017〕10号	2017.6.27
66	仁化县人民政府	关于开展国省道综合整治的通告	仁府通〔2017〕11号	2017.7.18
67	仁化县人民政府	关于禁止在电力线路保护区种植高秆植物的通告	仁府通〔2017〕12号	2017.7.18
68	仁化县人民政府	关于仁化县2016年度第三批次城镇建设用地征收土地的公告	仁府通〔2017〕13号	2017.8.8
69	仁化县人民政府	征地预通告（仁化县城镇基础设施项目用地）	仁府通〔2017〕14号	2017.8.10
70	仁化县人民政府	关于在县城试鸣防空警报的通告	仁府通〔2017〕15号	2017.9.8
71	仁化县人民政府	征地预通告	仁府通〔2017〕16号	2017.9.30

续表78

序　号	发文单位	文件名	发文号	发文时间
72	仁化县人民政府	征地预通告（御景阁周边道路带）	仁府通〔2017〕17号	2017.9.30
73	仁化县人民政府	征地预通告（韶关仁化周田段公路服务区）	仁府通〔2017〕18号	2017.9.30
74	仁化县人民政府	关于开展仁化县畜禽养殖清理整治专项行动的通告	仁府通〔2017〕19号	2017.10.8
75	仁化县人民政府	仁化县人民政府关于严厉打击非法开采矿产资源行为的通告	仁府通〔2017〕20号	2017.11.6
76	仁化县人民政府	关于开展打击“两违”工作的通告	仁府通〔2017〕21号	2017.11.6
77	仁化县人民政府	关于我县公共租赁住房保障对象标准的通告	仁府通〔2017〕22号	2017.11.14
78	仁化县人民政府	关于划定仁化县高污染燃料禁燃区的通告	仁府通〔2017〕23号	2017.12.20
79	仁化县人民政府	关于上报仁化县环境保护责任考核的函	仁府函字〔2017〕1号	2017.3.2
80	仁化县人民政府	上报质量强县考核总结的函	仁府函字〔2017〕2号	2017.3.2
81	仁化县人民政府	关于恳请市政府对格顶路口煤场土地确权进行指导和提供相关权属证据的函	仁府函字〔2017〕3号	2017.3.16
82	仁化县人民政府	关于收回仁化县长江镇里周丘超荣小学所在地块国有土地使用权的函	仁府函字〔2017〕4号	2017.5.4
83	仁化县人民政府	关于划定“丹霞贡柑”农产品地理标志地域保护范围的函	仁府函字〔2017〕5号	2017.5.22
84	仁化县人民政府	关于请求同意成立东莞市仁化商会的复函	仁府函字〔2017〕6号	2017.6.9
85	仁化县人民政府	关于请求变更仁化县扶溪学校下属斜周小学等用地权属的函	仁府函字〔2017〕7号	2017.6.15
86	仁化县人民政府	仁化县人民政府关于审批《仁化县食盐监管体制改革实施方案》的函	仁府函字〔2017〕8号	2017.6.15
87	仁化县人民政府	仁化县人民政府关于同意筹建佛山市仁化商会的复函	仁府函字〔2017〕9号	2017.7.11
88	仁化县人民政府	仁化县人民政府关于请求提供董塘镇江头村委格顶路口煤场土地权属和地上房屋权属相关证据的函	仁府函字〔2017〕10号	2017.7.25
89	仁化县人民政府	关于请求协调加快韶赣高速丹霞互通出口接国道G106线平交口工程实施的函	仁府函字〔2017〕11号	2017.9.8
90	仁化县人民政府	关于申报广东省2018年农业综合开发田园综合体试点项目的函	仁府函字〔2017〕12号	2017.9.8
91	仁化县人民政府	关于咨询国道G106线灵溪水桥（4类桥）改造方案的函	仁府函字〔2017〕13号	2017.9.20

续表78

序　号	发文单位	文件名	发文号	发文时间
92	仁化县人民政府	关于要求变更仁博高速收费站名称的函	仁府函字〔2017〕14号	2017.9.21
93	仁化县人民政府	关于请求协助并认定涉案土地是否属无堤防河道范围的函	仁府函字〔2017〕15号	2017.9.21
94	仁化县人民政府	关于请求配合限制韶赣高速丹霞站出口车辆通行的函	仁府函字〔2017〕16号	2017.9.21
95	仁化县人民政府	关于请求提供浈江河历史最高洪水位或设计水位资料并对设计成果表相关信息解释的函	仁府函字〔2017〕17号	2017.10.11
96	仁化县人民政府	关于审批韶关市仁化县2017年度第七批次城镇建设用地的函	仁府函字〔2017〕18号	2017.10.30
97	仁化县人民政府	仁化县人民政府关于政策性收回原周田蚕茧站国有土地使用权的函	仁府函字〔2017〕19号	2017.10.31
98	仁化县人民政府	关于申请将仁化县红山镇田心矿区纳入《韶关市矿产资源总体规划（2016—2020年）》的函	仁府函字〔2017〕20号	2017.11.2
99	仁化县人民政府	关于审批韶关市仁化县2017年度第六批次城镇建设用地的函	仁府函字〔2017〕21号	2017.11.6
100	仁化县人民政府	关于上报《广东省韶关市仁化县绿色矿业发展示范区建设方案（2016—2020）》的函	仁府函字〔2017〕22号	2017.11.8
101	仁化县人民政府	关于县专题规划委员会审议通过丹霞街道中心村A地块控制性详细规划的批复	仁府复字〔2017〕1号	2017.1.4
102	仁化县人民政府	关于县专题规划委员会审议通过仁化县全民健身广场修建性详细规划的批复	仁府复字〔2017〕2号	2017.1.4
103	仁化县人民政府	关于县专题规划委员会审议通过丹霞新城沁潼园（E地块）修建性详细规划的批复	仁府复字〔2017〕3号	2017.1.4
104	仁化县人民政府	关于县专题规划委员会审议通过丹霞新城沁渭园二期（16#）修建性详细规划的批复	仁府复字〔2017〕4号	2017.1.4
105	仁化县人民政府	关于县专题规划委员会审议通过丹霞新城沁泳园（G地块）修建性详细规划的批复	仁府复字〔2017〕5号	2017.1.4
106	仁化县人民政府	关于仁化县黄坑中学土地确权的批复	仁府复字〔2017〕6号	2017.1.6
107	仁化县人民政府	关于仁化县闻韶中心幼儿园土地确权的批复	仁府复字〔2017〕7号	2017.1.13
108	仁化县人民政府	关于仁化县董塘镇中心幼儿园土地确权的批复	仁府复字〔2017〕8号	2017.1.13
109	仁化县人民政府	关于聘用仁化县丹霞实业发展有限公司董事会成员、撤销监事会的批复	仁府复字〔2017〕9号	2017.1.16
110	仁化县人民政府	关于聘用仁化县锦江市场物业运营有限公司董事会、撤销监事会的批复	仁府复字〔2017〕10号	2017.1.16
111	仁化县人民政府	关于更换仁化县国有资产经营有限公司执行董事、监事及聘用董事会成员、董事长、监事会成员、监事长的批复	仁府复字〔2017〕11号	2017.1.18

续表78

序　号	发文单位	文件名	发文号	发文时间
112	仁化县人民政府	仁化县人民政府关于同意筹建中山市仁化商会的复函	仁府复字〔2017〕12号	2017.1.19
113	仁化县人民政府	关于异地新建仁化县特殊教育学校的批复	仁府复字〔2017〕13号	2017.1.2
114	仁化县人民政府	关于同意收回广东电网韶关仁化供电局国有土地使用权的批复	仁府复字〔2017〕14号	2017.1.23
115	仁化县人民政府	关于国资公司关于变更注册成立仁化县国有资产经营（集团）有限公司相关事宜的批复	仁府复字〔2017〕15号	2017.1.23
116	仁化县人民政府	关于同意收储县畜牧水产总站地块国有土地使用权的批复	仁府复字〔2017〕16号	2017.1.25
117	仁化县人民政府	关于同意丹霞街道中心村G地块国有建设用地使用权网上交易方案的批复	仁府复字〔2017〕17号	2017.2.2
118	仁化县人民政府	关于同意董塘镇原交管站地块国有建设用地使用权网上交易方案的批复	仁府复字〔2017〕18号	2017.2.2
119	仁化县人民政府	于对《仁化县文化广电新闻出版局关于划拨县博物馆建设用地的请示》的批复	仁府复字〔2017〕19号	2017.3.7
120	仁化县人民政府	关于仁化县石塘镇新华书店希望小学及下属学校土地确权的批复	仁府复字〔2017〕20号	2017.5.9
121	仁化县人民政府	仁化县闽盛页岩建材厂“1.9”坍塌事故调查报告	仁府复字〔2017〕21号	2017.3.17
122	仁化县人民政府	关于同意以划拨方式办理仁化县博物馆建设用地手续的批复	仁府复字〔2017〕22号	2017.3.2
123	仁化县人民政府	关于仁化县供电局划拨长江供电所新建业务用房地块的批复	仁府复字〔2017〕23号	2017.3.2
124	仁化县人民政府	关于同意仁化县董塘镇盘子岭石场继续经营的批复	仁府复字〔2017〕24号	2017.4.13
125	仁化县人民政府	关于仁化县闻韶镇泰学校土地确权的批复	仁府复字〔2017〕25号	2017.4.18
126	仁化县人民政府	关于同意《韶关市仁化县凡口铅锌矿“2.9”冒顶事故调查报告》的批复	仁府复字〔2017〕26号	2017.5.5
127	仁化县人民政府	关于仁化县石塘镇中心幼儿园土地确权的批复	仁府复字〔2017〕27号	2017.5.9
128	仁化县人民政府	关于仁化县红山镇烟竹小学土地确权的批复	仁府复字〔2017〕28号	2017.5.11
129	仁化县人民政府	关于撤销较坑渡口请示的批复	仁府复字〔2017〕29号	2017.5.18
130	仁化县人民政府	关于同意给予叶传贵开除公职处分的批复	仁府复字〔2017〕30号	2017.6.5
131	仁化县人民政府	于同意以协议出让方式供地给广东电网韶关仁化供电局的	仁府复字〔2017〕31号	2017.6.14

续表78

序　号	发文单位	文件名	发文号	发文时间
132	仁化县人民政府	关于仁化县董塘镇中心小学土地确权的批复	仁府复字〔2017〕32号	2017.6.14
133	仁化县人民政府	关于对《关于请求划拨县文化活动中心土地权属的请示》的批复	仁府复字〔2017〕33号	2017.6.16
134	仁化县人民政府	关于同意收购仁化县城口镇原锯板厂地块国有土地使用权的批复	仁府复字〔2017〕34号	2017.6.28
135	仁化县人民政府	关于确定仁化县农产品质量安全监督检验测试站作为“丹霞贡柑”农产品地理标志登记申请人的批复	仁府复字〔2017〕35号	2017.6.28
136	仁化县人民政府	关于仁化县生资公司地块国有土地使用权的批复	仁府复字〔2017〕36号	2017.6.29
137	仁化县人民政府	关于收回红山镇水电管理所地块国有土地使用权的批复	仁府复字〔2017〕37号	2017.7.3
138	仁化县人民政府	关于审议通过仁化县第一小学修建性详细规划及建筑方案的批复	仁府复字〔2017〕38号	2017.7.4
139	仁化县人民政府	关于审议通过仁化县城南村委加油站南侧地块控规、修规的批复	仁府复字〔2017〕39号	2017.7.4
140	仁化县人民政府	关于审议通过丹霞山风景名胜区南门服务基地控制性详细规划的批复	仁府复字〔2017〕40号	2017.7.4
141	仁化县人民政府	关于审议通过周田镇东部产业片区K地块控制性详细规划的批复	仁府复字〔2017〕41号	2017.7.2
142	仁化县人民政府	关于审议通过长江原加油站地块控制性详细规划的批复	仁府复字〔2017〕42号	2017.7.20
143	仁化县人民政府	关于收回仁化县长江镇里周丘超荣小学所在国有土地使用权的批复	仁府复字〔2017〕43号	2017.8.17
144	仁化县人民政府	关于仁化县红山镇烟竹小学土地确权的批复	仁府复字〔2017〕44号	2017.8.18
145	仁化县人民政府	关于审议通过新东村原供销社生资公司仓库地块控制性详细规划的批复	仁府复字〔2017〕45号	2017.8.31
146	仁化县人民政府	关于审议通过原田家炳小学地块控制性详细规划的批复	仁府复字〔2017〕46号	2017.8.31
147	仁化县人民政府	关于审议通过仁化县全民文化广场方案的批复	仁府复字〔2017〕47号	2017.8.31
148	仁化县人民政府	关于审议通过仁化县民用爆炸物品储存仓库选址论证报告的批复	仁府复字〔2017〕48号	2017.8.31
149	仁化县人民政府	关于审议通过丹霞街道中心村F地块控制性详细规划调整方案的批复	仁府复字〔2017〕49号	2017.8.31
150	仁化县人民政府	关于审议通过丹霞新城二期C地块控制性详细规划调整及沁滢园修建性详细规划调整的批复	仁府复字〔2017〕50号	2017.8.31
151	仁化县人民政府	关于同意撤销大桥镇长坝村张滩渡口的批复	仁府复字〔2017〕51号	2017.9.15

续表78

序 号	发文单位	文件名	发文号	发文时间
152	仁化县人民政府	关于审议通过仁化县基本生态控制线规划的批复	仁府复字〔2017〕52号	2017.9.15
153	仁化县人民政府	关于审议通过仁化县周田镇镇区控制性详细规划的批复	仁府复字〔2017〕53号	2017.9.27
154	仁化县人民政府	关于同意以划拨方式办理仁化县特殊教育学校建设用地手续的批复	仁府复字〔2017〕54号	2017.9.27
155	仁化县人民政府	关于同意收储仁化县丹霞街道北门储备地国有土地使用权的批复	仁府复字〔2017〕55号	2017.9.27
156	仁化县人民政府	关于同意丹霞街道中心村北门片A地块国有建设用地使用权网上交易方案的批复	仁府复字〔2017〕56号	2017.9.27
157	仁化县人民政府	关于同意丹霞街道中心村北门片B地块国有建设用地使用权网上交易方案的批复	仁府复字〔2017〕57号	2017.9.27
158	仁化县人民政府	关于同意丹霞街道中心村北门片C地块国有建设用地使用权网上交易方案的批复	仁府复字〔2017〕58号	2017.9.27
159	仁化县人民政府	关于同意丹霞街道中心村F地块国有建设用地使用权网上交易方案的批复	仁府复字〔2017〕59号	2017.9.27
160	仁化县人民政府	关于审议通过仁化县北门片区ABCE地块控规的批复	仁府复字〔2017〕60号	2017.9.27
161	仁化县人民政府	关于同意以协议出让方式为拆迁户办理用地手续的批复	仁府复字〔2017〕61号	2017.10.13
162	仁化县人民政府	关于同意以划拨方式办理仁化县丹霞街道中心村文化室用地手续的批复	仁府复字〔2017〕62号	2017.10.13
163	仁化县人民政府	关于同意收储周田镇平甫村地块国有土地使用权的批复	仁府复字〔2017〕63号	2017.10.18
164	仁化县人民政府	关于同意收储仁化县丹霞街道中心村H地块国有土地使用权的批复	仁府复字〔2017〕64号	2017.10.18
165	仁化县人民政府	关于同意《韶关市仁化县八甲石灰油厂“6.27”一般淹溺事故调查报告》的批复	仁府复字〔2017〕65号	2017.10.20
166	仁化县人民政府	关于同意《仁化县新泰基房地产开发有限公司“晖景。一品城”A区建筑工地“7.31”一般高处坠落事故调查报告》的批复	仁府复字〔2017〕66号	2017.10.20
167	仁化县人民政府	关于收回仁化县扶溪镇原斜周小学所在国有土地使用权的批复	仁府复字〔2017〕67号	2017.10.24
168	仁化县人民政府	关于审议通过妙善禅寺总体规划设计方案的批复	仁府复字〔2017〕68号	2017.11.22
169	仁化县人民政府	关于审议通过长江镇金骏大楼建筑设计方案的批复	仁府复字〔2017〕69号	2017.11.22
170	仁化县人民政府	关于审议通过仁化县中心村委北门片D、E地块控制性详细规划的批复	仁府复字〔2017〕70号	2017.11.22
171	仁化县人民政府	关于审议通过韶关丹霞丰源温泉度假村项目修建性详细规划的批复	仁府复字〔2017〕71号	2017.11.22

续表78

序　号	发文单位	文件名	发文号	发文时间
172	仁化县人民政府	关于审议通过仁化县中心村委北门片Ff块控制性详细规划的批复	仁府复字〔2017〕72号	2017.11.22
173	仁化县人民政府	关于审议通过仁化县特殊学校异地新修房修规方案的批复	仁府复字〔2017〕73号	2017.11.22
174	仁化县人民政府	关于同意收储仁化县大桥镇古洋村高脚板A、B地块国有土地使用权的批复	仁府复字〔2017〕74号	2017.12.6
175	仁化县人民政府	关于同意以协议出让方式为中心村西门组办理用地手续的批复	仁府复字〔2017〕75号	2017.12.11
176	仁化县人民政府	关于同意以协议出让方式为谷笑、谷涌住房办理用地手续的批复	仁府复字〔2017〕76号	2017.12.11
177	仁化县人民政府	关于授权仁化县城镇污水处理管理中心作为仁化县域生活污水处理厂及污水管网升级改造工程实施机构的批复	仁府复字〔2017〕77号	2017.12.19
178	仁化县人民政府	关于同意收储仁化县产业集聚地道路用地国有土地使用权的批复	仁府复字〔2017〕78号	2017.12.22
179	仁化县人民政府	关于同意收储仁化县中等职业学校地块国有土地使用权的批复	仁府复字〔2017〕79号	2017.12.22
180	仁化县人民政府	关于仁化县长江中学土地确权的批复	仁府复字〔2017〕80号	2017.12.27

2017年中共仁化县委办公室文件目录一览表

表79

序　号	发文单位	文件名	发文号	发文时间
1	中共仁化县委办公室、仁化县人民政府办公室	中共仁化县委办公室、仁化县人民政府办公室关于印发仁化县2017年重点建设项目计划的通知	仁办发〔2017〕1号	2017.2.28
2	中共仁化县委办公室	中共仁化县委办公室关于印发《中共仁化县党委（党组）理论学习中心组2017年学习实施方案》的通知	仁办发〔2017〕2号	2017.6.2
3	中共仁化县委办公室	中共仁化县委办公室印发《关于严格执行重大问题请示报告制度的实施意见》的通知	仁办发〔2017〕3号	2017.7.10

2017年仁化县人民政府办公室文件目录一览表

表80

序　号	发文单位	文件名	发文号	发文时间
1	仁化县人民政府办公室	关于印发《仁化县2017年春运工作方案》的通知	仁府办〔2017〕1号	2017.1.2
2	仁化县人民政府办公室	印发仁化县2017年春运应急预案的通知	仁府办〔2017〕2号	2017.1.2
3	仁化县人民政府办公室	关于成立仁化县2017年春运工作领导小组的通知	仁府办〔2017〕3号	2017.1.4
4	仁化县人民政府办公室	关于调整仁化县安全生产委员会成员的通知	仁府办〔2017〕4号	2017.1.4
5	仁化县人民政府办公室	仁化县人民政府办公室主要职责内设机构和人员编制规定	仁府办〔2017〕5号	2017.1.6
6	仁化县人民政府办公室	仁化县人民政府关于印发仁化县财政盘活存量资金管理办法的通知	仁府办〔2017〕6号	2017.1.10
7	仁化县人民政府办公室	关于成立仁化县十镇一街环卫服务市化委托运营项目领导小组的通知	仁府办〔2017〕7号	2017.1.10
8	仁化县人民政府办公室	关于成立仁化县金融精准扶贫工作领导小组的通知	仁府办〔2017〕8号	2017.1.13
9	仁化县人民政府办公室	关于调整仁化县高速公路建设工作领导小组成员的通知	仁府办〔2017〕9号	2017.1.16
10	仁化县人民政府办公室	关于调整仁化县防制重大动物疫病指挥部成员的通知	仁府办〔2017〕10号	2017.1.16
11	仁化县人民政府办公室	关于调整仁化县牲畜定点屠宰工作领导小组成员的通知	仁府办〔2017〕11号	2017.1.17
12	仁化县人民政府办公室	仁化县人民政府办公室会议（活动）办理工作规程	仁府办〔2017〕12号	2017.1.20
13	仁化县人民政府办公室	仁化县人民政府办公室公文处理实施细则	仁府办〔2017〕13号	2017.1.20
14	仁化县人民政府办公室	仁化县人民政府办公室关于印发《仁化加快推进教育现代化建设的工作意见》的通知	仁府办〔2017〕14号	2017.1.25
15	仁化县人民政府办公室	关于成立仁化县困难群众生活保障工作领导小组的通知	仁府办〔2017〕15号	2017.2.10
16	仁化县人民政府办公室	仁化县加强儿童医疗卫生服务改革与发展实施方案	仁府办〔2017〕16号	2017.2.14
17	仁化县人民政府办公室	关于印发仁化县全民科学素质行动计划纲要实施方案（2016—2020年）的通知	仁府办〔2017〕17号	2017.2.14
18	仁化县人民政府办公室	关于调整仁化县绿化委员会成员的通知	仁府办〔2017〕18号	2017.2.14

续表80

序号	发文单位	文件名	发文号	发文时间
19	仁化县人民政府办公室	关于印发仁化县防治重大疾病工作联席会议制度的通知	仁府办〔2017〕19号	2017.2.20
20	仁化县人民政府办公室	关于成立仁化县丹霞绿道二期和“梦幻丹霞”项目攻坚工作领导小组的通知	仁府办〔2017〕20号	2017.2.21
21	仁化县人民政府办公室	关于调整仁化县大中型水库移民避险解困试点项目实施工作领导小组成员的通知	仁府办〔2017〕21号	2017.2.22
22	仁化县人民政府办公室	仁化县城市管理和综合执法体制改革联席会议工作方案	仁府办〔2017〕22号	2017.2.24
23	仁化县人民政府办公室	关于调整仁化县山区五市中小河流治理工作领导小组的通知	仁府办〔2017〕23号	2017.3.20
24	仁化县人民政府办公室	仁化县人民政府办公室公室关于成立仁化县接待安置退伍军人领导小组的通知	仁府办〔2017〕24号	2017.3.3
25	仁化县人民政府办公室	关于进一步支持农村信用社改革和发展的意见	仁府办〔2017〕25号	2017.3.2
26	仁化县人民政府办公室	关于调整仁化县村级公益事业建设一事一议财政奖补工作领导小组的通知	仁府办〔2017〕26号	2017.3.10
27	仁化县人民政府办公室	关于成立仁化县“救急难”工作领导小组的通知	仁府办〔2017〕27号	2017.3.20
28	仁化县人民政府办公室	关于调整仁化县消防安全委员会成员的通知	仁府办〔2017〕28号	2017.3.20
29	仁化县人民政府办公室	仁化县2017年环丹综合整治巡控考核方案（试行）	仁府办〔2017〕29号	2017.3.22
30	仁化县人民政府办公室	关于印发《仁化县文化广电新闻出版业“十三五”发展规划》的通知	仁府办〔2017〕30号	2017.3.27
31	仁化县人民政府办公室	关于印发《仁化县“救急难”工作试点实施方案》的通知	仁府办〔2017〕31号	2017.3.30
32	仁化县人民政府办公室	关于印发《仁化县危险化学品安全综合治理实施方案的通知》的通知	仁府办〔2017〕32号	2017.4.14
33	仁化县人民政府办公室	仁化县银行卡助农取款服务点奖补方案(试行）	仁府办〔2017〕33号	2017.4.14
34	仁化县人民政府办公室	关于成立2017年度社会保险扩面征缴工作领导小组的通知	仁府办〔2017〕34号	2017.4.25
35	仁化县人民政府办公室	关于调整仁化县第二次全国地名普查领导小组的通知	仁府办〔2017〕35号	2017.4.28
36	仁化县人民政府办公室	关于印发仁化县2017年度企业职工基本养老保险扩面征缴工作实施方案的通知	仁府办〔2017〕36号	2017.5.5
37	仁化县人民政府办公室	关于调整仁化县招生委员会成员的通知	仁府办〔2017〕37号	2017.5.12
38	仁化县人民政府办公室	关于成立仁化县加快农村公路建设指挥部的通知	仁府办〔2017〕38号	2017.5.17

续表80

序　号	发文单位	文件名	发文号	发文时间
39	仁化县人民政府办公室	关于调整仁化县国有林场改革工作领导小组的通知	仁府办〔2017〕39号	2017.5.17
40	仁化县人民政府办公室	关于《韶关市小额建设工程交易管理办法》的实施意见	仁府办〔2017〕40号	2017.6.7
41	仁化县人民政府办公室	关于印发《仁化县2017年协税护税及非税收入完成情况考核方案（试行）》的通知	仁府办〔2017〕41号	2017.6.14
42	仁化县人民政府办公室	关于明确预算资金审批范围和程序的通知	仁府办〔2017〕42号	2017.6.23
43	仁化县人民政府办公室	关于《印发仁化县村卫生站公建规范化建设实施方案》的通知	仁府办〔2017〕43号	2017.6.23
44	仁化县人民政府办公室	关于成立2017年仁化县造林补贴工作领导小组的通知	仁府办〔2017〕44号	2017.6.29
45	仁化县人民政府办公室	关于成立仁化县县城饮用水水源地保护实施方案工作领导小组的通知	仁府办〔2017〕45号	2017.6.29
46	仁化县人民政府办公室	关于成立仁化县乡镇饮用水水源地保护实施方案领导小组的通知	仁府办〔2017〕46号	2017.6.29
47	仁化县人民政府办公室	关于成立仁化县县城饮用水安全工作实施方案领导小组的通知	仁府办〔2017〕47号	2017.6.29
48	仁化县人民政府办公室	关于印发仁化县2017年度中央财政造林补贴实施方案的通知	仁府办〔2017〕48号	2017.7.4
49	仁化县人民政府办公室	关于成立仁化县林权争议协调工作领导小组的通知	仁府办〔2017〕49号	2017.7.4
50	仁化县人民政府办公室	关于印发《仁化县乡镇饮用水水源地保护实施方案》的通知	仁府办〔2017〕50号	2017.7.4
51	仁化县人民政府办公室	关于印发《仁化县县城饮用水安全工作实施方案》的通知	仁府办〔2017〕51号	2017.7.4
52	仁化县人民政府办公室	关于印发《仁化县县城饮用水水源地保护实施方案》的通知	仁府办〔2017〕52号	2017.7.4
53	仁化县人民政府办公室	仁化县河道闲置、沉没船舶清理整治方案	仁府办〔2017〕53号	2017.7.4
54	仁化县人民政府办公室	关于成立仁化县政府性债务管理领导小组的通知	仁府办〔2017〕54号	2017.7.10
55	仁化县人民政府办公室	关于成立仁化县华粤煤矸石电力有限公司开展热电联产项目建设领导小组的通知	仁府办〔2017〕55号	2017.7.10
56	仁化县人民政府办公室	关于成立全国新增千亿斤粮食生产能力规划仁化县2017年田间工程建设工作领导小组的通知	仁府办〔2017〕56号	2017.7.11
57	仁化县人民政府办公室	关于调整仁化县防范和处置非法集资工作领导小组成员的通知	仁府办〔2017〕57号	2017.7.18
58	仁化县人民政府办公室	仁化县人民政府办公室关于调整仁化县休闲农业和乡村旅游工作领导小组的通知	仁府办〔2017〕58号	2017.7.27

续表80

序　号	发文单位	文件名	发文号	发文时间
59	仁化县人民政府办公室	仁化县人民政府办公室关于调整仁化县村村通自来水工程建设领导小组成员的通知	仁府办〔2017〕59号	2017.8.1
60	仁化县人民政府办公室	关于印发仁化县建立完善守信联合激励和失信联合惩戒制度实施方案的通知	仁府办〔2017〕60号	2017.8.4
61	仁化县人民政府办公室	室关于印发《仁化县乡镇干部周转房建设资金奖补方案》的通知	仁府办〔2017〕61号	2017.8.7
62	仁化县人民政府办公室	关于进一步规范计划生育手术并发症人员手术治疗费补助工作的通知	仁府办〔2017〕62号	2017.8.7
63	仁化县人民政府办公室	关于调整县人民政府办公室领导班子成员工作分工的通知	仁府办〔2017〕63号	2017.8.14
64	仁化县人民政府办公室	关于印发《仁化县锦江河流域水质综合治理工作方案》的通知	仁府办〔2017〕64号	2017.8.14
65	仁化县人民政府办公室	关于印发《仁化县实行最严格水资源管理制度考核办法》的通知	仁府办〔2017〕65号	2017.8.14
66	仁化县人民政府办公室	关于成立仁化县锦江河流域水质综合治理工作领导小组的通知	仁府办〔2017〕66号	2017.8.16
67	仁化县人民政府办公室	印发关于进一步加强乡村医生队伍建设实施方案的通知	仁府办〔2017〕67号	2017.8.25
68	仁化县人民政府办公室	仁化县人民政府办公室关于印发仁化县2017年依法行政工作要点的通知	仁府办〔2017〕68号	2017.9.4
69	仁化县人民政府办公室	仁化县2017—2018年扶持贫困人员提高劳动技能的实施方案	仁府办〔2017〕69号	2017.9.5
70	仁化县人民政府办公室	仁化县人民政府办公室关于印发仁化县实施创新驱动发展战略2017年工作要点的通知	仁府办〔2017〕70号	2017.9.5
71	仁化县人民政府办公室	仁化县人民政府办公室关于印发仁化县2017—2018年扶持贫困户发展产业增加收入的实施方案的通知	仁府办〔2017〕71号	2017.9.11
72	仁化县人民政府办公室	仁化县人民政府办公室关于印发仁化县新时期精准扶贫精准脱贫产业扶贫项目补助的实施方案通知	仁府办〔2017〕72号	2017.9.11
73	仁化县人民政府办公室	仁化县人民政府办公室关于调整仁化县森林防火指挥部成员的通知	仁府办〔2017〕73号	2017.9.11
74	仁化县人民政府办公室	仁化县人民政府办公室关于印发仁化县殡葬事业发展“十三五”规划的通知	仁府办〔2017〕74号	2017.9.11
75	仁化县人民政府办公室	仁化县人民政府办公室关于调整仁化县银海有色金属综合回收有限公司停产搬迁项目工作领导小组成员的通知	仁府办〔2017〕75号	2017.9.11
76	仁化县人民政府办公室	关于成立仁化县实行最严格水资源管理制度领导小组成员的通知	仁府办〔2017〕76号	2017.9.15
77	仁化县人民政府办公室	成立仁化县农村产业融合发展工作领导小组	仁府办〔2017〕77号	2017.9.15

续表80

序　号	发文单位	文件名	发文号	发文时间
78	仁化县人民政府办公室	成立仁化县田园综合体项目建设工作领导小组	仁府办〔2017〕78号	2017.9.15
79	仁化县人民政府办公室	化县人民政府办公室关于印发仁化县精神卫生工作规划（2016—2020年）的通知	仁府办〔2017〕79号	2017.9.18
80	仁化县人民政府办公室	仁化县人民政府办公室关于印发中金岭南公司丹霞冶炼厂扩产提升工作实施方案的通知	仁府办〔2017〕80号	2017.9.2
81	仁化县人民政府办公室	仁化县人民政府办公室关于调整企忧档案工作领导小组成员的通知	仁府办〔2017〕81号	2017.9.22
82	仁化县人民政府办公室	仁化县人民政府办公室关于成立仁化县耕地提质改造工作领导小组的通知	仁府办〔2017〕82号	2017.9.26
83	仁化县人民政府办公室	仁化县人民政府办公室关于印发仁化县畜禽养殖整治工作方案的通知	仁府办〔2017〕83号	2017.9.29
84	仁化县人民政府办公室	仁化县人民政府办公室关于调整县食品安全委员会成员的通知	仁府办〔2017〕84号	2017.9.29
85	仁化县人民政府办公室	关于调整县人民政府办公室领导班子部分成员工作分工的通知	仁府办〔2017〕85号	2017.10.31
86	仁化县人民政府办公室	仁化县人民政府办公室关于调整仁化县交通建设指挥部成员的通知	仁府办〔2017〕86号	2017.10.31
87	仁化县人民政府办公室	仁化县人民政府办公室关于印发仁化县土壤污染防治工作方案的通知	仁府办〔2017〕87号	2017.11.15
88	仁化县人民政府办公室	仁化县人民政府办公室印发关于村级公共服务站办事大厅专职操作人员考核方案的通知	仁府办〔2017〕88号	2017.11.15
89	仁化县人民政府办公室	仁化县人民政府办公室关于修订印发仁化县生产安全事故总体应急预案的通知	仁府办〔2017〕89号	2017.12.4
90	仁化县人民政府办公室	仁化县人民政府办公室关于印发仁化县人民政府2017年度重大行政决策事项和听证事项目录的通知	仁府办〔2017〕90号	2017.12.13
91	仁化县人民政府办公室	仁化县人民政府办公室关于印发仁化县突发事件现场指挥官制度实施意见的通知	仁府办〔2017〕91号	2017.12.18
92	仁化县人民政府办公室	仁化县人民政府办公室关于印发《仁化县推进基层综合性文化服务中心建设实施方案》的通知	仁府办〔2017〕92号	2017.12.18
93	仁化县人民政府办公室	仁化县人民政府办公室关于印发仁化县保留的县政府部门行政审批中介服务事项清单的通知	仁府办〔2017〕93号	2017.12.25
94	仁化县人民政府办公室	仁化县人民政府办公室关于印发仁化县国有企业出清重组“僵尸企业”促进国资结构优化的实施方案的通知	仁府办〔2017〕94号	2017.12.27
95	仁化县人民政府办公室	仁化县人民政府办公室关于印发全域旅游联合执法队伍方案的通知	仁府办〔2017〕95号	2017.12.27
96	仁化县人民政府办公室	关于同意实施《仁化县山洪灾害应急预案》的批复	仁府办复字〔2017〕1号	2017.1.5

续表80

序　号	发文单位	文件名	发文号	发文时间
97	仁化县人民政府办公室	关于建设仁化县林木科普基地的请示的批复	仁府办复字〔2017〕2号	2017.2.15
98	仁化县人民政府办公室	关于批准并公布仁化县2017年度土地储备计划的批复	仁府办复字〔2017〕3号	2017.5.8
99	仁化县人民政府办公室	空号（原文件取消）	仁府办复字〔2017〕4号	2017.5.22
100	仁化县人民政府办公室	关于批准并公布《仁化县2017年度国有建设用地供应计划》的批复	仁府办复字〔2017〕5号	2017.5.23
101	仁化县人民政府办公室	关于延期提交韶关市仁化县八甲石灰油厂“6·27”一般淹溺事故调查报告的批复	仁府办复字〔2017〕6号	2017.9.27
102	仁化县人民政府办公室	关于同意仁化县原检察院及原畜牧局办公楼地块出让方案的批复	仁府办复字〔2017〕7号	2017.10.20
103	仁化县人民政府办公室	关于同意有色金属循环经济产业基地管理委员会租赁商场超市大楼作为办公场所事项的批复	仁府办复字〔2017〕8号	2017.10.30
104	仁化县人民政府办公室	关于批准《实施仁化县2017年度高标准基本农田建设实施方案》的批复	仁府办复字〔2017〕9号	2017.11.17
105	仁化县人民政府办公室	关于同意仁化县大桥镇古洋村委高脚板村A、B地块国有建设用地使用权网上交易方案的批复	仁府办复字〔2017〕10号	2017.11.23
106	仁化县人民政府办公室	对仁化县政协十一届一次会议第9号提案答复	仁府办函字〔2017〕1号	2017.1.25
107	仁化县人民政府办公室	对仁化县人大十五届一次会议代表建议第22号的答复	仁府办函字〔2017〕2号	2017.1.25
108	仁化县人民政府办公室	仁化县人民政府办公室对韶关市十四届人大一次会议代表第8号建议的会办意见	仁府办函字〔2017〕3号	2017.5.15
109	仁化县人民政府办公室	仁化县人民政府办公室对韶关市十四届人大一次会议代表第28号建议的会办意见	仁府办函字〔2017〕4号	2017.5.15
110	仁化县人民政府办公室	仁化县人民政府办公室对韶关市十四届人大一次会议代表第26号建议的会办意见	仁府办函字〔2017〕5号	2017.5.15
111	仁化县人民政府办公室	对韶关市十四届人大一次会议代表第27号建议的会办意见	仁府办函字〔2017〕6号	2017.5.17
112	仁化县人民政府办公室	仁化县人民政府办公室对韶关市十四届人大一次会议代表第29号建议的会办意见	仁府办函字〔2017〕7号	2017.5.22
113	仁化县人民政府办公室	仁化县人民政府办公室对韶关市政协十二届一次会议第57号提案的会办意见	仁府办函字〔2017〕8号	2017.5.22
114	仁化县人民政府办公室	仁化县人民政府办公室对韶关市政协十二届一次会议第72号提案的会办意见	仁府办函字〔2017〕9号	2017.5.22
115	仁化县人民政府办公室	仁化县人民政府办公室对韶关市十四届人大一次会议代表第25号建议的会办意见	仁府办函字〔2017〕10号	2017.5.22
116	仁化县人民政府办公室	对韶关市政协十二届一次会议第42、43、44号提案的会办意见	仁府办函字〔2017〕11号	2017.6.5

续表 80

序　号	发文单位	文件名	发文号	发文时间
117	仁化县人民政府办公室	对韶关市政协十二届一次会议第39号提案的答复	仁府办函字〔2017〕12号	2017.6.9
118	仁化县人民政府办公室	对韶关市政协十二届一次会议第36号提案的答复	仁府办函字〔2017〕13号	2017.6.20
119	仁化县人民政府办公室	关于丘文超等同志职务任免的通知	仁府办干字〔2017〕1号	2017.6.19
120	仁化县人民政府办公室	关于廖国钰等同志职务任免的通知	仁府办干字〔2017〕2号	2017.6.19
121	仁化县人民政府办公室	仁化县人民政府办公室关于进一步规范办文办会办事程序的通知	仁府办明电〔2017〕1号	2017.12.19
122	仁化县人民政府办公室	仁化县人民政府办公室关于实行仁化县人民政府常务会议议事规则的通知	仁府办明电〔2017〕2号	2017.12.20
123	仁化县人民政府办公室	仁化县人民政府办公室关于实行仁化县人民政府县长办公会议议事规则的通知	仁府办明电〔2017〕3号	2017.12.20
124	仁化县人民政府办公室	仁化县人民政府办公室关于实行仁化县人民政府党组会议议事规则的通知	仁府办明电〔2017〕4号	2017.12.20
125	仁化县人民政府办公室	仁化县人民政府办公室关于实行仁化县人民政府专题会议议事规则的通知	仁府办明电〔2017〕5号	2017.12.20
126	仁化县人民政府办公室	仁化县人民政府办公室关于印发仁化县开展农民工工资支付情况专项检查和切实做好治欠保支工作实施方案的通知	仁府办明电〔2017〕6号	2017.12.26
127	仁化县人民政府办公室	仁化县人民政府办公室关于印发仁化县建设卫生强县考评实施方案的通知	仁府办明电〔2017〕7号	2017.12.29

图为2017年仁化九大任务三年攻坚行动如火如荼开展　（龙全明　摄）

索　　引

主题索引

说　　明

1. 本索引采用主题分析法，款目按汉语拼音字母（同音字按声调）顺序排列；

2. 《特辑》《大事要闻》《先进单位、先进个人》《社会经济统计资料》《附录》等篇及表格不作内容主题分析；

3. 索引款目后的数字表示内容所在的页码，数字后的英文小写字母（a、b、c）表示栏别（即版面的左、中、右栏）。

A

B

C

D

E

F

G

J

K

L

M

N

P

Q

R

W

X

Y

Z

表格索引